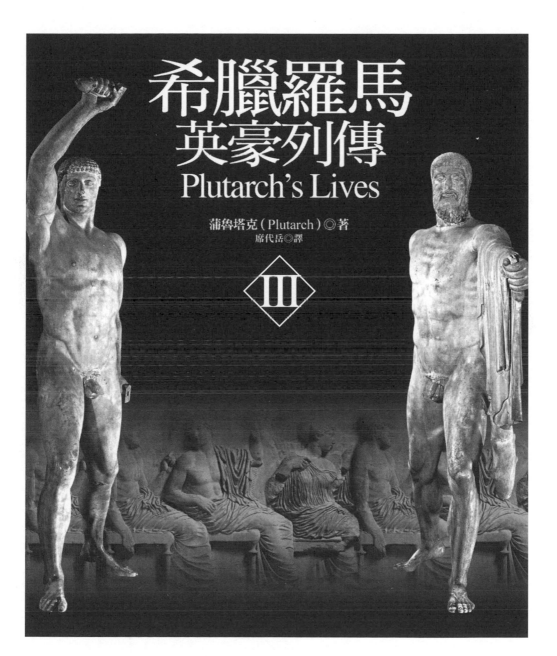

希臘羅馬英豪列傳
Plutarch's Lives

蒲魯塔克（Plutarch）◎著
席代岳◎譯

III

目　次

第十八篇

擁戴共和者

第一章
福西昂 (Phocion)

402-319B.C.，雅典將領和政治家，
謀求希臘城邦的和平遭到處決。

1 演說家迪瑪德斯 (Demades) 一切施政作為，完全著重安蒂佩特 (Antipater)[1]
和馬其頓人的利益，才能在雅典執掌大權。當他發現這種討好和奉承的
行為，經常要用制定法律和公開演講才能達成，這樣就會損害到城邦的尊嚴和地
位，只有用一種無可奈何的口氣，說是共如國的狀況如同一艘隨時沉沒的破船，
誰要他負起駕馭的責任。福西昂 (Phocion) 何嘗不是面臨類似的處境，所以他這種
藉口看來沒有什麼道理。講老實話，迪瑪德斯的生活和統治是如此的荒淫無道，
就是安蒂佩特有次提到他，都說他等到老年會像用來獻祭的牲口，除了留下舌頭
和胃，其餘的部分那是屍骨無存[2]。

　　福西昂擁有真正的美德和優點，不僅處於實力懸殊的競爭和極其不利的時
機，還要對抗更為強大的對手，也可以說是希臘人乖戾的命運，連累他遭到羞辱
和敗亡。我們不能允許自己像索福克利 (Sophocles)[3] 那樣，用下面的詩句來貶損

1　安蒂佩特是亞歷山大的密友和親信，大帝遠征亞洲停留在東方期間，由他出任馬其頓和希臘
　　的攝政，等到亞歷山大崩殂以後，他清除帕迪卡斯的勢力，總攬馬其頓的軍政大權，直到
　　319B.C.逝世為止。

2　獻祭的犧牲除了胃和舌頭要留下以外，全部都要丟進火中。將各種材料填進胃裡經過烹調供
　　大家食用，舌頭要等宴會完畢以後，在祭壇上面燔燒，供奉給神的使者麥邱里，同時要舉行
　　酹酒的儀式。荷馬的《奧德賽》經常提到獻祭的過程，就是《聖經：舊約全書》也有類似的
　　記載。

3　索福克利 (496-405 B.C.) 出身雅典世家，古希臘三大悲劇詩人之一，平生創作123部劇本，贏
　　得42次戲劇比賽的優勝，現有7部作品存世：《埃傑克斯》(*Ajax*)、《安蒂哥妮》(*Antigone*)、
　　《特拉契斯的婦女》(*Women of Trachis*)、《厄迪帕斯王》(*Oedipus Rex*)、《伊里克特拉》
　　(*Clectra*)、《斐洛克特底》(*Philoctetes*) 和《厄迪帕斯在克洛努斯》(*Oedipus at Colonus*)。

德行的力量[4]：

> 時運不濟，
> 萬事無益。

實在說，像這種狀況大多出現在正人君子與厄運逆境的衝突之中，使他們無法獲得應有的榮譽和感激，反而遭到當眾的辱罵和偏頗的猜忌，因而他們的德行所受的信賴和尊重，在相當程度上因削弱而式微。

2 有人持這種說法，公眾團體諸事順遂大獲成功之後就會趾高氣揚，對於城邦的正人君子擺出倨傲和無禮的姿態。然而卻經常出現適得其反的狀況，苦難和災禍會使人的心靈和個性，受到刺激以後變得憤世嫉俗，他們傾向於行事乖張和急躁衝動，任何瑣碎的言語或情緒的表現都會引起注意，這時他們很容易遷怒於人，任何人對他們的錯誤提出忠告，被看成是侮辱他們不幸的命運，任何坦誠的諫言受到曲解，被認為是對他們的輕蔑和藐視。

城邦只有在痛疼和潰爛的部位才會找到甜言蜜語，內心不安的人會被最明智和最公正的意見所激怒。唯有仁慈和友愛可以解決相關的問題，詩人為了敘述這些事情會帶來愉悅，通常用menoikes這個字即「心靈的和諧」來表示，認為就不會引起對立或抗拒。紅腫的眼睛喜歡注視黑暗的部分和深奧的陰影，無法忍受最亮的光線，政治團體的處境頗為類似，在遭到災難和羞辱的年代，產生一種敏感和憂傷的情緒瀰漫全國，頹喪心理無法接受自由的表達和公開的意見，處理城邦的事務最需要坦誠的態度，甚至稍有不慎會陷入萬劫不復的後果。在這種狀況之下的政局會產生極大的危險，那就是當政者的所作所為是為了討好民眾，會為城邦帶來毀滅的命運，如果想要引導民眾走上正道，很可能自己先遭到罷黜。

天文學家告訴我們，太陽的運行並非與所有的天體保持非常精確的平行，也不會形成直線和離心的反向運動，而是描繪出一條斜線，產生難以覺察的偏差[5]，引導出運行的路徑成為平緩的圓弧，在一年的周轉期間，分配的光線和熱力，按

---

4 這兩句詩出自索福克利《安蒂哥妮》第569和第570行。
5 地軸和黃道面的交角不是90度而是66.5度，所以傾斜的地軸是季節轉移的主要成因。

照不同的比例，使得全世界出現幾個相異的季節。

政治的運作亦復如此，統治者的施政方針完全背離人民的心意和欲念，就會認定為專制和嚴苛引起大眾的憤怒，從另一方面來看，對於民眾的過錯和缺失過於姑息或縱容，不僅危險而且會帶來毀滅的結局。寬容和讓步對願意從命的人是自然的反應，政治家要滿足人民的願望，極其緊要的工作是使大家擁有共同的利益，實在說，人類最重要特質是盡己之力的服務和服從，只要不是被迫聽命和受到控制的奴隸，為了獲得安全都會接受引導和約束。

我們承認問題的關鍵，在於調和無為的寬容又能保有統治的權威，特別是實施起來格外的困難，如果能夠形成風氣使之融合無間，那可以說是天大的福份，中庸之道在於永保社會的和諧與群體的共鳴。從而讓我們深入了解，即使神明統治世界不是靠著無法抗拒的實力，而是有充分說服力的論點和理由，經過制約使得大家順服永恆不變的宗旨。

3 小加圖的遭遇可以說是極其相似，他的言行很難獲得人民的認同，因此無法在政壇飛黃騰達，很明顯的例子是參選執政官竟然鎩羽而歸，西塞羅說他的失利在於他扮演的角色，很像柏拉圖在《共和國》所描述的市民，而不是羅慕拉斯後裔當中的敗家子[6]。那些發生在他身上的事，就我個人的意見，如同我們看到提前成熟的果實，雖然會讓大家嘖嘖稱奇，實際用途不大。羅馬因時間和奢侈產生墮落和腐化的習性，小加圖的老式美德當時已經不流行；這件事所以特別醒目而且讓人感到奇異之處，那就是為了因應當前的迫切需要，他的德行以為可以發揮很大的作用，等到運用起來卻發現與那個時代完全格格不入。

小加圖所處的環境與福西昂大不相同；就福西昂而言，城邦很像一條快要沉沒的船隻，這時卻要他來掌舵。小加圖在航行受到狂風暴雨襲擊之際，有能力去協助舵手渡過難關，因為害怕別人的譴責，不僅沒有幫忙反而事事掣肘。要想毀滅共和國是極其艱鉅的任務，還得配合良好的運道，靠著他的勇氣和德行推遲整個的過程，只有到他犧牲自己還是無力回天，最後才會出現悲慘的結局。

福西昂可以與他進行非常相稱的對比，我們說這兩位都是正人君子和優秀的

6　這段話出於西塞羅的《阿蒂庫斯書信集》第2卷第一封信，裡面並沒有提到小加圖與執政官失之交臂，因為出現這種狀況是8年以後的事。

政治家，並非僅僅只有這方面可以相提並論。那些稱之為美德的項目可以從中找出相異之處，就像英勇之於亞西拜阿德和伊巴明諾達斯，睿智之於提米斯托克利和亞里斯泰德，公正之於努馬和亞傑西勞斯。我們對福西昂和小加圖的德行，雖然可以觀察到最細微的不同，還是帶著類似的特色、表徵和風采，讓人看到以後產生深刻的印象，因而難以分辨。

我們即使用精確的比例將這些特質混雜在一起，所見還是一個綜合體：兩位都能表現寬嚴並濟的領導作風，發揮大無畏的精神卻能保持如臨深淵的態度；他們的服務是公而忘私和國而忘家；他們有堅定的意志和決心從事公正和誠實的工作，即使是無關緊要的瑣事，會帶著惻隱之心非常審慎的處理。所以我們需要一種極其精密的邏輯理論，才能用來查證和確定這兩人之間的差異。

4 小加圖有顯赫的門第，這是大家都知道的事，我在前面也曾提過；說起福西昂的家世，就我的看法並非那樣的寒微或低賤。根據艾多麥紐斯(Idomeneus)[7]的記載，說他是一位製臼工的兒子，然而海帕瑞德(Hyperides)之子格勞西帕斯(Glaucippus)，為了打擊他到處蒐集可以用來詆毀和責難的資料，不會將他這種有失顏面的出身略過不提。如果真是如此，也不可能在幼年受到良好的照顧和教育，因為他在學院的時候最初是柏拉圖的學生，後來成為色諾克拉底的弟子，很早開始全心全意從事學術的研究。

他的神色是如此的泰然自若，好像沒有任何一位雅典人看到他開懷大笑或是傷心落淚。杜瑞斯(Duris)[8]有這樣的記載，說他很少出現在公共浴場；當他穿著斗篷的時候，會將手臂伸到外面；只要離開家鄉或是在軍營之中，除非天氣極其寒冷，通常只穿一件單薄的衣服和打著赤腳，就在外面到處行走。因此士兵會說些取笑的話，要是福西昂加上一件外袍，這一定是嚴酷的冬天。

5 雖然他的個性非常溫和而且心地極其仁慈，剛毅的面貌帶著拒人於千里之外的神色，使得那些與他不熟的人士，在外面遇見他都很少跟他打招

---

7 艾多麥紐斯出身蘭普薩庫斯(Lampsacus)的世家，4到3世紀B.C.的歷史家和哲學家，伊庇魯斯的門人和朋友，傳世作品有《蘇格拉底傳》和《平民領袖傳》。

8 杜瑞斯(350-280B.C.)是薩摩斯的僭主，曾經受教於狄奧弗拉斯都斯門下，當代最知名的歷史學家，文筆極其流暢富於情感。

呼或是搭訕幾句。查里斯(Chares)有次形容他皺著眉頭一副悶悶不樂的樣子，雅典人聽到詼諧的言辭不禁大笑起來。福西昂說道：「我的鬱鬱寡歡並不會給你們帶來憂傷，倒是這個人的插科打諢使得大家流下眼淚。」福西昂經常用這種方式說話，包含樂天知命的格言和見識過人的理念，充滿教誨和啓發的作用，表達極其簡潔、精闢，不會加些陳腔爛調的修飾字眼。

　　季諾曾經說過，一位哲學家要沉默寡言、惜語如金；據說福西昂具備這種本領，短短幾句話卻能讓人回味不已。司菲都斯人(Sphettian)波利優克都斯(Polyeuctus)提起笛摩昔尼斯，說他是當代口才最好的演說家，可能是基於上面所說這個緣故，認爲福西昂的演講具備無與倫比的影響力。他發表的談話重質不重量，就像一枚小小的金幣卻有很高的價值。

　　據說有一次他要演說，劇院裡面坐滿聽眾，這時他在後台繞室沉思，一位朋友注意到這種狀況就問他：「福西昂，你好像還在考慮要說些什麼。」他回答道：「沒錯，我在向雅典人講話的時候，總想如何能夠長話短說。」甚至就是笛摩昔尼斯對他也另眼相看，雖然瞧不起其他的民意代表，等到福西昂站起來，笛摩昔尼斯就會要四周的人保持安靜，對大家說道：「注意聽，看來他又要修理我了。」[9]無論如何，他的人格較之他的辯才能夠發揮更大的影響力；就一個受大家所尊重的人而言，根本不要說一句話，有時僅僅點頭表示，要比其他人難以數計的論點或精心撰寫的言辭更有力量。

6 福西昂年輕時代追隨雅典將領查布瑞阿斯(Chabrias)[10]，獲得很多戰爭的經驗和用兵的技能，他爲了報答知遇之恩，有時就會規勸查布瑞阿斯，袪除任性多變的習性，使得身爲將領能夠善盡職責。特別是查布瑞阿斯在平常日子裡總是冷漠遲鈍的模樣，一旦開始會戰受到激情的鼓舞，發作火爆的脾氣會奮不顧身衝到陣列的前面；實在說，他後來之所以在開俄斯島喪生[11]，就是要自己

9　司菲斯都人(Sphettian)波利優克都斯(Polyeuctus)是雅典的政治家，經常提到笛摩昔尼斯說他是當代最偉大的演說家，然而福西昂的演講本事最大，能用最少的字彙表達最多的意義，何況福西昂對笛摩昔尼斯的攻擊不遺餘力。

10　查布瑞阿斯是雅典的將領，善於用兵，從392B.C.起在科林斯戰爭中屢建奇功，知名於天下，357年圍攻開俄斯島作戰陣亡。

11　開俄斯島、羅得島和拜占庭高舉義幟，反叛第二次雅典同盟，引起社會戰爭(Social War)，是在奧林匹克105會期第4年即357B.C.。

的座艦先行搶灘登陸。

　　福西昂是一位個性溫和而又勇氣百倍的人,當查布瑞阿斯處於拖延遲宕的狀況之下,他具備獨特的技巧可以喚醒他的上官採取行動,要是這位將領過於衝動會陷入危險之中,福西昂能使他冷靜下來不要意氣用事。查布瑞阿斯是一個天性渾厚和心地和善的人,因此對於福西昂非常愛護,經常讓他在作戰行動中負起指揮的責任,掌握戰機發揮自己的才華,供應他各種資源使得他能為希臘人所熟知,等到他從事公職在各方面都給予支援和協助。特別是納克索斯(Naxos)海戰[12],福西昂之所以獲得很大的名氣,就是因為查布瑞阿斯將左翼支隊託付給他,何況整個會戰以這個方面的戰況最為激烈,產生決定性的成果能夠獲得快速的勝利。

　　這也是雅典在被敵軍占領[13]以後,靠著本身的兵力東山再起,在海上作戰贏得首次大捷。查布瑞阿斯獲得民眾的擁戴,福西昂的名聲響亮,大家認為他是一位勇於任事的指揮官。這次獲勝正好發生在舉行神祕祭典期間,查布瑞阿斯為了使雅典人紀念這個偉大的日子,每年Boedromion月第十六天(9月16日),將酒發給所有的市民。

7　　等到這次戰役結束以後,查布瑞阿斯派福西昂前往各島嶼,為了支付戰爭的費用,要求島民繳納分攤的貢金,提供20艘船用來維護航行的警戒和安全。福西昂直言相告,如果查布瑞阿斯的打算是要他將這些島民當成敵人,那麼這點兵力根本不夠用,要是把他們當成朋友和盟邦,那麼一艘船就足足有餘。於是他只開著自己的座艦前去訪問那些城市,在與官員磋商的時候,態度非常平和而且談話極其坦誠,這些盟邦派遣大批船隻隨著他回到雅典,上面裝載供應的物質和金錢。

　　查布瑞阿斯在世的時候,他們一直保持良好的友情和密切的交往,就是等到他亡故以後,福西昂對他的親人和家屬非常照顧,特別是他的兒子帖西帕斯(Ctesippus),更是維護得無微不至。雖然帖西帕斯是一個生性倔強而又不知好歹

12　376B.C.第二次雅典同盟在納克索斯海戰擊潰拉斯地蒙人的艦隊,雅典再度擁有海上霸權。

13　這件事發生在404B.C.,結束雅典和斯巴達之間長達27年的第二次伯羅奔尼撒戰爭;第一次伯羅奔尼撒戰爭是從460年打到446年。

的年輕人，福西昂還是盡力幫助他走上正道，所以會經常去糾正他的錯誤，讓他知道自己做了那些愚蠢的事。有一次，這個不知天高地厚的小子，在營地裡面無理取鬧大放厥詞，提出不得體的問題打斷會議的進行，竟然大膽發言建議應該如何指導這次的戰爭，福西昂在無可奈何之餘不禁大聲叫道：「啊，查布瑞阿斯！查布瑞阿斯！我為了感激你的情誼，對於你的兒子只有盡量忍受。」

　　經過仔細的觀察和深入的研究，對於目前的施政作為了然於胸以後，他的意見是政府的事務要妥善的區分和授權，就像很大的土地需要分配人民耕種一樣，應該分為軍務和文職兩個系統，兩者之間彼此尊重互不干涉。因此文職人員要在市民大會發表演說、負責選舉和準備議案，這些人士像是優布拉斯(Eubulus)、亞里斯托奉(Aristophon)、笛摩昔尼斯、萊克格斯(Lycurgus)和海帕瑞德[14]，應該致力於政治方面的事務。在這個時候，像是黎歐庇昔斯(Liopithes)、麥內修斯(Menestheus)、李奧昔尼斯(Leosthenes)和查里斯[15]，應該加強戰爭和軍事方面的能力和技術。

　　福西昂想要恢復和運作古老的組織體系，本身的架構非常完善，更加和諧能夠發揮協調合作的精神，當年在伯里克利、亞里斯泰德和梭倫等人的時代風行一時，這時的政治家會用阿契洛克斯(Archilochus)[16]的詩句來表達自己的觀點：

> 文武之道，
> 一張一弛。

他們的城邦那位管事的女神，無論在文治武功方面都是贊助者和守護神，他對這點倒是看得很清楚。

8 基於這種著眼，當他留在國內的時候，所提的意見都是主張和平，規勸大家不要輕起戰端，雖然他擔任將領的次數比起任何一位政治家都要

14　雅典這些政治家當中，優布拉斯、亞里斯托奉與福西昂站在同一陣線，笛摩昔尼斯和海帕瑞德處於反對的立場，只有萊克格斯保持中立。

15　這些都是4世紀B.C.雅典知名的將領，像是麥內修斯和李奧昔尼斯在社會戰爭負責主要的責任。

16　阿契洛克斯是7世紀B.C.中葉的詩人，生於佩羅斯(Paros)島，當時享有極高的名聲，可以與荷馬並駕齊驅，現在僅留下其他作者引用的斷簡殘句。

多，不僅當代無人匹敵，就是過去也沒有這種先例。非但如此，他從來沒有慫恿或鼓勵進行軍事冒險行動，從另外一方面來說，就是公眾的聲音召喚他出馬，他也會盡量規避或拒絕。大家知道他當選將領有45次之多，沒有一次出現在選舉的現場，通常是他不在國內的時候，完全是大家用選票將這個職位授與給他，召回他的目的在於重用他的能力。

那些對雅典了解不深的人士，他們對市民大會的作為一定感到極其困惑，他沒有像其他人一樣去討好他們，事事順從他們的意思，反倒是經常加以阻撓和杯葛。偉大的人物或是君主在他們的晚餐準備好的時候，召喚奉承的食客前來說笑助興，雅典人也如法炮製，只要有機會就用得上穿著瀟灑和修飾整潔的演說家，好讓他們為大家提供娛樂的節目；等到要採取軍事行動，他們會冷靜和審慎的考量，挑出個性剛強和見識高明的人選擔任重要的工作，即使這種人會反對他們的意願或是有傷他們的情感，也都在所不惜。

據說有一次從德爾斐送來一份神讖，在市民大會當眾宣讀：「雅典人可以說是萬眾一心，其中只有一位異議分子。」這時福西昂非常坦誠走上前去，要大家無須再去尋找，他就是神讖所指的那個人，只有他不合時宜，無論任何事都跟大家唱反調。某他在市民大會提出個人的意見，看到大家都接受而且表示讚許，這時他轉過頭來問他的朋友，說道：「難道我一時大意說了些什麼蠢話？」

9 有次舉行盛大的祭典，大家要求他比照其他人出一筆獻金[17]，福西昂在受到不停的糾纏以後，就要他們去向有錢的人募捐，他說他那份實在拿不出手，何況還要用來還債，同時轉過頭來指出那位債權人凱利克斯(Callicles)。有次當聽眾不停的叫囂要他下台的時候，他向大家說了這個故事：一個膽小的傢伙出發去參加戰鬥，看到路上有一群烏鴉在哇哇亂叫，就放下武器決定要待一會兒再走；等到平息下來他拿起武器繼續前進，又聽到這些烏鴉發出的嘈雜聲音，再次停了下來，這時他說道：「你們這麼吵鬧最後總會累得無法開口，不管怎麼樣休想拿我當你們的餐點。」

17　第六篇〈亞西拜阿德〉第10節提到他能夠從政進入市民大會，靠著送給市民大筆金錢；他說他這樣做完全沒有預謀，有次出去看到有人在廣結善緣這種狀況，他也照做不誤，只是金額要多得多。

　　雅典人要求他在一個不適合作戰的時間，率領他們出兵去攻打敵軍，他斷然予以拒絕，於是大家譴責他膽小如鼠，他向眾人說道：「就現在的狀況來說，要是如各位所願，我不認為是勇敢；如我所願，你們也不算是怯懦。無論如何，彼此相知甚深，沒有什麼事不可以講清楚。」還有一次在最危險的局勢之下，市民大會斤斤計較，問他將公款用在何處，他還是不客氣地說道：「各位先生，首先要確保大家的安全。」戰時大家的言行都很聽話不會興風作浪，等到簽訂和平條約，很多人擺出傲慢自大的姿態，大聲責怪福西昂，說是他讓大家喪失勝利的榮譽，對於大家的叫囂他僅僅這樣回答：「各位，你們很幸運有我這樣一位深知底細的領導人，否則城邦早就陷入萬劫不復的處境。」

　　有一次雅典為了疆域問題與皮奧夏人發生齟齬，他的意見是雙方坐下來談判，市民大會的打算是不惜一戰。福西昂說道：「你們最好是運用能占優勢的武器(雅典人的辯才)來解決爭端，並不是戰爭，因為你們處在劣勢。」有一次在他發言以後，大家不願聽他的忠告，也沒有通過他的主張，於是他說道：「你們可以強迫我採取我所反對的行動，但是你們無法逼我講出違反我判斷的話。」

　　當時有很多政客都反對他，像是笛摩昔尼斯有次就對他說道：「福西昂，總有一天雅典人會在一怒之下將你殺掉。」他說道：「笛摩昔尼斯，如果一旦他們神志清醒，你也難逃殺身之禍。」司菲都斯人波利優克都斯有次在大熱天，力言要與菲利浦開戰，他是一個大胖子，高溫的氣候使他在講話的時候汗流浹背，所以一直不斷的喝水止渴。福西昂說道：「實在說，難道他就是領導我們走上戰爭之路的最佳人選！如果他對各位發表準備好的演說，已經幾乎累得死去活來，各位可以想像，他穿上胸甲攜帶盾牌遇到敵人會是什麼一副模樣？」萊克格斯在市民大會對他過去的行事大肆批評，尤其是他答應亞歷山大的要求，勸大家交出10名市民作為人質[18]，更是抨擊的重點所在，他的回答是他的確提出安全而有益的意見，只是大家不一定非聽不可。

10 有個名叫阿契拜阿德(Archibiades)的傢伙綽號拉斯地蒙人(Lacedaenonian)，留著一大把落腮鬍，身穿脫毛的老舊斗篷，裝出

18　後面第17節會提到這幾個人的名字，包括現在知道的笛摩昔尼斯、萊克格斯、海帕瑞德和查瑞達迪穆斯在內。

一副凶狠的神色。福西昂有次在會議中受到猛烈的攻擊，要求他的人馬給予支持和聲援，這個傢伙站起來講話完全倒向民眾那一邊，於是福西昂抓住他的鬍子說道：「啊，阿契拜阿德，你應該將它刮光的時候到了。」

亞里斯托杰頓（Aristogiton）是一位眾所周知的指控者，每逢戰時在市民大會是令人畏懼三分的人物，經常煽動民眾要用戰爭來解決問題，等到要建立服役名冊，這時他的手裡拿著拐杖，腿上包著繃帶，福西昂遠遠看到他走過來，就對著辦事員大叫：「在亞里斯托杰頓的名字下面註明，不僅腿瘸還一無是處。」

福西昂無論面對任何狀況，始終保持行事嚴厲而且說話刺耳的作風，竟然能夠獲得「善人」的稱呼，說起來難免讓人感到奇怪。我個人的看法雖然牽強並非不無可能，那就是人的個性很像所飲的酒，品嘗的時候即使帶著酸澀的味道，還是會引起愉悅的感覺；要是入口之際就喜愛所具備的甜味，等到多喝就會極其不適反而認為有害無益。我們聽說海帕瑞德有次在市民大會向大家說道：「各位雅典市民，你們不要問我是否說了一些挖苦大家的話，而是要問我是否為了這個而付出代價。」好像群眾被貪婪的念頭所引導，對於那些給他們製造麻煩和帶來困擾的人，存著畏懼之心而且要加以攻擊；只有那些識時務的人，能夠運用權勢滿足他們的傲慢、嫉妒、憤怒和怨恨，才可以安然無事。

福西昂從來沒有基於個人的敵意，傷害到任何一位市民同胞，也不會將任何一位人士視為他的仇人。他為了謀求公眾的福利反對某些措施，才會採用勢不兩立的鬥爭方式，只有在這種狀況之下，他成為一位粗魯、固執和絕不通融的敵手。平素的談吐非常的輕鬆、有禮而且善體人意，基於這種觀點，他會對陷入災難的政敵表達友善的情誼，那些與他唱反調的人在需要他給予支持的時候，他從不吝於伸出援手。他的朋友譴責他竟然出面為心術不正的壞蛋辯護，他的說法是正人君子根本不需要一位律師。

阿諛者亞里斯托杰頓就是我們前面提到的那個傢伙，在他的判決宣布以後，派人向福西昂提出要求，迫切希望能在監獄見面商談案情，他的朋友規勸他不要前往，他說道：「我不能不去，要想拜訪亞里斯托杰頓，你難道還能找到更好的地點？」

11 無論是雅典的盟邦還是島民，除了福西昂以外，對於其他的水師提督，只要率領艦隊奉派前來，他們都抱著敵意，馬上關閉城門，港

口加以封鎖，將他們的牲口、奴隸和妻兒子女帶進城內，派遣守備部隊登上城牆提高警戒。只要等到福西昂抵達，他們會披上彩帶頭戴花冠，每個人都駕著自己的船隻和小艇前去迎接，大家歡天喜地陪伴他登岸。

12 菲利浦王費盡心血總算進入優卑亞(Euboea)[19]，他帶著從馬其頓來的部隊，使得自己成爲這些城市的主人，藉口是那些統治者都是迫害人民的暴君。伊里特里亞(Eretria)[20] 的蒲魯塔克(Plutarch)出任使者到雅典尋求援軍前來解救，說是整個島嶼面臨迫近的危險，很快會落到馬其頓人的手裡。福西昂奉派帶領部分人員前往[21]，他的兵力在對比之下極其薄弱，期望優卑亞人能夠成群結隊加入他們的陣營。

當他抵達優卑亞以後，發現整個狀況是一塌糊塗，菲利浦王在暗中用錢賄賂，整個國度叛亂四起，福西昂喪失立足之地，面臨的危險大到難以想像。他爲了盡可能確保本身的安全，占領一塊小高地，與塔邁尼(Tamynae)鄰近的平原隔著一條很深的水道；就在那個地點配置最精銳的部隊，加強各項防禦工事。當地那些鎮日閒聊的政客和不守紀律的市民，他們逃出營地然後打道回國，福西昂吩咐他的軍官根本不必理會，因爲這些人都是成事不足敗事有餘的傢伙，知道自己拋棄應盡的責任，在國內就不會肆意批評他們的作戰行動，對他們的所作所爲大聲疾呼加以反對。

13 敵軍在近處開始排成戰線，福西昂吩咐手下拿起武器在原地待命，等候他完成獻祭和腸卜，這需要花費相當時間，可能會出現一些凶兆，或許他的目的是要讓敵軍更爲接近。蒲魯塔克認爲遲延很可能斷喪作戰的士氣，單獨率領傭兵部隊向敵人發起攻擊，他們的騎兵看見蒲魯塔克的行動，也都按捺不住鬥志，紛紛湧出營地，一時秩序大亂向著敵軍疾馳。前軍接戰以後被敵人擊敗，引起全線的潰退，蒲魯塔克自己也飛奔逃走，一股敵軍向前挺進，想要

19　優卑亞是希臘東部愛琴海最大的島嶼，南北長約150公里，寬約30到50公里，形成東北的門戶，形勢非常險要，主要的城市是卡爾西斯(Chalcis)。
20　優卑亞島南岸一個城市，位於卡爾西斯東方約20公里。
21　增援行動是在奧林匹克107會期第3年即350B.C.，這個時候的菲利浦正發起對伊里利亞和伊庇魯斯的各次戰役。

迅速占領營地，認為勝利已經到手。就在這個時候，獻祭的儀式正好結束，雅典人出了營地向前列陣，擊敗來敵使得他們大敗而逃，因為很多人陷入塹壕裡面，全都被雅典人殺死。

　　福西昂命令他的方陣保持警覺，準備支援追擊敗逃敵人已經散開的隊伍，他自己率領最精銳的部隊，與敵人的援軍進行激烈而血腥的戰鬥，所有的雅典人表現出奮不顧身的驍勇。辛尼阿斯(Cineas)之子薩拉斯(Thallus)和波利米德(Polymedes)之子格勞庫斯(Glaucus)，他們在將領的身邊戰鬥，能夠分享那天的榮譽。克利奧法尼斯(Cleophanes)在會戰中有莫大的貢獻，騎兵部隊遭敵擊敗是他恢復他們的士氣，經過整頓以後，發出吶喊的聲音，立即增援友軍的戰鬥，正好解救將領於危險之際，使得步兵贏得的大捷可以確保無虞。

　　福西昂將蒲魯塔克趕出伊里特里亞，自己占領最險要的城堡札里特拉(Zaretra)[22]，這個地點位於島嶼最狹窄之處，兩邊都是大海，中間只有一條羊腸小道。他將俘虜的希臘人全部放掉，就是怕雅典那些政客，利用這個社會激起人民的憤怒，因而下令要他採用殘酷的報復手段。

14 等到所有的事務處理妥當和獲得解決以後，福西昂返航歸國，盟邦很快懊惱他們失去一個公正和仁慈的將領，雅典人這時才知道他的軍旅經驗和驍勇善戰是多麼重要。接替他職位的指揮官摩洛蘇斯(Molossus)，不僅沒有達成任務，反而被敵軍活捉。

　　菲利浦充滿豪情壯志，現在率領全部兵力向著海倫斯坡進軍[23]，奪取克森尼蘇斯(Chersonesus)和佩林蘇斯(Perinthus)，接著據有拜占庭(Byzantium)[24]。雅典人徵召一支軍隊前去救援，民選領袖說服市民大會，把將領的職位授與查里斯。等到查里斯發航趕赴戰地，在他指揮下的部隊可以說是一事無成。所有的城市產生畏懼之心，不讓他的船隻進入他們的港口，這時他一籌莫展而且帶來很多流言，說他搜刮盟友的錢財，同時還被敵人藐視。市民大會為演說家的挑撥言論所激怒，雅典人在憤慨之餘，後悔派遣援軍去幫助拜占庭人。

22　札里特拉是優卑亞島一處防衛森嚴的要塞，控領海峽的通道。

23　340B.C.佩林蘇斯和拜占庭背棄馬其頓聯盟，菲利浦在雅典宣戰之前先行發起攻擊。

24　克森尼蘇斯、佩林蘇斯和拜占庭都是普羅潘提斯海北岸的城市，最早是麥加拉人建立的殖民地，控領海倫斯坡海峽和博斯普魯斯海峽，是進入黑海的孔道。

　　福西昂站起來發言，認爲盟邦表現出不信任的態度，我們不應該爲此大發脾氣，而是我們派遣的將領無法讓人信任；他說道：「對那些沒有你們的援軍就無法生存的居民，大可不必懷疑。」市民大會爲他的發言所感動，很快大家改變心意，命令他立即徵召一支軍隊，要他前去幫助在海倫斯坡的盟邦[25]，這次的指派對於拯救拜占庭於危亡之中起了最大的作用。

　　福西昂贏得舉世讚譽的名聲，他的舊識李昂(Leon)[26] 也是學院的同學，在拜占庭人中間以德行著稱，前來見福西昂提出保證，打開城門歡迎他進入，雖然他的本意是在城外紮營，但是他們堅不同意，非要用城池來保障他的安全不可，對他和所有雅典人的接待，使得他們感到賓至如歸。爲了回報所獲得的信任，他們在這些新的東道主當中，無論是一言一行都非常的誠摯，絕不會引起當地人士的反感。同時只要有機會就讓對方知道，他們會盡最大的熱情和決心負起守備的任務。

　　菲利浦被迫從海倫斯坡撤走，這對他的名聲是很大的羞辱，直到當前爲止，他可以說是攻無不克戰無不勝，而且從沒有遇到旗鼓相當的敵手。福西昂捕獲一些敵軍的船隻，就是菲利浦配置守備部隊的城市，也有幾處被他占領，同時對馬其頓的領土發起入侵行動，進行劫掠和征服，敵軍的守勢作戰使得他在一次對陣中受傷，這樣才率領艦隊返回雅典。

15　麥加拉人在這個時候暗中派員前來要求雅典人給予援助[27]，福西昂害怕皮奧夏人得知消息以後先下手爲強，於是在清晨召開市民大會，將麥加拉人的求援書提出來討論，立即投票通過，獲得同意發布敕令，他下令吹起號角，領導雅典人直接從會場出發，全副武裝擺出不惜一戰的姿態。

　　麥加拉人興高采烈的迎接，即刻加強尼西亞(Nisaea)[28] 的防務，建築兩道城牆從城市直抵水師軍械庫，能夠與海洋連成一氣，只要能夠依賴雅典作爲海上的

25　雅典派出援軍是在339B.C.菲利浦從拜占庭撤軍退到色雷斯，接著領導第四次神聖戰爭懲罰洛克瑞斯人在安斐沙(Amphissa)的褻瀆神聖罪行。
26　340B.C.菲利浦圍攻拜占庭，修辭學家和歷史學家的李奧對同胞所說的話：「我情願爲你們喪生，不要你們陪著我送命。」
27　麥加拉發生內訌，有一個黨派傾向馬其頓，當政者請求雅典出兵予以鎮壓，這件事發生的時間不詳，可能是344-343B.C.。
28　尼西亞是麥加拉的外港，距離約爲兩公里。

長城，這樣一來陸上的敵軍就不足爲慮。

16 雅典人和菲利浦的敵意日深[29]，雖然福西昂不在國內，他們選出其他的將領從事戰爭。等到福西昂離開島嶼返回國門，非常熱誠與各方討論當前的狀況，他的看法是菲利浦已經表示接受和平的意願，心中顧慮戰爭的危險，所以他們應該同意和平協定的有關條款。

有一個傢伙是眾所周知的指控者，經常可以在法院見到，只有他強烈的杯葛，質問福西昂竟敢說服雅典人接受和平，要知道大家已經將武器執在手中。福西昂說道：「不錯，雖然我知道戰時我的官位高過於你，而在平時我屈居在你之下，即使如此，我還是不願發動戰爭。」他還是無法讓大家聽他的話，這時笛摩昔尼斯提出意見，就是戰事要盡可能遠離國土，應該在阿提卡以外的地區進行會戰。福西昂這時說道：「各位朋友，不要問我們將在何處作戰，而是要知道我們是否可以征服敵軍，只有勝利才能將戰事保持在一段距離之外，如果我們被打敗，戰火很快會燃燒到我們的家門口。」等到雅典人吃了敗仗以後[30]，城市裡面那些鬧事和煽動的傢伙，他們慫恿查瑞迪穆斯登上講壇，提名他自己出任將領，老實的市民大爲驚慌，得到阿里奧帕古斯會議的支持，藉著懇求和眼淚，總算說服人民大會，將城市的事務託付給福西昂全權負責。

一般而言，只要菲利浦開出相當公正的條款，他的意見是應該接受；迪瑪德斯提出一個動議，雅典要與希臘其他城邦，對於和平協定的共同條件採取一致的立場[31]。他知道這是菲利浦的特別要求之前，一直持反對的態度。因爲時機非常的緊迫，他對這方面所提出的勸告遭到否決，當他們知道這些條款的內容，是要他們供應菲利浦所需的騎兵和船隻，雅典人馬上就感到後悔。福西昂說道：「我之所以反對就是害怕出現這種狀況，事到如今只有盡力而爲，絕不可以懷憂喪志。要知道我們的祖先有時指揮別人，有時被別人指揮，無論是擔任統治者或是屈就臣民的身分，總要善盡職責拯救我們的國家和其餘的希臘人。」

29　這個時間是奧林匹克110會期第1年即340B.C.。

30　338年8月2日B.C.菲利浦在奇羅尼亞會戰擊敗雅典和底比斯聯軍，整個希臘受到馬其頓的控制。

31　338B.C.菲利浦在科林斯召開希臘城邦大會，次年舉行第二次會議簽訂和平條約，接著在菲利浦主導之下成立科林斯聯盟，推選他為希臘聯軍統帥，負責對波斯作戰。

等到菲利浦亡故[32]的信息傳來，福西昂反對公開舉辦慶祝活動或是實施大赦，認爲這種幸災樂禍的行爲極其可恥；想當年在奇羅尼亞與雅典人戰鬥的敵軍，人數之所以減少就是靠著他一個人的力量。

17 亞歷山大現在開始攻打底比斯，笛摩昔尼斯對此事猛烈抨擊，福西昂朗誦荷馬的詩句：

> 愚者徒逞口齒利，
> 激怒強敵復何益[33]？

並且問道：「爲何要鼓舞他已經高漲的熱情去追求光榮？爲何不辭辛勞非要讓整座城市陷入如此迫近的恐怖戰火之中？我們受領的職務就是爲了拯救市民同胞，雖然他們自作孽活該面臨當前的困境，說是要讓他們落入毀滅的下場，我們還是不能答應。」

等到底比斯失守[34]以後，亞歷山大要求雅典人將笛摩昔尼斯、萊克格斯、海帕瑞德和查瑞達迪穆斯押解給他施加懲處，整個市民大會全部轉過來頭來望著福西昂，指名要他提供意見，最後他還是站了起來，向大家指出一位他最親密的朋友，對這個人的愛和信任超過其他的人士，於是他說道：

> 你們必須讓這件事通過表決，拿我來說，如果亞歷山大要我的朋友奈柯克利(Nicocles)，我也無法拒絕只有將他交了出去。就我個人而論，如果爲了公眾的安全，而能犧牲自己的生命和財富，我將視爲這一輩子最大的福份。看到那些前去援救底比斯的人士，現在任憑那座城市遭到毀滅，自己就這樣逃了回來，實在令人感到傷心；最難過的事莫過於希臘人都在爲底比斯人的遭遇而悲憤不已。我們乞求戰勝者免於雷霆之怒，同時要爲這兩座城市講情說項，這樣就不必冒險從事另外

32　菲利浦被弒於336B.C.，笛摩昔尼斯提議要雅典將花冠贈給兇手。

33　引用《奧德賽》第9卷第494行，尤里西斯和他的同伴逃出巨人波利菲穆斯的洞窟，登上船隻以後，大家勸他不要去找這個怪物的麻煩。

34　奧林匹克111會期第2年即335B.C.，亞歷山大攻占底比斯，大肆屠殺以後將居民發售為奴。

一場會戰,看來這對所有的人都有很大的好處。

據說雅典的市民大會第一次通過的詔書,呈送給亞歷山大的時候,他根本拒絕接受,帶著藐視的態度將它丟在地上,轉過背去不理睬派來的代表團,他們在驚怖之餘只有趕緊離開。

等到第二次由福西昂親自呈送,亞歷山大表示願意接受,特別是他從年老的馬其頓人那裡得知,菲利浦對於福西昂極其器重而且讚不絕口。亞歷山大不僅給予覲見和聆聽他的陳情和請願,還允許他提出勸告。福西昂抓住機會陳述他的論點:如果亞歷山大的打算是要過安定的生活,那麼他應該立即與各城邦簽訂和平條約;如果他的目標是獲得光榮的成就,那麼他應該發動戰爭,對象不是希臘人而是蠻族。還有各種方案和建議,針對亞歷山大的稟賦和情緒,都能言之有理投其所好。這樣一來他讓亞歷山大心儀不已,處理雙方的事務就不會擺出強硬的姿態。亞歷山大還特別叮囑,要雅典人不能忘記自己的地位和立場,萬一他壯志未酬,領導希臘人的最高權威仍舊落在他們的頭上[35]。

他把福西昂當成自己的朋友和貴賓,極其禮遇而且認為福西昂與眾不同,很少有人能夠繼續獲得他的厚愛,即使他身邊的人士也無法得到這種殊榮。無論如何,杜瑞斯告訴我們,說是亞歷山大征服大流士以後,自認是當代最偉大的人物,從此寫信在開頭不再用「致敬」兩個字,唯有寫給福西昂的信件例外。查里斯也曾經說過,亞歷山大只有寫信給福西昂和安蒂佩特,才會降尊紆貴使用敬語。

18 亞歷山大大帝對福西昂非常慷慨,大家都知道有一次送給他的禮物是100泰倫[36],並且派人押運到雅典,福西昂問送禮人為什麼在所有的雅典人中間,唯獨他獲得這樣的厚愛,來人說是亞歷山大提到當代人物,認為只有他不僅讓人尊敬而且極具分量,福西昂說道:「那麼請國王讓我能繼續保有得之不易的信譽。」送禮人追隨福西昂來到他的住處,發現他過著清寒和簡樸的生活,妻子親手揉製麵包,他自己打水洗腳。他們強迫他要收下送來錢財,同時

---

35 亞歷山大對於雅典人不僅完全寬恕過去的冒犯行為,交代他們自行做主處理有關事務,特別提醒他們要是他有任何不測,由雅典出任整個希臘的仲裁人。

36 100泰倫是很大一筆款項,要知道1泰倫相當於30個士兵的年薪。

還擺出極其憤慨的神色，說是亞歷山大的朋友要是這樣的貧窮可憐，等他知道一定會感到羞愧。

這時正好有位貧苦的老人，身穿一件骯髒破舊的外衣，從他的門前走過，他指著這位長者問來人，是否他們認為他的處境更為惡劣，他們求他不要用這個來做比較。福西昂說道：「雖然這位長者的生活比起我要差得多，還是能夠隨遇而安；總而然之，如果我不用國王送給我的錢，那麼這樣做對我又有什麼不好；如果我用了這些錢，無論是我還是亞歷山大，都只能在我的同胞中間獲得不堪入耳的名聲。」於是整筆鉅款又從雅典退了回去。

雖然這是一個極其獨特的例子，能夠證明在希臘人當中，有人出手就是一擲千金，更有人不願貪非分之財。亞歷山大知道以後相當不滿，寫信說福西昂沒有把他看成朋友，自己想盡一點心意都辦不到；然而福西昂還是不為所動。他為很多人講情說項，不惜乞求亞歷山大高抬貴手，像是詭辯家愛契克拉泰德（Echecratides）和伊姆布羅斯人（Imbrian）阿瑟諾多魯斯（Athenodorus）[37]，還有笛瑪拉都斯（Demaratus）和斯巴頓（Aparton）這兩位羅得島人，涉入控案遭到逮捕被關在薩迪斯，這些人都獲得亞歷山大的首肯，恢復自由之身。

後來，等到克拉提魯斯被派到馬其頓[38]，亞歷山大叮囑他要在亞洲指定西烏斯（Cius）、吉捷蘇斯（Gergithus）、邁拉薩（Mylasa）和伊利亞（Elaea）這四個城市[39]，讓福西昂任選一個當成封地，所有的歲入可以自行支配，特別交代他不能像過去那樣拒不接受，要是這樣會引起亞歷山大勃然大怒。克拉提魯斯還是無法說服福西昂，沒過多久亞歷山大崩殂。福西昂的房舍位於梅萊特區（Melite）[40]，一直保存到目前還能見到，除了外面裝飾小塊銅片，其餘部分非常簡樸適於家居。

---

37 阿瑟諾多魯斯是從事東方貿易的商船船長，359B.C.在色雷斯建立龐大的政治實力，支持波斯對抗亞歷山大，334年在薩迪斯被馬其頓人擒獲。

38 這是奧林匹克114會期第1年即324B.C.的事，克拉特魯斯奉命率領亞歷山大的老兵回到馬其頓，第十七篇〈亞歷山大〉第71節有詳盡的記述。

39 這四個城市全都位於小亞細亞內陸地區，其中以邁拉薩較為著名。

40 梅萊特這個行政區或選區位於雅典城的西南方，建有一座黛安娜神廟，所祭祀的神明稱為「有求必應的黛安娜」。

19 有關他的妻室，第一位是雕塑家西菲索多都斯（Cephisodotus）[41]的姊妹，其餘所知甚少。另外一位是家庭主婦，她在雅典人中間以女性的懿德和清寒的生活，獲得的名聲不下於福西昂的廉潔剛正。

有一次民眾在劇院觀賞一齣新編的悲劇，主角扮演王后的角色，要一大群配角穿上華麗的服裝，擺出壯觀的隊伍隨著他進入舞台。等他知道全都沒有準備，於是賭氣拒絕演出，讓觀眾坐在那裡乾等，直到最後負責提供合唱隊的麥蘭提烏斯（Melanthius）將他推上舞台，並且大聲叫道：「什麼，你不知道福西昂的妻子也不過只有一位侍女隨伴在側，看來你的要求太高了，難道一定要讓我們的婦女充滿虛榮心？」他說話的音量很大觀眾都聽得很清楚，受到大家的讚許整個劇院響起一片掌聲。

她自己有次接待來自愛奧尼亞的訪客，這位貴賓戴著名貴的飾物，無論是頭冠、項圈和其餘的手飾，全部是黃金製成，上面鑲著寶石，於是她說道：「我的丈夫福西昂是我的裝飾品，他在雅典出任將領迄今已有20年之久。」

20 福西昂的兒子福庫斯（Phocus）想在密涅瓦慶典期間參加運動會，比賽的項目是跳遠[42]，他答應提出的要求而且非常同意這種做法，目的不是為了贏得勝利，而是希望運用訓練和紀律，讓這位年輕人成為有用之材，因為福庫斯不僅喜愛飲酒而且素行不良。他的比賽成績斐然，很多朋友極其熱心要參加宴會慶祝他的勝利。福西昂不願邀請全部客人，只允許一位前來赴席，當他進入設宴的房間，看到各種準備花費很大，甚至就是給客人洗腳的水，裡面都摻混著葡萄酒和香料，於是他責備兒子，為什麼要讓他的朋友玷污勝利的榮譽[43]。

他一直希望能讓這位年輕人棄絕惡習和損友，就將他送到拉斯地蒙，要與那裡的青年一起接受斯巴達的訓練課程[44]，這件事引起雅典人的反感，好像他對本國的教育抱著藐視之心，迪瑪德斯公開抨擊他的行為，用揶揄的口吻說道：「福西昂，看來你和我都要勸雅典人採用斯巴達的制度，如果你願意的話，我準備提

41　西菲索多魯斯是雅典知名的雕塑家，371B.C.為雅典完成和平女神廟的浮雕群像。

42　帖修斯為了要與海克力斯一比高下，創辦泛希臘運動大會，包括很多競技的項目。

43　獲得比賽的勝利在於節制的生活和艱苦的訓練，要是與朋友縱情聲色，就無法保持優勝的記錄。

44　斯巴達人將這種訓練方式稱為agoge，第十六篇〈亞傑西勞斯〉第1-2節有較為詳盡的說明。

出一個法案來達成那個目標，同時盡量為它美言好在市民大會獲得通過。」福西昂說道：「根本不必多此一舉，實在說你自己受的影響更大，滿口頌揚萊克格斯的德政，到處推薦斯巴達的飲食，何況還渾身濃香薰人，把斗篷披在肩膀上面。」

21 亞歷山大寫信給雅典人，要求他們提供所需的戰船，演說家發言反對派遣水師，市民大會要福西昂發表意見，於是他很坦誠向大家說道：「各位先生，你們可以用來讓自己贏得勝利，再不然幫助朋友獲勝又有何不可。」

皮瑟阿斯(Pytheas)[45] 第一次在市民大會發表演說，就讓大家知道他是一個膽大而又多話的傢伙，於是福西昂打斷他滔滔不斷的議論，說是一個人民昨天才買回來的年輕奴隸，應該知禮守分不能亂開黃腔。

哈帕拉斯(Harpalus)從亞歷山大身邊逃走，帶著鉅額錢財離開亞洲來到阿提卡，市民大會的公眾人物，特別是那些名氣不夠響亮的政客，都想捷足先登前去分一杯羹。哈帕拉斯只不過拿些零頭就將這些人打發掉，同時還一舉兩得用來者當作誘人上鉤的餌。他對福西昂開出的價碼是700泰倫，還有另外的好處只要提出他無不從命，條件是將他本人和所有的事務，交出福西昂妥善的安排和審慎的處理。福西昂回答的口氣極其銳利，如果哈帕拉斯還繼續敗壞這個城市的風氣，總有一天他會感到後悔莫及，到時候那些拿錢的人無法達成他的要求，就會阻止他不讓他訴諸司法程序。

不久以後，當雅典人召開會議慎重考量與他有關的案件，這時他才發現那些受賄者成為他最大的敵人，他們為了自保和撇清關係，對他進行嚴厲的指控。福西昂沒有受收任何好處，只要在公眾利益可以容許範圍之內，能夠就哈帕拉斯的安全進行考量。這樣一來，等於鼓勵哈帕拉斯再度嘗試，最後發現福西昂如同一座戒備森嚴的城堡，所有的腐敗和墮落找不到進入的途徑。哈帕拉斯曾經公開宣稱，他與福西昂的女婿查瑞克利(Charicles)不僅有深厚的友情還得到他的信任，因此查瑞克利能夠涉入所有的事務，從而使哈帕拉斯獲得他的協助，這樣一來查瑞克利難免受到各方的猜疑。

45　皮瑟阿斯是雅典演說家，用極不理性的態度反對笛摩昔尼斯，為人輕浮易變，拉米亞戰爭成為賣國的叛徒。

22 有一個例子可以看出這兩個人的關係。皮索奈西(Pythonice)是哈帕拉斯的情婦，深受他的寵愛還為他生了一個兒子，等到她突然逝世，哈帕拉斯決定為她建立一個華麗的紀念堂，要他的朋友查瑞克利多多關照。這件委託案的本身就給他帶來很大的羞辱，等到整個工作完成以後，查瑞克利更是受到各方的譴責。要是你從雅典走到伊琉西斯，就可以在赫米隆(Hermenum)看到這座建築物，怎麼說外形都不符合30泰倫的鉅額費用，這是查瑞克利向哈帕拉斯索取的工程價款[46]。

等到哈帕拉斯過世[47]以後，福西昂和查瑞克利對他的女兒照顧得無微不至，還讓她接受良好的教育。查瑞克利受到市民大會的召喚，要他交代與哈帕拉斯來往的狀況，這時他懇求他的岳父給予保護，能夠出席法庭為他辯駁。福西昂拒絕他的要求，還對他說道：「我所以選你做我的女婿，完全是因為你有崇高的聲譽。」

第一個將亞歷山大崩殂的消息帶到雅典的人，就是希帕克斯(Hipparchus)之子阿斯克勒皮阿德(Asclepiades)；迪瑪德斯要大家不可輕易相信，如果此事成真，死屍的臭氣會瀰漫全世界。福西昂見到市民大會熱中於立即來到的變局，盡其所能讓大家安靜下來，勸阻他們不要做出無法彌補的蠢事。這時有很多人爭著要上講台演說，大聲叫喊這個信息正確無誤，亞歷山大已經逝世，福西昂說道：「如果他在今天已經亡故，那麼無論是明天還是後天，這個事實並不會改變，我們大可從長計議，總之以確保安全為首要。」

23 李奧昔尼斯使得整個城市捲入拉米亞(Lamian)戰爭[48]，這件事違背福西昂的意願使他極其不滿，於是李奧昔尼斯用藐視的口氣問他，擔任這麼多年的將領，到底給城邦帶來那些好處。福西昂說道：「最大的好處是讓市民能夠安葬在自己的墓地。」李奧昔尼斯在市民大會渾無忌憚大吹法螺，他說道：「年輕人，你講話就像杉樹，雄偉高聳但是不長果實。」海帕瑞德對他大

---

46 鮑薩尼阿斯(Pausanias)的《希臘風土志》第1卷第37節，描述這個墓地的位置和景觀，加上弗拉色(Frazer)的註釋非常詳盡。鮑薩尼阿斯特別提到在古老的希臘墳墓當中，矗立在西菲蘇斯(Cephisus)河畔的殘留建築物極其雄偉。

47 安蒂佩特要求雅典人將哈帕拉斯交出來，於是哈帕拉斯逃到克里特，在那裡被刺身亡。

48 拉米亞戰爭發生在323-322B.C.，希臘聯軍將安蒂佩特和他的部隊圍困在拉米亞因而得名，這是帖沙利東南部的一個城市。

肆抨擊，質問他要是時機來到，是否會勸雅典人從事戰爭。他說道：「等我看到青年獻身軍旅，有錢人慷慨捐輸，政客不再偷竊國庫財物，就會義不容辭的大聲疾呼。」

後來，李奧昔尼斯主持軍隊的編成和戰爭的準備，很多市民對他極其欽佩，他們問福西昂是否贊成新的徵召工作，他說道：「就應付短期的衝突而言[49]，這項工作非常完美。我害怕陷入長期戰爭的泥沼，我們手邊只有這點資本，等到曠日持久的拖下去，城邦就會缺乏金錢、船隻和士兵。」整個事件帶來的結局證實他有先見之明。開始的時候可以說是萬事順利，李奧昔尼斯在一場會戰中擊敗皮奧夏人，為自己贏得響亮的聲名。他將安蒂佩特圍困在拉米亞的城牆之內，市民為緒戰的勝利欣喜若狂，他們舉行莊嚴而盛大的祭典，用城邦的名義向神明奉獻犧牲。很多人以為福西昂這時會承認自己的錯誤，問他是否願意執行這樣的作戰行動，可以獲得重大的成就；他回答道：「我很高興能有這樣的機會，然而還是堅持原來的立場。」等到營地派出接二連三的信差，不僅肯定還誇大勝利的成果，他說道：「像這樣沒完沒了的消息，何時才會結束呢？」

24 沒過多久李奧昔尼斯被殺，有些人害怕福西昂獲得軍隊的指揮權，就會中止這場戰爭，在市民大會安排一位無名小卒，要他站起來發言，自認是福西昂的老友和知己，奉命前來說服在座人士，這一次不要派給他任何職務，保留用來對付更為緊迫的局勢(因為沒有人的能力可以與他相比)，目前可以要安蒂菲盧斯(Antiphilus)負責指揮軍隊。大多數市民聽了都很高興，只是福西昂要讓大家知道，這個人根本不是多年的老友，甚至連認識都談不上，他說道：「這位先生，你的諫言給我帶來很大的好處，從今而後已經成為我的朋友和恩人。」

市民大會激起興奮的情緒，要對皮奧夏人採取討伐的行動，福西昂在開始的時候抱持杯葛的態度。他的朋友對他提出警告，因為他經常唱反調，當局準備將他處死。他說道：「如果我說老實話，他們還要置我於死地，那是他們有負於我；只有我違背自己的良知，他們才可以那樣做。」等到他發現民眾堅持出兵，大聲

---

49 原文是用賽跑來表示戰爭的期程，短途是直線距離相當於運動場的長度，長途是來回跑10趟。

咆哮要他負起領導的責任，於是他命令宣達員發布公告，所有60歲以下的雅典人，立即準備攜帶5天的口糧，離開市民大會追隨他前進。這樣一來使得全市陷入巨大的騷動之中，那些合於兵役年齡人全都大吃一驚，為了反對這項命令而吵鬧不休。他認為提出的要求絲毫沒有傷害大家的意思，他說道：「我已經是80歲的老人，還要領導你們採取行動。」這樣才能安撫市民大會仍舊維持現狀。

25 邁西昂（Micion）率領一支實力強大的軍隊，是由馬其頓人和外來的傭兵組成，開始入侵海岸地區，對拉姆努斯（Rhamnus）[50]發起襲擊，四周的鄉村都受到蹂躪；福西昂領導雅典人前去迎戰。等到來自各階層的平民前來報到，有些人好管閒事竟然干涉他的指揮權責，他們告訴他應該占領那些要點或者那一座山頭，應該向那個地區或那個方向派遣騎兵部隊，以及應該在何時何地與敵軍接戰；他說道：「啊，海克力斯！我們的將領何其多而士兵何其少！」

後來，正在排成會戰隊列的時候，有個傢伙想要表現自己的英勇，離開指定的位置走到眾人的前面，等到敵軍逐漸接近，膽怯之餘又退回原來的隊列之中，福西昂說道：「年輕人，一天之內你竟然兩次放棄守備的陣地，第一次是我所賦予而第二次是你自己所決定，難道你不感到羞愧？」不過，他把敵軍打得大敗而逃，邁西昂和很多人當場被殺。

雖然李奧納都斯（Leonnatus）和馬其頓人離開亞細亞，前來與安蒂佩特會師；希臘軍隊在帖沙利一場會戰中擊敗他們。李奧納都斯在戰鬥中被殺，這次會戰是由安蒂佩特指揮步兵方陣，帖沙利人門儂（Menon）[51]指揮騎兵部隊。

26 但是不旋踵間，克拉提魯斯率領一支大軍從亞細亞渡海而來[52]，接著在克拉隆（Cranon）打一場決定性的會戰[53]，希臘人吃了敗仗，實在說這次失利並不嚴重，人馬的損耗極其有限，問題出在指揮官的年紀太輕而且過於

50　拉姆努斯是阿提卡地區北方的城市，與優卑亞島遙遙相對，距離雅典約有50公里。

51　帖沙利人門儂是法爾沙拉斯的市民，擁有相當權勢和聲譽，統率的騎兵部隊在克拉隆會戰發揮舉足輕重的影響，321B.C.戰敗為波利斯帕強所誅。

52　前面提到克拉提魯斯奉命將亞歷山大的老兵帶回馬其頓安置，這是324B.C.的事，當時亞歷山大還未逝世。

53　克拉隆是帖沙利中部地區的城市，位於法爾沙拉斯和拉立沙之間，322年8月B.C.，馬其頓人在此地發起會戰擊敗希臘聯軍。

縱容部下，從而大家喪失服從之心，同時安蒂佩特對這些離心離德的城市，運用收買和磋商的手段，最後使得他們的軍隊分崩瓦解，希臘人在非常羞辱的狀況下放棄城邦的自由權利。

等到傳來信息，說是安蒂佩特率領全部人馬，進軍前來攻打雅典，笛摩昔尼斯和海帕瑞德逃離城市。迪瑪德斯頒布的敕令違背法律規定，曾經受到定罪有七次之多，對於當局給予罰鍰的處分，根本無力繳付，因而被褫奪公權，不能在市民大會從事政治活動；現在抓住機會得到豁免，通過一個法案要派遣全權大使，前去與安蒂佩特磋商和平條約。人民對迪瑪德斯難免產生疑慮之心，要福西昂提供意見，因為大家對他極其信任。他說道：「如果你們早聽我的話，現在也不必為這些問題傷腦筋。」所提的法案獲得通過，據以頒布敕令，福西昂和其他委派的代表去見安蒂佩特。

雖然安蒂佩特現在紮營在底比斯邊境[54]，打算立即拆營進入阿提卡地區。福西昂首先提出要求，雙方在講和期間他不得移動現在的營地。克拉提魯斯公開宣稱，他們現在可以運用敵人的糧食來供應軍隊，要是仍舊留在原處，就會增加友邦和盟國的負擔，這是非常不公正和難以想像的行為。安蒂佩特抓住他的手說道：「我們總要給福西昂一個面子。」於是吩咐其餘的人士回去告訴雅典當局，他的答覆是無條件投降，如同當年他被圍在拉米亞，李奧昔尼斯對他也是如此。

27 福西昂回到雅典將安蒂佩特的答覆告訴當局，在毫無選擇餘地之下只有順從，何況他們也沒有更好的辦法。於是福西昂和其他的使節又前往底比斯，哲學家色諾克拉底(Xenocrates)[55]是成員之一，他的德行和智慧在希臘擁有很高的聲望，無論到達何處都是知名的人物。他們認為任何見到他的人，即使不會因尊敬和欽佩而唯命是從，他們的內心也不會產生傲慢、殘酷和憤怒的反應。出現的結果卻與原來的想像背道而馳，安蒂佩特不僅毫無尊敬的感覺，也沒有表達出他的善意。他向每個人行禮致意，唯獨對色諾克拉底視若無睹。據說色諾克拉底特別提起此事，藉口是安蒂佩特回想過去對待雅典極其殘酷，所

---

54 有兩個版本提到安蒂佩特將部隊安頓在底比斯的城堡裡面。
55 色諾克拉底(396-314 B.C.)是出生於卡爾西頓的哲學家，從369B.C.起成為雅典學院的首腦人物，協助當局完成各項對外的工作，著作非常豐富，傳世多為斷簡殘篇。

以見到他難免產生羞愧之心。

等到色諾克拉底開始發言，安蒂佩特根本不願聽，態度非常粗魯打斷他的談話，直到他最後只有保持沉默[56]。等到福西昂站起來敘述這次出使的要旨，安蒂佩特的答覆非常簡略，與雅典講和的條件就是這些，不會增加其他的內容：將笛摩昔尼和海帕瑞德交到他們的手中；必須恢復古老的政體；參政權的資格在於擁有一定的財產；必須接受一支守備部隊駐防在慕尼契亞（Munychia）[57]；還有就是支付一定金額的戰爭費用。等到所有的項目提出以後，除了色諾克拉底以外，其餘的使節團成員認為這些條款能夠忍受，只有色諾克拉底持這種說法：要是安蒂佩特把雅典人視為奴隸，那麼用這種方式對待大家，可以說是相當公正；如果這些條款是用來懲處自由人，不論怎樣說都未免過於嚴苛。

福西昂為了免於派遣守備部隊一事，他向安蒂佩特據理力爭而且再三懇求，安蒂佩特回答道：「福西昂，只要不會對雙方都造成損害的條款，我們都可以答應你的要求。」還有人提出很難相信的說法，那就是安蒂佩特問福西昂，要是他同意不派守備部隊，福西昂是否可以保證城市會遵守條款的要求，並且不會產生改變政體的念頭？當福西昂還在遲疑不決難以作答之際，綽號卡拉布斯（Carabus）[58]的凱利米敦（Callimedon）是一個狂熱的黨徒，公認是民主政體的敵人，跳著腳大叫：「安蒂佩特，要是他的講話毫無誠意，你為什麼還要相信他卻不能堅持自己的主張？」

28 雅典人只有接受馬其頓的守備部隊，麥尼拉斯（Menyllus）成為總督，這個人很好相處也是福西昂的舊識。諸如此類的處置方式極其傲慢而專橫，並不是占領這個城堡有多麼重要，完全是出於藐視和無禮的心態，誇耀他們所擁有的權力。守備部隊的進駐是在Boedromion月第二十天（9月20日），助長民眾對此事的憎惡和仇視，因為這天要舉行重大祭典，大家抬著伊阿克斯（Iacchus）[59]的雕像，擺出盛大的隊伍，從雅典前往伊琉西斯進香。等到神聖

---

56 色諾克拉底有次奉派與馬其頓人商談俘虜的贖金，安蒂佩特設宴款待，色諾克拉底引用荷馬的詩句呼籲大家平息干戈，對方聽了非常感動，無條件釋放所有的俘虜。

57 慕尼契亞可以說是派里猶斯的衛城，位於一個小丘的頂端。

58 Carabus這個字的原意是「螃蟹」。

59 伊阿克斯在希臘原來是知名度不高的神祇，據稱是穀物和耕作女神德米特的兒子，後來用這

的儀式受到干擾，很多人的內心浮現神明參與調停和暗示的例證，這種狀況無論從前和當今都會發生。古老的時代，神秘的祭祀所出現的形象和聲音，這是神祇的一種恩賜，使得他們有機會獲得最幸運的勝利，同時用恐懼和驚愕來打擊敵人[60]。在目前這個舉行祭典的時期，神祇成為證人讓大家知道希臘人遭受極其慘痛的迫害，最神聖的日子受到外來的褻瀆，最重要的節慶帶來巨大的災禍而成為諸事不宜的凶日。

沒有多少年之前，他們從多多納(Dodona)[61]的神讖獲得一個警告：雅典人必須小心保護黛安娜居住的衛城[62]，免得為偶然前來的外鄉人所奪取；就在那個重要的日子，遊行所用的抬輿和車駕，不能用紫色的彩帶和花冠來裝飾，而是將它染成灰暗的土黃色。為了強調對這個徵兆極其重視，就是普通使用的物品，他們也都漂染成同樣的色澤。就在這個時候，一位神秘祭典入會式的候選人在坎薩魯斯(Cantharus)[63]港口洗滌一隻小豬[64]，被鯊魚咬掉腹部以下的部分，然後吞食下去，看來神祇的示警極其明確，讓大家知道會失去下城和海岸區域，他們只能保有上城。

馬其頓的守備部隊並沒有做出引起反感的事，所以麥尼拉斯的安全毫無問題。問題是現在有很多人喪失參政權，因為財產的資格提高到1萬2000德拉克馬。這些人要是留在城邦，就會感受歧視和羞辱；如果離開家園前往色雷斯，安蒂佩特答應提供他們一個城鎮和和居住的區域，這時他們認為自己變成奴隸和受到放逐。

29 笛摩昔尼斯和海帕瑞德分別在卡勞里亞(Calauria)和克里奧尼(Cleonae)遭到處決[65]，國內外的情勢變得更為險峻。我們在別處曾

（續）

　　個名字稱呼在遊行行列中的酒神巴克斯，特別是在羅馬嚴格取締酒神崇拜以後，更是如此。

60　第四篇〈提米斯托克利〉第15節，曾經描述伊克斯的助陣和神明的聲援，古老時代的戰爭經常出現類似的情節，無論中外亦然。

61　多多納是位於伊庇魯斯(Epirus)一個小鎮，據稱杜凱利昂(Deucalion)和派拉(Pyrrha)費盡心力，將此處建成希臘最受重視的聖地，宏偉的宙斯神廟以神讖的靈驗知名於世。

62　黛安娜即希臘神話的月神和狩獵女神阿提米斯，祂是慕尼契亞的保護神。

63　派里猶斯有三個港灣，坎薩魯斯是其中之一。

64　神秘祭典要向德米特奉獻犧牲，德米特是穀物和耕作女神，羅馬神話中稱之為西瑞斯。

65　笛摩昔尼斯逃到亞哥斯灣的卡勞里亞島，躲在海神廟中避難，被捕後服毒而亡；海帕瑞德和

經提過[66]，市民開始後悔他們在菲利浦和亞歷山大的統治之下，是如何的不知好歹，現在很想回到那個時代[67]。等到安蒂哥努斯被殺[68]以後，那些篡位取而代之的統治者，他們壓迫和殘害人民，弗里基亞有一位農民在田野到處挖掘，有人問他在幹什麼，他發出一聲長嘆，然後說道：「我要把安蒂哥努斯找出來。」很多人只要一說起來，就會記得當年的日子，那些國王之間的競爭，他們無論是多麼怒氣衝天，還是存著溫和與寬容之心。

安蒂佩特裝出一副謙遜的模樣，外表看起來就像一個平民，他的服裝襤褸而且飲食粗糙，僅僅用來掩飾他對專制獨裁的極度喜愛，他會運用這些權力為在他指揮之下的人們帶來痛苦，這時他就是殘酷的君王和暴虐的僭主。然而福西昂對他卻能發揮影響力，經過講情說項讓他召回在外的流亡客，即使有些人受到放逐，也可以留在希臘或是到伯羅奔尼撒去定居，不像過去要越過提納魯斯（Taenarus）海岬和西勞尼亞（Ceraunia）山脈[69]，吹牛拍馬的阿格諾奈德（Agnonides）曾經獲得這方面的好處。

還有就是福西昂用公正和溫和的態度，非常細心處理城邦的事務，不斷將官吏的職位授與品德良好和受過教育的人士。他不讓那些無事生非和興風作浪的人物擔任任何職位，只要這些人就沒有機會製造問題，黨同伐異的風氣就會自然消失於無形，教導他們要喜愛自己的家園，心滿意足去耕種他們的土地。他得知色諾克拉底是外國人要繳一種特別稅，於是交代將他列入市民名冊享有各種權利。然而卻遭到色諾克拉底的拒絕，說他奉派出使曾經抗議當今的政體，所以他無法接受參政權。

（續）

其他人員在伊吉納島查獲，送到安蒂佩斯駐紮的克里奧尼處死。

66 有關這部分的情節，第二十篇〈笛摩昔尼斯〉第27節有詳盡的敘述，讀者可以參閱。

67 安蒂佩特的個性極其殘酷，堅持要對笛摩昔尼斯和海帕瑞德進行報復，對比之下菲利浦和亞歷山大的行為顯得更為友善。

68 奧林匹克119會期第4年即301B.C.，安蒂哥努斯一世和其子德米特流斯與塞琉卡斯和黎西瑪克斯，在弗里基亞的伊普蘇斯發起會戰，安蒂哥努斯戰敗被殺，德米特流斯的霸權頓成泡影。

69 西勞尼亞山脈位於伊庇魯斯的北疆，提納魯斯海岬在伯羅奔尼撒半島最南端，整個希臘可以說是居於這兩個地點之間。

30 麥尼拉斯很想用金錢當禮物送給福西昂，他感謝對方的好意，說是麥尼拉斯的地位無法與亞歷山大大帝相提並論[70]，何況他找不出更好的理由，用來解釋他過去所以拒絕現在反而能夠拿取。等到麥尼拉斯強要他的兒子福庫斯接受，他的答覆：「要是我的兒子走上正道，留給他的遺產一定夠用；否則的話，即使再多也是枉然。」安蒂佩特要他做一些不夠光明磊落的事情，他的答覆極其不留情面，說道：「安蒂佩特不能在視我為友的同時又要我對他吹拍奉承。」

安蒂佩特經常提到雅典的兩個朋友福西昂和迪瑪德斯，一位從來不要安蒂佩特滿足他的欲望，另外一位的欲望從來不知滿足。雖然福西昂在雅典經常擔任將領的職位，與統治者和君主建立深厚的友誼，卻始終把貧窮視為一種美德，即使到了老年還是不改初衷，過著清寒的生活。這時的迪瑪德斯以揮霍財富為樂，甚至違背法律亦在所不惜，雅典禁止合唱隊雇用外國人，觸犯法令的主事者受到的處分，每一個上台表演的人要罰鍰1000德拉克馬；他為了滿足虛榮心，合唱隊用了100個外國人，按照人頭計算要繳納10萬德拉克馬的罰金。他為兒子德米阿斯(Demeas)娶親，帶著同樣的虛榮心說道：「我兒，當我和你母親結婚的時候，鄰居竟然不知道有這件喜事，現在你舉行婚禮，國王和君主都會送來禮物。」

慕尼契亞的守備部隊一直讓雅典人怨氣衝天，他們不停強求福西昂出面，說服安蒂佩特撤回這支部隊。可能是他知道自己無法讓安蒂佩特同意，或許是基於畏懼外國駐軍的心理，他看到民眾更守秩序，處理公事非常得心應手，因此他始終拒絕這種任務。按照和約城市應繳納大筆罰金，安蒂佩特並沒有答應停止徵收，為了讓福西昂滿意說是可以緩延時程。

市民大會把福西昂擺在一邊，將這些事務交給迪瑪德斯處理，他為了不負所託，帶著自己的兒子前往馬其頓。似乎是出於天意，才會產生這種狀況，就在他到達的時候，正好安蒂佩特患了重病，卡桑德(Cassander)[71]掌握大權，發現迪瑪德斯過去的一封信，寫給在亞細亞的安蒂哥努斯，勸他立即率軍前來，希臘和馬其頓帝國成為他的囊中之物，根據他的說法是「國勢奄奄一息」（這對安蒂佩特

70　前面第18節提到亞歷山大送給福西昂的禮物價值100泰倫，福西昂拒絕接受。

71　卡桑德是馬其頓攝政安蒂佩特之子，他的父親不願他繼承所遺留的權力，結果事與願違，他從318-307B.C.成為雅典的主人，亡故於297年。

是極其不敬）。等到卡桑德得知他已經抵達，立即派員將他逮捕，首先拖出他的兒子當場殺死，近到噴出的鮮血沾上他的衣服和身體，接著用嚴厲的言辭痛責他的忘恩負義和賣友求榮，然後才將他處死。

31 安蒂佩特在快要斷氣之際，任命波利斯帕強（Polysperchon）為主將，卡桑德指揮騎兵部隊[72]。卡桑德立即發動政變，派遣尼卡諾爾（Nicanor）取代麥尼拉斯指揮守備部隊，要求他不待安蒂佩特的噩耗外洩，先行占領慕尼契亞。

等到尼卡諾爾的任務完成，過了幾天雅典人才聽到安蒂佩特去世[73]的信息，大家嚴詞譴責福西昂說他隱瞞不報，因為他與尼卡諾爾的友誼應該早已與聞此事。他根本不予理會這些談論，還是盡他的職責去見尼卡諾爾商量有關事項，獲得很好的成效，同時還說服尼卡諾爾向雅典人表達善意和仁慈，主持各種賽會和祭典，出錢出力贏得民意的支持。

32 這個時候的波利斯帕強負起輔弼國王的責任[74]，為了奪權在暗中陷害卡桑德，派人送信到城市，用國王的名義讓他們恢復民主政體，雅典人民獲得自由權利，依據古老的習慣和制度治理共和國。運用這個藉口的目的僅在於削弱福西昂的影響力，事實證明的確如此。波利斯帕強的計畫是要讓自己擁有這座城市，只要福西昂維持原有的信譽，提案無法通過要想讓他遭到放逐的希望就會落空，因此要摧毀對手最好的方式，就是使得城市充滿喪失參政權的市民，以及讓政客和職業告發者可以為所欲為。

光明的前景使得雅典人在各方面受到鼓舞，尼卡諾爾願意與他們討論有關的問題[75]，他相信福西昂應允的安全保證，親自參加在派里猶斯召開的會議。負責

---

72 另外有兩個版本提到卡桑德授與的職位是chiliarch，字面的含意為「千夫長」，因為在軍隊的位階居第二位，應該是「副將」才對。安蒂佩特想要剝奪其子的繼承權，看來白費功夫。

73 安蒂佩特去世是在奧林匹克115會期第2年即319B.C.。

74 馬其頓國王有兩位，一位是亞歷山大的異母兄弟菲利浦·阿瑞笛烏斯，極其愚蠢而又低能；另一位是羅克薩娜為亞歷山大所生的遺腹子，隨著亞歷山大的母親奧琳庇阿斯留在伊庇魯斯。

75 尼卡諾爾所採取的行動是為了維護卡桑德的利益，他要讓雅典人了解波利斯帕強主張恢復民主制度，完全是騙人的謊言。

指揮衛隊的德西拉斯(Dercyllus)，想要趁機逮捕尼卡諾爾，好在他事先發覺對方的企圖，千鈞一髮之際得以逃脫，大家認為他對城市的斗膽冒犯，一定會盡快給予報復。等到福西昂得知自己鑄成大錯，竟然縱虎歸山沒有把尼卡諾爾抓住，於是辯稱他極其尊重尼卡諾爾，不願在自己的手裡讓對方受到傷害，總而言之，他想讓大家知道，他的態度是「寧可人負我，不願我負人」。他這種重視榮譽和品格極其高尚的託辭，也不過是自吹自擂的空話罷了。

他已經危及到城邦的安全，當他身為國家的官員和主要的將領，我個人的看法是他很難推卸責任，自己違犯公正這個最神聖和最高尚的義務，反而要把過錯歸咎於自己的市民同胞。甚至也不能這樣說，福西昂之所以盡量克制沒有拘禁尼卡諾爾，是怕整個城市受到牽連陷入戰爭之中，他找出別的理由像是堅持誠信和公正的原則來為自己開脫，希望尼卡諾爾遵守義務和保持和平，不會使出絕裂的手段讓雅典人受到傷害。雖然出現各種流言暗示尼卡諾爾準備攻擊派里猶斯，像是他派遣士兵到薩拉密斯島，以及花錢收買在派里猶斯的居民，雖然有很多證據擺在眼前，他還是不肯相信這是事實。即使斐洛米德(Philomddes)和蘭普拉(Lampra)通過提案頒布敕令，所有的雅典人應該全副武裝，追隨他們的將領福西昂，他仍舊保持現況毫無作為。　直要到尼卡諾爾率領他的部隊從慕尼契亞出擊，挖掘壕溝圍困派里猶斯，他才知道原來的想法完全錯誤。

33 面對當前的局勢，福西昂最後要帶領雅典人出擊，他們大聲叫囂反對冒險，根本不理他的命令。波利斯帕強的兒子亞歷山大掌握一支實力相當強大的軍隊，聲稱前來援助雅典人對抗尼卡諾爾，只是他志不在此，想要趁著內部動亂和分裂之際，一有可能就用襲擊方式奪取整個城市。那些原來遭到放逐的人士，現在回來投效亞歷山大的麾下，隨著一道進軍，外國人和喪失參政權的公民，這一群烏合之眾也參加他的陣營，組成一個混雜和缺乏法律基礎的市民大會，他們剝奪福西昂所有的權力，並且選出另外的將領。要不是偶然從城牆上面看到亞歷山大與尼卡諾爾在私下會商，不僅只有這次而是經常如此，難免引起雅典人的懷疑，否則城市難逃覆亡的命運。

演說家阿格諾奈德[76]立即與福西昂發生衝突，指控他犯下叛逆之罪，凱利米

76　演說家阿格諾奈德就是第29節提到那位吹牛拍馬的傢伙。

敦和查瑞克利[77]擔憂局勢的惡化,他們為了保命只有逃出城市。福西昂和少數仍舊留在身邊的朋友,決定前去投靠波利斯帕強,普拉提亞的梭倫(Solon)和科林斯的丁納克斯(Dinarchus)[78]享有盛名,都是波利斯帕強的朋友和知己,基於對福西昂的尊敬陪著一同前往。因為丁納克斯生病的關係,他們在伊拉提亞耽擱幾天,這時市民大會被阿格諾奈德說服,接受阿奇斯特都斯(Archestratus)的動議,頒布一項敕令要派遣代表團去見波利斯帕強,指控福西昂罪不可赦。這樣一來,這兩個團體等於是同時到達。這時波利斯帕強和國王[79]一起南下,來到福西斯一個名叫法里吉(Pharygae)的小村,位於阿克隆里姆(Acrurium)山山麓,這處高地現在稱為蓋拉特(Galate)山。

波利斯帕強張起一個黃金的華蓋,將國王和朋友的座位安置在下面,下令提審丁納克斯,用刑以後立即處死[80]。等到這件事處理完畢,然後接見雅典人,使得整個場面充滿喧囂和吵鬧,彼此之間提出指控和反唇相稽,最後阿格諾奈德走向前來,要求將這些人全部關在一個籠內,運回雅典由他們來解決雙方的爭端。國王看到這種狀況,禁不住笑了起來。前來陪伴他參加會議的馬其頓人和外國人,除了興高采烈聽他們的爭辯,以及同意代表團要繼續進行審理以外,幾乎無事可做。

這場審訊根本談不上公正,波利斯帕強經常打斷福西昂的發言,最後他氣得用手杖敲擊地面,拒絕進一步陳述案情。赫吉蒙(Hegemon)[81]的說法是波利斯帕強應該接受證人的證詞,那就是他為了討好市民大會無所不用其極,波利斯帕強表情凶狠大聲叫道:「不要在國王面前誹謗我的名譽!」國王突然站起要用標槍向著赫吉蒙猛刺過去,還是波利斯帕強抱住他的手臂加以勸阻,整個會議不歡而散。

---

77 政壇上面表現卓越的查瑞克利是安蒂佩特的黨羽,後來他轉而支持安蒂佩特的兒子卡桑德,並非繼承者波利斯帕強。

78 這兩位是安蒂佩特在伯羅奔尼撒最主要的代理人。

79 阿瑞笛烏斯是菲利浦的私生子,亞歷山大的將領擁護他登上王座,完全出於個人的利益,阿瑞笛烏斯僭用菲利浦的名字,在位期間只有六年。

80 波利斯帕強為了維護自己的權勢,逼得要將安蒂佩特的朋友當成自己的仇敵,下毒手一一剪除。

81 赫吉蒙是福西昂這一派的成員,同樣受到指控犯下背叛城邦的罪行,這樣做不是為了奉承波利斯帕強,而是要贏取卡桑德的好感。

34 然後，福西昂和四周的人都被扣押，還有一些不在旁邊的朋友，看到這種狀況用手掩住面孔，為了保命趕緊逃走。克利都斯(Clitus)把抓住的人運到雅典，將他們交付審判，毫無疑問，這些人已經難逃死罪。運送的方式看到以後實在讓人感到悲傷，他們被裝在戰車上面，經過西拉米庫斯(Ceramicus)的內城區域，直接駛往設置法庭的地點，克利都斯將他們看管在該處，直到召開市民大會。

　　這次審判開放給所有前來參加的人員，無論是外國人還是奴隸，或是定罪受到褫奪公權處分的人，不會受到留難或是拒絕他們入場；男子和婦女一視同仁，都允許他們進入法庭，甚至到發言的地方。派人大聲宣讀國王的信函：特別提到他相信自己的判斷，這些人都是叛徒；雅典是一個有自由權利的城邦，他為了表示尊重，樂於見到他們按照本國的法律，對受到控訴的人員進行審判和定罪。接著克利都斯將這些犯人押進法庭。每一位有聲望的市民，見到福西昂就用手掩蓋臉孔，彎下身體不讓人看到他們流出的眼淚，其中一位有骨氣的市民發表意見，國王要是將這麼重要的案件交付市民大會審判，最好是要那些外國人和奴隸全部離開。平民無法容忍這種說法，大聲叫囂這些人是寡頭政客，自由人民的敵人，應該投出石頭將他們擊斃；從此以後沒有人敢為福西昂的言行提出任何辯護之詞。

　　福西昂提出問題，吵雜和喧嘩的環境就是他自己也很難聽得清楚。他問道：「你們想要合法還是不合法的處死我們？」有一些人回答道：「一切遵循法律。」他再問道：「除非我們經過正常程序的審訊，否則如何得到公正的判決？」不管他怎麼說，他們還是一味裝聾作啞，即使這樣近好像聽不見。他說道：「至於我自己，我承認有罪，你們可以宣布我的施政作為使得我死有餘辜。啊，雅典的人民，其他人並沒有冒犯你們，為什麼一定要將他們全都殺掉？」這群暴民叫得一片山響，說他們都是你的朋友，僅這點都夠了。福西昂退下去，保持沉默再也不作任何表示。阿格諾奈德宣讀起訴書，市民大會用舉手表決來判定他們是否有罪，如果罪名確定，唯一的懲罰就是死刑。

35 等到起訴書宣讀完畢，有人想要增加條款，福西昂在處死前要先用刑，應該準備拷問架和行刑手，阿格諾奈德發覺克利都斯對於節外生枝感到不悅，就是自己也認為過於恐怖和野蠻，於是說道：「雅典的人民，我

們只有抓到像凱利米敦這種奴隸才使用拷問架，在福西昂的案件中不能提出這種動議。」有一位品德高尚的市民特別指出，說阿格諾奈德做得很對，「如果阿格諾奈德對福西昂用刑，那麼我們以後對他會用什麼手段呢？」因此起訴書的審判程序獲得批准，宣布開始舉手表決，沒有人留在座位上面，大家全都站了起來，有些人的頭上還戴著花冠，最後的宣判是將他們全部處死。

在場的人員有福西昂、奈柯克利、休迪帕斯(Thudippus)、赫吉蒙和彼索克利(Pythocles)；此外費勒隆人德米特流斯、凱利米敦、查瑞克利和另外一些人，他們雖然逃過審判，還是在缺席狀況下，列入懲處名單之中。

36 等到市民大會宣告散會以後，就將他們押到監獄；很多人哭泣感到無比的哀傷，朋友和親人跟在後面緊抓住他們不放，福西昂看起來神色毫無變化，就像平日大家陪伴他離開市民大會回家一樣(所有人只要提到他的泰然自若和寬宏器度，都感到震驚不已)。他的敵人跑在他的旁邊，對著他百般羞辱和責罵，有一個人走近對著他的臉吐口水，福西昂只是轉過身體對官員說道：「你們應該制止這種無禮的行為。」

休迪帕斯在抵達監獄的時候，看到劊子手在調製毒藥準備給他們服用，他的情緒失去控制，開始悲悼可憐的命運和痛苦的後果，遭遇與福西昂同樣的判決是極其不公的事；他說道：「你能與福西昂同生共死，難道還不感到滿足？」有一位站在他旁邊的朋友問他，還有什麼事需要告訴他的兒子，他說道：「吩咐他絕不要對雅典人存著怨恨之心。」

他最親密和最受信任的朋友奈柯克利向他提出先服食毒藥的請求，他說道：「我的朋友，你提出的要求使我感到悲傷和痛苦，我這一生從來沒有拒絕過你，所以這一次也不例外。」等到他們全都飲用以後，發覺毒藥的劑量不足，除非他們送給劊子手12德拉克馬，拿來支付所需的費用，否則他不願再調配更多的分量。經過一陣子的折騰，時間慢慢過去，福西昂交代他的一位朋友，說是一個人死在雅典也得付錢，看來還是如數付給他罷。

37 處死的日期是Munychion月第十九天(5月19日)[82]，這一天爲了祭祀朱庇特，按照習俗要舉行莊嚴而盛大的遊行，騎馬的隊伍在附近經過，有些人將頭上載的花冠丟在地上，還有人停止下來，淚流滿面帶著哀怨的神色向監獄的大門張望，並不是所有的市民他們的心靈都被怨恨和激情所敗壞，只要留存一丁點的人性，也知道這種做法是多麼的邪惡。不論怎麼說，至少也要等這一天過去，城市能夠保持純潔，免得莊嚴的祭典受到死亡和公開行刑的污染。好像這樣的凱旋式還不夠稱心如意，福西昂的政敵懷著更大的惡意，不讓他埋葬在自己的國土上面，禁止雅典人點燃火葬堆來火化他的遺骸，因此他的朋友沒有一個人敢爲他辦理喪事。

有個傢伙名叫科諾庇昂(Conopion)，經常被人雇來從事這種行業，將他的屍體運過伊琉西斯，在麥加拉的邊界之內舉行火葬，他的妻子親自參加，有幾位侍女從旁協助，然後修建一個衣冠塚，進行傳統的酹酒儀式，收集他的骨灰用裙襬包起來，在夜間帶回家中，埋在屋內的爐灶旁邊，這時她開始祈禱：「仁慈的灶神，請你保佑這位忠義之士的遺骨，等到雅典人恢復理性，我懇求你能讓他安葬在祖先的墓地。」

38 事實如此，經歷很短的時間和如此悲傷的經驗，使得他們知道已經喪失一位優秀的官員，以及一位公正和寬容的楷模和勇士。他們頒布敕令要爲他樹立一尊銅像，城邦出錢爲他的遺骨舉行光榮的葬禮；將指控他的阿格諾奈德抓起來判處死刑。伊庇鳩魯(Epicurus)和笛摩菲盧斯(Demophilus)感到畏懼逃離雅典，被他的兒子遇到，爲了報仇給他們施以應得的懲罰。

我們前面曾經提過，福西昂的兒子一般而言個性非常灑脫，有次他愛上一位仍舊留在奴隸販子手裡的女奴，一天很偶然聽到無神論者狄奧多魯斯(Theodorus)[83]所說的話，後來一直在呂克昂(Lyceum)[84]學院廣爲流傳：如果爲男

82　發生在奧林匹克115會期第2年即318B.C.。

83　詭辯家狄奧多魯斯是塞倫尼加學派(Cyrenaic)哲學家，被自己的同胞放逐，後來定居在雅典，正是費勒隆人德米特流斯當政的時代(318-307B.C.)。

84　學院學派、畫廊學派和呂克昂學派代表希臘哲學的三大主流：柏拉圖曾在雅典的學院講學，所以學院學派就是柏拉圖學派；斯多噶學派的創始人希臘哲學家季諾，在雅典講學的地點是一處畫廊，故用畫廊學派代表斯多噶學派；希臘哲學家亞里斯多德在雅典創辦呂克昂學府，呂克昂學派表示亞里斯多德學派。

性的友人贖身讓他獲得自由是高貴的行爲,那麼爲女性友人贖身,甚或身爲主人想要找到主婦,這樣做又有什麼不可?這個無懈可擊的論點對他的熱情是最大支持,他趕緊跑去買下這個女郎讓她獲得自由[85]。

福西昂之死讓希臘人想起蘇格拉底[86],兩個案子非常相似,同樣的不公而且給雅典帶來悲傷和災禍。

---

85 古老的喜劇經常出現類似的情節,可見雅典的年輕人會從這種店鋪中尋找自己的伴侶,等到讓她脫離奴役生活就立刻結婚。

86 蘇格拉底被害是在奧林匹克95會期第2年即39B.C.,這是82年以前的事。

第二章
小加圖（Cato the Younger）

95-46B.C.，羅馬政治家和保守派重量級人物，
反對凱撒的專制和獨裁，失敗自殺而亡。

1 加圖家族最早發跡大放異彩的人物是小加圖（Cato the Younger）的曾祖父老加圖[1]，高貴的德行使他在羅馬擁有聲譽和權勢，我們在他的傳記中曾經詳盡敘述。

現在所說的小加圖年幼喪失雙親成爲孤兒，他的兄長名叫昔庇阿（Caepio），姊妹名叫波西婭（Porcia），另外還有一個同母異父的姊妹塞維莉婭（Servilia）[2]。他們全都住在一起，舅父利維烏斯·德魯蘇斯（Livius Drusus）將他們撫養成人。那個時候，德魯蘇斯在政府從事公職，他是一位口若懸河的演說家，也是律己極嚴的正人君子，當時在羅馬人之中地位很高，可以說是無人出其右。

據說小加圖從幼年時期開始，無論是說話、神情和遊戲，都表現出寧折不屈的個性，盡力控制自己的情緒，對於任何問題都保持擇善固執的態度。他爲了達成目標有堅定的意志，這種能力已經超越年齡的限制，一旦下定決心就會勇往直前貫徹到底。對於要奉承和討好他的人，回報以粗魯的言語和無禮的態度；任何人要是拿出威脅的手段，他寧死也不降服。很難讓他展現笑容，總是板著面孔一副拒人於千里之外的神色。他不容易動怒，一旦發起脾氣，要想安撫得大費周章。

---

1 監察官老加圖在將近80歲娶管家的女兒薩洛妮婭（Salonia）為妻，第二次婚姻所生的後裔使加圖家族得以繁衍綿延，第一位妻子所生的子女早已夭折。

2 塞維莉婭第二任丈夫是奎因都斯·塞維留斯·昔庇阿（Quintus Servillius Caepio），所以小加圖有一位同母異父的兄弟昔庇阿。塞維莉婭共有三姊妹，她們的名字完全相同，第一位是布魯特斯的母親，就是弒殺凱撒的兇手；第二位嫁給盧庫拉斯，後來兩人還是離異；最小的妹妹是朱尼烏斯·希拉努斯的妻室。

當他開始讀書的時候，發現他的天資愚魯，悟性很差，只是他對任何事情只要用心，一旦記住就不會忘懷。事實上，我們發現這種狀況非常符合自然之理，舉凡稟賦很高的人對事物很快了然於心，那些素質普通的人非要下一番苦功夫克服困難才行[3]；後者的記憶力更為深刻，他們學習每項新的課程，就像在心靈上面烙上不會消失的痕跡。小加圖的天性固執而遲鈍，對於教導很難心悅誠服的接受；學習的過程就是灌輸一些事物到人的內心之中，抗拒的力量要是小一點就會很快達成所望的效果。年輕人通常比起老年人更容易被人說服，病人比起身體健康的人也是如此。總而言之，接受新的觀念在於摒除疑惑和克服困難。據說小加圖很聽師傅的話，任何指示都會遵命而行，但是他會問這樣做的道理何在，同時要考量所有相關的事物。實在說，他的家庭教師薩佩敦（Sarpedon）是一位正人君子，對於學生願意循循誘導而不是箠楚鞭策。

2 小加圖幼年時代，羅馬的盟邦提出請願要求獲得羅馬市民身分，龐培狄斯·希洛（Pompaedius Silo）[4]是代表團的成員，一位勇敢的士兵也是名聲響亮的人物，他與德魯蘇斯有深厚的交情，來到羅馬就在老友的家中住了一些日子，因而與這幾位小孩都很熟悉。有次希洛向他們說道：「好吧，你們會懇求舅舅為我們的事出力嗎？」昔庇阿笑著同意，小加圖沒有回應，只是用堅定和冷酷的眼光看著這位外鄉人。然後龐培狄斯說道：「喂，小朋友，你怎麼說？難道你不願意像你的哥哥那樣，要你的舅父為我們的訴願出面說情？」這時小加圖仍舊沒有回答，他的沉默和表露的神色似乎拒絕對方的要求，龐培狄斯一把將他抓住提到窗口，要他答應，否則就會將他丟出去，說完這番恫嚇的話，作勢將他的身體放在窗外，還不停搖晃幾次。小加圖忍受一陣子折騰，還是不鬆口也沒有表現出驚慌的樣子，龐培狄斯將他放下來，後來用一種無可奈何的口氣向朋友說道：「好在他還是一個小孩，意大利的運氣真不錯，如果他是一個成人，我相信在市民當中會聽到表示異議的聲音。」[5]

---

3 這裡引用亞里斯多德的說法，可以參閱 *De Mem* 第1卷。

4 龐皮狄斯·希洛是社會戰爭中馬西人的領袖人物，後來與德魯蘇斯結為聯盟，他不僅熟悉兵法而且作戰英勇，88B.C.被梅提拉斯擊敗，陣亡在戰場。〈馬留〉第33節將他的名字誤為巴布留斯·希洛（Publius Silo）。

5 這件事發生在91B.C.，當時小加圖僅4歲，不能就此認為他在那時已經能夠當眾發表意見；

　　有次他的親戚過生日，邀請小加圖和其他的小孩去吃晚餐，讓他與同伴在另外的房間裡面遊戲，不分年齡都在一起玩耍。他們模擬法庭的審判[6]，被控的犯人在法官的面前辯護，經過定罪宣判以後送進監獄。這時有個年紀較大的小孩欺負長得很漂亮的幼童，要將他關在房間裡面，好像是有什麼不良的企圖。這個幼童大聲向小加圖求救，他看到這個狀況，跑進去推開在門外擔任看守的小孩，帶著幼童怒氣沖沖回到家裡，他的同伴也都跟著他離開。

3　蘇拉有次要舉辦一個名叫Troy即「特洛伊之戰」的活動，帶有向祖先祭祀的神聖性質[7]，就是將出身良好的青年召集起來，區分兩隊各指定一名隊長，領導大家從事騎術的操練；這件事給小加圖帶來很大的名聲。在指定的兩位隊長當中，有一位所以被大家所接受，因為他的母親是梅提拉(Metella)[8]，要知道她就是蘇拉的妻子。另外一位隊長是龐培的姪子色克都斯(Sextus)，大家不願接受他的領導，反對在他的指揮下進行各種操練。這時蘇拉問大家希望誰擔任這個職位，異口同聲說小加圖；色克都斯只有讓位給最適合的人選。

　　蘇拉是他們家庭的朋友，時常會召喚小加圖和他的兄長去見面談話，等到蘇拉在羅馬執掌生殺大權以後，很少人能得到這種殊榮[9]。他的家庭教師薩佩敦認為這狀況有很大的好處，對他的學生而言不僅增加光彩，更是一種安全的保障，所以經常親自帶著兩兄弟到蘇拉的府邸去等候召見。他們看到很多人被押解進來，就在那裡受到酷刑逼供，看起來像是一個處決人犯的修羅場。那時的小加圖僅有十四歲，看到送來的頭顱知道被殺的人都是傑出的知名之士，耳中所聽是旁觀者發出抑制的嘆息之聲。於是他問他的師傅：「為什麼沒有人殺死這位獨夫？」薩佩敦說道：「孩子，他們恨他卻更怕他。」小加圖答道：「那麼，為什麼你不給

(續)————————————————————

　　　奧古斯都時代的歷史學家華勒流斯‧麥克西穆斯(Valerius Maximus)在他的著作中提到這個故事。

6　其他國家的小孩，他們的遊戲一般而言都是不登大雅之堂的瑣事，不像羅馬的兒童從小就要模仿法庭的審判，部隊的指揮和凱旋式的遊行行列，可以反映出他們所受的教育和訓練。

7　這是培養尚武精神的訓練活動和體能競賽，參加的兒童從羅馬的貴族和世家中選出，在賽車場舉行大規模的宗教儀式和表演，可以參閱魏吉爾的《伊涅伊德》第5卷。

8　梅提拉原名西昔莉婭(Caecilia)是蘇拉第四任妻室，她深受蘇拉的敬愛，第十二篇〈蘇拉〉第6節有詳盡的敘述。

9　無論是前面還是這裡，蒲魯塔克在提到昔庇阿的時候都非常小心，說他是小加圖的親兄弟。

我一把劍，好讓我刺死他，將城邦從奴役中解救出來？」薩佩敦聽到他所說的話，同時看見他的面孔流露出憤怒和剛毅的表情，以後對他的照顧和看管都很嚴格，生怕他一時衝動惹來殺身之禍。

當他的年紀很小的時候，有人問他最愛誰，他的回答是他的兄長，問到其次是誰，答覆還是昔庇阿，第三次仍舊是同樣的人，直到他們不再問為止。等到他長大以後，這種手足之愛的情感更為強烈，當他大約在20歲的時候，要是沒有昔庇阿一道，他不會單獨用餐，也不會外出前往市鎮或羅馬廣場。他的兄長喜歡使用昂貴的油膏和香料，小加圖卻敬謝不敏。他的生活習慣可以說是極其嚴苛和清苦。大家對昔庇阿的謙虛和堅忍都讚不絕口，他認為自己與任何人一較高下都毫不遜色，卻說：「等到我要與小加圖相比，發現自己與西庇烏斯(Sippius)沒有兩樣。」要知道西庇烏斯這位仁兄，在那個時代以生活的奢華和頹廢而名聲狼藉。

4 小加圖成為阿波羅祭司[10]，搬到另外的房舍去住，分到他父親留給他遺產有120泰倫，雖然有大筆財富，生活過得比以前還要不堪領教。他與斯多噶學派哲學家泰爾人(Tyrian)安蒂佩特(Antipater)成為親密的朋友，致力於倫理和政治有關各種理論和學說的研究。他像是受到上天的感召，所以才會著魔一樣修煉各種德行，其中特別重視的項目還是正義，基於善意或憐憫之心能夠堅定不移貫徹始終[11]。他學習用於公眾事務的演說和辯論，認為政治學如同一個大城市，為了維護安全必須擁有軍備的實力和好戰的精神。不過，他從來不會在眾人之前練習，也不會聽到他放言高論。有位朋友向他提到，說是人們責怪他保持沉默。他回答道：「我這一輩子不願有這種狀況發生，那就是說了比不說還糟。」

---

10 Pontifex Maximus 稱祭司長或最高神祇官，是9-16人祭司團之首(王政時期有9位祭司，蘇拉加多到15位，凱撒再增加1位)，這些祭司也稱燃火祭司，所祭祀的神祇共有12位，計為Ceres, Falacer, Flora, Furrina, Jupiter, Mars, Palatua, Pomona, Portunus, Quirinus, Volturnus和Vulcan，並沒有將阿波羅包括在內，所以小加圖擔任何種祭司職位已不可考。
11 西塞羅在為穆里納辯護所發表的演說中，用諷刺的口吻談起斯多噶學派的理論和原則，雖然小加圖要從生活中實踐履行，據他看來只能在柱廊裡面說說而已。

5 據說波修斯會堂[12]是老加圖在擔任市政官時修建供公眾使用，平民護民官都在裡處理公務，認爲其中一根柱子的位置有問題，使得他們安排座位非常不便，經過考量以後決定折除重建，或者另外找辦公的地方。小加圖一開始聽到這個消息，就前往市民廣場公開發言表示反對。他對護民官的杯葛行動，不僅表現他的勇氣也讓人知道他說話的分量，這件事使他獲得普遍的讚譽。他的講話非常老練但是絕不矯揉造作，有事直話直說不會拐彎抹角，用語雖然聽起來刺耳，然而有時靠著這種不留情面的態度，才能贏得大家的注意和重視。演說者的特性在各方面都能表現出來，使得嚴厲的措辭有時會激起與生俱來的感情，不僅極其愉悅而且深感興趣。他的聲音字正腔圓又響亮，能夠使大群民眾聽得清清楚楚，他的精力旺盛不知疲倦爲何物，經常發表一整天的演說都不停止。

等到這件事獲得完滿的結局以後，他繼續過著讀書求知和不問世事的生活，從事各種勞累和激烈的體能訓練，即使是酷夏或嚴冬的天氣，習慣於光著腦袋不打傘遮住陽光，或是戴上帽子禦寒，在任何季節外出都是步行。當他出外旅行，通常是讓朋友騎馬而自己徒步行走，雖然如此還是與他們輪流在路上邊走邊談。他在生病的時候，忍耐和自律的功夫極強，這方面使得大家非常欽佩，有一次他得到瘧疾，不讓任何人來探視，一直到完全恢復不再發作爲止。

6 他在用餐的時候，經常用擲骰子來選擇桌上的菜餚，等到他輸了，同伴還是要他先選，他加以拒絕認爲這樣有失競爭的風度，於是他說這是維納斯[13]的決定，無人可以違背。開始他只在晚餐飲酒，盡興以後離開，後來他慢慢喝得很兇，經常從夜晚灌黃湯直到天亮。他的朋友給他打圓場，說他白天都在忙於公務和正業，一點空閒的時間都沒有，而且還要讓大家知道，他在夜晚與哲學家討論問題，大家喝酒助興。因此，有一位名叫門謬斯(Memmius)的人公開指責，說小加圖整夜都在飲酒作樂。西塞羅打抱不平說道：「你還要加上一項罪名，他白晝整天賭博。」

一般而論，小加圖提起那個時代的羅馬人，認爲他們的風俗習慣和生活方

12 這座建築物是羅馬最早期的長方形廊柱大廳之一，建於182B.C.，位於羅馬廣場，緊靠元老院，波修斯的稱呼來自老加圖的族名。52B.C.克洛狄斯的葬禮引發爆動，鄰接的元老院議事被縱火焚毀，波修斯會堂遭到池魚之殃。
13 羅馬人擲骰子最流行的方式稱之為Venus，賀拉斯在他的《頌歌集》中曾經提到。

式，已經墮落到無以復加的地步，改革是勢在必行之舉，所以很多事情要與世間的常理常情背道而馳。當時流行最亮麗最鮮豔的紫色，他經常穿著深黑的服裝，早餐用完不穿官靴和長袍就這樣出門，所以衣冠不整在他而言無所謂羞辱，因為他根本不會去追求虛名，能夠把這一切看成身外之物。

小加圖有位堂兄弟去世，他獲得的遺產大約有100泰倫，就將這些家產全部變換成現金，任何一位朋友有急需，他將錢借給他們不要利息。為了幫助另外一些朋友，他提供田地和奴隸作為國庫的抵押品。

7 當他到達適婚年齡的時候，因為沒有與任何一位婦女有來往，經過介紹就與麗庇達（Lepida）締結婚約。麗庇達早先已經與梅提拉斯・西庇阿（Metellus Scipio）[14] 訂親，然而西庇阿打算片面毀約，使得她獲得自由之身。後來西庇阿自己又反悔這件事，想盡辦法要在小加圖娶親之前，還要重新得到她的應允，結果還是如願以償。小加圖因而大發雷霆，誓言要訴諸法律解決，他的朋友說服他息事寧人，他為了發洩年輕人滿腔熱情，寫出相當數量的抑揚格詩句，用來挖苦和責罵西庇阿，帶有阿契洛克斯（Archilochus）諷刺詩的風格，只是沒有那樣的下流和粗俗而已。

後來，他與索拉努斯（Soranus）的女兒阿蒂莉婭（Atilia）結縭，這是他一次的婚姻，以後他還有再娶。就這點來說，他遠不及西庇阿的朋友利留斯（Laelius）[15]，這位老兄在漫長的一生中，除了年輕時候所娶青梅竹馬的妻子，沒有與其他女性發生任何關係。

8 奴隸戰爭[16] 的得名來自叛變領袖斯巴達卡斯（Spartacus）；羅馬將領傑留斯（Gellius）負責平亂[17]，昔庇阿在軍隊擔任軍事護民官，小加圖因為兄

---

14 巴布留斯・高乃留斯・納西卡（Publius Cornelius Nasica）被梅提拉斯・庇烏斯（Metellus Pius）收養，所以改名為梅提拉斯・西庇阿，他與龐培在52B.C.出任執政官，成為凱撒不共戴天的仇敵，法爾沙拉斯會戰指揮中央的部隊，逃到阿非利加，塔普蘇斯會戰失敗後自殺身亡。

15 蒲魯塔克終生與摯愛的妻子廝守，雖然他在表揚利留斯的鶼鰈情深，等於在訴說自己所享有的幸福。

16 73-71B.C.的奴隸戰爭又稱斯巴達卡斯之亂，角鬥士在卡普亞舉事，逐漸蔓延整個意大利，最後被克拉蘇平定。

17 盧契烏斯・傑留斯・波普利柯拉（Lucius Gellius Publicola）和高乃留斯・連圖盧斯・克洛迪阿

長的緣故志願從軍。他發現將領的領導統御實在過於低劣，使得他根本沒有機會
表現他的勇氣和才華，不過，在如此腐化和混亂的軍隊裡面，他把熱愛紀律、掌
握戰機和智勇雙全這幾點特質，發揮得淋漓盡致，整體的表現比起老加圖，可以
說是毫不遜色。傑留斯對他非常器重，發表命令要授與他最高的獎勵，不過，他
拒絕接受，說是自己的作為不夠資格獲得殊榮，這樣一來使得大家認為他的個性
不僅古怪而且孤癖。

　　羅馬通過一項法律，任何職位的候選人不得有助選員在旁邊幫忙，將市民的
名字告訴他[18]；當他參選軍事護民官這個職位，只有他一個人遵守規定。他非常
努力去記住所有人的名字，在與人談話的時候就能直呼其名向對方致意。雖然有
人稱讚他極其用心，難免帶著嫉妒和羨慕的心理，他們認為他做得愈好，發現自
己要想仿效就愈為困難，當然會因此而感到憤憤不平。

9 小加圖當選為軍事護民官[19]以後，派到馬其頓在羅馬將領盧布流斯
(Rubrius)的麾下服務，據說他的妻子非常擔心，在他離開的時候一直哭
泣，小加圖一位朋友穆拉久斯(Munatius)勸她說道：「阿蒂莉婭，妳請放心，我會
在旁邊照顧他。」小加圖還加上一句：「那是毫無問題的事。」等到他們走完一
天的行程，吃過晚餐以後他對穆拉久斯說道：「為了做到你答應阿蒂莉婭的事，
以後無論日夜都不能離開我。」從這時起，特別交代在他住的房間要設置兩張床，
讓穆拉久斯也睡在裡面。雖然只是一句玩笑話，小加圖卻把它當成應做的事。一
共有15個奴隸、2個自由奴和4位朋友與他在一起，他讓這些人都騎馬而自己步
行，然而在趕路的時候，他輪流與他們邊走邊談[20]。

　　等到他抵達營地，駐紮的軍隊由幾個軍團組成，擔任將領的盧布流斯要他指
揮其中一個軍團。他認為要表現自己的英勇是微不足道之事，那也不是一個指揮
官的主要職責；因此他下定決心要盡全力激發士兵的鬥志，使得他們具備上官所

(續)———————————————————————————————————
　　　努斯(Cornelius Lentulus Clodianus)同為72B.C.的執政官，兩位領軍出戰被斯巴達卡斯打敗。
18　候選人前往拉票只要遇到選民，助選員的任務是將選民的名字告訴候選人，好向他們問候致
　　意，因此助選員熟悉各區部的狀況很可能變成樁腳，所以要加以取締。
19　大約在67B.C.左右，當時他的的年齡還不到30歲。
20　自古以來，羅馬的將領都喜歡步行，表示與士兵共甘苦，也是民主的象徵，所有的銅像可以
　　看到他們的小腿肚，長著兩塊健壯的肌肉有如鯡魚。

擁有的武德。不過，要想達成這個目標，他不僅恩威並用而且賞罰分明，特別是重視說服和教導來改變他們的氣質，經過一番調教他的部隊有良好的紀律和訓練，擁有仁民愛物的美德也具備黷武好戰的習性，表現英勇的氣概也能堅持正義的原則。他們對敵人而言是戰無不勝的對手，對盟軍而言是彬彬有禮的朋友，小心翼翼不願犯下錯誤，衝鋒陷陣爲了爭取榮譽。

雖然小加圖志不在此，卻爲他贏得莫大的光榮和極高的名聲。所有的人員都對他讚不絕口，屬下的士兵對他敬佩有加。無論從事任何工作他都能身先士卒；他的衣著、飲食和行軍的方式，不像一個軍官倒是與士兵毫無兩樣，特別是在領導統御、旺盛的企圖心和用兵的智慧等方面，超過當時所有知名的將領，使得他在不知不覺當中贏得全軍對他的摯愛。老實說，除非指揮官能給敬愛他的人形成典範，產生教導的作用，否則武德並不能引起大家的仿效。有些表現良好的將領受到稱讚並沒有獲得敬愛，大家可能會欽佩他的名聲，但是不會模仿他的武德。

10 阿瑟諾多魯斯(Athenodorus)[21]的綽號是柯迪利奧(Cordylio)，他是一位以學識淵博知名於世的斯多噶派哲學家，當時住在帕加姆斯(Pergamus)，年紀已經很老，一直堅持原則不與達官貴人打交道，更不願與王侯將相建立關係。小加圖了解這種狀況，不能靠著派人前往告知或寫信的方式，說服他一改原來的作風，趁著有兩個月的法定假期可以離開軍營，決心要親自到亞洲去見他，相信一定會不虛此行而有豐碩的收穫。當小加圖與這位學者交談以後，求才若渴的誠意使對方取消堅持的成見，願意隨著小加圖返回羅馬人的軍營。他如同完成一次英雄的勳業感到勝利的喜悅和驕傲，獲得的成功超過龐培和盧庫拉斯，要知道這兩位將領率他們的軍隊，在東方征服很多的民族和王國。

11 小加圖留在軍中服役的時候，他的兄長到亞洲旅行，病倒在色雷斯的伊努斯(Aenus)，寫信通知他立即趕去照應。大海的風暴使得所有的船隻停航，小加圖只能登上一艘小型運輸船，帶著2位朋友和3位奴僕，從提薩

---

21 綽號柯迪利奧的阿瑟諾多魯斯是一位斯多噶學派哲學家，生於塔蘇斯，以維護帕加姆斯王國的自由權利為職志，70B.C.搬遷到羅馬，生活所需靠著小加圖的支助。

洛尼卡(Thessalonica)[22] 啓碇，可以說是千鈞一髮之際逃過淹斃之險，等到抵達伊努斯這時昔庇阿剛剛斷氣。遭遇這種不幸，手足之情遠勝於哲學家的修養，他不僅哀毀逾恆，抱住遺骸痛哭不已，不惜花費舉行盛大的葬禮，使用最名貴的油膏和香料，身穿價值不貲的袍服，然後將屍身火化，在伊努斯市內建立一個紀念碑，使用薩索斯(Thasos)[23] 島的大理石，整個費用高達8泰倫。

　　有些人拿這件事大作文章，說是不合於小加圖謙遜和簡樸的氣質，同時還無法洞悉他對於歡樂、畏懼和愚蠢的乞求，是否還抱著堅定不移、固執己見和絕不改變的態度，然而他卻充分發揮兄弟之愛和手足之情的天性。這個地區有很多城市和君主，派人送來各種奠儀，使得昔庇阿的喪禮顯得更為光彩，他不接受金錢，對於香膏和裝飾用品倒是來者不拒，用等值的禮物回報。

　　後來，遺產按規定由他和昔庇阿的女兒分享，他並沒有要姪女支付葬禮費用應該負擔的部分。雖然如此，還是有人言之鑿鑿[24]，說他將兄長的骨灰用篩子細細篩過一遍，好找出火化時熔解的黃金，這種說法真是血口噴人，看來心懷惡意的造謠者，不僅是他的劍就是他的筆，都能逃過世人的質疑和批評。

12 小加圖在軍中的役期結束，他向袍澤告別的時候，受到大家的祝福和頌揚，以及士兵的擁抱和眼淚，當他在歡送的隊伍前面通過，他們把衣服脫下放在他的跟前，同時去吻他的手，在那個時代的羅馬人，已經很少用這種殊榮來推崇他們的將領和統帥。

　　他離開軍隊以後，決定在返回羅馬從事公職之前，先到亞洲去旅行，可以實地考察各個行省的風土人情和政軍事務。蓋塔夏(Galatia)國王戴奧塔魯斯(Deiotarus)[25] 是他父親的老友，雙方有深厚的情誼，非常盼望小加圖能去拜訪，他還是拒絕這番善意。

　　小加圖安排他的行程有如下述：每天清晨要麵包師和廚師打前站，先行抵達

22　提薩洛尼卡是馬其頓行省的首府，位置在德密灣的頂端。

23　薩索斯是愛琴海中靠近色雷斯海岸的島嶼，出產的大理石極其有名。

24　所指這個人是朱理烏斯·凱撒，他在《反加圖》中記載這段誹謗的話，看來實在是不很高明。前面第十七篇〈凱撒〉第54節，提到他寫這本書的動機。

25　戴奧塔魯斯是蓋拉夏屬地的領主，龐培在東方的戰爭給予大力支持，羅馬元老院封他為國王，內戰發生時他已經老邁年高，仍然投效龐培陣營，凱撒對此極不諒解。

當天晚上要留宿的地點，這樣一來他們可以安靜進入市鎮，如果那裡沒有小加圖和家族所認識的熟人和朋友，可以先找到一個客棧，免得打擾不相干的人士。只有在找不到客棧的狀況，才去麻煩當地的官員，幫助他們找到住處，對於所有的安排從來不會抱怨。他的奴僕受到叮囑，去見官員不能大聲爭吵或是擺出威脅的姿態，因而時常會受到冷落和忽視。

　　小加圖有很多次在抵達以後，發現找不到任何供應的物品，他自己比起他的奴僕更加受人藐視，當他們看到他坐在行李上面，一句話都不說，立刻把他當成沒有一點背景的人，所以不敢提出任何需求。有時他遇到這種狀況，就會將他們叫過來對他們說道：「你們這群沒有頭腦的人哪！一定要祛除這種不友善的態度，並不是所有的訪客都像小加圖這樣好講話，唯有禮貌才能避開權力可以致人於死的利刃。不管你們是多麼的不滿，來人能奪去你們所有一切，根本不需要任何一個藉口。」

　　13 他用這種方式周遊各地，卻在敘利亞遇到一件令人發噱的事。他正要進入安提阿之際，看到城門外面聚集一大群人，很守秩序排在道路兩邊；年輕人披著長斗篷，兒童的裝飾都很整齊，祭司和官員頭戴花冠著白色禮服。小加圖認為這些人擺出歡迎的場面，毫無問題是針對他而來，那些派出打前站的奴僕竟然出這種事情，讓他感到非常生氣。然後他要所有人員下馬，大家一起隨著他步行。就在他快要接近城門的時候，一位年紀較大的長者，看起來像是迎賓儀式的負責人，手裡持著一根拐杖頭上戴著花冠，向著小加圖迎了上去，沒有施禮開口就問他在何處與德米特流斯（Demetrius）[26]分手，好快才可以來到這裡。

　　這裡所提的德米特流斯是龐培的奴僕，在那個時候全世界都將眼光投射在龐培的身上，就是因為這個傢伙對龐培可以產生很大的影響力，所以才會到處受到逢迎和禮遇。小加圖的朋友看到這種情形感到非常有趣，在通過這群人的時候還是一直笑個不停。小加圖表錯情覺得不好意思，只有拋下這句話：「可憐的城市」，再也不做任何批評。不過，後來只要說到這件事或是回想當時的狀況，就情不自

26　蒲魯塔克在第十六篇〈龐培〉第40節中對這位奴隸有極其傳神的描述，表現出一個嬖倖恃寵而驕的嘴臉。

禁的笑了起來[27]。

14 那些對於小加圖可以說是有眼不識泰山的人，龐培後來的做法讓他們為自己的無知和愚蠢感到臉上無光；因為龐培的年紀較長，獲得最高的地位和榮譽，而且是統率大軍的將領，當小加圖的遊歷抵達以弗所以後，這位大將對他極其禮遇。龐培沒有端坐不動等他來見，看到以後立即起身前去迎接，把他當成身分較自己更為尊貴的人士，以握手和擁抱為禮，表現出殷勤周到的態度。當面龐培說了很多久仰大名的話，就是小加圖離開以後還是讚不絕口。現在開始所有的人都向小加圖表示尊敬之意，發現他與以前大家不把他放眼裡並沒有任何改變，仍舊保持親切近人的習性和光明磊落的態度。

實在說龐培對他待之以禮，可以看得非常明顯，只是敬重他的德行而已，缺乏一種愛才如渴的心理；很多人持這種看法，龐培對他不過口頭上表示欽佩，等到小加圖要離開，龐培並不感到遺憾。要是其他的年輕人來看龐培，他會想盡辦法要他們留下來與他共同努力。現在的狀況是不僅沒有挽留小加圖，好像是這位來客會使他的權力受到約束一樣，對小加圖的告辭有如釋重負之感。然而在那些所有回到羅馬的人士當中，龐培只有將兒女和妻子託付給小加圖照應，看來他還是要與小加圖保持親戚關係。

從此以後，經過的城市都爭著要表示對他的尊敬和禮遇，為了接待他不惜舉行宴會和各種表演，因此特別交代他的朋友謹言慎行，同時要為他注意四周的狀況，以免在無意中為古里歐(Curio)[28] 講中，說他到處拉關係廣結善緣。這個人是他很熟悉的朋友，然而對他耿直剛正的性格並不欣賞，有天問他在退役以後是否打算到亞洲去看看，小加圖回答：「沒錯，我有這個意思。」古里歐說道：「很好，等到你回到羅馬，無論是脾氣還是作風，都會變得更為通情達禮。」後來小加圖經常提起這段掌故。

27　這件事使得小加圖對龐培產生惡劣的印象，認為他馭下無方而且重用小人，對後來的政局發生重大的影響。

28　很可能是該猶斯‧司克瑞波紐斯‧古里歐(Caius Scribonius Curio)，76B.C.執政官，始終對凱撒持反對的態度，是西塞羅和小加圖的朋友，57年出任祭司長，亡故於53年。

15 戴奧塔魯斯已經到老邁之年，派人將小加圖請去，百年以後要將兒女和妻子託給他保護。等到他抵達以後，國王立即送去各種禮物，要他務必收下不得推辭。這種強制的動作使得小加圖極其不悅，雖然他到達的時間是傍晚，只停留一個夜晚，第二天一早就離開。當他走完一天的行程，發現在佩西努斯(Pessinus)[29]已經準備大批禮物，附帶戴奧塔魯斯一封信，懇求他勉爲其難一定要接受，至少也要讓他的朋友拿走，憑著他們的服務讓他們在物質方面獲得滿足，而且這樣做並沒有要小加圖破費。雖然他看到其中有些人很想接受這些禮物，他還是不肯鬆口，還有人抱怨他過於不近人情，他的回答是腐化永不需要任何託辭，他的朋友要與他共同分享公正和誠實的收穫，因此他還是將禮物退還給戴奧塔魯斯。

小加圖乘船返回布林迪西，他的朋友想要他同意將兄長的骨灰甕安置在另外一艘船上[30]，他的說法是生死同命絕不分離，接著下令開航。據說他經歷極其艱困的航程，最後還是化險爲夷，然而其他人在這個季節是非常的安全。

16 他回到羅馬以後，大部分時間留在家裡，與阿瑟諾多魯斯討論哲學問題，再就是前往羅馬廣場爲他的朋友提供法律方面的服務。雖然他已經擁有出任財務官的資格，但是並沒有登記參選，還在研究與這個職務有關的法律，請教有經驗的人士，直到完全清楚所有的責任和職權。等到他剛一就任財務官[31]，根據所具備的知識和了解的狀況，立即對國庫的屬員和下級官吏進行重大的改革。這些人員長久以來承辦所有的業務，熟悉所有的公文程式和法律規定，新來的官員年復一年接任這個職位，不僅一無所知也無從下手，完全靠著他們的教導，才能照本宣科去執行工作。所以這些部屬才是掌握大權的司庫，他們對於財務官可以不賣帳，而且拿他們毫無辦法。

只有小加圖徹底明瞭自己的工作，所以不僅獲得財務官的頭銜和官位，而是擁有全部的知識和執行職務的權勢。所以他對待這些屬員和下級官吏如同這些人是他的奴僕，對於他們受賄和腐敗的行爲，毫不客氣加以揭發，要是出於無知和

---

29 佩西努斯是蓋拉夏西部一個著名的市鎮，大地之母西布莉(Cybele)的神廟香火鼎盛。

30 當時流行的迷信，認爲載運死屍的船隻，很容易遭遇暴風而沉沒；所以蒲魯塔克才說這艘船歷經危險，可見他的心理還是受到影響。

31 65B.C.他出任財務官，當時正好30歲。

業務的錯誤，立即給予指點和矯正。還有一些大膽妄爲的傢伙，討好和奉承別的財務官也就是他的同僚，想藉著他們的力量來與他對抗，或是維持勢均力敵的局面。他拿出違犯管理遺產有關法律的侵占罪，起訴他們之中的爲首分子，經過宣判以後將該員逐出國庫。

　　第二件官司他用背信罪將一位屬員送到法庭審理，盧塔久斯‧卡圖拉斯(Lutatius Catulus)受託出任辯護律師。卡圖拉斯曾經是那個時代的監察官，非常適任他的職務，就各方面的表現而言，在所有的羅馬人當中鶴立雞群，特別是智慧和正直無人能出其右。他也是小加圖的知己之交，何況他對小加圖的生活方式極其讚譽。現在他知道狀況對當事人不利，如果小加圖進行公正的審判，就無法讓被告脫身事外，於是他公開要求小加圖放手不管。小加圖拒絕接受他的逼退，等到他還是繼續不停的強求，這時小加圖說道：「卡圖拉斯，監察官的職責是要判定市民的言行是否合乎規定，現在卻要我拋棄誠信的原則，違背應盡的職務做出不法的事情，難道你對此絲毫不感到羞愧？」卡圖拉斯聽到這番話，看了小加圖一眼好像有所分辯，他沒有大發脾氣也沒有老羞成怒，不動神色安靜離開他的當事人。

　　不過，這個人還是宣判無罪，因爲在表決的時候只多了一票。馬可斯‧洛留斯(Marcus Lollius)是小加圖的一位同僚，原本因爲生病沒有出席，卡圖拉斯派人去通知他，懇求他前來給予援手。於是洛留斯坐著抬輿來到法庭，投下同意釋放的一票。然而小加圖後來還是沒有雇用這位屬員，也沒有發給他任何薪資，就是洛留斯的投票都沒有列入記錄。

17 蠹吏的氣焰頓時大減，指揮起來就會得心應手，小加圖用認爲適合的方式管理帳籍和和各種記錄清冊，很短時間之內使得國庫的名氣超越元老院，所有的人都這麼說，小加圖使得財務官的聲勢直逼執政官的地位。他在古老的簿冊上面，看到有很多人積欠國家的債務，還有國家應支付給私人的款項。他決定要全面清理，不讓共和國遭受損失和犯下錯誤；不論是誰對國家的欠款，嚴格要求應該按時歸還國庫；同時對個人的權利主張，包括城邦的債務在內都應滿足市民的要求。民眾看到那些盜取公款認爲已經無事的人，現在卻要還清舊債；還有那些對於欠錢不抱任何希望的人，卻可以獲得應有的賠償，這樣一來使得民眾對他滿懷畏懼和敬佩之情。過去經常有人帶來僞造的單據憑證和不實

的撥款命令，說是已經獲得元老院的批准，這時爲了賣人情獲得不法的利益就會接受，然而小加圖對這些弊端瞭如指掌。有一次他對撥款命令感到疑慮，不知道是否已經在元老院通過核定的程序，即使有很多人作證他還是不信，直到執政官趕來，發出誓言保證確有其事，他才同意受理。

蘇拉當政的時代曾經頒布「公敵宣告名單」，爲了將這些人屠殺殆盡，運用很多特務從事這方面的工作，每帶來一個頭顱給予1萬2000德拉克馬的獎賞。這些傢伙受到大家的痛恨，都把他們視爲陰險卑鄙的壞蛋，只是沒有人敢向他們報復。小加圖將所有登記在案的特務全部召喚前來，說他們用不當的手段獲得公款，堅持要求退還不得有誤，同時疾言厲色譴責他們不法和邪惡的行爲。經過這樣的處理程序以後，接著他們被控以謀殺的罪名，最後判決有罪得接受懲處。

所有的民眾能看到過去的暴政終於瓦解冰消，感到歡欣不已，也可以說蘇拉在蓋棺論定以後，還是逃不過國法的制裁。

18 小加圖一心一意善盡職責，鞠躬盡瘁的精神使他贏得大多數人民的支持，通常他在同僚之中最早到國庫辦公，離開的時間最晚。無論是市民大會或元老院的會議，他絕不會缺席，因爲他擔心有人爲了選舉，用減輕債務、豁免關稅來討好民眾，特別加以注意，不讓這些伎倆得逞以免損害到城邦的利益。至少也要保持錢財來源非常乾淨，各種資料完整無誤，不要受到邪惡的誣告者出於私心的擺布，等到國庫充實以後，他讓大家知道城邦的富裕不在於剝削人民的收益。

打開始有一些同僚認爲他不僅討厭而且讓人生氣，等到後來大家都對他感到滿意，因爲他們要是拒絕拿公款來滿足他們的朋友，或是不願用欺騙的手段通過他們的帳目，這時他們拿小加圖作爲擋箭牌，只有他願意大家將憎恨之心投在他一個人身上；特別是那些起訴人給這個機構施加壓力的時候，他們的答覆是除非小加圖同意，否則不可能法外開恩。

在他擔任財務官的最後一天，受到群眾的擁戴陪著他一起返回家中，在路上有人前來通風報信，說是馬塞拉斯（Marcellus）[32]和幾個有權勢的朋友在國庫裡

32　可能是該猶斯・克勞狄斯・馬塞拉斯（Caius Claudius Marcellus），50B.C.執政官，在反對凱撒的陣營當中是極其重要的人物。

面，運用各種關係要讓他同意豁免所欠國庫的債務，好像這是他送大家的一份厚禮。馬塞拉斯從幼年開始就是小加圖的朋友，他們有很長時間在一起共事，也是他擔任這個職務配合最好的同僚，但是當他單獨處理業務的時候，沒有能力拒絕當事人的糾纏和強求，他的做法是盡量對人表達善意。於是小加圖立即轉身回去，發現馬塞拉斯已經屈服，要讓這件事過關，他拿起記錄冊將這些同意的項目全部刪除，馬塞拉斯站在旁邊看他的舉動，口中不置一辭。完事以後，他陪著馬塞拉斯走出國庫一起回家。馬塞拉斯對他無論是目前還是以後都沒有怨言，始終保持原來的友情和來往。

小加圖交差以後，繼續將國庫看得很緊，他派自己的奴僕不斷抄錄開支的詳細帳目，然後保持在他的卷冊裡面，包括從蘇拉時代到他出任財務官為止的稅收資料，僅是這些工作就讓他花費5泰倫。

19 通常他在元老院的工作都是早到晚歸，當其他的議員慢條斯理走了進來，他已經坐在那裡閱讀資料，長袍上面擺著他的卷冊。元老院會議期間他從來不離開城市。等到後來龐培和他的黨派，發現小加圖對於背離正義的企圖，無論是說服還是強迫，根本就是不賣帳。他們為了不讓他留在元老院裡礙手礙腳，就讓他忙著處理朋友的事務，要他為他們的案件提出抗辯，或是為雙方的爭執進行仲裁，以及解決其他的法律問題。小加圖很快發現他們的伎倆，為了擊敗這種鬼蜮手段，他通知所有來往密切的朋友，只要元老院開始集會，他不介入任何私人的事務。他從事公職不是為了獲得名利，也不是一時的衝動或抓住偶然機會，才使自己投身於政治活動。他認為服務城邦是每一個誠實的市民最適當的工作，一定要善盡職責如同蜂房中孜孜不倦的蜜蜂。為了達成這種目標，他與各地的朋友和通信的人士密切的聯繫，他們送來的報告裡面包括詔書、敕令、判例，以及各行省正在進行的重大事項。

克洛狄斯是一個善於煽動群眾的政客，有一次他倡導充滿暴力的改革計畫，運用一些祭司和女祭司（其中有一位是西塞羅之妻特倫夏(Terentia)的姊妹費比婭(Fabia)，她要冒著大的危險）蠱惑人民，小加圖毫無所懼進行干預，這樣一來使得克洛狄斯的名聲狼藉，被迫只有趕緊離開羅馬。等到這件處理完畢以後，西塞羅認為他幫自己解決問題所以特別前來致謝。小加圖說道：「你要感激共和國。」他的說法是他所作所為都是公務而非私情。

因此他獲得很高的名聲而且讓人感到驚奇不已；甚至有位律師爲委託的案件出庭，只有一位證人反對他的言辭辯論，這時他向法官提出申訴，說是不能僅聽一位證人的片面之詞，即使這位證人是小加圖也不行。要是很多人提到一件事，認爲非常奇特而且難以相信，這時他們通常會使用一句諺語：「就算小加圖提出保證，還是無法讓我放心。」

某天有一位生活極其荒唐奢華的議員，在元老院高談闊論節儉克制之道，安尼烏斯(Amnaeus)站起來大聲叫道：「閣下，要是那一位的飲食像克拉蘇、府邸像盧庫拉斯、談吐像小加圖，對這種人在座各位誰能忍受得了！」[33] 如果有那麼一位人士，他的生活方式極其墮落而荒唐，然而他的談話冠冕堂皇對人不留情面，爲了諷刺他就稱之爲「小加圖」。

20 他的朋友起初勸他參選平民護民官，小加圖認爲這個職位惹人討厭，而且不應該擁有這樣大的權力，如同藥效強烈的劑量，只有病情到最後關頭才能施用。後來在一次休假期間，如同往常那樣他帶著書籍，在哲學家的陪同之下前往盧卡尼亞(Lucania)，他有一片產業上面蓋著舒適的居所。他們在途中遇到一大群馬匹、車輛和隨從人員，得知梅提拉斯·尼波斯(Metellus Nepos)[34] 要趕回羅馬，參選平民護民官的職位。小加圖就停了下來，經過短暫的休息，下令立即返回都城。他的同伴對於突如其來的行動感到驚奇，他說道：「難道你們不知道，梅提拉斯要是瘋狂起來是多麼的危險？現在他回來可以獲得龐培的支持，像一道閃電擊中我們的城邦，給整個社會帶來騷動和混亂。因此我們沒有時間可以享受悠閒的生活，必須趕回阻止這個人實現他的計謀，要不然挺身而出爲維護自由權利死而無怨。」雖然如此，他還是聽從朋友的勸告，先去鄉間的莊園，停留很短一段時間，再返回都城[35]。

他在夜間抵達城市，第二天早晨直接前往羅馬廣場，開始登記要競選護民官，完全是爲了抵制梅提拉斯。這個職位的權力在於控制而非運作所有的政務，

33　第十三篇〈盧庫拉斯〉第40節也提到這個故事，只是講話的人變成小加圖，如果他把自己拿出來標榜，那就未免太厚顏無恥了。

34　梅提拉斯·尼波斯是龐培陣營的主要人物，不惜運用暴力對付西塞羅，等到他在57B.C.出任執政官，並不反對召回受到放逐的西塞羅。

35　這是羅馬建城691年即63B.C.的事。

在所有的護民官當中只要一個不予同意，僅僅憑著他的拒絕或杯葛，就能使整個事務全部停止無法執行。

21 開始的時候，沒有多少人看好小加圖，等到大家知道他的意圖，城市裡面所有正人君子和知名之士，很快前來向他表示鼓舞和支持之意。他們了解他並不想從這個職位獲得好處，他的目的是要為整個城邦和所有誠實的人民謀取福利。他可以毫無困難獲得護民官的職位，只是過去曾經多次加以拒絕；現在要爭取則充滿危險，為了捍衛自由權利和民主政體只有義無反顧。據說大量民眾擁擠在他的周圍，巨大的壓迫感使得他幾乎要窒息，要想從群眾中脫身真是難似登天。他當選成為護民官，梅提拉斯也是其中之一[36]。

小加圖就職以後，看到執政官的選舉成為一種買賣行為，他用犀利的言辭大肆譴責人民的腐化和墮落，在演說的結論中鄭重聲明，只要他發現有人花錢買票一定繩之以法。雖然他大聲疾呼，卻對希拉努斯(Silanus)[37]競選執政官弊案網開一面，因為他們有親戚關係，希拉努斯娶小加圖的姊妹塞維莉婭為妻。希拉努斯和盧契烏斯·穆里納(Lucius Murena)[38]用賄賂的伎倆當選為執政官，他放過前者卻對後者提出指控。

法律規定被告可以指派一個人去觀察原告的作為，無論是證據的蒐集和資料的準備要公開進行，使受到指控的一方能夠獲得公正的審判。因此，有一個人被穆里納派到小加圖的身邊，開始的時候緊跟不放而且嚴密監視，沒有發現小加圖運用任何偏頗或狡詐的手段，審判程序的進行保持公正和公開的原則，讓人感到他的寬厚和坦率。於是這個人無論是與小加圖相會在廣場，或是追隨他回到家中，始終讚譽小加圖有高尚的心靈，完全相信他的正直，同時還請教小加圖，提到在審判當中所採取的辯護方式，如果小加圖認為不妥，這個人說他會聽從他的話放手不管。

當這個案子進行言辭辯論的時候，西塞羅曾經擔任那一年的執政官，現在成為穆里納的辯護律師，他為了投其所好，利用這個機會在這裡提及斯多噶派哲學

36　到了這個時代，護民官的人數有十員之多。

37　朱尼烏斯·希拉努斯(Junius Silanus)曾經出任64B.C.和62年的執政官。

38　盧契烏斯·黎西流斯·穆里納(Lucius Licinius Murena)是62B.C.的執政官，曾經擔任盧庫拉斯的部將，後來受到指控，西塞羅和賀廷休斯為他辯護，終於宣告無罪。

家和所謂的「悖論」，用語極其機智而詼諧，使得所有的法官都感到非常開心。就是小加圖也笑著向旁觀者說道：「各位朋友，我們的執政官是多麼的風趣。」穆里納宣判無罪，後來還表現出他沒有壞心眼，也是一個不記仇的人。等到他就任執政官以後，認為小加圖的諫言最有分量，在他任職期間對於小加圖極其器重和尊敬。會出現這種狀況，一方面是穆里納的審慎，另方面是小加圖的行為。雖然他在元老院或法庭，只要涉及司法和審判，一定會擺出嚴厲的神情讓人為之悚懼，然而等到公事處理完畢，他的態度無論對任何人都是友善而和藹。

22 小加圖在擔任護民官之前，對於執政官西塞羅[39]就履行職責所進行的重大鬥爭，給予支持和協助，特別是加蒂藍(Catiline)叛國案，他有極其出色和高貴的表現，最後能夠獲得圓滿的結局，全要歸功於小加圖堅定不移的意志。加蒂藍的企圖是用全面的叛亂和公開的戰爭，徹底推翻和改組羅馬的政府；西塞羅提出指控將他定罪，加蒂藍被迫逃離城市。然而連圖盧斯(Lentulus)和西第古斯(Cethegus)率領其餘的黨羽，仍舊留在羅馬從事陰謀活動；他們譴責加蒂藍缺乏勇氣，不敢按照原訂計畫貫徹執行，膽怯的心態讓人感到可憐。因此這兩位決定要使全城陷入大火之中，從而連根滅絕整個帝國，提升全民的揭竿起義以及鼓舞對外的戰爭行動。

整個謀叛事件受到西塞羅的揭發(我們在他的傳記中有詳盡的敘述)，送交給元老院處理[40]。希拉努斯首先發言，他的意見是陰謀分子應該處以極刑，接著表態的人士全都贊同。直到凱撒發言為止都是如此，凱撒是一個極其優異的演說家，把社會的變革和動亂看成達成目標的工具，不應撲滅而是要擴大，現在站起來演說，他的講話充滿同情心富於說服力，這些陰謀分子沒有按照法律進行公正的審判，就不能將他們處死，目前的處置應該將他們送走關進監獄。大家認為他言之有理，整個議場轉而支持凱撒的論點，同時他們擔憂嚴厲的刑責會引起民眾的憤怒，即使希拉努斯也見風轉舵，說他的意思不是要處死這些人，只是將他們監禁起來，就一個羅馬人來說這是能夠忍受的最大限度。

39　西塞羅出任執政官是在63B.C.。

40　皮索和卡圖拉斯事後指責西塞羅，說是凱撒涉及加蒂藍叛國案，不應讓他安然脫身，這是他處理此案一大敗筆。

23 發生這樣重大的轉折，所有的元老院議員傾向於接受更為溫和的意見，看起來大家都滿懷憐憫之情。這時小加圖站了起來，用非常激烈和情緒化的措詞，譴責希拉努斯改變立場，接著抨擊凱撒的發言。小加圖說凱撒使用柔性的詞句和討好民意的演說，試著要顛覆整個共和國，當他對這個案件感到畏懼，就來威脅元老院議員，如果他逃過所受的牽連，不致遭到處罰或免於涉嫌其中，就應該心存感激。凱撒竟敢公然挺身而出來保護這些國家的敵人，從而讓我們知道他對於城邦毫無愛心，任憑它面臨毀滅連帶所有的榮譽一起化為灰塵。然而小加圖卻認為，只有處死這些陰謀分子，才能拯救共和國免於血流成河的殺戮和最後絕滅的命運。

　　據說小加圖所有的演說只有這一篇留存；執政官西塞羅將幾位專業而又快速的抄寫員，安置在元老院議事廳各處，教他們用很短的筆畫做出記號，表示很長的字句或段落。據說這是首次運用到類似的技術，在那個時代之前沒有人使用我們現在所稱的速記員。小加圖能夠貫徹他的主張，再度轉變元老院的意見，他們通過提案頒布敕令，陰謀分子立即處死。

24 當我們想要更清晰描繪出小加圖的心理狀態，那麼對於可以表現出個性特質的瑣事，就不能置之不理。他與凱撒的鬥爭更為白熱化的時候，整個元老院對這兩位的互動和對立，不僅注意而且非常關心。據說一次有張小紙條帶給凱撒，讓他在發言之際看到引起疑心，力言其中必有陰謀活動在進行，要求凱撒將信的內容讀出來。凱撒迫不得已只有將紙條交給小加圖，結果發現這是他的姊妹塞維莉婭寫給凱撒的情書，因為這個時候她受到凱撒的勾引，生活變得腐化而墮落。小加圖只有將信交還給凱撒，說道：「醉鬼，拿好不要弄掉了。」接著繼續發表演說[41]。

　　實在說，小加圖家中那些婦女總是讓他倒霉透頂，剛才提到那位女士因為與凱撒的親密關係，到處遭人指指點點；還有一位名字也叫塞維莉婭的姊妹，她的行為可以說是更加不知檢點，嫁給羅馬最知名人物之一的盧庫拉斯，為他生了一

個兒子，後來還是因通姦而離婚[42]。其中最惡劣的狀況，莫過於小加圖的妻子阿蒂莉婭，讓他難以免除諸如此類的羞辱，雖然她給小加圖生下一雙子女，發生醜聞迫得他只有休妻。

25 後來他與菲利帕斯（Philippus）[43]的女兒馬西婭（Marcia）結婚，這位女士嫻雅賢淑眞是德容皆備，仍舊惹出很多的話題，小加圖的平生事蹟如同一齣戲，僅僅在這一幕裡面，就充滿錯綜複雜的關係和令人生疑的情節。色拉西（Thrasea）[44]對這件八卦傳聞的敘述，完全參考穆納久斯權威之作，要知道穆納久斯是小加圖長久相處的朋友和同伴。在這麼多愛戴小加圖而且對他讚不絕口的人員當中，不乏引人注目的知名之士，其中一位是奎因都斯·賀廷休斯（Quintus Hortensius）[45]，名聲顯赫且又人品高尚，不僅個人希望與小加圖成為知己之交，還要雙方的門第因聯姻而成爲通家之好，想要說服小加圖娶他的女兒波西婭（Porcia）爲妻，雖然波西婭已經嫁給比布盧斯（Bibulus）[46]，還爲他生了兩個小孩，但是她可以離婚，讓這塊良田能夠培育出更爲美好的果實。

賀廷休斯說道：「一般人對這種見解可能感到奇特以致無法接受，然而卻符合自然律的要求，會給公眾帶來莫大的好處。一個年輕婦女最緊要的事情，就是不能虛度大好的時光，失去生育的機能，然而在另一方面，不能給男子帶來太多的子女，免得負擔太重陷入貧窮的處境。身分貴重的人士運用這種方式，他們的家庭能夠緊密的聯繫，藉著品德的提升和後裔的擴散，相互之間的聯姻使得共和國團結成爲一體。」即使比布盧斯不願與妻子分手，賀廷休斯的意思是等她懷了小加圖的小孩以後，仍舊可以與比布盧斯恢復原來的婚姻，這樣一來兩個家庭的

42 克洛迪婭是個邪惡而放蕩的女人，盧庫拉斯與她離婚以後娶塞維莉婭為妻。後來證明這是非常不幸的婚姻，塞維莉婭除了沒有像克洛迪婭那樣與自己的兄弟發生醜聞以外，其餘的惡行應有盡有。出於對小加圖的尊敬，盧庫拉斯只有盡量容忍和克制，最後還是落得休妻的下場。
43 盧契烏斯·馬修斯·菲利帕斯（Lucius Marcius Philippus）是56B.C.的執政官，後來他娶阿蒂婭（Attia）為妻成為屋大維的後父，他在內戰中一直保持中立。
44 巴布留斯·色拉西·皮都斯（Publius Thrasea Paetus）是一位羅馬貴族，66A.D.被尼祿所殺，他在年輕的時候寫了一本《小加圖傳》。
45 賀廷休斯是羅馬政壇知名的演說家，一直是西塞羅的對手，個性灑脫不為俗事所拘，家財萬貫極其富有，死於50B.C.。
46 盧契烏斯·卡普紐斯·比布盧斯（Lucius Calpunius Bibulus）在65B.C.任市政官，62年任法務官，59年任執政官，每次都是凱撒的同僚，但是雙方的關係勢如水火，48年病故於軍中。

關係就會更爲密切。

　　小加圖的答覆是他很賞識賀廷休斯，非常贊同兩個家庭緊密結合的意見，談起要把嫁給別人的女兒再轉讓給他，這種做法的本身就很怪異，使得他無法接受。這時賀廷休斯改變話題，毫不遲疑直接表明要求小加圖將妻子轉讓給他，說是瑪西婭還年輕可以生育，何況小加圖已經有夠多的子女。我們不能說他提出有違常情的建議，是因爲他知道小加圖對瑪西婭漠不關心，據說那個時候她還懷著小加圖的小孩。不過，看到賀廷休斯難以抑制的熱情，使得小加圖無法拒絕，就說應該徵求菲利帕斯的意見，因爲菲利帕斯是瑪西婭的父親。因此，當菲利帕斯被他們請來以後，發現他們都同意此事，就當著小加圖的面將他的女兒瑪西婭許配給賀廷休斯[47]；而且小加圖對他們的婚禮也盡了一番心意。這場婚變沒有多久塵埃落定[48]，我要談起小加圖家中的婦女，對這方面最好是盡早說明清楚。

　　26 連圖盧斯和其餘的陰謀分子都被處死，凱撒發現在元老院反對他的聲勢暗潮洶湧，只有致力於爭取市民大會的支持，煽動城邦裡面最容易腐化和弊病叢生的人士，組成一個擁戴他的黨派。小加圖非常憂慮這種狀況所產生的後果，說服元老院用分發穀物討好家無恆產的貧民，年度所需費用達到1250泰倫[49]；慈善和人道的行動毫無疑問可以根除當前即將迫近的危險[50]。

　　梅提拉斯在出任護民官以後，開始掌握喧囂不已的市民大會，準備通過一項敕令，龐培大將率領軍隊回師意大利[51]，清理加蒂藍陰謀行動給城市造成的險惡局面。這是一個光明磊落的藉口，眞正的意圖是將一切軍政事務交到龐培手中，讓他掌控絕對的權力。

　　元老院集會討論，小加圖不像以往那樣用尖銳的言辭攻擊梅提拉斯，表現理性的態度和溫和的聲調反覆提出勸告，最後他不惜低聲下氣的懇求，同時讚揚梅

47　要不是小加圖先與瑪西婭離婚，她的父親也不可能將她許配給賀廷休斯，這是非常明顯的事。

48　這件事可能發生在56B.C.。

49　本書第十七篇〈凱撒〉第8節也提到這件事，每年要增加750萬德拉克馬的額外開支，暫時可以減弱凱撒的勢力，當局沒有能力長久維持，後來只有減少金額和供應的人數。

50　這件事給羅馬共和國帶來深遠的影響，不僅使一個民族養成不勞而獲和好吃懶做的習性，也使得城邦的財政陷入枯竭的處境，爲了解決問題只有發動對外的戰爭，從而造成惡性循環，共和政體走上絕滅的道路。

51　龐培正好完成對米塞瑞達底的征戰，只要能奉到敕令就可以名正言順回來清理門戶。

提拉斯家族通常在貴族當中出現很多中堅人物。梅提拉斯有鑑於當前有利的狀況，擺出傲慢無禮的姿勢，根本不把小加圖看在眼裡，好像他已經屈服而且心中極其畏懼。這時他藐視元老院的心態已昭然若揭，認為只要自己高興可以隨時採取威脅的行動，大膽妄為到人神共憤的程度。小加圖看到梅提拉斯引起眾怒，他的神色、聲調和言辭隨之一變，經過全力抨擊以後，最後立下莊嚴的誓言，只要他活在世間，絕不讓龐培全副武裝進入羅馬。元老院認為兩造都過於極端，無法保證雙方的安全；梅提拉斯的企圖出於狂暴和憤怒的心態，帶來的災難會使所有的事物趨向於毀滅和混亂。小加圖認為鬥爭的目的在於追求至善和公正，他的德性看起來像是得意忘形。

27 等到市民大會投票的日子來到，決定這份敕令是否可以獲得通過，梅提拉斯事先派出武裝人員、外鄉人、角鬥士和奴隸據有羅馬廣場，大部分民眾抱著改革的希望，願意追隨龐培的行動，何況這些人獲得凱撒的大力支持，這時他擔任法務官。城市裡面無論正人君子還是高階人士，對於這種立法程序的厭惡並不下於小加圖，然而他們寧願忍受痛苦也不肯對小加圖施以援手。這個時候，小加圖全家對他即將面臨的危險感到憂心忡忡，有些朋友到了夜晚甚至害怕得吃不下飯睡不著覺，所有的時間都在爭辯和困惑中度過。他的妻子和姊妹非常悲傷，生怕他遭到不幸。小加圖充滿信心絲毫無所畏懼，他在與朋友的談話中提出保證，用來鞏固他們的心防激勵奮鬥的勇氣。晚餐以後如同往常一樣按時休息，第二天早上在沉睡中被他的同僚米努修斯·色穆斯(Minucius Thermus)叫醒。

他很快起床，在少數人員陪同之下，一起前往羅馬廣場，那裡有很多人加入他們的行列，還叮囑他們要特別小心，照顧好自己的安全。小加圖這時看到卡斯特和波拉克斯神廟的四周布滿武裝人員，角鬥士安置在台階擔任守衛，梅提拉斯和凱撒坐在平台的上面，於是轉過頭來向他的朋友說道：「請看！這位無恥的懦夫，竟然徵召一個團的士兵，來對付一個赤手空拳的人。」於是他與色穆斯走了上去，把守通道的人員沒有擋駕，其他的人都不讓通過。小加圖抓住穆納久斯的手，費了不少力氣才從中間擠了過去。然後直接走向梅提拉斯和凱撒，就在他們中間坐了下來，使得兩個人無法交談，這種突如其來的動作使得他們感到驚訝和困惑。善良的市民看到這種狀況，欽佩小加圖大無畏的氣概，走近來大聲給他鼓

勵，一定要精誠團結，為護衛自由權利而奮鬥不息。

28 這時承辦人員將議案呈送上來，小加圖禁止他當眾讀誦，梅提拉斯拿過來想要親自宣布，小加圖又將文書搶走。然而梅提拉斯對於敕令的內容記得很清楚，不看文書開始背誦，色穆斯伸出手封住他的嘴，不讓他發出聲音。梅提拉斯看到對手使出全力與他抗衡，民眾發出威嚇的聲音，要投向主持正義的一方，於是派人到他家中通知待命的武裝人員，他們帶著殺氣騰騰的吶喊聲衝了過來，所有的人員四散而逃，只有小加圖留在那裡不為所動，他們在上方向他猛投木柴和石塊想要把他擊倒，還是那個曾經被他起訴的穆里納[52] 跑上來保護他，抓住他的長袍擋在他的前面，屬聲吩咐他們停止投擲。最後，經過一番勸說和拉扯，總算逼著他進入卡斯特和波拉克斯的廟宇。

梅提拉斯現在看到這個地點已經清除乾淨[53]，所有反對派的人士全部逃離廣場，認為自己可以很容易的達成願望，於是下令要士兵退出去，開始運用正常的投票程序通過早已擬定的敕令。對抗的陣營重新恢復士氣和鬥志，毫無畏懼發出吶喊的叫聲，梅提拉斯的追隨者感到驚慌，誤以為全副武裝的生力軍開到，一哄而散逃出會場。小加圖再度走了進來，肯定民眾表現的勇氣，推崇他們的決心，獲得多數的優勢以後，罷黜梅提拉斯的職位。元老院接著舉行集會，發布命令支持小加圖，雖然有人提出動議，說是小加圖在城市激起動亂幾乎要引發內戰，但是遭到大家的杯葛。

29 梅提拉斯仍舊勇氣百倍不肯屈服，看到他的黨徒對於小加圖極其憚忌，認為這個對手幾乎是所向無敵，於是梅提拉斯急忙離開元老院前往羅馬廣場，召集市民大會，用尖酸和引起反感的演說大肆抨擊小加圖，說他受到暴政的壓迫逼得只有逃走，這些陰謀活動完全是為了對付龐培，城市羞辱如此一位偉大的人物，沒過多久就會後悔不迭。接著他離開羅馬返回亞洲，大家推測他的目的是要到龐培的面前去訴苦，說他在這裡受了多少的傷害和冤屈。小加

52　前面提到穆里納當選執政官，被小加圖指控行賄，最後在西塞羅的辯護之下，宣判無罪，雙方不打不相識，穆里納在任職期間，對於小加圖的諫言和意見，非常器重和尊敬。

53　卡斯特神廟的台階向下延伸到一個講壇，演說家和政客通常在這裡向人民發表演講。

圖高聲讚揚這次的行動，使得城邦免於護民官所帶來的危險，梅提拉斯的去職離國，就是採取有效的措施，防止龐培的權力過分擴張。元老院為了羞辱梅提拉斯要罷黜他的職位，小加圖出面反對總算打消施加於他的懲處，這樣一來使得大家對小加圖更為欽佩。一般民眾稱讚他的和藹與仁慈，對於一個垮台的政敵沒有帶著惡意還要落井下石，那些有見識的人士認為全靠他的審慎和策略，沒有激怒龐培採取絕裂的行動。

　　盧庫拉斯很快放下亞洲的戰事回到羅馬[54]，結束戰爭的責任和隨之而來的榮譽，不管從那方面來看，全部落到龐培的手裡。現在盧庫拉斯不僅失去舉行凱旋式的殊榮，該猶斯‧門謬斯(Caius Memmius)[55]在市民大會對他的詆毀不遺餘力，並且威脅要提出指控。門謬斯所以如此，並非要討好龐培而是他與盧庫拉斯私怨甚深。小加圖與盧庫拉斯有親戚關係，因為盧庫拉斯娶他的姊妹塞維莉婭為妻，同時他認為整個事件非常不公正，所以出面反對門謬斯，因而受到謠言和中傷的打擊，甚至說他濫權暴虐，準備罷黜他的職位。然而最後小加圖還是占了上風，迫使門謬斯放棄指控的念頭，平息雙方的爭執。盧庫拉斯保住他的凱旋式，從此以後盡全力來維護他與小加圖的友誼。他知道要想與龐培的權力抗衡，小加圖可以視為最重要的盟友，為他提供所需的安全和辯護。

30 龐培在東方大獲全勝班師回朝[56]，盛大的歡迎場面使他對市民的善意充滿信心，認為自己無論提出什麼要求都不會遭到拒絕，派員前去通知元老院延後集會時間，暫時不要決定執政官的選務，直到他能夠出面協助畢索為止，因為畢索候選執政官的職位。元老院大多數議員傾向於接受他的意見；小加圖並不認為延後選舉這件事有多麼重要，只是他不願龐培予取予求任性而為，拒絕所提出的要求，發揮支配的作用使得元老院與龐培形成對立。這件事給龐培帶來相當程度的煩惱，讓他了解到當前最重要的問題，在於無法說服小加圖

54　盧庫拉斯在66B.C.，門繆斯指控他侵占戰利品和延長戰爭，要求大家拒絕給予舉行凱旋式的榮譽，盧庫拉斯積極爭取，貴族和高階人士出面幹旋，經過三年的努力，總算取消原來的裁定。

55　該猶斯‧門繆斯‧傑米拉斯(Caius Memmius Gemellus)是66B.C.的護民官，兩年以後競選執政官失利，退隱到邁提勒尼(Mitylene)從事著述。

56　龐培從遠征東方班師還朝是在羅馬建城692年即62B.C.。

與他建立共同的利害關係，否則他的圖謀很難避開失敗的後果。

等他知道小加圖有兩位待字閨中的甥女，就要他的朋友穆納久斯出面提親，龐培本人娶年長的姊姊爲妻，將年幼的妹妹許配給自己的兒子。還有人說這兩位不是小加圖的甥女而是女兒。穆納久斯向小加圖提出這件親事的時候，小加圖的妻子和姊妹全都在場，她們對於能與這樣一位偉大而重要的人物聯姻，認爲可以光耀門楣感到極其高興，小加圖毫不遲疑立即做出決定，他回答道：「穆納久斯，請你前去告訴龐培，小加圖不會在婦女的閨房中間，讓他找到有機可趁的空隙。實在說我很感激他所表達的好意，只要他的行爲走上正道，我願意與他建立較之聯姻更爲深厚的友誼；但是我絕不會充當他的人質，縱容他的光榮危害城邦的安全。」

這樣的答覆讓家中的婦女大爲失望，就是他的朋友也認爲處理的方式過於急躁和傲慢。不過，等到後來，龐培爲了使他的朋友選上執政官[57]，花錢向民眾買票，甚至要大家到他的花園去領款，公開的賄賂使得他聲名狼藉。這時小加圖向家中的婦女說起，要是他接受提親的要求，龐培的穢行就會玷污他們的家世和身分。這時她們承認他的拒絕確實有先見之明[58]。

然而我們要是評論這件事情，小加圖排斥雙方的聯姻犯下大錯，這樣一來龐培陷身凱撒的陣營難以自拔。等到親事已成定局，凱撒和龐培的勢力相結合，羅馬帝國面臨岌岌可危的處境，共和國名存實亡大勢無可挽回。後來發生的事情原本都可能避免，只要小加圖對龐培的微小過失不過分計較，迫得他將更重要事務託付另外一個人，等到機會來到就會興風作浪。

31 引起雙方衝突的事情還是接踵而至，這個時候的盧庫拉斯和龐培，就他們在潘達斯(Pontus)[59]的命令和措施發生強烈的爭辯，每個人都盡力使得自己頒布的條例規定，不僅合法而且有效。小加圖聲援盧庫拉斯，非常明顯他是受到冤屈的一方。龐培發覺他在元老院居於劣勢，想要訴諸市民大會的

57　他的朋友是盧契烏斯·阿非拉紐斯，在61B.C.參選次年的執政官。

58　後來小加圖對他的妻子和姊妹說道：「現在你們知道，要是跟龐培訂親，我們就會落得裡外不是人。」家人只有承認，小加圖不是女流之輩，智慧和見識還是要高明得多。

59　潘都斯位於小亞細亞北部，包括黑海南岸在內，最早是卡帕多西亞(Cappadocia)的一部，米勒都斯人於7世紀B.C.在這個地區建立夕諾庇(Sinope)和阿米蘇斯(Amisus)殖民地。

支持，靠著制定法律將土地分配給士兵，用這種方式在投票時獲得優勢，小加圖出面反對使得議案遭到否決[60]。克洛狄斯是當時最崇尚暴力的政客，龐培鋌而走險要與他合作，同時還與凱撒建立友誼，原因仍舊出在小加圖的身上。這時凱撒在西班牙的總督任期屆滿返國[61]，請求成爲執政官候選人的同時，不想失去舉行凱旋式的榮譽。法律規定參選任何職位都要親自前往登記，然而獲得凱旋式的將領，在舉行之前必須留在城外；於是凱撒向元老院提出請求，允許他以缺席方式由他的朋友代爲辦理登記事宜。很多元老院議員表示同意，只有小加圖反對，發覺大家的意思是要給凱撒一個方便，於是花整天的功夫發表長篇大論的演說，不讓元老院有時間提出議案進行表決。

因此，凱撒決定放棄舉行凱旋式的權利，進入羅馬城以後，立即與龐培去盡前嫌重修舊好，接著辦理執政官的競選活動[62]。等到他當選執政官以後，將女兒茱麗亞嫁與龐培爲妻。這時兩個人的勢力結合用來反對共和國的諸般措施，一位提出法案要將土地分派給貧民，另外一位盡全力加以配合與支持。盧庫拉斯、西塞羅和他們的朋友，加入另外一位執政官比布盧斯的集團，要阻止這個議案通過。小加圖比所有的人更早發覺龐培和凱撒的友誼和聯姻是極其危險的事，公開宣稱他不是不願民眾從分配土地獲得好處，而是害怕這種哄騙和討好的行動，使得民眾爲了報答而擁護他們的主張。

32 運用口若懸河的辯才，他在元老院獲得一致的支持，同樣還有很多不是元老院議員的人，他們對凱撒不當的行爲極其反感，因爲凱撒擔任執政官這個崇高的職務，卻拿出卑鄙和污穢的手段，對民眾極其奉承阿諛之能事，通常只有輕率而叛逆的護民官爲了爭取民眾的好感，才會運用這種不登大雅之堂的伎倆[63]。因此，凱撒和他的黨派生怕正當的行動不能達成目的，被逼只有使用暴力。首先發難是趁著比布盧斯[64]前往羅馬廣場，將一桶糞便倒在他的頭

---

60 有人說是盧庫拉斯出面反對，獲得小加圖的支持，使得提案無疾而終。

61 這是60B.C.的夏天。

62 本書第十七篇〈凱撒〉第13節對這件事有詳盡的敍述，凱撒最主要的策略是促使龐培和克拉蘇的妥協和聯盟，共同支持他出任執政官。

63 凱撒在執政官任內通過〈朱理烏斯法〉（Lex Julia），是將國有土地分配給退伍士兵，也包括貧苦市民在內，主要地區是在肥沃的康帕尼亞，卡普亞是該地最主要的城市。

64 比布盧斯與凱撒同年出任市政官和法務官，經常爭執產生心結；59B.C.共同擔任執政官，他

上，接著就毆打他的扈從校尉並且折斷他們攜帶的權標。最後還亂擲標槍，有很多人受傷，使得那些要反對這個法案的人逃出廣場，就在大家爭先恐後趕快離開之際，只有小加圖留在後面慢步而行，還不時轉過頭去斥責他們的暴行。

凱撒這一派不僅實現分配土地的主張，還通過一條但書要元老院的議員立下誓言，贊同並且貫徹所制定的法律，為了防止有人出面反對，凡是拒絕公開宣誓的議員給予嚴厲的處分。所有的元老院議員為形勢所逼只有宣誓擁護，他們記起年老的梅提拉斯，好像在類似狀況之下拒絕立下誓詞，結果被迫只有離開意大利[65]。雖然小加圖的妻子和子女流著眼淚哀求，他的朋友和親戚費盡口舌再三規勸，他仍舊不願遵守這項規定，最後還是西塞羅將他說服，這位演說家特別勸他，任何個人要反對已經頒布的敕令，本身就喪失立場不能說是公正的行為，除了使得自己面臨最大的危險，對於他的國家沒有一點好處，這種做法可以說是愚蠢而且瘋狂。再者，他所犯最大的錯誤是放棄共和國，將機會拱手讓給敵人，導致城邦陷入分崩離析的局面。所以為了拯救人民於水火之中，他應該竭盡諸般手段使共和國脫離困境。

西塞羅說道：「即使小加圖對羅馬一無所求，然而羅馬卻需要小加圖，同樣還有很多朋友對他極其倚重。」在這些人當中，西塞羅自承是受益最多的主要人物，特別是他成為克洛狄斯攻擊目標之際，因為克洛狄斯就任護民官，公開威脅要取西塞羅的性命。因此，他們的說法是小加圖深受這些朋友的懇求和言論所感動，帶著非常勉強的態度參加宣誓，等到他上台只有一位很親密的知己弗浮紐斯（Favonius）[66] 留在最後。

33 凱撒為成功而欣喜若狂，提出另外一個法案，幾乎要將整個康帕尼亞地區，分配給貧窮和無立錐之地的市民。除了小加圖以外沒有人

（續）

反對凱撒的土地分配法案，受到強力的制止，到元老院申訴得不到結果，停止出席會議，鎖在家中鎮日書空咄咄，理論上會使政務無法推行，事實上凱撒不予理會，單獨統治羅馬，比布盧斯只有發布誹謗凱撒的聲明以發洩怒氣。

65　100B.C.，護民官薩都尼努斯提出土地分配法案，其中有一項附加條款，市民大會表決通過的事項，元老院要公開宣誓給予認可，不得有任何反對意見。梅提拉斯拒絕宣誓，遭到放逐的處分。

66　馬可斯·弗浮紐斯被人稱為小加圖的「替身」，52B.C.出任市政官，49年當選法務官，雖然他不滿龐培仍然願意效命，隨著龐培從法爾沙拉斯會戰出逃，後來還是被屋大維處死。

膽敢發言反對，因此凱撒將他從講台上面抓下來押進監獄，然而小加圖並沒有停止發言，他一邊走還是一邊繼續杯葛，規勸民眾要遏阻任何一位立法者制定類似的法律。元老院議員和善良的市民帶著悲傷和沮喪的神色跟在後面，他們用沉默表達哀痛和憤怒，凱撒不可能不知道這樣做會引起多大的反感，爲了面子問題只有堅持下去，期望小加圖向他求情或是提出訴願，當他看到小加圖根本不爲所動，這時發覺大事不妙，爲了免得有人說他虎頭蛇尾，私下叮囑一位護民官出面干預將小加圖保釋出去。不過，這些法案和賞賜贏得民心，他們發布敕令要凱撒治理伊里利孔和整個高盧地區，統率4個軍團，任期長達5年；小加圖大聲疾呼，說他們用選票將一位暴君安置在堡壘裡面，讓他能夠高枕無憂。

巴布留斯‧克洛狄斯（Publius Clodius）出身貴族世家，運用不合法的方式成爲一位平民，使得他當選爲護民官。他爲了討大家的歡心可以不擇手段，條件是放逐西塞羅，他們推舉凱撒的岳父卡普紐斯‧畢索擔任執政官[67]，另外一位是龐培控制的傀儡奧拉斯‧蓋比紐斯（Aulus Gabinius），根據他們的說法，這個傢伙只知道如何享福過日子。

34 等到他們將所有的事情全都擺平以後，用來掌握城市的手段，是對一部分人士盡量討好，對於另一部分人士讓他們噤若寒蟬。他們對於小加圖仍舊畏懼三分，帶著苦惱的神情記起他們爲了制伏他，曾經付出多大的辛勞和代價，最後他們運用暴力將他趕走，實在令人感到羞愧得無地自容。因此只要小加圖留在羅馬，克洛狄斯就無法如願以償將西塞羅逐出意大利。

當克洛狄斯就任護民官以後，立即使出陰謀手段，就將小加圖召來，極口讚譽他是最清廉的羅馬人，已經成爲大家的楷模。克洛狄斯說：「很多人想派往塞浦路斯去與托勒密打交道，提出請求能夠獲得任命[68]。我認爲只有你最夠資格，特別推薦你出任這個職位。」小加圖立刻大叫起來，說這是算計他的圖謀，不僅沒有任何好處，反而給他帶來傷害。克洛狄斯用傲慢而凶狠的口氣回答道：「從來沒有人像你這樣不識抬舉，即使你不領情也得要去！」馬上前往市民大會通過

67　58B.C.的執政官是卡爾紐斯‧畢索和奧拉斯‧蓋比紐斯。
68　這位托勒密是塞浦路斯國王，他是埃及國王托勒密‧奧勒底（Ptolemy Auletes）的弟弟，引起羅馬護民官克洛狄斯的敵意，頒布敕令要奪取他的王國。

提案頒布敕令，將小加圖派往塞浦路斯。

　　他奉的命令是孤身前往，沒有水師和軍隊，除了兩位秘書連隨從隊伍都付之闕如，何況這兩位秘書其中一位是小偷和惡棍，另一位是克洛狄斯的部從。如果塞浦路斯和托勒密的局勢不利，這時他奉到的指示是退到拜占庭去避難，克洛狄斯的決定是只要他當一天的護民官，就盡量將小加圖留在遙遠的國外。

35　小加圖出於無奈只有離開羅馬，他勸西塞羅遭到打擊只有忍耐，免得使城邦陷入內戰和混亂之中；等待時機的到來，他們再度成為保存國家元氣的人士。

　　他派遣幕僚坎奈狄斯(Canicius)先去塞浦路斯[69]，勸說在位的托勒密降服，不要逼得非使用武力不可，向對方提出承諾，不會讓他過貧窮和沒有尊嚴的生活，特別是羅馬人同意讓下台的國王，出任廟宇在帕弗斯(Paphos)那位女神的祭司[70]。他自己留在羅得島著手準備工作，期待從塞浦路斯來的答覆。

　　這個時候的埃及國王托勒密，與他的臣民發生爭執，被迫離開亞歷山卓乘船航向羅馬，希望龐培和凱撒派遣軍隊助他復位。途中托勒密想與小加圖見面，於是派員前去通知他，請他趕去相會。小加圖在使者到達的時候，剛好服用通便的輕瀉劑；他的答覆是托勒密覺得適合的話，最好自己前來與他會晤。托勒密來到以後，小加圖不僅沒有前去迎接，甚至端坐不動，像招呼一位普通的客人那樣吩咐他就座。

　　這種接待的方式使得托勒密百思不解，外貌如此和善而又謙遜的人竟會擺出嚴峻和傲慢的態度；後來他開始討論國內的政局，對於小加圖的談吐所表現的智慧和開明，感到驚奇不已。小加圖責備他所採取的行動，特別指出他竟然放棄擁有的地位和幸福，使得自己陷入羞辱和困境之中，當他到羅馬去見那些領袖人物，只有靠著賄賂的手段來滿足他們的貪婪，即使整個埃及變成遍地金銀，還是難以使所有人都能皆大歡喜。因此他勸托勒密返國與臣民重修舊好，他可以陪著

69　布魯特斯在年紀很輕的時候，陪伴他的舅父小加圖前往塞浦路斯，對托勒密王發起遠征行動，小加圖因故滯留在羅得島，派他的幕僚坎奈狄斯先去處理有關事務。

70　羅馬人要用這樣的職位來交換一個王國，實在是太便宜了。從宗教的觀點來看，祭司的身分並不低於君王，特別是這個廟宇供奉維納斯，對祂的信仰和崇拜流行一時，各項收益非常龐大，可以過著富埒王侯的生活。

國王成行，施以援手來調停雙方的爭執。

這番話托勒密聽起來感到很瘋狂，好像是難以實現的囈語，經過仔細的考量，能夠體會到小加圖的誠摯和睿智，於是決定接受他的諫言。後來還是被他的朋友說服，仍舊不改初衷，按照原訂計畫前往羅馬，等到他抵達以後，迫於形勢只有等候在一位官員的門口，這時開始嘆息愚蠢的決定，竟然不聽一位智者之言，看來他的話比求來的神讖還要靈驗。

36 這個時候，另外那位托勒密在塞浦路斯服毒身亡，對小加圖而言可以說是一大幸事。據說國王留下大筆財富，因此，小加圖的打算是先到拜占庭，就派他的甥兒布魯特斯到塞浦路斯，因為他對坎奈狄斯並不是完全相信。等到他讓流亡在外的人士和拜占庭的民眾重新修好，城市保持安寧無爭的狀況，這時他才離開向著塞浦路斯發航。他在那裡發現一個皇室的金庫，裝滿各種器具、擺設、名貴的珠寶和紫色的衣物，所有這些值錢的東西全部出售換成現金。小加圖要求一絲一毫絕對精確無誤，每一件物品都要賣到最高的價格，到最後他還親自到場督導，非常小心全部列入帳目。他不僅對市場的拍賣規定表示出不相信的神色，就是對所有的官員、拍賣人和購買者，甚至他的朋友都感到懷疑，到最後他親自與買主商談，要他們提高進貨價格，大部分的物品都是他用這方式發售。

37 這種猜疑成性的作風使得大多數的友人極其反感，特別是穆納久斯，過去是所有朋友當中最親密的知己，現在變成無法和解的仇敵。後來提供凱撒有關的資料，用在所寫《反加圖》一書中對他大肆抨擊[71]，疾言厲色加以譴責。然而穆納久斯提到此事，說是發生齟齬不在於小加圖對他的不信任，而是對他的忽略和輕視，特別是他嫉妒小加圖對坎奈狄斯的器重。後來穆納久斯寫了一本有關小加圖的書，色拉西(Thrasea)後來為他立傳主要是引用這部權威之作。

穆納久斯提到他與其他人員抵達塞浦路斯以後，提供給他的住處非常簡陋，他前往小加圖的府邸受到擋駕，因為小加圖與坎奈狄斯正在飲宴。後來他用非常溫和的言辭向小加圖發牢騷，接受的答覆極其刺耳，根據狄奧弗拉斯都斯

71　有關凱撒出書攻擊小加圖，可以參閱本章註14。

(Theophrastus)[72] 的說法完全是因愛生恨。小加圖說道：「因為你對我極其敬愛，認為接到的回報太少，難免要怒氣大發，我器重坎奈狄斯是因為他的勤奮和忠誠，從開始我就對他非常信任。」這些事情是兩個人在私下所說，後來小加圖將發生的狀況告訴坎奈狄斯，等到穆納久斯得知此事，他再也不與小加圖用餐，就是受邀去參加會議也予以拒絕。然後小加圖放話說是要沒收他的財產，按照習慣只要出現不服從的行為，庇主可以用這樣的方式制裁部從[73]；穆納久斯不理他的威脅，逕自回到羅馬，有很長的時間斷絕來往。

等到後來小加圖也返回國門，瑪西婭這時仍舊與他同住[74]，暗中運用計謀邀請兩個人，到一個名叫巴爾卡(Barca)的人家中聚餐。小加圖最後才到，其餘的人士都已躺在臥榻上面，就問他的位置在那裡，巴爾卡的回答是只要他高興都可以，這時小加圖看了一下，說他要靠近穆納久斯，於是走過去躺在下方的位置。在用餐的時候，他對納久斯並沒有表現出特別親切的樣子。另外有一次在瑪西婭的懇求之下，小加圖寫信給穆納久斯，說是很想與他見面談談，穆納久斯在早晨來到他的家中，等到瑪西婭將其他人員打發走以後，小加圖才出來，對著穆納久斯張開雙臂，帶著歡迎的熱情相互擁抱，兩人終於和好如初。我所以不厭其煩敘述這些細節，因為我認為這些不足為道的瑣事比起耀眼的豐功偉業，更能表現出一個人的特質和性格。

38 小加圖得到的金額不少於7000泰倫，海上長途航行使得他非常擔心運輸的安全，於是他製作數以千計的木櫃，每隻木櫃裝2泰倫零500德拉克馬的銀兩，上面繫著很長的繩索，一端綁著一大塊軟木，即使船隻發生意外，從浮在海面的軟木可以得知水下木櫃的位置。如此巨大的金額除了少許損耗，運輸的過程非常安全。

小加圖準備兩本帳簿，上面詳細記載售貨和支出的狀況，然而都沒有能夠

72　狄奧弗拉斯都斯生於列士波斯島的伊里蘇斯，是亞里斯多德最出色的弟子，後來成為逍遙學派的首腦人物，傳世的作品甚少，287B.C.於雅典去世，時年85歲。

73　要是一位官員拒絕接受元老院或市民大會的召喚，給予的懲處是將他家中的家具和擺設搬走，一直要等他參加會議才發還，他們將這種方式稱之為pignora capere。

74　賀廷休斯是極其富有的羅馬演說家，想與小加圖的家庭建立密切的關係，於是小加圖與他的妻子瑪西婭離異，然後由她的父親菲利帕斯將她許配給賀廷休斯，這是56B.C.的事，賀廷休斯在50年亡故，瑪西婭帶著遺留的財產，回到原夫的家中。

保存下來。他的自由奴斐拉吉魯斯(Philargyrus)帶著其中一本，從申克里(Cenchreae)[75]發航以後，連同船隻和貨物全部喪失。另外一本由小加圖自行保管，一直到科孚(Corcyra)都很安全。他將帳篷架設在市場，天氣寒冷水手生火取暖，不愼引燃帳篷將所以東西焚毀，連帶那本帳簿也都化爲灰燼。雖然有幾名托勒密的管事陪他前來，這些人可以證明他的公正和廉潔，杜絕政敵悠悠之口以及無事生非的指控者，失去帳簿總是讓他感到痛心，這件事始終給他帶來煩惱，因爲他的忠誠受到質疑，做事不夠實在難以成爲眾人的楷模。

39 信息傳到羅馬，他已經沿著台伯河溯流而上[76]。所有的官員、祭司、元老院議員以及大群市民，全都前去迎接，兩岸擠滿群眾，進城的排場和聲勢之大不遜於舉行凱旋式。有人覺得非常奇怪，也可以證明他的剛愎和倨傲，那就是看到執政官和法務官，他並沒有下船或是暫停向他們行禮致意，乘坐的六排槳座皇家戰船，仍舊使出全力划槳前進，直抵碼頭才停船靠岸。不過，他帶來的錢財搬運通過街道，民眾對於數額之巨大感到不可思議，元老院召開會議，通過提案增設一位法務官，將這個職位授與他以表彰他的功績[77]，出現在公眾場合有權穿著鑲有紫邊的長袍，小加圖拒絕所有的官位和榮譽，公開宣稱說他發現托勒密的管家尼西阿斯(Nicias)，處理遺留的財產不僅勤奮而且忠誠，要求元老院恢復他自由之身。

瑪西婭的父親菲利帕斯是那一年的執政官，他能獲得這個職位和權勢，小加圖發揮不少的影響力；因爲小加圖與菲利帕斯有親戚關係，所以另外一位執政官對他要另眼相看，不僅僅是小加圖的德行使然，眞正的實力才是最關重要的因素。

40 西塞羅被克洛狄斯趕出羅馬，現在從放逐地返回國門[78]，再度在市民當中獲得信賴和擁戴。這時他趁著克洛狄斯不在國內，將克洛狄斯擔任護民官所存放在卡庇多的記錄和簿冊，強行拿走以後全部銷毀。元老院因而召開會議，克洛狄斯對西塞羅的行動提出控訴，他的答覆認定克洛狄斯從來都不

---

75 申克里是科林斯東邊一個海港市鎮。
76 小加圖從塞浦路斯返回羅馬是在56B.C.。
77 小加圖這個時候大約是38歲，出任法務官還稍為年輕一點，正常來說要過了40歲。
78 西塞羅被克洛狄斯放逐，57B.C.獲得允許返國，離開羅馬不過16個月。

是合法的護民官，所有的作爲都不具備法律的效力，也不擁有這個職位授與的權責。

　　西塞羅的辯駁遭到小加圖的打斷，最後小加圖站起來發言，說是他對克洛狄斯的處理程序無法給予證明或裁示。如果他們質疑克洛狄斯任職護民官的作爲所具備的合法性，那麼他在塞浦路斯的作爲同樣受到質疑；如果克洛狄斯不擁有這方面的職權，他的遠征就是非法的行動。他個人認爲克洛狄斯獲得護民官的職位完全合法，雖然他是一個貴族，法律認可他被平民家庭收養[79]，如果他擔任這個職位犯下錯誤，應該召喚到元老院提出解釋，只是這個職位所授的權責，不能因業務上的過失而遭到抹殺。西塞羅對此極其不滿，有很長一段時間與小加圖斷絕往來，最後他們還是重新修好。

41 凱撒同意越過阿爾卑斯山與龐培和克拉蘇會商[80]，他們在暗中達成協議，就是凱撒支持這兩位第二次競選執政官，等到他們出任這個職位以後，凱撒在高盧的任期繼續延長5年；同時還讓他們在卸任以後獲得最大的行省，以及用來維持權力的軍隊和金錢。這件事可以視爲極具影響力的共謀行爲，不僅破壞制度還將帝國當成私產加以瓜分。那一年有很多知名之士想要出馬競選執政官，等到出現這樣強勢的對手，除了盧契烏斯‧杜米久斯(Lucius Domitius)[81]以外，全部打退堂鼓。杜米久斯娶了小加圖的姊妹波西婭爲妻，所以小加圖特別鼓勵他堅持到底，絕不可以中途放棄，按照小加圖的說法，是他不僅爭取執政官的職位，更要維護羅馬的自由權利。

　　這個時候，那些較有見識的市民之間出現一種共同的話題，他們不應該讓龐培和克拉蘇的權勢結合在一起，否則就會強大到不受任何制約，對於城邦帶來很大的危險，因此他們兩人不能同時當選。基於這個理由，他們參加杜米久斯的陣營，勸告和激勵要他不畏強勢繼續前進，雖然有很多人支持他的競選活動，但是

79　前面提到克洛狄斯出身貴族世家，運用不合法的方式成為一位平民，當選為護民官，好像與本節的說法有所牴觸。

80　會談的地點在山南高盧最南端的城市盧卡，時間是羅馬建城698年即56B.C.。

81　盧契烏斯‧杜米久斯‧伊諾巴布斯(Lucius Domitius Aenobarbus)是54B.C.執政官，元老院貴族政體的忠實擁護者，從開始就反對龐培和凱撒，內戰發生以投向龐培的陣營，法爾沙拉斯會戰失敗被害。

害怕公開的露面，就在暗中加以協助。龐培的黨派對他的參選極其憚忌，趁著杜米久斯在拂曉之前打著火炬前往戰神教練，等待在那裡對他們發起襲擊，走在杜米久斯後面那位執炬者被踢下台階慘遭殺害，還有幾個人受傷，其餘人員一哄而散。只有小加圖和杜米久斯沒有逃走，雖然小加圖手臂掛彩，還是大聲叫喊，懇求他們堅持不退，即使一息尚存也要對抗這些暴政，維護人民的自由權利，這兩位爲了獲得執政官的職務，採用的手段已經是無所不用其極。

42 後來杜米久斯不願面對喪失性命的危險，逃進住宅不再出來，於是龐培和克拉蘇宣告當選[82]。雖然如此，小加圖還是不肯放棄，決定要參選該年度的法務官，這樣他的行動不完全是平民的身分，對於與官府的抗爭一定會有相當的幫助。龐培和克拉蘇對他的意圖非常擔心，生怕小加圖擁有法務官的職位，就會剝奪執政官的權力，他們在大家料想不到的狀況下在元老院召開會議，很多元老院議員沒有接到通知，立即通過一個提案，任何人要競選法務官必須立即辦理登記，無需等待一段時間，根據法律規定，只有在這個期限之內送禮物給民眾，才會受到賄賂的指控。等到這個敕令頒布以後，他們可以公開進行買票的行爲，要他們的朋友和追隨者去競選法務官，他們拿出錢來支助，監視民眾的投票。

雖然他們運用這種伎倆，小加圖的德行和名聲還是占很大的優勢，任何人要想付出代價使小加圖落選，民眾認爲這是一種羞辱，而且憑著他本人的能力就應該得到那個職位。所以他在第一個區部獲得異口同聲的擁戴，龐培看到這種狀況立即構建一個謊言，大聲喊叫天在打雷，接著解散市民大會，羅馬的宗教性習俗認爲雷聲隆隆是個凶兆，任何重大事件要停止討論。在下次選舉之前，他們花更多的錢買票，同時將善良的市民驅出戰神教練場，運用這些下作的手法使瓦蒂紐斯（Vatinius）[83]取代小加圖成爲法務官。

據說那些受到收買和失去榮譽的民眾，投完票以後急忙離開教練場，如飛一樣逃回自己的家中。其餘的市民還留在那裡，團結起來表示出義憤填膺的神色，

---

82 龐培和克拉蘇當選執政官是在55B.C.。
83 瓦蒂紐斯是凱撒陣營的領導人物，55B.C.出任法務官，高盧戰爭期間擔任凱撒的副將，內戰開始轉戰各地立下汗馬功勞。

這時只有一個護民官主持市民大會，小加圖站起來發言，像是受到上天的感召，預告災難會降給這個城邦，他特別叮囑大家要注意龐培和克拉蘇，他們僅僅爲了害怕小加圖出任法務官，才會作奸犯科成爲天理不容的罪人。當他講完話以後，大群民衆簇擁他返家；其他所有新當選的法務官，全部加起來也沒有這樣浩大的聲勢。

43 該猶斯‧特里朋紐斯（Caius Trebonius）[84] 制定法律要將行省分配給兩位執政官，一位獲得西班牙和阿非利加，另一位擁有埃及和敘利亞，授與從事戰爭的全部權力，只要他們認爲適合，無論從海上還是陸地發起攻勢，可以自行定奪。這個議案提出來表決，沒有任何人出面阻止，大家可以說是噤若寒蟬。在開始投票之前，小加圖走上講台要求發言，幾經困難總算獲得兩個小時的演說。他費盡力氣要來開導群衆，呼籲大家聽從他的觀點，同時預先告知這件事所產生的惡果，等到他用完時間就不容許他講下去。他還是嘵嘵不休，一位軍士上了講台將他拽下來，然而在拉扯的過程之中，仍舊大聲講個不停，有很多人被他說動，表現出極其氣憤的神色。這時軍士將他抓住不放，迫使他離開羅馬廣場。等到抓他的人鬆手以後，他馬上回到發表演說的地點，大聲疾呼要民衆支持他的立場。當他來回折騰幾次以後，特里朋紐斯不禁怒氣衝天，指揮所屬將他押進監獄，大批群衆跟在後面，一路上還在聽他滔滔不絕的抨擊。特里朋紐斯開始害怕引起動亂，只有下令將他釋放。

這件事費了整天的時間，小加圖讓提案的表決耽擱下來，到了翌日，很多市民懾服於恐懼和威脅之下，還有人爲禮物和官位所收買。阿奎留斯（Aquillius）是位護民官，被一群武裝人員擋阻在元老院會場裡面，不讓他參加市民大會，很多人受傷也有幾個人被殺，小加圖大叫天在打雷，因而被驅出羅馬廣場，他們提出的法案排除萬難得以通過。很多人極其氣憤就聚集起來想要推倒龐培的雕像，小加圖前來勸阻總算打消他們的念頭。

另外一個與凱撒的行省和軍團有關的法案又要提出，這次小加圖不在市民大會進行抗爭，而是訴諸龐培本人的看法。特別向龐培提到不應再將凱撒背在背

84　該猶斯‧特里朋紐斯在55B.C.出任護民官，成爲三人執政團最重要的打手，高盧戰爭期間擔任副將，極受凱撒的器重，後來成爲陰謀分子奪取凱撒的性命。

上,因為在很短的期間之內,凱撒已經重得讓他無法負擔,就是他本人和整個共和國都已經忍耐到了極限。然後龐培記起西塞羅的勸告,說他無論就正義和誠信而言,對於他的支持凱撒已經沒有多少好處。雖然龐培經常受到警告,要他知道凱撒總有一天會改弦更張,龐培過於相信自己的實力和運道,不是不加理會就是等閒視之。

44 小加圖成為下個年度[85]的法務官,他在擔任這個職位的時候,表現的正直和廉潔並沒有獲得更多的榮譽和信任,反倒是奇特的行為有辱官箴和名聲。他經常打著赤腳前往法庭,不穿內衣坐在法官席上,一身這樣的裝束審判重大的刑案,起訴那些最高階層的人士。據說他在早餐以後開始飲酒,接著才到官署處理公務,這種報導非僅不實還帶有惡意。那個時代凡是競選官職的人士都要花錢行賄,大部分民眾將他們的選票善價而沽。小加圖抱著很大的熱情想要根絕共和國這種腐敗的習氣,因此說服元老院頒布一項敕令,不論當選任何官職的人士,雖然沒有受到作弊行為的指控,也要到法庭宣誓保證他的選舉過程清白公正。那些參選公職的人士對此深惡痛絕,特別是為數龐大的民眾還是繼續接受賄賂。

有一天早晨,小加圖正在到法庭的路上,一大群暴民聚集起來,大聲叫囂還肆意謾罵,向著他拋擲石塊。這時整個法庭的人員全部逃走一空,小加圖被迫得要在人群中推擠,那些投來的石塊擦身而過,幾經困難總算上了講壇,站在那裡表露出大無畏的神色。他立刻控制住騷動的情勢,讓喧囂的群眾安靜下來;當他就當前的狀況發表演說的時候,大家非常專心的傾聽,城市的暴亂消失於無形[86]。後來,元老院對他的處置大肆表揚,小加圖說道:「各位將法務官棄於危險之中,不願給予任何援助,對於這種行為我並不讚許。」

就在這個時候,候選人感到極其困擾:每個人都不敢賄選,卻害怕對手運用這種伎倆。最後他們同意每個人繳納12萬5000德拉克馬[87],用來保證選舉期間的公正和誠實,如果有人違背規定行賄買票,沒收所繳金額。等到這個辦法定案以

---

85 這一年是54B.C.。

86 在小加圖的一生中,這件事真是值得大書特書,魏吉爾寫出氣勢雄偉的詩篇,給予高度的讚揚。

87 西塞羅在他寫給阿蒂庫斯的書信中,特別表示他同意繳納保證金的做法。

後，大家推選小加圖管理這筆保證金，對於任何爭議進行仲裁。他們將繳交的金錢帶過來，當他的面簽署同意書。小加圖不願接受現金只收下抵押品，可以用來約束他們的行為。等到投票那天，他與負責選務的護民官坐在一起，嚴密監視所有的程序，他發現有一位候選人違背協議，立即吩咐這位人士按照規定付錢了事。不過，大家對他的公正表示高度讚譽，最後還是退回罰款，認為發現弊端對當事人已經是最大的懲處。

小加圖獲得這方面的名聲引起很多人的嫉妒，特別是他將元老院、法庭和行政官員的職權全部據為己有，更是讓人感到憤憤不平。因為一個人靠著名聲和信任，可以從平民當中獲得權力和地位，所以並非德行使然，這樣的名聲和信任只要不能主持正義更讓人感到討厭。羅馬人推崇英勇和讚譽智慧，他們對公正不僅如此，進而真正愛戴公正之士，畀以全部的信任和尊敬。他們畏懼那些膽大包天的莽夫，懷疑那些聰明才智的人物，對於他們所具備的優點和長處，通常只能觀察到外面顯現出來的神色，而不是他們所表達的善意。他們看待勇氣是一種天生的心靈力量，智慧是一種本能的敏銳感覺，然而一個人只要有意願，就可以運用他的權力去做公正的事；因此，違背公正的原則認為是最不榮譽的事，也很難受到人們的諒解。

45 因為這個緣故他遭到所有重要人物的反對，小加圖的獨善其身使得他們受到大眾的譴責。龐培特別重視這件事，他認為小加圖聲望的增高會損害到自己的權勢，因此不斷安排一些人對他肆意謾罵。其中一位是善於煽動群眾的克洛狄斯，現在又與龐培同流合污。克洛狄斯公開宣稱，塞浦路斯獲得的金庫，小加圖已經將大部分財物占為己有；還有就是小加圖之所以痛恨龐培，起因於龐培不願娶他的女兒為妻。

小加圖的回答是當局沒有派給他一兵一卒，然而他單獨從塞浦路斯帶回的財物，比起龐培洗劫整個世界還要多得多，何況龐培經過很多次戰爭，贏得無數次大捷。還有他之所以不願與龐培聯姻，並不是對方不夠資格而他非要門當戶對不可，完全在於雙方對共和國有關事務經常意見不合。小加圖說道：

> 當我的法務官任期結束以後，拒絕接受分配給我的行省，龐培的作風完全相反，不僅自己據有面積龐大的行政區域，還將很多行省賜給他

的朋友,現在他又派出一支6000人的軍隊,讓凱撒運用於高盧的作戰,凱撒對增兵這件事並未詢問市民大會的意見,龐培的派遣部隊也沒有獲得你們的批准。無數的人員、馬匹和裝備,成為私人相互交換的禮物,龐培仍舊保有指揮官和將領的頭銜,軍隊和行省交給其他人去統御和治理,自己留在羅馬主持爭權奪利的拉票活動,不法的行為使得整個選舉激起動亂和紛擾。我們看得很清楚,他要使城邦陷入無政府狀況,為自己創造出可以獨裁專制的君主政體[88]。

46 小加圖拿這些話為自己辯護同時用來反擊龐培。有一位人士名叫馬可斯·弗浮紐斯(Marcus Favonius),是小加圖的密友和忠實的擁戴者,就像古代的費勒隆人(Phalerian)阿波羅多魯斯(Apollodorus)追隨蘇格拉底一樣[89],只要聽到小加圖倡導的論點,就會感到欣喜因而得意洋洋,如同飲下烈酒,沉醉的頭腦陷入狂熱之中。這位弗浮紐斯參選該年的市政官,同樣鎩羽而歸,小加圖願意給予援手,看到那些選票所寫的名字像是出於一個人之手,覺察其中必有弊端,就向護民官提出申訴,因而認定這次選舉無效。

弗浮紐斯後來當選市政官,小加圖對於他的職務有關各種工作盡量給予協助,為了招待觀眾在劇院演出各種節目,演員比照奧林匹克運動會獲得優勝的選手,贈送他們的冠冕是橄欖葉編成而非黃金製作,不像通常那樣準備名貴的禮物,他提供的東西送給希臘人是甜菜根、萵苣、蕪菁和梨,羅馬人是裝在陶甕裡的酒、豬肉、無花果、黃瓜和柴束。有些人嘲笑小加圖何其吝嗇,還有人看到他沒有像過去那樣不通人情而感到受寵若驚[90]。總之,弗浮紐斯自己混雜在人群中間,與那些觀眾坐在一起,鼓著掌高聲讚譽小加圖,還要小加圖獎勵那些表現良好的人員,同時呼籲民眾要繼續給予支持和擁戴,就像他自己做出的榜樣,把所有的權力全交到小加圖的手裡。

---

88 小加圖這篇演說真是擲地有聲,幾乎所有的城邦都會出現他所描述的狀況,那些野心勃勃的人士想要專制獨裁,第一步是製造社會的混亂,使得合法的政府不能行使職權,然後運用各種伎倆取而代之,像是伊涅阿斯登上迦太基的寶座,是最好的例子。

89 柏拉圖的對話錄《論心靈》以及其他的著作中,都曾經提到阿波羅多魯斯,特別是阿波羅多魯斯的綽號叫做孟尼庫斯(Manicus),就是來自熾熱的激情。

90 從事公職使得他在待人接物的態度方面有所改變,寧折勿彎和剛愎固執的個性,仍然如故。

古里歐(Curio)是弗浮紐斯的同僚，同個時候在另一個劇院擺出盛大的款待場面，民眾都離開去參加弗浮紐斯的盛會，他們鼓掌喝采，興高彩烈加入這些娛樂活動，弗浮紐斯打扮成平民的樣子，小加圖成為表演的主角。事實上，他經常藉此嘲笑那些遇到類似狀況就花費大把銀子的人，教導他們要知道消遣的目的是讓大家感到愉快，只要在細節部分用心加以注意，不必非要大肆準備把場面妝點得富麗堂皇不可。

47 等到這些事情告一段落以後，西庇阿、海普西烏斯(Hypsaeus)和米羅(Milo)[91] 要爭取執政官的職位[92]。他們不僅拿出大家已經熟知的伎倆，像是造成社會混亂的賄賂和貪瀆，而是使用武力和殺戮，每一次的衝突使得他們大膽無恥更是渾無顧忌，達到發生實際內戰的程度。這時有人提出建議賦予龐培全權主持選舉的事務，小加圖首先起來反對，說是法律無須龐培的保護，而是法律在保護龐培。混亂的狀況延續很長的期間，羅馬廣場一直被三支武裝勢力所包圍，這些脫序的現象目前不可能看到中止的跡象，最後小加圖只有同意，元老院能夠自主將大權授與龐培，總比城邦陷入無法避免的災難要好得多，為了顧全大局即使小有不然也只有忍受。如果等到動亂繼續下去，過得非要用獨裁體制來結束這種狀況，還不如由元老院主動創設更為有效。

因此，小加圖的朋友比布盧斯在元老院提出動議，將獨一無二的執政官職位授與龐培，他可以敉平混亂重建合法的政府，市民在一個人的當家作主之下能夠安居樂業。小加圖出乎大家的意料之外，站起來發言贊成這個議案，結論是不論任何政府總比混亂要好得多，他對龐培處理當前情勢的誠意毫不懷疑，一定會善盡職責照顧共和國的利益。

48 元老院運用這種方式推舉龐培成為執政官，龐培邀請小加圖到郊區晤面。等到他如期赴約，龐培用友善的態度出來迎接，兩人相擁為禮，自承這件事受到他的支持和厚愛，為了使自己順利遂行職責，希望獲得他的

91　米羅的本名是提圖斯‧安紐斯‧帕皮阿努斯(Titus Annius Papianus)，是一個地痞流氓，57B.C.當選護民官，就與克勞狄斯發生利害衝突，謀殺對手遭到控訴，雖然西塞羅願意出面為他辯護，還是定罪受到流放的處分，後來他糾合一支武裝力量，回到羅馬去興風作浪，結果被殺。

92　52B.C.羅馬發生暴亂，社會動盪不安，使各種選舉都無法如期辦理。

諫言和協助。小加圖的回答是他過去經常有機會就表示他並不憎恨龐培，現在所以這樣做也不出於愛戴之意，完全是為了有利於共和國。在私下只要詢問到他，一定是知無不言，言無不盡，公事方面即使龐培不問他，他也會表示自己的意見。他果然按照這個原則去做。首先，龐培要制定嚴厲的法律，任何人參與選舉有賄賂民眾的行為，要施以重懲和課處鉅額罰鍰。小加圖勸他不要理會已成明日黃花之事，必須著眼於未來的發展；如果他還是注意過去那些脫軌的行為，那就很難知道何時應該停止，如果他要制定新的刑責，早先的時候還沒有機會違犯這些規定，所以法律並不具備追溯既往的功能。

後來，當很多知名之士受到控訴，其中有些還是龐培的親戚，於是他抱著網開一面的心理，不願他們接受法律的制裁，小加圖嚴詞譴責，要求他依照審判程序盡速處理。龐培制定一項法規，任何人受到控訴以後，不得在大庭廣眾對此人發表歌功頌德的演說。然而他自己為穆納久斯・普蘭庫斯(Munatius Plancus)寫了一份頌辭，派人送到正在審理此案的法庭，小加圖正是在座的法官，就用雙手掩住耳朵表示反對當眾誦讀[93]。雖然普蘭庫斯後來無罪開釋，但是在宣判之前，為了小加圖有這種行為，抗議他出任法官。實在說，任何人不管涉入何種案件成為被告，都認為小加圖會給他們帶來很多的麻煩和莫大的困擾，因之很怕他成為審判的法官，然而又不敢提出抗告將他排斥在外。很多人拒絕小加圖參與審案，好像他們表示不相信自己的清白無辜，反而受到定罪的宣判；還有些人因為不願接受小加圖當法官，因而被他的敵人藉故大肆抨擊。

49 就在這個時候，凱撒親率大軍駐紮在高盧，繼續從事討伐的工作。同時還運用他的禮物、金錢和遍及各階層的朋友，在羅馬為他增加權勢。小加圖過去提出的警告和諫言，雖然龐培置之不理，現在卻已坐立不安，好像有大禍臨頭的感覺。他看到龐培行動遲緩而且意願不高，完全是心虛所以不敢對凱撒採取任何防範措施，因此他決定參選執政官，等到上任就可以逼凱撒交出兵權甚或圖窮匕現。

93　這部分的記載與事實不符，穆納久斯・普蘭庫斯是52B.C.的護民官，西塞羅指控他犯下暴行脅迫的罪行，龐培為他寫信說項，並沒有在法庭公開稱讚他的言行，也沒有作偽證為他開脫，最後還是一致判決他有罪。

　　小加圖的兩位對手都是頗具聲譽的人士，其中一位是蘇爾庇修斯（Sulpicius）[94]，曾經在城市裡面受到小加圖的好處，欠他很多的情分，所以他的參選對小加圖而言，不僅非常失禮也是忘恩負義的行為。小加圖不以為忤，他說道：「一個人只要認為自己一心向上，又何必去阿附別人，這也是不足為怪的事。」他說服元老院通過一條規定，選舉期間無論任何職位的候選人要親自向民眾拉票，不得由別人代為請求或是在旁邊為他演說發表政見。他的提案不僅斷了大家的財路，還使當選人不欠他們的情分，一般民眾無法獲得賄款暫時改善貧窮的處境，就是投票的分量也受不到重視，因此大家對他充滿敵意。除此以外，小加圖的性格非常不適合四處拜託拉票，對他而言最關切的事莫過於維持地位和人格，而不是獲得一官半職。所以他用自己的方式爭取大家的支持，不願他的朋友隨波逐流去討好群眾，最後他競選失利沒有贏得執政官的職位。

50 面臨那種處境，不僅是落選的人，就是他們的朋友和親戚，都感到羞愧以致顏面盡失，悲傷的情緒會延續數日之久。小加圖對此事毫不介意，他在塗油祭神以後，就到戰神教練場去打球，用完早餐前往羅馬廣場，如同往常一樣赤足沒有穿著長袍，然後與友人散步閒聊。西塞羅指責他沒有盡力而為，城邦的狀況目前需要像他這樣的執政官，他竟然不肯降尊紆貴去討好民眾，雖然他過去曾經第二次出馬競選法務官，看來這次像是放棄要再試的機會。小加圖回答他候選法務官第一次的失利，並不是民眾沒有將票投給他，而是對手運用暴力和買票。雖然他參與執政官的選舉並沒有任何差錯，他看得很清楚，完全是民眾不欣賞他的習性和態度。一個誠實的正人君子不應該為了爭權奪利有所改變，同樣一個見識高明的智者有責任堅持己見，不必再度出馬想要達成原來的企圖。

51 這個時候，凱撒與很多窮兵黷武的民族發生戰事，冒著很大的危險將他們一一征服。其中最令人吃驚的是在停戰期間對日耳曼人發起

94　他的兩位對手分別是克勞狄斯・馬塞拉斯（Claudius Marcellus）和塞維烏斯・蘇爾庇修斯・魯弗斯（Servius Sulpicius Rufus）；根據狄昂（Dion）的說法，這兩人之所以當選，前者靠著他的法學素養，後者有口若懸河的辯才。

攻擊[95]，有30萬人慘遭屠殺。為了表揚凱撒的功勳，他的朋友在元老院提出動議，要舉行大規模的謝神祭[96]。小加圖公開宣稱，蠻族受到不公正的待遇，他們應該將凱撒交到受害者的手裡，這樣才可以根絕違紀犯法的行為，使得城市不會受到神明的詛咒。小加圖說道：「我們的確應該感激神明賜給我們恩典，雖然這位將領是如此的瘋狂和愚蠢，祂還是赦免共和國的罪行，沒有讓我們的軍隊遭到報復。」

凱撒為了此事特別寫信給元老院，要求公開宣讀，用譴責的語氣對小加圖大肆抨擊並且提出控訴。小加圖站起來，擺出一點都不在意的樣子，既沒有冒火情緒也不激動，發表一席已經預為準備的講話，平靜的態度似乎將凱撒的指控，視為常見的鬥嘴和謾罵，事實上就凱撒這部分的說詞而言，很像極其可笑的鬧劇。接著的談話觸及到凱撒的方針和路線，闡述和揭露他從最早開始所有的行為和意圖(從了解的程度看來，好像小加圖不是他的敵手而是他的同謀)。最後他將獲得的結論告訴元老院，就是大家不要害怕不列顛人或高盧人的後裔，如果他們還有一點智慧的話，應該畏懼凱撒的野心。一言驚醒夢中人，這番話使元老院大受感動，凱撒的朋友後悔宣讀這封信，等於給小加圖一個機會對很多事情說出正確的論點，揭露真相對凱撒施以嚴厲的指責。

不過，並沒有做出任何決定，僅僅提到目前最好的解決辦法，是給凱撒派出一位接班人[97]。針對局勢的變化，凱撒的朋友要求龐培解除兵權，還有就是放棄統治的行省，要不然凱撒沒有義務遵守元老院的敕令。小加圖大聲喊叫，說是過去他所預告的事情果然發生，看來凱撒打算用武力解決所有的爭端，這些拿來反對城邦的軍隊，都是凱撒運用欺騙和謀略的手段所獲得。小加圖出了元老院毫無辦法，市民大會正在力捧凱撒，雖然元老院被小加圖說服，他們對於民眾還是不

---

95 凱撒在《高盧戰記》第4卷第12節提到此事，根據他的說法是日耳曼人先破壞休戰協定，其中疑點很多，讓人無法置信。

96 謝神祭是全國性宗教儀式，對外戰爭贏得大捷或出現重大變故時舉行，日期的長短由元老院決定，通常3到5天，7天已經少見，凱撒在高盧戰爭獲得幾次會戰的勝利，頒布敕令全國舉行15天的謝神祭，這是前所未有的殊榮。

97 根據55B.C.的〈特里朋紐斯法〉，凱撒重新獲得5年的任期，行省的治理權嚴格說應在49年3月1日到期，他希望元老院同意他保有代行執政官的頭銜直到48年1月，等到就任執政官，再將總督的職務交給繼任者。否則他要是以平民身分出現羅馬，就會受到告發。現在元老院已經給他找到接替的人選，那麼他的打算完全落空。

敢掉以輕心。

52 消息傳來說是凱撒占領阿里米隆(Ariminum)[98]，指揮部隊開始向著
羅馬進軍，這時所有人無論是龐培還是一般民眾，全都注視小加圖
的動靜，只有他的見識高人一等，很早之前就已揭露凱撒的意圖。小加圖因而告
訴大家說道：「如果你們相信我，聽得進我的勸告，那麼就不要妄自菲薄對凱撒
產生畏懼之心，更不要對他抱有任何希望。」龐培認為小加圖的說話有時如同一
位預言家，這時他自己盡量做好一位朋友的角色。小加圖的主張是元老院將權力
交給龐培，他說道：「解鈴還需繫鈴人。」

龐培發覺他的兵力不足，新近徵召的部隊缺乏實戰經驗，只有放棄羅馬。小加
圖決定追隨龐培逃亡國外，派他的幼子到布魯提姆(Bruttium)[99]投靠穆納久
斯，將長子帶在身邊。他的家庭和女兒無人照應，又將瑪西婭娶回來。這時瑪西
婭已經成為寡婦，賀廷休斯逝世將所有的產業遺留給她。後來凱撒就這件事大作
文章，讉責小加圖貪婪成性，把婚姻當成生財有道的工具[100]。凱撒說道：「如果
他需要一位妻子，那麼他為什麼要將她休掉？如果他不認為有這個需要，為什麼
他又將她冉娶回來？看來他把她當成引誘賀廷休斯的一個餌，趁著她還年輕趕緊
拋出去，等到她變成富婆馬上開始收線。」為了答覆這些莫須有的誹謗，我們可
以引用優里庇德[101]的詩句：

> 海克力斯是懦夫，
> 此話令人難信服。

指控小加圖貪財好貨如同責備海克力斯臨陣退縮，這種說法讓人無法苟同。至於
提到這椿婚姻是否合情合理，引起很多的爭論。不過，等他把瑪西婭再娶到手，

---

98 49年1月B.C.，凱撒在獲得軍隊明確的支持以後，派遣十三軍團占領阿里米隆，命令其他軍
團離開冬營立刻南下。

99 布魯提姆位於意大利南部的卡拉布里亞(Calabria)半島，這個地區的主要城市是佩特利亞
(Petelia)和康森提亞(Consentia)。

100 凱撒在《反加圖》中，對這件事著墨最多，很多人批評他不夠厚道。

101 優里庇德《海克力斯頌》第173行。

要她主持家務和照顧女兒,自己追隨龐培繼續奮鬥。

53 據說從那天開始,他再也不剪髮修面或是穿著官服,對於城邦遭遇的災難,總是表現出悲傷、憂愁和沮喪的神色,無論面臨失敗的打擊或成功的欣喜,直到最後一刻他始終不改初衷。

他的法務官任期完畢以後,經過抽籤分到西西里擔任總督,渡海前往敘拉古,到達以後得知阿西紐斯・波利奧(Asinius Pollio)[102]率領一支敵軍開抵梅森納(Messena)[103],小加圖派人去見波利奧,問他來此目的何在。波利奧的答覆是目前的情勢有驚天動地的變化,所以他的進軍有充分的理由,特別通知小加圖說是龐培已經放棄意大利,將營地設置在狄爾哈強(Dyrrhachium)[104]。他為天意難測感到不可思議而大為嘆息,說道:「只要用兵無須智取或是作戰不擇手段,龐培總是所向無敵;等到要保護國家捍衛自由,他卻一籌莫展。」他說他大可以將阿西紐斯趕出西西里,這樣做會引來戰力更強的援軍,所以他不願讓整座島嶼淪入戰火之中。因此他勸敘拉古人要加入征服者的陣營,這樣才能保障本身的安全,交代完畢以後啟帆離開。

當他趕去會合龐培以後,還是如同往常一樣知無不言,言無不盡,提出的意見總是遲緩戰爭的作為,希望事件獲得調解,不願他們冒險從事決戰的行動。任何一位運用武力的征服者,不僅使共和國陷入災難之中,最後可能會遭到同歸於盡的下場。他還是竭盡所能,說服龐培和作戰會議下達命令,部隊不得洗劫臣屬於羅馬的城市,除了戰場的交鋒不得殺害羅馬的人民,這方面的舉措使得小加圖獲得很高的名聲,很多人之所以投效龐培的陣營,完全是小加圖的仁慈和寬厚發揮的影響力。

---

102 阿西紐斯・波利奧(76B.C.-4A.D.)是著名的演說家、詩人和歷史學家,他是凱撒的知己,曾經在阿非利加和西班牙獲得數次會戰的勝利,凱撒亡故後他支持屋大維的帝國大業,從29B.C.起投身文學活動,是魏吉爾和賀拉斯的贊助人,沒有傳世的作品。

103 梅森納就是現在的墨西拿(Messina),位於西西里的東北角,隔著墨西拿海峽與意大利的雷朱姆(Rhegium)遙遙相望,是古代進入西西里的門戶,最早是優卑亞人建立的殖民地。

104 狄爾哈強位於伊里利孔海岸,正對著意大利的布林迪西,這段海程是進入東方和亞洲最方便的交通線。

54 後來小加圖被派到亞洲，協助徵募兵員和建造船隻，帶著他的姊妹塞維莉婭和她與盧庫拉斯所生的小男孩。自從塞維莉婭成為寡婦以後，就來投靠她的兄弟，受到他的照應，過著清苦而嚴肅的生活，能夠恢復良好的名聲[105]。然而凱撒還是大肆誹謗，說小加圖與塞維莉婭有不正常的關係[106]。

　　好像龐培那些在亞洲的部將對小加圖的協助敬謝不敏，他還是說服羅得島的人民願意鼎力相助，將塞維莉婭和她的兒子安排在該地，然後再回到龐培的身旁。這時龐培無論在海洋或陸地都已集結強大的戰力，要是與過去的行為相比，龐培更是辜負他的好意。原本他想要小加圖指揮水師，整個兵力有500艘戰船，除此以外，還有大量輕型帆船、偵察艇和平底拖船。龐培自己的體認以及幕僚不斷的灌輸，讓他了解到小加圖的原則和目標，在於恢復城邦的自由權利，不容有任何篡奪的行為；如果他的手上掌握這樣強大的兵力，一旦龐培戰勝凱撒，他會要求龐培解除兵權，遵從法律的規定。因此龐培改變心意，雖然他曾經與小加圖提過此事，最後還是指派比布盧斯出任水師提督。

　　雖然小加圖受到排擠，並不能認為他的熱情因而消沉，在狄爾哈強發起一次會戰之前，據說龐培向部隊講話，要求將士同心合力奮勇殺敵，在場人員表現出冷淡的態度沉默以待。最後小加圖走向前去，抓住這個難得的機會，用非常理性的口吻，向他們談起自由權利、軍人武德、生死大事和不朽英名，他能夠激起將士強烈的情緒，最後祈求神明的保佑，證明他們要為國家奮鬥犧牲。全軍發出吶喊的叫聲，所有的軍官都充滿希望和信心，願意領導他們面對戰陣的危險。凱撒的軍隊被打得大敗而逃，基於龐培的疏忽和大意，加上凱撒的指揮和運道，卻使龐培暫時獲勝還是無法得到決定性的戰果，前面的〈龐培〉在這方面有詳盡的敘述。

　　然而就在大家得意洋洋，誇耀他們的成就之際，只有小加圖為他的城邦感到悲悼，詛咒致命的野心使得這多英勇的羅馬人自相殘殺。

---

105 這位塞維莉婭不是凱撒的愛人或布魯特斯的母親，是她的同名姊妹，因為通姦與盧庫拉斯離異。
106 凱撒拿這件事在《反加圖》中大作文章，指責小加圖是淫棍和假道學。

55 經過這次激戰以後，龐培追擊凱撒進入帖沙利地區，除了大量軍備、財物和庫儲留在狄爾哈強，還有很多的家人和親屬。他將留守的責任託付給小加圖，指揮的兵力只有15個支隊。即使他非常信任小加圖，另一方面卻又存著忌憚之心，同時他對這一切了解極其透澈：如果他作戰失利，小加圖不會棄他而去；要是他打敗敵軍，他可以不讓小加圖隨心所欲運用勝利的成果。基於這種想法，有很多高階人士與小加圖一樣，都被龐培留在狄爾哈強，不讓他們隨著部隊進軍。

等到法爾沙利亞會戰全軍覆滅的信息傳來，小加圖當時做出決定：要是龐培在戰場陣亡，他率領剩餘的人員回到意大利，只要可能脫離凱撒的暴政隱退，情願過流亡異國的生活；如果龐培安全無恙，他要保持部隊的實力準備前去會合。基於堅定的決心，他渡海前往水師的根據地科孚，願意將指揮權交給西塞羅，因為西塞羅曾經出任執政官，而他自己只當過法務官。西塞羅拒絕接受，表示即將返回意大利，龐培的兒子[107]聞言大怒，情急之下要懲處擅自離營的人員，第一個要動手的對象就是西塞羅。小加圖私下勸說，總算有轉圜的餘地，所以說他救了西塞羅的性命，同時還使得其他人士免於受到虐待。

56 他們推測龐培大將逃向埃及或阿非利加，小加圖決定盡快前往，就要所有的人員上船，立即發航，現在開始有人喪失繼續鬥爭的熱情，他同時允許沒有意願的人可以自由離開。當他們抵達阿非利加海岸之際，遇到龐培的幼子色克都斯，告訴他們說是他的父親在埃及被害身亡。他們聽到噩耗格外悲傷，宣稱能夠繼承龐培的大業除了小加圖不作第二人想。小加圖看到這麼多正義之士向他表達忠誠效命，激起他奮勵無前的熱情，他認為要是將這些人丟在沙漠地區讓他們自生自滅，實在是於心不忍，只有負起責任，率領他們克服很多困難，向著塞倫（Cyrene）[108]這個城市前進。雖然不久之前這裡的市民讓拉頻努斯（Labienus）吃了閉門羹，看見小加圖來到還是大開城門迎接。

他在這裡接到信息，說是龐培的岳父西庇阿獲得朱巴（Juba）王[109]的庇護，阿

---

107 這位是龐培大將的長子格耐烏斯‧龐培。

108 塞倫是北非海岸最重要的希臘殖民地，這個城市正對著克里特島，631B.C.雅典人在此建立貿易站。

109 努米底亞國王朱巴一世，靠著龐培的協助才能登基為王，所以他為了報恩，對龐培的支持不

提烏斯‧瓦魯斯（Attius Varus）出任阿非利加總督是出於龐培的推薦，現在率領軍隊加入他們的陣營。因此，小加圖有鑑於目前是冬季，海上航行困難，決定從陸上行軍去與他們會合。他首先徵集很多匹驢子用來運送飲水，同時準備車輛能夠攜帶足夠的糧食。他還帶著稱之為昔利人（Psylli）[110]的土著，只有他們能夠治療那些被蛇咬到的人，就是用嘴將毒液吮吸出來，同時還用一種符咒來催眠各種毒蛇。

他們實施7天的行軍，小加圖徒步走在隊伍的前面，始終沒有騎馬或是乘坐車輛。自從法爾沙利亞會戰以後，為了表示對陣亡將士的哀悼，他一直坐著用餐[111]，除非是睡覺絕不會躺在臥榻上面。等到在阿非利加度過多天以後，小加圖檢閱軍隊，發現數量還不到1萬人。

57 西庇阿與瓦魯斯[112]為了爭權奪利鬧得水火不容，雙方發生齟齬以後，只有盡力討好朱巴王，俾能獲得他的奧援。朱巴是一位虛榮成性的國君，有時會到無理取鬧的地步，仗著實力和財富擺出目空一切的姿態。他首次前去參加會議，下令將他的座椅放置在西庇阿與小加圖之間。小加圖看到這種狀況，就搬動椅子放在西庇阿的一側，這樣一來就讓西庇阿坐在中間的主位。雖然這個人過去是他的政敵，曾經出版一些誹謗的作品對他大肆辱罵。即使有人提到這件事認為無關緊要，還是可以吹毛求疵用來批評小加圖，因為在西西里的時候，有一天他與斐洛斯特拉都斯（Philostratus）散步，為了表示他對哲學的推崇，就讓這位學者走在中間的位置。不過，他用這種方式使得朱巴的驕縱和狂妄收斂不少，特別是這位國王把西庇阿和瓦魯斯看成他的兩個省長，很多時候難免要頤指氣使；等到他壓下朱巴王的氣焰，就能使這兩位和好如初。

所有的部隊都希望他成為最高領導人，西庇阿和瓦魯斯願意將指揮權交給他。他用不願破壞法律規定作為藉口，說他不過是一位卸任的法務官，當一位前

（續）

　　遺餘力，塔普蘇斯會戰失敗自殺身亡。
110 希羅多德《歷史》第4卷第173節，提到昔利人居住的位置，以及全族滅亡的經過。
111 216B.C.漢尼拔在坎尼會戰擊敗羅馬大軍，5萬人被殺，執政官瓦羅從此不再躺在臥榻上用餐。
112 瓦魯斯是龐培陣營的主要人物，等到龐培在49B.C.放棄意大利前往希臘，他占領阿非利加作為對抗凱撒的根據地，聯合朱巴王的勢力，殲滅古里歐率領的軍團，後來在西班牙的孟達會戰陣亡。

任執政官（西庇阿擁有代行執政官的頭銜出任總督）在場的時候，他不可以負起指揮的責任。除此以外，民眾將西庇阿在阿非利加統率大軍作戰，視為一種極其有利的預兆，就是這個名字可以激起士兵對勝利充滿希望。

58 西庇阿擁有指揮權以後，在朱巴的教唆之下，馬上決定要將烏提卡 (Utica)[113] 的居民殺戮一空，整個城市夷為平地，因為他們認為這個地區已經投效凱撒的陣營。小加圖想要伸出援手卻無法可施，只有求助於神明，在戰爭會議中發誓賭咒極力反對，幾經困難總算讓貧苦的民眾免作刀下之鬼。後來，應居民的懇請和西庇阿的要求，小加圖成為烏提卡的總督，即使凱撒無論運用那些手段，也無法使得這個城市落到他的手中。因為這是一個城池堅固而又極其險要的地點，任何一方占領以後都可以獲得很大的優勢。

小加圖加強各種準備工作，使得防務更加森嚴；他儲存大量穀物，修復破損的城牆，建立高聳的塔樓，挖掘很深的塹壕，環繞整個市鎮圍起巨大的柵欄。他徵召烏提卡的年輕人，要他們暫時住在工事裡面，在開始的時候將他們攜帶的武器拿走，其餘的居民還是留在城內，想盡辦法不讓他們受到羅馬人的傷害和冒犯，他從這裡運送大量武器、金錢和糧食到營地，使得整個城市成為主要的後勤基地。

他勸西庇阿不要步龐培的後塵，非得冒險與凱撒決一勝負不可；凱撒習於軍旅之事而且用兵經驗極其豐富，統率的部隊可以說是戰無不勝攻無不克，所以西庇阿應該採取持久作戰，特別是篡奪所建立的軍隊，經不起時間的考驗，面對當前危機的負擔會逐漸削弱原來的實力。西庇阿為人傲慢拒絕接受他的意見，寫信給小加圖，譴責他的行動過於怯懦，不僅自己藏身在深壕高壘之中，還不讓別人掌握機會展現忠義之士的武德。小加圖寫信答覆，說他要把帶到阿非利加的步卒和騎兵，領著他們渡過大海回到意大利，逼得凱撒改變原來的計畫，離開西庇阿與瓦魯斯前來與他對陣。西庇阿還是嘲笑他的做法不切實際。

後來小加圖公開表示歉意，說他不應該將指揮權拱手讓給西庇阿，因為這個人沒有指揮大軍作戰的智慧和能力，從另一方面來看，即使西庇阿贏得勝利，等

---

113 烏提卡是阿非利加重要的海港，運往羅馬的穀物拿這裡當成集散地。羅馬帝國有西西里、阿非利加和埃及三大穀倉，糧食的供應是羅馬當局最重要的工作。

到返回羅馬還是不能主持正義。這時小加圖打定主意，並且向他的朋友說起當前
的局勢毫無希望，他們的將領有勇無謀而且不知領導統御爲何物。即使他們獲得
意想不到的勝利，凱撒的勢力全部遭到剷除，他也不會留在羅馬，要從政壇隱退，
因爲西庇阿爲人殘暴不仁，現在就表現出凶狠和倨傲的姿態，使得很多人的性命
受到威脅。

　　不管小加圖對於未來抱持何種展望，事態的演變遠超過他的期待。傍晚過後
有人從前線回來，得知三天之前在塔普蘇斯（Thapsus）附近，發起一場大規模的會
戰，他們已經全軍覆滅，凱撒占領營地[114]，西庇阿和朱巴帶著少數人馬逃走，其
餘的部隊喪失殆盡。

59 戰時特別是在夜間獲得不幸的消息，民眾立即陷入緊張和惶恐之
中，他們不知道如何應付突發的狀況，很難讓大家心甘情願留在城
內。這時小加圖挺身而出，要在倉促和混亂之中與市民大會開會商議，竭盡諸般
手段要他們安靜下來，並且鼓起他們的勇氣，讓他們不要感到畏懼和緊張，告訴
他們任何事情的實際狀況沒有想像中那樣的惡劣，很多都是報導的誇大所致。城
市有一個名叫Three hundred即「三百人團」[115]的組織，成員都是羅馬人，他們在
阿非利加從事貿易和放款借貸，小加圖通常都會詢問他們的意見；次日早晨他召
集三百人團前來商談，參加的人員還有幾位元老院議員和他的兒子。他們在朱庇
特神廟舉行會議，等到大家到齊以後，小加圖輕快走了進來，平靜的面容好像沒
有任何事情發生。他的手裡拿著一卷簿冊邊走邊看，上面記載著戰爭各項準備工
作的數據，包括裝備、穀物、武器和兵力。

　　會議開始小加圖起來說話，首先他大肆讚揚三百人團的英勇和忠誠，用人
員、金錢和諫言爲國家提供最周到的服務，然後他懇求他們不能像一盤散沙，每
個人僅僅考量自己的安全而放棄他們的同胞。從另一方面來說，只要他們緊密團
結起來，如果他們還要繼續戰鬥，凱撒就不會輕視這股力量，即使他們願意降服，

---

114 塔普蘇斯位於海岬的尖端，與陸地的通路被凱撒用一條半月形工事封鎖，西庇阿最初由南方
　　進軍，在海岸和沼澤形成的走廊底部設營地，受阻於凱撒的堡壘不能前進，使用一條捷徑繞
　　過沼澤北上，再轉向西方去解塔普蘇斯之圍，朱巴和阿法拉紐斯仍舊留在走廊南端沒有跟
　　進，遂為凱撒區分殲滅。
115 三百人團可能是住在烏提卡的羅馬商人組成的自治團體，詳細的狀況並不清楚。

他也會原諒他們的行為。因此他勸他們要三思而後行，他會尊重大家的意見，他
不會加以反對。如果他們考慮到未來的狀況，覺得有改變的需要，他並不以為忤，
要是他們決定堅持到底，為了自由權利不辭危險，他不僅讚揚而且要效法他們的
勇氣，以擔任他們的領袖和戰友為榮，直到他們證明庶幾不忝所生。因為他們的
所作所為不是為了烏提卡或亞德魯米屯（Adrumetum）[116] 而是羅馬，這個偉大的都
城經常能夠克服最惡劣的災難，像是浴火重生的鳳凰。

　　除此以外，他還舉出很多事例，說明目前的處境會更趨安全，因為現在與他
們作戰那位獨夫，已經陷入四面楚歌之中。西班牙在小龐培的煽動之下已經揭竿
而起，羅馬始終不能習慣於嚴密的控制，民眾早已無法忍耐，很可能引發大規模
的動亂，使得整個政局發生驚天動地的變化。所以他們不能面臨危險就立即逃
避，應該效法他們的敵人，明知自己誤入歧途還是不惜性命奮力一搏，不像他們
有光明正大的目標，希望獲得幸福美滿的成果。戰爭的結局誰也無法預料，如果
他們得勝可以確保幸福的生活，即使他們失敗也能獲得光榮的陣亡，無論如何，
他說他們還是應該深思熟慮為自己打算，為了回報他們的英勇和善意，他願意與
他們一同向神明祈禱，他們所作的一切決定都會無往不利。

60 　當小加圖發表演說的時候，他的論點使大家受到感動，絕大部分與
會人員為他的無畏、慷慨和善意振奮起士氣和鬥志，他們忘記當前
的危險，好像他們只要有所向無敵的領袖，其他一切可以置之度外，這些羅馬人
乞求他可以運用他們的人員、武器和家產，只要他認為適合無不從命。他們願意
聽從他的建議去赴死，遠勝於為著個人的安全背棄一位至德之士。會議當中提出
一個議案，要求頒布敕令讓奴隸獲得自由，大多數人表示贊成。小加圖說他無法
苟同，這種做法不夠公正何況還違背法律的規定；主人可以根據自己的意願釋放
奴隸，前提是這些奴隸到軍中服役要被有關單位接受。很多人獲得他的許可將名
字登記在徵兵名冊上面，然後小加圖才離去。

　　過不了一會兒，他分別接到朱巴和西庇阿的來信，朱巴帶著少數人馬退入山
區，在那裡等待小加圖的答覆，想要知道他有什麼打算；如果他認為離開烏提卡
比較有利，那麼朱巴留在那裡等他來到；要是他被圍在該城，朱巴要率領部隊前

---

116 亞德魯米屯是北非海岸腓尼基人所建的海港，在迦太基的南邊不過幾公里。

來救援。西庇阿在一艘船上，靠近一個離烏提卡不遠的海岬，提出同樣的要求希望得到回信。

61 小加圖認為暫時留住信差，等三百人團有了決定再派不遲。與會的元老院議員非常熱烈的響應，馬上釋放奴隸給予自由，供應他們所需武器。三百人團成員的職業多是商人和錢莊掌櫃，他們的財產有很大部分是奴隸，小加圖的演說所激發的熱情無法保持長久。任何物質要是容易加熱，等到火源移走，很快就會冷卻。當小加圖在場的時候，這些人可以說是熱情若熾，一旦想起個人的利害，對於凱撒的畏懼和施加的報復，遠遠超越對小加圖和他的德行那種尊敬之心。他們說道：

> 我們算什麼，誰的命令我們敢不服從？難道是我們把羅馬的軍政大權授與凱撒？難道我們之中有那一位是西庇阿、龐培或小加圖？當所有的人都懷著畏懼之心，不惜放棄榮譽和地位的時候，憑什麼只有我們要為羅馬的自由權利奮鬥不息？何況過去龐培大將和小加圖將意大利棄而不顧，我們為什麼還要在烏提卡為他們戰鬥？如果我們釋放奴隸去對抗凱撒，難道我們還能妄想他願意將自由權利賜給我們？不，不必如此，可憐的人呀！趁著時候還不太遲，我們要順從勝利者，派遣代表團去乞求他的寬恕。

他們之中那些比較溫和的人士有這樣的說法，絕大多數成員還是想將元老院議員扣留下來，用來安撫凱撒的怒氣，使自己獲得安全的保障。

62 小加圖雖然知道狀況發生變化，對此他並不在意，寫信給朱巴和西庇阿，要他們不必前來烏提卡，因為他不相信三百人團。

有一支數量相當大的騎兵部隊，從最近的戰鬥中逃脫，正向著烏提卡前進，派遣三個信差先去通報小加圖，但是這三個人帶來的信息並不相同，一位說是要加入朱巴的陣營，另一位說要前來接受小加圖的指揮，第三位也有這樣的說法，他們害怕進入烏提卡這個城市。等到小加圖聽到這些信息，吩咐馬可斯‧盧布流斯（Marcus Rubrius）要注意三百人團的動靜。他接過一份他們送來的名單，上面列

著那些被釋放奴隸的名字，雖然他們一廂情願，他還是不肯迫他們交出這些人。
然後他帶著元老院議員走出城鎮，去與騎兵部隊的主要軍官會面，叮囑他們不要
放棄這麼多的羅馬元老院議員，不能讓朱巴取代小加圖成為他們的指揮官，考量
到相互之間的安全，他們應該進入這個防衛森嚴的城市，有充足的存糧和各種補
給品，能夠維持數年之久。這些議員也都流著眼淚懇求他們留下來。因此軍官離
開去與他們的士兵商議，小加圖與議員坐在一條堤防上面，等待他們的決定。

63 就在這個時候，盧布流斯極其狼狽跑過來，大聲喊叫，說是三百人
團全部背叛，城市陷入騷亂和暴動之中。所有人員感到絕望，哀傷
和嘆息目前面臨的處境。小加圖盡力安撫他們，派員去見三百人團，要求所有的
成員不得輕舉妄動。這時騎兵部隊的軍官提出的條件，可以說是毫無理性可言。
他們提到朱巴即使支付酬勞也不願為他效力，同時對凱撒也沒有畏懼之心，願意
追隨小加圖，卻害怕與烏提卡人一同關閉在城市之內，因為這些人有迦太基人的
血胤，天性反覆善變，雖然現在保持平靜，等到凱撒領軍來到，毫無疑問會在暗
中搞鬼，將他們出賣給羅馬人。因此，如果他希望騎兵部隊接受他的指揮，必須
將所有的烏提卡人趕出城市，或者全部殺戮殆盡，使得他們所防衛的地區見不到
敵人和蠻族。小加圖認為這種方式不僅殘酷而且野蠻，他用溫和的態度回答，說
是他要與三百人團磋商此事。

然後他回到城內，發現這些人不再捏造藉口或是掩飾對他不尊重的態度，而
且公開宣稱沒有任何人可以迫他們與凱撒從事戰爭；只是說他們既不能也不願這
樣做。還有一些聚集起來的人，他們放話要扣留元老院議員等待凱撒的來到。小
加圖好像沒有聽見，實在說他真是有點耳背。這個時候有人前來告訴他說是騎兵
部隊已經開拔，他為了免得三百人團對議員採取絕裂的措施，立刻帶領幾位朋友
出城，看到這些部隊已經絕塵而去，他上了馬在後追趕。他們看到他來到都很高
興，接待他的態度非常和藹，請他保全自己的性命只有與部隊在一起。據說小加
圖這時流著眼淚，代表元老院議員向他們提出要求，伸出雙手懇請他們給予援
助。他不僅要一些人轉過他們的馬頭，還拉住他們的鎧甲不放，直到最後說服他
們出於同情心，再停留一天，使得這些元老院議員能夠安全撤離。

64 等到他們同意和他回到烏提卡，他安置一部分人馬防守城門，還有一些單位負責城堡的警衛。三百人團害怕他們的變節會遭到報復，派人去見小加圖，懇求他務必要與他們會面；元老院議員圍聚在他身邊不放他前往，說是不能讓他們的衛士和救星，交到毫無誠信可言的叛徒手裡。那個時候烏提卡每個階層的人士，對於小加圖所表現的德行都有很深刻的體認，感到非常遺憾和欽佩，提到他的所作所為，不僅沒有不可見人的動機，也不會帶有自私自利的意圖。很久之前他已經決定要犧牲自己在所不惜，他之所以如此的痛苦、辛勞和關切都是為了別人，當他能夠確保他們的安全以後，就會讓自己走上滅亡的道路。雖然他沒有任何表示，很容易讓人知道他決定自求了斷。

因此，他在撫慰這些議員以後，答應三百人團的請求，不帶一個隨員獨自前往。他們對他千恩萬謝，懇求他為著未來一定要用他們也要相信他們的誠意，因為他們不是小加圖，不可能懷抱那偉大的理想，乞求他要原諒他們的軟弱。告訴他說他們決定派人去見凱撒，特別要把小加圖的安全放在首位，如果他們無法說服凱撒，那麼他們就不會要求給予赦免，只要一息尚存，會為護衛小加圖奮戰到底。小加圖感激他們這番好意，勸他們盡快派員前去，重點是在自己的安全，根本不用考慮他所面臨的後果。那些做了錯事的人才會懇求征服者給予豁免，至於他本人這一生從未被人擊倒，更確切的說法他總是贏得勝利，無論就行事的公正或為人的誠實而論，他始終讓凱撒感到自己是敗軍之將。看來凱撒像是遭到奇襲而被征服，雖然長久以來他始終拒絕承認，現在可以證明他已犯下背叛國家的罪行。

65 當他講完這些話以後，就走出會場，這時有人通知他說是凱撒率領全軍來到。他說道：「啊，他以為會遇到英勇的敵手。」立刻去見元老院議員，勸他們趁著騎兵部隊仍舊在城內，不要耽擱馬上成行。下令除了面海的城門，其餘全部關閉，指派幾艘船隻讓他們離開，供應旅程所需的金錢和糧食，一切事務都排得井然有序，採取審慎的步驟壓制城市的動亂，同時不讓民眾受到傷害和枉屈。

馬可斯·屋大維烏斯(Marcus Octavius)[117]率領兩個軍團來到，現在靠近烏提

---

117 馬可斯·屋大維烏斯是54B.C.的執政官，支持龐培對抗凱撒，47年逃到阿非利加，31年在安東尼的麾下參加阿克興會戰。

卡紮下營地，派人去見小加圖，要他就行省的指揮權問題安排會議進行討論，小加圖不予答覆，只是對他的朋友說道：「我們面臨毀滅的處境還要爭奪一官半職，難道這些厄運已經離我們而去？眞是讓人感到奇怪。」就在這個時候，有人帶話給他，說是騎兵部隊在開拔之際，對市民大肆劫掠。小加圖趕快跑去，凡是他遇到的游兵散勇，就抓住他們搶奪的物品不放，其餘人員看到趕緊丟掉手上的東西，非常安靜的離去，對他們的所作所爲感到羞愧。這時他召集烏提卡所有的民眾，吩咐他們要與三百人團採取一致的行動，不必激怒凱撒以免蒙受不利的後果，大家團結起來確保共同的安全。

然後他到港口去看他們登船裝載的狀況，有些朋友和親戚是經過他的勸導才願意離去，現在他與他們一一擁抱作別。他並沒有要他的兒子上船，因爲他覺得勸任何人遺棄自己的父親都是不得體的行爲。有一位年輕人名叫史塔特留斯（Statyllius）[118] 正值奮發向上的年華，具備英勇無畏的精神，想要效法小加圖百折不撓的毅力。小加圖請求他離開，因爲大家都知道他是凱撒的敵人，但是沒有辦法讓他改變心意。阿波羅奈德（Apollonides）和德米特流斯分別是斯多噶學派和逍遙學派的哲學家，小加圖對這兩人說道：「你們應該讓這位年輕人熾熱的情緒冷卻下來，要他知道趨吉避凶，免得葬身此地。」他爲了安排朋友的行程，供應他們所需要的物品，花費整夜和次日大部分的時間。

66 盧契烏斯·凱撒（Lucius Caesar）是凱撒的親戚，奉命擔任使者要與三百人團協商有關事宜，他先來見小加圖，希望能夠協助他準備說服對方的言辭。盧契烏斯·凱撒說道：「要是你肯親吻凱撒的手並且向他屈膝求饒，不僅是給我一個面子，就是對你自己也有莫大好處。」小加圖不答應他的要求，認爲自己無法做出有辱身分的事情。他說道：「如果我想要凱撒給我好處，當然應該親自前去見他，然而我不可能對一位僭主的暴虐行爲心存感激。他並沒有擁有統治者的頭銜，從篡奪所獲得的權力即使可以饒恕別人的性命，仍舊無法成爲合法的主子。如果你不在意，讓我們討論你應該如何向三百人團說清楚。」他們盤桓一段時間，等到盧契烏斯要離開，小加圖就把自己的兒子和其餘的朋友託

---

118 這位英勇的羅馬青年在腓力比會戰以後，冒險通過敵軍的戰線，查看布魯特斯營地的狀況，返回的時候被羅馬士兵殺害。

付給他照應，執著他的手與他告別。

　　然後他回到住處，將他的兒子和朋友都召來，大家一起談了很多事情，特別叮囑他的兒子以後不要涉足政壇；堅持原則已經是不可能的事，要是改弦更張只會被人羞辱。快到傍晚他進入浴室，正在沐浴當中想起史塔特留斯，大聲叫道：「阿波羅奈德，你是否要史塔特留斯不能那樣的倔強，那他走的時候爲什麼不來與我告別？」阿波羅奈德說道：「我怎麼說他就是不聽，意志非常堅決不願改變初衷，公開宣布要追隨你到底。」據說小加圖聽了以後笑著說道：「眞金不怕火煉，很快就會知道。」

67 等到他洗浴以後，就與一群同伴一起晚餐，都是他的朋友和烏提卡的官員；自從法爾沙利亞會戰以後，他一直坐著進食，除了睡覺以外絕不會躺下[119]。用畢晚餐，因爲飲酒的關係，使得他們的談話更爲生動而有趣，大家討論一系列的哲學問題。最後他們涉及斯多噶學派非常奇特的命題即所謂的「雙刃論法」或「悖論」，大家的發言特別熱烈。提到只有正人君子才是自由人，凡邪惡小人都是奴隸[120]。逍遙學派的成員反對這種命題，認爲這種情形只能期望如此；小加圖用溫和的態度加以抨擊，逐漸提高說話的音量，盡其所能力陳他的觀點，語氣變得更爲激烈，每個人都能清楚的得知，他爲了捍衛自由權利，已經決定要結束自己的生命。當他說完這些話以後，一時陷入沉默之中，大家都感到心情極其沮喪。因此，小加圖不想讓人懷疑他有輕生的企圖，於是轉變話題，開始再度談起目前關切和期待的事務，他特別顧慮那些在海上航行的人，還有很多人走陸路，要通過乾燥而蠻荒的沙漠地區。

68 聚會結束以後，參與的人員向他告別，他與朋友一起散步，通常晚餐以後都會如此。他對守夜的軍官下達必要的指示，回到自己的寢室之前，擁抱他的兒子和每一位朋友，感覺上比起以往更爲貼心，再度使得大家對他的意圖不勝疑慮。等他躺在床上，拿起柏拉圖的對話錄《論心靈》，讀了大半卷書以後，抬頭向上望沒有看到懸掛在牆壁的佩劍，那是他的兒子在他用餐的

---

119 羅馬人習慣躺在臥榻上用餐，他不願這樣做頗有憤發圖強的意味。
120 這句話出於蘇格拉底，只有斯多噶學派的人士，窮途末路之際才發出這種感慨。

時候將它取走。小加圖大聲呼叫隨身的僕從，問是誰拿去他的隨身武器。僕人沒有回答，小加圖又開始閱讀，過了一會兒以後，沒有出現強求或著急的樣子，好像想要知道怎麼會不見，於是吩咐把他的劍送過來。等了一會兒，雖然還在閱讀，發覺沒有人理會，就召來所有的奴僕，提高嗓門要他的佩劍。其中一位還被他摑了一個嘴巴，害得自己的手受傷，這樣一來使他更爲生氣，就說他的兒子和奴僕要背叛他，讓他在赤手空拳狀況下，好把他押解給敵人。這時他的兒子和其他的朋友跑進房內，大家都匍匐在他的床前，開始慟哭並且向他哀求，小加圖坐了起來，用凶狠的眼光看著他們說道：

> 從什麼時候開始我變得錯亂發狂或是喪失神智，爲什麼在沒有人向我講道理的狀況下，或是向我表示如何做才是最好的辦法，大家就認定我已經聽不進勸告？難道一定要解除我的武裝，不讓我有自行運用的權利？而你這位乳臭未乾的小子，爲什麼非要把你父親的手綁在背後，當凱撒來到的時候，他竟然無法保護自己的安全？我並不是非要佩劍才能結束生命，無論是上吊窒息或是用頭撞牆，同樣可以命喪黃泉。

69 當他講完這些話以後，他的兒子哭著跑出寢室，除了德米特流斯和阿波羅奈德留下來陪他，其餘的朋友也都離開。這時他用非常平靜的口吻說道：

> 難道你們想逼使一個像我這樣年齡的人苟且偷生，非要坐在那裡一動也不動對我加以嚴密的監視？當我發現我的安全除了求之於敵人，已經沒有任何辦法的時候，難道你們還想提出一些理由來證明，這樣做對小加圖而言，並不是羞辱的事而且有其必要？如果這樣，舉出案例來證明你們的論點，那麼我就會質疑，爲什麼我們爲了活命就得否定所有的信念，過去所學的原則豈不是變得一無是處。看來現在我們承蒙凱撒的幫忙變得更有智慧，僅僅是爲了他我們還得苟全性命於亂世。我的決定並不是完全爲了關心自己，目前我認爲最好的解決辦法是能自行做主去貫徹個人的遺願。我還是把你們當成我的顧問，今天所以這樣做，完全是聽從你們在哲學的理論方面給我的指導；所以在

這個時候你們不要自找麻煩，應該去告訴我的兒子要他順從父親的旨意，不可以違命而行。

70 這兩位無法回答，只有低聲抽搭走出寢室，然後一位小廝將佩劍送進去，小加圖接過去將劍身抽出來仔細的檢視，當他看到尖端極其鋒利就說道：「現在我總算可以自行做主了。」於是他放下佩劍，再拿起書卷，據說他讀了兩遍[121]。接著他就寢睡得很熟，那些無法入眠的人都能聽到他的鼾聲。

大約在午夜，他把兩位自由奴叫進去，克利底斯(Cleanthes)是他的醫生，另外一位是布塔斯(Butas)幫助他處理公眾事務。他派布塔斯到港口去看他的朋友是否已經啟航；讓醫生按摩他的手掌，因為他打了一位奴僕變得腫起來。大家看到這種狀況都很高興，抱著他還想活下去的希望。

過了一會兒布塔斯回話說是除了克拉蘇要處理事務所以有點耽擱，所有人員都已登船發航，即將準備離開。他還說起現在風勢增強，海面波浪洶湧。小加圖聽到以後，對那些飽受風濤之苦的人員，出於同情心發出一聲嘆息，再度派遣布塔斯前去探視，是否有人因為發生事故而返航，並且要他盡量滿足他們的需要。

現在鳥兒開始歌唱，他再度打起盹來，最後布塔斯回來，告訴他港口都已平靜無事，然後小加圖躺下，看起來像整夜都沒有睡覺，吩咐布塔斯出去要把門關好。等到布塔斯走出房門，他拔出佩劍戳進自己的胸膛，由於不順手的關係，刺入的部位不對，使得傷口腫起來，無法立即喪命。他在床上不停掙扎，撞翻旁邊一張小型的製圖桌，發出很大的響聲，奴僕聽到不禁大聲叫喚。他的兒子和所有的朋友馬上進入他的寢室，發現他浸在血泊當中，一大截腸子從他的腹腔拖出來，他還活著張開眼看到他們，這時大家面露驚惶之色，站在那裡不知所措。醫生上前救治，將沒有斷裂的腸子塞進體內，然後用線縫合傷口。等到小加圖恢復知覺，發現他們的意圖，就將醫生趕走，然後用手搣出自己的腸子，撕開傷口，很快斃命。

---

121 事實上柏拉圖這篇對話錄對於自殺的行為有極其嚴厲的指責。

71 就像一個人知道自己家中發生意外那樣,不到片刻功夫,三百人團所有成員來到他的門口。過沒一會兒,烏提卡的民眾都聚集起來,哭喊的聲音驚天動地,大家把他看成恩主和救星,一生都在堅持自由權利,是唯一沒有吃過敗仗的偉大人物。就在這個時刻,他們得知凱撒抵達的信息,然而既不畏懼當前的危險,也不想去奉承新來的征服者,整個城市沒有動亂和爭執,大家唯一要做的事,是如何使小加圖獲得身後的尊榮。因此他們修飾他的屍體,舉行盛大的葬禮,將他的遺骸在海邊火化,現在那裡矗立著一尊雕像,手裡握著一把佩劍。他們將這些事情辦完以後,才轉過頭來考量本身的狀況,如何保全自己和他們的城市。

72 凱撒獲得小加圖留在烏提卡信息,並沒有想辦法遠走高飛。他已經安排其餘的羅馬人離開,現在帶著他的兒子和一些朋友,擺出毫不在意的樣子繼續原來的打算,使得凱撒認為他另有圖謀。因為凱撒對這個人非常重視,所以率領他的軍隊火速趕路。當他接到小加圖逝世的報告,據說他說了這樣的話:「小加圖,我對你的輕生棄世始終耿耿在懷,如同你會恨我保全你的性命一樣。」實在說,要是小加圖為了活命要求凱撒寬恕,這樣做不會損害到自己的令名,只會提升對手的聲譽。至於後果如何我們無法得知,憑著凱撒的寬宏大量,我們的猜測是不會有其他的處置。

73 小加圖去世時只有48歲[122],凱撒沒有讓他的兒子受到傷害,據說他長大成人以後遊手好閒,整天在女人堆裡廝混。他到卡帕多西亞遊歷的時候,住在馬法達底(Marphadates)家中,這位貴族的妻子非常美麗。他停留的時間長到不合於禮儀的程度。他用這個題材寫出很多首短詩,諸如:

明日復明日,
加圖難成行。

---

[122] 小加圖亡故於羅馬建城708年即46B.C.;如同前面提到他的演說只有一篇存世,現在只留下他寫給西塞羅的一封信,收在閣西塞羅《書信集》第15卷。

可嘆重女色，
反目輕友情。

馬法底德的妻子名叫賽契(Psyche) 意爲「靈魂」，所以還有一首：

名聲動天下，
癡心覓芳魂。

　　發揮武德奉獻犧牲可以將他所有的羞辱全部洗刷乾淨，腓力比(Philippi)會戰[123] 他爲了維護國家的自由權利對抗奧古斯都和安東尼，當他們的戰線被突破的時候，他不屑於逃走或從此埋名隱姓，大聲向著敵人喊陣，自己衝到最前面，鼓勵留下的戰友繼續奮戰，最後終於被殺，連敵人都欽佩他的英勇。

　　提起樸素的生活和偉大的精神，小加圖的女兒不遜於家族任何一位成員，她嫁給刺殺凱撒的布魯特斯，對於整個陰謀行動可以說是瞭如指掌，終結自己的性命不愧她的家世和懿德，事件的始末在〈馬可斯‧布魯特斯〉有翔實的敘述。

　　史塔特留斯要效法小加圖，受到哲學家的規勸沒有相從於地下，後來他追隨布魯特斯，受到信任有優異的表現，陣亡在腓力比的戰場[124]。

---

123 腓力比是馬其頓一個城市，位於斯特里蒙(Strymon)河畔，因菲利浦二世而得名。
124 本書第二十二篇〈馬可斯‧布魯特斯〉第51節記載史塔特留斯的忠烈事蹟。

第十九篇

改革敗亡者

第一章
埃傑斯（Agis）

262-241B.C.，斯巴達優里龐世系國王，
改革政體除去民選官吏，事敗被殺。

1 神話中的埃克賽昂(Ixion)[1]對於天后朱諾(Juno)起了淫心，有一朵烏雲變幻成她的形體被他抱住，結果生出一群Centaurs即「馬人」[2]。作者運用匠心獨具的創作天分，能夠向我們栩栩如生描述野心勃勃的人士，他們的心靈沉溺於光榮之中，具備的德行完全出於想像，除了純眞或恆常外一無是處，僅能期望於異體結合、畸形殘缺和違反常理。情不自禁追逐於競爭和狂熱之後，爲著一時的感動而沖昏了頭腦，索福克利的悲劇[3]曾經說起這些牧人：

> 大家追隨合法領主，
> 指揮何需片言半語。

一個人的政治生涯眞會出現這種狀況，那就是獲得空虛的頭銜成爲人民的領袖和總督，實際上出於人民的幻想和善變使他成爲奴隷和隨員，即使如此他也會感到滿足。這點很像位於船頭的瞭望員，雖然大家看他站在最前面，他卻不斷向後張望，服從舵手下達的命令。如同我所說那樣，政客爲公眾的喝采所操縱，雖

1　拉庇第(Lapiths)城的國王埃克賽昂，是第一個謀殺親戚的希臘人，他追求天后朱諾，被天神朱庇特將他綁在旋轉的車輪上面受永恆的懲罰。

2　參閱本書第一篇〈帖修斯〉第29節，提到那個時代最勇敢的人從事許多遠征和冒險，其中只有一次帖修斯沒有參加，就是拉庇第人聯合各城邦對馬人發起的戰爭。

3　這兩句詩出處是索福克利已失傳的劇本《波伊米尼斯》或《牧羊人》。引用自瑙克的《希臘詩文斷簡殘篇》，第249頁。

然他們擁有總督的職銜，說真格卻是人民的下屬。

2 任何人只要兼具智慧和德行就無須再去追求榮譽，除非這樣做是爲了獲得更大的信任，使得所要達成的事功更爲順利和容易。我非常認同年輕人要是熱中於出人頭地，可以允許他對自己的高貴行爲稍爲表現驕傲的態度。如同狄奧弗拉斯都斯（Theophrastus）[4] 所說那樣，一個人的德行要是在最初階段就受到讚許，這樣才會被人珍惜願意繼續下去，逐漸加強影響力一直到根深蒂固的程度爲止。他的激情過度成長以至於無法控制，就對所有的人形成危險，會給共和國的主政者帶來毀滅。擁有莫大的權勢就會讓人陷入瘋狂，這時他們爲了追求榮譽根本不在意是非對錯，只要他們的行動受到推崇和肯定。

安蒂佩特（Antipater）王想要福西昂（Phocion）批准不公正的判決，福西昂的回答是「我不能做一個奉承者同時又是你的朋友」，因此這些人對市民的答覆應該是「我不能一面統治你們同時又要服從你們。」像這種發生在共和國的事件，如同寓言所說那條蛇，尾巴起來反抗頭部，帶著莫大的委屈抱怨一直被迫追隨在後，要求變換角色到前面帶路。等到按照尾巴的意思去做，既聾又瞎的引導完全違反自然之道，很快就因無法辨識和出現錯誤而感到痛苦，這時頭部拖在後面受到傷害和折磨。我們可以看到很多政客毫無主見，面對欠缺理性的烏合之眾，反倒是樂意聽命他們的指使，所以無法阻止社會陷入混亂，更難以恢復到正常的狀態。

該猶斯和提比流斯・格拉齊有高貴的家世，天性渾厚而且接受良好的教育，用全副精力投身於城邦的事務，這兩兄弟遭到不幸，使我們知道即使光榮來自群眾的歡呼，有時還是產生悲慘的結局。然而我認爲他們之所以失敗，不在於刻意的追求光榮而是害怕羞辱，就這點而論讓人感到情有可原。因爲他們獲得市民過分的寵愛和支持，認爲要是不能充分的回報就是有負所託。於是他盡力提出新的民生法案，發揮的作用勝於人民授與他的職位，產生新的恩惠使他獲得更大的殊榮，直到人民和他們兩人的激情相互震盪，彼此爭相給予對方榮譽和福利，最後甚至到達這種地步，根據他們的說法，再繼續會讓人感到愚蠢，要放手卻又過意

---

4 狄奧弗拉斯都斯是亞里斯多德門下學問最淵博的弟子，後來成爲逍遙學派的首腦人物，生於列士波斯島的伊里蘇斯，287B.C.在雅典逝世，得年85歲。

不去。

　　讀者對於這番敘述很容易自行推斷是否正確無誤。我現在要用拉斯地蒙兩位素孚民望的領袖人物，埃傑斯王和克利奧米尼斯王來與格拉齊兄弟進行比較。

　　兩位國王的意願是要提升人民的地位，特別是斯巴達古老的政體長久以來陷入廢止的狀況，要恢復原有的制度使之更為高貴和公正。有財有勢的人士抱著自私自利的念頭，已經習慣於享樂的生活方式，無法忍受在這方面受到剝削，因而對這兩位國王極其痛恨。埃傑斯和克利奧米尼斯不像這兩位羅馬人是親兄弟，倒是他們的行動和意圖非常類似，現在我要就整個事件的本末做詳盡的敘述。

3 等到斯巴達共和國再度將金銀當成貨幣，允許在他們的領域之內流通，大家為了獲得這些財富，接著就會產生貪婪和卑鄙的動機，運用起來難免出現奢侈、柔弱和揮霍的惡習。這種狀況一直延續到埃傑斯和李奧尼達斯(Leonidas)的時代，兩個人同時擔任拉斯地蒙國王。

　　埃傑斯出身優里龐世系(Eurypotids)[5]，優達米達斯(Eudamidas)之子，亞傑西勞斯(Agesilaus)第六代後裔。亞傑西勞斯發起遠征行動進入亞洲，是那個時代希臘最偉大的人物，後來由他的兒子阿契達穆斯(Archidamus)繼承。阿契達穆斯在意大利的曼多尼姆(Mandonium)被墨西那人(Messapians)殺害，長子埃傑斯登上寶座[6]。埃傑斯在麥加洛波里斯(Megalopolis)附近死在安蒂佩特(Antipater)手中，沒有子嗣由他的兄弟優達米達斯接位[7]。優達米達斯的兒子名叫阿契達穆斯，再下一代又是一位優達米達斯，是埃傑斯的父親[8]。這位埃傑斯就是我們要敘述的傳主。

　　李奧尼達斯是克利奧尼穆斯(Cleonymus)的兒子，他的皇家血胤是埃傑斯世

5　斯巴達是採用雙首長制的君主國，兩個國王可以收制衡之效，同時也會引起傾軋，使得政局不安；優里龐世系來自萊克格斯的祖父優里龐，可以參閱第二篇〈萊克格斯〉第1節相關的記載。

6　這件事發生在奧林匹克104會期第4年即338B.C.。

7　亞歷山大東征留下安蒂佩特出任馬其頓攝政，331B.C.與斯巴達發生戰爭，參加洛波里斯會戰中被殺的國王是埃傑斯三世。

8　本章的傳主在奧林匹克134會期第1年即244B.C.，登極成為斯巴達國王，稱為埃傑斯四世，進行改革的時間244-241年。

系（Agiadae），斯巴達國王鮑薩尼阿斯（Pausanias）第八代後裔[9]。鮑薩尼阿斯在普拉提亞（Plataea）會戰擊敗瑪多紐斯（Mardorius），逝世後由他的兒子普利斯托納克斯（Plistoanax）繼承，再傳給另一位鮑薩尼阿斯，受到放逐在特基亞（Tegea）過平民生活；空出的王位由長子亞傑西波里斯（Agesipolis）接替[10]。亞傑西波里斯死後無子，幼弟克利奧布羅都斯（Cleombrotus）繼承，這位國王有兩個兒子，長子亞傑西波里斯的統治期很短，沒有子息傳位給幼弟。接位的克利奧米尼斯（Cleomenes）也有兩個兒子阿克羅塔都斯（Acrotatus）和克利奧尼穆斯；長子先於其父逝世，遺下一子名叫阿里烏斯（Areus）[11]，後來繼承祖父的王位。阿里烏斯在科林斯被殺[12]，將王國留給他的兒子阿克羅塔都斯。這一位阿克羅塔都斯與僭主亞里斯托迪穆斯（Aristodemus）發起會戰，失敗以後在麥加洛波里斯附近遇害，他的妻子懷孕即將臨盆，後來生下一個兒子，克利奧尼穆斯有一子名叫李奧尼達斯，以叔祖的身分成為這位遺腹兒的監護人，年幼的國王在成人之前逝世，李奧尼達斯即位斯巴達王國[13]。

李奧尼達斯成為國王並不能讓人民感到滿意，那個時代的斯巴達已經是日薄西山，古老的習性在他身上比起別人發生更大的變化，因為他長期與波斯的君王生活在一起，曾經追隨過塞琉卡斯（Seleucus）王[14]。雖然他的王國採用希臘制度成立合法的政府，他還是一廂情願想要仿效東方宮廷的傲慢和僭越。

4 另一位國王完全不同，埃傑斯有優異的稟賦和高尚的心靈，不僅李奧尼達斯望塵莫及，就是亞傑西勞斯以後的國王全都甘拜下風。雖然他在母親亞傑西斯特拉塔（Agesistrata）的百般呵護之下撫養成長，他的祖母阿契達美婭

---

9 埃傑斯世系來自埃傑斯一世；從本文得知，李奧尼達斯應該是鮑薩尼阿斯第七代後裔：鮑薩尼阿斯（攝政）—普列斯托納克斯—鮑薩尼阿斯—亞傑西波里斯—克利奧米尼斯—克利奧尼穆斯—李奧尼達斯。

10 鮑薩尼阿斯的放逐和亞傑西波里斯一世的即位是在395B.C，第十二篇〈賴山德〉第30節有詳盡的記載。

11 這位斯巴達國王出自埃傑斯世系，稱為阿里烏斯一世，在位期間308-265年；第十一篇〈皮瑞斯〉第26節記載相關的事蹟。

12 265B.C.，斯巴達國王阿里烏斯與安蒂哥努斯一世哥納塔斯發起科林斯會戰。

13 這位斯巴達國王出身埃傑斯世系，稱為李奧尼達斯二世，在位期間254-235年。

14 塞琉卡斯是亞歷山大大帝的戰友和部將，亞歷山大逝世後，他繼承在亞洲的領土，305B.C.成為塞琉西亞王朝第一任國王，稱號為塞琉卡斯一世尼克托。

(Archidamia)是拉斯地蒙最富有的人士，所以他的生活極其優渥已經到奢華的程度。然而他在不到20歲的年紀，棄絕所有帶來歡樂的嗜好，盡可能不用任何華服和裝飾，免得把他看成舉止優雅的人物，只有穿著斯巴達的粗布衣服出現在眾人面前，這時他才感到驕傲。他的飲食、沐浴和參加各種體能訓練，完全根據拉柯尼亞人(Laconian)的久遠流傳習俗，經常聽到他有這種說法，如果他不能運用權勢作爲工具，恢復古代的法條和紀律，那麼他毫無意願要成爲一個國王。

5 拉斯地蒙人認爲他們的墮落和腐化起於占領雅典，獲得的金銀開始流入國內。雖然如此，萊克格斯規定的戶口數目仍舊繼續維持[15]，每個人抽籤所分得的土地依據法律要全數留給自己的兒子，繼承的順位和平等的權利還是保持不變，城邦在其他方面即使出現差錯，就這部分而言可以發揮穩定政局的作用。伊庇塔狄斯(Epitadeus)是一位擁有相當影響力的人士，個性剛愎自負而且脾氣暴躁，掌握機會成爲民選五長官，有次他與自己的兒子發生口角，憤而提出建議通過成爲律令，所有的市民都可以自由處分所擁有的土地，無論是在生前當作禮物送人，或是根據最後的意願和遺囑。

　　他的倡導是爲了滿足報復的激情，其他人所以同意基於貪婪的心理，制定這種法律等於毀滅共和國最優良的制度。富有的人士毫無顧忌攫取田地，包括那些合法繼承人應該獲得的遺產，所有的財富集中在少數人手裡，大多數市民陷入貧窮和悲慘的處境。人要是沒有閒暇就會忽略榮譽的追求，對於有錢人的痛恨和嫉妒，使得整個社會充滿污穢的事物。古老的斯巴達世家不到700個，或許還有100個家族的產業是土地，其餘的家族喪失財富和地位，每當要保衛國家抵抗外國的敵人，他們不僅行動遲緩而且毫無意願，對於國內的變動和改革非常熱心，始終在旁窺伺尋找最適當的機會。

6 埃傑斯的主張是城邦應該達成平等的要求，重新律定市民的數目，他認爲這是一件光榮的工作，的確也是如此，開始試探市民的反應和傾向。他發現年輕人的表現超出他的想像，他們滿懷信心加入他的陣營，爲著復興武德

15　萊克格斯將斯巴達的市民分為9000個家庭，每個家庭可以分到同樣面積的一分土地，每年生產量相當於82蒲式耳的穀物和相當比例的油和酒。

而奮鬥不息，為了國家的自由拋棄過去的生活方式，就像角力選手在進場之際脫去他的外衣。老年人耽溺於惡習難以自拔，大部分人士對於萊克格斯的名字產生警惕之心，像是一位逃亡的奴隸被帶到冒犯的主人面前。這些人無法忍受埃傑斯不斷嘆息斯巴達目前的情況，希望城邦能恢復往日的光榮。在另一方面，利比斯（Libys）之子賴山德（Lysander），伊克法尼斯（Ecphanes）之子曼德羅克萊達斯（Mandroclidas），他們與亞傑西勞斯有同樣的立場，不僅贊同埃傑斯的計畫，而且要給予協助和肯定他的作為。

賴山德在市民大會擁有很大的權勢，深獲大家的信任；曼德羅克萊達斯處理城邦的事務和完成各項準備工作，被認為是當代最有能力的希臘人，他的手段高明而且非常狡猾，運用起來一無所懼。亞傑西勞斯是國王的舅舅，口才極佳但是貪財好色，這個人的行事根本不考慮公眾的利益，只對自己的兒子希波米敦（Hippomedon）言聽計從。希波米敦基於戰爭中英勇的行為和卓越的表現，在斯巴達的年輕人當中擁有很高的名聲和極大的影響力。亞傑西勞斯參與的動機在於龐大的債務，希望藉著這個機會從中間脫身出來。等到埃傑斯說服他的舅父以後，經由亞傑西勞斯的斡旋能夠獲得母親的支持。他的母親有很多朋友和門客，城市裡面有大批向她借錢的人，同時她還拿出相當數量的家財作為公益之用。

7 亞傑西斯特拉塔對於第一個提案極其反對，用嚴厲的口氣規勸她的兒子，不要從事如此艱難和無益的工作。亞傑西勞斯盡力在她旁邊慫恿，說是事情並不如她想像中那樣的困難，總之，一定會給她的家族帶來莫大的利益。同時國王向她提出懇求，請她不要因為金錢的緣故，對他期望的榮譽拒絕給予援手。他告訴她說不想與其他的國王比誰最富有，就拿塞琉卡斯或托勒密的省長和總管來說，僅僅這些人的跟班和賤僕，所有斯巴達國王加起來的錢財也沒有他們多，只要抱著藐視這些阿堵物的態度，僅僅憑著簡樸和度量就能勝過他們的奢華和揮霍，如果他能使斯巴達人恢復到過去的平等狀態，那麼他就是一位偉大的國王。

最後的結果是年輕人高貴和博大的雄心壯志，使得他的母親和祖母深為感動，她們不僅同意給予協助，而且準備在任何狀況下激勵他堅持到底的毅力。他的母親不僅派員去將他的行動告訴那些與她有利害關係的人士；同時她知道拉斯地蒙人重視女權，通常丈夫允許妻子參與政治活動，較之妻子同意丈夫涉及家庭

的私事，相比之下妻子獲得更大的自由，所以她要對這些婦女說明清楚。事實上他要完成構想最大障礙之一，就是斯巴達的財富大多數掌握在婦女手裡，她們為著個人的利益而反對他，因為他不僅剝奪她們豐富的零用錢，特別是她們缺乏知識和生活封閉，所以這方面的自由是她們唯一的幸福，還有就是她們知道財富是獲得權力和信任的主要支持力量。

因此，這些黨派求助於李奧尼達斯，特別向他提到參加他這邊都是年老和有經驗的人員，他們要阻止衝動的年輕人實行一無是處的計畫。李奧尼達斯處心積慮反對埃傑斯，害怕人民的制裁所以不敢公開表態，因為人民有求新求變的傾向已經是很明顯的事。他暗中無所不用其極加以詆毀和阻撓，使得主要的官員都對埃傑斯產生反感，利用各種機會非常狡猾的暗示，埃傑斯提議要將富人的財產分給窮人，完全出於傲慢的心理，好讓他篡奪專制的權力，所以採行取消債務和分配土地這些措施的目標，不是為了供應更多的市民給斯巴達，而是使自己成為一個僭主可以買到私人的衛隊。

8 即使如此，埃傑斯還是不理會這些謠言，幫助賴山德贏得選舉成為民選五長官，獲得機會經由官員的提案，他的Rhetra即「諭旨」得以提交元老會議[16]，主要的內容如下：每一位市民的債務全部一筆勾消；所有的土地按照地區加以劃分，從佩勒尼(Pellene)[17]附近的水道到台吉都斯(Taygetus)山[18]之間，包括馬利亞(Malea)和塞拉西亞(Sellasia)的城市在內，一共分為4500份，其餘地區分為1萬5000份[19]。後面這1萬5000份由鄉村的居民分享，條件是要服役成為重裝步兵。前面的4500份分給土生土長的斯巴達人；要是數目不足可以接受外鄉人，條件是有相當教養的自由人，身體強壯沒有殘缺，合於軍隊徵召的年齡。所有的斯巴達人編成15個連隊，每個連隊多則400人，少則200人，根據萊克格斯制定的法規，要在一起用餐和訓練。

16　這件事發生在243B.C.，是他即位第二年。

17　佩勒尼是伯羅奔尼撒半島北端瀕臨科林斯灣的城市，位於科林斯西北方約50公里。

18　台吉都斯山脈位於伯羅奔尼撒半島南部，主峰高達2377公尺，俯瞰斯巴達平原形成北面的屏障。

19　本書第二篇〈萊克格斯〉第8節提到土地的分配，他把拉柯尼亞一般農地劃分為3萬份，附屬於斯巴達市府的領地分為9000份，前者分給拉柯尼亞的公民，後者分給斯巴達人；看來本章的數目像是打了對折。

9 這份論旨在元老會議遭到否決，賴山德立即召集市民大會，他和曼德羅克萊達斯、亞傑西勞斯發表演說，呼籲大家不要爲了滿足少數富人，讓他們騎在大多數斯巴達人頭上作威作福；要大家記住古代的神讖，提出警告特別小心不要愛錢貪財，帶來的危險會使斯巴達遭到毀滅；還有就是帕西菲(Pasiphae)的廟宇，最近出現類似的指示。這座香火鼎盛的廟宇位於薩拉米(Thalamae)以神讖[20]的靈驗知名於世，有人說供奉的帕西菲是阿特拉斯(Atlas)的女兒，她與朱庇特所生的兒子就是阿蒙(Ammon)；還有別的意見，說她是特洛伊國王普里安(Priam)的女兒卡桑卓(Cassandra)[21]，就是在這個地點亡故，所以稱爲Pasiphae意爲她的神讖「有求必應」。菲拉克斯(Phylarchus)[22]說廟裡供奉阿明克拉斯(Amyclas)的女兒達芬尼(Daphne)[23]，爲了逃避阿波羅的糾纏，變形成爲一棵月桂樹，神明爲了表彰她的貞節，特別賜予預言的能力。

這樣做果眞有相當成效，民眾知道神讖是要讓他們遵循萊克格斯的規定，城邦恢復人人平等的局面。等到這些人講完話以後，埃傑斯站起來，告訴大家說他運用權力爲制定新法律做出最大的貢獻，提案完全著眼於全民的利益。首先，他將自己的產業拿出來分給市民，這是面積極其廣大的耕地和牧場，除此以外還捐獻600泰倫的現金，他的母親、祖母、朋友和親戚，都是最富有的拉斯地蒙人，全都拿他作爲榜樣追隨他的行動。

10 民眾在興高采烈之餘讚譽這位年輕人的慷慨，大家認爲斯巴達在300年以後[24]，又出現一位英明的國王感到欣慰。在另一方面，李奧尼達斯知道他和他的朋友難免要破財消災，所有的榮譽和情面都讓埃傑斯攫走，所以

---

20 祈求神讖的人要在廟裡過夜，女神會在夢中顯靈指示迷津。

21 還有人說這位女神是英諾(Ino)，鮑薩尼阿斯(Pausanias)在《希臘風土志》裡提到，從奧克特拉斯(Octylus)通往薩拉米亞(Thalamiae)的道路旁邊，有一座極其有名的神廟，信徒可以從夢中獲得女神的指示，非常靈驗。

22 菲拉克斯是雅典歷史學家，3世紀B.C.初期他的著作名重一時，現在都已失傳，蒲魯塔克撰寫〈皮瑞斯〉、〈埃傑斯〉和〈克利奧米尼斯〉，很多是引用他的資料。

23 一世紀B.C.開始，月桂女神的崇拜在敘利亞一帶極爲風行，很多地點種植月桂樹林成爲聖地，並且在其中建立阿波羅神廟。

24 埃傑斯四世統治期間爲244-241B.C.，兩百年前埃傑斯二世在位爲426-400年，正是斯巴達國勢最強盛的時代，要是如本文所說300年前，斯巴達沒有出現雄才大略的君主。

現在更加反對。於是李奧尼達斯當著大家的面問埃傑斯，萊克格斯就他看來是否是一個熱愛國家的智者，埃傑斯的回答是這話沒錯。李奧尼達斯再問道：「那麼萊克格斯什麼時候豁免過欠債？他為了確保共和國的安全，將住在城市的外鄉人全部趕走，請問他什麼時候允許這些人成為市民？」埃傑斯對這番質疑回答道：

> 李奧尼達斯在國外長大成人，然後結婚生子，他的妻室來自波斯宮廷，所以他對萊克格斯和所制定的法律了解不多，這一點都不令人感到奇怪。萊克格斯禁止使用金銀作為流通的貨幣，等於取消債務和借貸。他反對那些在國內的人帶有外國的作風和習俗，事實上他對這些人沒有惡意，只是不願人們仿效他們的生活方式和行為舉止，免得城市受到他們的影響，變得喜愛財富和講究精緻奢侈的習性。大家知道特潘德（Terpander）、薩里斯（Thales），和菲里賽德（Pherecydes）[25] 都是外鄉人，萊克格斯還是很高興他們能留在國內，因為他對這些人的詩歌和哲學心儀不已。你經常讚譽伊克普里庇斯（Ecprepes），他在出任民選五長官的時候，拿起音樂家弗里尼斯（Phrynis）的樂器，用手斧將9根弦切斷2根，後來還指使其他人仿效他的行為，搶過泰摩修斯（Timotheus）[26] 的豎琴，將上面的弦全部割掉，那麼我的打算是要將共和國的貪財、奢侈和炫耀全部連根切除，你為什麼還要對我大肆指責？他們為了免得人民目前的生活和習性受到欲望過多和浪費揮霍的控制，情願擾亂和毀滅城邦的和諧和秩序，你難道以為這些人只是關心琴弦和不顧一切去阻止音樂的發展？

11 從這個時候開始，如同普通民眾追隨傑斯一樣，那些有錢人依附李奧尼達斯。他們要讓李奧尼達斯知道不是為了維護本身的權益，特

25　特潘德是7世紀B.C.中葉，來自列士波斯島安蒂沙（Antissa）的詩人和音樂家，在斯巴達建立第一所音樂學校。這位薩里斯是克里特島一位詩人，還有一個名字叫做薩里塔斯（Thaletas）；不要與米勒都斯的薩里斯弄混淆，他不僅是哲學家還是希臘七賢為首的人物。菲里賽德是一位哲學家，被拉斯地蒙人殺死後，聽從神讖的指示，將他的皮剝下來交由國王保存。

26　米勒都斯人泰摩修斯是當代著名的詩人和音樂家，將豎琴增加一根弦成為十二弦，引起斯巴達人的反對，認為曲調失去陽剛之力變成靡靡之音，給予非常嚴厲的懲罰。

別是要說服元老會議的成員，彼此有共同的利害關係。元老會議的權力在於法案提交市民大會之前，先完成審查以及各項準備工作，結果擬定的諭旨因一票之差未能通過。賴山德這時還出任民選五長官，根據他獲得的資料運用兩條古老的法規，決定對李奧尼達斯採取報復行動。一條是禁止有海克力斯血胤的後裔，養育外國婦女所生的子女，另外一條是拉斯地蒙人離開自己的城邦與外國人居住在一起，犯下無可寬赦的罪行[27]。這時他安排其他人提出控訴，然後依據習慣和執行的方式，他與同僚前去觀察天象。每9年舉行一次，民選五長官找一個星光燦爛，沒有雲彩也沒有月亮的夜晚，安靜坐在一起專心看著天空。如果他們偶然之間見到一顆流星掠過，就會立即宣判國王犯下褻瀆神明的罪行，暫時中止王權的行使，要從德爾斐或奧林匹克獲得神讖，做出有利的解釋才能恢復。

賴山德在市民大會言之鑿鑿說他看到一顆流星，就在這個時刻，李奧尼達斯受到召喚要為自己答辯。證人出庭作證李奧尼達斯娶了一個亞洲女子，說是塞琉庫卡王的部將所贈，這位妻室為他生下兩個子女，後來她變心對他極其痛恨，逼得他只有從她的身邊逃走回到斯巴達，先王逝世無後他得以繼位稱帝。賴山德不以揭發真相為滿足，說服克利奧布羅都斯出面宣布自己有權利出任國王，因為他有皇室的血胤，而且是李奧尼達斯的女婿。這時李奧尼達斯害怕事態的發展對他不利，打扮成哀求者逃到密涅瓦神廟的銅殿[28]去避難，他的女兒即克利奧布羅都斯的妻子，遇到這種狀況下定決心離開丈夫追隨自己的父親。李奧尼達斯再度受到傳詢，拒不到庭，經過缺席審判罷黜為民，遺留的王位由克利奧布羅都斯接任[29]。

12 這次改革結案後不久，賴山德一年任期屆滿離職，新就任的民選五長官，保證李奧尼達斯的安全，召喚賴山德和曼德羅克萊達斯，就違背法律規、取消債務和企圖重新分配土地等事項，到庭提出答辯。他們面臨當前的危險，訴諸兩位國王的和衷共濟，為著本身的利益和安全必須採取聯合一致

---

27 這兩條法律與萊克格斯原來的規定已經有很大的差異，可以參閱第二篇〈萊克格斯〉第27節有關的內容。

28 密涅瓦即希臘神話的智慧女神雅典娜，拉斯地蒙人為祂在斯巴達建造的神廟全部用青銅製成，稱之為銅殿。

29 這位國王應該是克利奧布羅都斯二世，時間是242B.C.；然而在斯巴達歷代國王年表上面查不到這個名字。

的行動，才有足夠的力量制伏民選五長官。他們特別提到，民選五長官的權力事實上來自國王之間的爭執，當這兩位出現不同的意見無法擺平的時候，民選五長官擁有的特權是用投票決定應該提出的最佳建議。等到兩位國王採取一致的行動，沒有一個人應該或是敢於反抗他們的權勢。官員的職責是在國王處於齟齬與不和的狀態，能夠保持仲裁的立場，當這兩位同心合力的時候就不會讓他們形成障礙。

埃傑斯和克利奧布羅都斯認為他們說得有理，兩人一起帶著他們所有的朋友前往會堂，將民選五長官趕走，另外派人接替空下的職位，亞傑西勞斯是其中之一[30]。然後武裝年輕人編成一支軍隊，將很多人從監獄裡面釋放出來，這時對抗的黨派害怕他們的性命不保，後來並沒有發生流血事件。埃傑斯非但沒有大開殺戒，剛一發覺亞傑西勞斯下令士兵埋伏起來，等候李奧尼達斯逃向特基亞之際將他殺死，立即派出隨從人員給予保護，將李奧尼達斯安全送到要去的城市。

13 城邦所有的事務處理的過程非常順利，再也沒有人敢出面反對。然而只因為一個人極其卑劣的弱點，答應的承諾無法兌現，僅僅是拜金主義的貪財好貨，就使得斯巴達最高貴的理想，受到摧殘落入萬劫不復的境地。據說亞傑西勞斯家大業大擁有面積廣闊的田莊，仍舊負債累累；這時他很高興參與計畫使得債務一筆勾消，然而卻毫無意願放棄自己的土地。他說服埃傑斯，要是兩件重大的舉措要同時實施，會帶來突然的衝擊引發危險的動亂，因此他認為先取消欠債，接著要有錢人交出土地會更為容易。亞傑西勞斯用類似的伎倆欺騙賴山德，使得他也抱持同樣的見解。所有人員奉命將拉斯地蒙人稱為Claria的「債券」或「契約」，全帶到市場堆積起來放火燒掉。那些借錢給人的財主，看到這一幕心中一定憤憤不平，這也是可以想像得到的事；亞傑西勞斯卻用幸災樂禍的口吻，對著他們說他從未見過如此明亮純潔的火焰。

現在民眾的情緒高漲，要求立即分配土地，國王下令著手辦理，亞傑西勞斯拿各種困難當作藉口，拖延執行的時間，終於發生狀況埃傑斯要領軍出征。亞該亞人（Achaeans）始終認為艾托利亞人（Aetolians）會從麥加拉的邊界，企圖入侵伯羅奔尼撒半島，根據雙方簽訂的同盟條約，要求斯巴達人派遣援軍。他們的將領

30　本章第6節提到這個人，他是國王的舅舅。

阿拉都斯(Aratus)奉命集結兵力，拒止敵人的侵略行動；所以阿拉都斯寫信通知斯巴達的民選五長官。

14 民選五長官得信立即下達命令，埃傑斯火速率領拉斯地蒙協防部隊馳援盟軍。國王看到熱情而勇敢的戰士追隨他從事遠征，心中極其愉悅，參加的成員大部分是貧窮的年輕人，剛剛解除債務的桎梏獲得自由，抱著返國以後每人可以分配一份土地的希望，追隨國王的行動特別敏捷和輕鬆。經過的城市對他們表示極度的讚譽，說是看到隊伍從伯羅奔尼撒半島的一端走到另一端，不僅秩序井然而且聽不到嘈雜的聲音。自從他們看到這支軍隊在一位最年輕的領導者指揮之下，軍紀嚴明而且絕對服從，等於給希臘人一個機會可以彼此討論，古代的拉柯尼亞軍隊接受名將亞傑西勞斯、賴山德和李奧尼達斯的統率，表現出堅忍和自制極其偉大的精神。他們同樣看到他滿足於難以入口的食物，隨時親自從事最辛勞的工作。他的士兵服裝和武器極其寒磣，所以他不會擺出排場，穿著華麗的衣服顯得自己高人一等；對於民眾而言他是關心和欽佩的目標。有錢人很不高興出現改革的徵兆而且已經有所警惕，他們不願這種狀況擴散開來，進而減少他們在本國即將遭到的損害。

15 埃傑斯在科林斯附近與阿拉都斯會合，雙方就不失時機與敵軍接戰一事發生爭執。埃傑斯面對當前的狀況表現勇往直前的決心，他的態度沒有任何傲慢逾越之處。他說就他的看法應該出兵，不讓敵軍通過伯羅奔尼撒半島的門戶，雖然如此，他還是尊重阿拉都斯的判斷，不僅阿拉都斯是長者而且作戰經驗豐富，還是亞該亞人的將領，他來到此地完全是客卿身分，從來沒有奢想要指揮他們的軍隊。

我不知道夕諾庇(Sinope)[31] 的巴頓(Baton)[32] 對這件事怎麼會有不同的敘述，他的說法是阿拉都斯要出戰而埃傑斯反對。所以會犯這樣的錯誤，是他沒讀過阿拉都斯對這件事所寫的答辯書[33]，知道民眾幾乎就要開始收割作物，因為阿

---

31 夕諾庇是黑海南岸非常重要的希臘城市，最早由米勒都斯人建立，位置在帕夫拉果尼亞的西南部。

32 巴頓是當代知名的歷史學家，寫出《波斯史》和許多著作，現在都已失傳。

33 阿拉都斯將這件事寫進他的《實錄》之中，可以參閱本書第二十一篇〈阿拉都斯〉第3節有

拉都斯認為與其冒險會戰而喪失一切，不如讓敵軍通過。因此，阿拉都斯在感謝盟軍迅速來援以後，就將他們打發走路，埃傑斯總算獲得莫大的榮譽返回斯巴達，這時他發現很難讓民眾聽命而行，要求改革的呼聲高漲，亞傑西勞斯的蓁政造成目前的局勢。

16 亞傑西勞斯現在還是民選五長官之一，過去一直讓他芒刺在背的負債終於除去，同時還讓他毫無顧忌大肆搜刮。在所有不法行為之中，他徵取第十三個月的稅收[34]，然而這個年度處於正常的周期沒有變相增加的狀況。他藉著各種名目讓很多人受到傷害，同時也知道市民對他極其痛恨，因此認為需要維持一個衛隊，通常會陪伴他前往官員處理事務的公署。薰人的權勢使得他變得愈來愈傲慢無禮，對於兩位國王也是如此，其中一位他公然擺出藐視的態度，即使他對埃傑斯表示尊敬，認為完全出於至親的情分，並非對皇家職權應盡的責任或從命的義務。他還向外面放話，說他翌年繼續出任民選五長官。

他的政敵對於這種傳言提高警覺，不願喪失時機冒險對他發起反擊，公開將李奧尼達斯從特基亞請回來，讓他復位登基重新統治整個王國；他們對於擬定分配土地的錯誤政策，予以嚴辭譴責，甚至就是一般下民都表示同意。亞傑西勞斯要不是靠著他的兒子希波米敦作戰英勇深得民心，很難逃脫憤怒的群眾，希波米敦將他從亂民的手裡救出來，然後安全護送他暗中離開城市。

動亂發生期間，兩位國王逃離皇宮，埃傑斯和克利奧布羅都斯分別在銅殿和海神廟[35]避難。李奧尼達斯更為痛恨克利奧布羅都斯，暫時不理埃傑斯，率領士兵到前者藏身的庇護地，破口大罵他的女婿犯下陰謀叛逆、篡奪王位和放逐君父等重罪。

17 克利奧布羅都斯靜坐不發一語，他的妻子契洛妮斯(Chilonis)是李奧尼達斯的女兒，過去她的選擇是追隨陷入災難的父親，當克利奧布羅都斯篡奪王位時，她為了全力照料痛苦不堪的尊長只有拋棄丈夫。李奧尼達斯

(續)

關情節。

34 這種每年徵十三個稅收的狀況經常出現，通常的周期是每9年約3次，完全依據太陰曆的閏月作為依據。

35 海神廟的位置在提納魯斯海岬。

在斯巴達,她打扮成一個懇求者在爲他祈福,後來隨著他一起逃亡國外,悲悼老父面臨的災難也爲克利奧布羅都斯的不孝感到鬱鬱寡歡。等到現在情勢發生劇變,她的角色也隨之轉換,看到丈夫坐在那裡,像是乞請原諒的懇求者,她走上前去用手抱著他,身邊還帶著兩個幼兒。所有的人都對這位年輕婦女的孝心和親情,感到不可思議。她指著疏於照應的衣物和沒有梳洗的頭髮,對著李奧尼達斯說道:

> 父親,我之所以成爲你看到的這副模樣,並不是爲了目前陷入不幸的克利奧布羅都斯。長久以來我已經習慣於哀悼的喪服。我在你受到放逐的時候穿著,是爲了使你獲得安慰,現在你復位重新據有王國,難道我還要像過去那樣的悲傷和痛苦?當你讓我袖手旁觀去殺死那個你將我許配給他爲妻的人,這時我還得穿上皇家的禮服,與你同享榮華富貴?無論克利奧布羅都斯爲了撫慰你的怒氣,不惜讓我和我的子女流下眼淚;或是他犯下縱虎歸山的大錯,使你能達到懲處他的目標。即使你是如此的愛我,還是會看到我必然先他而死。要是讓大家明顯的看出,無論是對丈夫或父親,我都無法感動他們產生憐憫之情,即使我活在這個世上,如何有臉去面對斯巴達的婦女?似乎我生來就逃不掉厄運和羞辱,無論是作爲妻子和女兒,他們愈是親近愈是愛我更是如此。對於克利奧布羅都斯來說,從我放棄他全心跟從你開始,我一直強迫自己拿他的行爲作爲藉口,現在你向全世界顯示是爲了王國,可以殺死女婿,對女兒毫無親情,倒是爲他的處理方式提供最好的理由。

18 契洛妮斯說完這段哀怨欲絕的話以後,就將她的臉孔倚靠在丈夫的頭頂上面,用淚水盈眶和滿面愁容的眼睛,緩緩注視四周的人群。李奧尼達斯深受感動,暫時退下與僚屬商議,然後回來吩咐克利奧布羅都斯離開庇護的聖所,接受放逐的處分流亡國外。他說契洛妮斯應該留下陪伴她所敬愛的父親,特別是因爲她的緣故饒了她丈夫的性命。無論父親怎麼說契洛妮斯都不爲所動,她立刻起來抱著她的小孩,把另一個交給她的丈夫,向女神的祭壇行禮以後,跟他一起走了出去。總之,如果克利奧布羅都斯沒有因野心而盲目,最好的

選擇是寧願與這樣知情達禮的婦女流亡在外，遠勝於沒有她而擁有王國。

克利奧布羅都斯受到罷黜以後，李奧尼達斯將民選五長官解職，推舉其他人士接替空出的職缺，然後開始考慮如何陷埃傑斯於罪。首先，他用很好的條件說服埃傑斯離開庇護的聖所，同意兩人共同治理王國。特別提到人民會原諒一位年輕人所犯的錯誤，出於榮譽所驅使的野心，以及亞傑西勞斯運用伎倆讓埃傑斯上當受騙。等到他發覺埃傑斯心懷疑懼，不願接受這種說法離開密涅瓦神廟的銅殿，只有放棄原來的圖謀，不再掩飾自己是一個敵人的立場，立即通過提案以叛逆罪處治埃傑斯的友人。

安法里斯（Amphares）、達摩查里斯（Damochares）和阿昔西勞斯（Arcesilaus）經常去看埃傑斯，這些人的忠誠受到他的信任，過了一會兒埃傑斯受到說服願意前去距離不遠處的浴場，然後如往常一樣看著他安全進入神廟。這三個人都是關係密切的朋友，特別是安法里斯從埃傑斯的母親那裡，借走一大批金銀餐具和名貴的擺設。現在他抱著毀滅亞傑西斯特拉塔和整個家族的希望，就能平安享用這些值錢的物品。據說，他願意全心全力為李奧尼達斯服務達成所望的目標，等到成為民選五長官之一，就會盡其所能激怒其他的同僚反對埃傑斯。

19 這些人知道埃傑斯不會離開庇護的聖所，偶然會冒險前去浴場，就給他們帶來逮捕他的機會。有一天當他回去的時候，大家表示尊敬還是如往當一樣陪著他，像是一群年輕朋友一路上說些開玩笑的話，等到達一條可以轉向監獄的街道，安法里斯為了執行自己所負的職責，抓住埃傑斯的手說道：「埃傑斯，你必須跟我走，要在其他民選五長官的面前，就你所犯的輕罪提出答辯。」達摩查里斯身材高大而又強壯，用埃傑斯穿著的斗篷緊繞住他的頸脖，拉著他向前走，其餘人用力在後面推。這時埃傑斯的朋友不在身旁無法施以援手，他們很容易將他關進監獄。李奧尼達斯帶著一群士兵來到，嚴密把守各處通道，民選五長官接著抵達，還有很多長老，大家都知道這些人屬於他的黨派，這樣做在審判的過程中，表面上看來以為符合公正的要求。

他們吩咐埃傑斯應該就他的施政作為提出說明。埃傑斯不發一語，對於他們的裝模作樣報以微笑。安法里斯告訴他，說是當前狀況只會讓他哭泣不已，現在他已經陷入法網，將因僭越之罪受到懲處。另外一位民選五長官，像是過去受到他的厚愛，想找藉口為他開脫，問他所以這樣做是否受到亞傑西勞斯和賴山德的

脅迫。埃傑斯的答辯說是他沒有受到任何人的強制和影響，完全是為了效法萊克格斯的榜樣，所作所為都能依法行事。這位民選五長官又問他對於輕率的行為是否已有悔意，然而這位年輕人的回答卻說他的圖謀是如此的公正和光榮，即使受到最嚴厲的懲處也不會感到遺憾。因此他們通過判決要將他處死，吩咐獄卒將他帶到Dechas，這是監獄中「行刑室」的名字，他們通常在此絞斃十惡不赦的罪犯。那些獄卒都不敢動手，就是傭兵也認為對國王使用暴力，不僅違法也是邪惡的行為。達摩查里斯對他們威脅和辱罵，自己將埃傑斯推進那個可怕的房間。

這個時候埃傑斯被逮捕的消息已傳遍城市每個角落，大群民眾打起燈籠和火炬，圍繞在監獄大門的四周，其中包括埃傑斯的母親和祖母，大聲叫喊應該讓他們的國王現身，聽聽人民對這個案件的判決。這種騷動毫無助益，反而加速他的處刑。他的敵人現在害怕夜長夢多，一旦動亂的聲勢增加，很可能會從他們的手中將他救走。

20 埃傑斯瀕臨絕境，發覺有位官員愁眉苦臉在哀悼他的不幸，他說道：「能夠清清白白告別人間，朋友，請不要為我哭泣流淚；那些奸賊用非法的手段將我殺死，面對的處境較我更為惡劣。」等他說完這幾話，表現毫不畏懼的神色，將他的頸脖迎向下垂的絞繩。

等到他斷氣以後，安法里斯走出監獄的大門，看到亞傑西斯特拉塔投身到他的跟前，這時她還認為如同過去那樣保持原來的友誼。他非常客氣將她扶起來，提出保證說她無須畏懼她的兒子會遭到暴力的迫害或死亡的危險，如果她願意可以去見埃傑斯。她提出請求能讓她的母親也一起進去，他的回答是沒有人會阻擋她們。等到她們進入監獄，安法里斯下令關上大門，埃傑斯的祖母阿契達美婭首先引進行刑室，她的年齡已經很老，終其一生在市民當中有很高的聲譽。

安法里斯認為她已經遭到處決，他告訴亞傑西斯特拉塔說她現在可以進去。等到她踏入房間，看到埃傑斯的屍體成大字型躺在地上，她的母親套住頸子吊斃。她馬上動手協助獄卒將母親的身體放下來，然後用衣物蓋住她的頭，與她兒子的屍體並排擺好，再去擁抱和親吻兒子的面頰。她說道：「我兒，你的婦人之仁使得我們死無葬身之地。」安法里斯站在室外觀看，聽到她說的話衝進來，非常生氣向她說道：「你的兒子所作所為都獲得你的同意，那麼面臨同樣的下場也是意料中事。」於是要人將她架起來用繩吊死，這時她僅僅說了一句話：「我祈

求這樣做能對斯巴達有好處。」

21 等到看見三具屍體，整個事件全部暴露，雖然市民感到害怕，還是能夠表示無比的憎恨，特別是運用欺騙的權謀，使得他們對李奧尼達斯和安法里斯更是厭惡不已。這種殘酷的行為極其邪惡而野蠻，自從首批多里斯人(Dorians)[36]定居伯羅奔尼撒半島以來，斯巴達始終沒有發生這樣的罪行。據他們的說法，即使戰爭中最難以和解的敵人，通常會提高警覺不要殺死斯巴達的國王，對於崇高的地位抱持尊敬和欽佩，不願在戰鬥與他們近身搏鬥，或者是盡量避免有這種狀況發生。拉斯地蒙人和其他希臘人發生很多次的會戰，一直到馬其頓人菲利浦的時代，除了克利奧布羅都斯在琉克特拉(Leuctra)會戰[37]被標槍所傷因而陣亡，沒有一位國王遭到殺害。我不知道梅西尼人(Messenians)怎麼會這樣肯定的表示，說是狄奧龐帕斯(Theopompus)王[38]被他們的將領亞里斯托米尼斯(Aristomenes)所殺，拉斯地蒙人拒絕承認有這回事，說他僅是受傷而已。

雖然上面這種說法甚囂塵上，至少可以確認埃傑斯是第一位在拉斯地蒙被民選五長官處死的國王。他在一個人犯錯以後很容易獲得寬恕的時代，竟然會受到這樣的懲罰，特別是他用一生的時間推行性質極其崇高的策略，用來謀求全民的福利。如果他的確出現重大的過失，那麼他的朋友比起他的敵人更有理由對他加以譴責，完全是出於寬厚和仁慈的天性，赦免李奧尼達斯能夠保住生命，以及相信其他人士的忠誠。

---

36 多里斯人最早是居住在多瑙河流域的印歐民族，大約在1200至1000B.C.，入侵希臘本土，接著就進入伯羅奔尼撒半島。
37 這場會戰發生在371B.C.，斯巴達除了國王被殺，人員的損失極其慘重。本書第八篇〈佩洛披達斯〉第23節對會戰的情節有詳盡的敘述。
38 狄奧龐帕斯是優里龐世系國王，在位期間是720-675B.C.。

第二章
克利奧米尼斯（Cleomenes）

265-219B.C.，斯巴達埃傑斯世系國王，恢復古代制度，
取消債務和分配土地，戰敗逃亡埃及，被圍自裁。

1 　等到埃傑斯被殺 [1]，他的兄弟阿契達穆斯很快出走，逃脫李奧尼達斯的毒手。埃傑斯的妻子埃吉阿蒂斯（Agiatis）是一個嬰兒的母親，李奧尼達斯迫她離開自己的家，要她嫁給他的兒子克利奧米尼斯（Cleomenes）。雖然這個時候的克利奧米尼斯還不到結婚娶妻的年紀，因為李奧尼達斯不願其他人得到她，從而繼承她的父親捷利帕斯（Gylippus）龐大的家產。她本人年輕貌美遠勝其他的希臘女子，性格嫻雅文靜而且家教良好。據說她對新的婚事一直持反對的態度，等到與克利奧米尼斯結合以後，雖然還痛恨李奧尼達斯，願意成為善體人意而又盡責的賢內助。克利奧米尼斯對新婚妻子充滿愛慕之情，知道她懷念埃傑斯更使這位年輕人深受感動，經常向她詢問過去發生的狀況，留意傾聽埃傑斯的事蹟和構想。現在他的心胸變得更為開闊和高貴，雖然具備自制和謙虛這些優點，行事的風格不如埃傑斯那樣的縝密周到和小心謹慎。

　他有勇往直前的精神保持無比的熱情和幹勁，只要認為任何事情有利於公眾和正義，縱使運用暴力和冒險犯難亦在所不辭。他了解到只有良好的紀律，才能使市民出於個人的意願服從他的命令；就他的看法來說，制伏大眾的抗拒力量，迫使市民接受更好的安排，這要靠著個人的名聲和勇氣。

2 　這種性格使得他不喜歡城市的管理方式。那個時候的市民變得因循怠惰只會尋求感官的快樂；國王不理政事，最好不要有人來打擾，使他們安

1　埃傑斯亡故於奧林匹克134會期第4年即241B.C.，在位期間不過3年而已。

享富足和奢華的生活。公眾的福利受到忽略，每個人重視私人的利益。等到埃傑斯被殺以後，任何人要是提到他的名字都會給自己帶來危險，更不要說假借他的名義對年輕人施以訓練和演習，就是談論古代的克制、堅忍和平等，對城邦而言都是一種叛逆的行爲。

　　據說克利奧米尼斯還是一個年輕小夥子，追隨波里斯昔尼斯人（Boryshentine）史菲魯斯（Sphaerus）[2] 研習哲學。史菲魯斯是西蒂姆人（Citiean）季諾（Zeno）[3] 門下最早的弟子，他渡海來到斯巴達，花了很多時間克服各種困難教導當地的青年。可以想像得到他賞識克利奧米尼斯的大丈夫氣概，能夠激起這位年輕人的雄心壯志。傳說中提到古代的李奧尼達斯被人問到，他認爲特提烏斯（Tyrtaeus）[4] 是那種類型的詩人，李奧尼達斯回答道：「他能夠激起年輕人的勇氣和鬥志」；特提烏斯的詩歌充滿神聖的憤怒，使得聽到的人能夠冒險犯難奮不顧身。由此看來，斯多噶學派[5]的理論包含激進和憤怒的成分，可以產生何其危險的動機，要是與優雅和溫馴的個性混合起來，引導人們走上正道獲得莫大的成就。

3 等到李奧尼達斯逝世[6]以後，克利奧米尼斯接位成爲國王，看到所有的市民過著放蕩腐敗的生活，有錢人把公益丟在腦後熱中於私利和享受，窮人只有在家中過著無以爲生的日子了，他們失去斯巴達人獻身戰爭的精神和重視訓練的抱負。克利奧米尼斯不過是名義上的國王，所有的權柄操持在民選五長官的手裡，他決心要對政局和社會的現況進行重大的改革。他有一位名叫色納里斯（Xenares）的朋友也是他的愛人（斯巴達人用inspied 或imbreathcd即「鼓舞鬥志者」這個字來稱呼自己所愛慕的人），就把心中的想法告訴色納里斯，還要他去了解

2　史菲魯斯生於托勒密二世費拉德法斯（Philadelphus）統治的末期，成名於托勒密‧優兒吉底在位的時候，戴奧吉尼斯‧利久斯（Diogenes Laertius）為他的作品編了一份目錄，看起來相當驚人。

3　這樣的稱呼使得他不致與伊里亞（Elea）的季諾弄混淆，伊里亞是意大利南部一個希臘殖民地，這個城市變得極其繁榮是西蒂姆的季諾死後兩百年的事；西蒂姆是塞浦路斯一個城市，現在提到的季諾是當地的土著。

4　特提烏斯是7世紀B.C.的輓歌體詩人，可能是雅典學院的教師，第二次梅西尼戰爭期間住在斯巴達，寫出很多詩歌用來鼓舞作戰的士氣。

5　斯多噶學派的主要論點是對死亡抱持藐視的心理，同時相信神明的力量主宰一切。

6　李奧尼達斯死於235B.C.，克利奧米尼斯這時大約是24歲。

埃傑斯的爲人處事，究竟是用些手段和獲得那些協助，才能著手推展改革的計畫。在開始的時候，色納里斯很高興答應他的要求，告訴他整個事件發生的經過，所有行動的特定情節和狀況。色納里斯發現這些敘述使得克利奧米尼斯深受感動，特別是他對埃傑斯有關新的政府架構更是感到興趣，還一再要色納里斯報告有關的細部過程。色納里斯對他提出很嚴厲的規勸，要他知道沉溺於幻想之中會爲自己惹來禍事，最後只有斷絕來往不再見面。他始終沒有告訴任何人他們交惡的原因，只是說克利奧米尼斯心裡有數。

克利奧米尼斯發現色納里斯不贊同他的意圖，認爲所有其他人員都抱著同樣的心態，於是再也不與任何人商量，全憑著一己之力在暗中默默推動。考慮到城市在戰時比在平時要容易接受變革，正好亞該亞人提供訴求不滿的機會，在他的慫恿之下共和國與這個對手發生重大的爭執。阿拉都斯(Aratus)是亞該亞人當中擁有極大權勢的人物，他從開始就有偉大的構想，要將所有的伯羅奔尼撒人團結起來成爲一個聯盟。無論是他多次出任將領的戰爭經歷還是長久的政治運作，全部的功能是爲了要達成此一目標，他認爲只有這種方式才能與外國的敵人分庭抗禮。幾乎所有的城邦都同意他的建議，只有拉斯地蒙人、伊里亞人(Eleans)和許多傾向於斯巴達利益的阿卡狄亞人(Arcadians)無法加以說服。等到李奧尼達斯崩殂，他馬上開始攻擊阿卡狄亞人，特別是靠近亞該亞邊界的地區都受到蹂躪，他運用這種手段來試探斯巴達人會有何種打算，輕視克利奧米尼斯是一個年輕人，缺乏管理城邦和從事戰爭的經驗。

4 面對當前的情勢，民選五長官派克利奧米尼斯奇襲亞昔尼姆(Athenaeum)[7]隘道，這個地點靠近貝比納(Belbina)[8]是進入拉柯尼亞的門戶，過去爲了主權的歸屬與麥加洛波里斯人興起訴訟。克利奧米尼斯占領這個要點以後，立刻加強防務，阿拉都斯對斯巴達的軍事行動絲毫不動聲色，利用夜間發起進軍，奇襲特基亞(Tegea)和奧考麥努斯(Orchomenus)兩個城市[9]。原本出賣城市交到他手中的人士現在心生畏懼，使得他在功敗垂成之下只有趕緊撤退，

7　有一個版本認為亞昔尼姆是密涅瓦神廟所在地。

8　貝比納是一個行政區域，位於阿卡狄亞和拉斯地蒙的邊界。

9　特基亞是阿卡狄亞地區的城市，位於斯巴達北方約50公里，形勢險要是兵家必爭之地。奧考麥努斯是位於伯羅奔尼撒半島中部的城市，在斯巴達的北方約100公里。

同時還認為他的陰謀沒有被人發現。克利奧米尼斯寫了一封語帶諷刺的信給阿拉都斯，說自己是關心他的朋友，很想知道他夜間行軍的目的地是何處。阿拉都斯的答覆是他聽說克利奧米尼斯的企圖是要加強貝比納的防禦，所以他要進軍到該地對抗斯巴達人。克利奧米尼斯再次回信說他並不願與阿拉都斯爭辯，只是要求對手說實話，並且請阿拉都斯回答一個問題，如果不是去攻城，為什麼要攜帶火炬和雲梯。阿拉都斯對於譏諷只是笑笑而已，然後詢問周邊的幕僚，想要知道這位年輕人未來會有什麼打算，達摩克拉底（Damocrates）是斯巴達的流亡人士，他回答道：「你如果對拉斯地蒙人有任何圖謀，一定要趁著這位年輕人羽毛未豐之前動手。」

　　這件事情之後，克利奧米尼斯率領少數騎兵和300名步卒駐防在阿卡狄亞，民選五長官害怕發生戰爭，下令要他返國。阿拉都斯趁著他退兵之際奪取卡菲伊（Caphyae）[10]，當局再度授與出戰的任務。他在這次遠征行動中，不僅攻占梅茲德里姆（Methydrium），還據有亞哥斯人的領土，亞該亞人派遣一支2名萬步卒和1000騎兵的大軍，在亞里斯托瑪克斯的指揮下前來迎擊。克利奧米尼斯在帕蘭提姆（Pallantium）與敵手對陣，提出會戰的要求，阿拉都斯對斯巴達國王的英勇感到心虛，不容許他的將領接受挑戰，立即退卻以避其鋒。這樣一來使得阿拉都斯受到國人的譴責，也為斯巴達人所不齒和藐視，因為他們的兵力不超過5000人馬。這次的成功使得克利奧米尼斯勇氣百倍，在市民當中說起話來更加鏗鏘有力，經常提醒他們有一位古代的國王[11]所說的話，那就是斯巴達人不在意有多少敵人，而是想要知道在那裡可以找到。

　　5 接著他進軍去援助被亞該亞人攻擊的伊里亞人，抵達呂克昂（Lycaeum）附近擊潰正在撤退中的敵軍，捕獲大量俘虜，還有很多人陣亡陳屍原野，以至於希臘人當中流傳的信息說是阿拉都斯當場被殺。阿拉都斯利用這個時機獲得優勢，那就是在遭到擊敗之後，立即向曼蒂尼（Mantinea）出兵，出乎大家意料之外，奪取這個城市，並且將守備部隊配置在該地。受到這樣的挫折，拉斯地蒙人感到極其沮喪，反對克利奧米尼斯繼續戰爭的意圖。他決定要從梅西尼

10　阿拉都斯占領卡菲伊以後，他在此城為艾托利亞人擊敗。

11　說這話的國王是雄才大略的埃傑斯二世，在位期間是426-400B.C.，斯巴達的國勢已臻巔峰。

(Messene)召回埃傑斯的兄弟阿契達穆斯[12]，他出身於另一個王室家族，可以合法
繼承國王的寶座。除此以外，克利奧米尼斯認為君主國家兩位國王都即位以後，
為了能夠提升到適當的地位達成均權的目標，應該減縮民選五長官的權力。那些
過去謀殺埃傑斯的人士，現在覺察到克利奧米尼斯的企圖，要是阿契達穆斯復位
害怕帶來的報復。他們表面上歡迎阿契達穆斯秘密回到城內，說是願意協助他登
基稱王，立刻施出毒辣的手段將他謀殺。克利奧米尼斯是否曾經反對這件事，如
同菲拉克斯(Phylarchus)認定的狀況，或是克利奧米尼斯被朋友說服，讓阿契達穆
斯落到這群人的手裡，現在已經不得而知。他們最受譴責之處，在於迫使克利奧
米尼斯默認此事。

6 克利奧米尼斯仍舊維持原來的決心要更新國家的體制，賄賂民選五長官
派他出國遂行戰爭。他的母親克拉提西克麗(Cratesiclea)為了讓自己的
愛子達成雄心壯志，非常熱誠不惜大手筆的花費，使他贏得很多人士的愛戴。雖
然她自己沒有再婚的意願，為了有助於克利奧米尼斯的緣故，她接受一位有錢有
勢的市民領袖成為她的丈夫。克利奧米尼斯率領一支大軍開拔前進，占領琉克特
拉(Leuctra)這個屬於麥加洛波里斯的要點。亞該亞人很快派出一支精兵，在阿拉
都斯的指揮之下，前來拒止敵方的攻勢，就在城市的城牆外面發起一場會戰，克
利奧米尼斯的部隊有一部分被擊潰。這時阿拉都斯命令亞該亞人不可越過深邃的
水道，因此只有停止追擊的行動。

麥加洛波里斯人利底阿達斯(Lydiadas)[13]對於這樣的命令感到極其不耐，鼓
勵所屬騎兵的士氣，追趕已經潰退的敵軍，進入一處充滿葡萄園、樹籬和溝渠的
地區，他的隊伍變得七零八落，在混亂之中只有退了回去。克利奧米尼斯看到他
所據有的優勢，命令塔倫屯人(Tarentines)和克里特人前去接戰，追擊部隊經過奮
勇的抵抗還是遭到擊敗，利底阿達斯當場陣亡。拉斯地蒙人士氣大振，發出吶喊
向著亞該亞人進攻，終於擊敗對手的軍隊。很多人遭到殺害，經過敵人提出請願，
克利奧米尼斯同意妥與安葬，他要人將利底阿達斯的屍體送過來，然後將紫袍披

12　前面提到，埃傑斯被害以後，他的兄弟阿契達穆斯趕快到國外避難，好逃脫李奧尼達斯的斬
　　草除根。
13　波利拜阿斯將這個人稱為利西阿達斯(Lysiadas)，蒲魯塔克認為利西阿達斯是另外一個人，
　　出現在不同的地方。

在死者身上，頭上戴著一頂桂冠，派出一支護送隊伍運進麥加洛波里斯的城門。利底阿達斯身為僭主，只有落到這種下場才會喪失所擁有的權勢，使得市民恢復自由權利，整個城市與亞該亞人的利益結合在一起。

7 克利奧米尼斯為他的大捷感到興高采烈，相信只要整個政局掌握在自己手裡，那麼亞該亞人對他已經無可奈何，同時說服他的後父麥吉斯托努斯(Megistonus)，解除民選五長官的權力是有利於城邦的權宜措施，同時聚集所有的財富為全民共享。斯巴達在恢復古老的平等觀念以後，可以再度振奮指揮全希臘的雄心壯志。麥吉斯托努斯贊同他的構想，邀請兩三位朋友參與此事。

大約在這個時候，有一位民選五長官睡在帕西菲(Pasiphaes)神廟做了一個怪夢，看到在處理公務的地方，同僚使用的座椅有四張被拿走，只有一張留下，就在他感到不可思議的時候，聽到神廟裡面有聲音傳出來，說道：「這樣對斯巴達要好得多。」這位民選五長官將夢境告訴克利奧米尼斯，他在開始感到有點煩惱，害怕他們懷疑他有所圖謀，所以要傳話者拿這個當作花招來試探他，等到他明瞭這位民選五長官說的是真話，這時就非常放心。

他認為有些市民最反對他的計畫，於是他率領這些人去奪取赫里亞(Heraea)和阿爾西亞(Alsaea)[14]，這是兩個與亞該亞人結盟的城市；然後用糧食供應奧考麥努斯，面對曼蒂尼紮下營地，接著從這個地方開始反覆不斷的長途行軍，使得這些拉斯地蒙人疲憊不堪，最後有很多人提出要求說他們情願留在阿卡狄亞。這時他率領傭兵部隊向著斯巴達前進，事先早已考慮到某些人士有利於他達成目標，於是在路途上面將他的圖謀通知這些人，放慢行軍的速度，能在晚餐的時候正好抓住民選五長官。

8 等到快要接近城市，他派遣優里克萊達斯(Euryclidas)前往民選五長官用餐的地方，藉口是從軍中為他傳送有關的信息；隨行的人員是瑟里西昂(Therycion)、菲比斯(Phoebis)和兩位跟他一起長大的僕從，通常的稱呼是

---

14 這兩個小鎮都在阿卡狄亞；根據色諾芬的說法，398B.C.埃傑斯前往德爾斐的途中，在赫里亞這個地方感到身體不適，趕緊抬回斯巴達。

mothaces即「小廝」[15]，還有少數幾位士兵。就在優里克萊達斯向民選五長官提出報告之際，這批人拔劍衝上來對他們痛下毒手。

他們之中阿吉立烏斯（Agylaeus）頭一個遭到致命的打擊，倒在地上像是已經喪失性命，過了一會兒以後，他慢慢恢復精力，拖動身體出了房間，在沒有人發覺之下，爬進一個很小的建築物裡面，人們奉獻出來成為恐怖神廟，通常廟門緊閉，出乎意料之外竟然開著；他進去以後關起廟門加上門閂。民選五長官其中四位都已被殺，大約有十多個人前來施以援手，還是無濟於事；任何人只要保持安靜都沒有遭到傷害，對於逃離城市的人員也不加以阻止，就是第二天阿吉立烏斯從神廟裡出來，他們也都饒他一死。

9 拉斯地蒙人將聖地奉獻給恐怖之神，帶著同樣的熱情對待死亡之神和歡笑之神，他們之所以崇拜恐怖之神，不僅在於他們畏懼超自然的力量會對人類造成傷害，而是他們認為恐怖是社會組織的凝聚力量，根據亞里斯多德的說法，每當民選五長官任職之際，就向人民發布宣告，大家必須刮淨鬍鬚和遵守法律，這對市民而言並不是很苛刻的要求。

我認為他們之所以提到刮淨鬍鬚，在於教導年輕人對於無足輕重的小事也要養成服從的習性。我的看法是古人並不以為「勇」可以單純視為膽大無畏，而是對於譴責和羞辱保持戒慎恐懼的態度。那些面對法律膽顫心驚的人能夠對敵人展現大無畏的勇氣，那些對危險毫無所懼的人最害怕正義的譴責，因此下面這句話[16]說得好：

既敬且畏。

還有荷馬的詩句[17]：

余畏吾父，

---

15 他選來當作隨伴的希洛特農奴，後來都獲得釋放成為自由人，過了相當時候擁有斯巴達市民權。

16 這句詩文出於塞浦路斯的司塔西努斯（Stasinus），柏拉圖在《對話錄》（*Euthyphro*）中引用。

17 《伊利亞德》第3卷第172行，海倫（Helen）向普里安（Priam）請安問好。

敬兮愛兮。

再者：

何謂統御，
不怒而威[18]。

一般而論大家對於所畏懼的人通常抱著尊敬的心理，因此，拉斯地蒙人將恐怖神廟設置在民選五長官的Syssitium即「餐廳」旁邊，使得這些官員擁有可以比擬皇室的威嚴。

10 次日，克利奧米尼斯基於需要將80名市民判定放逐的處分，民選五長官的座椅只留下一張供他使用，其餘全部搬走。然後召集全體市民就他所採取的行動，提出他的辯白和解釋，說是根據萊克格斯規劃的構想，國王可以獲得元老的輔佐，形成的政體可以長治久安，根本無須設立另外的官職。後來與梅西尼人發生長期的戰爭，國王需要指揮軍隊，發現沒有時間可以處理法律事務，於是國王選出手下的幕僚，代理他們裁定市民的訴訟。這些人稱之為ephors，原意是「監察官」，後來要經過選舉稱為「民選五長官」；開始的時候他們的身分如同國王的奴僕，經過一段時期的轉變，逐漸擁有更大的權柄，建樹起顯赫的官銜和強勢的職責[19]。延續到現在的習慣就是非常真實的證據，當民選五長官派人去請國王的時候，對於第一次和第二次的召喚都應該拒絕，要等到第三次派出信差才起身去與他們相見。

阿斯特羅帕斯(Asteropus)是第一位出任民選五長官，使得這個職位擁有最高權力的人物，他在建立制度以後又活了很多年。因此，長久以來保持在可接受的適度範圍之內，容忍總比擾亂社會的安寧要好得多，篡奪的權力顛覆古老的政府體制，他們罷黜一些國王，有些沒有經過審判被處死，還威脅一些要在斯巴達恢

---

18 《伊利亞德》第4卷第431行，亞該亞人檢閱部隊所說的話。

19 等到國王的權力急遽擴展變得無比巨大，狄奧龐帕斯基於需要創設「監察官」制度加以約束和制衡，並不像克利奧米尼斯所說那樣，設置的目的是為國王選派辦事的大臣。

復神聖制度的君主，說他們無法忍耐這種行為。因此，如果他能夠採用不流血的
方式，使得拉斯地蒙人從外國傳入的瘟疫，像是奢侈、揮霍、負債和高利貸中脫
身獲得自由，或是使市民不受古老的罪惡就是貧窮和富有的毒害，他認為自己將
是全世界最幸福的國王，就像一個極其高明的醫生，能夠在毫無痛苦的狀況下，
成功治癒國家重大的痼疾。

　　現在基於需要只有拿萊克格斯的案例，來支持他所採取的行動：要知道萊克
格斯不是國王也不是官員，他的身分只是一個平民，著眼於王國的利益，全身披
掛進入市民大會會場，查瑞拉斯（Charillus）王在驚怖之餘只有逃到祭壇。然而查
瑞拉斯是一位愛國的仁君，對於萊克格斯的意圖不僅鼎力支持，還允許他在城邦
進行全面的改革。因此，萊克格斯的行動就是最好的證據，政府變更體制無須運
用武力或是使人產生畏懼之心，根據他的說法，是要盡可能採取穩健和寬容的手
段，對於那些反對斯巴達獲得幸福和安全的人，最重的處置不過是將他放逐到國
外。

　　克利奧米尼斯告訴民眾，對於國家其餘的人員而言，主要的項目為：土地為
全民所共有；免除債務人的欠債；未具備市民身分的外鄉人要經過測試，其中最
勇敢的人士可以成為擁有自由權利的斯巴達人，一旦發生戰事可以執干戈以衛社
稷；因而他說道：「從此我們會有足夠的防衛兵力，不再出現拉柯尼亞受到艾托
利亞人（Aetolians）和伊里利亞人（Illyrians）蹂躪的慘劇。」

11 然後克利奧米尼斯首先發起，接著是他的後父和朋友，他們放棄所
有的財產成立一個公共基金，其他的市民全部拿他們作為仿效的榜
樣。土地平均分配，就是受到放逐的人士都能獲得應有的一份，等到決定好的事
項能夠平靜的完成，他會盡快讓這些人返國。整個地區的人口經過補充以後，市
民的人數超出預先的估算，他徵召一支4000人的軍隊，教導他們使用sarissa即「長
矛」[20]取代標槍，這種武器需要用兩手緊執，同時還攜帶一面沒有握把的盾牌，
使用繩索掛在手肘上面。

　　接著他開始討論年輕人的教育方式，以及他們所稱的agoge即「古代的紀律」。

　20　標槍的長度多在2公尺左右，但是長矛的長度可以達到14-16肘尺，相當7-8公尺，使得方陣
　　　中前5列士兵的長矛都可以伸到第一列的前面，加強殺傷敵人的效果。

這個時候史菲魯斯正好在斯巴達，大部分特定項目在他的協助之下獲得妥善的安排。很短期間之內，學校的演練和餐桌的禮儀都能恢復古老的風氣和秩序，除了少數人員需要強制，絕大部分出於自願，回歸拉柯尼亞人那種慷慨激昂的生活方式。斯巴達是一個名實相副的君主政體，使得大家不會產生嫉妒的心理，他讓他的兄弟優克萊達斯(Euclidas)登上寶座，成為共同統治的夥伴；同一世系出現兩個國王，這在斯巴達是僅有的一次。

12 克利奧米尼斯了解亞該亞人和阿拉都斯抱持這種想法，就是最近的改革使斯巴達的政局陷入擾動和震驚的狀況，城市經過一場巨變尚未穩定，所以他不敢擅自離開；他認為目前最重要的作為，是要讓敵人知道他的軍隊不僅充滿熱情而且勇往直前。因此，克利奧米尼斯入侵麥加洛波里斯的疆域，廣大的地區受到掠奪和蹂躪，使得他能搜刮到相當數量的戰利品。

後來他擄獲一個從梅西尼出外巡迴演出的劇團，就在敵國境內修建一個劇場，提供40邁納的獎金，他坐在那裡作了整整一天的觀眾。他既沒有興趣也不需要這種娛樂，只是表示他不把敵人放在眼裡，展現出藐視的心態在於證明自己的優越。無論是希臘還是馬其頓的軍隊，只有斯巴達人的營地沒有戲子、藝人、舞女和歌手，他們遠離放蕩、淫亂和飲宴，年輕人把大部分時間用在訓練，接受年長者給他們的教導，要有閒暇大家會相互說笑取鬧，或是運用拉柯尼亞形式的機智問答作為消遣，我們在萊克格斯的傳記中曾經提到斯巴達人在這方面有良好的成效[21]。

13 克利奧米尼斯能夠以身作則，在眾目睽睽之下過著自我節制的生活，他的起居作息一點都不講究排場，更不會任意的浪費，要是說到虛浮自負，他的臣民還要勝他一籌。提起他對希臘人有所圖謀，這方面可以使他擁有相當大的優勢。

人們前去拜訪其他的國王，對於龐大的財富、貴重的擺設和眾多的隨從，即

21　〈萊克格拉斯〉第19-20節中特別提到，斯巴達人從小學習如何使得談吐風趣，詼諧而不失於粗俗下流，即使遭到別人的奚落也要保持風度；拉斯地蒙人為其他民族所不及之處，在於言行舉止有良好的教養，任何人覺得對方的神色不遜，只要稍為暗示就會住口。

使讚賞也著墨不多,然而對他們的高傲和奢華、覲見的困難和橫蠻的口吻,感到極其厭惡和痛恨。等到他們抵達克利奧米尼斯的宮廷,在這位名實相副的國王身上,看不到紫色的長袍用來表現出莊嚴的氣派,也沒有安置臥榻或抬輿讓生活過得更爲舒適。雖然有很多信差和司閽,或者需要書面的陳情,無論是接受和回覆都不會耽誤很長的時間或發生困難。他不管穿著什麼樣的服裝,從座位上起來走到外面,從等待在那裡的人士手中接過來,帶著和藹的面容與他們親切的討論所有的事務,這種方式能夠贏得他們的擁戴,使得他們在深受感動之餘,宣稱只有他是海克力斯貨眞價實的後裔子孫。

每天進餐的地點是一間很普通的房間,非常簡樸,按照拉柯尼亞方式只擺三個臥榻,當他要款待使節或外鄉人的時候,不過多加兩個位置而已。這時由僕人爲他們所準備稍爲豐富的菜餚,沒有香料製成的醬汁和甜點,只是盤子較大一點,供應的酒類使人感到滿意。他曾經責備一位朋友,宴請外鄉人除了大麥麵包和黑肉湯沒有其他的東西,而這些是他們在phiditia即「公共食堂」常用的飲食。他之所以特別提到此事,就是要大家知道,款待外鄉人不能運用一成不變的拉柯尼亞方式,因爲這會使客人無法入口。等到餐具撤收以後,抬進來一個木桌上面放著盛滿葡萄酒的青銅容器,兩個一品脫容量的銀碗以及幾個銀杯,他們可以開懷痛飲,通常不會對客人勸酒。

這個場合沒有音樂在旁邊助興,實在說也沒有這種需要,因爲他自己在接待這些來賓,有時會問一些問題,有時會說一些故事,他們的談話不會咬文嚼字或是過分嚴肅,即使開玩笑也不會言辭粗魯或是令人感到羞辱。克利奧米尼斯認爲用禮物和金錢去引誘外人,是不講信義和極其虛僞的行爲,雖然其他國王經常運用,但是他不屑爲之。對他而言,最高貴的方式而且最適合國王的身分,就是用人際的交往和親切的談話,贏得周遭人員的愛戴。他認爲朋友和傭兵之間最大差別,一個是靠著自己的氣質和談吐,獲得忠誠的效命,另一個是靠著自己的金錢和報酬。

14 曼蒂尼人首先請求他伸出援手,等到他在夜間進入城市,獲得他們的協助驅逐亞該亞的守備部隊,並且將他們的身家性命置於他的保護之下。他恢復這個城邦原來的政體和法律,就在當天向著特基亞進軍,在不多

久以後，繞路通過阿卡狄亞，從高處向下直薄亞該亞的菲里(Pherae)[22]，他的打算是迫使阿拉都斯接受會戰，如果對方拒絕就會名譽掃地，還要忍受國土被蹂躪的痛苦。

那個時候海帕巴塔斯(Hyperbatas)出任將領，亞該亞同盟的大權落在阿拉都斯的手裡，他率領軍隊開拔前進，就在靠近赫克托比姆(Hecatombaeum)的狄米(Dymae)紮寨。克利奧米尼斯抵達以後，得知狄米已被敵軍占領，認為自己的位置處於城市和敵軍的營寨之間非常不利，雖然如此，他還是毫無畏懼迫使亞該亞人接受會戰，擊潰他們的方陣，很多人在逃走中被殺，捕獲相當數量的俘虜，接著行軍前往朗崗(Langon)，趕走亞該亞的守備部隊，然後將這個城市交還給伊里亞人。

15 亞該亞的政局陷入悲慘的狀況，按照過去的習慣阿拉都斯每年都會出任將領的職位，現在雖然大家力求他接受還是遭到拒絕。這種做法極其不當，等到引起巨大的風暴，他被迫要將所有的權力拱手讓人。克利奧米尼斯在亞該亞的使臣首先提出公平而且容易達成的條件，後來他另外派人提出他的要求，就是推舉他成為全希臘的主將，在其他的事務方面他會讓亞該亞人感到滿意，不僅釋放所有的俘虜同時歸還占領的國土。亞該亞人樂於就這些條款達成協議，邀請克利奧米尼斯到賴那(Lerna)[23] 參加希臘的城邦會議。克利奧米尼斯急著趕路，在炎熱的季節喝下不潔的飲水，口吐大量鮮血而且嗓子嘶啞無法發出聲音，於是他派遣俘虜當中地位最高的人物去見亞該亞人，要求會議延後舉行，然後回師拉斯地蒙。

16 這件意外對希臘的政局帶來毀滅性的影響，否則可以著手進行各項措施，使得這些城邦從災難中恢復實力，能夠免於馬其頓人的侮辱和掠奪。然而阿拉都斯(是否出於畏懼或懷疑克利奧米尼斯，或是嫉妒他那意料不到的成就，已經不得而知；讓他感到羞辱之處，是他指揮軍隊已有33年，所獲

22　菲里位於亞該亞‧賽歐蒂斯(Achaea Phthiotis)的北部，現在的名字叫做維勒斯蒂儂(Velestinon)。

23　賴那是希臘中部的城市，附近有一個同名的沼澤，海克力斯在那裡殺死九頭怪。

得的榮譽和權力竟然比不上一個黃口孺子；而且他在多少年前所建立和培育的政
體，現在要面臨無法避免的挑戰。）從開始就盡諸般手段，要亞該亞人不與克利
奧米尼斯保持密切的關係。他們不願聽從他的話，因為害怕克利奧米尼斯有積極
進取的精神，同時認為拉斯地蒙人的建議非常合理；因為克利奧米尼斯的企圖是
使伯羅奔尼撒恢復原來的政治架構。

　　然而阿拉都斯最後採取自保的行動，對於作為一個希臘人而言非常不適宜，
不僅給他帶來羞恥和侮辱，使得他過去的英勇和功勳全部化為烏有。阿拉都斯召
喚安蒂哥努斯率軍進入希臘，伯羅奔尼撒半島布滿馬其頓人；雖然阿拉都斯在年
輕的時候，擊敗科林斯城堡的馬其頓守備部隊，將他們驅出國土[24]。他與所有的
國王經常發生猜疑和齟齬，特別對安蒂哥努斯感到不滿，在他亡故後所留的《戰
事記要》中，登錄不下一千條毫無榮譽可言的事蹟[25]。他不斷吹噓說他忍受相當
的損失和克服很大的危險，最後終於趕走馬其頓的守備部隊，雅典才能獲得自由
和獨立。然而，後來他還是讓同樣這個民族全副武裝進入他的國家，甚至他的家
庭和婦女的閨房都是來者不拒[26]。

　　就在同個時候，阿拉都斯無法容忍這一位斯巴達國王，出身是海克力斯的後
裔，僅有的訴求是要使本國的政局獲得革新，矯正當前社會不和諧的狀況，回歸
到非常平實的多里克(Doric)方式和規範[27]，這在〈萊克格斯〉中都有記載。阿拉
都斯更難以把他當成特瑞提亞人(Tritaeans)[28]和西賽昂人(Sicyonians)公認的領
袖。他自己不願吃糙糲的食物和穿粗布的衣服，指控克利奧米尼斯的主要罪名是
沒收富人的財產和改革貧民的生活。阿拉都斯與亞該亞人的表現極其卑劣，願意
成為馬其頓王室的臣民，聽從他們的總督極其專橫的命令。他認為自己的地位不
在克利奧米尼斯之下，為了推崇安蒂哥努斯他將獻祭的儀式稱之為Antigonea，頭
上戴著花冠，口裡唱著頌歌，讚美一位早已屍骨無存的馬其頓人。

　　我這樣寫對阿拉都斯毫無不敬之意，發生很多事情可以看出他對希臘懷抱熱

---

24 本書第二十三篇〈阿拉都斯〉第16節對他早年的事蹟有詳盡的敘述。
25 阿拉都斯為亞該亞人寫出一部歷史著作，其中特別強調自己的指導方針和施政原則。
26 要是對阿拉都斯有這樣的批評，實在是過於刻薄也沒有這個必要。
27 多里克人的音樂如同他們的建築，主要的特徵在於樸實無華。
28 有人認為這個城市是特瑞卡(Tricca)。要知道特瑞提亞位於福西斯地區，是納入提洛同盟的
　　城邦；然而特瑞卡位於帖沙利地區，不可能與提洛同盟發生任何關係。

愛之情，同時也證明他是當代的偉大人物。如果能夠同情人性的弱點，可以在很多方面表現出個人的德行，使得自己值得接受大家的讚許。然而他出於嫉妒所產生的錯誤，不可能在毫無羞愧的狀況下保有所獲得的榮譽。

17 亞該亞人在亞哥斯再度舉行希臘城邦會議，克利奧米尼斯離開特基亞前來參加，大家抱著很大的希望要解決所有的爭執。雖然阿拉都斯和安蒂哥努斯已經同意聯盟的主要條款，還是害怕克利奧米尼斯將強大的實力陣列出來，就可以贏得或迫使群眾聽從他的指揮。因此阿拉都斯的意見是將300名人質交到克利奧米尼斯手中，這時他獲得安全保證就可以單獨進入市鎮；要不然克利奧米尼斯率領軍隊到城外一處名叫Cyllarabium[29]即「角力訓練場」，大家可以在那裡進行協商。

克利奧米尼斯聽了以後，他的說法是這些安排對他並不公正，他們在開始就應該講清楚，不能現在等他到達城門口，才表現出猜忌的態度，拒絕同意他進入城市。他就這個問題寫了一封信給亞該亞人，主要內容是指控阿拉都斯的不法行為。在另一方面，阿拉都斯用激烈的語氣反對他參加會議；克利奧米尼斯火速拔營，派出一個號角手向亞該亞人宣戰，根據阿拉都斯的記載，到達的地點不是亞哥斯而是伊朱姆(Aegium)[30]，他沒有要該地的市民提高警覺，儲備充足的糧食供守備之用[31]。

亞該亞聯盟本身發生很大的變動，有些城市熱中於高舉義幟，平民期望分到土地，豁免他們的債務，領袖人物在各方面並不贊同阿拉都斯的做法，還有很多人對於他指使馬其頓人進入伯羅奔尼撒半島，仍舊氣憤不已。亞該亞聯盟出現離心離德的狀況，使得斯巴達人士氣大振，克利奧米尼斯入侵亞該亞，首先運用奇襲作戰奪取佩勒尼(Pellene)，擊退亞該亞的守備部隊以後，接著就是菲里烏斯(Pheneus)和平提勒姆(Pentelleum)[32]投向他們的陣營。現在亞該亞人懷疑科林斯

---

29 Callarabium 這個名字可能來自角力家賽拉布斯(Cyllarbus)，他是奧林匹克運動會優勝選手昔尼拉斯(Sthenelus)的兒子。

30 伊朱姆是亞該亞一個濱海城市，瀕臨科林斯灣，克利奧米尼斯的打算是在居民獲得開戰的信息之前，用奇襲方式奪取該城。

31 這兩個城市分別位於伯羅奔尼撒的西部和北部，如果克利奧米尼斯要教訓亞該亞人，應該攻打亞哥斯才對。

32 菲里烏斯和平提勒姆都是伯羅奔尼撒半島北部地區的城市，離開佩勒尼不遠。

和西賽昂會有叛逆陰謀,從亞哥斯派出騎兵和傭兵部隊,前去監視這些城市,很多亞該亞人前往亞哥斯舉行尼米亞(Nemean)運動會[33]。

克利奧米尼斯掌握這次出兵的時機,希望能攻其不備達成所望效果,當大家忙著舉行盛大的運動會,到處都是成群結隊的群眾,一定會引起恐慌和混亂,他在夜間率領部隊直薄城下,占領這個市鎮稱之為阿斯皮斯(Aspis)的區域,這裡有一個劇院,防務堅強很難接近。他使大家感到極其恐懼以至於沒有人敢出面抵抗,他們只有同意接受斯巴達的守備部隊,交出20名市民作為人質,幫助拉斯地蒙人完成各項工作,推舉他成為全希臘的主將。

18 這次作戰行動大幅增加他的名聲和權勢,自古以來斯巴達國王竭盡諸般手段,始終無法與亞哥斯建立長久的同盟關係。皮洛斯(Pyrrhus)是作戰經驗極其豐富的將領,雖然能夠領軍攻入城市,還是無法據有,最後力戰陣亡,還有相當數量的人員遭到殺害[34]。因此大家讚譽克利奧米尼斯的速戰速決和謀定而動;據稱在過去那些嘲笑他的人,說他一味模仿索倫(Solon)和萊克格斯,才會豁免人民的負債和瓜分市民的財產,現在樂於見到斯巴達人出現這些重大的改革。

以往曾經遇到這樣的狀況,使得他們被世人所藐視,沒有力量保有自己的財物,那就是艾托利亞人入侵柯拉尼亞,帶走5萬名奴隸,據稱有位年老的斯巴達人說是可以免除負擔,對柯拉尼亞而言何嘗不是一件好事。他們可以立即回歸原有的習性和紀律,如同萊克格斯靠著以身作則恢復政府體制。這樣一來能讓他們的官員獲得英勇和服從最突出的榜樣,擢升斯巴達到達古代的地位,成為希臘首屈一指的城邦,從外國勢力中光復整個伯羅奔尼撒半島。

19 克利奧米尼斯占領亞哥斯,克里奧尼(Cleonae)和弗留斯(Phlius)[35] 立即投向他的陣營;這時阿拉都斯正在科林斯大肆搜捕親斯巴達的人

---

33 尼米亞是伯羅奔尼撒半島北部的城市,每兩年舉行一次賽會向宙斯獻祭,該地的神廟有女祭司,後來衍生很多的娼妓,所以尼米亞成為「色情」的同義字,可以參閱鮑薩尼阿斯《希臘風土志》第1卷第22節。

34 這件事發生在272B.C.,皮瑞斯在敵情不明狀況下,夜間突入城市進行巷戰,焉有不敗之理。

35 這兩個市鎮位於亞哥斯和科林斯之間。

士。消息傳來使得他備感困擾，他發覺這個城市傾向克利奧米尼斯，處心積慮要把亞該亞人趕走。因此他召集市民在議事廳開會，趁著大家不注意溜到門口，騎上一匹爲他準備好的馬，立即逃到西賽昂。阿拉都斯說是科林斯人急著要到亞哥斯去與克利奧米尼斯會面，每個人都想最早趕到，所有的馬匹跑得活活累死；他還特別提到克利奧米尼斯對於科林斯人讓他逃走，大發了一頓脾氣。克利奧米尼斯派麥吉斯托努斯去見他，要他交出在科林斯的城堡，現在還有亞該亞人在該處防守，他們願意付給他大筆金錢。他的回答是整個情勢他無法掌握，就連自己都已受制於人。以上都是阿拉都斯記載的史實。

克利奧米尼斯從亞哥斯向著科林斯進軍，特里眞人(Troezenians)、伊庇道魯斯人(Epidaurians)，和赫邁歐尼人(Hermioneans)都加入他的陣營，因爲亞該亞人不願投降，只有全面封鎖他們防守的城堡。他召來阿拉都斯的朋友和管事，把留下的房屋和產業交給他們去照料和管理。同時派遣梅西尼人特瑞提瑪拉斯(Tritymallus)再次去見阿拉都斯，要求城堡由斯巴達人和亞該亞人共同守備，至於他從托勒密王[36]所獲得的津貼，克利奧米尼斯答應加倍奉送。阿拉都斯拒絕所提條件，將自己的兒子和其他的人質遣往安蒂哥努斯的宮廷，說服亞該亞人頒布敕令，要把城堡交到安蒂哥努斯的手裡，克利奧米尼斯有鑑於此，入侵西賽昂人的疆域，根據科林斯人通過的提案，接受阿拉都斯的產業當作贈送給他的禮物。

20 這個時候，安蒂哥努斯率領一支大軍，正要通過吉拉尼(Geranea)[37]。克利奧米尼斯採取的手段，要用守勢的陣地戰損耗馬其頓人的實力，不必與訓練有素的方陣進行決戰，因此他認爲要加強防務和增加守備兵力的位置，不在地峽而是歐尼亞(Onea)山脈[38]，等到按計畫實施，使得安蒂哥努斯陷入進退兩難的困境。因爲他沒有爲軍隊準備足夠的糧草，同時很難從克利奧米尼斯固守的隘道中打出一條通路。後來他的構想是在夜間經由李契姆(Lechaeum)[39]前往伯羅奔尼撒，不僅沒有成功反而損失相當人馬，克利奧米尼斯和他的軍隊士

36　這個埃及國王是托勒密三世，稱號爲優兒吉底(Euergetes)，在位期間爲247-222B.C.。
37　這座山嶺位於麥加拉和科林斯之間。
38　歐尼亞山脈從錫昔朗(Scironian)高崖一直延伸到西第朗(Cithaeron)山，前往阿提卡的大道通過其間，形勢極其險要。
39　李契姆是科林斯附近一個港口。

氣大振,這次大捷使他們極其興奮,非常高興收兵去用晚餐。

安蒂哥努斯所以心情沮喪,完全是在走投無路之下,被迫採用這個最沒有把握的打算。有人建議他向著赫里姆(Heraeum)海岬前進,然後用船將他的軍隊運到西賽昂,這樣做會占用很多時間,需要充分的準備和足夠的運輸工具。等到傍晚,有一些阿拉都斯的朋友經由海上從亞哥斯到他這裡,請他趕緊回去,因為亞哥斯人要背叛克利奧米尼斯。起義事件的首腦人物是亞里斯托特勒斯(Aristoteles),很容易說服民眾全面響應,因為他們對於克利奧米尼斯抱著很大的期許,現在發現他未能豁免大家的債務,全都對他憤怒不已。出現這種狀況以後,阿拉都斯獲得1500名來自安蒂哥努斯的援軍,接著航向伊庇道魯斯,亞里斯托特勒斯不等他的到達,召集市民列陣,與城堡的守備部隊接戰,泰摩克西努斯(Timoxenus)帶領來自西賽昂的亞該亞人支援他的戰鬥。

21 克利奧米尼斯大約在夜間第二時刻聽到這個消息,馬上召回麥吉斯托努斯,帶著怒意命令他前往亞哥斯妥善處理有關事件。麥吉斯托努斯的報告是亞哥斯人保證忠誠,同時說服他不要放逐受到嫌疑的人士。因此,他派麥吉斯托努斯率領2000名士兵重返亞哥斯,自己領軍監視安蒂哥努斯,同時鼓勵科林斯人激起作戰的勇氣,說是亞哥斯並沒有發生大規模的動亂,只是一小撮不滿分子在那裡興風作浪。麥吉斯托努斯在進城之際遭到殺害,守備部隊很難維持當時的局面,不斷派遣信差報告克利奧米尼斯要出兵救援。克利奧米尼斯生怕敵軍據有亞哥斯,接著可以封閉隘道任意蹂躪拉柯尼亞地區,進而圍攻斯巴達,何況他沒有留下可以用來防衛的兵力。他只有撤離科林斯,這個城市立即失守,安蒂哥努斯進入以後派兵駐守。

克利奧米尼斯從行軍的狀態,將部隊集結以後,直接對著亞哥斯的城牆發起突擊,開始先攻入阿斯皮斯這個地區,他的守備部隊這時仍舊與亞該亞人對峙,現在可以用生力軍加入作戰。他用雲梯讓部隊爬上城牆,有些部分已經落到他手中,他的克里特弓箭手清理街道,敵人只有逃離一空。當他看到安蒂哥努斯率領方陣從高地緩緩下降到達平原,四面八方都有騎兵正在進入城市。這時他知道已經無法維持現有的陣地,召集所有的人馬,在城牆的掩護之下安全撤退。克利奧米尼斯在很短期間之內擁有極大的權勢,可以說只經過一次進軍,就讓自己成為整個伯羅奔尼撒半島的主人,然而不轉瞬間再度喪失。他的盟邦立即與他斷絕關

係，其他的希臘人不久以後將他們的城市置於安蒂哥努斯的保護之下。

22 他的希望已經幻滅，就在他帶著殘兵敗卒後撤的途中，拉斯地蒙派來的信差傍晚時刻與他在特基亞相遇，給他帶來最不幸的消息，就是他的妻子已經逝世。他對埃吉阿蒂斯極其依戀，即使從事大獲成功的遠征行動，心中時時刻刻掛念著她，當他處於最順逐的時候，還是無法抑制相思之情，經常返回斯巴達去探望他的妻子。

這個信息給他帶來極大的痛苦，喪失美麗而又賢慧的妻子，使得他像一個年輕人那樣的悲傷，然而他不讓這種激情玷污或背叛崇高的理想，仍然保持原來的說話聲調，就連面容和穿著都沒有絲毫改變，他對手下的將領下達必要的命令，對特基亞的安全加強各種預防工作。次日早晨他回到斯巴達，在家中與他的母親和子女哀悼失去的親人，等到服喪期滿，他立刻戮力從事城邦的公務。

埃及國王托勒密應允給予大力鼎助，條件是要他的母親和子女成為人質。經過相當時間的考量，他認為要是讓他的母親發現，還是會感到無地自容。雖然他想要為此事去見她把話講清楚，始終猶豫再三未能成行。她開始有所懷疑，於是去問他的朋友，是否克利奧米尼斯有什麼話要對她說，只是他害怕開口。最後，克利奧米尼斯壯著膽子告訴她，於是她大笑說道：「難道這麼一點事都會讓你害怕，竟然存在心裡不敢告訴我？趕快送我上船，趁著留存在世間的時光，讓我這副臭皮囊還能為斯巴達盡最大的效用。」因此，等到這次航行完成所有的準備，他們由陸路前往提納魯斯(Taenarus)，軍隊在該地待命。

當克拉提西克麗即將登船之際，她帶著克利奧米尼斯進入海神廟，這時他的神色悽慘心中極其難過，於是母親把她的兒子擁在懷裡說道：「打起精神來，斯巴達國王，當我們出了廟門，不要讓人看到我們還在哭泣，也不要顯示任何不利於斯巴達的表情，唯獨我們擁有這種不動聲色的權力。至於成功或失敗，我們只有等待神明的旨意。」說完以後等神情平靜下來，就帶著年幼的孫兒上船，吩咐船長立即出海。等她到達埃及以後，知道托勒密採納安蒂哥努斯的建議與和平條約，雖然亞該亞人邀請克利奧米尼斯達成協議，沒有獲得托勒密的同意，考慮到母親的安全所以遲遲無法決定。於是她寫信給自己的兒子，勸他忠於職責作出對斯巴達最合適和最有利的事情，不能為了一個老婦人或小男孩，對於托勒密有任何憚忌。她即使處在困境仍舊發揮愛國的情操。

23 安蒂哥努斯占領特基亞，洗劫奧考麥努斯和曼蒂尼兩個城市，克利奧米尼斯被封閉在拉柯尼亞這個狹小的範圍之內。規定任何一位農奴只要繳納5阿提卡邁納，就能獲得自由成為斯巴達的市民；他運用這種權宜之計得到500泰倫，徵召2000人接受馬其頓人的訓練方式和裝備，編成一個特別的單位用來對付安蒂哥努斯的Leucaspides即「銀盾軍」；他開始著手偉大的計畫完全出乎大家意料之外。那個時代的麥加洛波里斯無論就面積或權勢來說，是一個與斯巴達不相軒輊的城邦，亞該亞人和安蒂哥努斯都有部隊駐紮在城內，所有的事務還是由麥加洛波里斯人當家作主，安蒂哥努斯受邀前來協助亞該亞人。

克利奧米尼斯決定攫取（沒有其他的字更能描述出這次作戰行動的迅速敏捷和出其不意）這個城市，命令手下的將士只帶5天的口糧，向著塞拉西亞（Sellasia）[40]行軍，像是打算要劫掠亞哥斯人的國土，他再經過一段下坡路進入麥加洛波里斯的區域，在里提姆（Rhoeteum）埋鍋造飯以後，突然取道赫利庫斯（Helicus）[41]附近，直接向著該城進擊。當他來到離市鎮不遠之處，派遣潘提烏斯（Panteus）率領兩個團的兵力，突襲兩座高塔之間那一段城牆，他知道那是麥加洛波里斯城防工事當中，守備實力最為薄弱的部分，自己率領其餘的部隊在後面不慌不忙的跟進。潘提烏斯不僅在這個地點獲得成功，還發現有很大一段城牆沒有人防守，立即著手拆除這些工事開關進出的通路，殺死那些找得到的守兵。當他正在忙著完成這些工作的時候，克利奧米尼斯前來接應，在麥加洛波里斯人發覺這次奇襲之前，已經驅使大軍進入城中。

24 不過片刻功夫，他們知道大難臨頭，有些人盡可能攜帶財物立即離開，還有些人拿起武器與敵接戰，雖然他們無法將對方趕出去，仍舊能使市民獲得時間和機會安全撤退，所以只有不到1000人成為俘虜，其餘人員帶著他們的妻子和兒女逃走，在梅西尼找到棲身之地。武裝起來與敵軍作戰的人員當中，大部分安全逃脫，只有少數被斯巴達人抓住，包括賴山德瑞達斯（Lysandridas）和瑟瑞達斯（Thearidas）在內，這兩位在麥加洛波里斯人當中有很大

---

40 塞拉西亞位於斯巴達北邊約10公里，扼制主要的通道，是兵家必爭之地。
41 盧比努斯認為這個城市應該是赫里遜（Helisson），因為阿卡狄亞地區沒有叫做赫利庫斯的地名。

的權勢和名聲，因此當士兵抓到他們以後，立即將他們送到克利奧米尼斯那裡。

　　賴山德瑞達斯遠遠看到克利奧米尼斯就叫道：「斯巴達國王，你現在有能力做出最高貴和最偉大的行為，可以贏得舉世所譽的光榮，就你而言這也是前所未有之事。」克利奧米尼斯猜中他的心意，於是回答道：「賴山德瑞達斯，難道你要勸我將這座城市再還給你們？」賴山德瑞達斯說道：「我的意思就是如此，請你不要破壞這個光輝奪目的城市，將它還給麥加洛波里斯人，你就成為人民的救星，還能贏得忠誠可靠的朋友和盟邦。」克利奧米尼斯暫停片刻，然後說道：「很難相信會出現這種狀況，我們認為光榮總是遠勝利益。」說完以後，他派遣一位傳令官隨著這兩位前往梅西尼，願意將城市歸還給麥加洛波里斯人，條件是放棄亞該亞人的利益，參加斯巴達人的陣營。

　　雖然克利奧米尼斯提供如此慷慨而仁慈的建議，斐洛波門（Philopoemen）還是不願中斷與亞該亞人的聯盟關係，對著民眾指控克利奧米尼斯，說他的意圖不是要歸還城市，而是要把市民當成囊中物[42]，然後斐洛波門逼迫瑟瑞達斯和賴山德瑞達斯離開梅西尼。這件事使得斐洛波門後來成為亞該亞人的首腦人物，希臘人當中擁有極其響亮的名聲，我在他的傳記中有詳盡的敘述。

25 消息傳回克利奧米尼斯那裡，雖然他原先嚴格要求不得洗劫城市，現在一怒之下失去耐性，把所有值錢的物品掠奪一空，貴重的雕塑和畫像運回斯巴達，城市大部分區域受到摧毀，畏懼安蒂哥努斯和亞該亞人的聯軍，於是班師返國。他一路上沒有受到干擾，因為這群對手正在伊朱姆召開作戰會議。阿拉都斯登上發言台，用斗篷掩著臉開始不停的哭泣，與會人員感到何其怪異，要他講出心中的委屈，他說道：「克利奧米尼斯已經摧毀麥加洛波里斯不留片瓦。」會議立即解散，亞該亞人對於突如其來的巨大損失驚愕得無法置信，安蒂哥努斯打算迅速派出援軍，發覺他的部隊正在冬營集結非常緩慢，於是下令他們仍舊保持現狀，他自己率領少數人馬前往亞哥斯。

　　現在是克利奧米尼斯第二次冒險行動，看起來像是孤注一擲有點暴虎馮河的

42　波利拜阿斯對於斐洛波門說服麥加洛波里斯人的作為有很高的評價，特別為此寫出一篇頌辭。

味道，然而根據波利拜阿斯的評論[43]，說他的作為不僅經過深思熟慮而且極具遠見。他非常清楚馬其頓人因多營而分散，安蒂哥努斯帶著幕僚和少數備兵在亞哥斯過冬，基於這種考量他入侵亞哥斯人的國土，希望在兵力懸殊的狀況下用贏得會戰來羞辱安蒂哥努斯，要是對手不敢應戰，就會使得安蒂哥努斯和亞該亞人名譽掃地。克利奧米尼斯對整個區域大肆破壞和劫掠，亞哥斯人對於他們的損失感到悲傷和憤怒，成群結隊聚集在國王的府邸門口，大聲叫囂要他出戰，否則會將指揮權交給行動積極的勇士，安蒂哥努斯是一位經驗豐富的將領，與其冒著全軍覆滅和喪失安全的危險，不如忍受民眾的奚落要好得多，不願出兵對抗克利奧米尼斯，堅信自己的立場非常有道理。克利奧米尼斯在這個時候，率領他的軍隊直薄城下，進出從容視敵人如無物，用侮辱的口吻不斷挑戰，沒有達成預定的構想只有再度退兵。

26 沒有過多久，獲得信息知道安蒂哥努斯的企圖，重新展開部署向特基亞進出，接著入寇拉柯尼亞，克利奧米尼斯火速率領士兵，運用側方的道路行軍，清晨時分出現在亞哥斯的前面，蹂躪四周的田野。成熟的穀物不用鐮刀收割，而是用外形如同寬劍的木杖，全部打落在田間，這是帶有惡意的蔑視和羞辱，他一路前來毫不費力也沒有遭遇困難，只有用毀棄作物的方式來洩憤。然而他的士兵要將角力訓練場縱火焚毀，他馬上出面阻止，好像他對麥加洛波里斯的行動感到後悔，沒有運用智慧深入判斷，一時的情緒衝動犯下大錯。

安蒂哥努斯不顧一切急忙趕回亞哥斯，然後占領高地和隘道派兵防守，克利奧米尼斯置之不理，表現毫不在意的樣子，派遣傳令官向對手要朱諾神廟的鑰匙，好像他的意思是要向神明獻祭，然後再班師返國。這種方式等於是用輕視的態度對安蒂哥努斯開玩笑，他在城牆下面的廟宇向女神獻祭以後，關上廟門立即向弗留斯前進，再從那裡將歐利傑都斯(Oligyrtus)的守兵驅除一空，他進軍直取奧考麥努斯。極具膽識的遠征行動能夠鼓舞市民的士氣，也讓政敵將他視為有能力建樹豐功偉業的人物。運用一個城邦的力量，不僅與馬其頓和所有伯羅奔尼撒的城邦力戰不懈，何況他們還有王室的財源作為後盾，非但可以使得拉柯尼亞免於劫掠，還能蹂躪敵人的國土，奪取很多有相當實力的城市，可見他擁有非凡的

---

43 波利拜阿斯在《羅馬史》第2卷第64節，對這件事的來龍去脈敘述非常詳盡。

用兵技巧和指揮能力。

27 他是第一位持這種說法的人，那就是政務的推動力量完全靠金錢，好像戰爭更是如此。雅典人投票通過提案，要建造戰船完成配備從事作戰行動，無法支付所需經費，迪瑪德斯（Demades）在市民大會向大家說道：「兵精糧足，才能出戰。」伯羅奔尼撒戰爭開始的時候，盟邦提出要求應該盡早決定他們繳交貢金的數額，據說阿契達穆斯老王這樣答覆，戰爭不可能在一天之內滿足需要[44]。如同那些角力家，雖然他們的身體經過嚴格的訓練和服從紀律的要求，對抗快速敏捷和技巧純熟的敵手，經過相當時間就會感到精疲力竭和難以為繼。因此安蒂哥努斯帶著豐富的資源從事戰爭，運用消耗的手段對付克利奧米尼斯。特別是克利奧米尼斯的境況極其匱乏，用來支付傭兵已感不足，供應市民的糧食更加困難。

無論從那一方面來說，時機對克利奧米尼斯極其有利，安蒂哥努斯國內局勢生變給他帶來很大的困擾。趁著他不在朝中，蠻族對馬其頓不斷寇邊，特別是伊里利亞人的大軍入侵深入國土，破壞和蹂躪的行動無法予以遏制。馬其頓人召回安蒂哥努斯，要是在會戰開打之前這些信函送到他手中，獲知緊張的情況會立即領軍返國，只有留下亞該亞人獨撐戰局。命運女神通常在千鈞一髮之際作出重大的決定，像這次極關緊要的事件只是發生時間的早晚問題，可以說是失之毫厘差之千里[45]。塞拉西亞會戰結束之際，克利奧米尼斯已經喪失他的軍隊和城市，信差這時才從馬其頓來到要召回安蒂哥努斯。

從這個因素來看，克利奧米尼斯的不幸遭遇值得同情，如果他當時避不接戰或是再拖延兩天的時間，等到馬其頓人離開以後，亞該亞人孤掌難鳴只有接受他所開出的條件。如同前面所說那樣，靠武力解決問題，金錢是絕對必要之物，現在因為在這方面有所欠缺，被迫要用2萬人（這是波利拜阿斯〔Polybius〕[46]估計的兵力）的劣勢接戰敵軍3萬人馬。

44　本書第十四篇〈克拉蘇〉第2節引用阿契達穆斯的話，說法有點不同，他說：「戰爭永難饜足極其巨大胃口，再多財富也不敷運用。」

45　蒲魯塔克對這件事情的看法，完全受到波利拜阿斯的影響。

46　引用波利拜阿斯《羅馬史》第2卷第65節的資料，塞拉西亞會戰發生在221年6月B.C.。

28 處於極瑞困難的狀況他能證明自己是倍受讚譽的指揮官,斯巴達的市民有高昂的士氣,傭兵部隊的作戰相當英勇,他之所以失敗在於作戰性質的迥異和重裝方陣的壓力。菲拉克斯非常肯定的表示,說是周邊人員的背叛是克利奧米尼斯受到毀滅性打擊的主要原因。

安蒂哥努斯給伊里利亞人和阿卡納尼亞人的命令,是要他們用一條秘密路線,繞過去包圍斯巴達人戰線另外一翼,這部分是由克利奧米尼斯的兄弟優克萊達斯指揮;然後安蒂哥努斯率領其餘的軍隊出陣。克利奧米尼斯從近處一個高地,觀察對手的戰鬥序列,沒有看到伊里利亞人和阿卡納尼亞人,開始懷疑安蒂哥努斯運用他們另有圖謀。達摩特勒斯(Damoteles)原來指揮一批選鋒[47]負責反制敵軍的埋伏,現在克利奧米尼斯將他召來,吩咐他要特別注意後方的安全和敵軍在這方面的作戰。據說達摩特勒斯為安蒂哥努斯收買,告訴克利奧米尼斯無須顧慮這方面的局勢,他會妥善的照應,要克利奧米尼斯安心與正面的敵軍接戰。克利奧米尼斯感到非常滿意,出兵前去對抗安蒂哥努斯。達巴達人發起英勇無比的突擊,馬其頓方陣被迫放棄原來的陣地,優勢的兵力壓迫對手後退達將近半哩。在他停下整頓之際,看到戰線鄰接的一翼已經陷入危險之中,這些部隊是由他的兄弟優克萊達斯所指揮,於是大聲叫道:「老弟,你已經戰敗,英勇的行為會成為斯巴達青年的楷模,也是婦女歌頌的對象。」

優克萊達斯指揮的一翼全軍覆滅,獲勝的敵軍從那一面向克利奧米尼斯發起攻擊,這時他發覺部隊陷入混亂之中,無法維持原來的作戰態勢,因此只有竭盡所能確保自己的安全。據說這次會戰除了大量傭兵被殺,6000名斯巴達人只有200人保住性命。

29 克利奧米尼斯回到城市,勸那些前來歡迎他的市民,鑑於目前的情勢極其不利,只有接受安蒂哥努斯成為他們的主人。他說無論是生是死,主要的抉擇在於有利於斯巴達。看到婦女跑出來迎接那些與他一起逃回來的人員,幫著他們拿武器裝備,還帶水給他們飲用,他就進入自己的家門,有一位女僕是出身清白的婦人,是他的妻子過世後從麥加洛波里斯帶過來,通常他作

---

47 這支部隊還負有非常特別的任務,監視希洛特人和所有的奴隸,以防止他們作戰不力或倒戈相向。

戰返家都由她服侍。雖然他口很渴還是拒絕飲水，雖然累得只有坐下來，還不肯脫去胸甲，用雙臂護著一根柱子，將前額靠在手肘上面，讓身體暫時休息一會，然後將所有出路全部考慮一遍，帶著他的朋友趕往捷修姆(Gythium)[48]，找到那裡早已準備好的船隻，他們一起登船。

30 安蒂哥努斯據有整個城市，對待拉斯地蒙人彬彬有禮，從沒有冒犯或羞辱斯巴達的尊嚴，允許他們沿用本國的法律和政體[49]，向神明獻祭以後，第三天率軍離去。因為傳來信息馬其頓發生大規模的戰事，全境受到蠻族的蹂躪。還有就是他的病情已經發作轉變成肺炎和不斷的感冒。然而他仍舊堅持返國要去拯救自己的同胞，擊敗蠻族對他們大肆屠殺以後，在光榮中告別人世。根據菲拉克斯的說法，他在會戰大聲吶喊使得一條血管破裂。我們在學院中聽到有人講起此事，說他在贏得大捷以後，高聲歡呼：「啊，這個偉大的日子！」然後口吐大量鮮血，接著發高燒直到最後崩殂。以上是有關安蒂哥努斯的事蹟。

31 克利奧米尼斯從賽舍拉(Cythera)[50]啟航，抵達另外一個名叫伊傑阿利亞(Aegialia)的島嶼，接著離開該地前往塞倫(Cyrene)[51]。瑟里西昂(Therycion)是他的朋友，這個人通曉各方面的事務又有高貴的情操，談吐非常坦誠而且不落俗套，私下前來見他的時候說道：

> 陛下，戰死在疆場是莫大的榮譽，我們竟然讓這個機會白白溜走。雖然大家都聽到我們說過，除非我們全部陣亡，否則絕不讓安蒂哥努斯把斯巴達國王踏在腳下。現在這種僅次於榮譽和德行的康莊大道出現在我們的面前，難道我們非要不顧一切出航，逃離近在眼前的不祥，到遙遠的異國去尋找我們的歸宿？要是為菲利浦和亞歷山大的繼承

48 捷修姆是伯羅奔尼撒半島南部的城市，位於拉柯尼亞灣左邊的海岬。
49 這是克利奧米尼斯改革之前，久已沿用成習的法律和體制。
50 伯羅奔尼撒半島南邊有一個大島，連同島上的城市都叫賽舍拉，這個島嶼離開拉柯尼亞灣約30公里。
51 塞倫是阿非利加最肥沃的地區，同名的城市建立於7世紀B.C.，是希臘人的殖民地，後來被波斯人統治很長一段時期，74年起成為羅馬一個行省。

人服務，並不會辱沒海克力斯的族人，那我自應該省下這段漫長的航程，投身到安蒂哥努斯的陣營，看來他要比托勒密強得多，怎麼說埃及人還是無法與馬其頓人相提並論。

如果我們認爲應該聽命那些用武力征服我們的人，那麼我們爲什麼非要選擇那個沒有打敗我們的人當作主子？我們逃離安蒂哥努斯去奉承托勒密，豈不是要我們承認兩個強權來取代一個？或者你是爲了母親的緣故才退到埃及？實在說這是她一直期盼的美滿結局，能在托勒密的婦女面前讓她的兒子亮相，從一個君主變成流亡人士和聽命於人的奴隸。難道我們已經不能掌握自己的武力成爲佩劍的主人？當拉柯尼亞還在我們視線之內的時候，難道不能使自己從悲慘而又羞辱的處境中脫身而出，爲著重視榮譽和保衛斯巴達而在塞拉西亞陣亡的人洗淨屈辱的身軀？要不然難道我們願意在埃及過著懶散的生活，僅能獲得來自斯巴達的信息，說是安蒂哥努斯樂於成爲拉斯地蒙的總督？

塞里西昂說完以後，克利奧米尼斯回答道：

你這個膽小鬼，尋死是最容易也是最方便的藉口，在你的想像之中以爲可以表現出無畏的勇氣，然而這種逃避的方式卻更爲卑鄙。那些比我們有見識的人遭到命運的播弄和群眾的壓迫，他們會對敵人退避三舍。就他堅持的觀點來看，遭遇艱辛困苦或是危險災難，聽從人們的反對意見或不利報導，竟然放棄一切希望，等於是自己的軟弱而將勝利拱手讓人。對於一位自願赴死的人來說，不應該出於這樣的選擇，那就是從行動中尋找解脫，而是使得行動成爲可以效法的楷模。無論是生是死，一個人僅僅爲自己打算，就是令人感到不恥。你現在所推薦給我們的死亡，其著眼僅是讓我們從目前悲慘的處境獲得解脫，既不能使我們更加高貴，也不能讓我們獲得利益。我所以懷抱這種想法，是因爲我和你一樣，對我們的城邦並沒有完全絕望。等到所有的希望全部化爲烏有，這時我們的意願是赴死唯恐不速。

瑟里西昂沒有做出任何回應，很快找到機會離開克利奧米尼斯的同伴，前往海邊

自殺身亡。

32 克利奧米尼斯從伊傑阿利亞開航，在利比亞登陸，通過國王的領土受到隆重的接待，最後抵達亞歷山卓(Alexandria)[52]。當他首次介紹給托勒密相識的時候，受到非比尋常的禮遇和款待。經過相當時間的考驗，托勒密發現他是感情豐富和非常理性的男子漢，談吐坦誠是拉柯尼亞慣常的模式，顯現高貴和適度的溫文優雅，沒有任何地方不合於他的出身家世，絕不屈從命運的簸弄和擺布。從各種證據得知他是一個值得信任的顧問，不像其他人員在討論有關事務的時候，為了取悅國王只會說些奉承話。

托勒密感到羞愧和後悔，竟然忽略這樣一位偉大人物，使得安蒂哥努斯在打倒他以後擁有更大的權力和名氣。埃及國王對他在各方面都表現出尊敬和善意，答應供給船隻和金錢，使得他滿懷希望能返回希臘光復故土；同意支付給他的年金是24泰倫，僅僅這筆鉅款的零頭就足夠他和他朋友過節儉的生活。將其餘的經費用來支助其他的流亡人士解決生計問題，他們逃離希臘在埃及找到棲身之所。

33 就在他的復國大業充分完成準備之前，托勒密老王[53]崩殂，繼承人是荒淫無道和優柔寡斷的昏君，鎮日縱情聲色之娛，對於答應給予的協助根本置之不理。因為沉溺於醇酒婦人之中，他認為最關緊要的大事是在他的宮殿舉行宗教儀式，自己敲著鈴鼓參加祭神活動。國王信任他的情婦阿加索克麗(Agathoclea)，和她的母親那位淫媒厄南特斯(Oenanthes)，就將城邦的重大事務全部交給這兩個人去處理。

在開始的時候，他們認為克利奧米尼斯還有利用價值；因為托勒密畏懼他的兄弟馬加斯(Magas)，特別是馬加斯的母親拿出大量金錢，在士兵中間建立密切的關係。托勒密邀請克利奧米尼斯進行暗中的商議，要求參與他的密謀好除去馬加斯，雖然與會人員全都贊同，克利奧米尼斯持反對意見，說道：「國王要盡可能有更多的兄弟在旁襄助，可以確保個人的安全和政局的穩定。」索西庇斯

52　亞歷山卓是亞歷山大大帝在331B.C.建立的城市，後來一直成為埃及的首府，人口眾多，貿易發達，倡導學術自由，重視人文藝術，一直是羅馬帝國最富庶的都市。

53　這位國王是托勒密三世優兒吉底，220B.C.崩殂；接位的托勒密四世稱號為斐洛佩特(Philopator)。

(Sosibius)是最受寵愛的嬖臣，他的回應是只要馬加斯活在世上，傭兵部隊就沒有誠信可言。克利奧米尼斯吩咐他不必對這件事自尋煩惱，這批傭兵當中有3000名伯羅奔尼撒人，任何時候只要稍為示意就會讓他們奉命行事，這次談話使得克利奧米尼斯成為當前最具影響力的人士，可以保證軍隊對國王效忠。

等到後來，托勒密的軟弱更增加畏懼之心，通常會失去判斷和智慧，將自己的安全寄託在懷疑和猜忌上面，就是廷臣同樣對克利奧米尼斯極不信任，因為他與傭兵有太多的利害關係。很多人的口裡傳出這樣的話，說他是羊群之中一頭雄獅。事實上，他處於宮廷裡面，正在冷眼觀察所有曾經發生的事情。

34 因此他不再抱希望能從國王那裡獲得船隻和部隊的供應，等到得知安蒂哥努斯逝世的信息[54]，亞該亞人又與艾托利亞人輕啟戰端，伯羅奔尼撒的政局陷入困惑和混亂之中，基於需要派員請求他給予協助。他打算僅帶著這群朋友離開埃及，國王整天為婦女包圍，把時間花在宗教儀式和飲酒作樂上面，根本不願聽取他的陳情。索西庇斯是國家的樞密大臣，認為克利奧米尼斯始終違背他的意願，逐漸會增長勢力到無法控制而產生危險，就是讓他離開也不會帶來安全，因為他是一個積極進取而又膽大包天的人，對於王國的弊病和弱點知道得一清二楚。

甚至就是金錢和禮物都無法安撫他的不滿或饜足他的欲望。如同那頭神聖的公牛阿派斯，在豐美的草地過著無憂無慮的生活。他的天性還渴望更多的自由，隨心所欲不受牧場的約束，更無法忍受祭司的限制。所以克利奧米尼斯接受宮廷的羈絆和優容，坐在那裡好像阿奇里斯[55]一樣：

　　可嘆將帥多凋零，
　　勇士欣聞鼙鼓聲。

35 他的局面維持目前的狀況。梅西尼人尼卡哥拉斯（Nicagoras）來到亞歷山卓，這個傢伙極其痛恨克利奧米尼斯，表面上假裝是他的朋友。

54　這位馬其頓國王是安蒂哥努斯三世多森，亡故於221B.C.。
55　這句詩文來自《伊利亞德》第1卷第491行。

過去他曾經賣給克利奧米尼斯一處上好的產業，一直沒有收到應得的款項，很可能是克利奧米尼斯沒有能力，或者是因為戰爭的緣故和事務的繁忙，沒有機會把錢付給他。克利奧米尼斯在碼頭散步的時候，看到他離船登岸，非常友善向他打招呼，問他到埃及來辦些什麼事。尼卡哥拉斯回應他的問候，告訴他說是給國王運來一批非常優異的戰馬。克利奧米尼斯帶著笑容加上一句：「你最好是帶來孌童和歌女，這些才是國王喜愛的東西。」尼卡哥拉斯對他的成見只有報以苦笑，過了幾天以後，他提醒克利奧米尼斯有關產業的問題，希望他還清過去的欠債，特別提到如果不是他喪失一大批有利可圖的貨物，不會拿這件事來煩他。克利奧米尼斯的答覆是現在一無所有，根本拿不出錢來。

尼卡哥拉斯得到這種答覆心中極其惱怒，就將克利奧米尼斯嘲笑國王的事告訴索西庇斯。他很高興有人提供諸如此類的信息，期望有更充分的理由刺激國王反對克利奧米尼斯，說服尼卡哥拉斯留下一封告密信用來中傷克利奧米尼斯，揭發他有很大的陰謀，如果他能獲得船隻和士兵，就會奇襲塞倫。尼卡哥拉斯寫完這封信以後離開埃及。4天以後，索西庇斯帶著這項證物去見托勒密，說是這封信他剛剛收到，年輕的國王激起畏懼和憤怒的情緒，同意邀請克利奧米尼斯到一座府邸裡面，然後將他看管起來，不再放他出去。

36 軟禁的處理方式使克利奧米尼斯非常悲傷，另外發生一次意外事件使他感到未來的希望全部付之東流。國王的寵臣克里塞瑪斯（Chrysermas）有個兒子名叫托勒密，這位年輕人對克利奧米尼斯非常恭敬，兩人的關係相當密切，經常在一起談論國家大事。他應克利奧米尼斯的要求前來相見，說一些很好聽的話，讓克利奧米尼斯不再懷疑國王的行為有任何不利的動機。當他告辭以後，沒有發覺克利奧米尼斯跟在後面來到門口，他用嚴厲的口氣譴責獄卒，要他們對這個「力大而又凶狠的野獸」不能有絲毫大意之處。

克利奧米尼斯聽到馬上在托勒密發覺之前退了回去，告訴他的朋友這個傢伙說了些什麼話。他們拋棄過去所抱的希望，決定用暴力的手段報復托勒密卑劣和不公的待客之道。對於冒犯的行為獲得滿足以後，如同一個斯巴達那樣死得轟轟烈烈，不能像豢養供作祭品的牲口，喪生在屠夫的刀下。這樣的下場使得克利奧米尼斯備感羞辱，安蒂哥努斯是英勇的戰士也是言而有信的君子，他竟然嘲笑所提出的條件。現在克利奧米尼斯只有等待，優柔寡斷的國王在放下鈴鼓和跳完舞

以後，才有閒暇接見，然後才可以將他殺死。

37 動手的計畫已經決定，這時托勒密正好要動身前往坎諾帕斯 (Canopus)[56]，開始的時候到處流傳一個消息，說是國王下令要將他釋放出去，按照習俗國王要送禮物和款待獲得自由的人，克利奧米尼斯的朋友準備所需的糧食，帶進去讓獄卒以為是國王賜與，等到殺牲口祭神以後，將很大一份胙肉分給獄卒。他的頭上戴著花冠，擺出宴席與他朋友一起飲酒作樂。據說他發起的行動比原來的計畫要提前實施，因為發覺有一個奴隸對他們圖謀起了猜忌之心，已經外出去見他所喜愛的情人。他害怕事件洩漏給外人知曉，當天正好是月圓之夜，所有的獄卒都已飲酒酣睡，他穿上外衣，掀起接縫使得右肩裸露，他的朋友也都同樣完成準備，他拔出佩劍，一共有14個人一起闖了出去。

他們之中有位希皮塔斯(Hippitas)是個瘸子，隨著最前面的人員發起突擊，他發現這些人的行動因為他的緣故而慢下來，就要他們快跑不要為他這個無用的人，使得冒險的行動功虧一簣。正好有一個亞歷山卓人在門口上馬，他們把這個人推下來，讓希皮塔斯騎上馬背，迅速通過街道，大聲宣布要民眾起義爭取自由。他們僅有的勇氣是讚譽和欽佩克利奧米尼斯的大膽，沒有一個人敢出頭相助。有3個人要去行刺克里瑪斯之子托勒密，他在走出宮殿察看狀況時被殺。還有一位名叫托勒密的官員負責城市的安全，乘坐一輛戰車前來平亂，他們將他的衛士和隨員驅散，然後將他從戰車上面拖下來當場擊斃。接著他們向城堡前進，準備攻入監獄釋放被關的人員，可以助長他們的聲勢。獄卒採取快速的行動，嚴密防守進出的通路。他的企圖受到挫折，克利奧米尼斯帶著同伴只能在城內流竄，沒有人加入他的陣營，只要看到他接近不是迴避就是逃開。看來已經毫無成功的希望，他告訴他的朋友，說是在一個婦女統治男子的城市，害怕享用自由權利也是無足為怪的事。

他吩咐他們要勇敢不惜一死，這才配得上他們的國王和過去的光榮事蹟。據說希皮塔斯是首位赴死的人員，要一位年輕人用劍刺進他的胸膛。除了潘提烏斯(Panteus)是那位首次奇襲麥加洛波里斯的將領之外，其餘人員決定用自己的佩劍作一了斷。潘提烏斯的容貌非常英俊，熱愛斯巴達的紀律，國王將他視為最知心

---

56 坎諾帕斯位於尼羅河三角洲濱海地區，風景優美，是王室避暑勝地。

的朋友。現在克利奧米尼斯命令他要等大家全部喪生以後,才可以效法榜樣赴死;他看到大家全都倒下,走到每個人的旁邊用匕首戳他們的身體,看看是否有人還未斃命。潘提烏斯刺進克利奧米尼斯的膝蓋,發現他的背在抽搐,於是親吻他以後坐在他的旁邊,等到他斷氣屍體變得冰涼,用布蓋住遺骸,然後再自裁身亡。

38 我們在傳記的最後記載克利奧米尼斯的結局,他登基成為斯巴達國王在位有16年之久。等到他遇難的新聞傳遍全市,雖然克拉提西克麗是一個堅強的婦女,還是無法忍受如此巨大的痛苦,她抱著克利奧米尼斯的孩兒,發出哀傷的慟哭。那個最年長的男孩,沒有想到竟然如此悲壯,從屋頂上面縱身跳下,受了重傷沒有喪命,他為未能自行了斷憤怒得大聲叫喊。托勒密在得知舉事失敗的報告以後,立即下令將克利奧米尼斯施以鞭屍示眾,他的子女、母親和隨侍在側的婦女全部處決。

其中包括潘提烏斯的妻室,一位美麗而且舉止高貴的婦人,這對夫婦剛剛相聚,正陷入熱戀之中就遭到如此悲慘的不幸。他們結婚以後沒過多久,她的父母不讓他隨著潘提烏斯登船遠離,雖然她一片痴心,被關在家中不放她出去。過了一段時間以後,她獲得一匹馬和少許金錢,趁著夜間逃出來,盡快趕到提納魯斯乘船來到埃及,與她的丈夫相會,帶著歡樂的心情忍受異國生活的不便。士兵前來逮捕克拉提西克麗帶到刑場,潘提烏斯的妻子握住她的手在前面引導,同時還為她拎起長袍,懇求她要鼓起勇氣。克拉提西克麗並不畏懼死亡,唯一的願望是能在孫兒之前行刑。當他們來到處決的地點,克利奧米尼斯的兒女首先在祖母的眼前被殺,接著才是她自己,這時聽到她口中僅有的話:「啊,我的孫兒,你們會在那裡?」

潘提烏斯的妻子將衣服繫緊,她是一個身體強壯的女子,保持安靜沉著的態度,檢視每一位被殺者的遺體,盡可能在當時環境許可以下,將她們的後事料理妥當。等到所有的人都遭到處死以後,重新將全身經過一番整治,把所穿的衣服向下拉露出頸部,不讓任何人到近處來查看,除了劊子手更不需要一位目擊證人。她勇氣十足忍受致命一擊,在死後不希望有人來照料或掩蓋她的屍體。她的死亡能夠表現出心靈的端莊和高雅,直到最後一刻仍舊如生前那樣護衛著自己的身體。在斯巴達趨向衰亡的時代,她的行為表現出婦女已經成為男性可以分庭抗

禮的對手，國運的乖戾更能顯示她們的勇氣居於優勢的地位。

39 過了幾天以後，有人看到克利奧米尼斯懸掛示眾的屍體上面，有一條大蛇盤旋在頭頂，掩住他的面孔，不讓猛禽飛來啄食腐肉。這樣一來使得迷信的國王感到畏懼，好像他不是一位凡人，現在遭到殺害，還受到神明的鍾愛，於是派遣婦女舉行儀式爲他贖罪。亞歷山卓人擺出盛大的隊伍前去致敬，賜給他英雄的頭銜，崇拜他是神的兒子。

後來哲學家解釋此事，說是公牛的屍身腐敗化成蜜蜂，要是馬匹則化爲黃蜂，死驢的遺骸飛出很多甲蟲，人類的屍體從骨髓流出的體液和元氣，經由凝結作用化成蛇類[57]。古人特別提到，只有蛇比起其他的生物更適合於英雄人物。

57　這是古代普遍接受的意見，瓦羅的作品中間還可以看到有關這方面的敘述。

第三章
提比流斯‧格拉齊（Tiberius Gracchus）

164-133B.C.，羅馬護民官和改革主義者，主張重新分配土地，
抑制元老院的權勢，被貴族煽動的暴民殺害。

1 完成頭兩篇傳記以後，接著要敘述一對羅馬兄弟的不幸和災難，整個事件更加引人注目，我們要拿埃傑斯和克利奧米尼斯的半生，來與提比流斯和該猶斯作一比較。他們的父親提比流斯‧格拉齊（Tiberius Gracchus）曾經出任一次監察官和兩次執政官，獲得舉行兩次凱旋式的光榮[1]，然而他的德行比起他的職位，史爲出名而且受到眾人的敬仰。基於這種因素，等到征服漢尼拔的西庇阿過世[2]以後，雖然他與西庇阿之間沒有建立友誼，雙方並不熟悉，好像有些地方還引起不和，大家認爲只有他配得上西庇阿的女兒高乃莉婭。

有一個傳聞說是有一次他在寢室裡面抓到一對蛇，預言家非常關切這個奇特的朕兆，特別提出警告他既不能將兩條全殺死也不能全放走；他殺掉公蛇自己將死於非命，如果是母蛇就會使高乃莉婭遭殃[3]。因爲提比流斯極其寵愛妻子，何況他還考慮到年齡的差距，自己已經是個老人可以無懼於死亡，她仍舊是個年輕婦女應該活在世上，於是他殺死公蛇將母蛇放生。沒有過多久提比流斯逝世[4]，留下高乃莉婭和她所生的12個子女。

高乃莉婭全心全意照顧家庭和教育子女，她是一個謹言慎行的貴婦、慈愛無

---

1 提比流斯‧森普羅紐斯‧格拉齊（Tiberius Sempronius Gracchus）就任執政官是在羅馬建城577年即177B.C.，成爲監察官是在169年，第二次出任執政官是163年，他的妻子高乃莉婭是高乃留斯‧西庇阿‧阿非利加努斯（Cornelius Scipio Africanus）第二個女兒。

2 西庇阿逝世是在羅馬建城571年即183B.C.。

3 還有很多人談起這件怪事，西塞羅在他的書信中提到，說是該猶斯‧格拉齊有詳盡的記載。

4 去世的時間已不可考，西塞羅的《論占卜》（*De Divinatione*）第1章和第2章記載這個故事，對他極力讚譽。

比的母親和貞節高貴的孤孀。托勒密王[5]為了娶她，願意讓她戴上王冠，她加以
婉拒說是寧願守寡；提比流斯對所有的男人提供一個榜樣，能夠為這樣的婦女赴
死是最好的選擇。她繼續維持這樣的生活，很多子女後來都夭折，只留下一個女
兒後來嫁給小西庇阿[6]為妻，以及兩個兒子提比流斯和該猶斯，我們現在要寫出
這兩個人的傳記。她對他們的撫養是如此費盡苦心，毫無疑問他們的天資和氣質
在當代的羅馬人當中已經是首屈一指，然而他們的成就應該歸功於德行而非教育
和家世。

2 提比流斯和猶斯的面貌非常相似，好比神廟裡面卡斯特和波拉克斯這對
孿生兄弟，他們的雕像和畫像如同出於一個模子。提到體育方面一位喜
愛拳擊，另一位在田徑場上稱雄[7]。兩位高貴的年輕人具備公正無私的性格、口
若懸河的辯才和偉大開闊的心胸，帶著非常強烈的感情，對於堅忍和節制的美德
保持同樣的愛好。有關公眾事務的施政方針和處理原則，表現出相當不同的風
格。即使我們能夠指出他們之間的差異，事實上也沒有什麼不妥之處。

提比流斯無論是面部的輪廓和表情，以及他的姿勢和態度，非常溫和寧靜表
現出泰然自若的氣質。該猶斯不僅熱情奔放而且激烈進取。當他們對著民眾發表
演說的時候，一個人的講話方式非常平靜而且有條有理，穩如泰山全程站在一個
地點；另一位在講壇上面來回走動，等到演說最為熱烈那一刻，會將長袍從肩上
脫下，是第一個運用這種姿勢的羅馬人。據說克里昂（Cleon）是位雅典政治家，只
有他在向人民發表演說之際，脫下斗篷用力拍打大腿。該猶斯的演說激進而且熱
情洋溢，對於每件事都極度誇張，然而提比流斯保持君子風度極具說服力，引起
大家的同情產生惻隱之心。提比流斯的措辭精純正確而且再三斟酌務求不出差

---

5 這位埃及國王是托勒密八世賽強（Ptolemy VIII Psychon, 182-116），這時正與他的兄弟托勒密
　六世發生衝突，要作殊死的鬥爭，如果能與羅馬人結親，對他會有很大幫助。只有蒲魯塔克
　提到這件事，沒有其他的旁證，真實性如何值得懷疑。
6 這位小西庇阿是高乃留斯‧西庇阿‧伊米利阿努斯（Cornelius Sciopio Aemilianus），原來是
　伊米留斯‧包拉斯（Aemilius Paullus）的兒子，後來送給老西庇阿‧阿非利加努斯當養子；小
　西庇阿在152B.C.娶姑母高乃莉婭的女兒為妻。
7 卡斯特（Castor）和波拉克斯（Pollux）這對孿生子，羅馬將這兩位稱為戴奧斯庫瑞（Dioscuri），
　他們是宙斯的兒子也是特洛伊的海倫的兄弟；卡斯特善跑而波拉克斯精於拳擊。

錯，該猶斯的用語奔放有力表現出華麗的風格[8]。

他們的生活方式和飲食習慣非常雷同，提比流斯節儉而又樸素，該猶斯要是與其他人相比，可以說是非常刻苦一絲不苟，跟他的兄弟還有一點大不相同，就是他愛好新奇和罕見的珍品，德魯蘇斯(Drusus)[9]曾經對他提出指控，說他買了幾尾銀製的海豚，僅就重量而言每磅的價值是1250德拉克馬。

他們的措辭用語如同他們的脾氣性格可以明顯看出有些差異。一位是溫厚而且理性，另外一位粗魯充滿激情，就某種程度上看來，該猶斯經常在演說當中因為過分的情緒化而喪失正確的判斷，聲調變得極其高昂，有時會惡言相向，使得整個演說的功能受到影響。為了矯正這種過分衝動的毛病，他經常將一位名叫黎西紐斯(Licinius)的僕人帶來身邊，這位很老實的奴隸拿著一根定音笛，或是聲音優美的樂器站在他後面，當他發覺他的主人因為發怒開始改變音調，這時他用笛子吹出一段柔和的旋律，該猶斯聽到以後立刻克制怒火，降低聲調變得更為平靜，這樣就可以使得自己的脾氣不會發作。

3 兩兄弟相異之處如上所述，他們在戰爭中與敵人搏鬥的勇氣，治理政府和民眾所表現的公正，為了善盡職責的專心和勤奮，以及不謀求私利的自制和自律，兩個人可以說是同樣引人注目。

提比流斯的年齡要大9歲[10]，兩人從事政治活動分處於不同的時期，他們的偉大事業所以失敗的主要因素之一，就是兩個人的從政生涯中間出現很大的間隙，改革的努力無法產生整體的成效，獲得的職權不能結合造成更大的聲勢，就很難排除所遭遇的阻礙。因此我們要給這兩位昆仲分別立傳，首先要說身為兄長的提比流斯。

8　西塞羅特別讚譽該猶斯的雄辯術，說是任何想要從事公職的人員，都要精讀他的演講辭。

9　利維烏斯‧德魯蘇斯(Livius Drusus)是他公認的政敵，普里尼(Pliny)的《自然史》也記下這段荒唐的說法。

10　提比流斯生於羅馬建城590年即164B.C.，死於133年；他的弟弟該猶斯生於155年，死於121年。

4 提比流斯成年以後，獲得卓越的名聲任命為祭司團的占卜官，基於早年的德行而非高貴的家世[11]，受到阿庇斯·克勞狄斯（Appius Claudius）的拔擢。阿庇斯[12]曾經擔任執政官和監察官，也是羅馬元老院的首席元老[13]，擁有崇高的地位和出眾的功動。他參加占卜官的慶典儀式，兩人的交談表達出仁慈的善意，願意將他的女兒許配給提比流斯。等到提比流斯很高興接受，立刻完成婚約的簽訂，阿庇斯返家快要到達門口，用很大的聲音呼叫他的妻子：「啊，安蒂斯特婭（Antistia），我給女兒克勞迪婭（Claudia）找到一個好丈夫。」她感到非常驚奇，於是問道：「為什麼這樣突然？為什麼這樣倉促？除非你要把她嫁給提比流斯·格拉齊。」

我不知道還有人說過這個故事，只是當事人換成格拉齊兄弟的父親提比流斯，或者是西庇阿·阿非利加努斯，但是確實有很多人提到這件事，同我的講法完全一樣。西庇阿·阿非利加努斯是高乃莉婭關係最密切的近親，波利拜阿斯（Polybius）曾經敘述，說是等到西庇阿過世以後，提比流斯從眾多競爭者中脫穎而出，阿庇斯將女兒嫁給他，原先並沒有答應或許配給任何人。

年輕的提比流斯到達阿非利加在小西庇阿的麾下服務[14]；小西庇阿娶他的姊妹為妻，所以這兩個人同住在一個帳篷裡面。他學習和模仿指揮官高貴的精神，激起強烈的情操要在武德上面相互競爭，要從作戰行動證明自己的才幹，他在很短的期間內，僅就服從負責和英勇無畏方面而言超過軍中所有的年輕人。根據芬紐斯（Fannius）的說法，提比流斯第一個登上敵軍的城牆，特別是芬紐斯提到自己隨著攀援而上，能夠分享光榮的成就。總之，當提比流斯繼續留在軍中，他受到大家的敬愛，等到他離開以後，所有人員抱著強烈的期望他能夠回來。

---

11 羅馬有四個主要的祭司組織，占卜官負責鳥卜和腸卜，任何重大事務決定之前要由占卜官預判凶吉，可以說掌握極大的權勢，非有良好的社會關係和出身，否則不會授與這種職位，我們知道提比流斯的父親曾經擔任占卜官。

12 阿庇斯·克勞狄斯·普爾契（Appius Claudius Pulcher）是143B.C.的執政官，136年出任監察官。

13 Princeps senatus即首席元老，是共和時代極其尊貴的稱號，授與元老院中第一位接受徵詢意見的元老。

14 這是小西庇阿結婚之前的事，時為147B.C.，正當第三次布匿克戰爭，羅馬人絕滅迦太基的勢力。一般而言，出征的將領會帶著他的親戚和友人充當他的幕僚或部將，不僅獲得經驗也是平步青雲的最好時機。

5 經過這次海外遠征的磨煉，提比流斯出任財務官[15]，對他而言是非常幸運的事，可以參與對努曼夏人(Numantines)的戰爭。這時他在執政官該猶斯‧曼西努斯(Caius Mancinus)的指揮之下，這個人的本性不差，在所有羅馬將領當中，說起運氣可以說是壞到極點。羅馬軍隊屢戰屢敗，遠征行動無法達成任務，只有提比流斯的睿智和英勇，能夠獲得各方的讚譽。最卓越而且令人印象深刻之事，是他的表現給將領帶來最高的尊敬和榮譽。將領本人陷入困難之中，竟然忘懷自己的地位和職責，陸續吃了幾次敗仗，只有連夜撤退所有的部隊。努曼夏人覺察以後立即占領放棄的營地，對於敗逃的羅馬人發起追擊，殺死留在隊伍後面的人員，從各方面將全軍圍得水洩不通，逼得他們進入運動困難的地區，這樣一來不可能有機會逃離險境。

曼西努斯已經喪失運用武力打開一條生路的希望，派遣一位使者去見努曼夏人，要求簽訂停戰協定，磋商和平的條件。對方除了提比流斯以外不相信任何人，要求派他前去與他們進行談判。這樣做不僅重視這位年輕人的職位，知道他在士兵中間獲得很高的聲望，同時還記起他的父親提比流斯，當年負責指揮與西班牙人的戰事，完成征戰將大部分人員納為羅馬的臣民，同時批准與努曼夏人的和平條約，要求羅馬人遵守規定不得違犯[16]。

提比流斯奉命前往敵營，逼得只有接受對方提出的條件，其中有些他自己也表示同意，就這次的任務而言，最關要緊的事項是他拯救2萬羅馬市民，營地裡面各色人等和隨從奴僕還不算在內。

6 努曼夏人占領營地奪取羅馬人的財物，其中包括提比流斯所有的帳冊，裡面有他擔任財務官的記錄和資料，他極其憂慮會被敵人發覺。等到軍隊完成準備將要開拔，他帶著三、四位朋友回到努曼夏，向他們的官員提出要求，將所有的帳冊歸還給他，免得他的政敵藉此大肆譴責，指控他不能就交付給他的經費提供支用的記錄。努曼夏人很高興有機會來報答他的貢獻，邀請他進入城市，當他站在那裡遲疑不決的時候，他們一擁而上並且拉著他的手，懇求他不要

---

15 提比流斯在137B.C.授與財務官的職位，這時出征阿非利加的將領是賀斯蒂留斯‧曼西努斯 (Hostilius Mancinus)；要到133年，努曼夏人的動亂才為西庇阿‧伊米利阿努斯所平定。

16 提比流斯的父親以卸任法務官的頭銜出任西班牙總督，這是180B.C.的事，他繼續留在這個職位有三年之久。

再把他們當作敵人，相信他們會是他的朋友，希望他對他們也是如此。

提比流斯認為最好還是答應，他想把帳冊要回來，就不應該對他們抱著不相信的態度，免得他們拒絕他的要求。等到他一進入城市，他們首先提供食物，接待非常的周到，讓他和他朋友坐下來飽餐一頓，接著歸還他的帳冊，同時讓他如願要回落在他們手裡的戰利品，他除了要一些乳香用來敬神，其餘的東西絲毫不取，帶著友善的表情與他們作別，離開以後返回營地。

7 等到他回到羅馬以後，發現整個交涉的過程受到非難和譴責，這一次作戰行動對於羅馬人而言是可恥的醜聞。士兵的親戚和朋友，在人民當中形成一個聲勢浩大的團體，他們蜂擁而來團聚在提比流斯的四周，把他視為救出這麼多市民的恩人，至於發生重大的失誤這要怪罪將領的指揮不當。有一些人高聲大叫反對與敵人的妥協，力言應該仿效祖先的榜樣，他們不僅把核定釋放戰俘條件的將領綁起來交給薩姆奈人（Samnites）[17]，就連所有的財務官和軍事護民官全都受到牽連，說他們贊同此事犯下偽證罪應該斬首示眾[18]。在這件事的處理方面，民眾對於提比流斯表示出乎尋常的仁慈和愛護，他們在市民大會投票通過，執政官被剝光衣服加上鐐銬，押解交給努曼夏人，為了提比流斯的緣故寬恕其他的軍官。

很可能是西庇阿為了救提比流斯幫了很大的忙，因為那個時候他在羅馬人當中，成為聲望最高和權勢最大的人物[19]。雖然也有人責怪他沒有保護曼西努斯，更沒有發揮影響力要求當局遵守和平條款的規定，何況所有的內容都獲得提比流斯的同意，要知道提比流斯不僅是他的親戚還是他的朋友。兩個人之間最大的差異，在於提比流斯具備雄心壯志，所以曼西努斯的朋友和身邊的詭辯家，才對提比流斯迭有指責，說是當時的情勢和真正的狀況，並不如想像中那樣敗壞到無法挽回的地步。我認為西庇阿只要關心即將處理的事務，提比流斯就不會遭到任何

17　這是《高汀尼岔路口》（*Caudine Forks*）一書最主要的情節，述說321B.C.羅馬軍隊向薩姆奈人投降的事蹟；李維《羅馬史》第9卷也有類似的記載。

18　西塞羅的《論義務》（*De Officiis*）第3章對這件事的處置提出精闢的論點。

19　西庇阿·伊米利阿努斯制伏迦太基人獲得舉行凱旋式的榮譽；等到努曼夏的戰事出現很多問題，他在134B.C.重獲任命，經過兩年的努力，終於平定阿非利加的戰亂；就是因為他離開羅馬，所以提比流斯會遭到殺害。

危險，等到提比流斯開始成為立法者，西庇阿率軍前往努曼夏進行征討作戰，這些狀況在下面都會提到。

8 羅馬人征服鄰近地區獲得的土地，一部分公開出售，其餘成為城邦的產業。他們再將這些公用土地分配給貧窮和生活困苦的市民，只要繳交小額的權利金給國庫[20]。等到有錢的富豪用較高的租金，窮人無法競爭受到驅逐，於是制定法案禁止任何人擁有500英畝（相當於800iugera即「犁畝」，每一犁畝等於0.623英畝）的土地。這種做法在某個期限之內，可以遏止富人的貪婪，幫助窮苦的民眾保有從開始就分配到手的土地。後來這些鄰近的地主運用不法的伎倆，拿其他市民作為人頭，根據繼承的原則轉變承租的對象，終於獲得大部分公地成為他們的產業。失去農田的窮人不願服役軍中保衛城邦，對於子女的教育漠不關心。不過很短期間，整個意大利與過去比較留下的自由人愈來愈少，所有的工作場所充滿成群結隊從國外引進的奴隸，富室用他們耕種從市民奪來的土地。西庇阿的好友該猶斯‧利留斯（Caius Lealius）[21]想要矯正這種濫權的風氣，受到當局的反對，怕引起社會的動亂只有作罷。他因而得到「智者」和「賢達」的稱號，拉丁文的sapiens就是這個含意。

等到提比流斯‧格拉齊當選為護民官[22]以後，毫不遲疑立即接手這方面的事務，根據大部分人的說法，認為他受到修辭學家戴奧法尼斯（Diophanes）和哲學家布洛休斯（Blossius）的教唆。戴奧法尼斯是來自邁提勒尼（Mitylene）的流亡人士，然而布洛休斯是庫馬（Cuma）的意大利土著，受教於塔蘇斯（Tarsus）的安蒂佩特（Antipater）門下，曾經將本人的哲學著作用敬獻給提比流斯的名義發表[23]。

有些人責怪提比流斯的母親高乃莉婭，說她經常譴責這兩個兒子不成材，因

20　有關公地分配的問題極其複雜，後來演變成決定共和國存亡的政治事件，蒲魯塔克只能簡略說明，要想了解全貌，還得參閱阿里安和李維的作品。

21　該猶斯‧利留斯是140B.C.的執政官，很可能在那一年提出這個議案，我們找不到相關資料來佐證。

22　提比流斯當選133B.C.的護民官，在134年12月10日上任。

23　西塞羅提到戴奧法尼斯，說他是當代說服能力最強的雄辯家。布洛休斯受教於斯多噶學派的安蒂佩特，後來證明他是學有專精的哲學家；提比流斯被害後，亞里斯托尼庫斯（Aistonicus）在小亞細亞舉事反抗羅馬的統治，布洛休斯前往效命，等到130B.C.亞里斯托尼庫斯事敗被擒，他自裁身亡。

為羅馬人一直將她稱為西庇阿的女兒，而不把她視為格拉齊兄弟的慈母。還有人
認為斯普流斯‧波斯吐繆斯(Apurius Postumius)應該是罪魁禍首，這個人的年紀
與提比流斯相若，一直是他的政敵擔任公設辯護人獲得名聲[24]。提比流斯從戰地
回到羅馬，發現波斯吐繆斯有更高的聲望和影響力，他非常看重此事，想要在政
壇據有優勢，期望他的施政工作能夠贏取民心，即使再困難和產生無法預料的後
果都在所不惜。

　　根據他的弟弟該猶斯在一份文件裡提到，有次提比流斯經過托斯坎尼
(Tuscany)前往努曼夏，有鑑於整個區域人煙稀少，很難看到具備自由人身分的農
夫和牧人，大部分是蠻族和從國外輸入的奴隸。然後他開始考慮政策和方針等問
題，發生的演變對他的家族帶來致命的後果。雖然如此，還是人民的需要激勵提
比流斯的雄心壯志，因為他們在柱廊、牆壁和紀念碑的上面[25]，寫出呼籲的字句，
希望獲得他的支持，使得貧窮的市民如同往常擁有自己的產業。

　　9 提比流斯草擬法案獲得市民的支持和協助，曾經廣泛徵求明智之士和賢
達元老的意見，像是克拉蘇祭司長、穆修斯‧西伏拉(Mucius Scaevola)
律師和他的岳父阿庇斯‧克勞狄斯[26]。一般人的看法認為過去所訂的法案，沒有
像現在所擬這樣的寬容和溫和[27]，特別是為了制裁如此重大的不公和貪婪，任何
人只要違犯過去的法律，應該受到懲治或處以罰鍰，以及至少也應歸還非法占有
土地，都可以因為放棄土地，轉讓給需要的市民以後，能夠獲得相當的補償金額。
雖然這種改革的過程是如此的溫和，人民只要以後能防止非法的侵占，獲得滿足
也同意既往不咎。然而，在另一方面，那些有錢人和擁有廣大產業的地主極其憤

24　這個人很可能是波斯吐穆斯‧阿比努斯(Postumius Albinus)，110B.C.的執政官，也只有蒲魯
　　塔克說他是提比流斯的政敵。

25　龐貝(Pompeii)古城的牆壁上面寫滿各式各樣的宣傳、留言和標語，特別是選舉期間更是口
　　號滿天飛，看來這種情形真是確有其事。

26　這三位都是羅馬政壇大名鼎鼎的人物：黎西紐斯‧克拉蘇在132B.C.成為祭司長，131年當選
　　執政官；穆修斯‧西伏拉是133年的執政官，克拉蘇過世後，他在130年接任祭司長；他的岳
　　父曾經出任執政官和監察官，現在是元老院的首席元老。

27　有關這個法案的條款內容現在已經不清楚，更無法與過去的規定作比較，只知道禁止擁有300
　　犁畝的土地，阿皮安特別提到，說是容許地主將150犁畝的田產分給他的子女。凡是多出來
　　土地繳回以後，由三人委員會負責分配。

怒，他們帶著貪婪的情緒反對這個法案，同時還表現藐視和組黨結派的心態痛恨立法者。他們竭盡諸般手段去蠱惑民眾，宣稱提比流斯全面實施土地重新分配，會摧毀現在的政治體制，使得整個社會陷入混亂之中。

他們的努力沒有獲得成功。提比流斯‧格拉齊有口若懸河的辯才，對於崇高和公正的法案展開辯護，即使難以置信的理由聽起來顯得似乎十分合理。他的敵手無法推翻他提案和駁斥他的意見。每當群眾圍繞著講壇，他總是發言在為窮人請命。他說道：「意大利的野獸都有用來休息和避難的巢穴，可是那些執干戈以衛社稷和願意犧牲性命的人，除了空氣和陽光卻一無所有。他們無處安家立業，帶著妻兒子女到處流浪飄泊。」他特別告訴大家，統率大軍的將領犯下極其荒謬的錯誤，鼓舞普通士兵要為保衛祖墳和神壇而戰。然而許多羅馬人並沒有神廟或紀念碑，也沒有自己的房屋或祖先的祠堂可以保護，他們的奮鬥和犧牲，僅是為了別人的榮華富貴，自己號稱是世界的主人翁，腳下卻無立錐之地。

10 一個人具備崇高的理想和純真的情感，用這樣的言論對熱情洋溢和慈悲為懷的聽眾演說，沒有任何一位敵手敢站出來駁斥。因此，反對他的人只有停止所有的討論和爭辯，轉而謀求另一位護民官馬可斯‧屋大維烏斯(Marcus Octavius)給予支持[28]，這位年輕人作風穩健而且奉公守法，他是提比流斯‧格拉齊的知己之交。屋大維烏斯起初拒絕與提比流斯唱反調，經過眾多權勢人物不斷強行遊說，他終於不讓提比流斯‧格拉齊的法案通過。根據法律他有權力攔下提出的法案，只要任何一名護民官表示異議，其他人員毫無辦法翻盤。

提比流斯對於這樣的審查程序極其不滿，將原本條款溫和的法案擱置一邊，同時提出另外的法案，不僅讓平民更加滿意，而且對違法人員的處分更為嚴厲。新的辦法要求違法侵占土地的人，立即放棄所有權。從此他和屋大維烏斯在每天的演說中始終針鋒相對，互不退讓。不過，他們兩人雖然表現出熱情和決心，卻從來沒有降低格調實施人身攻擊，或是在一時情急之下，讓不得體的言辭脫口而出，以至於損害到雙方的友誼。不僅兩人在「狂歡和酒神的飲宴之中」，即使雙方爭辯不已而且充滿政治的宿怨，高貴的天性和堅毅的教育仍舊制約和規範他們

28　我們只知道馬可斯‧屋大維烏斯是一位護民官，其他均付闕如。阿皮安的敘述與蒲魯塔克大相逕庭，他說這兩個人從來沒有發生衝突。

的心靈[29]。

提比流斯提到屋大維烏斯已經違犯現在的法律，自己還從共同國獲得大量的土地，因此希望他不要再堅持反對的立場，雖然自己的家產並不多，還是願意花錢買下他那一份，然後歸還給城邦用來分給大家。屋大維烏斯拒絕接受這個辦法，因此提比流斯頒布敕令，禁止所有的官員執行公務，直到這項提案經過公眾的投票，決定到底是批准還是駁回。

他進一步的處置是蓋上印信用來封閉農神廟的大門， 沒有人可以從國庫領到款項，也無法將錢繳進去。他威脅要用鉅額罰鍰處分那些不服從他指揮的法務官，所有出任這個職位的官員害怕這種刑責，暫時中止運用他們的審判權。這樣一來使得富有的地主陷入愁雲慘霧之中，帶著憂鬱和沮喪的心情，到處奔走尋求奧援。他們為了對付提比流斯成立一個陰謀組織，要花錢買兇手從事暗殺的工作，所有市民都知道，他每逢外出都會帶一把強盜所使用的匕首，拉丁文稱為dolo[30]。

11 指定的日子來到，市民受到召集要去投票，有錢人搶奪票箱用武力強行帶走，所有的選務工作陷入混亂之中，提比流斯的支持者有強大的實力，可以抗拒堅持反對立場的黨派，現在集結起來，決心採取行動。這時兩位曾經出任執政官的曼留斯（Manlius）和弗爾維斯（Fulvius），出現在提比流斯的面前抓住他的手，流著眼淚求他停止對峙的局勢。提比流斯考慮現在發生的狀況和未來造成的災難，同時他對這兩位政壇大老極其尊敬，只要他們有任何吩咐都會照辦無誤。他們知道自己不適合就這樣重要的問題提出任何建議，只能用非常熱烈的態度，勸格拉齊將法案交給元老院做出決定。

元老院的會議受到有錢人這方面的操縱，未能達成任何解決辦法。提比流斯被迫運用違法和不公正的手段，逼使馬可斯·屋大維烏斯去職[31]，因為除此以外，

---

29 蒲魯塔克引用優里庇德的《巴奇》（*Bacchae*）一劇第316-318行：
　　　人們要對個性加以約束，
　　　即使為酒神舞蹈的婦女，
　　　她們的言行要中規中矩。

30 阿皮安並沒有提到緊張的局勢和暴力的行為；dolo是一種武器，外表看起來像一根手杖，銳利的刀刃隱藏在杖身讓人無法覺察。

31 羅馬沒有罷黜官員的法定程序，護民官因為職位的特殊，受到嚴格的保護，認為是神聖不可侵犯，提比流斯在這裡提到他所以要讓屋大維烏斯免職的理由，實在說過於牽強，很多年來

他無法進行投票使得法案得以通過。首先，提比流斯公開用友善的措辭向他表達善意，當著民眾的面前握他的手，懇求他要抓住這個機會爲大家服務，不僅要同意這種極其公平合理的需求，同時要爲那些保國衛民而涉險犯難的人給予最低的補償。不過，屋大維烏斯沒有受到說服表示順從。提比流斯公開宣布，鑑於兩人擔任同樣的職務，擁有同等的權責，如果不能調和雙方的歧見，等到狀況更爲嚴重就會引發內戰；唯一解決的辦法是免除其中一人的職位。因此，他希望屋大維烏斯召集市民大會，將罷黜他的案子首先拿出來表決，只要市民同意他立即放棄所有的權責。屋大維烏斯還是拒絕，提比流斯說他經過審愼的考量，如果屋大維烏不能回心轉意，就會將他的免職案提出來交市民大會裁決。提比流斯作出這樣的宣布以後，市民大會延到次日召開。

12 民眾重新聚集起來，提比流斯登上講壇，再度試圖說服馬可斯‧屋大維烏斯。等到屋大維烏斯不爲所動，他只好將此事訴諸市民，要求立即用投票決定屋大維烏斯的去留。35個區部中已有17個投票反對留任[32]，只要再有1票屋大維烏斯必須去職，提比流斯要求暫停整個程序，再一次懇求屋大維烏斯。他在市民大會上面，當著大家的面擁抱屋大維烏斯予以親吻，熱切請求不要迫使自己採取如此嚴厲手段，遭到如此不名譽的罷黜。據說屋大維烏斯曾經爲他眞誠的態度稍有軟化和感動，眼中充滿淚水，相當時間默默無語。屋大維烏斯看見那些富室和有廣大產業的地主，成群結隊聚集在一旁，頓時感到羞愧和恐懼交集，他毫無畏懼吩咐提比流斯有什麼嚴厲手段儘管使出來，要他從命是辦不到的事。

投票結果通過護民官的罷黜案，提比流斯隨即命令他的僕從將屋大維烏斯帶到講壇，這樣一來使得提比流斯的行爲變得可恥，因爲他的僕從是位自由奴，竟然用十分侮辱的方式將屋大維烏斯拖上台。民眾立即對他拳打腳踢，那些財主趕緊跑來救駕，幾經困難總算將屋大維烏斯搶奪出來，安全護送他脫離群眾。他有一位受到信任的僕人，始終站在主人的前面，好幫助他逃離險境，爲了不讓民眾

　　護民官已經成爲控制元老院那幾個家族的打手和傳聲筒。

32　全體羅馬市民分屬35個區部，與身分和財產無關，是一種地域性的劃分，就像「百人連」大
　　會同樣是投票單位，用多數決來顯示投票的結果，選舉官吏和通過法律要獲得超過半數即18
　　個區部的同意票，至於罷黜官吏也運用這種方式倒是不得而知。

接近,連眼睛都被打瞎。發生的狀況使得提比流斯極其不滿,他覺察會出現火爆的場面,立即從講壇上跑下來安撫這些暴徒。

13 等到這件事處理完畢,有關土地的法案接著獲得通過,成立一個三人委員會,負責測量和勘察土地,督導公平的分配作業。委員會的成員是提比流斯本人、他的岳父克勞狄斯·阿庇斯和他的弟弟該猶斯·格拉齊。不過,這時該猶斯離開羅馬,正在西庇阿·阿非利加努斯的麾下,隨軍遠征努曼夏。提比流斯在順利而平靜的狀況下,安排所有的事務,任命一位護民官接替屋大維烏斯留下的職位,然而穆修斯(Mucius)僅是一個無名小卒而且是提比流斯的部從[33]。城市的重要人物覺得受到冒犯,他們擔心提比流斯操縱民意使得權勢日漸增高,因此,在元老院從不放過任何攻擊和侮辱提比流斯的機會。他在劃分土地作業期間,需要購買一頂帳篷,按照慣例申請公費支付遭到斷然拒絕,事實上有很多事情並不重要,提出要求反而獲得同意;同時給他們每日的津貼只有9奧波[34]。這些冒犯和抵制的幕後指使者是巴布留斯·納西卡(Publius Nasica)[35],他擁有面積廣大的公地,現在被迫交出來,當然會公開表示對於提比流斯充滿恨意。

另一方面,民眾變得愈來愈容易激動,一點小事就會釀成大波;提比流斯有位朋友突然亡故,屍體上面出現引起懷疑的斑點,很多人帶著唯恐天下不亂的念頭,跑到舉行葬禮的地方大聲叫嚷,說是死者被人毒斃。他們用肩抬起棺架,放在火葬堆的上面,懷疑有人運用污穢的伎倆看來真是很有道理,遺體公開點火焚毀,大量腐敗的體液噴流出來,使得火焰為之熄滅,等到再次舉火,柴束仍舊無法燃燒。他們不得已只有將遺體運到另外一個地點,克服困難總算完成火葬的儀

---

33 這裡提到的人士並不確定,阿皮安說是奎因都斯·穆米烏斯(Quintus Mummius),奧羅休斯認為是米努修斯(Minucius),只有蒲魯塔克辨明他的身分是一位部從。如果他真是穆修斯,那麼他可能是穆修斯·西伏拉(Mucius Scaevola)的親戚,後者對於提比流斯的支持不遺餘力。

34 拉丁人認為9奧波不過是零頭而已,我們在前面提到老加圖很節儉,然而他吃一頓午餐也要花30奧波。當然這要從什麼角度來看,我們從本書第六篇〈亞西拜阿德〉第35節得知,當時一位水手的薪餉是每日3奧波銀幣。

35 高乃留斯·西庇阿·納西卡·塞拉皮奧(Cornelius Scipio Nasica Serapio)是138B.C.的執政官,後來成為祭司長直到132年逝世為止。他與西庇阿·伊米利阿努斯和提比流斯都是表兄弟,因為他們的母親是姊妹。

式。提比流斯為了更加激怒群眾，身穿喪服帶著死者的兒女來到市民大會，如果他萬一遭遇不測，懇求大家照顧這些小孩和他們的母親。

14 大約在這個時候，稱號為斐洛米托(Philometor)的阿塔盧斯(Attalus)王崩殂[36]，帕加姆斯人(Pergamenian)優迪穆斯(Eudemus)攜帶遺囑到達羅馬，國王的願望是要羅馬人民成為他的繼承人。提比流斯為了討好民眾，立即制定法案，將阿塔盧斯留下的家財分配給那些獲得公地的市民，使得他們有錢購買牲口和開墾土地，有關阿塔盧斯統治的疆域和城鎮如何處理，提比流斯認為應由市民大會而非元老院做出決定，他會詢問大家的意願。這樣一來他觸怒元老院較以往更為嚴重。龐培烏斯(Pompeius)站起來告訴大家，說他是提比流斯的鄰居，知道帕加姆斯人優穆迪斯將王冠和紫袍送給提比流斯，相信提比流斯不久會成為羅馬的國王[37]。

奎因都斯‧梅提拉斯(Quintus Metellus)譴責提比流斯忘本，說是他的父親出任監察官的時候，只要在晚餐之後下班，羅馬人都會熄滅燈火，免得被他發現在違反禁令的時間之內飲酒作樂；然而現在卻看到那些極其貧窮和厚顏無恥的民眾，夜間打著火炬陪提比流斯回家。

提圖斯‧安紐斯(Titus Annius)喜歡飲酒，從事法律方面的工作沒有多大名氣，他擅長提出問題並且給予正確的答案。有次安紐斯向提比流斯挑戰，說他要用打賭來證明，提比流斯即將罷黜一位行政官員，而這位官員依據法律擁有神聖不可侵犯的身分[38]。這種說法引起叫囂和騷動，提比流斯在倉促之中離開元老院，召開市民大會傳喚安紐斯，要對他提出指控。安紐斯並非一個口才很好的演說家，無論是家世和聲譽都無法與提比流斯相比，只有靠著自己的本事自謀多福，要求在進入答辯之前先問提比流斯一、兩個問題，提比流斯認為他有這個權利，並且要求大家保持安靜，聽聽安紐斯有什麼高見。安紐斯說道：「如果你想誣衊

36　帕加姆斯國王阿塔盧斯三世在133B.C.逝世。

37　龐培烏斯是141B.C.的執政官和131年的監察官，共和時期任何官員要是想當國王，行動稍有表露就變成亂臣賊子，人人可以得而誅之，凱撒被殺使得陰謀分子振振有詞，就是說他要戴上王冠君臨天下。

38　提圖斯‧安紐斯是153B.C.的執政官，他竟敢站起來質疑護民官神聖不可侵犯的屬性，這也是不可思議之事。自從494年第一次出現平民脫離事件，因而設置護民官以保護平民以來，護民官一直不會受到暴力脅迫。

我使得我聲名狼藉,然而我可以獲得你的同僚的幫助,願意為我上台辯護,那麼你會因而怒氣大發將他免職嗎?」據說這個問題使得提比流斯狼狽不堪,雖然其他時候他有充分的準備,而且說話非常得體,這次卻讓他沉默無語。

15 目前的狀況非常尷尬,他只有解散市民大會。不久以後,提比流斯發覺,過去他對屋大維烏斯的行為,不僅是貴族連人民都引起反感,因為他們認為護民官的職權神聖而且尊嚴,現在卻受到侮辱和破壞。他在市民大會發表演說為自己辯護,就某些方面而言確有需要,給大家的印象是他的講話強硬有力讓人信服。他說道:

> 護民官這個職位不僅神聖而且不可侵犯,因為他把自己的生命奉獻出來,成為公眾的衛士和保護者。如果護民官墮落到要來壓迫人民,不僅剝奪大家的權利還要拿走選舉的自由,這時他所擁有的榮譽和豁免權使得他自食其果,大家授與他官位是為了要他善盡職責,只要忽略會面臨同樣的下場。至於其他方面,我們必須基於個人義務讓護民官隨心所欲,即使要破壞卡庇多神廟或放火燒掉軍械庫,我們都不得干涉。擔任那個職位的人要是懷著不良的企圖就是一個壞護民官,要是肆意攻擊人民的權利那就喪失作為一個護民官的資格。要是想到一個護民官能夠監禁執政官,授與他這個職位的市民大會,竟然對他的濫權無能為力,甚至還不能將他罷黜,難道不會令人感到不可思議?護民官如同執政官都是經由市民的投票獲得職位,君王政體將所有的權力攬於一身,運用宗教的莊嚴儀式提升到神聖的狀態,雖然能發揮相當作用,等到塔昆倒行逆施,市民還是將他趕下王座。羅馬在古代建立的政治體制,因為一個人的罪行遭到徹底的根絕。灶神處女用兢兢業業的態度負責維護永恆的聖火,難道還有誰比她們更為尊貴和神聖?如果她們之中有人違犯守貞的誓言,會遭到活埋的懲處。她們是為了虔誠崇拜神明獲得至高無上的地位,等到她們冒犯到神明這些特權隨之喪失。因此一個護民官要是傷害人民的感情,攻擊他之所以獲得職權的民意基礎,那麼為著保護人民而授與他的權力,還有神聖不可侵犯的禁令,同樣無法保有。我們認為要成為一個合法的護民官,必須在選舉中贏

得大多數的同意票，難道經過大多數人的同意，就不能對這位護民官
給予合法的免職處分？沒有比供神的祭品更為神聖的東西，然而從來
沒有禁止人民使用，只要大家高興可以隨意送到任何地點，因此如同
一些神聖的禮物，市民大會有合法的權力將護民官這個職位，從一個
人轉到另一個人的手中。所以護民官並非不可以侵犯，他的職位也不
是不可以撤銷，過去有很多人主動放棄或是向市民大會要求解除職位。

16 以上是提比流斯公開辯駁的主要論點。他的朋友非常憂慮，他一直
受到危險的威脅，陰謀組織始終將他當成主要的目標。因此，他們
認為最安全的辦法，就是要他競選連任下一年度的護民官。提比流斯為了爭取民
眾善意的支持，於是又提出新的法案[39]：減少在軍中服役年限；上訴的審判權從
陪審團的手裡轉移到市民大會；除了由元老院議員中指派陪審團的成員，騎士階
級可以選出同樣數量的員額。

總之，他竭盡諸般手段用來削弱元老院的權力，有關這方面的作為，完全是
基於一時的衝動和派系的成見，未能顧及公正和城邦的利益。當投票的時間來
臨，等到問起這些法案是否能夠通過，他的朋友知道反對黨派的實力非常強大，
民眾並未團結起來發揮整體的力量，他們為了拖長時間就發表演說指控其他的護
民官，最後終於將市民大會的表決延到次日舉行。

然後提比流斯進入會場與民眾在一起，流著眼淚用謙卑的態度向他們講話，
告訴大家說他有充分的理由，懷疑敵手企圖在夜間破屋而入，在他的家中將他謀
殺。這番話使得群眾激動萬分，有些人甚至在他的住家四周搭起帳篷，整夜警戒
保護他的安全。

17 天明之後來了一位鳥卜者，可以從飛禽啄食的姿勢預言吉凶。為了
便於觀察，拋一些穀粒在外面讓這些占卜用的鳥類食用。占卜者先
要盡其所能驚嚇豢養的鴿子離開籠子，然而一大群中間只有一隻敢飛出去，鼓著
左翼伸直兩隻腳，飛行的姿態非常怪異，沒有啄一顆穀粒又飛進籠中[40]。提比流

39 只有蒲魯塔克認為這些法案都是提比流斯制定，其他的學者還是有意見，並不完全贊同。
40 羅馬人實施鳥卜除了鴿子選用專門飼養的雞，如果將穀物丟進籠內毫無動靜，這是表示凶

斯對於接著又出現一個凶兆感到非常心虛，他有一頂非常貴重的頭盔，經常戴著
進入戰場。發現有兩條蛇盤踞其中產卵，並且孵出很多小蛇。因為這個緣故，他
非常在意鳥卜顯示的狀況。

雖然如此，等到他知道民眾在卡庇多神廟集合，立即趕了過去，就在他離家
的時候，不小心被門檻絆倒重重跌了一跤，腳拇趾的指甲破裂血流在鞋子上面，
等到他沒有走多遠，看到左手邊的屋頂有兩隻烏鴉在那裡打鬥，雖然他的四周圍
繞著無數的民眾，其中有隻烏鴉啣著一顆石子，正好拋落在他的腳上。出現這個
不利的徵候，即使他旁邊最勇敢的人也都停頓下來。庫馬的布洛休斯當時在場，
他向提比流斯說道，身為格拉齊之子、西庇阿·阿非利加努斯之孫和羅馬人民的
保護者，為了怕一隻愚蠢的鳥，竟然拒絕接受同胞的召喚，這是極其羞辱和可恥
的行為；何況他的敵手在提到這件事的時候，不僅認為他的舉動非常荒謬，而且
藉機向民眾宣布說這就是暴君的作風，傲慢的心態無視於人民的自由權利。就在
這個時候，從他的朋友那裡派來幾位信差，要他到卡庇多與大家見面，說是一切
事務都按照預期的狀況順利推展。實在說，提比流斯步入神廟獲得極大的成功，
甚至在他剛一露面之際，民眾發出驚天動地的歡呼聲音，等到他走到講話的位
置，他們再度表現興高采烈的熱情，圍在他的四周成為一道人牆，除了所熟知的
朋友，沒有人可以接近。

18 然後穆休斯開始再度從事投票的工作，即使秩序井然還是無法順利
進行，因為在群眾的四周有反對黨派的人員想要強力闖入，受到攔
阻以後引起衝突。這時的局勢非常混亂，有一位元老院的議員弗爾維斯·弗拉庫
斯(Fulvius Flaccus)[41]，站在提比流斯可以看到的地方，只是距離較遠無法聽到，
就打手勢表示有狀況要告訴他。提比流斯就要群眾給弗爾維斯讓開一條通路，就
這樣要進來還是相當困難。弗爾維斯擠到提比流斯的身旁並且告訴他，富室和地
主這個派系的人員在元老院集會，因為未能說服執政官支持他們的行動，所以決

（續）
　　兆，要是雞隻爭先恐後搶食，占卜官可以宣布已經蒙受神明的賜福。

41　弗爾維斯·弗拉庫斯是125B.C.執政官，該猶斯·格拉齊至死不渝的支持者，從130年起他是
　　三人委員會的成員之一，全力推動提比流斯所制定的法案，到了122年與該猶斯同時出任護
　　民官。

定下手刺殺提比流斯[42]，他們為了達成這個目標，武裝一大批朋友和奴隸。

19 提比流斯將這個消息告訴四周的盟友，他們立即捲起衣袍，拿起官員用來驅退民眾的束棍，將它拆成一段一段分給大家，用來防止敵對陣營的突襲。站在較遠處的人民感到奇怪，詢問發生什麼事故。提比流斯知道有段距離的人員無法聽到他的話，舉手過頭表示自己陷入危險之中感到極其憂慮。反對黨派的人員見到他的手勢，立即趕到元老院提出報告，說提比流斯一心想要人民為他加冕，擁戴他登基稱王；他用手指著自己的頭部就是這個意思。這個消息在元老院引起一陣混亂，納西卡立即要求執政官懲罰僭主，維護國家的主權和政體。執政官用溫和的語氣回答，說他不願訴諸暴力，更不允許任何市民未經合法的審判受到死刑的處分；即使提比流斯這一邊用說服或強迫的方式，使得市民決議去做非法的事情，他也不允許運用這種處理的手段。納西卡從他的座位中站出來，大聲叫道：「執政官對共和國的安全漠不關心，任何人想要維護法律的尊嚴，隨著我前進。」他將衣袍的下襬甩起來摺在頭頂[43]，向著卡庇多山疾行，跟隨的人也都將衣袍捲起，用左臂挽住，從群眾中間擠了過去。因為這些人都是身分和地位極高的人士，沒有人敢阻擋，紛紛閃避讓路，倉促之際大家亂成一團。

這些元老院議員的隨從人員從家裡帶來木杖和棍棒，民眾在逃走之際打壞很多家具，他們自己撿起地上的椅腳和木塊。經過武裝以後朝著提比流斯前進，一路毆打擋在前面的人，使得大家一哄而散，還是有很多人遭到殺害。提比流斯為了保命趕緊逃走。這時他抽身不及，所穿的長袍被一位議員抓住不放，他將袍服脫掉僅著內衣急奔，接著為倒在地面的屍體所絆倒，當他掙扎站起來，另一位護民官也是他的同僚巴布留斯‧薩都里烏斯(Publius Satureius)，用一根椅腳對著提比流斯的頭頂，施以致命的一擊。盧契烏斯‧魯弗斯(Lucius Rufus)聲稱自己是第二位攻擊他的人，好像這是一件值得驕傲的事；此外，共有300多人死於棍棒和石塊，好像沒有人使用利劍這一類的武器[44]。

42　這個時候的執政官是穆修斯‧西伏拉，提比流斯提出最早的分配土地法案，他是起草人之一，等到提比流斯被害後，他在法庭為這些凶手辯護。

43　這種動作引起很多的討論，因為納西卡是祭司長，大家認為這是一種宗教的儀式，祈求神明不要降罪於他們的頭上。

44　殺害提比流斯的兩位凶手可以說是無名小卒，發生混戰的地點在卡庇多山西南隅信仰女神廟

20 我們知道，這是市民放棄君主政體以後，羅馬人第一次出現的暴亂行動，經過血的洗禮終於落幕。所有從前發生的爭執不僅規模很小而且都是無關緊要的瑣事；因爲元老院畏懼市民大會，只要平民大會尊重元老院，在彼此忍讓的狀況之下，能夠和平友善獲得解決。如果不是對手一定要訴諸暴力和殺戮，提比流斯應該被說服而妥協，這也是不難做到的事，甚至到最後還是要讓步，因爲支持他的民眾就數量而言不過3000人而已。那些有錢的富室醞釀密謀來對付他，完全出於仇恨與惡意，所說的理由倒在其次，爲了證明我所說不虛，不妨看看他們對待提比流斯的屍體是如何的野蠻和不人道，非但不准該猶斯提出的請求，連夜埋葬他的兄長，反而將所有的屍體一併投入台伯河。

他們的敵意沒有因而停息，不僅沒有經過合法的程序就放逐他的朋友，而且盡可能動手將很多人殺死，其中包括演說家戴奧法尼斯，還有一個名叫該猶斯‧維留斯（Caius Villius）的人，關在一個大桶裡面，然後放進角蝰和毒蛇，慘遭折磨很久才斷氣[45]。說起庫馬的布洛休斯被帶到執政官的面前倒是確有其事，他說明整個事件發生的經過，承認只要提比流斯無論有任何交代，就會毫不猶豫立即執行。納西卡大聲咆哮道：「要是提比流斯吩咐你燒掉卡庇多神廟，難道你也照做不誤？」他開始的答覆是提比流斯從沒有給他下過這種命令，同樣的話問過幾回以後，他說道：「如果出現那種狀況，我奉命去做並沒有什麼不對；因爲提比流斯認爲這樣做對市民沒有好處，所以他不會下達焚毀卡庇多神廟的命令。」這時的布洛休斯獲得赦免，後來離開羅馬遠赴亞細亞投靠亞里斯托尼庫斯（Aristonicus）[46]；當這個城市被敵人攻破大肆掠奪之際，他自裁而亡。

21 元老院經過這次屠殺事件以後，爲了安撫民眾不再反對公地的分配，同意他們選出另外一位委員補上提比流斯遺留的缺額。他們推舉比布留斯‧克拉蘇（Publius Crassus）接替，因爲他的女兒黎西妮婭（Licinia）嫁給該猶斯‧格拉齊，所以雙方是關係密切的近親。雖然高乃留斯‧尼波斯（Cornelius

---

（續）

前面的廣場。

45 羅馬人要是犯下弑親罪，會遭到這樣的懲罰。

46 亞里斯托尼庫斯雖然是阿塔盧斯三世同父異母兄弟，身分是私生子喪失繼承的權利，但是他拒絕接受阿塔盧斯的遺囑，很快登基爲王，用攸米尼斯三世的稱號進行統治，130B.C.戰敗被羅馬人擒獲。

Nepos)[47]說該猶斯娶的妻子是布魯特斯的女兒,布魯特斯對露西塔尼亞人作戰贏得勝利,得到舉行凱旋式的殊榮;大部分作者的敘述認同我們的說法。不過,羅馬市民對提比流斯的慘死,非常明顯表現出永難忘懷的憤怒,他們在等待機會實施報復,納西卡受到檢舉和指控的威脅。

因此,元老院害怕有災難落在他的頭上,雖然那時還沒有立即成行的需要,還是派他前往亞洲出任使節。民眾沒有掩飾他們的痛恨,公開在街道上面咒罵納西卡,當他們在外面遇到他的時候,把他叫做謀殺犯和暴君,殺害神聖不可侵犯的官員,流出的鮮血玷污羅馬的宗教聖地。納西卡雖然身為祭司長,負責主持重要的祭典和儀式,被迫只有離開意大利,即使在外國各地漫遊仍然遭到羞辱和譴責,沒過多久在離帕加姆斯不遠處亡故[48]。

人民之所以嫌惡納西卡也是無足為怪的事,就是受到羅馬人敬愛的西庇阿‧阿非利加努斯,也讓大家對他產生不好的印象,那是提比流斯死亡的消息傳到努曼夏,他隨口唸出荷馬的詩句[49]:

> 死者已矣,前車之鑑,
> 來者可追,後事之師。

後來,西庇阿‧阿非利加努斯參加一次盛大的集會,被該猶斯和弗爾維斯問到,他對提比流斯之死有什麼感想,他的回答是對提比流斯的施政方針極其不滿。結果使得民眾在他發表演說的時候,用盡方法予以干擾,這可以說是前所未有之事。因此在另一方面,西庇阿也對人民講一些很傷感情的話。有關這部分在西庇阿的傳記有詳盡的敘述[50]。

47　高乃留斯‧尼波斯是西塞羅時代的羅馬歷史學家和傳記作者,蒲魯塔克經常引用他的記載。這裡提到的布魯特斯是朱紐斯‧布魯特斯‧卡黎庫斯(Iunius Brutus Callaecus),138B.C.的執政官。

48　逝世的時間可能是132B.C.。

49　下面這句詩引用自荷馬《奧德賽》第1卷第47行。

50　《英豪列傳》原本有一篇西庇阿和伊巴明諾達斯的傳記,現在已經散失。

第四章
該猶斯・格拉齊（Caius Gracchus）

155-121B.C.，羅馬護民官，提比流斯・格拉齊之弟，
繼承兄長的遺志，改革未果被害。

1 該猶斯・格拉齊（Caius Gracchus）開始的時候絕跡於各種集會的場合，非常安靜躲在家中，盡可能放低姿態表示對政治毫無野心，像是願意過怠惰懶散的生活，這樣做一方面是畏懼他兄長的政敵，再方面要使得人民更加痛恨這種謀害的行動。確實有人持這種說法，那就是他不滿意提比流斯的舉措，所以才不理兄長的死活。不過，提比流斯以不到30歲的英年被殺，該猶斯比他小9歲，所以那個時候他還是一個小夥子。

不過，沒有過多久，他逐漸顯出本性，對於無所事事和自暴自棄的生活大為反感，至少不願自己每天都在大吃大喝和拚命賺錢，他極其勤奮學習演講術，對於他的從政發揮如虎添翼的作用。可以看出他不願就此庸庸碌碌了此一生。當他的朋友維久斯（Vettius）受到起訴，他出庭擔任辯護，旁觀的民眾為他的談吐著迷，大家都很高興他能掌握審判的過程，其他的演說家與他相比有如黃口小兒，那些擁有權勢的市民對他極其嫉妒和畏懼，他們有共同的看法就是竭盡諸般手段，不讓該猶斯獲得護民官的職位。

接著他當選財務官，按照規定他要追隨執政官歐里斯底（Orestes）[1]前往薩丁尼亞（Sardinia），這樣一來使得他的政敵感到高興，該猶斯本人覺得並無不可。他天生愛好軍旅生活，拿出從事法律工作的熱心，加強軍事訓練務使自己熟悉作戰用

---

1 奧里留斯・歐里斯底（Aurelius Orestes）是126B.C.的執政官，這裡沒有提到，該猶斯在離開首都之前，曾經反對護民官朱紐斯・平努斯（Iunius Pennius）的提案，這個法案的主旨就是不讓沒有市民權的人士在羅馬定居。

兵之道。除此以外，他對涉足政壇和公開發表政見還抱著畏懼的態度，出於人民和朋友不斷要求，處於無法逃避的狀況下只有趕快啓程，所以他很高興能有機會離開這個城市。雖然如此，大家還是抱著這種見解，認爲該猶斯是深受愛戴的民眾領袖，比起提比流斯更爲野心勃勃。其實這種說法並不正確，他之所以涉足政壇完全是出於需要，本人並沒有任何意願。演說家西塞羅提到，他拒絕接受大家的關心，不願出任官職情願過平民生活。他的兄長在夢中顯靈，呼喚著他的名字向他說道：「該猶斯，爲什麼你會遲疑不決？服務人民是我們的天職，是生是死都已命中注定，你根本無法逃避。」[2]

2 抵達薩丁尼亞以後，無論是對敵人的作戰行動、對部屬的公正無私和對長官的服從負責，該猶斯證明自己比同齡的年輕人更爲卓越，同時在克制、節儉和勤奮各方面，他的表現較之資深的官員更爲老成持重。薩丁尼亞出現嚴酷難忍的冬天，逼得將領在幾個市鎮徵集衣物供士兵禦寒之用。於是城市派員前往羅馬，提出陳情要求解除額外的負擔。元老院裁定他們的訴願有理，下令將領用其他的方式供應軍隊所需被服。將領對這個問題無法解決，使得士兵遭受很大的痛苦，該猶斯親自前往這些城市，苦口婆心說服他們願意出錢出力，幫助羅馬軍隊渡過艱困的冬季。

消息傳回羅馬，讓人聯想到他會成爲深受民眾愛戴的領袖人物，元老院的議員對他產生新的猜忌之心[3]。此外，邁西普薩(Micipsa)王從阿非利加派使者來到羅馬，告知元老院說是他們的君主出於對該猶斯・格拉齊的尊敬，運送相當數量的穀物給薩丁尼亞的將領。元老院議員對此大起反感，他們將使者趕出會場[4]，同時下達命令要派部隊去接防，歐里斯底繼續留任原職，該猶斯仍舊是他的財務官。

等到他收到這些公文，怒氣大發立刻搭船回到羅馬，他突然出現在眾人面

2　該猶斯還沒有出任護民官之前，就將這件事告訴歷史學家西留斯・安蒂佩特(Coelius Antipater)，所以會記載在他的作品之中，後來西塞羅《論占卜》第1卷加以引用。看來提比流斯和該猶斯的命運相連，整個事件表現出悲劇的特質。

3　該猶斯非常關心士兵的福利，特別是在行省擁有極大的影響力。

4　邁西普薩送禮物給羅馬，顯示該猶斯家族有錯綜複雜的軍政關係，使得元老院感到芒刺在背。很多年以前，完全靠著該猶斯的祖父西庇阿・阿非利加努斯的庇護和支持，邁西普薩王國才能建立。

前，不僅引起政敵的指責也惹得民眾對他不滿，他們認為財務官擅自離開指揮官
是不可思議的事[5]。雖然如此，還是有人拿這個作為理由，到監察官那裡對他提
出指控。他獲得允許可以為自己辯護，能夠有效改變法庭的看法，使得大家都同
意他受到很大的委屈。他說他在軍中服務已經有12年，但是一般人只要10年就可
以退役，何況他在指揮官下面擔任財務官已有2年，然而法律規定只要滿1年就能
返國。他說全軍只有他在遠征行動完畢以後，將喝完酒的空甕帶回家，其他人在
裡面裝滿從戰爭獲得的金銀財寶。

3 這件事結案以後，他們又用別的指控和訴狀對他施以攻擊，像是說他策
動盟邦的叛變，或是涉及弗里吉立(Fregellae)的陰謀活動[6]。等到洗刷嫌
疑證明清白無辜以後，立即參選護民官的職位。地位顯赫的人物全部反對他所採
取的行動，然而意大利各地不計其數的民眾湧入羅馬投票給該猶斯，城市無法容
納這樣多的外來者，只有戰神教練場夠大可以用來召開市民大會，很多人爬上房
舍的平頂或屋瓦上面，用高聲的歡呼給予熱烈的支持。不過，貴族還是比平民占
優勢，該猶斯不能稱心如意，第一次沒有當選，要到第四次才達成所願[7]。

等到他執行職務[8]，看起來就是首席護民官，因為他是當代名聲最響亮的演
說家，同時他一直對兄長的慘死懷抱哀悼的心情，所以他的發言極其大膽坦誠不
怕得罪人。他經常運用各種機會提醒民眾，在何種狀況下產生提比流斯的動亂事
件，處理的方式與他們的祖先完全背道而馳。他還舉出案例來說明：像是法利斯
坎人(Faliscans)用羞辱的言辭咒罵護民官吉奴修斯(Genucius)[9]，羅馬人不惜與這
個城邦宣戰；該猶斯·維突流斯(Caius Veturius)在羅馬廣場拒絕讓路給一位護民
官，結果受到死刑的判決。他說道：「鑑於這些人在光天化日之下，當著大家的

---

5 財務官執掌財政大權，一般而言都希望留在行省服務，可以上下其手為自己搞錢。該猶斯回
   到羅馬是124B.C.，擔任這個職位有三年之久，這在別人是求之不得的事。他返回首都的目
   的是要競選123年的護民官。

6 弗爾維斯·弗拉庫斯(Fulvius Flaccus)是125B.C.的執政官，提案要讓所有意大利人獲得羅馬
   市民權，但是表決沒有通過。弗里吉立是拉丁姆地區一個城市，居民為無法獲得市民權而憤
   怒不已，起兵反抗羅馬的統治，叛亂在124年遭到鎮壓，全城被夷為平地。

7 每年夏季要選出下年度十名護民官，這一次的選舉是在124年7月B.C.，他們在12月10日就職。

8 該猶斯成為123B.C.的護民官，他的兄長提比流斯在10年前擔任同樣的職位。

9 這件事發生在241B.C.，羅馬和法勒瑞(Falerii)這兩個城邦正在交戰。

面用棍棒謀殺提比流斯，拖著受害的屍體通過城市中間，投進台伯河的水流當中，甚至就是他的朋友，不論有多少只要抓住未經審判立即處死。然而我們的城市可以看到公正和古老的習慣，那就是任何人被控犯下滔天大罪，當他還沒有出現在法庭之前，當日早晨派出一個號角手到他的住處，吹響號角召喚他赴法庭受審，一定要完成這種法定的手續，陪審員才會投票作出定罪與否的判決，我們的祖先對於生死大事，秉持審慎和保守的態度。」

4 所講的話（音聲極其響亮具有強大的說服力）使得民眾的情緒深受感動，然後他提出兩個法案。第一案是任何官員擔任公職遭到市民大會罷黜，爾後不能競選任何職位。第二案是任何行政官員未經合法的審判，將一位羅馬人定罪加以放逐，市民大會有權對該案重新審理。

頭一條法規很明顯是為了對付馬可斯・屋大維烏斯(Marcus Octavius)，在提比流斯的教唆之下，護民官的職位被市民大會所剝奪。另外一條涉及波披留斯(Popilius)，身為法務官將提比流斯的朋友全部放逐[10]。為了不願留下冒著接受審判的危險，波披留斯只有逃離意大利。前面那條規定後來是該猶斯自己撤銷，據說是他的母親高乃莉婭的要求，使得他不得不對屋大維烏斯的案子高抬貴手。這件事讓民眾表示贊同而且愉悅，他們對高乃莉婭的極度尊敬，如果說基於她的父親還不如說來自她的兒子，後來為了推崇她樹立一尊銅像，基座上面刻著：

高乃莉婭：格拉齊兄弟之母[11]

的字句。

有些記載說是該猶斯在攻擊敵手的時候，曾經用上她的名字，這種方式讓人感到虛浮高調，完全喪失自尊自重的情操；他說道：「你竟然膽敢傷害到提比流斯之母高乃莉婭的名譽？」因為這個人的行為過於優柔頹廢受到責難；他說道：「你怎麼這樣的厚顏無恥，竟敢與高乃莉婭一比高下？你養育的子女難道能達成

10　132B.C.的執政官波披留斯・利納斯(Popillius　Laenas)和巴布留斯・魯蒂留斯(Publius Rupilius)，對於提比流斯的支持者，嚴刑逼供，西塞羅《論友誼》第37節記述此事。

11　普里尼《自然史》第34章提到高乃莉婭有一尊坐姿雕像，設置在梅提拉斯柱廊。

她那樣的成效？所有的羅馬人都知道，她不願與男士談話的時間比你要久，即使如此你還不夠資格稱爲一個大丈夫。」像這種尖酸刻薄的字句經常出現在他的談吐之中，在他的作品裡面可以列舉許多諸如此類的例證。

5 他現在所提出的法案，目標在於讓人民感到滿意以及削減元老院的權力：當務之急在於將公地分配給貧窮的市民[12]；其次是關心普通士兵，衣物的供應應該由公款支付，不應扣除他們的薪資，同時未滿17歲的男子不必入營服役；第三是所有的意大利人如同羅馬市民，享有參與選舉活動的權利[13]；第四是有關糧價的問題，應該用較低的價格賣給貧民；第五是規範審判法庭的職責，大幅減少元老院議員的權力。從今以後，元老院議員在所有的司法案件中，只能坐在審判席上擔任陪審員，羅馬的騎士階級和市民大會同樣被人敬畏。元老院議員的數目是300人，該猶斯指派300名有騎士身分的普通市民，由這600人共同擁有司法審判的職責。

當他大聲疾呼請求批准這些法案的時候，他的行爲在各方面表現出前所未有的誠摯，雖然講壇設置在Comitium即「公共會場」，其他民意領袖在發言的時候，習慣上都會轉身面對元老院會堂。只有他與眾不同，面對相反的方向對著市民大會的成員高談闊論，從此以後這種習俗繼續下去。一個微不足道的行動或者僅是姿態的變換，在城邦的政治事務方面造成相當巨大的改革，可以說是從貴族政體進步到民主政體，從此出任公職的政客在發言的時候，都要仿效他的做法就是面對市民大會而不是元老院[14]。

6 市民大會批准他的提案，同意他從騎士階級選出人員擔任陪審員，這時他擁有如同國王的權力，元老院只有降低姿態毫無困難接受他的建議，事實上他無論提出任何意見都盡量不要損害到這個機構的威嚴。例如該猶斯爲了

12　這件事很可能是重新制定提比流斯的〈農地法〉。

13　阿皮安認為這個法案和法庭改組案，在他再次當選護民官以後才提出，或許是次年即122B.C.。

14　西塞羅的《論友誼》提到此事，他將這次的改革歸功於145B.C.的護民官黎西紐斯·克拉蘇（Licinius Crassus）。蒲魯塔克拿來與第四篇〈提米斯托克利〉第19節所述相比，三十僭主當政的時代曾經下達一個命令，市民大會的講壇原來面對大海，現在轉過來要對著陸地，等於暗示他們的意見：民主制度的濫觴在於海洋帝國，農耕社會不會極力反對寡頭政體。

處理西班牙總督費比烏斯(Fabius)運來的穀物，他說服元老院將這批糧食出售，獲得的價款全部退回該行省，同時譴責費比烏斯的不當舉措，會使羅馬政府受到當地民眾的憎惡和抗拒[15]。

該猶斯一視同仁的做法不僅公正合理，爾後他能獲得行省的尊敬和大力支持。除此以外，他為殖民城鎮提出若干施政方針，像是開闢道路和修建公共糧倉。他對於這些工程自己負起管理和督導的責任，不會下達命令將這些特定和重大的工程假手於人，好像他只是高高在上發號司令而已。所以他全神的投入才會極其敏捷而勤奮，事實上所有人在看到這些成就以後，對於他極其有效按時完成的能力感到無比驚異，連那些憎恨或畏懼他的人都不例外。

他的四周圍繞著包商、工匠、官員、軍官、士兵和書記，看在民眾的眼裡全都滿心喜悅。他與他們的談話彬彬有禮，對於所有的人員一視同仁，不會保持目中無人的姿態。任何人要是對他提出善意的建議都能衷心的接受，對於那些充滿嫉妒的誹謗者，他會表露出凶狠、傲慢和殘暴的性格。他身為民眾的領袖是精通各種溝通技巧的大師，平時的談吐還是待人的舉止，比在講台上面發表演說更具魅力。

7 他花費心血最人的工作是構築道路，要求的目標是運輸的便利舒適和外表的美觀悅目。在他的指導之下進行整體的規劃，採用非常平直的路線越過田野和鄉村，路面舖上鑿削成形的石塊，或是夯實大量碎石，要是道路遇到山谷和深邃的水道，不是用廢土將窪地填平，就是修建橋梁通過，橋面要求平整，兩端在同一高度，整個工程要符合規格統一和雄偉壯麗的原則。除此以外，他在整條道路上面每間隔一個羅馬里(每一羅馬里的長度約少於8弗隆)樹立一塊石質的里程碑，可以用來計算從一地到另一地的距離。他還在較短的道路將石碑埋在兩端，上面刻上兩地之間的里程，使得旅客騎在馬背上面不需要馬夫的導引[16]。

15　事實上羅馬所需穀物全靠行省供應，只有本章提到對總督費比烏斯克西穆斯的杯葛行動，此外找不到任何可信的旁證。

16　阿庇斯‧克勞狄斯(Appius Claudius)早在312B.C.修築第一條公路即阿皮亞大道，要到250年有些道路才設置里程碑；該猶斯負責修築的道路以平直寬闊見稱，里程碑的使用已經非常普遍。羅馬里的長度相當於1479公尺或1618.5碼。

8 基於這些緣故，民眾對他大肆頌揚，運用各種機會向他表示愛戴之意，有一天，他在演說中公開宣稱，只要求大家賜給他一個恩惠，如果能夠獲得同意，等於將全世界最偉大的職責交到他的手中，即使大家否決他也不會有任何怨言。這種表達方式讓羅馬世界認爲他的野心是要成爲最高行政首長，而且要使自己同時擁有護民官和執政官兩種職務。等到選舉執政官的日子來到，在各方的期望之下他與該猶斯・芬紐斯(Caius Fannius)同時出現在戰神教練場，與他的朋友爲這次選舉向市民拉票。這樣一來使得大家對於芬紐斯產生好感，當選成爲執政官，該猶斯第二次連任護民官。雖然該猶斯本人並沒有參選這個職位，完全是市民大會自行提出動議，才獲致這樣的選舉結果[17]。

當他明瞭元老院議員已經公開宣布是他的敵人，況且芬紐斯沒有多大的熱誠要成爲他的朋友，他開始再度用新的法案激起民眾的抗爭。他提出法案要遷出大量羅馬市民，送去補充卡普亞(Capua)和塔倫屯(Tarentum)所缺的人口[18]，拉丁盟邦要擁有羅馬市民同等的特權。元老院擔心他的權力擴張變得更爲危險，採用一種極不尋常的方式，來離間民眾與他的感情，那就是扮演民眾領袖的角色否決他的提案，爲了討好民眾不惜反對有利於國家的施政方針。

利維烏斯・德魯蘇斯(Livius Drusus)[19]出任護民官是該猶斯的同僚，在羅馬人當中有顯赫的家世和良好的教育，無論是口才或財富都不落人後，是那個時代最受推崇和最有權勢的人物。因此，居於領導地位的元老院議員獲得大家的同意，規勸利維烏斯對該猶斯發起攻擊，加入他們的陰謀組織去對付這個實力強大的敵手。他們的意圖是繼續以往的作爲，就是不運用武力或是與民眾採取對立的態度，而是盡量有不合理的事情上面滿足民眾的要求，等到出現對立的場面，使得他們不好意思違抗當局的立場。

---

17 目前這次是辦理122B.C.的選舉，不過，芬紐斯後來反對該猶斯的政見，這個人可能就是提比流斯在迦太基的同伴。

18 派遣大批人員移民塔倫屯已獲得證實；只有奧里留斯・維克托(Aurelius Victor)在《知名之士》(On Distinguished Men)這部著作中提到卡普亞的人口銳減，是否獲得補充已經無法查考。

19 利維烏斯・德魯蘇斯是112B.C.的執政官和109年的監察官，他能在歷史上留名，完全靠著他的兒子馬可斯，這位91年的護民官被害引發社會戰爭。

9 利維烏斯身爲護民官可以運用職權爲元老院效力達成所望目標，他所提出的法案對於國計民生並沒有任何裨益和好處，全盤著眼是運用逢迎討好和滿足所望等伎倆(如同通俗喜劇中出現的情節[20])，要在取悅和哄騙民眾方面勝過該猶斯。元老院很明顯的表示，他們對於該猶斯的諸多舉措毫無反感，主要目標是要連根摧毀他的勢力，至少也要破壞他的聲譽。

等到該猶斯建議要設立兩處殖民市鎮，特別提到所以會如此是這些地區有表現優異的市民階層，他們指控他濫用市民大會的特權。等到利維烏斯提案要設立12處殖民市鎮，每處需要3000市民，人員的選派全由他決定，這時元老院給予大力支持。該猶斯將公地分配給貧窮的市民，只要每年付給國庫很少的租金；這時他們對他大發脾氣，說他爲著自己的利益而假公濟私。後來利維烏斯連這一點田賦都加以豁免，元老院對他的便民之舉大爲讚譽。他們不滿該猶斯將羅馬人選舉官員的權利授與所有的拉丁人。

利維烏斯提出法案，將一位羅馬隊長鞭笞拉丁盟邦的士兵界定爲非法行爲，他們一致通過成爲必須遵守的規定。利維烏斯在向人民演說的時候，經常提到他所提出的法案都會獲得元老院的支持，因爲他們關心民眾的利益，事實上所有的措施是爲了使得民眾能感到元老院的善意，特別是過去大家對於元老院的領導人物，一直保持懷疑和仇恨的心理。於是利維烏斯爲了安撫大家的憤怒和反對的情緒，只要提出對民眾有利的法案都能獲元老院的認可和核定。

10 利維烏斯對民眾的仁慈和公正獲得好評，大家相信他提出的法案不是以圖利自己爲目的。他將建立殖民城鎮的督導權授與委員會，也不經手經費和預算的分配；然而該猶斯對諸如此類的重大事務，通常會將主要的部分掌握在自己手裡，難免會引起其他人的猜疑。另一位護民官盧比流斯(Rubrius)提出議案，重建被西庇阿所摧毀的迦太基[21]成爲有居民的城市，結果該猶斯中籤要督導正在進行的工作，於是他啓程前往阿非利加。

20　亞里斯托法尼斯(Aristophanes)的《武士》(*Knights*)一劇中，那兩位丑角想盡辦法要贏得民眾的好感。

21　146B.C.西庇阿攻下迦太基然後將整個城市夷爲平地，結束第三次布匿克戰爭。這個地點的位置極其優越，讓人無法忘懷，該猶斯建立殖民地的企圖化爲泡影以後，奧古斯都要完成朱理烏斯‧凱撒的計畫，重建的城市成爲阿非利加行省的首府。

利維烏斯抓住他不在羅馬的機會,認爲自己能夠討到民眾的歡心,於是對弗爾維斯(Fulvius)提出指控。弗爾維斯是該猶斯極其器重的朋友,兩人都擔任委員會的委員負起分配土地的責任[22]。這個人有火爆的脾氣,爲元老院所深惡痛絕;除此以外,還有人懷疑他在市民和盟邦之間引起爭執,暗中策動意大利人的叛變。據說這些指控並沒有眞憑實據和正式的調查,完全基於他那種變幻莫測的性格和喜愛煽動的脾氣。這是導致該猶斯垮台的主要因素,大家對弗爾維斯的猜忌使得他受到牽連。

西庇阿‧阿非利加努斯突然死亡,除了屍體上面有傷痕顯示出他受到暴力的侵凌[23],找不到其他致命的原因,他的傳記對這方面的情節有詳盡的敘述。這件事使得大家都極其憎惡弗爾維斯,因爲這兩個人是世仇大敵,那天他就在市民大會對西庇阿大肆謾罵;該猶斯本人也無法洗刷他所受的嫌疑。重大的暴行使得羅馬最偉大和最顯赫的人物因而喪生,沒有人受到懲罰或是從事全面的審問,那是市民大會反對或阻撓司法調查,他們不願繼續進行審判程序,免得該猶斯涉案受到指控。不過,這是發生在更早以前的事件。

11 該猶斯到達阿非利加從事的工作,是把大量民眾遷移到迦太基,並且將這個新的城市命名爲朱諾尼亞(Junonia)[24]。出現很多凶兆,預言會有災難發生,據說是出於神明的旨意。突然颳起一陣颶風,首席掌旗手抓緊隊標不放,力量之大還是使得旗桿爲之折斷。另外有一次狂風暴雨大作,將祭壇上面奉獻的犧牲颳到空中,越過城市四周的邊界,如同散布在地面的標誌,接著都被狼群拖走。雖然出現這些狀況,該猶斯還是在70天之內將負責的事務,妥善的交代和安排,然後返回羅馬,因爲他知道弗爾維斯被利維烏斯起訴,目前的情勢發展需要他在場親自處理。

---

22 弗爾維斯‧弗拉庫斯是125B.C.的執政官,本篇第三章〈提比流斯‧格拉齊〉第18節提到過他,那一年他擔任護民官。現在所說的委員會剛剛成立,主要責任是重建新的迦太基。原來的三人委員會設置於133年,弗爾維斯從130年起就是成員之一。

23 西庇阿在129B.C.逝世,享年56歲,從各種狀況看來出於自然死亡,要說遭到暴力完全是捕風捉影之談。

24 朱諾是迦太基的保護神,在魏吉爾(Virgil)的《伊涅亞德》(Aeneid)中有極其崇高的地位,腓尼基的塔尼什(Tanith)女神在布匿克的城市受到頂禮膜拜,祂的神格與朱諾或赫拉毫無差別。

　　盧契烏斯‧歐庇繆斯(Lucius Opimius)[25]是貴族陣營的一員，在元老院擁有很大的權勢，上次成為執政官的候選人，該猶斯出於利害關係多方掣肘，最後出乎意料使得芬紐斯當選；現在歐庇繆斯獲得數量極多的支持者，又要出馬競選這個職位。大家認為他一旦當選執政官，會給該猶斯帶來毀滅的打擊。特別是該猶斯的權勢正處於衰退的狀況，民眾不像過去那樣對他的作為大為讚賞，因為在元老院的指使之下，每天有很多政客處心積慮在討好他們。

12 等到他返回羅馬以後，就將住家從帕拉廷山(Palatine Mount)搬到市場附近，家境清寒和貧窮的市民大都住在這個地區，加強接觸使得自己更受民眾的認同。於是他將其餘那些提出的法案全部推出來，一廂情願的打算是經由市民投票的程序獲得批准，因此來自各地區集結大量群眾給予支持。元老院說服執政官芬紐斯，命令所有不是出生在羅馬的市民全部離開城市，因此頒行一份極不尋常的新公告，這段期間禁止盟邦或拉丁同盟的人員在羅馬出現[26]。該猶斯採取背道而馳的行動，公布一份敕令用以指控執政官的不當作為，同時向拉丁同盟的各城邦提出保證，只要他們繼續留下，他會給予協助和保護。不過，這些都只能算是說說而已，當他看到芬紐斯的扈從校尉[27]將他一位很熟的朋友和同伴拖進監獄，只能袖手旁觀毫無助益。一方面是他明瞭所擁有的權勢在走下坡，害怕面對現實去測試尚留存幾分實力，另一方面是他知道敵人處心積慮要運用暴力和戰鬥來解決問題，據他自己的說法是不能給對手這種藉口。

　　大約這個時候，偶然出現的狀況使得他與同僚發生爭執。民眾要到羅馬廣場觀賞角鬥士的搏命表演，很多官員在四周搭起看台，期望能租出去獲得好處。該猶斯命令他們拆除看台，使得貧窮的市民不花錢也可以看到這些節目，沒有人服從他的命令，於是他將為他築路的勞工集合起來，就在演出的前夜搬走所有的看台，等到第二天早晨整個廣場清除得乾乾淨淨，普羅大眾都有機會欣賞平民化的

25　盧契烏斯‧歐庇繆斯是121B.C.的執政官，125年他擔任法務官，領軍平定弗里吉立的動亂。

26　根據阿皮安的說法，沒有選舉權的外鄉人，不能在離城40斯塔迪亞或5羅馬里的區域之內停留。

27　扈從校尉是擔任執政官或有軍事指揮權的將領的護衛，攜帶權標和斧頭，象徵有打殺和逮捕的權力，扈從人數通常為12員，因為早年的伊楚斯坎(Etruscan)有12個城市，每個城市派出一位執法員為執政官服務。

娛樂活動。對於這件事的處理，民眾讚譽他具備大丈夫的氣概，然而他卻得罪同僚就是其他的護民官，他們認為他的干預是充滿暴力的越權行為。

大家認為這是他競選第三次護民官失敗的主要原因，並不是他沒有得到足夠的票數，而是他的同僚為了報復在開票記錄上面做假，無論如何，這樣就會引起爭辯，他對這次失利一直耿耿在懷，當那些對手因擊敗他而欣喜欲狂的時候，他對他們表現出極不尋常的傲慢姿態，告訴他們說是現在不妨像沙丁尼亞人那樣大笑一場[28]，等到以後他會將他們扔進黑暗的地牢，那時他們就笑不出來了。

13 等到歐庇繆斯出任執政官，立即廢止該猶斯頒布的幾項法案，特別是迦太基的重建就處理的過程提出質問，目的在於激怒他採取不當的行動，從而獲得機會可以置他於死地。該猶斯在開始只有盡量容忍，最後聽從朋友的唆使，尤其是弗爾維斯的慫恿，他決定率領成群結隊的支持者，用武力與執政官對抗。他們提到他的母親高乃莉婭面對當前的情勢，加入他們的武裝起義，為了幫助她的兒子，拿雇用穀物收割工人作藉口，私下派遣很多外鄉人進入羅馬，在她寫給該猶斯的信件裡面暗示有這件事。不過有人提出很確鑿的證據，說明高乃莉婭根本就不贊同這次的行動。

歐庇繆斯打算廢止該猶斯的法案，等到這個決定的日子來到，兩派人馬很早就在卡庇多神殿相遇。執政官完成祭神的儀式以後，有一位名叫奎因都斯・安特留斯（Quintus Antyllius）的隨員，帶著犧牲的內臟去告訴弗爾維斯，這時弗爾維斯的朋友圍在四周。他說道：「你們這些愛好黨派傾軋的市民，應該改邪歸正做奉公守法的人。」還有一些人提到，除了這些讓人聽到生氣的字句，他還向他們伸出裸露的手臂，一副輕蔑和藐視的樣子。他們立刻用書寫的鐵筆將他殺死，有人說處於這種情況，製造這種工具就是為了用於打鬥[29]。殺人事件使得市民大會突然驚慌得不知所措，兩個黨派的領導人物表現的情緒完全是南轅北轍，該猶斯非常哀傷，嚴辭譴責那些動手的黨徒，說是敵手長久以來一直盼望有事故發生，果然給他們出手攻擊的最好藉口。歐庇繆斯非常高興對方的行為是如此衝動，立即

---

28 《奧德賽》第20卷第346-350行，布拉斯（Blass）比較那些在劫難逃者的笑容，他們並不知道這些是命中注定的事，所以看起來只是強作歡顏而已。

29 阿皮安的說法稍有不同，一位名叫安特拉斯（Antyllus）的市民，想要規勸該猶斯放棄他的施政方針，結果被該猶斯的隨員用短劍刺死。

抓住機會極力主張展開報復。

14 突然之間天候劇變出現傾盆大雨，該日所發生的爭執只有草草結束。次日清晨，執政官召集元老院會議，當他在議事廳向議員發表談話的時候，安特留斯的遺體放在屍架上面，抬著穿過羅馬廣場公開展示，正對著元老院議事廳的前面，響起喊叫和慟哭的聲音。歐庇繆斯對於安排的事項非常清楚，不過，還是裝出大吃一驚的樣子，這時元老院議員出去了解狀況，他們站在遺體的四周，公開譴責殘酷和野蠻的罪行。這時的民眾不再記得過去發生的狀況，那就是提比流斯雖然是一個護民官，元老院議員仍舊在卡庇多將他殺死，殘缺不全的屍體投入台伯河，因而對他們產生憤怒和痛恨之心。現在對於一個放在羅馬廣場的屍體，這個傢伙不過是一個受雇的跟班(雖然他死得非常冤枉，就當時的情形來看也是罪有應得)，民眾看到議員的到場和他們公開的哀悼就感到受寵若驚，即使該猶斯是民眾的辯護人和保衛者，就是將他犧牲也是在所不惜。

過了一會兒以後，元老院議員全部退回去，立即通過提案授與執政官歐庇繆斯額外的權力，用來保衛共和國以及討伐所有的暴君[30]。等到敕令頒布，他立即下令要求元老院議員全副武裝，羅馬騎士階級的成員要在次日拂曉完成所有準備，每一位騎士有兩名武裝奴隸隨伴在側。對方陣營的弗爾維斯完成準備工作開始召集民眾，這個時候該猶斯離開廣場返家，在他父親的雕像前面停步不走，帶著無限的期望和沉思凝目而視，最後他嘆了一口氣，流著眼淚作別。看到這幕的人都有深刻的印象，他們開始責備自己怎麼會背棄或出賣像該猶斯這樣一位品德高尚的人物，於是直接到他的家裡，整夜保持警戒維護他的安全。沒有人願意充當弗爾維斯的警衛，他們整夜都在叫囂和飲酒，弗爾維斯最先喝醉，無論是談吐和行為與他的年齡和地位都不相稱。另外那些護衛該猶斯的人員，保持安靜而且工作勤奮，他們按時輪流值班，料想狀況的發展會給公眾帶來很大的災難。

30　只要羅馬處於毀滅的邊緣，或者落入狂妄無恥的律法制定者手中，帶來無可避免的災害，元老院可以頒布「最終敕令」，城邦進入緊急狀況，正常的法律程序失去效能，官吏可以針對危險的局勢，自行採取適當的措施，敕令的內容：「執政官、法務官、護民官和位於城市附近的前執政官，運用積極的行動拯救國家於危亡之中。」

15 等到天亮以後，喚醒飲酒酣睡的弗爾維斯，這時他開始著裝，全身佩備掛在牆上的武器，這些是他在擔任執政官的時候，打敗高盧人所獲得的戰利品[31]。他們現在帶著威脅的姿態和高聲的吶喊，向著阿溫廷山（Aventine Mount）前進。

該猶斯不願全副武裝，還是像平常前往市民大會那樣穿上長袍，唯一不同之處是裡面帶著一把短劍，當他正要走出去的時候，他的妻子跑到門口用一隻手抓住他，因為她的另一手還抱著年幼的孩子；她向他說道：

> 哎呀！該猶斯！不管你是護民官還是立法者，我不讓你離開我前往市民大會發表講話，也不願意你去參加獲得榮譽的戰爭。當然，每個人總歸難免一死，如果命當如此也沒有什麼好埋怨，哀悼的心情也可以獲得安慰。你現在赤手空拳一無憑仗，暴露在謀害提比流斯的兇手面前，除了讓自己受到致命的傷害，可以說是不能發揮一點作用，甚至你的死亡在目前對於公眾沒有任何好處。黨派傾軋盛行之際，主持正義完全靠著權勢和武力，如果提比流斯在努曼夏戰死，敵人也會把他的屍體歸還給你；看來我的命要苦得多，到時候要向河神或波臣去懇求，才能找到你的遺骸；想到提比流斯都無法獲得倖免，難道我們還信得過法律或神明嗎？

黎西妮婭（Licinia）是如此的悲傷，該猶斯在朋友的陪同下，二話不說從她的懷抱中脫身而出，她還是盡力去抓住他的長袍，最後躺在地上很久說不出一句話，喪失知覺的黎西妮婭被她的奴僕扶了起來，用車將她送到她的弟兄克拉蘇[32]的家中。

16 等到市民大會召集起來成為實力強大的團體以後，弗爾維斯接受該猶斯的勸告，派出他的幼子手裡拿著傳令官的權標進入羅馬廣場。這位年輕人的外表非常秀氣，帶著羞怯的神色像是眼淚要流出來的樣子，帶著雙

31　弗爾維斯在執政官任內和卸任以後，領軍在高盧南部與蠻族作戰，123B.C.獲得舉行凱旋式的榮譽。

32　黎西妮婭的兄弟是馬可斯・黎西紐斯・克拉蘇（Marcus Licinius Crassus），並沒有參與政治活動。她本人是黎西紐斯・克拉蘇・穆西阿努斯（Licinius Crassus Mucianus）的女兒。

方進行協商的建議，去見執政官和元老院的全體議員。絕大部分人員傾向於接受提出的意見，歐庇繆斯有這樣的說法，就是他們沒有資格派出傳令官來與元老院進行磋商，要像忠誠的市民一樣自首接受法律的處置，只有全心全意的順服才會獲得當局的寬恕。他命令這位年輕人回去不要再來，除非他們願意遵守他提出的條件。

據說該猶斯很想到元老院作一番表白，他的朋友全都不答應，弗爾維斯再次派遣他的兒子前去求情。歐庇繆斯決定要使用武力，逮捕這位年輕人送進監牢，然後率領一隊步卒和若干克里特弓箭手，對著弗爾維斯的黨羽發起攻擊。這些弓箭手馬上讓很多人受傷，痛苦的叫聲使得烏合之眾一哄而散。弗爾維斯逃進一間位置很偏僻的浴室，沒過多久還是被搜查出來，與他的長子同時被殺。

沒有人看到該猶斯參加打鬥，他對於這一類的暴行極其反感，只有逃進黛安娜神廟[33]。這時他很想自行了斷，受到忠誠的友人龐培烏斯和黎西紐斯的攔阻，他們將他的佩劍奪下，費盡口舌勸他趕緊逃走。據說他跪在地上舉著雙手向神明祈禱，為了懲罰羅馬市民的忘恩負義和變心背叛，他們應該飽嘗役役之苦。因為聽到脅從人員既往不咎的宣告，絕大部分追隨者將他棄如敝屣。

17 因此，該猶斯的奔逃非常急迫，敵人的追趕快要接近，在越過台伯河的木橋[34]之際，幾乎間不容髮避開一劫。兩位視為心腹的朋友求他保住性命以便東山再起，這個時候他們守住橋頭誓死不退，一直到兩人被殺，敵人才能通過這座橋梁。該猶斯除了一位名叫斐洛克拉底(Philocrates)[35]的奴僕已經沒有同伴，當他在拚命奔跑的時候，每個人都對他鼓舞有加，如同觀眾把他看成參加競賽的選手一樣，希望他能成功逃脫魔掌。沒有人願意對他伸出援手，或是供應他一匹坐騎，雖然他曾經向遇到的人提出請求；他的敵人緊追不捨正在接近之中。不過，當面就是奉獻給弗瑞斯神[36]的一小片叢林，他還是有足夠的時間可

33 這是一座很小的神廟，等到發生大火焚毀後，在原址建造富麗堂皇的馬塞拉斯劇院。
34 這座橋在波里姆(Boarium)廣場附近跨越台伯河，該猶斯的隨從仿效傳說中的賀拉久斯‧柯克利(Horatius Cocles)，捨命把守橋梁好讓朋友逃走，瑪考蘭(Macaulay)有長詩敘述其事。
35 維列烏斯‧佩特庫盧斯(Velleius Paterculus)認為這位奴隸的名字叫做優波魯斯(Euporus)，華勒流斯‧麥克西繆斯(Valerius Maximus)對這兩個名字都很熟悉。
36 羅馬人將這片叢林視為聖地，位置在賈尼庫隆(Janiculum)山城牆的外緣，現在這個地點名叫錫拉(Sciarra)山莊。

以躲藏在裡面。

就在這個地點，他要斐洛克拉底將他殺死，接著這位僕人自裁與主人共赴黃泉。雖然有人非常肯定說出真相，就是兩人都被敵人活捉，斐洛克拉底將他的主人緊緊抱住，他們只有先將這位奴僕殺掉，否則就無法傷害到該猶斯的身體。

他們說該猶斯的頭顱被砍下來以後，由其中一位兇手攜帶送回去，歐庇繆斯的朋友塞普蒂穆留斯(Septimuleius)在路上遇到這個人，就從他的手裡將頭顱搶走，因為在開始交戰之前，他們已經公開宣布，誰要是奉上該猶斯或弗爾維斯的首級，可以獲得等重的黃金作為報酬。因此，塞普蒂穆留斯將該猶斯的頭顱插在長矛的尖端，趕去交給歐庇繆斯，立刻拿出天平稱出的重量是17磅。然而就這件事而言，塞普蒂穆留斯表現出奸詐的習氣，較之於先前的殘酷使人印象更為深刻，因為他將頭顱的腦漿倒出來再把鉛灌進去[37]。還有人將弗爾維斯的首級送上來，現在說他是無足輕重的人物，不再發給應許的獎勵。

這兩位人物的屍體，處理的方式如同其餘被殺的3000人，全部都被丟進河裡[38]。他們的產業遭到充公，就連這些寡婦都禁止為死者服喪。他們對待該猶斯的妻子黎西妮婭更為苛刻冷酷，甚至剝奪她身為未亡人應有的法定產業。他們極其野蠻謀害弗爾維斯的幼子，聽起來更加令人髮指。他沒有拿起武器與他們搏鬥，也沒有出現在戰場，僅有的罪名是傳送協議的條款，因而開始被監禁接著遭到屠殺。

在那個時代的平民只要想起元老院的大獲全勝，難免怒火中燒；歐庇繆斯建造諧和神廟[39]，好像他為屠殺這麼多市民感到無比的光榮，非得舉行凱旋式大肆慶祝不可。有人趁著夜暗在神廟的牆壁刻上這首詩：

　　巍巍諧和宮，
　　名實難相符；

37　華勒流斯・麥克西繆斯的記載大同小異，把灌鉛這件事寫了進去；西塞羅倒是沒有提此事。
　　華勒流斯認為塞普蒂穆留斯是該猶斯的朋友，跟歐庇繆斯沒有任何關係。
38　雖然有一種說法，該猶斯的屍體後來交給他的母親高乃莉婭，蒲魯塔克認為他與提比流斯遭到同樣的下場，更加富於戲劇性，同時也能符合黎西莉婭的預言。
39　這座神廟最早是卡米拉斯所建，可以參閱本書第四篇〈卡米拉斯〉第42節，歐庇繆斯只是加以整修而已，後來遭到焚毀，提比流斯皇帝在10B.C.重建，直到今天還可以看到留下的遺跡，位於卡庇多山的斜坡上面，俯瞰著羅馬廣場。

內訌尋常事，

僭主何所圖。

18 歐庇繆斯是第一位執政官竟敢僭用笛克推多的權力，無須經過任何審判就將3000公民定罪，包括該猶斯・格拉齊和弗爾維斯・弗拉庫斯在內，後者擔任執政官獲得舉行凱旋式的榮譽，無論就德行和地位均優於當代人物。後來歐庇繆斯還是免不了要貪污舞弊，他奉派擔任使者去見努米底亞國王朱古達(Jugurtha)，收取賄賂變得腐敗不堪，等到他返國受到可恥的定罪，喪失一生的榮譽[40]，等到老年生活在民眾的恨意和羞辱之中。

那個時代的人民在改革失敗以後，不僅地位卑下而且心存畏懼之感，長久以來每個人抱著尊敬和景仰的態度，對於格拉齊兄弟可以說是記憶猶新。市民大會下令將他們的雕像樹立在顯眼的位置。他們被殺的地點成爲宗教的聖地，每個季節最早成熟的果實當作供奉的祭品，很多人帶著虔誠之心舉行禮拜的儀式，如同該地是神明的廟宇。

19 據說這兩兄弟的母親高乃莉婭用高貴和無畏的精神忍受喪子之痛，有關他們被殺的地點成爲帶有宗教性質的聖地，她說像這樣的墓地適合安葬他們的遺骸。後來她搬家住到離米西儂[41]不遠的地點，並沒有改變過去的生活方式。她的朋友可以說是不計其數，用親切的態度在她的住宅接待很多外鄉人，特別是她的四周經常出現希臘人和學者，來訪的外國君王會與她相互餽贈禮物。任何人只要與她談起她的父親西庇阿・阿非利加努斯，她會滔滔不絕提到這位偉大人物的習慣和生活的細節，使得賓主盡歡大家極其滿意。她在提到自己兒子的時候，毫無任何悲戚的表情，詳細敘述他們的事蹟和不幸的遭遇，好像在談論古代的英雄人物，確實令聽者感到無限的欽佩。還有人認爲她的年齡以及難

40　116B.C.歐庇繆斯奉命率領十人代表團，要將努米底亞王國區分爲兩部分，由邁西普薩的兩個兒子朱古達(Jugurtha)和阿德黑巴(Adherbal)繼承，他與代表團的成員受到控訴，收取賄賂行事不公，事事偏袒朱古達。109年特別設立法庭審判此案，受到流放狄爾哈強的處分，最後老死該地。

41　米西儂海岬和鄰近的貝宜(Baiae)位於那不勒斯(Naples)灣，羅馬上流社會最喜歡在此地購置田莊和別墅，阿非利加努斯退休以後，住在離海岸只有幾公里的黎特隆(Liternum)，他在那裡有一所莊園，高乃莉婭的住宅就在附近。

以忍受的痛苦，使得她喪失正常的感覺不再流露出真實的感情。誠然命運主宰一切，崇高的德行仍然遭到擊敗，使得人生轉變為不幸，須知高貴的心靈和人文的教育可以克制悲傷和慘痛。我們要是能感受到這種情緒，就會對所聽到的一切保持理性的態度。

第五章
提比流斯和該猶斯·格拉齊與埃傑斯及克利奧米尼斯之評述

1 我們已經詳細敘述這幾位傳主的平生事蹟，剩下的工作是要對他們從各方面進行比較。

就格拉齊兩兄弟而言，那些毒惡的誹謗者和勢力強大的政敵，不得不承認這兩位的德行超越當代所有的羅馬人，應該歸功於他們受到良好的教育。埃傑斯和克利奧米尼斯天生更為卓越的稟賦，所受的教育不僅相差甚遠，就是斯巴達人賴以教養兒童的風俗習慣和生活方式，長久已來早就敗壞不堪，然而他們的克制和節儉卻能成為大家的楷模。除此以外，格拉齊兄弟生存的時代，羅馬的光榮和武德臻於頂點，獲得舉世的讚譽，要是他們不能承先啟後，留給後代子孫更為貴重的遺產，那才是令人感到汗顏的事。另外兩位的父母有完全相異的道德規範，雖然他們發現城邦處於沉淪的狀況，還是不會壓制追求榮譽和正義的熱情和積極進取的精神。

兩位羅馬人的廉潔以及擁有萬貫家財，產生難以讓人忘懷的風格，就是他們擔任公職不會貪圖非分之財。鑑於埃傑斯將自己的產業捐出來，共有總額價值600泰倫的現金分給市民同胞，如果還要讚許他不擅自拿走別人的財物，這種虛名對他而言可以說是一種冒犯。即使他獲得家產毫無任何不法，始終認為比鄰居更為富有就是貪婪，勒索和收賄的罪行對他而言是難以想像之事。

2 他們從事的政治活動和進行的改革範圍，就規模的大小來看有相當程度的差異。兩個羅馬人的主要項目是城市的設置和道路的興建，比較特別是提比流斯極其大膽的構想，收回公用土地分發給貧民，僅僅這件事使他暴得大

名。該猶斯所以能擁有極高的聲望，是他從騎士階級指派300名陪審員，數目與元老院議員相等，同樣行使司法審判權。鑑於埃傑斯和克利奧米尼斯的改革方案性質大不相同，他們認為與其治癒癬疥之患，不如斬斷海德拉的頭顱以為釜底抽薪之計（這是柏拉圖的說法）。他們要從事全面的變法，城邦免於各種委屈和不公，更為確切的表示，那就是他們反對不久之前的改革，認為是一切災難的根源，因此他們要恢復城邦到古代的狀態。

不過，為了肯定格拉齊兄弟的魄力，我們必須承認，他們著手的計畫通常受到那些極具影響力的人士大力反對。在另一方面，城邦的改革是在埃傑斯倡導之下，後來經過克利奧米尼斯的推動，到達登峰造極的地步。這些事項都有光榮和偉大的先例可循，古老的法律與市民的節儉和平等息息相關，靠著萊克格斯的權威還要假借阿波羅的名義，才能完成制定的工作為全民所接受。要是更進一步觀察，格拉齊兄弟的行動並沒有使羅馬變得更加偉大。然而，在克利奧米尼斯的指導之下，希臘人現在可以看到斯巴達運用君權，將整個伯羅奔尼撒納入掌握，與當時最有權勢的君王競爭最高的指揮職位，從伊里利亞人和高盧人（Gaulish）的暴力侵犯中，解救希臘人能夠獲得很大的成就，使得他們再度受到海克力斯之子的統治。

3 從他們死亡的情節，我們可以推斷他們的勇氣所具備的性質真是大相逕庭。格拉齊兄弟在與他們的市民同胞開戰以後，都是在全力逃亡的過程中被殺。埃傑斯情願犧牲自己也不要有任何市民為他送命，克利奧米尼斯為羞辱和不公的對待方式誓言報復，等到失敗用自己的手做了一斷。

另外一方面必須說清楚，埃傑斯從來沒有指揮作戰，可以用來證明他有資格成為將領，可能是英年早逝使得喪失這方面的機會。克利奧米尼斯的英雄行徑，只有提比流斯可以勉強相比；提比流斯是第一個用雲梯爬上迦太基城牆的勇士，建立相當驚人的戰功。我們應該把他與努曼夏人簽訂和平條約一併算上，為這樣才能拯救兩萬羅馬人的性命，要不然一定會遭到蠻族的屠殺。該猶斯不僅在羅馬就小有名氣，薩丁尼亞的戰事展現百折不回的勇氣；如果他不是在年輕的時候就已經過世，從他早期的行動可以得知，後來那些極其高明的羅馬將領都會是他旗鼓相當的敵手。

4 過著平民生活的埃傑斯顯示的弱點是缺乏果斷力，竟然讓亞傑西勞斯運用計謀把他騙得團團轉，在分配土地這件事上失信於市民；他的計畫雖然經過深思熟慮和公開宣布，因為他的年紀太輕無法堅持到底，最後只有不了了之。克利奧米尼斯完全相反，非常有效進行改革，不僅極其大膽而且充滿暴力，殺害民選五長官的手段過分毒辣，他大可以運用優勢的武力逼使他們加入自己的陣營，或者輕易將他們放逐，城市裡面有幾位市民遭到這種懲處。除非絕對需要否則不用刀劍，大肆殺戮無法達成治療的效果也不是明智的策略，從這兩個案例可以看到極其笨拙的手法。

格拉齊兩兄弟從開始就不讓市民同胞流血犧牲，據說該猶斯受到攻擊仍然避免採取任何反制措施，他對國外的敵人英勇無比，等到涉及本國陰謀叛變始終坐以待斃。這也就是他離開家沒有武裝，以及戰鬥開始就後撤的道理，從各方面可以看得出來，他極其擔憂的事在於不願對方有任何人受到傷害，至於自己這邊的人員會有什麼遭遇，根本不在考慮之列。甚至就是格拉齊兄弟的逃走也不是怯懦的行為，因為他們不願危及別人的性命可以視為光榮的撤離。如果他們留下來堅持不退，那麼一定要擊敗那些前來攻打他們的人，或是為了自衛而奮戰到底。

5 提比流斯被控最大罪名是出任護民官罷黜同僚的職位，後來還要尋求第二次的任期。提到安特留斯的死亡這筆帳不能算在該猶斯的頭上，他不僅對此事一無所知，等到發生以後感到非常的悲傷。克利奧米尼斯的作為完全相反（根本不必提他謀殺民選五長官這件事），他讓所有奴隸獲得自由增加自己的聲勢，實際上是他單獨統治，所謂找一個同僚不過做做樣子，他的選擇是他的兄弟優克萊達斯，何況還出於同一家族。阿契達穆斯來自另一個世系擁有王國的繼承權，受到克利奧米尼斯說服從梅西尼返國。等到阿契達穆斯被人殺害，他並沒有採取報復的行動，大家肯定他涉嫌在於起了猜忌之心，很可能要仿效萊克格斯的例子。萊克格斯出於自願將王國交到他的姪兒查瑞拉斯(Charillus)手裡，如果這位年輕人因意外而死亡，難免他就會讓人懷疑，於是很長時間遠遊在外，直到查瑞拉斯有一個兒子，可以成為王國的繼承人，他才返回斯巴達。事實上沒有那個希臘人夠資格與萊克格斯相提並論。克利奧米尼斯出於政治的考量，有很多行為相當魯莽而且無視於法律的規範，這也是顯而易見的事。

曾經提到人們對他們的譴責，說這是天生的性格使然，命定之事無法避免。

兩位斯巴達人從小就是惹事生非的傢伙，他們愛好競爭，渴望專制的權力；當然提比流斯和該猶斯也會追求榮譽和名聲。除非邁入野心的範圍，否則他們的敵人找不到任何藉口可以用來打擊他們。等到他們開始與這些敵對者交手，熾熱的情緒無法為溫和的性格所控制，像是受到一陣風暴在後面的吹襲，只有埋頭向前猛衝。他們最早的企圖是如此的公正和高貴，沒有仗著富室的權勢和黨派的力量，為了努力廢除法律使得兩人都涉及致命的爭執，一位要自衛而另一位要為他的兄長復仇，他們受不到法律的庇護和正義的伸張而送掉性命，難道這些不值得我們追憶和深思？

　　因此，讀者從傳記的描述可以自行發覺其中的差異，如果要對每個傳主單獨做出簡略的評語，我非常肯定提比流斯的德行遠勝於其他改革者；年輕的埃傑斯犯的錯誤最小；就該猶斯的行動和膽識而論，要是拿來與克利奧米尼斯相比，相差不能以道里計。

第二十篇

政壇雄辯者

第一章
笛摩昔尼斯（Demosthenes）

384-322B.C.，雅典政治家和演說家，舉世讚譽的雄辯之士，
反對馬其頓霸權，推展民主政治，產生深遠影響。

1 索休斯(Sosius)[1]，那是亞西拜阿斯在奧林匹克運動會獲得賽車比賽的優勝[2]之後，我記得好像是優里庇德(Euripides)，或許是其他人也說不定，曾經寫詩加以讚揚，其中特別提到一個人最大的福氣，在於他的出生地應該是「著名的城市」。我的看法是「子不嫌母醜」，談起人生真正的幸福，主要還是他的氣質和習性，這與故國的卑小和藉藉無名沒有多大關係。要是認為像西奧斯(Ceos)這樣的一個小島，上面那個微不足道的城市朱利斯(Iulis)，或者是派里猶斯港外被雅典人視為眼中釘的伊吉納[3]，除了產生詩人和名角[4]，就不能培育出光明正大和智慧超群的偉大人物，可真是荒謬絕倫的想法。追逐名利的行業在貧窮和沒落的市鎮，會逐漸的枯萎和式微，說起德行則不然，可以在任何地點生根茁壯，獲得智慧的養分和培育豁達的心靈。要是我的判斷和行為有什麼缺陷，完全是個人

1　索休斯是1世紀A.D.末年至2世紀初期羅政治人物，曾經出任99和107A.D.執政官，受到圖拉真皇帝的重用，指揮第二次達西亞戰爭。他是當代知名的地理學家和歷史學家，也是小普里尼的好友，蒲魯塔克將本書和另一部《掌故清談錄》呈獻給他。索休斯的著述甚豐，沒有傳世之作。

2　亞西拜阿德派出7輛賽車參加奧林匹克軍動會，贏得前三名的優勝，優里庇德特別寫詩表揚：
　　大家歌頌克萊尼阿斯後裔，
　　贏得希臘前所未有的勝利；
　　包辦賽車的冠軍亞軍季軍，
　　傳令官三次宣布得主榮名。

3　伯里克利曾經說過，伊吉納島的形勢對於派里猶斯港口而言，有如眼睛上面長了膿瘡，必須加以割除。

4　偉大的詩人賽門尼德(Simonides)是西奧斯島人，伊吉納島出了一位名角波盧斯(Polus)。

的學養問題，我那為人所知甚少的出生地，可以說對我不必負任何責任。

2 一個人不可能完全憑著腹笥寫出一本歷史著作，他必須搜集各種資料，主要是來自各種版本的讀物，並非很容易在任何地區都能輕易獲得，也不都是用本國文字著述，很多是外文的書刊，分散在不同人士的手裡。毫無疑問，這時最關重要的問題是必須居住在一個「著名的城市」，不僅人煙繁密而且文風鼎盛，這裡典藏為數眾多的各類書籍，不僅如此，還有很多所見所聞的史實並未形之文字，只保存在人們的記憶之中，可以供作者去調查和發掘；這樣才不至於有所欠缺難以為繼，特別連最基本的要件都付闕如的狀況下，那就根本無法出版所望的作品。

我始終住在一個小鎮，希望繼續留在那裡，如果連我都搬走，豈不是顯得更為微不足道。我停留在羅馬和意大利這段期間，不僅公務繁忙還要教授哲學，跟隨的學生人數還不少，沒有空閒的時間學習羅馬的語言，直到垂暮之年才閱讀拉丁文的書籍。這時會產生一種很奇特的經驗，而且是千真萬確的事，我之所以能夠了解作品的內容，不是靠著我對文字的熟悉，而是憑藉我對世事的閱歷，明白文字所表達的意義。唯有具備這方面的本領，才能夠欣賞羅馬語的優雅聲調，使得學習更為便利快捷，了解文字的詞藻和音韻，以及各種修飾片語，用以構成所要表達的美感，令人感到高雅而愉悅；對於這種認知，就我個人而言沒有任何疑問。然而要想在語言的表達方面能夠運用自如，必須經過相當時間的練習和進修，這對我來說絕非易事，只有訴諸那些有更多閒暇的人士，有充分時日相互對談才能達成目標。

3 我在這部《英豪列傳》第5卷[5]，敘述笛摩昔尼斯和西塞羅的平生，接著根據他們的主要事蹟和政治生涯對比雙方的風範和性格。談起兩人的演說術實在無法進行批判和評比，也不能說那一位是更為動人和影響力更大的演說家，對於這種事情，誠如艾昂(Ion)所言：

5　這裡說〈笛摩昔尼斯〉在第5卷，按照希臘傳主出生時間排列的目次是在第7卷，所以最早的目次與譯成英文以後的編排方式，看來有很大的差異。

涸池之魚，

以沫相濡。

這種情分才是最好的寫照。經常不自量力的西昔留斯(Caecilius)[6]如此大膽，竟然將笛摩昔尼斯和西塞羅加以比較，或許忘記這句箴言，要是說人人都能做到「有自知之明」，那麼這句話也不會出現在神讖上面[7]。

神明打開始就用性質相同的規劃方式，塑造出笛摩昔尼斯和西塞羅，像是抱著展現長才的希望、喜愛充分自由的平民生活，以及面對危險和戰爭缺乏勇氣等等，除了這些性格方面類似之處以外，就是雙方的命運也有相同的遭遇。我們幾乎找不出其他兩位演說家，能像他們一樣崛起於清寒的家庭，後來都成為偉大的權貴人物，他們搶著出頭要與帝王和暴君相抗衡，都有一個女兒先他們而夭亡，他們都受到流放國外的處分，能夠光榮歸來；接著再度逃離本國之際被敵人捕獲，最後隨著國人的失去自由，結束自己屢經波折的一生。如果說神明或命運在競相比賽技巧，我們很難斷言究竟是前者將他們兩人的習性和言行塑造得更為類似，還是後者將他們兩人的際遇和成敗安排得更為雷同。現在我們先從生年在前的笛摩昔尼斯說起。

4 笛摩昔尼斯的父親也叫笛摩昔尼斯，不僅出身世家而且本人極其優秀，根據狄奧龐帕斯(Theopompus)的說法，他的綽號稱為Sword-maker即「劍匠」，因為他開了一間很大的工廠，擁用具備專門技能的奴隸製造刀劍武器。演說家伊司契尼斯(Aeschines)[8]提到笛摩昔尼斯的母親[9]，說她是一位名叫捷隆(Gylon)[10]的市民和蠻族婦人的女兒，捷隆被控叛逆的罪名逃到國外，究竟這種

6　西昔留斯是奧古斯都時代頗有名氣的修辭學家，隆柴努斯(Longinus)提到他非常讚賞，認為他寫出的論文表現出崇高的風格。

7　「為人要有自知之明」這句神讖來自德爾斐的阿波羅神廟。

8　伊司契尼斯(390-322 B.C.)生於雅典，當代與笛摩昔尼斯齊名的演說家，也是政治上的敵手，現有三篇講辭存世。

9　伊司契尼斯在反駁帖西奉的演說中，提到笛摩昔尼斯的母親，說起她的出身帶有惡意的批評。

10　捷隆受到控訴說他將潘達斯一個名叫寧斐姆(Nymphaeum)的市鎮出賣給敵人，因而逃到西錫厄(Scythia)，娶了當地的土著為妻，後來生了兩個女兒，長女嫁給斐洛卡里斯(Philocares)，次女克里奧布勒(Cleobule)許配笛摩昔尼斯，她的嫁粧就有50邁納，演說家笛

說法是確有其事還是惡意誹謗，已經很難斷定。笛摩昔尼斯七歲喪父，繼承非常豐碩的遺產，價值不少於15泰倫[11]。他的監護人品德異常惡劣，不少家財遭到侵吞，對於其他的產業也都沒有善加經營，甚至連教師的束脩都不願繳納。因為這種緣故使他沒有得到應該接受的通識教育，此外他的身體非常虛弱，他的母親不許他做劇烈的運動，就是教師也不再堅持。

他從幼年起就瘦小多病，其他的男孩為他取巴塔拉斯(Batalus)這個綽號[12]，嘲笑他的外形和體質，有人說巴塔拉斯是指一個柔弱的笛手，安蒂法尼斯(Antiphanes)[13]拿出譏諷的手法寫出一齣喜劇使用這個名字。還有人認為巴塔拉斯是一些淫蕩詩和飲酒歌的作者。雅典人將人體那個不便直呼其名的部分，非常委婉稱之為batalus。據說笛摩昔尼斯還有一個綽號叫做阿加斯(Argas)，出於他言行蠻橫帶有咄咄迫人的惡意，在很多詩歌裡面argas是「蛇」[14]的意思。他的講話經常引起人們的不快，有人說阿加斯是一個詩人的名字，他的作品極其拙劣很難讓人產生好感。誠如柏拉圖所言，對於這些無聊瑣事還是少費筆墨。

5 據說笛摩昔尼斯因為這個緣故，使他對未來的人生抱著熱烈的期望。有一次演說家凱利斯特拉都斯(Callistratus)在公開旁聽的法庭，為奧羅帕斯(Oropus)[15]的訟案擔任辯護；這個案件相當有名，口若懸河的演說家聲譽正隆，大家的情緒非常激動，對於審判的結果抱著期待的心理。笛摩昔尼斯聽說所有的教職人員都要前去旁聽，央求他的家庭教師帶他去見識這個場面。這位先生與法

(續)

摩昔尼斯是這次婚姻的結晶。

11 笛摩昔尼斯應該屬於pentakosiomedimnoi階級，意為「有五百單位財產的人」，也可以說是第一資產階級，擁有的田地所生產的糧食足夠養活15個家庭；因為15泰倫的財產每年的產值以10%計，不會少於1.5泰倫，相當於30名勞工的年薪。

12 赫西契烏斯(Hesychius)對Batalus這個字有另外的解釋，達西爾(Dacier)和赫西契烏斯一樣，不願讓蒲魯塔克說出希臘原文的含意，老實說作者非常清楚，這也是毋容質疑的事。

13 安蒂法尼斯是羅得島人，希臘的中生代喜劇作家，曾經贏得13次優勝，寫出200多部劇本，沒有傳世的作品。

14 希波克拉底也用argas這個字來稱呼蛇。

15 奧林匹克103會期第3年即366B.C.，奧羅帕斯是位於阿提卡和皮奧夏邊界的小鎮，底比斯人將它從雅典人的手裡奪走，查布瑞阿斯引起大家的猜忌，指控他有出賣城市給敵人的嫌疑。後來雅典為此案進行審判，演說家凱利斯特拉都斯的辯護表現優異，加上身為將領的查布瑞阿斯提出足夠的證據，全案宣告無罪開釋。

庭的司閽很熟，設法爲他弄到一個看不到現場的位置，卻可以聽到他們的發言和
辯論。凱利斯特拉都斯那天大獲全勝，備受眾人的讚美，這個孩子看到他接受大
家的祝賀，在群眾的簇擁之下凱旋而歸，激起雄心壯志，有朝一日不僅能與他一
較高下，還要獲得超過他的聲譽。最讓笛摩昔尼斯感到驚奇之處，在於他的辯才
所產生沛然莫之能禦的力量，能夠克制和征服居於反對立場的權勢和官位。

　　從這時開始，他放棄其他學科的學習和研究，開始全力以赴加緊訓練，希望
將來成爲演說家。雖然伊索克拉底(Isocrates)[16] 還在開班授徒，他聘請伊西烏斯
(Isacus)擔任演講術的指導人。他之所以如此，有人說他是一個孤兒，無力負擔
伊索克拉底規定的10邁納束脩[17]，或許是他比較喜愛伊西烏斯的風格，認爲更加
實用而且有效。赫米帕斯(Hermippus)說他曾經閱讀一本未署作者姓名的回憶錄，
其中提及笛摩昔尼斯是柏拉圖的門生[18]，有關演講術得到這位哲人親自傳授。赫
米帕斯引述帖西拜阿斯(Ctesibius)[19] 的話，據說是來自敘拉古人凱利阿斯
(Callias)和其他人的傳聞，提到笛摩昔尼斯暗中獲得伊索克拉底和亞西達瑪斯
(Alcidamas)有系統的演講方法，後來他完全精通所有的技巧。

6 笛摩昔尼斯到達成年立即對他的監護人提出訴訟[20]，撰寫演講稿對他們
　　發動攻擊。監護人用種種藉口應付他的求償，要求重新審訊。雖然如同
修昔底德(Thucydides)所說那樣，笛摩昔尼斯經歷險惡的過程，憑著鍥而不捨的
努力終於勝訴，被人侵占的遺產能夠取回不到一小部分，僅有的收穫在於演講方

16　伊索克拉底(436-338B.C.)是雅典最著名的演說家，不參加實際的政治活動，主要的工作是
　　撰寫講辭和出席法庭的辯護。他在雅典設立學院，門人弟子遍布希臘世界，後來都成為各學
　　派的領導人物，他在教育方面所獲得的名聲，相當於中國的孔子，現存的作品包括6篇講辭
　　和9封書信。
17　1邁納相當100德拉克馬，1隻羊的價格是1德拉克馬，所以以10邁納的束脩可以購買1000隻
　　羊，這種收費的標準可以說是非常昂貴。事實上錢應該不是問題，據說他請伊西烏斯擔任家
　　庭教師，付出的費用是100邁納。
18　西塞羅在他的〈布魯特斯〉這篇演說中，非常肯定有這回事，特別列舉笛摩昔尼斯的書信和
　　赫拉克利奧多拉斯(Heracliodoras)的講辭，提到柏拉圖的哲學對他這一生有極大的影響。
19　帖西拜阿斯是優卑亞的卡爾西斯人，是一位犬儒學派哲學家，後來成為馬其頓國王安蒂哥努
　　斯‧多森(Antigonus Doson)的家庭教師。
20　笛摩昔尼斯7歲喪父，落在監護人的手中長達10年之久，等他到達18歲才打侵占產業的官司，
　　法律並不禁止為爭取個人的權益而對薄公堂。

面贏得相當自信和經驗。他在法庭的辯論之中,體驗到勝利的榮譽和名聲,產生勇氣參與公眾事務。

據說奧考麥努斯人(Orchomenian)勞米敦(Laomedon)聽從醫生的勸告,用長距離的跑步預防脾臟的痼疾,辛勤的練習終於恢復身體的健康,後來參加運動會成為優秀的長跑選手。笛摩昔尼斯的情形亦復如此,最初是為了收回個人的財產而學習演講術,漸漸訓練出卓越的辯才,就像在運動場大出風頭的勞米敦那樣,能在講台上面壓倒所有的競爭者,成為首屈一指的人物。

他初次在市民大會發表演說,遭遇很大的挫折,備受聽眾的嘲笑,因為他的演講姿態極其怪異而且口齒非常笨拙,語句冗長再加上論點刻板,讓人聽來感到難以入耳。他的聲調有很大的缺陷,言辭不夠清晰明白,氣息短促經常使得長句中斷無法連綴,影響到語言的表達能力。他在講完以後感到意興闌珊,氣餒之餘只有愀然離開會場。當他心情沮喪在派里猶斯踽踽而行之際,遇見色萊西亞人(Thriasian)優諾穆斯(Eunomus)。這個人見到他便加以責備,說他的言辭頗能具備伯里克利的風格,只是性格過於儒怯遇事畏縮不前,無法勇敢面對群眾的叫囂,體能不足以應付當前的需要,怠惰疏忽以至於精神委靡不振。

7 還有一次,市民大會不願聽他的演說把他轟下台去,垂頭喪氣走回家去感到沒有面子,有個名叫薩特魯斯(Satyrus)的名伶跟在他的後面,因為雙方很熟便交談起來,笛摩昔尼斯感嘆自己的運道不佳,他說在所有的辯護律師當中,只有他的工作最賣力,把全副精力用在這門行業上面,還是得不到民眾的好感,像是那些酒鬼、海員和目不識丁的鄉巴佬,都有人願意聽他們亂開黃腔,可以高踞講台上大放厥辭,然而他卻到處受人蔑視[21]。薩特魯斯對他說道:「你說得不錯,笛摩昔尼斯,要是你現在能背一些優里庇德和索福克利的詩文,我可以把你的缺點找出來加以矯正。」笛摩昔尼斯高聲朗誦幾段劇本以後,薩特魯斯照做一遍,在唸出台詞的同時配合適當的身段和手勢,笛摩昔尼斯覺得這些文字經過他處理,改頭換面變得大不相同。這才讓他明白身體的動作可以用來修飾語言,使能達到優美和感人的效果。

21　這在民主國家是常見之事,有人認為笛摩昔尼斯所指的海員是迪瑪德斯,因為這位演說家早年當過水手。

從此他改變想法，認為一個人在練習演講的時候，如果忽略發音、聲調和姿態，就不會有好的成績。他為自己建造一座位於地下的書房（直到我們這個時代還存在[22]），每天經常到那裡去訓練姿勢和聲音，有時還會連續待上兩三個月，甚至還將頭髮剃去一半，即使耐不住寂寞也難以出去見人。

8 除了加強自我要求，他還將在外面與人交往接觸、普通談話和業務處理，都用來作為研習演講的依據和資料。等到他離開來訪的人士之後，立刻跑進地下書房，將剛才的經過按照發生的順序重新審核，對於談到的每件事情所提正面或反面理由，全部拿出來仔細的考量斟酌，務求盡善盡美。他每次聽到旁人的演說，回來以後照葫蘆畫瓢演練一遍，凡是高明的語句就抄在紙上保存起來，無論是他對別人或是別人對他所說的話，他都要不厭其煩運用種種方式，加以修訂、變換和潤飾。大家認為他並不是一個很有天分的人，所有演說方面的能力和本領都是勤學苦練的結果。

他很少臨時起意發表演說，每當人們指名請他發表意見的時候，除非對那個題目非常熟悉而有所準備，否則他絕對不願起立發言，從這些實情來看就是最有力的證據。許多素孚眾望的辯護律師，經常為此對他加以譏笑。有次皮瑟阿斯（Pytheas）[23] 用嘲諷的口吻，說他的論點帶有燈油的味道，那是熬夜苦思的成績。笛摩昔尼斯的回答帶有針鋒相對的氣勢，他說道：「皮瑟阿斯，你說得很對，在你和我的燈光之下，完全是不同類的東西。」他對其他人的詢問不會支吾其辭，非常坦白的承認，他的演說要是在事先沒有完全準備好講稿，絕不會毫無準備就發表即席談話。

他公開宣布，預先盡心準備演講是真正的民主行為，這才是尊重人民和負責盡職的表示，要是一切都不放在心上，毫不理會人民對於自己的說話有何種反應，顯示出寡頭政體的傲慢氣息，只有拿強迫來取代說服的人士，才會使用不講理的辦法。從一件事實可以證明笛摩昔尼斯，要他未經準備就發表即席演說，真是缺乏上台的膽量。每當他遭到抨擊以致狼狽不堪之際，迪瑪德斯（Demades）往

22 黎西克拉底（Lysicrates）的合唱廳稱為「笛摩昔尼斯的燈室」（The Lantern of Demosthenes），因而發生張冠李戴的現象，誤以為這裡就是笛摩昔尼斯的「地下書房」。
23 皮瑟阿斯是雅典演說家，好像與笛摩昔尼斯有不共戴天之仇，無論大小事務都擺出反對的態度，拉米亞戰爭背叛雅典投靠馬其頓。

往挺身而出對他加以支持，然而他從沒有對迪瑪德斯做出類似的舉動。

9 或許有些人要問，爲什麼伊司契尼斯說[24] 他在演說的時候，會變成一個膽大包天的人物呢？拜占庭人皮同（Python）[25] 充滿自信在那裡大肆抨擊雅典人，爲什麼只有笛摩昔尼斯一個人站起來加以駁斥呢？邁林尼亞人（Myrinaean）拉瑪克斯（Lamarchus）[26] 寫了一篇讚美菲利浦和亞歷山大的頌辭，在奧林匹克運動會中公開宣讀[27]，對底比斯人和卡爾西斯人（Chalcidians）痛加譴責，當時爲什麼笛摩昔尼斯會公開表態，根據史實詳細描述底比斯人和卡爾西斯人對全希臘帶來多少好處和利益，反而是那些討好馬其頓的人士惹起多大的災難和禍害，因而改變全場觀眾的情緒和看法，竟然使得那位詭辯家在怒吼的反對聲中偷偷溜出會場呢？雖然笛摩昔尼斯認爲伯里克利的個性，有很多方面他不敢苟同，提到他的審愼和拘謹，特別是不會毫無節制不分場合，隨便就任何問題發表談話，覺得可以效法，於是他極力模仿這種作風，這樣一來，即使是偶發的緊急事件可能帶來的榮譽，他雖然很想獲得這種政治上的利益，也不會讓自己的才華冒很大的風險，發表沒有把握的演說。

如果我們相信伊拉托昔尼斯（Eratosthenes）[28]、費勒隆人（Phalerian）德米特流斯[29] 和那些喜劇家所說的話，那就是笛摩昔尼斯所做的即席演說，比準備好講稿照唸，包含更多的勇氣和自信。伊拉托昔尼斯說他在演說的時候，經常會陷入忘我的狀態，德米特流斯提及他在市民大會發出音調鏗鏘，擲地有聲的誓約：

24　伊司契尼斯的演說「論王權」提出這樣的論點。
25　343B.C.菲利浦派皮同擔任使節，出席雅典的市民大會，威脅利誘無所不用其極，笛摩昔尼斯用口若懸河的辯才，將皮同駁得毫無招架之力，這是他平生最感得意的事，後來他在演說「論王權」中詳細敘述整個事件的來龍去脈。
26　邁林尼亞是位於阿提卡地區一個自治城鎮，有人說拉瑪克斯的出生地是邁里尼（Myrrhine），伊奧利亞（Aeolia）地區一個小鎮，也可能是林諾斯（Lemnos）島的城市。
27　奧林匹克114會期第1年即324B.C.所舉行的奧林匹克運動會。
28　伊拉托昔尼斯（280-194B.C.）生於塞倫（Cyrene），是有史以來自稱學者的人士，後來擔任亞歷山卓圖書館的館長，當代的天文學家、地理學家、數學家、哲學家、文法學家和編年史家，他的作品除了被人引用的部分外沒有存世。
29　費勒隆人德米特流斯（346-283B.C.）是名聲響亮的修辭學家和演說家，馬其頓國王卡桑德統治期間，他從318-307B.C.成為雅典的攝政或監國。

> 謹以大地、泉源、河流和清溪[30]。

像是一個人受到靈感的啓發能夠全神的投入。

有位喜劇家稱他是一個rhopoperperethras即「吹牛的人」[31]；另一位嘲笑他使用對比的句法：

> 我的主人是收回而非奪取就毫無顧慮。
> 雅典把笛摩昔尼斯的話當成金科玉律[32]。

很可能安蒂法尼斯(Antiphanes)的用意是嘲笑那篇與哈洛尼蘇斯(Halonesus)有關的演說[33]，笛摩昔尼斯勸雅典人要從菲利浦的手裡收回那塊領土而不是奪取那座島嶼。

10 大家一致認爲迪瑪德斯能夠充分發揮演說的才能，沒有人能夠超越他說服聽衆的本領，就是一時興起的即席演說，比起笛摩昔尼斯竭盡心力的準備，還能獲得更大的成效。開俄斯人(Chian)亞里斯頓(Ariston)[34]的作品中，記載狄奧弗拉斯都斯(Theophrastus)對這兩位演說家的評述：有人問他笛摩昔尼斯是怎樣一位演說家，他說：「他是雅典之光。」問到他對迪瑪德斯的看法，他的回答：「有過之而無不及。」

這位哲學家還告訴我們，司菲都斯區(Sphettian)的波利優克都斯(Polyeuctus)是當時的雅典政治家，經常提到笛摩昔尼斯說他是最偉大的演說家，但是福西昂(Phocion)的演講本事最大，能夠用最少的字彙表達最多的意義。的確如此，每當福西昂起立反駁笛摩昔尼斯之際，笛摩昔尼斯總是對熟悉他的人說道：「他又要

30　這是安蒂法尼斯所寫的詩句，用在這裡帶有嘲笑的意味。

31　rhopoperperethras這個字可以譯為「雜貨舖老闆」。

32　這兩句詩應該是奴隸之間的對話，認為哈洛尼蘇斯這個島嶼是雅典人繼承的領土，即使收回也不應引起馬其頓人的反感。

33　黎巴紐斯(Libanius)懷疑整篇演說完全出於虛構，詩人能夠嘲笑笛摩昔尼斯，證明那座島嶼還保持在馬其頓人手裡。

34　開俄斯人亞里斯頓是季諾的弟子，當代知名斯多噶學派哲學家，他的理論和學說在3世紀B.C.風行一時。

用尖嘴利腮來攻擊我的演說了。」不過，我們很難斷言，笛摩昔尼斯所以會有這
種想法，究竟是福西昂的講話本領高強，還是憑著他的地位和聲望，認爲一位受
到人民信賴的領袖，無論是短短一句話或者僅是頷首示意，發生的作用勝過旁人
的千言萬語。

11 費勒隆人德米特流斯告訴我們，說是笛摩昔尼斯到老年曾經提到，
他過去曾經努力克服身體的缺陷，爲了矯正口齒不清[35] 和說話結巴
的毛病，他在嘴裡含著小石子來練習講演。他邊跑邊走爬上陡坡，在氣喘不已的
狀況下高聲朗誦講詞或詩句，藉以訓練音調的強度。他還在家中準備一面大鏡
子，每天站在前面對著練習演說的姿態和手勢。據說有次某位人士前來請他出面
爲他辯護，同時向他述說在法庭辯論的狀況，認爲應該得勝反而遭到失敗，因此
感到極其委屈。笛摩昔尼斯說道：「你說得不對，我認爲你沒有敗訴。」那位人
士聽到以後，提高音調大聲說道：「什麼！笛摩昔尼斯，你怎麼說我沒有敗呢？」
笛摩昔尼斯說道：「啊，你說這句話的口氣，才像是吃了敗仗，受到委屈的模樣。」
他認爲演講者的音調和姿態，對於博得聽眾的信任產生很大的作用，談起他自己
在演講時所展現的動作，一般人認爲非常優美，那些自認受到良好教養的高級知
識分子，像是費勒隆人德米特流斯這類人物，在他們的心目當中卻視爲譁眾取寵
而且缺乏男子漢的氣概。

根據赫米帕斯的說法，有人請伊西昂(Aesion)就古代與當時的演說家作一番
比較，他的回答是古代的演說家表現出安詳鎮定的態度和高雅沉潛的風格，確實
令人欽佩；笛摩昔尼斯的演講，在高聲朗誦的場合，無論是結構還是布局都高人
一等，比起其他的演說家能發揮更大的效果。他在事先所寫妥的講稿當然顯出莊
重和嚴肅的氣氛，即使面對臨時的應對和辯駁，也能表現出詼諧和幽默的談吐[36]。

譬如有次迪瑪德斯說道：「要笛摩昔尼斯教我！那還不如說要母豬去教密涅
瓦女神。」笛摩昔尼斯回答道：「你所說的密涅瓦，是否就是最近被人發現在科

利都斯(Collytus)高張豔幟的那位女士？」有次一位綽號Chalcus即「鐵公雞」的
小偷笑他深夜不睡，還點著蠟燭寫作。他回答道：「我很清楚你是想所有的燈光
一律熄滅，啊，各位雅典人，你們倒是要多考慮一下，我們住所的牆壁都是泥土
築成，盜賊卻有鋼鐵之軀，難怪要發生這麼多件竊案。」這類事例多得不勝枚舉，
現在讓我們根據他在政治方面的事蹟和生涯，進而對他的性格作一番評述。

12 他最初參與政治活動，根據他自己的說法是在福西斯戰爭時期[37]，從
他那些攻擊菲利浦王的演說可以推知。有些講詞是在福西斯戰爭完
畢以後才發表，最早的幾篇談論到戰爭結束所發生的一些事情。他在準備控訴米
迪阿斯(Midias)[38]的時候不過32歲，無論權勢和聲望還難以涉足政壇，這是很明
顯的事。我想他所以願意接受相當額度的金錢，與對方和解以停止訴訟，主要就
是出於這個緣故。就他的個性來說：

> 彼非和善之輩，
> 是乃睚眥必報[39]。

可以說是一個意志堅定和記仇不忘的人物。他發現米迪阿斯富於家財而且辯才無
礙，還有許多朋友的幫助，實力極其雄厚，要想對付這樣的人士贏得勝利，不僅
非常困難也是他的能力無法達成的事。有些人為對方向他講情說項，於是他接受
他們提出的要求。如果他覺得有勝過對手的希望和可能，3000德拉克馬不會讓他
緩和報復的意念，我對這點確信不疑。

他的政治活動起源於為希臘辯護，抨擊菲利浦王不遺餘力，可以說是名正言
順而且目標崇高。這種表現獲得良好的成效，很快因此出名，演講的辯才和勇氣
引起舉國普遍的注意。全希臘的知名之士都對他高聲讚美，波斯國王對他極其禮
遇，就連菲利浦王對他的敬重也超過其他的政治家，他的政敵也不得不承認他是
當代的顯赫之士，伊司契尼斯和海帕瑞德(Hyperides)即使對他大肆攻訐和譴責，

37　福西斯戰爭從356-346B.C.，又稱第三次神聖戰爭，福西斯占領德爾斐以後，對抗底比斯、
　　洛克瑞斯和帖沙利的攻擊行動。戰爭開始那年，笛摩昔尼斯正好28歲。
38　大約在350B.C.，雖然寫好反駁米迪阿斯的演講稿，但是始終沒有發表。
39　這兩句詩描述海克力斯的性格，出自《伊利亞德》第20卷第467行。

也都說過這樣的話。

13 我實在無法理解，為何狄奧龐帕斯要說笛摩昔尼斯是「牆頭草」，性格輕浮易變，無法長期忠於同一組織或同一政策。這點完全相反，他最初在政壇所加入的集團，後來忠誠不渝始終維持下去，不但沒有改變自己的立場，還為了堅定信念而犧牲個人的性命。迪瑪德斯與他大相逕庭，非僅改變立場還花言巧語多方辯解，說他自己經常會講些言不由衷的話，但是從來不發表賣國求榮的演說。他的作風不像麥拉諾帕斯(Melanopus)，這個人一向反對凱利斯特拉都斯，卻常被對手用金錢收買，麥拉諾帕斯還大言不慚向人民說道：「沒錯，凱利斯特拉都斯這個人始終是我的政敵，我們應該為了國家的利益對他稍作讓步。」他也不像梅西尼人(Messenian)奈柯迪穆斯(Nicodemus)，雖然最早加入卡桑德(Cassander)的陣營，後來又投到德米特流斯的麾下，他說這兩種舉措並不矛盾，自己也沒有反覆無常，因為順從勝利者乃天經地義之事。

笛摩昔尼斯完全不是那類人物，無論是言語或行為，絕不會朝三暮四或推委搪塞。特別是在政治方面，他始終固守自己的原則和立場。哲學家帕尼久斯(Panaetius)[40] 說得好，笛摩昔尼斯演說的主要目的在於證明一個結論：人之所本唯誠與善。諸如他的論「王權」、駁斥亞里斯托克拉底、主張「赦免」以及抨擊菲利浦王等等，都在申明這種觀點[41]。他在所有這許多篇演說當中，都在勸導他的同胞，不要去追求那些看起來可以為人帶來最大愉快、安適和利益的事物，不斷反覆提出他的主張，大家應該把正義和榮譽看得比安全和自保更為重要。他要是能在崇高的觀念和卓越的演講之外，表現出廉潔無私和勇敢進取的德行，那麼他的大名可以晉身於西蒙、修昔底德和伯里克利之列，比起密羅克利(Maerocles)、波利優克都斯和海帕瑞德要高出一籌。

40　羅得島人帕尼久斯是斯多噶學派哲學家，羅馬斯多噶學院的創始人，他的作品在2世紀B.C.廣受知識分子的歡迎。

41　笛摩昔尼斯最主要的演說是〈論腓力一篇〉(351B.C.)、"Olymthiacs"(349年)、〈論和平〉(346年)、〈論腓力二篇〉(344年)、〈論騙人的使節〉(343年)、〈論克森尼斯〉(341年)、〈論腓力三篇〉(341年)和〈論腓力四篇〉(341年)；此外還有辯護辭〈反駁帖西拜阿斯〉和〈論王權〉(330年)。

14 笛摩昔尼斯同時代的演說家當中，福西昂在政治方面的主張雖然讓人難以恭維，何況還被大家視為親馬其頓分子，可是他的正直和勇氣，使得他的聲望不會居伊斐阿底、亞里斯泰德和西蒙之下，笛摩昔尼斯這個人，誠如德米特流斯所言，戰陣無勇又難逃收受賄賂的指責（即使他毅然拒絕菲利浦和馬其頓人餽贈的禮物，其他方面還是無法潔身自愛，來自蘇薩〔Susa〕和伊克巴塔納〔Ecbatana〕的黃金[42]，把他打得全無招架之力），所以對於古人的美德，他只能加以讚揚而未能效法。要是與同時代的演說家相比，可以說是獨具隻眼，甚至就是生活和言行方面莫不如此。所有的演說家都不敢像他那樣，擺出毫無顧忌的態度和人民講話，不僅指責民眾的錯誤還反對種種不合理的企求，我們從他的演說中可以看出這種風格。

根據狄奧龐帕斯[43]的記載，有次雅典人民推舉他去控訴某位人士，他不肯從命，大家鬨然表示不滿，他站起來對眾人說道：「各位雅典同胞，我願意當你們的策士，即使你們不願讓我去做，我仍舊要做；如果大家要我做一個譁眾取寵的政客，成為用假誓害人的原告，即使大家充滿期待要我去做，我還是不做。」他處理安蒂奉（Antiphon）的案子[44]，可以看出他的人格非常高尚[45]；安蒂奉本來已經被市民大會宣判無罪，笛摩昔尼斯卻不予理會，將他帶到阿里奧帕古斯會議的前面，指控他答應菲利浦縱火焚毀軍械庫，於是最高法院將他判處死刑，立即執行。他控訴女祭司狄奧瑞斯（Theoris）多項罪行，其中之一是教唆奴隸欺騙主人，經過審理定讞處決。

15 據說阿波羅多魯斯（Apollodorus）在一次債務訴訟中指控身為將領的泰摩修斯（Timotheus）[46]，出庭使用的講稿由笛摩昔尼斯撰寫好提供。阿波羅多魯斯控訴福米昂（Phormion）和司提法努斯（Stephanus）的證詞，也是

42　蘇薩和伊克巴塔納是波斯的首都，表示這些黃金是來自敵國的賄賂。
43　開俄斯人狄奧龐帕斯是一位歷史學家，他和埃弗魯斯（Ephorus）都在伊索克拉底（Isocrates）門下受教，曾經寫出多部歷史鉅著，對於雅典人和他們的平民領袖始終懷有敵意。
44　笛摩昔尼斯在「論王權」的演說中，對於這件案子的來龍去脈有詳盡的說明。
45　他的演說「論王權」對整個案情有非常詳盡的敘述和解釋。
46　泰摩修斯是康儂（Connon）之子和伊索克拉底的弟子，與凱利克拉蒂達斯（Polycratidas）是同時代的人物，378B.C.選為十員將領之一，曾經率領傭兵為波斯服務，返國後參加很多次戰役，攻占開俄斯島失利被處以100泰倫的罰鍰。

由笛摩昔尼斯代爲捉刀，這件事引起社會的物議，因爲福米昂用以駁斥阿波羅多魯斯的講稿，同樣出於笛摩昔尼斯之手，這位演說家如同製造刀劍的廠家，把武器供應給敵對的雙方去相互廝殺。在那些以市民大會當作對象的演說中，無論是爲了反對安德羅遜(Androtion)或駁斥泰摩克拉底(Timocrates)和亞里斯多克拉底(Aristocrates)，都是由他幫助別人執筆，他在寫出那些作品之際尚未進入政壇，年紀不過27或28歲。

有篇抨擊亞里斯托杰頓(Aristogiton)的演說和以訴求「赦免」爲目標的講詞，都是他自己公開提出報告，後面一篇是應查布瑞阿斯(Chabrias)之子帖西帕斯的要求而作，據說這時他正在追求那位年輕人的母親。他後來並沒有娶她，事實上他的妻子是薩摩斯人，馬格尼西亞的德米特流斯在他的作品《同名之人》裡記載此事。

他對於伊司契尼斯的擔任使者有辱職守，提出譴責的講詞是否公開宣讀，已經不得而知[47]；根據艾多麥紐斯(Idomeneus)的說法，伊司契尼斯僅以30票之差，免於有罪的判決。這種傳言有商榷的餘地，兩位演說家發表的內容有關王權之爭，怎麼說都會引起大家種種臆測，特別是他們都未明確的說明，這件訟案是否曾經付諸審判。整個事件極其錯綜複雜，我要留給別人來辨別清楚。

16 笛摩昔尼斯的政治立場頗爲明顯，即使在和平時期，他對那位馬其頓人總是不假辭色，無論菲利浦有任何作爲都要挑剔指責，運用一切時機煽動雅典人起而反對。在菲利浦的宮廷裡面，最常談到和特別注意的人士就是笛摩昔尼斯。

他參加十人使節團[48]前往馬其頓，菲利浦雖然接見全體成員，特別是與他的對談非常小心謹愼，其餘方面卻不像對別的使節那樣禮遇客氣，尤其對伊司契尼斯和斐洛克拉底(Philocrstes)兩人更是青睞有加。等到大家讚譽菲利浦的說話鏗鏘有力、儀表英俊挺拔而且飲酒千杯不醉，笛摩昔尼斯表示不能苟同，他認爲第一種長處適於雄辯家，第二種優點在於女性，第三種本事只配作爲門客，這些都與

---

47 笛摩昔尼斯在這一次的演說中，指控伊司契尼斯擔任和談的特使，未能說服菲利浦立誓遵守雙方同意的條款，犯下瀆職和收賄的罪行，伊司契尼斯提出答辯，否認所有的控訴。這兩篇演說稿是傳世的重要文獻。

48 346B.C.他們獲得所謂「斐洛克拉底的和平」。斐洛克拉底是雅典代表團的領隊。

帝王的風範沒有關係。

17 從菲利浦這方面而言，他無法安靜度日總要興風作浪；提到笛摩昔尼斯這邊，卻一直在雅典人當中煽風點火，所以雙方最後只有兵戎相見。笛摩昔尼斯策劃第一個行動，促使雅典出兵攻占優卑亞，當地的僭主賣國求榮，整個島嶼已經落在菲利浦的掌握之中；經過他的建議，提出的法案獲得通過，雅典派遣軍隊渡海發起攻勢，將馬其頓人驅逐出去。

他所進行的第二個行動，當時拜占庭和佩林蘇斯(Perinthus)受到馬其頓的侵略，他呼籲雅典人對那兩個城市捐棄成見，忘記過去在聯盟作戰[49]中犯下的過錯，派兵前去解救使他們轉危為安。不久以後他出使希臘各地負起遊說的任務，促使城邦締結對抗菲利浦的聯盟(只有少數城邦沒有同意)。除了雅典組成的軍隊之外，整個盟軍另行召募的兵力是1萬5000名步卒和2000名騎兵，所需的糧餉各城邦全都樂於捐助。根據狄奧弗拉斯都斯的說法，各盟邦曾經提出意見，需要他們支援戰爭的捐獻，能夠規定明確的額度。演說家克羅拜盧斯(Crobylus)用這樣的話給予答覆：「戰爭的每口需要無法精確估算。」[50]全希臘已經完成武裝準備展開行動。他們與優卑亞、亞該亞、科林斯、麥加拉、琉卡狄亞(Leucadia)，和科孚(Coecyna)這些城邦和人民共同成一個聯盟。

笛摩昔尼斯還有一個艱鉅的任務，要把底比斯拉進組織，這個城邦的國土與阿提卡接壤，擁有強大的實力，他們的軍隊有全希臘最優秀的戰士，要想讓他們與菲利浦絕裂並非易事，在最近的福西斯戰爭中，菲利浦曾經幫助底比斯不少，特別是這個城邦與雅典相距過近，經常會發生摩擦，加深兩個城市的歧見，引起不斷的紛爭。

49　社會戰爭(357-355B.C.)爆發以後，第二次雅典聯盟破裂，拜占庭和其他的盟邦都起兵反抗雅典。

50　克拉蘇認為沒有一個人擁有足夠的財富，靠著自己的經費來維持一支軍隊，這種看法倒是沒有什麼錯誤；如同阿契達穆斯所說那樣，戰爭永難饜足極其巨大的胃口，再多財富也不敷運用。

18 菲利浦在安斐沙(Amphissa)會戰[51] 大獲全勝使得他趾高氣揚不可一世，出兵突襲伊拉提亞(Elatea)，將福西斯據爲己有。雅典人接獲信息極其驚惶，市民大會沒有人敢登台發言，也不知道應該從何說起，全場籠罩寂靜和困惑的氣氛，大家茫然不知所措。只有笛摩昔尼斯在緊要關頭走上講台，他的建議是與底比斯人結盟，並且對市民多方鼓勵，使得大家充滿希望，然後與另外幾個人奉命擔任使者，派往底比斯談判有關事宜。

根據馬西阿斯(Marsyas)[52] 的說法，對方的陣營也採取類似的做法，菲利浦派遣使臣與笛摩昔尼斯唇槍舌劍對抗一番，他的代表團有馬其頓人阿明塔斯(Amyntas)和刻里克斯(Clearchus)，帖沙利人道克斯(Daochus)以及色拉西迪烏斯(Thrasydaeus)。底比斯人商議這方面的問題，對於本身的利益了解得極其透徹，他們對於最近的福西斯戰爭[53] 遭受重大的損失記憶猶新，每個人對於兵刀之災的恐懼猶有餘悸。誠如狄奧龐帕斯所言，笛摩昔尼斯鼓動如簧之舌，激勵底比斯人的勇氣和爭勝之心，效力之大使他們拋棄審慎、畏懼和義務之類的念頭，如同受到蠱惑一般聽從笛摩昔尼斯的指點，最後的選擇是走上榮譽的道路。

身爲演說家所獲得的成就極其耀目而且具備重大的意義，菲利浦立即派遣使者表示願意談判和平，整個希臘高舉旗幟準備開戰，無論是阿提卡的主將還是皮奧夏的指揮官，全都聽從笛摩昔尼斯的指示；底比斯和雅典的市民大會都由他出面主持，兩個城市的市民都對他推崇備至，使得他能掌握最高的權力。狄奧龐帕斯提到這種狀況，他之所以能夠出人頭地，並非使用任何不正當的伎倆，也沒有欠缺一個名正言順的目標，完全憑著本身的才華和能力，造成這種眾望所歸的局面。

19 神明在冥冥之中對時勢的演變已經預爲安排，希臘人要喪失自由權利，出現很多朕兆顯示未來即將發生的事態。諸如德爾斐阿波羅女祭司的預測，以及《西比爾神諭集》引用的古老讖言：

51　339B.C.菲利浦召開安菲克提昂(Amphictyons)會議，要對德爾斐附近的安斐沙城，用褻瀆神聖的罪名予以懲處。

52　馬西阿斯是馬其頓的歷史學家，撰寫一部本國史從最早的時代到332B.C.爲止。

53　第三次神聖戰爭(356-346B.C.)，雅典支持福西斯人，菲利浦大力援助底比斯人。

　　血腥激戰將開場，

　　神鷹雲端壁上觀；

　　勝者橫屍遍原野，

　　敗軍慟哭多哀傷。

　　這場會戰發生在瑟摩敦(Thermodon)，這個地名是我故鄉奇羅尼亞的一條小溪流，後來注入西菲蘇斯(Cephisus)河。目前並沒有使用這個名字的河流，根據我們的推斷，可能是從海克力斯神殿旁邊流過的希蒙(Haemon)溪，或許當年就叫做瑟摩敦河。那次會戰使得溪中滿是鮮血和屍體，所以人們才把它改為現在使用的名字。可是杜瑞斯(Duris)[54]認為瑟摩敦不是一條小河，他的說法是士兵在搭設帳篷和挖掘塹壕的時候，發現一座很小的石像，根據上面的題詞，知道這座像是瑟摩敦[55]，他的懷中還抱著一名受傷的亞馬遜女戰士。後來流傳如下的神讖與這個說法有關：

　　瑟摩敦之戰要大打一場，

　　黑鴉不要忘記前去觀看，

　　可以飽食一頓人肉大餐。

20 總而言之，很難斷言那種說法比較正確。笛摩昔尼斯對於希臘人的實力深具信心，那些準備出擊的戰士表現出驍勇的氣概和堅定的決心，使得他看到以後情緒激動無比興奮，所以他絕不容許大家感受神讖的影響，或是聽信預言減低鬥志，他甚至公開宣稱那位女預言家受到收買，故意炮製有利菲利浦的神讖。他特別提醒底比斯人要記得伊巴明諾達斯，雅典人不能忘記伯里克利，這兩位偉大的領袖人物都能堅持立場，遵從理性，將諸如此類神鬼之事視為懦怯的藉口。直到目前摩昔尼斯的表現還不失為一個心懷大勇之士，等到會

54　薩摩斯的僭主杜瑞斯(350-280B.C.)是狄奧弗拉斯都斯的弟子，當代知名的歷史學家，文筆流暢生動，著述極其豐富。

55　要說這個雕像是河神瑟摩敦，那就應該在卡帕多西亞才對。本書第一篇〈帖修斯〉第27節中提到，亞馬遜人經過帖沙利的時候，不可能沒有受到抵抗，靠近史科圖薩(Scotussa)和賽諾西法立(Cynoscephalae)這幾處地方，仍舊可以看到她們留下的墳墓。

戰[56]開始以後，一切舉措無法獲得國人的尊敬，所作所爲與他的言論完全是背道而馳。他竟然放棄自己的崗位，丟掉手中的武器臨陣逃避。如同皮瑟阿斯所說那樣，根本是恬不知恥，完全辜負寫在他的盾牌上面「時來運轉」四個金字。

菲利浦獲勝以後，狂喜之餘難免得意忘形，痛飲之餘前去視察敵軍留下的屍首，這時他高聲朗誦笛摩昔尼斯提議獲得通過的法案起首的字句：

皮歐尼斯區的笛摩昔尼斯之子笛摩昔尼斯謹提出建議[57]。

他押著音韻將這句話讀得鏗鏘有力，擲地有聲。等到菲利浦冷靜下來，仔細考量最近陷入危險的處境，一個演說家能在短短幾個時辰之內，幾乎要毀滅他的帝國和他的性命，這種神奇的力量使得他不寒而慄[58]。

笛摩昔尼斯的威名甚至遠播到波斯的宮廷，國王發函給鎮守邊陲的部將，除了命令他們供應笛摩昔尼斯所需金錢，還要對他特別禮遇，因爲全希臘只有他一個人能夠發動戰爭，用來牽制菲利浦的大軍，不能出兵發起遠征的行動[59]。波斯國王和笛摩昔尼斯的往來，後來爲亞歷山大所知悉，因爲他在薩迪斯發現笛摩昔尼斯一些信函，還有波斯官員的文件，上面載明波斯國王付給笛摩昔尼斯大筆金錢的數額。

21 現在希臘既然已吞下失敗的苦果，那些和笛摩昔尼斯有仇的政敵趁機發起攻訐，捏造口實和罪名對他提出控訴。市民大會不但認爲笛摩昔尼斯清白無罪，仍如以往保持尊敬的態度，視他爲愛國的忠誠之士，繼續邀請他參與公眾事務。等到那些陣亡於奇羅尼亞的將士，遺骸運回來安厝的時候，大家推舉笛摩昔尼斯發表葬禮演說。希臘人民遭到厄運的打擊，沒有像狄奧龐帕斯用虛浮不實的文體所敘述的狀況，表現出逃避退縮的頹廢風氣，從他們對於這位最高策士的推崇敬愛，可以看出大家對於笛摩昔尼斯的一切建議，絲毫不會感

56 這是38年8月2日B.C.開打的奇羅尼亞會戰，馬其頓國王菲利浦擊敗雅典和底比斯聯軍。
57 希臘原文帶有抑揚格四音步的韻腳，唸起來字正腔圓，極其動聽。
58 演說家迪瑪德斯對於笛摩昔尼斯有另外的看法，他說：「命運要讓他擁有阿格曼儂（Agamemnon）至高無上的地位，他偏偏要扮演瑟薩底（Thersites）那個人見人嫌的角色。」
59 菲利浦威脅波斯人，說他要率領希臘聯軍入侵亞洲。

到後悔，所以才請他擔任葬禮的演講人。

　　後來他認為自己的名字不祥，沾滿霉氣帶來凶兆，凡有議案都借用朋友的名
義。直到菲利浦亡故以後，才讓他激起奮鬥的勇氣。這位馬其頓國王是在奇羅尼
亞會戰贏得大捷以後，不久被弒崩殂[60]，驗證神讖最後一行文字：

　　　敗軍哀傷，
　　　勝者夭亡。

22　關於菲利浦的死亡，笛摩昔尼斯獲得秘密消息的管道，想利用這個
　　　機會振奮人心，於是面帶愉快的笑容進入市民大會會場，向大家報
告說他夜間做一個充滿吉兆的夢境，顯示雅典的否極泰來；果不其然，使者傳來
菲利浦崩殂的信息，民眾聽到這個佳音以後，馬上向神明獻祭，投票通過向刺殺
菲利浦的鮑薩尼阿斯贈送一頂桂冠。笛摩昔尼斯盛裝參加典禮，頭上戴著一個花
環，伊司契尼斯因此對他數落一番，說是笛摩昔尼斯的女兒夭折不過7天，他這
種行徑表示對子女毫無親情可言。要是伊司契尼斯認為只有哀悼慟哭才是摯愛子
女的表現，用冷靜沉默的態度忍受喪子之痛就應該受到責難，這適足以證明他自
己是一個虛偽的欺名盜世之徒。

　　我認為雅典人聽到菲利浦的死訊，馬上祭神並且戴上花環慶祝，這實在不是
一個明智的民族應有的行為，特別是菲利浦在獲勝以後，對待被征服的雅典人非
常寬大仁厚。當馬其頓國王在世的時候，他們將雅典市民的殊榮贈給他，表示對
他的尊敬，等到他喪生在一個兇手的劍下，立即狂歡作樂來侮辱死者，高唱勝利
的歌曲，好像憑著自己的英勇擊敗這個對手，下流的舉動非常卑鄙令人感到不
齒，會引起神明的震怒遭到天譴。笛摩昔尼斯的行為還是有值得讚揚之處，因為
他把哭泣、哀悼和憂傷留給婦女去做，自己一心以國家的興亡為己任，這才是男
子漢的作為。

　　我認為真正具備大丈夫氣概和政治家風範的人士，會永遠著眼於國家的利
益，讓私人的悲憤困苦從為公眾謀求福利的滿足之中獲得彌補，要保持自己的身

60　奧林匹克111會期第1年即336B.C.，菲利浦被他的衛士鮑薩尼阿斯刺殺，本書第十七篇〈亞
　　歷山大〉第10節有詳盡的記載。

分和尊嚴，比起那些扮演君王和僭主的演員更要投入，因爲那些角色在舞台上面
的悲歡離合，完全是按照劇本和詮釋的需要，跟個人情緒的反應毫無關係。等到
朋友遭遇不幸的時候，我們不可以置身事外不加理睬，應該溫語慰問多方勸解，
轉移他的心思到可以引起愉悅的事物上面，正如那些害上眼病的人，要勸他不要
看鮮豔刺目的景象，應該多注視綠地和柔和的色澤。一個人遭到喪親之痛，能夠
獲得最大的安慰，莫過於將私人的悲傷與公眾的福祉集於一身，讓國運的昌隆來
沖淡和掩蓋個人的不幸。我對這個題材談得太多，因爲我知道很多人受到伊司契
尼斯那番話的影響，難免會產生一種婦人之仁的激情。

23 現在還是閒話少說言歸正傳。希臘各城邦在笛昔尼的激勵之下，再
度結爲一個聯盟，底比斯人獲得笛摩昔尼斯供應武器，襲擊馬其頓
派駐的守備部隊，殺死很多敵軍，雅典人準備與他們並肩作戰。笛摩昔尼斯控制
市民大會，致書波斯國王的部將，將亞歷山大稱之爲黃口小兒和無知蠢才[61]，鼓
勵他們激起作戰的勇氣。等到亞歷山大解決國內的問題，親自率領部隊進軍皮奧
夏，雅典人馬上喪失鬥志，笛摩昔尼斯氣餒之餘保持沉默，底比斯人受到盟邦的
背叛只有單獨應戰，喪失整個城市[62]。

雅典的市民大會在苦悶困惑之中，派遣一個使節團去見亞歷山大，笛摩昔尼
斯是成員之一，他唯恐亞歷山大怒氣未息深感膽怯，走到西第朗（Cithaeron）山便
離隊折回。這時亞歷山大派人前來雅典，要求交出一些演說家加以懲處，根據艾
多麥紐斯的說法是10個人，大多數史家都說只有8位，就是笛摩昔尼斯、波利優
克都斯、伊斐阿底、萊克格斯、密羅克利、笛蒙、凱利昔尼斯和查瑞迪穆斯。笛
摩昔尼斯特別爲這件事，在市民大會向大家講述一個寓言，大意是一群羊把牧羊
犬交給狼；他說自己和那些爲著市民的安全而奮鬥不息的演說家，就好比保護羊
群的狗，亞歷山大是馬其頓一隻狡猾的惡狼。他告訴他們說道：「小麥商人在售
貨的時候，帶著一些樣品放在碗裡，少數幾粒穀物就代表著全部貨物的命運；你
們現在把我們幾個交出去，等於把全體市民交到他的手裡。」史家卡桑德里人

---

61 無知蠢才原是古代一位名叫瑪吉底（Margites）的傢伙，荷馬為他寫了一首諷刺詩，因而享有
   莫大的名聲。
62 底比斯失陷是在335年10月B.C.。

(Cassandrian)亞里斯托布拉斯(Aristobulus)[63]記載這件事的來龍去脈。

　　雅典的市民大會正在考量這個問題，覺得很難善了不知如何是好，那些被要求交出的演說家，贈送5泰倫給迪瑪德斯，請他出面爲他們說項。迪瑪德斯之所以同意接受他們的請託，可能自恃與亞歷山大有深厚的交情，或許他認爲亞歷山大如同飽食獵物的獅子，感到饜足以後不會計較這些微不足道的小事。他終於不辱使命達成任務，說服亞歷山大寬恕這些演說家，與雅典恢復友好的關係。

24 等到亞歷山大班師以後，迪瑪德斯和他的朋友大權在握，笛摩昔尼斯遭到冷落，斯巴達人埃傑斯(Agis)發動政變之際，他曾經想要支持後來還是退縮，因爲雅典不願參加那場叛亂，等到埃傑斯被殺，拉斯地蒙人同時遭到征服[64]。

　　這時[65]指控帖西奉有關接受金冠的訴案交付審訊，早在奇羅尼亞會戰前不久提出，當時的執政官是奇隆達斯(Chaerondas)，直到10年後[66]才開庭處理，最高行政首長換成亞里斯托奉(Aristophon)，這個訟案所以聞名當時，不僅擔任辯護的演說家極其出色，就是法官都能表現出大公無私的勇氣，雖然控訴笛摩昔尼斯的政客正是大權在握，受到馬其頓人全力支持，可是法庭卻不畏惡勢力，毅然做出無罪的判決，伊司契尼斯所獲得的同意票不到五分之一[67]，等到這件事結案以後，伊司契尼斯離開雅典，在羅得島和愛奧尼亞教授修辭學度過餘生。

63　亞里斯托布拉斯是一位歷史學家，陪伴亞歷山大遠征亞洲，對於所有的戰役都有詳盡的記錄，阿里安的《遠征記》都使用他提供的材料。

64　從333到330B.C.，斯巴達國王埃傑斯三世爲了響應波斯人，不斷對馬其頓發起戰爭，最後一年他被安蒂佩特擊敗遭到殺害；安蒂佩特是亞歷山大派駐馬其頓的攝政。

65　笛摩昔尼斯個人出錢重新修復雅典的長牆，帖西奉在市民大會提出建議，通過敕令贈給笛摩昔尼斯一項金冠，這件事讓伊司契尼斯忌恨難消，檢舉笛摩昔尼斯犯下十惡不赦之罪，從而使得他發表平生最重要的演說「論王權」。

66　蒲魯塔克的年代計算有錯，延後的時間沒有超過8年。

67　伊司契尼斯嘗到羞辱的苦果，原告如果不能獲得5%的同意票，會遭到100德拉克馬罰鍰的處分，以後再也不能在任何雅典的法庭提出抗告。

25 不久以後，哈帕拉斯(Harpalus)[68] 知道自己奢侈揮霍，犯下滔天大罪，這時亞歷山大對待屬下的態度日趨嚴厲，就連最親密的朋友都不例外，逼得他只有從主子的身邊逃離。哈帕拉斯來到雅典以後，在市民大會發表談話，把自己的船隻和財富全部交出來聽候發落，雅典的演說家貪圖他的金錢，幫忙說服市民大會接受這位懇求者，並且給予保護。笛摩昔尼斯最初的建議是將哈帕拉斯驅逐出境，提醒大家要提高警覺，雅典不能為著既不充分而又不公正的理由陷入戰爭的泥淖。

過了幾天以後，等到大家拿到這位馬其頓人的財產清單，哈帕拉斯發現笛摩昔尼斯非常喜愛一個波斯製造的酒杯，細心察看雕刻的工藝和設計的樣式，於是要他拿在手裡掂一掂，試試那個金杯的重量是多少。笛摩昔尼斯發現很沉手，便問哈帕拉斯到底有多重，哈帕拉斯笑著對他說道：「要是你不嫌棄，我要把它連帶20泰倫一起送給你。」到了夜晚果然如數奉上，哈帕拉斯具備一種非常特殊的本領，對於那些貪婪成性的人，可以從眼神和面部表情看出來。

笛摩昔尼斯果然無法抵抗這種誘惑，接受餽贈等於是賣身投靠，以後就要全力為哈帕拉斯的利益效勞。第二天早晨他的頸脖圍著毛織的圍巾，進入市民大會會場，等到大家要求他講話的時候，他做出手勢表示喉痛無法開口。那些腦筋非常機靈的人出語嘲諷，說那位演說家在夜間患了銀光閃閃的炎症，並沒有其他的毛病。後來市民知道他收受賄賂，憤怒之餘不許他發言為自己辯護，就將他轟下台去，有一個人站起來大聲叫道：「怎麼，各位雅典市民，你們難道不想聽聽這位『持杯者』想講些什麼嗎？」[69]

最後，他們還是將哈帕拉斯逐出雅典，恐怕將來馬其頓人會要求他們說明這些演說家的受賄情形，於是對他們的住處做嚴密的搜查，只有阿里奈達斯(Arrhenidas)之子凱利克利(Callicles)例外，因為他剛結婚為了對新娘表示尊重。

---

68 哈帕拉斯身為馬其頓財務大臣，認為遠征印度極其危險，亞歷山大大帝不可能活回來，所以在後方毫無顧忌大肆揮霍，等到亞歷山大班師回朝，面對嚴峻的形勢知道無法善了，只有帶著6000人馬和5000泰倫的財富，離開東方來到阿提卡，到達雅典是在324B.C.。

69 在宴會當中，按照習俗有一隻酒杯在來賓之間傳送，持有酒杯的人可以發表一篇不受干擾的演說或者是唱一首歌。

26 笛摩昔尼斯對於搜查行動表示反對，他提出一項議案，要求由阿里奧帕古斯會議負起調查的責任，進而對犯罪的人士施以懲處。後來阿里奧帕古斯會議宣判有罪的第一批人員當中，赫然將他包括在內，他出庭接受審訊，判決罰鍰50泰倫，無法繳出鉅額款項便被關在監獄。他對於自己所犯的罪感到羞辱，加之身體非常虛弱，難以忍受可憐的鐵窗生活，出於獄卒的疏忽和寬容設法從監牢中逃出。

據說他從城中離開沒有多遠，有幾個人在後面追趕，他發現那些人都是敵對的政黨分子，便躲藏起來，可是他們喊著他的名字漸漸接近，告訴他說是從家中帶點錢送給他，供應客途需要，希望他能接受[70]。他們趕來的目的不僅如此，還要勸他鼓起勇氣善處逆境，不要為目前的災禍而感到難過。笛摩昔尼斯聽到這些話慟哭失聲，他說道：「即使我在另外一些城市也有朋友，絕不會像這個城市的政敵這樣善待於我，現在離開故國遠適他鄉，怎麼能不感到憂傷哀怨呢？」

他無法容忍這種放逐的生活，大部分時間在伊吉納和特里真(Troezen)[71]度過，經常以淚洗面朝著阿提卡的家園遙望。要是從所說的話來看，完全不符他當政時極力標榜的大無畏氣概。據說他離開雅典的時候，朝著衛城舉起雙手說出這樣的話來：「啊，密涅瓦女神，你何以會喜歡梟、蛇和人民這三種凶狠又難以管轄的野獸？」有些青年前去拜訪與他交談，這時他會勸他們不要投身政治，他的說法是如果有兩條路可以選擇，一條是通向政壇而另一條通向滅亡，假如他能預知從政者將要面臨許多災害和弊端，諸如恐懼、嫉妒、誹謗和陷害，那他一定義無反顧選擇死亡之道。

27 笛摩昔尼斯流亡國外這段期間，亞歷山大大帝因病崩殂[72]，希臘人再度聯合起來，準備與馬其頓人作戰。李奧昔尼斯(Leosthenes)[73]將安蒂佩特圍困在拉米亞(Lamia)，四周建起對壘線，這種英勇的行為對希臘人產生

70　根據福修斯(Phocius)的記載，說是伊司契尼斯離開雅典，也遭遇同樣的狀況，只是幫助他的人換成笛摩昔尼斯而已；就是雙方的答話都非常類似。好像蒲魯塔克在不下10個演說家的傳記中，都提到完全雷同的情節。

71　特里真是伯羅奔尼撒半島東海岸的濱海城市，現在是稱為特林珍(Trizin)的小鎮。

72　323年6月10日B.C.，亞歷山大大帝崩殂於巴比倫；笛摩昔尼斯時年61歲。

73　亞歷山大大帝逝世後，希臘城邦成立聯盟，指派雅典人李奧昔尼斯擔任將領，要驅除馬其頓的勢力，圍攻拉米亞之役陣亡。

鼓舞作用。演說家皮瑟阿斯和綽號「螃蟹」的凱利米敦（Callimedon），逃離雅典投入安蒂佩特的陣營，他們與馬其頓攝政的朋友和代表四處奔走，勸誡各城邦不要參與叛亂活動或者與雅典結盟。笛摩昔尼斯加入雅典的代表團，盡最大能力給予協助，說服所有的城市同心協力，對馬其頓人發起攻勢，將他們逐出希臘。

根據菲拉克斯的說法，皮瑟阿斯和笛摩昔尼斯相遇於阿卡狄亞，雙方分別為馬其頓和雅典發言辯護，以至於最後相互破口大罵。皮瑟阿斯說如果將驢奶送到某個人家，就知道那個家庭一定有人患病；基於同樣的道理，要是雅典代表團來到某個城市，就會為那個城市帶來災難。笛摩昔尼斯毫不退讓，他的回答是：「驢奶可以使人恢復健康，雅典人到達會使病患得救。」

雅典的市民大會明瞭笛摩昔尼斯卓越的表現，興高采烈之餘通過他的表兄弟皮歐尼斯區的笛蒙所提議案，讓他可以載譽返回故鄉。雅典當局派遣專船前往伊吉納，當他在派里猶斯登岸的時候，全體市民前去接船，對他表示熱烈的歡迎，所有的執政官和祭司沒有一個不到現場。根據馬格尼西亞人德米特流斯的記載，笛摩昔尼斯對天高舉雙手，為了能夠享譽歸來向神明致敬，他認為這次從流亡之中返回故鄉，比起當年亞西拜阿德的事蹟更加光榮，因為同胞通過議案前來歡迎，完全是出於大家的厚愛，發揮自由意志毫無勉強的成分。

現在剩下的問題只有那筆罰金如何處理，按照法律規定，市民大會沒有權力可以免去受到定罪的罰鍰處分，他們想出一個兩全其美的辦法，來到「持杖者」朱庇特（Jupiter Soter）神廟獻祭的時候，傳統慣例要對負責安排和裝飾祭壇的人士，贈送一些金錢作為報酬，於是他們指派笛摩昔尼斯擔任這職務，送給他50泰倫剛好用來償付罰鍰。

28 可是，等到他歸國以後未能長久享受家園之樂，希臘人的努力遭到徹底的失敗，那年的Metagitnion月（8月）發生克拉隆（Cranon）會戰[74]，馬其頓的軍隊在Boedromion月（9月）進入慕尼契亞（Munychia），接著是笛摩昔尼斯在 Pyanepsion月（10月）逝世。

得知安蒂佩特和克拉提魯斯（Craterus）即將來抵達雅典，笛摩昔尼斯和他的黨

74　322年8月6日B.C.發生克拉隆會戰，安蒂佩特和克拉提魯斯殲滅希臘聯軍，宣告結束拉米亞戰爭。

徒趁機在暗中逃出城市，迪瑪德斯的建議獲得市民大會的通過，將他們判處死刑。他們分別朝不同的方向逃走，安蒂佩特派遣士兵在四處緝捕，負責的隊長是阿基亞斯(Archias)，獲得「逃犯追獵者」的稱呼。阿基亞斯是休里人(Thruian)，據說曾經當過悲劇演員，當代名伶伊吉納的波盧斯(Polus)是他的徒弟。赫米帕斯則說阿基亞斯是演說家拉克瑞都斯(Lacritus)的學生，德米特流斯說他在安納克斯米尼斯(Anaximenes)門下受教多時。

阿基亞斯在伊吉納搜查到演說家海帕瑞德、馬拉松(Marathon)的亞里托尼庫斯(Aritonicus)、費勒隆人德米特流斯的兄弟希米里烏斯(Himeraeus)，把他們從尋求庇護的伊庫斯Aecus)神廟抓出來。當時安蒂佩特駐紮在克里奧尼(Cleonae)，阿基亞斯把他們押解到那裡，全部遭到處決，據說海帕瑞德的舌頭曾被割掉。

29 阿基亞斯聽說笛摩昔尼斯在卡勞里亞(Calauria)[75]的海神廟裡避難，乘坐幾艘小船前往那個島嶼，他率領一隊色雷斯長矛兵登岸以後，便去勸說笛摩昔尼斯跟他去見安蒂佩特，提出保證不會受到虐待。笛摩昔尼斯在前天夜晚做了一個奇異的夢，正在演出一齣悲劇，要與阿基亞斯競賽一較高下，雖然他的演出唱做俱佳，觀眾感到相當滿意，道具和服裝還是不夠精美，他終於敗在阿基亞斯的手裡。

阿基亞斯用一些動聽的話向他遊說，他坐在那裡用眼睛盯著他說道：「啊，阿基亞斯，你的保證對我毫無作用，就像過去你的行動拿我毫無辦法一樣。」阿基亞斯聽到這話以後，怒氣大發接著對他加以威脅。笛摩昔尼斯說道：「現在你總算是露猙獰的面目，真正傳達馬其頓人的諭旨[76]，剛剛不過是演戲而已。你讓我寫幾句話好對家人有所交代。」說完以後回到神廟拿出一個紙卷，像是要寫信的模樣，然後將筆桿放在嘴裡咬著思索，就那樣停留一些時候，然後他就垂下頭並且將臉蒙起來，站在門口的士兵看到這種情形，以為他怕死正在流淚，譏笑他沒有男子漢的氣概，根本就是一個懦夫。阿基亞斯走近一點，要他起來不必害怕，重複原來講過的話，說是安蒂佩特不會拿他怎樣。

這時笛摩昔尼斯感到毒性已經侵入內臟，正在發揮作用，拿去蓋在頭上的衣

75　卡勞里亞是位於亞哥斯灣一個島嶼，上面的海神廟在希臘世界非常出名。

76　意思是亞基阿斯毫無自主的權力，就像一條走狗，所作所為在於達成安蒂佩特交付的任務。

物，兩眼注視阿基亞斯對他說道：「只要你樂意，現在就可以扮演那齣悲劇的角色克里昂，把我的屍體丟在外面不予埋葬[77]。仁慈的海神，趁著我現在一息尚存，要起來離開這個神聖的場所，看來安蒂佩特和那些馬其頓人，連你的神殿也不會放過，還要採取行動加以褻瀆。」他講了這些話就要人在旁扶持，在向前走的時候，已經是全身顫抖搖搖欲墜。他剛一走過祭壇便倒在地上，發出幾聲呻吟立即斃命。

30 根據亞里斯頓的說法，笛摩昔尼斯的毒藥藏在筆桿裡面，如同我在前文所述。另外一位史家佩帕斯（Pappus）卻提到（赫米帕斯的著作引用他的記述），當他在祭壇附近倒下的時候，他們發現在他的紙卷上面寫出一封書信開頭的稱呼，只有寥寥幾個字：「笛摩昔尼斯致安蒂佩特」。大家對於他的突然逝世感到非常驚奇，守在門口的色雷斯士兵說他從一塊布裡拿出毒藥放進口中，當時他們還以為他吞下黃金，等到伺候他的女僕受到阿基亞斯的隨從人員盤問，就說很久以後他把那塊布和臂鐲戴在一起，當作避邪的符咒。伊拉托昔尼斯也說笛摩昔尼斯將毒藥藏在一個中空的圓環裡面，那件飾物就是他經常戴著的臂鐲。還有許多作家在敘述他自裁這場慘劇的時候，還有種種不同的說法，我們無須深入探討。

我必須將笛摩昔尼斯的親戚德謨查里斯（Demochares）所提的意見告訴讀者，他認為笛摩昔尼斯所以能夠迅速而安詳的亡故，免得遭到馬其頓人殘酷的折磨，並非靠著毒藥而是神明賜與的恩典。他死於Pyanepsion月第十六天（10月16日），就是帖斯摩弗里亞（Thesmophoria）節期[78] 最為悲傷和蕭索的一天，婦女要在婚姻女神的廟裡齋戒。

雅典人民在他死後不久，賜給他應得的榮譽，並且為他建立一尊銅像[79]，議決他的家族當中最年長者獲得公共大會堂的奉養。在銅像的基座上面，刻著兩行

---

77 索福克利的悲劇《安蒂哥妮》（*Antigone*）中的情節，說是克里昂下達命令，不讓士兵安葬波利尼昔斯的屍體。

78 希臘人年度重大節慶，從10月14日到18日一連五天，用來祭祀穀物和耕種女神德米特和祂的女兒伯西豐妮（Persephone）。第三天即16日最重要，祭祀的人員要禁食和齋戒。

79 這座雕像是波利優克都斯（Polyeuctus）的作品，280-279B.C.樹立，出於笛摩昔尼斯的姪兒德謨查里斯（Demochares）的建議，梵蒂岡（Vatican）有一座大理石的笛摩昔尼斯雕像非常有名，據說是原來那座的仿製品。

著名的碑銘：

> 智者如斯，哲人已萎；
> 獻身邦國，庶幾無愧。

有人提到這兩句詩是笛摩昔尼斯臨服毒之前所寫，地點在卡勞里亞，這種說法完全出於杜撰。

31 就是我前往雅典之前不久，據說發生下述的事件：一名士兵受到長官的召喚，要他就指控的一項罪名提出答辯，他在臨去之際將自己所存一點黃金，放在笛摩昔尼斯雕像的手中。雕像兩隻手的手指相互交叉，加上附近長著一棵幼小的篠懸木，樹上的葉子或許被風吹過來，也許是那個士兵將它拉在一起，聚攏以後將黃金遮蓋住，等到原土回來發現他的財寶安然無恙。這件奇聞傳播很廣，城市裡面的騷人墨客，用這個作為題目寫出很多詩文，來為笛摩昔尼斯的清廉辯白一番。

迪瑪德斯沒有得意多久，冥冥之中有一種力量在為笛摩昔尼斯復仇，他在陰錯陽差之下前往馬其頓，那些受到他卑躬屈節和阿諛奉承的人士，竟然將他處死。馬其頓人本來已經對他不滿，現在抓住他的把柄更是不會過。他們截獲他寫給帕迪卡斯(Perdiccas)的一封信，要求他進攻馬其頓以解救希臘人於水深火熱之中；他特別提到希臘人現在只是被馬其頓人用一根破爛的繩索綁住，這個微不足道的約束力量是指安蒂佩特而言。科林斯人丁納克斯(Dinarchus)告發整個陰謀事件，卡桑德[80]知悉以後大為震怒，先將迪瑪德斯之子刺殺在他的懷抱之中，然後再下令將他處決。遭遇極其悲慘的下場，終於讓他明白，一個叛徒在賣國之前已經先將自己出賣；笛摩昔尼斯過去時常向他講解這個道理，那時還沒有身受其禍，所以絕對不會相信。

索休斯，我依據所見或所聞的史料，寫成笛摩昔尼斯的傳記。

80　卡桑德是安蒂佩特的兒子，經過一番奮鬥終於成為帝國的繼承人。

第二章
西塞羅（Cicero）

106-43B.C.，羅馬演說家、政治家、哲學家和學者，
折衝樽俎於羅馬內戰，終於遭到殺身之禍。

1 大家咸信西塞羅（Cicero）的母親赫爾維婭（Helvia）出身名門[1]，過著優雅的生活；關於他父親的家世則眾說紛紜，可以說是南轅北轍各執一詞。有人說他的父親以漂染布匹為業[2]，他在小的時候也學過這門手藝。還有人把他的世系追溯到屠盧斯‧阿提烏斯（Tullus Attius）[3]，弗爾西一位顯赫的國王曾經與羅馬人作戰，表現極其卓越。不管怎麼說，這個家族第一個以西塞羅為姓的人，見識一定非常高明，雖然人們經常拿來取笑，後代子孫不但沒有產生反感，倒是相當喜歡這個姓氏。因為拉丁文的cicer意為「鷹嘴豆」，大約那位祖先的鼻尖上面有個微凹的疤痕，很像鷹嘴豆的裂口，因而取了西塞羅這個姓氏[4]。

我現在為他立傳的這位西塞羅，當他初次競選公職從事政治活動的時候，有些朋友勸他更改這個姓氏，他卻意氣風發的回答，說他將努力使西塞羅這個姓氏比斯考魯斯家族（Scauri）和卡圖拉斯家族（Catuli）更為榮耀。後來他在西西里擔任財務官，曾經向神明奉獻一個銀盤，他命令工匠把他的前面兩個名字馬可斯和屠留斯刻在上面，至於他的姓，則用開玩笑的態度，吩咐工匠刻上一個鷹嘴豆的圖

1　大名鼎鼎的辛納就是西塞羅母系家族的成員。

2　狄昂告訴我們說這些誹謗之辭的始作俑者是奎因都斯‧卡勒努斯（Quintus Calenus）；事實上西塞羅在《論法律》一書中，非常明確提到他的父親和祖父，不僅出身富裕的家庭而且受過通識教育。

3　雖然李維和戴奧尼休斯把他稱為屠盧斯‧阿提烏斯，在一份未具名的手稿上面也用這個名字，但是本書第六篇〈馬修斯‧科瑞歐拉努斯〉第22節卻說他是屠盧斯‧奧菲狄斯（Tullus Aufidius）。

4　普里尼認為很多名字的起源在於栽培豆類獲得響亮的名聲，像是Fabius, Lentulus, Piso這幾個顯赫家族的姓名，都與大豆、野豌豆和豌豆有關。

形，用以代表「西塞羅」。

2 據說西塞羅生於新曆[5]開始第三天(1月3日)，也就是羅馬官員爲皇帝祈
禱和獻祭的日子。他的母親在分娩的時候，完全沒有痛楚的感覺。他的
乳母看到一個幽靈，預言她所哺乳的嬰兒日後會做一番轟轟烈烈的事業，造福整
個羅馬帝國。就一般人而論，這種預言只是幻想和無稽之談，可是西塞羅本人在
不久之後，用事實來證明這絕非虛語。因爲他一到入學的年齡，便顯得才華出眾，
成爲頭號人物，聞名全校，許多同學的父親都特別到那個學校去，爲的是一睹幼
小西塞羅的丰采，並且對他出名的聰明才智親眼觀察一番，可以作爲茶餘酒後的
談話資料。還有那些沒有修養的家長，看到自己的孩子出外，竟以西塞羅的加入
引以爲榮，不禁感到妒火中燒。

雖然西塞羅就像柏拉圖[6]認定的標準一樣，一個愛好學問和追求眞理的人，
應該對於任何學問都不會忽略，不管那種知識都感到興趣，可是他對於詩表現出
更大的喜愛。他在幼年時代所做的詩，現在還有一首留存下來，是用四音步的體
裁寫成，題目叫做「潘久斯・格勞庫斯」(Pontius Glaucus)[7]。後來，他更加多方
面孜孜努力於學術的研究，不僅博得羅馬最卓越的演說家的令名，而且視爲最優
秀的詩人。他是舉世最偉大的演說家，這種盛名一直保存到當今，雖然從他的時
代以來，演講的風格已經頗有改變，可是他所寫的詩已經沒沒無聞，被人遺忘，
因爲繼起的天才詩人爲數甚眾。

3 西塞羅受完這段幼年時代的通識教育以後，便去旁聽柏拉圖學派的斐洛
(Philo)[8]所主持的講學，這位學者受到羅馬人的敬重，遠超過克萊托瑪
克斯(Cleitomachus)[9]門下其他的弟子。他們讚譽他的辯才而且愛慕他的德行，同

5　西塞羅生於羅馬建城648年即106B.C.，龐培與他同年出生。

6　這段話來自柏拉圖的《共和國》第5卷。

7　潘久斯・格勞庫斯是一個漁夫，有天他吃下一些草藥，躍入海中化為一尊金像。伊斯啟盧斯
　　用這個題材寫出一齣悲劇，西塞羅的詩篇已經失傳。

8　斐洛是柏拉圖學派哲學家，生於拉立沙(Larissa)，大約在88B.C.左右從雅典前往羅馬講學，
　　西塞羅受教於門下，80年逝世。

9　克萊托瑪克斯是迦太基人，146-111B.C.始終在雅典擔任哲學教師，從129年起他繼承喀尼德
　　成為新柏拉圖學派的首腦人物。

時他還與穆修斯家族（Micii）的成員結交，都是元老院的著名政客和領導人物，他從而習得法律的知識。西塞羅曾經在軍中服役很短一段時期，在蘇拉的麾下參與馬西人的戰爭[10]。他因而發現政界人士有如一盤散沙，產生很多派系，再由黨派之爭而趨向於君主專制政體，他便退隱過著遁世沉思的生活，只與希臘的學者交往，潛心研究學問之道，直到蘇拉掌握政局，國事獲得安定他才出山問事[11]。

就在這個時候，有位人士受到「公敵宣告」被處死，據說遺留一處產業，受到克里索哥努斯（Chrysogonus）這位蘇拉釋放的自由奴出面舉發，只花了2000德拉克馬的代價將那片產業買了下來[12]。後來死者之子也是繼承人的羅斯修斯（Roscius）提出控訟，指出他被奪走的家產實際的價值是250泰倫。蘇拉非常憤怒，反而指控羅斯修斯謀害自己的父親，都是克里索哥努斯捏造的證據。羅馬的律師對蘇拉的心狠手辣極其畏懼，全都在旁觀望，不敢伸出援手協助羅斯修斯對簿公堂。這位年輕人在一籌莫展之際向西塞羅求助。西塞羅的朋友鼓勵他接下這件訟案，認爲他想要立足政壇，這實在是一個非常難得的機會，於是他出面爲羅斯修斯辯護[13]，打贏官司而名震一時。

西塞羅還是害怕蘇拉的邪惡勢力，前往希臘旅行，對外的藉口是出於身體的康復有這個需要。事實上他已經瘦弱不堪，還患有嚴重的腸胃病，只能在夜間吃少許清淡的食物。他講話的聲音非常宏亮，未能適當的控制以至於相當刺耳，等到情緒變得激昂慷慨總是將音調提得很高，讓人聽到就會爲他的健康而擔憂。

4 他到達雅典以後，阿斯卡隆（Ascalon）的安蒂阿克斯（Antiochus）[14]有一個講座，他經常去聽課。他對這位學者在學說方面的標新立異，並不表贊

10　他應該是在龐培的父親龐培烏斯・斯特拉波（Pompeius Strabo）的麾下服役，大致是90-88B.C.社會戰爭期間。

11　81B.C.首次公開演說，為巴布留斯・奎克久斯（Publius Quinctius）辯護。

12　當時的幣制，希臘人用的德拉克馬相當於羅馬人的笛納，要是根據西塞羅的辯辭，這裡的德拉克馬應為塞斯退司之誤，因為4塞斯退斯為1笛納，所以蘇拉的自由奴只花500德拉馬克的代價，就要將那片產業買下來；當事人指出他被圖謀的產業價值250泰倫即1,500,000德拉克馬，由此可見驚人之暴利。

13　西塞羅的演說〈為阿邁里亞人色克都斯・羅斯修斯辯護〉發表在80B.C.，當時他是26歲。

14　阿斯卡隆（Ascalon）的安蒂阿克斯是柏拉圖學派哲學家，斐洛的入門弟子也是盧庫拉斯的好友，曾經當過西塞羅的老師。

同，至於教學的方式極盡雄辯之能事，而且用詞典雅，使他感到心儀不已。安蒂阿克斯當時已經脫離「新柏拉圖學派」，完全與喀尼德（Carneades）[15] 的門下子弟斷絕關係，或許確實體驗到「感官的認知」所帶來的影響[16]，還有一種可能就是基於對克萊托瑪克斯和斐洛懷有敵意，逐漸改變自己的意見，頗能接納斯多噶學派的理論。西塞羅非常喜愛而且信奉「新柏拉圖學派」的學說，他拿定主意，要是將來不能在羅馬的政界立足發展，便遷居雅典，遠離演說和政治，全副心力用於哲學的研究。

　　等到他獲得蘇拉逝世[17] 的信息，這時他已經藉著運動恢復健康，體質強壯，說話的音調可以收發自如，聽起來響亮悅耳，配合手勢和動作富於蓬勃的生氣。羅馬的朋友紛紛寫信勸他重返政界，安蒂阿克斯同樣對他促駕，於是他決心努力充實演說的本領，發揮政治的才能，不僅勤加練習還就教當時著名的雄辯家。他從雅典乘船前往亞細亞和羅得島，在亞細亞的大師當中，他向亞德拉米揑姆（Adramyttium）的色諾克利（Xenocles）、馬格尼西亞（Magnesia）的戴奧尼休斯（Dionysius）、卡里亞的明尼帕斯（Menippus）諸人請益，他在羅得島師事摩朗（Molon）之子阿波羅紐斯（Apollonius）[18] 學習演講術，以及追隨波賽多紐斯（Posidonius）[19] 研究哲學。

　　據說阿波羅紐斯不懂拉丁語，要求西塞羅用希臘語發表演說。西塞羅欣然照辦，他以為這樣可以使自己的錯誤得到更為明確的指點，等到他講完以後，四座的聽者大感驚訝，爭相讚美，阿波羅紐斯在聽他演說的時候，並沒有表現出興奮的神情，事後仍舊默然無語，像是陷入沉思之中，西塞羅對他這種態度深感不安，這時他才說道：「西塞羅，我欽佩你的本領也讚美你的才華；不禁使我對希臘懷著憐憫之情，因為演說和辯才是希臘僅存的光榮，現在卻經由你轉移到羅馬的名

15　塞倫（Cyrene）的喀尼德在2世紀B.C.中葉，成為雅典柏拉圖學派的首腦人物，曾經以哲學家的身分擔任使節前往羅馬，憑著無礙的辯才和淵博的學識，使得朝野為之心折，129B.C.亡故。
16　新柏拉圖學派拒絕接受這方面的理論和學說。
17　蘇拉亡故於羅馬建城676年即78B.C.。
18　「阿波羅紐斯‧摩朗」竟然寫成「摩朗之子阿波羅紐斯」。本書在十七篇的〈凱撒〉第3節中犯同樣的錯誤。
19　西塞羅在〈布魯特斯〉（Brutus）一文中，對於他研習哲學的過程有非常詳盡的敘述。他的著作無論是內涵和風格，可以看出深受波賽多紐斯的影響。

下了。」

5 前途充滿希望的西塞羅，要在羅馬的政壇力爭上流，這時卻有一道神讖使得他的鋒芒受到挫折。他到德爾斐向阿波羅請示，如何才能獲得最大的名望，女祭司給他的答覆：人生的引導方針在於自己的天性而非社會的輿論。因此，他回到羅馬[20] 以後，最初階段言行極其審慎，不願出來競選公職，所以並未受到重視。羅馬那些卑劣無知之輩，按照慣常的風氣，用輕蔑的口氣稱他為「希臘人」或「學者」。他本來就胸懷大志，受到父親和親友的催促，終於全力投入法庭辯護的工作。他的業務蒸蒸日上，很快光芒四射，在律師界聲譽鵲起領袖群倫。

據說，他最初也像笛摩昔尼斯一樣，在演說的姿態和手勢方面，存在很大的缺失，接受喜劇演員羅斯修斯和悲劇名角伊索(Aesop)的指點，刻意模仿戲劇的手法。據說伊索有次在舞台上扮演阿楚斯(Atreus)[21]，苦苦思量如何向特斯底(Thyestes)進行報復，情緒非常激動，心神陷入恍惚之境，這時正好有一個奴僕從台上跑過，他用權杖施以猛擊，竟然將這位奴僕當場打死。後來，西塞羅演講的姿態可以說是到達爐火純青的地步，使他的說服能力大為加強，他時常嘲笑那些聲調高昂的演說家，說他們之所以要大聲喊叫，是因為他們不會講話，正如瘸腿的人不能走路，只好騎馬。人們認為他這種妙語如珠的本領，是一位辯護律師的寶貴特長，極能博得聽眾的好感，由於他把這種本領用得太過火，使許多人對他發生反感，讓他留下尖酸刻薄的名聲。

6 他在一個收成很差的荒年被派到西西里擔任財務官[22]，等他到職以後，強迫人民繳交小麥，以便轉運到羅馬，許多人對他不滿，後來看到他的處事公正，待人寬厚，對他的尊敬超過任何一位官員。有一次若干出身世家的羅

20　77B.C.西塞羅回到羅馬，將近30歲已達「而立之年」。

21　邁森尼(Mycenae)的阿楚斯是庇洛普斯(Pelops)的兒子，也是阿格曼儂(Agamemnon)和麥內勞斯(Menelaus)的父親，伊洛珀(Aerope)是他的妻子；庇洛普斯的弟弟也就是他的叔叔特斯底，誘騙伊洛珀還想要篡奪他的王位，阿楚斯就放逐特斯底，後來假裝和好，在一場宴會中，他把特斯底的兒子全都殺死，烤好以後讓特斯底吃下肚去。這個傳奇故事有很多不同的版本。

22　塞西羅在75B.C.當選為財務官，分發西西里任職，根據蘇拉的立法，擔任財務官的人員在離職後，經過監察官的審查，具備進入元老院成為議員的資格。

馬青年被控在服役期間違犯軍紀，未能善盡職責，整個案件交由法務官在西西里
舉行審判。西塞羅為那些青年出庭辯護，贏得官司的勝利，使他們獲得無罪的宣
判。因此他在返回羅馬的時候，為了這些事情感到志得意滿，據他自己告訴我們，
在途中發生一件事使他感慨萬分[23]。

他在康帕尼亞遇到一位聲望很高的市民，因為他把那個人看成自己的朋友，
問起羅馬的人士對他的作為，有什麼批評和看法，言下之意好像已經成為人名鼎
鼎的人物。這位朋友被問到以後，反而問他道：「西塞羅，你這一向在什地方？」
這樣的回話使他感到很難為情，覺得所有工作都是白費，看來自己在西西里的信
息傳到羅馬以後，有如石沉大海，對於他的聲望沒有任何助益。後來他自己仔細
衡量，覺得他所追求的名氣，可以說是虛無縹緲毫無邊際，使得他的雄心壯志受
到打擊。他樂於聽到別人溢美之辭，總想事事出人頭地，他雖然有高明的見解和
堅定的意志，這種好名之心產生很大的阻礙作用，使得一生經常陷入逆境。

7 等到他全力投入公職以後，就產生一種想法，覺得匠人雖然運用無生命
的材料和工具，卻對它們的名稱、放置的地點，以及使用的方法，全都
記得清清楚楚；一個政治家推動公共事務的工具就是人，反倒是他們對於「人」
的各種情形所知不多，這種現象實在感到極其荒謬。因此他不僅盡量記住人們的
名字，還要曉得每一個稍為著名人物的住處，產業的狀況，以及他們的朋友和鄰
居。當他在意大利任何道路上旅行的時候，能夠隨時隨地指出朋友和自己的田地
和莊園。

他的家產雖然足夠應付開支，然而收入的額度實在有限。訴訟當事人所送的
費用和禮物，他卻不肯接受，尤其是他承辦控訴維里斯（Verres）這件訟案，西西
里人付給他豐碩的餽贈，他捐出作為公益之用，這種義舉讓人感到極其驚奇。維
里斯以法務官的頭銜出任西西里的總督，被西西里的人民指控任職期間諸多邪惡
舉措，經過西塞羅的協助終於使他定罪，這時他在法庭運用的技巧不是口若懸河
的雄辯，而是沉默不語的抗議。那些法務官都要偏袒維里斯，故意多方延宕，把

23　54B.C.西塞羅的演說〈為格耐猶斯・普蘭修斯辯護〉（Oratio Pro Cnaeo Plancio）第26節提到
　　他年輕時的糗事。

案子拖到最後一天[24]，使得律師沒有充分的發言時間之下，要讓這個訟案獲得裁決。可是西塞羅卻宣稱無須發言辯護[25]，他把證據提出並且加以查驗以後，就要求法官投票定讞。

當時西塞羅說了很多非常巧妙的雙關語，都已記錄在案為世人所熟知。有一位名叫西昔留斯（Caecilius）的自由奴，說是按照猶太人的辦法，對那些西西里人原告所說的話不予理會，只接受維里斯的證詞[26]，這時西塞羅問道：「猶太人與『豬』有什麼關係呢？」因為維里斯這字verres在羅馬語中即「豬」的意思。維里斯指責西塞羅的生活頹廢不知檢點，西塞羅答覆道：「你應該在家中用這這些話去教訓你的兒子。」因為維里斯有一個兒子行為卑劣名聲狼藉。

演說家賀廷休斯（Hortensius）[27] 不敢直接負起為維里斯辯護的責任，卻答應在估算罰鍰的問題上為他緩頰，並且接受他所送一尊象牙的人面獅身像作為報酬。西塞羅用旁敲側擊的方式對他大加指責，賀廷休斯說他不善於猜謎，西塞羅卻對他說道：「那你家裡為什麼要擺一尊人面獅身像！」

8 維里斯判定有罪，西塞羅把他的罰鍰估定為75萬笛納，有人懷疑他收受賄賂，故意低估罰鍰的金額。西西里人還是很感激他，就從那座島嶼為他送來種種禮物，當時他正擔任市政官，並沒有自己享用這些好處，即用來降低糧食的價格。

他在阿皮（Arpi）[28] 有一所風景宜人的別墅，那不勒斯附近和龐貝（Pompeii）都各有一座莊園，並不值很多錢。他的妻子特倫夏（Terentia）帶來的嫁奩共值10萬笛納，他自己繼承的遺產大約有9萬笛納，靠著這些錢財與一些學識淵博的希臘人

---

24 羅馬新當選的市政法務官，與維里斯有深厚的關係，他的辯護律師賀廷休斯即將就任執政官，因此他們想盡辦法要將這個案子拖到下個年度，一定可以獲得無罪的宣判。事實上這並不是最後一天，維里斯的朋友要上任還要等很多天，從他準備的演說只用了頭2篇就可以知道。

25 西塞羅準備7篇演說攻擊維里斯（包括起訴他的財務官昔西留斯［Caecilius］那篇在內），只有頭兩篇發表，後來證據確鑿立即定罪，其他的演說沒有用到。

26 西塞羅知道這位昔西留斯是暗中幫助維里斯的友人，想用這種方式讓他能脫出困境。

27 奎因都斯‧賀廷修斯是當代的歷史學家和演說家，家世極其富有，曾經擔任過蘇拉的副將，小加圖將妻子瑪西婭（Marcia）讓給他，驚世駭俗的行為使人側目。

28 阿皮即阿皮隆（Arpinum），位於羅馬東南方約100公里，是座落在山區的城市，夏天成為避暑勝地。

交往，過著相當優裕而節制的生活。

他很少在日落之前進餐，主要原因不是事務繁忙，而是胃納虛弱，致使健康情形很差。所以他對自己的身體特別注意，每天都要散步和按摩，非常重視養生之道，所以身體漸漸強壯起來，能夠應付生活當中許多煩擾和艱辛。他把父親遺留那所房屋讓給他的兄弟奎因都斯[29]，自己住在帕拉廷山[30]附近，以便前來訪晤的人士不必走很遠的路[31]，事實上，每天到他府上的訪客，人數之多與克拉蘇和龐培相比毫不遜色；要知道那兩位是羅馬最有聲望和權勢的人物，前者是富甲天下的大財主，後者在軍方有極大的影響力。甚至龐培本人也時常是西塞羅的座上客，因為西塞羅的政治活動，對於龐培的權勢和名望大有助力。

9 很多傑出的人士與西塞羅競爭法務官的職位，他仍舊能夠以最多票數當選[32]，人們認為他對於案件的處理，始終保持公正和廉潔的態度。據說有一位名叫黎西流斯‧馬塞(Licinius Macer)的人，被控犯下詐欺的罪行，西塞羅主審，這個人擁有相當權勢，又有克拉蘇作為奧援，使得他有恃無恐，就在法官討論應該如何判決的時候，竟然離開法庭回到家中，匆忙將頭髮修剪整齊，換上一件乾淨的外袍，好像已經宣告無罪一樣，穿戴整齊，動身再回到法庭。法庭門口遇到克拉蘇，告訴他說陪審官已經全體一致投票判他有罪，他聽到這個消息便折返家中，倒在床上立即亡故[33]。這項判決使他的聲譽大增，大家都認為他善於主持法庭的審理工作。

還有一個人名叫瓦蒂紐斯(Vatinius)，態度非常粗暴，在法庭上面經常對法官傲慢無禮，這個人的頸脖上面長著許多腫瘤，有一次他在西塞羅主持的法庭受

29　西塞羅與他的弟弟奎因都斯極其友愛，雙方有大量的信函來往，部分保留在《西塞羅書信集》裡面，我國清末曾氏兄弟的家書，同樣表達類似的風格，只是時間晚了將近2000年而已。

30　這所房屋是他出任執政官以後購置。

31　當年馬留從東方回到羅馬以後，就在靠近羅馬廣場的地點興建一座府邸，藉口是不讓前來看他的部從走太遠的路。

32　66B.C.羅馬選出8位法務官，西塞羅得票數最多成為市政法務官，賦予法律訴訟的審判權和裁決權，在行政官員當中位居首席。

33　華勒流斯‧麥克西穆斯對這個故事有不同版本，說是馬塞在法院等候宣判，發覺西塞羅的判決對他極其不利，於是派人去通知西塞羅，說他已經逝世，就在這個時候用手帕塞住氣管窒息而死，因此西塞羅只有停止宣判，使得家產可以保住由兒子來繼承。

審，提出一項要求西塞羅沒有馬上答應，說要考慮一些時候，那人卻說如果他是法務官，對於這類事情可以立即裁定，西塞羅馬上對他還以顏色說道：「我可沒有長著像你那樣的脖子。」

他的任期屆滿前兩三天，孟尼流斯（Manilius）被控盜用公款的罪名，預定由他主持審理。人民對於孟尼流斯很有好感獲得熱烈的擁護，大家認為他之所以遭到控訴，完全是由於龐培的關係，因為雙方是很要好的朋友。孟尼流斯要求將審理的日期延緩幾天，以便他有充分的時間設法為自己辯護，西塞羅只准許延後一天，第二天就要開庭，人民對於這種處置的方式非常憤慨，因為按照慣例，法務官至少對被告有權寬限10天。護民官將他召到市民大會，對他提出濫權的指控，他要求人民聽他的解釋。他說他一向是盡量在法律許可範圍之內，對於所有的被告都採取公正寬厚的態度，這次未能完全准許孟尼流斯的請求，自己也覺得難過，他之所以決定盡快判決，是經過慎重的考慮，因為那一天是他任期最後一天，相信凡是希望幫助孟尼流斯的人，都不願意把他的案件留給下一任法務官來審理。市民聽到這些話以後，對他的觀念馬上改變，大家對他加以讚揚，並且要求他親自出頭替孟尼流斯辯護。他對於這項要求欣然同意，主要是為了龐培的緣故，雖然龐培當時並不在羅馬。於是他再度登上講壇，向人民發表演說，譴責寡頭政治集團的成員和那些嫉妒龐培的人士。

10 西塞羅出任執政官，不僅平民擁護連貴族也極力贊成，大家都是為城市的利益著想；雙方協力促成他的升遷能夠青雲直上，有下述的理由：蘇拉進行的政體改革，很多方面極其荒謬，從開始使人產生惡劣的印象，只是時間一久人民漸漸習慣，覺得那些辦法還算令人滿意。有一部分人卻想推翻這些制度並且改變現存的狀況，他們這種動機並非為了公益，而是謀求私利。當時龐培正與潘達斯和亞美尼亞的國王作戰，羅馬沒有足夠的兵力來制伏任何叛亂的陰謀。

那些不滿現狀的人士，他們的領袖是一個莽撞大膽而又野心勃勃的傢伙，名字叫做盧契烏斯·加蒂藍（Lucius Catiline）[34]，曾經被控許多重大的罪名，其中有

---

34 盧契烏斯·塞吉烏斯·加蒂藍（Lucius Sergius Catiline）出身沒落的貴族世家，60B.C.左右崛起羅馬政壇，受到執政官西塞羅的指控，說他在意大利煽起風潮，從事陰謀叛國活動，下達

兩項是性侵親生女兒和殺死自己的親兄弟。他為了掩飾最後那項罪嫌，請求蘇拉將他兄弟的名字列入「公敵宣告名單」[35]，讓人認為那時他的兄弟還活在世上。放蕩的市民擁戴這個人為他們的頭目，大家相互發誓立約，曾經拿活人獻祭，然後把犧牲者的肉吃下肚中[36]。城中大部分青年受到他的誘惑，他用大量金錢供應他們過花天酒地的生活，追尋各種淫蕩的娛樂。

就在這個時候，整個伊楚里亞(Etruria)和山南高盧大部分地區都發生叛亂，羅馬由於財富分配的不均，產生極其危險的趨向就是想要改變現狀，那些最有地位和名望的人士，把金錢耗費在表演、飲宴、謀求官職和豪華的府邸上面，逐漸淪入窮困之中，城中的財富已經流入卑微的市民手裡，因此，只要有少許的推動力量，就可以使得天下大亂，任何一個膽大包天的人物，都有能力推翻這個病入膏肓的政府。

11 加蒂藍希望先使自己立於不敗之地，然後再來實施自己的計畫，所以他出面競選執政官，而且認為他會當選，指定該猶斯·安東紐斯(Caius Antonius)成為他的同僚，這個人可以說是毫無作為，會是一個很聽話的助手。羅馬絕大善良誠實的市民了解到情勢的危惡，便督促西塞羅出來競選執政官，人民非常高興接受他的出馬，加蒂藍失敗，西塞羅和安東紐斯當選[37]。雖然在所有競爭者當中，西塞羅的父親不是元老院議員，只不過騎士階層出身而已。

12 當時人民對於加蒂藍的陰謀毫無所悉，西塞羅出任執政官以後，馬上就遭遇到很多新冒出來的困擾，一方面是那些按照蘇拉的法律規定，沒有資格出來競選公職的人士，不僅為數甚多而且實力不弱，現在都要出來攪局，除了竭力拉攏人民，還提出很多意見用來攻擊蘇拉的暴虐統治，這些問題固然都很切合實際，主要的著眼為了要求公平的待遇，只是處於目前的情勢，拿

(續)————————————————————

　　元老院「最終敕令」，62年逮捕加蒂藍案的涉嫌人員，全部遭到處死。

35　蘇拉採用「公敵宣告」方式大肆屠殺平民派，凡是列入宣告名單的人員，生命財產失去保障，殺害他們的人不僅無罪還可以領賞。據稱蘇拉當政期間受到公敵宣告的對手多達4700餘人，包括80多名元老院議員，以及1600位騎士階級人員。

36　可以參閱狄昂·卡休斯(Dion Cassius)《羅馬史》第37卷第30節。

37　羅馬建城691年即63B.C.，西塞羅當選執政官，任內制止加蒂藍叛國陰謀，登上政治生涯的頂峰，羅馬人民甚至授與他「國父」的稱號。

出這些指責來擾亂政府的正常運作，實在是非常不合時宜。

在另一方面，護民官爲了同樣的目的建議制訂法案，要求任命一個擁有無限權力的十人委員會，這10個人實際上就是最高統治者，他們有權出售意大利、敘利亞和龐培新征服地區所有公共土地、根據個人的意願可以審訊並且放逐任何人員、建立新的殖民地、從國庫支領所有經費，以及徵集和維持他們認爲有其必要的任何數量的軍隊。有幾位貴族也很贊成這項法律，其中尤其以西塞羅的同僚該猶斯‧安東紐斯支持最力，因爲他希望本人能成爲十人委員會的一員。大家認爲安東紐斯與聞加蒂藍的陰謀，而且他自己負債累累，當然不反對有利於他的舉措，這件事情使得貴族極其憂慮。

西塞羅爲了採取有效的措施以應付當前的危機，願意在卸任後出任馬其頓的總督，放棄未來指定給他的高盧，爲此還特別頒布敕令。這一著巧棋將安東紐斯拉到他的陣營，使他願意聽命行事，就像一個受雇的演員一樣，只要西塞羅認爲有益國家的事情，他無不樂於助一臂之力；等到他的同僚完全納入掌握之中，膽子壯起來可以對抗那些陰謀分子。西塞羅在元老院發表演說，反對成立十人委員會的法案，氣勢驚人竟然使得建議者閉口不語。那些陰謀分子再度努力，經過充分準備以後，要求執政官出席市民大會，西塞羅毫不畏懼，首先挺身而出，要求元老院全體議員隨他赴會，他憑著自己的雄辯，不僅使得那項法案遭到否決，而且將護民官全部懾服，使得他們將其他的計畫也一併取消[38]。

13 西塞羅以口若懸河的才華，向羅馬人民表明雄辯可以爲正義增加多麼大的魅力，公理經由演說家娓娓道來更能置之四海皆準。他要讓人民了解，一個善於處理國事的政治家，在行爲方面應該做自己認爲正確的事，絕不可以譁眾取寵，在語言方面則不可激起人民的反感，以免妨害有益國家的措施。他擔任執政官期間在劇院發生一件事，可以說明他的口才究竟能有多大的力量。

從前羅馬的騎士階級人員在劇院與平民混在一起，臨時有座位就隨便坐下，馬可斯‧奧索（Marcus Otho）擔任法務官的時候，首先將騎士階級與其餘的市民加

38　西塞羅在63B.C.發表三次〈論土地法〉（De Lege Agraria）的演說，使得護民官魯盧斯提出的法案遭到封殺。

以區別，爲他們在劇院裡面指定一些特殊的座位，直到現在，他們仍舊享受優待和禮遇[39]。一般平民認爲這種辦法對他們是侮辱，等到奧索出現在劇院，他們就對他發出噓聲，騎士階級卻大聲鼓掌表示歡迎，平民繼續發出噓聲而騎士階級還是鼓掌，雙方針鋒相對相互詬罵不已，使得整個劇院秩序大亂。西塞羅得到這個消息以後，親自趕到劇院，把在場的平民叫到戰爭女神廟，對他們加以斥責和勸導，竟然非常有效，等他們回到劇院以後，平民就對奧索大聲喝采，像是同騎士階級競爭，看誰對奧索能表現出更大的尊敬。

14 加蒂藍和那批陰謀分子最初感到害怕，難免會沮喪退縮，過了不久再度鼓起勇氣。他們聚集起來相互勉勵，要在龐培回到羅馬之前，發揮勇敢的精神立即舉事；據說龐培當時正在班師的途中。促使加蒂藍採取行動的推動力量，還是昔日在蘇拉麾下的一批士兵，他們在遣散以後分居在全意大利各地，絕大多數以及其中最兇猛好戰的角色，散布在伊楚里亞各城市之中。他們還懷著夢想，希望時機一旦來臨，能對意大利聚集的財富再度大肆掠奪。這批士兵的首領是曼留斯（曾經是蘇拉的部下從事多次戰爭，頗有功勳），現在與加蒂藍聯合起來，到羅馬來參加執政官選舉，想要幫助他達成心願。加蒂藍再度開始競選執政官，決定趁著選舉騷亂之際殺害西塞羅。神明藉著地震、雷電和妖魔鬼怪的出現，預兆即將發生的變亂，即使在人事的滄桑之中，也不乏眞實的證據，還是無法讓高貴而有權勢的加蒂藍相信。

西塞羅決定延緩舉行選舉，把加蒂藍召到元老院，就旁人對他的指責加以詢問。加蒂藍很有信心，認爲元老院中許多議員都希望改變現局，想對在場的陰謀分子誇耀一番，竟然做出非常不得體的回答。他說道：「我看見兩個軀體，一個瘦小虛弱另一個碩大強壯，然而前者有頭顱[40]而後者沒有，現在我要爲碩大強壯的體軀加一個腦袋，又有何不可？」他所提這個譬喻，當然是指著元老院和市民大會，西塞羅聽到以後，更加憂慮。他穿上甲冑，由全體貴族和許多青年陪同，從他的家前往檢閱軍隊的「平原」即戰神教練場。他故意讓長袍從肩部離開一點，

---

39 大約是4年以前畢索和格拉布里歐（Glabrio）出任執政官的時候，奧索這時不是法務官而是護民官。

40 前面這段話出現在63B.C.西塞羅的演說〈爲穆里納辯護〉（Pro L. Murena Oratio）第25節。

讓大家看到裡面所穿的甲冑，因而明瞭他的處境非常危險。身旁的人大受感動，集結在他的四周給予嚴密的保護。最後，經過投票以後，加蒂藍還是落選，希拉努斯（Silanus）和穆里納（Murena）當選爲執政官[41]。

15 不久以後，加蒂藍的士兵在伊楚里亞聚集起來，編組成兵力較少的作戰單位，因爲他們預定舉事的日期已經不遠。午夜時分，幾位居於領導地位的羅馬市民，像是馬可斯・克拉蘇、馬可斯・馬塞拉斯和西庇阿・梅提拉斯來到西塞羅的府邸，他們敲門叫出司閽，說要見西塞羅。事情的來龍去脈是如此：那一天克拉蘇在用過晚餐以後，他的門房遞交給他一些信件，是一個不認識的人送來。這些信件分別送給不同的人，其中有一封的收件人是克拉蘇，寫信的人沒有具名。克拉蘇只閱讀寫給他那封信，裡面提到加蒂藍即將發動一場大屠殺，勸他立即離開羅馬。他沒有打開其餘的信件，立刻全部帶去見西塞羅，一方面是對即將來臨的危險深感恐懼，另一方面也想藉此洗刷自己的嫌疑，因爲他同加蒂藍非常熟悉，許多人已經對他有所猜忌[42]。

西塞羅經過愼重的考量，天明以後立即召開元老院會議，將那些信件都帶到元老院去，分別遞交各收件人，並且命令他們當眾宣讀，所寫的內容大致雷同，都在通知即將發起的陰謀事件。有位具有法務官身分的奎因都斯・阿流斯（Quintus Arrius）向大家提出報告，說是士兵正在伊楚里亞編組人數較少的作戰單位，曼留斯（Manlius）率領一支具有相當實力的軍隊，在伊楚里亞各城市附近徘徊不去，期待來自羅馬的消息。元老院通過「最終敕令」[43]，賦與兩位執政官全權處理與此有關的事務，盡最大努力拯救國家於危亡之中[44]。這種辦法不會輕易實施，只有

41　這兩位是62B.C.的執政官。

42　西塞羅在出任執政官時期的文件中，有一份是用希臘文所寫，詳盡記載克拉蘇涉案的疑點以及事件的情節，後來這份資料不知所終。

43　元老院「最終敕令」的適法性長久以來爭辯不休，就第一次頒布的局勢而論，可以認爲執政官當時所採取的行動，事實上是否定該猶斯・格拉齊第一次任護民官就提出法案，打算廢止一個判例，即是元老院對他那被殺的兄長所做判刑宣告，甚至追隨者也要下達死刑判決；格拉齊認爲這種權力應屬於全體人民而不是某些官吏，如果一定要執行就是違法。

44　薩祿斯特（Sallust）的巨著《加蒂藍的陰謀》（*Catiline*）第29節和西塞羅用於起訴的〈反加蒂藍〉（Oratio in Catilinam）第1篇第2節，裡面都提到元老院頒布「最終敕令」。西塞羅對「加蒂藍案」發表4次演說，所有的記錄都已傳世。

城邦面臨重大危機，元老院才會產生共識獲得成議。

16 西塞羅擁有這項權力以後，就將外部的事務交由奎因都斯·梅提拉斯(Quintus Metellus)負責，整個城市發生的狀況全部親自處理。他每次外出都有大批隨護人員，等到他進入市民大會的會場，裡面到處都是他的扈從校尉。加蒂藍沒有耐心再等待下去，決定趕緊離開羅馬與曼留斯會合，行前命令馬修斯(Marcius)和西第古斯(Cethegus)[45]帶著他們的劍，清晨前往西塞羅府邸的門口，假裝要去拜訪致敬，然後發起襲擊將他殺死。有一位貴婦人弗爾維婭(Fulvia)夜間去見西塞羅，向他提出警告，對於西第古斯和馬修斯要刻意防備。兩個人在黎明時刻果然來到，司閽不讓他們進去引起爭吵，讓人覺得他們的來意更加可疑。

後來西塞羅還是外出，召集元老院議員前往位於聖路[46]盡頭的「持杖者」朱庇特(Jupiter Stator)神廟[47]，往上可以抵達帕拉廷山。加蒂藍率領他的黨羽來到會場，想要為自己的行為提出辯護，所有的議員都不肯與他坐在一起，位於旁邊的人都避之若蛇蠍。他開始發言的時候大家高聲喧囂加以干擾；最後西塞羅站起來，命令他立即離開羅馬；有鑑於兩個人治理城邦的方式大相逕庭，一個靠著語言的說服，另一個憑藉武力的脅迫，所以必須有一道牆將他們隔離開來。加蒂藍馬上率領三百名武裝人員出城，攜帶束棒、斧頭和標誌，彷彿自己是一位高官，浩浩蕩蕩趕到曼留斯那裡，糾合的群眾將近兩萬人，率領這批隊伍到幾個城市，企圖說服或強迫他們舉起叛亂的旗幟。現在一場大戰即將爆發，安東紐斯出兵前去平亂。

17 加蒂藍留在羅馬的同黨，由高乃留斯·連圖盧斯(Cornelius Lentulus)負責召集，對他們多方鼓勵。這個人的綽號叫做敘拉(Sura)，貴族

45　西塞羅的演說〈為蘇拉辯護〉(Pro P. Sulla Oratio)第6節和薩祿斯特的《加蒂藍的陰謀》第28節，提到派出的殺手名字是該猶斯·高乃留斯(Caius Cornelius)和盧契烏斯·瓦岡蒂努斯(Lucius Varguntinus)，不是本章所說這兩個人。

46　聖路是從灶神廟經過羅馬廣場穿越農神廟和協和宮，直達卡庇多的朱庇特神廟。

47　朱庇特是羅馬神話中掌管天國的萬神之王，也是暴風雨和雷電之神，祂的像經常出現在錢幣上面，手裡拿著一根木杖，表示「支持」之意，所以又稱為「執杖者」朱庇特。

出身但是生活放蕩，過去因而被逐出元老院，現在是第二度擔任法務官的職位，按照慣例，凡是希望恢復元老院議員身分，都要經過重新任職的程序[48]。

提到他的綽號，據說在蘇拉執政的時代，他擔任財務官，曾經濫用大批公帑，蘇拉極其憤怒，要他到元老院提出說明。他用滿不在乎的態度前往元老院，宣布他不準備做出任何解釋，他只抬起小腿，然後告訴大家，說是小孩玩球要有失誤，總是做出這種姿勢表示賠罪，現在他已經表示歉意。於是大家就以敘拉作為他的名字，因為在羅馬語中sura是「小腿」之意。

還有一次他被控違犯法律，就向幾位法官行賄，結果以兩票之差獲得無罪的宣判，他卻到處抱怨，說是既然只要多一票就可以無罪，賄賂另一位法官豈不是讓他花了冤枉錢。這個人的本性是如此的荒唐，現在受到加蒂藍的煽動，那些無事生非的算命卜掛之流，更加激起他虛無空洞的希望，他們引述一些捏造的詩句和神讖，運用西比萊的預言證明有三位名叫高乃留斯的人，命中注定要成為羅馬的君王，其中兩位是辛納和蘇拉都已應驗神明的敕令，現在天命就要將大寶賜給第三位高乃留斯，因此他應該竭盡諸般手段欣然接受，不能像加蒂藍那樣遲疑不決，坐失良機。

18 連圖盧斯的圖謀真是膽大包天，他狠心要將元老院議員全部處決，還要盡量殺死其他的市民，同時要在全城縱火，龐培的子女要抓起來作為人質，好作為討價還價的本錢。因為當時有一項相當正確的報導，說龐培已經結束偉大的遠征行動，正在返國的途中。他們預定舉事的夜晚是在神農節的慶典期間[49]，事先將刀劍、亞麻纖維和硫磺運到西第古斯家中貯藏起來。他們將全城劃分為一百個區，指派一百個人每人負責一個區，到時候大家一起放火，很快會使全城陷入火海之中；另外還派人負責堵塞水道，凡有人想要打水滅火，一律格殺無論。

正當他們安排這些計畫期間，兩名阿洛布羅及斯人(Allobroges)[50] 的使者住

---

48 元老院議員遭到除名的處分，只要任職法務官，就有足夠的資格在元老院恢復原有的席次。

49 加蒂藍陰謀案的時代，農神節只有一天就是12月19日；等到奧古斯都在位，整個節慶延長到三天之久，即12月17-19日。

50 阿洛布羅及斯人是羅馬行省中一個部落，居住在納邦附近，121B.C.被擊敗以後，才在法國南部建省，這個部落與羅馬人的關係最為密切，內戰中支持凱撒，他們的首長在羅馬元老院

在羅馬，這個部族當時的處境極其困苦，飽受羅馬統治者的壓迫。連圖盧斯和他的黨徒認為可以利用兩名使者，在高盧人當中煽起叛亂，於是邀請他們參加這次陰謀活動。他們要兩名使者帶去一些信件，其中除了寫給阿洛布羅及斯人的官員，還有順道送給加蒂藍的私函。他們對阿洛布羅及人提出承諾，賜給他們自由權利；在寫給加蒂藍的信函當中，他們要求他釋放所有的奴隸，把他們一起帶到羅馬。他們指派一個人陪著使者去見加蒂藍，那個人名叫提圖斯(Titus)，是克羅頓(Croton)[51]一位土著，所有的信函全部由他攜帶。

陰謀分子都是一些膽大妄為的草包，每次集會安排醇酒婦人在旁助興。他們的對手西塞羅，頭腦清醒、見識高明，深思遠慮，不厭其煩注意這些人採用的手段，同時還派出一些暗探，調查他們的活動，與那些偽裝參與密謀的人員保持緊密的聯繫，對於叛黨同那兩位使者的談判，知道得清清楚楚。西塞羅在夜間設置埋伏，獲得兩名阿洛布羅及斯人的暗中合作，抓住克羅頓人提圖斯連同全部信件落在手中。

19 翌日清晨，他在諧和宮召開會議，高聲宣讀那些信件，同時當眾審問告密的證人。朱尼烏斯·希拉努斯(Junius Silanus)宣稱，好幾個人曾經聽到西第古斯說起，準備殺死三位執政官和四位法務官，出任過執政官的畢索也提出類似的報告；身為法務官的該猶斯·蘇爾庇修斯(Caius Sulpicius)，派往西第古斯的住所進行搜查，發現那裡存放許多標槍和甲冑，還有大量刀劍和匕首，磨得鋒利無比。最後，元老院通過提案，克羅頓人提圖斯只要招供可以免於懲處。連圖盧斯宣判有罪，職位受到罷黜(因為當時他是法務官)，當場被剝下紫邊的官袍換上囚衣。然後，他和當時在場的同謀者交付法務官監禁，沒有加上腳鐐手銬[52]。

這時已到黃昏，成群結隊的平民在外面等候，西塞羅走了出去，向他們報告經過情形[53]，然後在他們的陪伴下，去到鄰近一位朋友的家中，因為他的家有一群婦女，舉行神秘的儀式慶祝一位女神的節日祭典，這位神明被羅馬人稱為「善

(續)—————————————————

擔任議員。

51　克羅頓是意大利南部卡拉布里亞地區瀕臨地中海的城市，航運極其發達。

52　法務官分別將他們帶到自己的家中，關起來派警衛看管。

53　這就是〈反加蒂藍〉第3篇的演說。

神」，希臘人把祂視爲婦女的保護神[54]。按照羅馬的習俗，每年要在執政官的家中，由他的妻子或母親在灶神女祭司的陪同下，向那位女神奉獻犧牲。西塞羅到了朋友家中以後（這時只有少數幾個人和他在一起），開始考慮如何處置連圖盧斯這幫叛徒[55]。

　　鑑於罪行之重大，應該施以最嚴厲的懲罰，他沒有膽量這樣做，不僅因爲他的天性仁厚，同時也怕引起物議說他濫用職權。要是用霹靂手段對待城中門第高貴的人士，未免過於苛刻，何況這些人還結交很多有權勢的朋友。反之，他要是用溫和的方式處理本案，結果是他們將繼續危害國家，只要受到比處死還輕的處分，仍舊無法矯正他們的行爲，只會變本加厲還要嘗試各種狂妄的惡行；一般人民早已認爲他不夠強悍，這樣一來更被大家看成軟腳蝦，遇事儒怯毫無大丈夫氣概。

20 西塞羅正在遲疑難決的時候，獻祭的婦女卻獲得一個朕兆，祭壇的火原已熄滅，突然從木柴的灰燼之中迸發出一陣烈焰，其他的人看到這種情形極爲驚惶，灶神女祭司吩咐西塞羅的妻子特倫夏，趕緊去見她的丈夫，要他爲了國家的利益堅持自己的決定，因爲這位女神已經放射出耀眼的光芒，用來增加他的安全和榮譽。特倫夏的意志堅定毫不膽怯，是一位野心勃勃的女人（根據西塞羅本人的說法[56]，她不甘於做一位家庭主婦，要參與實際的政治事務）。她將這個好消息告訴西塞羅，勸他要嚴厲處置那些陰謀分子。他的弟弟奎因都斯和精研哲學的友人巴布留斯·尼吉狄斯（Publius Nigidius），向他提出同樣的建議。西塞羅對於重大的政治問題，經常向這位朋友請教。

　　元老院在第二天就如何懲處這些叛徒的問題進行辯論，希拉努斯首先受到徵詢，他的意見是先關進監獄，再處以極刑。繼續發言的議員都同意他的建議，直到朱理烏斯·凱撒爲止，這位人士後來成爲笛克推多。凱撒在當時還只是一個年輕人，事業剛在起步的階段，他的願望和策略已經沿著一條特定的路線前進，最後終於將羅馬變成一個君主國家。其他人士在當時並未注意他存有參與陰謀的企

54　羅馬人將善神稱為Bona Dea，事實上這是意大利本土的神祇，也是土地和豐饒女神，有時很
　　難與福納（Fauna）神分得清楚，她的祭日是在12月3日。
55　薩祿斯特的《加蒂藍陰謀》第46節有這樣的記載。
56　西塞羅對妻子的批評和前面的情節，雖然在演說中發表，這些文稿沒有傳世。

圖，西塞羅雖然沒有獲得明確的證據，卻發現極其可疑之處。有些人曾經提起，凱撒的企圖差一點就被西塞羅覺察；有些人則認為西塞羅已經得確鑿的證據，畏懼他有眾多的朋友和他的權勢，故意不加理會。大家都看得很清楚，要是將凱撒和那些陰謀分子同時起訴，非但不會使凱撒跟著他們受到懲處，反而使得他們跟著凱撒獲得拯救。

21 輪到凱撒發表意見，他站起來提出建議，主張不要將陰謀分子處死，而是籍沒他們的財產，先將他們押解到西塞羅所贊同的任何意大利城市，嚴密的監禁起來，直到加蒂藍的餘黨遭到鎮壓[57]。這是一項最為寬大的處理辦法，提出建議的議員是一位口若懸河的演說家，西塞羅好像也認同他的觀點要促其實現。於是西塞羅站起來，從正反兩方面來討論這個問題[58]，部分人士贊同前面那種嚴厲的處置，部分人士贊同後面那種寬大的辦法。所有那些西塞羅的朋友都認為凱撒的辦法對西塞羅最為有利，只要不將那些陰謀分子處死，他可以少受一些責難，所以他們都贊同凱撒的建議。就是希拉努斯都改變心意，要收回自己的主張，表示他的提議是極刑而非死刑，就一位羅馬元老院議員而言，極刑就是監禁。

第一個反對凱撒所提意見的人是卡圖拉斯‧盧塔久斯（Catulus Lutatius）；接著小加圖發言表示反對，慷慨陳詞，對於凱撒的立場強烈質疑，使得在場的議員極其憤怒，大家下定決心通過一項建議，處死那些陰謀分子。凱撒這時反對籍沒他們的財產，認為大家否決建議當中最為寬大的部分，同時又採用最嚴厲的部分，這對當事人是極不公正的做法。許多人還是堅持籍沒財產，凱撒向護民官提出呼籲，護民官置之不理；後來還是西塞羅讓步，免除判決當中有關籍沒的懲處。

22 西塞羅帶著元老院的議員前去押解那些叛徒，他們沒有關在一起，而是由幾位法務官將他們分別監禁。他首先將連圖盧斯從帕拉廷山押出來，帶著他從聖街走過，經過市民大會的會場，一批最有名望的市民圍繞著

57　蒲魯塔克有一廂情願的想法，認為加蒂藍被擊敗以後，這些人可以獲得公平的審判，薩祿斯特很明確地表示，凱撒根本沒有這種意圖。

58　這就是〈反加蒂藍〉第4篇的演說。

他擔任護衛。民眾對這件事極其恐懼，在旁默默不發一言，尤其是那些年輕人更是顫慄不已，彷彿受到引導參與貴族政體一種古代的秘密宗教儀式。到達監獄以後就把連圖盧斯交給獄吏，下令立即執行死刑。接著又把西第古斯和其餘人員帶到監獄，一一處置完畢。這時還有很多參與陰謀的成員聚集在市民大會，對於發生的事情朦然不知，還在等待黑夜的來臨。他們以為那些人沒有喪生，可能已經獲救。西塞羅看到這種情形，高聲對他們說道：「他們在片刻之前還活在世上。」羅馬人避免說出不祥的字眼，對於死者用婉轉的方式來表示。

西塞羅在夜間離開市民大會返回家中，市民不像白天那樣沉默無聲，一路上秩序井然的陪伴在旁。現在當他在市民旁邊經過的時候，大家都向他高聲的喝采和歡呼，讚譽他是國家的救星和恩主。每戶人家都把燈籠和火把排列在門口，街道上面大放光明有如白晝[59]。婦女在屋頂上面用燈光向西塞羅致敬，看到他在大群最顯赫的市民陪同之下，返家的行列帶來無比的榮耀。在那些市民當中，有些人曾經指揮重大的戰爭，獲得舉行凱旋式的光榮，無論是陸地或海洋都為羅馬帝國增添很多的屬地。他們在陪著他行走的時候，言談之間大家一致承認，當代一些將領和指揮官，為國家帶來許多財富和戰利品，使得國勢日趨強盛，這些人固然立下大功，想要保全無盡的財富和強盛的國勢，完全歸功於西塞羅一個人，因為他把全體市民從一場巨大而迫切的危險當中解救出來。遏止陰謀叛國的行動，懲處犯者的罪行，雖然看起來並非豐功偉業，能在七鄰不驚的狀況下撲滅一場巨大的災難，這種作為實在不同凡響。提到那些前去投效加蒂藍的人士，聽到連圖盧斯和西第古斯的下場以後，馬上離他而去，加蒂藍率領殘部與安東紐斯交戰，都被對手殲滅殆盡[60]。

23 仍舊有些人對於西塞羅的作為多方指摘，準備對他發起反制的行動，出面領導的人物是當選下年度的官員，包括出任法務官的凱撒，以及出任護民官的梅提拉斯和貝斯提亞（Bestia）[61]。這些人就職的時候，西塞羅的

---

59 燈火通明是很古老的習俗，淵源於夜間舉行神秘儀式，表現出極其虔誠的行為，後來用於對重要人物的尊敬和歡迎。

60 這個時候大致是在62B.C.年初。

61 貝斯提亞是63B.C.的護民官，負責處理加蒂藍案有關的事宜，不可能參加杯葛西塞羅的行動。

執政官任期還差幾天就屆滿[62]；因此他們不許他對人民發表任何演說，就將凳子擋在講壇前面，阻止他上台講話，後來他們讓步，說他如果願意可以上台進行退職宣誓[63]，完了立即下來，不可以講其他的話。西塞羅接受這種條件，走上台宣讀退職誓言，可是等到大家安靜下來以後，發表一種非常奇特的宣誓方式，就是說他曾經拯救國家，保持城邦應有的尊嚴，這是全體人民有目共睹的事，可以證明他所言非虛。

凱撒和護民官看到出現這種狀況更為惱怒，想出新的辦法來對付西塞羅，因而他們提出一項法案，要讓龐培率領軍隊返國，可以制止西塞羅的專權。小加圖當時身為護民官的一員，使得西塞羅和整個國家都受惠甚多。他的協助造成勢均力敵的局面，個人卻擁有更高的聲望，足以抗拒他們在暗中的圖謀。小加圖很輕易打消他們其他的計畫，並且在一次演說，對於西塞羅的執政大加讚揚，市民大會通過提案將最大榮譽授與西塞羅，把他的頭銜尊為「國父」[64]，小加圖在演說中提到這個稱呼的時候，好像他是第一個獲得類似殊榮的人士[65]。

24 這個時候，西塞羅在羅馬的權勢薰人，難免受到嫉妒引起很多人的反感，並非由於任何卑劣的行為，僅是他過度讚揚和誇大自己的功勳。無論元老院、市民大會或法院召開會議，他總要談論加蒂藍和連圖盧斯的事情，即使在他所著的書籍和文章裡面也充滿了對自己的讚美，他的演講風格本來極其動聽，現在為了時常頌揚本人，使得聽者無比厭惡，這種令人唾棄的作風竟像痼疾一樣糾纏不去。他雖然過分自我標榜，卻絕不會嫉忌別人，他對於古人和當代人士都極力讚美，無論任何人從他的作品當中，都可以發現這種情形。他曾經寫出很多頌揚之詞，大家仍舊記憶猶新：譬如，他把亞里斯多德稱為「流溢黃金的河川」；談起柏拉圖的《對話錄》，他說朱庇特要說話就用那種言語[66]；他經

62 凱撒當選法務官，按規定應該在62年1月1日B.C.上任，確實時間是西塞羅在當天交出執政官的職位以後；但是當選的護民官早在63年12月10日就已履新。
63 執政官分別在就職和離任之際舉行兩次宣誓典禮，前一次宣誓要維護和遵守法律，第二次宣誓沒有違犯和濫用法律。
64 西塞羅並沒有這樣說，對於頭銜的事也沒有提到小加圖，他在〈反畢索〉（In L. Calpurium Pisonem Oratio）的講辭中，說是奎因都斯·卡圖拉斯在元老院中將這個頭銜贈送給他。
65 羅馬歷史上第一個獲得「國父」頭銜的人是奎因都斯·該猶斯（Quintus Caius）。
66 這兩段話來自46B.C.西塞羅發表的〈布魯特斯〉。

常提到閱讀狄奧弗拉斯都斯的作品，是他最奢侈的享受。

旁人問到他最欣賞笛摩昔尼斯那一篇演說，他的回答是愈長愈好。有些自命揣摩笛摩昔尼斯極其精到的人士，對西塞羅表示不滿，因爲在他寫給朋友的信裡有一段話，好像是說笛摩昔尼斯在演說的時候，聽的人有時會打瞌睡。事實上他高度讚揚笛摩昔尼斯，竟然將自己嘔心之作用來攻擊安東尼的演說，取名爲〈論腓力〉[67]，藉以表示對笛摩昔尼斯的敬意，他們卻略而不提。至於那些與他同時代的人物，無論是演說或哲學方面出類拔萃之士，沒有一個不曾在他的演說或文章中受到他的歌頌。

凱撒當政的時候，經過他的推薦和保證，逍遙學派哲學家克拉蒂帕斯（Cratippus）取得羅馬市民的資格；他還促使阿里奧帕古斯會議通過一項敕令，要求將克拉蒂帕斯留在雅典，不僅在於教導年輕人還要爲自己的城市增光。至今還流傳那些寫給希羅德（Herodes）和他兒子的信函[68]，裡面勸他們要向克拉蒂帕斯學習哲學。他有一封信函指責修辭學家高吉阿斯（Gorgias），帶壞他的兒子習於奢華的生活，還要去飲酒作樂，從此他不許那個人與他的兒子在一起[69]。連同另外一封寫給拜占庭人庇洛普斯（Pelops）的信，這是僅有兩封他在盛怒之下，用希臘文所寫的函件。如果高吉阿斯眞像他所說那是個生活放蕩的人，對他的責難當然是情有可原，事實上他對高吉阿斯的不滿，在於後者未能從拜占庭人那裡爲他爭取到某種榮譽，所以他的動機甚爲卑鄙。

25 有時他爲了使自己的演說更加精彩，就會忽略禮儀和地位，從這種情形來看，可以知道他是如何喜歡爭取別人的讚譽。例如，穆納久斯（Munatius）經由他的辯護，獲得無罪的宣判，立即前去控訴自己的朋友薩比努斯，西塞羅在盛怒之下指責穆納久斯道：「你以爲你所以判決無罪，是憑著自己的本事？穆納久斯，你知不知道，是我把整個案情弄得混淆不清，才讓法庭無從查明你的罪行？」

---

67 「論腓力」是笛摩昔尼斯攻擊馬其頓國王菲利浦二世所發表的演說，共有四篇分別為〈腓力一篇〉（351 B.C.）、〈腓力二篇〉（344年）、〈腓力三篇〉（341年）和〈腓力四篇〉（341年）。

68 這裡所提的一些書信並沒有傳世。

69 西塞羅的兒子在給泰羅（Tiro）的書信中（列入西塞羅《友人書信集》[*Ad Familiares*]第14卷第21封），提到高吉阿斯是一位稱職的老師，但是為了順從父親的指示，只有將他辭退。

　　有一次，他在講壇上面讚揚馬可斯‧克拉蘇，受到眾人熱烈的喝采，幾天之後，又對這個人公開責罵，於是克拉蘇質問他說道：「兩天以前，你不就在這個地方公開讚許我嗎？」西塞羅回答道：「沒錯，我不過是用一個討厭的題目來練習我的辯才罷了。」還有一次，克拉蘇說他的家族當中沒有人活到六十歲以上，然後又加以否認，自己責備自己說道：「我為什麼要說那種話呢？」西塞羅對他說道：「你這樣做是為了博得人民的好感，你曉得他們聽到你這樣說將是多麼的高興。」克拉蘇對於斯多噶學派的論點「善者多富有」大肆讚美，西塞羅說道：「你的意思難道不是贊同『智者有萬物』的主張嗎？」因為克拉蘇當時正為貪婪受到控訴。克拉蘇有一個兒子，因為他的面貌長得很像一位名叫阿克西烏斯（Axius）的人，難免引起流言，懷疑他的母親有不貞的行為。當這個兒子有次在元老院發表演說大放異彩的時候，聽眾問到西塞羅有什麼批評和指教，西塞羅的答覆是Axios Crassou這兩個希臘字[70]。

26 克拉蘇即將前往敘利亞任職，希望在啟程之前能使西塞羅成為他的朋友，而不是當在羅馬的仇敵，所以有一天態度很客氣告訴西塞羅，想跟他一起吃頓晚餐，西塞羅欣然接受邀請，克拉蘇的款待極其殷勤而且周到。過了幾天以後，西塞羅的幾位朋友居中替瓦蒂紐斯說項，希望雙方言歸舊好，再度成為朋友（當時兩人是各擁山頭的政敵），他回答道：「這麼說，瓦蒂紐斯也想與我共進晚餐？」以上所述是他對待克拉蘇的方式。瓦蒂紐斯的頸脖上面長著一些腫瘤，當他為一個案件辯護的時候，西塞羅稱他為「膨風演說家」。有人告訴他說是瓦蒂紐斯已經過世，不到幾天又聽說他還活著，西塞羅說道：「該死的人是那個傳播不實消息的混帳東西。」

　　凱撒提出一個法案要把康帕尼亞的土地分配給士兵，許多元老院的議員加以杯葛，其中有位最年長的元老盧契烏斯‧傑留斯（Lucius Gellius）公開宣稱，只要他活在世上，絕不容許這個法案過關。西塞羅說道：「我們還是暫緩一下好了，傑留斯不會讓我們等很久。」有一個名叫屋大維烏斯（Octavius）的人，據說是阿非利加人的後裔，有次當西塞羅提出抗辯的時候，他說聽不清楚西塞羅所說的

_____

70　Axios Krassou這兩個希臘字的意義是「不愧是克拉蘇的兒子」，但是從文字或發音來看正是一個雙關語，好像說他是阿克西烏斯的兒子。

話，西塞羅對他說道：「可是你的耳朵有洞呀！」[71]梅提拉斯‧尼波斯(Metellus Nepos)告訴他說是他以證人身分所陷害的人，比以律師身分所拯救的人為多，西塞羅說道：「我承認我靠講實話而不是光憑著口才取勝。」有一個涉嫌在餅中下毒謀害自己父親的年輕人，態度極其惡劣，竟敢大聲責罵西塞羅，西塞羅回答道：「我情願挨你的罵也不要吃你的餅。」

巴布留斯‧色克久斯(Publius Sextius)在某件訟案中，聘請西塞羅和另外幾個人擔任他的辯護律師，等到開庭的時候，所有的問話完全自己做主回答，根本不讓別人代他發言，法官即將投票表決，做出無罪的宣判，這時西塞羅大聲對他說道：「色克久斯，趕快抓住最後的機會多講幾句，到明天就顯不出自己的本事了。」巴布留斯‧科塔(Publius Cotta)非但學識不足而且頭腦不清，卻很想成為一位律師，有次西塞羅召他出庭作證，在回答詢問的時候，他總是說道：「我對這件事一無所知。」西塞羅對他說道：「我們要你回答的問題，可是跟法律毫無關係。」梅提拉斯‧尼波斯在與他爭論的時候，不斷問他道：「西塞羅，誰是你的父親？」他回答道：「從你母親的行為來看，你對這個問題可以說是更難說得清楚。」因為尼波斯的母親是一個聲名狼藉的女人，身為她的兒子更是生性浪蕩輕浮。

有一次他突然丟下護民官的職務，乘船前往敘利亞投奔龐培，沒過多久又藉著一點理由趕回羅馬。他用極其隆重的喪禮安葬他的家庭教師菲拉格魯斯(Philagrus)，然後在他的墓前設立一座烏鴉的石像[72]，他說道：「這是最適當的紀念物，因為他沒有把你教會登台演講而是教你到處飛翔。」馬可斯‧阿庇斯(Marcus Appius)某次在法庭陳述案情，先說了幾句開場白，大意是說他的朋友期望他在為這個案子辯護的時候，要表現出勤勉、雄辯和忠實的風格，西塞羅問他道：「你怎麼這樣的忍心，朋友的要求為何一條都不願達成呢？」

27 對於政敵以及法庭上面的對手，這種尖酸刻薄的譏諷，不失雄辯家的本色，看來似乎無可厚非。然而他時常為了表示高人一等，不分青紅皂白對任何人都加以嘲笑，引起很大的反感。我倒是可以略舉數例加以說

---

71 通常是奴隸才有這種記號。
72 這種習俗淵源於古老的圖騰，墳墓前面放置動物石雕用來紀念死者，讓大家不要忘記他的職業或者他的性格。

明：馬可斯・阿奎紐斯(Marcus Aquinnius)的兩個女婿，全都遭到流放國外的處分，西塞羅把他稱爲亞德拉斯都斯(Adrastus)王[73]。

西塞羅在競選執政官的期間，嗜酒如命的盧契烏斯・科塔(Lucius Cotta)正好擔任監察官。從事競選活動之際，西塞羅口渴要飲水，朋友圍在他四周，這時他對他們說道：「你們擔心監察官會生氣，這倒是一點都沒錯，因爲我喝的是水。」有一天，他遇到浮康紐斯(Voconius)帶著三個長得很醜的女兒，立刻吟出這句詩[74]：

> 他違背阿波羅的旨意，
> 竟然養育出大群後裔。

馬可斯・傑留斯據說是奴隸之子，有一次在元老院宣讀幾封信函，聲音嘹亮而高亢，西塞羅聽到以後就說：「這沒有什麼好奇怪，他的出身是一個爲自由而呼號的家庭。」笛克推多蘇拉獨攬大權的時候，經常頒布「公敵宣告名單」，將許多市民判處死刑，他的兒子福斯都斯・蘇拉(Faustus Sylla)揮霍財富以致債台高築，最後被迫要貼出布告拍賣產業，西塞羅告訴福斯都斯說是比看到他父親的公告更爲高興。西塞羅這種不留口德的行徑，使得很多人感到深痛惡絕。

28 克洛狄斯那一夥人所以不遺餘力的反對他，出於下述的原因：克洛狄斯出身貴族家庭，正值青春年華，肆意妄爲，渾無顧忌。他和凱撒的妻子龐培婭(Pompeia)熱戀，穿著一名女樂師的服裝偷偷進入凱撒的府邸，羅馬婦女向神明獻祭，男性迴避不得在場觀看。克洛狄斯當時很年輕，沒有長出鬍鬚，希望能從女人堆中溜過去，和龐培婭幽會而不被發現。因爲是在黑夜走進大宅之中，在過道上迷失方向，凱撒的母親奧里莉婭(Aurelia)和一名女僕看見他在那裡走來走去，便問他叫什麼名字，在這種情形下他非講話不可，告訴她們說他正在找龐培婭的侍女，名叫阿布拉(Abra)。女僕發現他說話不是女人的聲音，便尖聲大叫，眾多婦女聞警而來，她們把房門關起，各處搜尋，發現克洛狄斯藏

73　亞德拉斯都斯是傳說中亞哥斯國王，雖然泰迪烏斯(Tydeus)和波利奈西斯(Polyneices)是遭到放逐的流亡分子，他卻將兩個女兒分別嫁給他們。

74　抑揚格三音步詩句，出自某齣失傳的悲劇，很可能是優里庇德(Euripides)的《厄迪帕斯》(Oedipus)。

在領他進來那個侍女的房間。這件事情成為大受物議的八卦新聞，凱撒休掉他的妻子龐培婭，克洛狄斯被控以褻瀆神聖儀式的罪名。

29 早先那個時候，西塞羅是克洛狄斯的朋友，為了對付加蒂藍陰謀叛國，克洛狄斯曾經是他最熱心的追隨者和保護人。等到克洛狄斯遭到控訴提出答辯，便說當時自己離開羅馬在很遠的地方。西塞羅卻證明克洛狄斯所言有偽證之嫌，說是那一天曾經到他的家中，同他商量某些事務。這番話確是實情，大家認為西塞羅所以要提出不利於克洛狄斯的證言，主要用意並非要說明事實的真相，而是藉著打擊克洛狄斯以安撫自己的妻子特倫夏。特倫夏極其憎恨克洛狄斯，據說是因為克洛狄斯的姊妹克洛迪婭（Clodia），想要嫁給西塞羅，並且請屠盧斯（Tullus）作媒；因為屠盧斯是西塞羅非常親近的朋友。特別是屠盧斯住在克洛迪婭附近，經常到她家裡走動，見到以後態度非常殷勤。這樣一來引起特倫夏的猜疑，何況她的性情非常暴躁，在各方面都能挾制西塞羅，所以要乘這個機會進行報復，迫得西塞羅出頭對付克洛狄斯，坐實他提出偽證的罪名。

許多誠實而且品德良好的市民，也提出一些不利於克洛狄斯的證詞，指控他欺騙法庭、為非作歹、公然賄賂、勾引婦女。盧庫拉斯要家中的女僕出面作證，說他與自己最年幼的妹妹通姦，當時已經是盧庫拉斯的妻室。大家並且相信他和另外兩個姊妹私通，其中一位名字叫做特爾夏（Tertia），是馬修斯·雷克斯（Marcius Rex）的妻子，另外一位是克洛迪婭嫁給梅提拉斯·塞勒（Metellus Celer）。克洛迪婭的綽號叫做Quadrantia意為「小銅板」。因為她的一個愛人騙她，把一袋銅板當成銀幣送給她。特別是這個姊妹使得克洛狄斯聲名狼藉。

儘管如此，所有平民聯合起來，對抗那些原告、證人和全體反對克洛狄斯的人士，陪審員都感到恐懼，要在周圍安置衛士給予保護，大多數陪審員在投票判決的時候，故意將字跡寫得草率零亂，使人無法辨認[75]。表決的結果是大多數陪審員認為他無罪，據說是賄賂的功效。卡圖拉斯後來遇到這些陪審員就加以諷嘲，他說道：「你們找警衛來保護，這種做法非常正確，可以使你們的錢不致被

---

75 事實上這種說法很有問題，因為陪審員的裁定是用三種不同的投票板，分別表示Absolvo即「無罪」、Condemno即「有罪」和 Non Liquet即「棄權」，投在一個大甕裡面再進行唱票統計。

人搶走。」克洛狄斯斥責西塞羅，說是陪審員並沒有採信他的證言，這時西塞羅回答道：「你說得很對，有25名陪審員相信我的話而判你有罪，另外30名也沒有相信你，因為他們一直等到你交出錢來，才投票判你無罪。」

凱撒雖然召喚出庭作證，卻沒有提出不利於克洛狄斯的證言，他公開聲明並不相信自己的妻子和別人通姦，他之所以休妻，在於凱撒的妻子不僅應該沒有可恥的行為，也不能引起可恥的傳聞。

30 克洛狄斯逃脫面臨的危險以後，當選為護民官[76]，立即開始攻擊西塞羅，安排種種部署，煽動所有不滿的人士，對他採取反制的行動。克洛狄斯為了博得平民的好感，特別為們制定各種仁慈的法律；在他的協助之下通過一項議案，對於卸任執政官授與領土廣大的行省，因而畢索獲得馬其頓而蓋比努斯(Gabinius)獲得敘利亞。克洛狄斯將貧窮的市民組成強有力的黨派，支持他從事政治活動，經常有一隊武裝的奴隸在他的身旁擔任護衛。當時的政壇最有權勢的三個人當中，克拉蘇公開反對西塞羅；龐培用漠不關心的態度，與克拉蘇和西塞羅都建立良好的關係，凱撒即將率領軍隊前往高盧。

西塞羅雖然不是凱撒的朋友(在加蒂藍陰謀事件期間，雙方產生很大的猜忌)，經過一番長考以後，想要投效凱撒的陣營，要求任命為行省總督的副將[77]。凱撒非常高興地答允，克洛狄斯發覺西塞羅要逃出護民官的權勢之外，於是宣稱願意與他和解，把雙方產生芥蒂的原因推到特倫夏的頭上，每次提到西塞羅的時候，總要講些好聽的話，即使當面與他晤談，措辭也是極其親切，看起來克洛狄斯對他不僅毫無仇恨也沒有惡意，只是有時會用適當而友善的態度，稍微發出不滿的牢騷而已。克洛狄斯藉著這些計謀，使西塞羅的恐懼全然冰釋，於是他向凱撒辭去任命，再度從事政治活動。

凱撒對他的反覆無常大為惱火，同克洛狄斯聯合起來對付西塞羅，還讓龐培與他反目；凱撒還在市民大會中公開宣布，連圖盧斯、西第古斯和他們的黨羽，未經審判而被處死，這不能算是公正合法的程序。實在說這就是西塞羅的指控，後來他受到法庭的傳喚，要他對此事提出答辯。他現在成為起訴的被告，會帶來

76 克洛狄斯當選為58B.C.的護民官。
77 根據西塞羅《致阿蒂庫斯書信集》第2卷第18封信的內容，說是凱撒主動提出這項任命。

極其危險的後果，於是他換了一身的裝束，連頭髮都不梳理整齊，穿上哀求者的
衣服四處奔走，乞求人民給予恩典。克洛狄斯在他所到的街道都親自加以迎擊，
身旁跟隨一批言行極其侮慢的暴民，這些人嘲笑西塞羅的改換服裝和卑躬屈節，
向著他投擲石塊和污物，不讓民眾接受他的哀訴。

31 不管怎麼說，差不多全體騎士階級都追隨他的行動，幾乎有2萬多名
年輕的士紳同他一樣，頭髮都不梳理修剪，跟在他的後面向民眾哀
求[78]。後來元老院集會通過一項敕令，規定人民應該改換服裝，表示對公眾災難
的悲傷。兩位執政官反對這項法令，克洛狄斯率領武裝分子包圍元老院，許多議
員跑出來高聲喊叫，撕開自己的衣服表示氣憤填膺。這種舉動並未讓群眾有羞愧
之感，也無法引起他們的憐憫。西塞羅現在只有兩條路可走，一是逃亡異鄉一是
武力解決。

西塞羅向龐培求助，龐培的打算是置身事外，躲在阿爾巴山的別墅裡面。西
塞羅先派他的女婿畢索[79]前去為他說項，後來又親自上門，龐培得知他要來的消
息，卻不願與他見面，想起過去西塞羅幫助自己進行多次政治鬥爭，感到非常對
不起他，但是龐培現在是凱撒的女婿，在凱撒的要求之下無法拒絕，只有辜負西
塞羅以往對他的恩情，為了避免與西塞羅會晤，就從後門溜了出去。西塞羅在眾
叛親離的狀況下，面臨嚴峻的局勢一籌莫展，跑到執政官那裡尋求庇護，蓋比紐
斯還是像從前那樣對他很不客氣，畢索的態度比較謙遜親切，勸他屈服讓步以避
克洛狄斯的鋒芒，靜待時機的轉變；畢索認為克洛狄斯的企圖是製造社會的紛爭
混亂，如果他能從容應付使這場災禍消弭於無形，就會再度成為拯救國家的功臣。

西塞羅得到這樣的答覆以後，便同他的朋友商量。盧庫拉斯勸他留在羅馬，
認為他最後一定會占有優勢；其他人的意見是盡快逃走，只要人民對克洛狄斯的
暴怒和瘋狂感到厭煩以後，就會盼望他返回羅馬。西塞羅接受後面這個主張。長
久以來，西塞羅的家裡設立密涅瓦的雕像，一直祭拜不絕。在離開羅馬之前，就
將這座雕像奉獻給卡庇多的朱庇特神殿，上面刻著一行文字：「獻給羅馬的守護
女神密涅瓦」。然後在一些朋友的護送之下，在午夜時分開羅馬，從陸路經由康

78　57B.C.西塞羅的演說〈向人民致敬〉(Oratio Post Reditum ad Quirites)第3節有這樣的記載。
79　上一節或下面提到的畢索是執政官，這裡的畢索是他的女婿，不說清楚很容易混淆。

帕尼亞打算前往西西里。

32 西塞羅逃亡的消息一經傳出之後，克洛狄斯馬上促使市民大會通過一項放逐西塞羅的敕令，通知各地不許任何人供應西塞羅炊火和飲水，在意大利的500哩的範圍之內，不得讓他留宿在家中。大多數民眾敬重西塞羅的爲人，並不理會這項命令，他們對西塞羅殷勤照料，沿途護送。盧卡尼亞有一個城市希波尼姆（Hipponium）[80]，現在稱爲維波（Vibo），一個名叫維比烏斯（Vibius）的西西里人，過去曾經受到西塞羅的提拔，在他擔任執政官期間被任命爲城邦的工程主管，現在卻不肯在自己的家裡接待他，派人通知西塞羅說是願意提供一所鄉村別墅給他居住。以卸任法務官頭銜出任西西里總督的該猶斯‧維吉留斯（Caius Vergilius），過去與西塞羅的關係極其密切，現在卻寫信告訴他不要前往西西里[81]。西塞羅遭到這些打擊，沮喪之餘趕赴布林迪西，從那裡趁著順風渡海，不料啟碇以後遇到強勁的頂頭風，第二天又被吹回意大利海岸。

他再度發航，到達狄爾哈強之後，剛上岸就有地震和海嘯發生，預言家據以推測他的流亡生活不會很久，因爲這些現象是變化的徵兆。雖然很多人前去拜訪他，態度非常殷勤，希臘城市相繼派遣代表，前來向他表示敬意，他卻始終消沉怠惰，感到憂心忡忡，就像一個失戀的愛人呆呆向著意大利遙望。他受到不幸遭遇的打擊變得極其猥瑣、卑屈而沮喪，這樣一位把大半生用來研究高深學問的哲人，竟然無法隨遇而安，實在出人意料之外。他時常要他的朋友不要稱他爲演說家而是哲學家，因爲他是以哲學爲本務，辯論不過是他用以達成政治目標的工具而已。須知追求榮譽的雄心壯志具備極其強大的腐蝕作用，可以把一個人心靈上的哲學素養沖刷得乾乾淨淨，同時也可以藉著密切的接觸，民眾的情緒對於他的觀念發生深遠的影響。參與政治的人物必須刻意防備，從事城邦的事務應該有所節制，避免公私不分陷入難以自拔的困境。

80　這個城市應該在布魯提姆（Bruttium）地區才對。
81　54B.C.西塞羅的演說〈爲格耐烏斯‧普蘭修斯辯護〉（Oratio Pro Cnaeo Plancio）提到這段往事。

33 克洛狄斯將西塞羅趕出羅馬以後,先燒掉他的莊園和別墅,後來又將他在城中的房屋付之一炬,原址興建一座自由女神廟。西塞羅其餘的產業逐日公告拍賣,沒有人出價標售。這些行為使出身高貴的市民對他存著畏懼之心,那些追隨他的平民,變得粗野傲慢以致無法無天,最後在他的領導下開始與龐培作對,攻擊龐培在征服地區的諸般舉措。受到這番羞辱使得龐培感到後悔,痛責自己背叛西塞羅是懦夫行為,為了補償起見,他的朋友與他竭盡一切努力,促使西塞羅返回羅馬。克洛狄斯表示反對,這時元老院卻通過一項成議:西塞羅未曾召回之前,他們不會批准或通過任何一個法案。

連圖盧斯出任執政官期間[82],引起的騷亂演變到極其劇烈的程度,護民官在市民廣場遭人殺傷,西塞羅的兄弟奎因都斯躺在被殺人員當中未被發覺,因為那些兇手認為他已經亡故[83]。人民的觀念開始轉變,安紐斯·米羅(Annius Milo)[84]是一位護民官,指控克洛狄斯種種不法行為,傳他到法庭接受審判。擁護龐培的民眾來自鄰近的城市,他們團結起來,在龐培的領導之下,將克洛狄斯趕出市民大會,然後召集人民進行官員的選舉。市民投票的結果,知道大家的想法一致,據說這是前所未有之事。元老院唯恐落在市民大會之後,對於西塞羅流亡期間獲得照料的城市去函致謝,通過一項提議,西塞羅被克洛狄斯焚毀的房舍和莊園,公家出資重新建造[85]。

西塞羅流亡16個月之後返回羅馬,各地的城鎮聽到這個信息為之歡欣鼓舞,所到之處人民夾道相迎,大家都急著與他晤面。他在事後誇耀不已,說是整個意大利的民眾用肩膀把他架起來抬回羅馬[86],這句話用來表達人民對他擁戴的熱誠,倒是實情並沒有過分。克拉蘇在他出亡之前本是他的政敵,現在主動出城迎

---

82 連圖盧斯出任執政官是在57B.C.。

83 57B.C.西塞羅的演說〈為巴布留斯·塞斯久斯辯護〉(M.Tulli Ciceronis Pro Publio Sestio Oratio)闡明這次動亂的原因。

84 米羅原名提圖斯·安紐斯·帕皮阿努斯(Titus Annius Papianus),出身是一個地痞流氓,57B.C.當選護民官,從此與克洛狄斯展開激烈的鬥爭,最後克洛狄斯遭到謀殺,他受到指控,西塞羅出面辯護,公開審判最後判有罪而被放逐,糾合一批武力要回羅馬興風作浪,48年被刺身亡。

85 55B.C.西塞羅的演說〈反畢索〉(In L. Calpurium Pisonem Oratio)第22節對這件事有明確的交代。

86 西塞羅返回羅馬在元老院發表演說〈向元老院致敬〉(Post Reditum In Senatu),第15節中大肆吹噓他在意大利受到歡迎的盛況。

接，同他言歸舊好，他這樣做是為了讓他的兒子巴布留斯感到高興，誠如克拉蘇所言，他的兒子是西塞羅極其敬佩的仰慕者。

34 西塞羅不久以後抓住克洛狄斯不在羅馬的機會[87]，率領大群人馬到達卡庇多的朱庇特神殿，把克洛狄斯在職的護民官記事牌，扯下來予以毀棄，等到克洛狄斯為這件事向他質問，他說克洛狄斯身為貴族取得護民官的職務，是非法的舉動[88]，任內一切所作所為全都無效。小加圖對這件事極其憤怒，發言抨擊西塞羅的不當。他從未對克洛狄斯懷有好感，事實上他對克洛狄斯的政治活動一直採取杯葛的態度；可是他認為元老院投票表決，把很多法案和敕令宣布無效，是反常而過於激烈的措施，何況還包括他在塞浦路斯和拜占庭主政期間很多提案在內。小加圖和西塞羅因而發生齟齬，雖然沒有發展成為公開的敵對，還是使得兩人的友誼關係產生很大的隔閡。

35 後來，米羅殺死克洛狄斯[89]，等到他被控以謀殺的罪名，就委託西塞羅當他的辯護律師，元老院認為審訊像米羅這樣鼎鼎大名而又豪氣蓋世的人物，可能會引起騷亂，因此責成龐培負責督導整個司法程序的進行，維持全城和法庭的安全。龐培在夜晚出動部隊，將士兵配置在市民大會附近的制高點，使得整個區域在他的控制之下。米羅擔心西塞羅看這種不尋常的景象，心裡會產生慌亂，所以勸他躺在乘輿裡面，先抬到市民大會的會場休息，等待人員到齊法官宣布開庭。

西塞羅這個人不僅臨陣缺乏勇氣，就是在演講的時候也會出現怯場的現象，有很多次他的辯論進入高潮，意氣風發不可一世，這時他還無法使身體停止顫抖。黎西紐斯‧穆里納（Licinius Murena）受到小加圖的控訴，由他代為出庭答辯[90]，在他之前賀廷休斯的發言極其精采，他為了想勝過賀廷休斯，在前一天的晚間為

87　當克洛狄斯在羅馬的時候，西塞羅有一次還是照幹不誤，因為克洛狄斯的兄弟是法務官，就將他們這一夥人從西塞羅的手裡救出來。

88　克洛狄斯為了成為護民官候選人，一定要讓自己被平民庭收養；西塞羅在57B.C.演說〈對祭司團的講話〉（De Domo Sua ad Pontifices Oratio）第29節，詳細交代此一事件的本末。

89　這件事發生在52B.C.年初，龐培在那年成為唯一的執政官，獨自掌握羅馬的軍政大權。

90　穆里納的訟案為了應付小加圖的指控，竟然延請三位辯護律師，就是賀廷休斯、馬可斯‧克拉蘇和西塞羅。

了構思徹夜不眠，開庭以後情緒不穩加上精力不濟，辯護的講演所獲得的成效反而不如從前。

這一次當他從乘輿上面下來，即將為米羅開始辯護的時候，看到龐培的軍隊滿布高處，會場四周鎧甲閃耀懾人的光芒，他頓時心慌意亂，身體開始發抖，口齒木訥不清，幾乎無法進行答辯。米羅卻顯得勇氣過人，無所畏懼，頭髮梳理整齊，沒有穿上討饒的哀服，所以他最後被判有罪，個人的態度也許是主要的原因。不過，大家認為西塞羅的表現不佳，並非完全是稟性懦弱，主要是對朋友極其忠誠，心理負擔甚重過於緊張所致。

36 克拉蘇之子巴布留斯在帕提亞陣亡[91]後，遺留的祭司職位由西塞羅接替，羅馬人稱之為占卜官。後來在他任期屆滿，經過抽籤成為西里西亞的總督，率領1萬2000名步卒和2600名騎兵前往該行省[92]。他奉到元老院的命令，要使卡帕多西亞人再度效忠他們的國王亞里奧巴札尼斯(Ariobarzanes)，他未曾使用武力就能圓滿達成使命。西里西亞人看到羅馬人在帕提亞的損失慘重，敘利亞發生騷亂，出現蠢蠢欲動的叛意。西塞羅發現這種不穩的局勢，採行比較溫和的施政方針，安撫他們使之繼續效忠羅馬。

他拒絕接受各國國王所送的禮物，免除飲宴所需的費用，每天只在自己的府邸款待當地有才學的人士，舉行的宴會不致奢侈而又保持豐盛。他的門口沒有設置司閽，從來不曾有人看到他貪睡，清晨即起在門前站立或散步，親自接待前來向他致敬的人士。據說他未曾下令用木棍擊打下屬，或者剝光衣服施以鞭韃[93]。他從來不會在憤怒之際口吐穢言，或者用責罵作為懲罰的手段。他發現為數甚鉅的公款遭到吞沒，於是減輕城市的負擔，使得公庫可以慢慢彌補所差的額度；准許歸還公款的人士可以保留市民的權利，只要改過自新就既往不咎。他曾率領軍隊出去作戰，清剿盤據在阿曼努斯(Amanus)山區的匪幫，受到屬下士兵的歡呼稱

---

91 巴布留斯與他的父親克拉蘇都在53B.C.的帕提亞戰爭中被殺。
92 西塞羅到行省任職是在51B.C.。
93 這種處罰在古代視為最大的羞辱，《聖經：舊約全書撒母耳記(Samuel)下篇》第10章第4節：「哈嫩(Hanun)便將大衛(David)的臣僕的鬍鬚剃去一半，又割斷他們下半截的衣服，使他們露出下體，打發他們回去。」

之爲「凱旋將軍」[94]。

演說家西昔留斯(Caecilius)[95]來信向他索取幾隻出產在西里西亞的花豹，好展出在羅馬的劇院。他在回信中趁機將自己的功勳大肆炫耀一番，他說西里西亞現在沒有花豹生存的空間，因爲國泰民安和兵刀不起的關係，只有這種野獸成爲受到追殺的對象，它們感到極其憤怒全都逃到卡里亞地區去了。他在離開行省返回羅馬的途中，首先在羅得島停泊，然後又在雅典停留一些時候，很想重溫當年遊學的舊夢，再度從事學術的研究，他拜訪一些著名的哲人，會晤若干昔日的友伴。他在雅典受到應得的尊榮和禮遇，然後啓程回到羅馬[96]，當時的情勢有如燎原的野火，即將演變成爲一場血腥的內戰。

37 元老院準備通過一項成議，授與他舉行凱旋式的榮譽；他卻表示只要有助於調和雙方的歧見，他寧願跟在凱撒的凱旋式行列的後面，也都在所不辭。他曾經給凱撒寫了很多封信，親自前往拜訪龐培，分別向這兩位提出許多忠告，盡最大努力撫慰雙方，讓他們不要衝動以致事態不可收拾。後來情勢的演變到達無法挽回的地步，凱撒率軍逼近羅馬，龐培不敢繼續留在都城，在許多顯赫的市民陪同下離開羅馬。

這時西塞羅並未隨他們一起逃走，大家都以爲他已經投靠凱撒。他當時的狀況一定是感到難於取捨、無所適從，因爲他在書信當中有這樣的敘述：「我應該投向那一方的陣營呢？龐培發動戰爭的理由非常充分而且令人欽佩，凱撒將事情處理得更爲妥善而且能力較強，可以保全他本人和他的朋友。所以我目前的狀況是只知道避凶而不知道趨吉。」凱撒的友人特里比久斯(Trebatius)寫信給西塞羅，說凱撒認爲他最佳自處之道，是參加凱撒的陣營，爲實現共同的目標而奮鬥；如果他認爲自己年事已高無法做到，就該前往希臘，安安靜靜住在該處，不理世事置身於紛爭之外。西塞羅對於凱撒未能親自寫信給他，感到其中大有文章，非常氣憤的覆信，說他無法做出任何背離過去生活的事情。他的書信中記述的情形，大致如此。

94　凱旋將軍是部隊向作戰獲勝將領歡呼的一種榮譽稱號，以表彰卓越的指揮才華，也可以使用於舉行凱旋式的行列之中。等到帝制時代，成爲皇帝的官式頭銜。

95　這個人的名字應該是西留斯(Caelius)，當時出任市政官，負責辦理各種展覽和表演的活動。

96　時間是49年1月4日B.C.，西塞羅在《友人書信集》第15卷第11封信中提到此事。

38 等到凱撒率領軍隊進入西班牙，西塞羅乘船前去投奔龐培[97]。龐培周圍的人士對他都表示歡迎，只有小加圖擺出不以爲然的態度，私下責備西塞羅不該參加龐培的陣營。小加圖說他自己放棄最初選擇的政治路線，竟然會追隨龐培，心中感到十分不安，至於西塞羅實在沒有必要成爲凱撒的敵人，到這裡來與他們一同吃苦冒險。如果他繼續留在羅馬，堅守中間立場，運用自己的影響力促使整個事態獲得比較圓滿的結局，這樣對國家和朋友會有更大的貢獻。

西塞羅聽到這番話後心情大變，同時龐培對他未予重用，也使他有壯志未伸之感。不過，這些都是咎由自取怪不得人，他不否認對此行已有有悔意，所以提到龐培的力頗有微詞，暗中指摘他們所擬各項計畫，就是在龐培身邊的將領，經常受到他的熱嘲冷諷。雖然他總是帶著一副陰沉憂鬱的面容，在營地裡到處走動，只要有機會就要毛遂自薦，難免引起旁人的訕笑。我們可以舉出幾個例子來說明：杜米久斯擢升一個人出任指揮官，然而這位人士並非軍人出身，毫無戰陣的經驗；他爲了替自己的決定提出辯白，就說那個人的個性謙恭而且謹言慎行，西塞羅問他道：「你爲什麼不把這個人留下來擔任兒女的家庭教師？」列士波斯人狄奧法尼斯(Theophanes)是軍隊的工兵主管，羅得島人的艦隊作戰損失慘重，他前往慰問，措辭非常得體廣受讚譽，西塞羅聽到這種情形之後說道：「能有一個希臘人出任主管，真是值得大書特書。」

凱撒的進展順利已經將龐培圍得水洩不通[98]，連圖盧斯說他聽到大家提起凱撒的朋友現在的情緒非常消沉，西塞羅說道：「你的意思是說他們對凱撒不抱希望。」有一個人名叫馬修斯，剛從意大利來到，告訴大家說是羅馬盛傳龐培遭到圍攻，西塞羅對他說道：「你乘船來這裡不就是要親眼證實的確如此。」有一次戰鬥失利，諾紐斯(Nonius)鼓勵大家不要懷憂喪志，前途仍舊大有希望，因爲龐培的營地裡面還有7隻老鷹，西塞羅說道：「如果大家用多嘴的八哥來作戰，憑著你所說這番話一定可以激勵高昂的士氣。」拉頻努斯(Labienus)[99] 強調一些預言

97　49年4月B.C.凱撒率軍前往西班牙，西塞羅要到6月才渡海到希臘。

98　凱撒的《內戰記》第3卷第41-55節，對於在狄爾哈強的戰事有極其生動的描述。

99　拉頻努斯是凱撒在高盧戰爭中最得力和深獲信任的副手，每當凱撒離開駐地前往盧卡，就將高盧地區交給他負責，內戰開始他投向龐培陣營，不僅對凱撒的打擊甚大，更助長龐培的聲勢，然而他指揮的騎兵部隊還是戰敗，後來在西班牙的孟達(Munda)會戰被殺。

的內容，保證龐培可以獲得勝利，西塞羅說道：「你說的不錯，所以這場戰役在開始就會失去營地。」

39 西塞羅因為健康問題沒有參加法爾沙利亞會戰[100]，等到這場決戰結束後，龐培已經逃走，這時小加圖在狄爾哈強除了擁有大量部隊，還有一支實力堅強的艦隊，因為西塞羅具備卸任執政官的崇高地位，按照法律規定請西塞羅擔任統帥。西塞羅敬謝不敏，完全不願參加他們繼續作戰到底的計畫，幾乎因此釀成殺身之禍，特別是龐培的兒子和他的朋友稱他是叛徒，拔出佩劍要將他殺死，幸虧小加圖予以勸阻，總算救了他的性命，帶著他離開營地。

然後他前往布林迪西，在那裡居住一段時期，等待凱撒返國；然而凱撒受到軍務的羈絆，滯留在亞細亞和埃及。後來，西塞羅聽說凱撒在塔倫屯登岸[101]，將從陸路抵達布林迪西，趕緊前去迎接，這時他的內心固然抱著相當希望，仍舊擔憂不已，不知這位成為征服者的昔日政敵，在眾人目睹之下對他會是何種態度。事實證明他無須妄自菲薄，做出屈辱自己的言行，因為凱撒剛一看到他在眾人之前走了過來，馬上下車迎了前去向他致意，然後與他且行且談，兩個人一起走了數個弗隆的距離。從那時以後，凱撒一直對他優容有加，後來西塞羅寫出頌揚小加圖的講辭，凱撒在應和的演說中，對西塞羅的行誼和辯才大肆讚譽，認為可以媲美伯里克利和瑟拉米尼斯(Theramenes)[102]。西塞羅和凱撒的講辭，題目分別是「論加圖」和「反加圖」。

據說，奎因都斯·黎加流斯(Quintus Ligarius)率軍與凱撒對抗遭到起訴，西塞羅擔任他的辯護律師，凱撒等了很久，不見西塞羅發言，便對他的朋友說道：「為什麼我們不能再度聽到西塞羅口若懸河的辯才呢？看來黎加流斯是一個壞蛋和敵人。」後來，西塞羅開始陳述案情，非常奇妙竟然使凱撒感動不已，他的語氣哀怨委婉，措辭優美典雅，凱撒的神色隨著變化，情緒產生很大的激動，最

---

100 法爾沙拉斯會戰發生在公元前48年8月。

101 凱撒從48年1月B.C.領軍前往希臘，打敗龐培，平定東方以後，要到47年9月才渡海返回意大利。

102 瑟拉米尼斯是雅典的水師提督，伯羅奔尼撒戰爭結束以後，他與亞西拜阿德在海上建立功勳，賴山德指派他為三十僭主之一，施政方針傾向無為而治，後來被克瑞蒂阿斯(Critias)所害，時為404B.C.。

後，西塞羅提及法爾沙利亞之戰，凱撒竟然感動得全身抖顫不已，手裡拿的文件在不知不覺中掉落地面。他完全被那篇答辯[103]所征服，終於宣判黎加流斯無罪。

40 後來，共和國發生改變成爲獨裁政體，西塞羅退出公職，空閒時間用來教授年輕人研習哲學，其中不乏家世高貴和位居要津的人士，西塞羅與他們密切交往，再度在羅馬擁有很大的影響力。他從事撰寫著作和翻譯哲學對話錄的工作，把一些希臘文的邏輯和物理的名詞譯成拉丁文，據說最早出現phantasia, syncatathesis, epokhe, catalepsies, atamon, ameres, kenon[104]，以及其他各式各樣的專有名詞，就是靠著西塞羅的學識和文筆，他藉著隱喻或假借以及各種變通的處理方式，使得這些名詞很清楚地表達，讓羅馬人能夠了解其含意。他時常發揮敏捷的才華寫詩作爲消遣，往往在一夜之間寫出五百行之多。大部分時間都消磨在位於突斯庫隆附近的別墅。在寫給朋友的信函中，說他現在過著有如利特斯(Laertes)[105]的生活，這些話也許出於他那種慣常的自嘲態度，或許是他要表達出老驥伏櫪壯心未已的心情。

他很少進入羅馬城內，只要參加元老院的會議總要想出花樣討好凱撒，往往提出建議用新設的榮譽授與凱撒，想盡辦法用新的詞句來頌揚凱撒的作爲，譬如他對於龐培的雕像所說的話，就是很好的例子。龐培的雕像遭到拆除，後來凱撒下令將它重新設置起來。西塞羅就說凱撒這種仁至義盡的行爲，不僅是爲龐培建立雕像，同時等於爲自己豎起更爲偉大的紀念物。

41 據說他打算撰寫一部羅馬史，裡面採用很多希臘的史料，要把他蒐集的古老故事和傳說全都包含在內。他不僅在公職方面遭遇莫大的橫逆，私人生活也出現種種不如意的事故，使得這項計畫的實現受到阻礙。不過，他無論於公於私之所以陷入困境，完全是咎由自取。對他影響最大就是與妻子特

---

103 這是指西塞羅在46B.C.的演說〈爲奎因都斯・黎加流斯辯護〉(Oratio Peo Q. Lagario)。

104 這幾個字要是用拉丁文來表示，phantasia即visum(概念)、synkatathesis即assensio(同意)、epokhe即assensionis retentio(異議)、latalepsis即comprehensio(知覺)、atomon 即individuum(原子)、ameres即ameres(不能分割)、 kenon即vacuum(真空)，然而這些拉丁字的同義語，在現存的西塞羅作品中並不能找到。

105 引用《奧德賽》第1卷第189行。

倫夏的離婚，特別是在戰爭期間，她出於忽略未能盡到做妻子的責任，使得他離家遠行之際，完全沒有準備旅途所需各種用品，等到他回到意大利，特倫夏仍舊對他不睬不理，因爲他在布林迪西停留很長一段期間，她也沒有前去與他相聚。她的女兒是年紀很輕的少女[106]，長途跋涉前往布林迪西的時候，她並沒有派遣適當的護送人員，也沒有供給充足的川資；此外。她只給他留下一座空空如也的房屋，還要加上大筆的債務。

這些都是他提出離異最正當的理由。特倫夏對他的指控完全加以否認，西塞羅在不久就與一位年輕女子[107]結婚，可以證明特倫夏所言不虛。他之所以要娶那位少女，誠如特倫夏的指摘是愛上她的年輕貌美，也許是他的自由奴泰羅(Tiro)所述爲貪圖她的家產，好用來償還自己的債務。因爲那位年輕女子非常富有，西塞羅成爲他的委託人，負責照料她的產業。西塞羅在親戚朋友的勸說下，雖然兩人的年齡相差懸殊，還是與她結婚以便清償欠債。安東尼爲了反駁西塞羅的「論腓力」演說，曾經提到這件事，指責他不應遺棄一位已經共同生活到老年的髮妻，並且對西塞羅喜歡家居生活、欠缺社會交往和沒有軍人氣概等習性，用極其巧妙的諷刺加以描述。

他在結婚以後，他的女兒圖莉婭(Tullia)因難產在連圖盧斯的家中過世；圖莉婭於前夫畢索亡故後，再醮嫁給連圖盧斯。許多哲學家從世界各地前來慰問西塞羅；他感到極其悲傷，甚至和新婚的妻子離婚，因爲她對圖莉婭的逝世表現出高興的樣子。西塞羅當時的家庭狀況，大致如此。

42 西塞羅是布魯特斯最親密的朋友，並未參加當時正在醞釀反對凱撒的陰謀活動，雖然他當時感到鬱悶壯志難伸，像別人那樣希望能恢復從前的情勢。那些陰謀分子擔心他缺乏勇氣，何況他已經老邁體衰，即使不知畏懼爲何物的勇士，到了那把年紀也會變得懦怯怕事。布魯特斯和卡修斯動手刺殺凱撒[108]以後，凱撒的朋友聯合起來對付那些兇手，這時羅馬城人心惶惶，全都擔憂即將陷入一場內戰。當時擔任執政官的安東尼召集元老院議員開會，提出簡

---

106 他的女兒圖莉婭的年齡已經不小，頭一位丈夫已經過世，現在是她的第二嫁。

107 這位少女是出身貴族家庭的巴布莉莉婭(Publilia)，還有人說他娶了照顧他的女僕。

108 發生的時間是44年3月15日B.C.。

短的說明，主張協調解決當前的問題。然後西塞羅發表適合這個場合的冗長演說，勸告元老院效法雅典人的做法[109]，頒布敕令赦免謀殺凱撒的罪犯，布魯特斯和卡修斯派到行省出任總督；這兩項建議都未能成為事實。

民眾對於凱撒悲慘的遭遇深表同情，他們看到他的遺體被人抬著從市民會議的會場經過，安東尼將他穿著的衣物拿給大家看，上面浸滿鮮血，到處都是刀劍刺戳的洞眼，這時民眾怒氣衝天，開始尋找那些殺人的兇手，手裡拿著燃燒的木柴，到他們的家中要把房屋焚毀。那些人事先知道消息不妙已經躲了起來，不過他們預料以後還會遭到更大更多的危險，所以只有離開羅馬去避鋒頭。

43 這個時刻的安東尼大喜若狂，每個人都害怕他使自己成為唯一的統治者，特別是西塞羅更是憂心忡忡。因為安東尼看到西塞羅的勢力在羅馬已經捲土重來，知道他與布魯特斯的關係極其密切，更是不願西塞羅留在羅馬。這兩位的為人處世大相逕庭，彼此之間在過去就發生摩擦和齟齬。西塞羅有意出任多拉貝拉的副將隨軍前往敘利亞；執政官當選人赫久斯(Hirtius)和潘沙(Pansa)，對於西塞羅非常仰慕，而且這兩位生性善良，即將繼安東尼之後接任最高職位[110]，他們請求西塞羅不要離開，如果他願意留在羅馬，答應他要設法壓制安東尼。西塞羅對他們的信賴擺出無可無不可的態度，只是沒有隨著多拉貝拉去敘利亞，他同赫久斯事先打好商量，要到雅典度過夏天，等到他們就職以後才回羅馬。

西塞羅啟程前往東方，途中稍有耽擱，這時突然從羅馬傳來新的信息，說是安東尼的態度有驚人的轉變，一切施政作為和公務處理全都迎合元老院的意願，現在很需要西塞羅出面，使得大小事務獲得圓滿的安排。西塞羅後悔自己過於膽小，便立即折返羅馬，最初出現的狀況確實沒有讓他失望。大批人員成群結隊出來迎接，在城門口和進城以後，大家紛紛來寒暄問候，幾乎用去一整天的時間。

第二天，安東尼在元老院召集會議，同時請西塞羅出席。西塞羅沒有赴會，假裝旅途勞頓，生病躺在床上。真正的理由是他心中有所猜忌，途中接獲的消息頗多疑慮，生怕安東尼對他使用陰謀伎倆。安東尼對於這種表態極其氣憤，派出

---

109 奧林匹克95會期第2年即403B.C.，色拉西布拉斯推翻雅典的三十僭主，立即發布大赦。
110 這兩人要出任43B.C.的執政官。

一隊士兵將西塞羅帶到元老院，如果他仍舊拒不成行就將他的寓所焚毀。許多人出面阻勸，為西塞羅講情，安東尼在獲得保證以後，才停止這種絕裂的舉動。從此以後，兩人見面總不交談，彼此相互提防對方的暗算，後來屋大維從阿波羅尼亞(Apollonia)[111] 回來承受凱撒的遺產，為了安東尼扣下的2500萬笛納[112] 而發生爭執，整個情勢又有新的發展。

44 已經與屋大維的母親結婚的菲利帕斯(Philippus)，以及娶屋大維的姐姐屋大維婭為妻的馬塞拉斯，他們兩位陪著屋大維去見西塞羅，雙方獲得協議：西塞羅用他的辯才和他在元老院和市民大會的影響力來幫助屋大維，對方為了回報就用財力和武力保護西塞羅。因為一大批曾在凱撒麾下服務的軍人，現在都擁護屋大維。

西塞羅之所以願意與這位年輕人合作，據說還有一個很重要的理由：從前龐培和凱撒在世的時候，有一天西塞羅做了一個夢，將一些元老院議員的兒子召到卡庇多山，因為朱庇特要指定他們之中的一位成為羅馬最主要的統治者。市民帶著好奇心跑來觀看，他們站住神殿的四周，年輕人身穿鑲著紫邊的長袍，靜靜坐在那裡一語不發。神殿的大門突然打開，那些青年一個接著一個站起來從朱庇特的身邊走過，凡是朱庇特檢視過的都叫他們回去，這些人當然會感到失望，當某個年輕人走到朱庇特面前的時候，這位天神卻伸出右手指著他說道：「啊！你們這些羅馬人，等到這位青年成為你們的統治者，所有的內戰都會停止。」

據說西塞羅在夢中對那個年輕人有深刻的印象，一直留在他的記憶之中，只是不知道那個青年的姓名和底細[113]。第二天他到戰神教練場，看到一些男孩剛剛做完體操練習回家，當面第一個就是夢中出現的年輕人，容貌長得一模一樣。他在驚訝之餘，詢問他的父母是誰，原來這位青年就是屋大維即後來的奧古斯都，他父親的名字也叫屋大維，只是沒有多大名望，母親是凱撒姐姐的女兒阿蒂婭。凱撒自己沒有子女，便在遺囑中立年輕的屋大維為他的姓名和財產的繼承人。從

---

111 他被家人送到那裡去讀書。

112 凱撒的未亡人卡普妮亞要安東尼成為凱撒所留家產的監護人。蒲魯塔克並不清楚凱撒留下遺產有多少，所提的金額再加以7倍計算都不止。

113 狄昂·卡休斯《羅馬史》第45卷第2節以及蘇脫紐斯《十二凱撒傳》中奧古斯都的傳記，都說西塞羅夢到屋大維從天堂順著一條金鍊垂下來，朱庇特拿出一條鞭子當禮物送給他。

此以後，據說西塞羅每次遇到屋大維，總要和他親切的談話，屋大維也感受到西塞羅的關切和愛護。屋大維正巧出生在西塞羅擔任執政官的期間。

45 以上是大家所提到的各種理由。然而，西塞羅所以願意與屋大維密切的合作，最主要原因還是他憎恨安東尼，以及他無法擺脫名利的誘惑，所以想利用屋大維的實力給予支持，實現自己的政治企圖。那位年輕人對待西塞羅極其殷勤，竟然將他稱為父親。布魯特斯對這件事極其不滿，他在寫給阿蒂庫斯的信中，對西塞羅大肆攻訐，他認為西塞羅為了憎惡安東尼而討好屋大維，看來並不想為國家爭取自由權利，而是為自己找一個主子可以縱容私欲。雖然如此，布魯特斯卻拔擢西塞羅在雅典研習哲學的兒子，讓他擔任指揮官並且歷練各種職務，後來能有光輝的成就。

西塞羅這時在羅馬的勢力已經抵達巔峰，能夠完全制壓安東尼並且將他驅出羅馬；後來又派遣兩位執政官赫久斯和潘沙，率領軍隊前去討伐安東尼；在另一方面，他說服元老院投票通過案，讓屋大維擁有法務官的儀仗標誌和扈從校尉，從這些地方看來，好像西塞羅已經成為國家的保護者。等到安東尼戰敗[114]以及兩位執政官被殺之後，軍隊聯合起來一致擁戴屋大維。這時元老院對於這位年輕人和他的運道深感畏懼，想藉著授與官位和賞賜，使得士兵離開他的陣營，同時想盡辦法要削弱他的權力，所持的理由是安東尼戰敗潰逃，不再需要維持一支軍隊。

這樣一來使得屋大維驚惶不已，暗中派遣朋友去懇求西塞羅，說服他出面競選，讓他們兩人取得執政官的職位，特別提及等到將來就任以後，西塞羅可以按照本人的意思處理所有的政務，這個只圖頭銜和榮譽的年輕同僚，完全聽命於他的指揮。屋大維事後承認，當時為了恐懼軍隊遭到解散，憂慮自己陷入孤立，所以才利用西塞羅的野心，勸他接受合作和協力，共同爭取執政官的職位。

46 雖然西塞羅已經是花甲老人，屋大維不過是黃口小兒而已，這一次卻讓西塞羅被對方騙得團團轉。他全力幫助屋大維的參選事宜，不

---

114 兩軍會戰的地點靠近穆蒂納(Mutina)，一個位於山內高盧的城市，時間是在43B.C.年初，屋大維與兩位執政官聯合起來，安東尼潰敗以後向著山外高盧撤退。阿皮安的《內戰記》第3卷有詳細的敘述。

僅向各方拉票還要爭取元老院的好感，當時他的朋友對於他的不明事理曾經大肆指責，沒有過多久，就發現已經毀了自己的共和理念，同時還出賣國家的自由權利。因爲那個年輕人一旦得勢登上執政官的寶座[115]，便將他支開丟在一邊不睬不理[116]。屋大維同安東尼和雷比達講和，三個人的勢力結合起來，使得國家的統治權成爲他們的財產，可以分而享之。

他們列出「公敵宣告名單」，必須處決的人士達200餘名；發生爭論的關鍵所在，是如何懲治西塞羅的問題。安東尼堅持必須首先處死西塞羅，如果這一點無法獲得協商，其他事項根本不必做進一步的討論。雷比達贊同安東尼的意見，屋大維反對他們兩人的要求。他們在波諾尼亞(Bononia)附近秘商三天，會議的地點離軍營不遠，四周有一條河流圍繞。據說屋大維在頭兩天還爲西塞羅力爭，最後一天他只有屈服，西塞羅成爲他們的犧牲品。相互讓步獲得如下的條件：凱撒放棄西塞羅，雷比達可以犧牲他的兄弟包拉斯，安東尼送掉他舅舅盧契烏斯‧凱撒(Lucius Caesar)的性命。這三個人的怒氣衝天，爲了報復已經到了喪失人性的程度。從他們的行爲可以看出，一個人手握莫大的權勢用來洩憤，無論那種野獸要是拿來相比，都不會如此的蠻橫暴虐。

47 就在這個時候，西塞羅與他的弟弟住在突斯庫隆附近的莊園，等到他們得知「公敵宣告名單」已經頒布，決定前往海濱一個名叫阿斯土拉(Astura)的別墅，然後乘船到馬其頓去投奔布魯特斯，據說那個行省已經在布魯特斯的勢力範圍之內。他們各坐一隻抬輿相偕而行，心情非常的憂傷，一路上前面的轎夫時常停頓下來，等待後面的抬輿趕上，這時兩人相互嘆息安慰一番。奎因都斯想起囊空如洗，感到更加沮喪，據他說在臨行的時候，沒有從家中帶出任何東西，就是西塞羅攜行的旅途供應品數量有限。兩人商議認爲最好的辦法是西塞羅仍舊盡快前進，奎因都斯立即回家拿取所需物品，然後再兼程趕路與他會合。他們做出這樣的決定以後，彼此擁抱灑淚而別。

幾天以後，奴僕向追捕的兇手告密，奎因都斯和他的幼子慘遭殺害。西塞羅

115 屋大維出任執政官是在43年8月B.C.，那時的年紀不過20歲。
116 雖然西塞羅在元老院對屋大維助益甚大，但是他選奎因都斯‧佩丁斯(Quintus Pedins)擔任他的同僚。

平安抵達阿斯土拉,在那裡找到一條船,趁著順風開往色西姆(Circaeum)[117],當船長剛一到達就決定立即啓碇,西塞羅不知是害怕海上洶湧的波濤,還是對屋大維仍然存有幻想,他竟然登岸又向內陸走了100多個弗隆的路,像是要前往羅馬。後來他又猶豫不決,改變主意,再回到海濱,整夜在恐懼和困惑中度過,焦慮得無法成眠,甚至有一陣子他還想偷偷進入屋大維的府邸,就在供奉神明的祭壇前面自裁,好爲這位政敵引來復仇女神;考慮到自己所受到的折磨,使得他完全喪失勇氣。他的思路混亂帶來很多不切實際的念頭,一直讓他拿不定主意,最後還是讓他的奴僕將他送到卡皮提(Capitae)[118]。他在這個避暑勝地有一所房屋,夏季從西北吹來伊特西安(Etesian)風讓人遍體生涼。

那個地點距離海邊不遠之處有一座阿波羅神殿,當西塞羅乘坐的船隻駛向岸邊之際,一群烏鴉發出嘈雜的叫聲,從神殿向著他的乘船飛來,落在帆桁的兩旁,這些鳥都在呱呱亂啼,同時還啄著繩索的末端。大家都認爲這是不祥之兆。西塞羅還是登上岸,走進別墅躺在床上定下神來休息。許多烏鴉撞著窗戶發出淒厲的叫聲,竟然還有一隻烏鴉落在西塞羅躺臥的床上,用喙一點一點啄掉蒙在他頭上的衣服。他的僕人看到這種情形深感咎愧,覺得主人遭逢這場不該受到的苦難,無知的飛禽還前來協助和照料,然而他們這些人居然袖手旁觀,靜待主人被兇手殺害,因而責備自己實在太不應該。他們用半懇求半強迫方式將他扶起,然後用抬輿將他載到海濱。

48 就在這個時候,兩名殺手已經率領一隊士兵來到他的別墅,一個是百夫長赫里紐斯(Herennius),另外一位是軍事護民官波披留斯(Popillius),後面這位過去犯下弒父罪受到起訴,西塞羅曾經擔任他的辯護律師。他們來到西塞羅的別墅,見到門窗緊閉立即破門而入,沒有找到西塞羅,其他人都說不知道他在何處。有位名叫斐洛洛古斯(Philologus)的年輕人,告訴軍事護民官說是西塞羅坐著抬輿,正沿著樹木茂盛而蔭涼的道路朝著海濱行進;然而這個人是西塞羅弟弟奎因都斯的自由奴,曾經在西塞羅的門下學習文藝和科學。

117 色西姆位於羅馬的南方約200公里,是瀕臨第勒尼安海的港口。
118 要是根據阿皮安的說法,西塞羅被殺的地點在卡普亞附近;華勒流斯·麥克西穆斯提起這場悲劇,說是發生在卡杰塔(Cajeta)。

軍事護民官領著幾名士兵繞路跑到那條道路的出口。西塞羅在行進的途中，發覺赫里紐斯沿著道路從後面跑來，命令僕人將抬輿就地放下，他兩眼凝視那些前來殺害他的兇手，習慣性的動作用左手撫摩著自己的下巴；這時他滿身灰塵，蓬頭散髮，臉上顯露出惶恐憂傷的神色。當赫里紐斯痛下毒手的時候，站在旁邊的人都不禁掩起面孔。他的頸脖從抬輿之中向外探看，這個姿勢使他死於兇手的刀下，享年64歲[119]。赫里紐斯遵奉安東尼的命令，砍下他的頭顱和雙手，他就是用這雙手寫出攻訐安東尼的演說。西塞羅將那14篇演說稱爲「論腓力」，這個名稱直到現在還繼續沿用。

49 西塞羅的頭顱和雙手帶到羅馬之際，安東尼正在主持一個選舉官員的會議，等到他聽取報告和看到那些殘肢之後，大聲喊道：「讓我們結束『公敵宣告』這件事吧。」於是他下令將首級和一雙手掛在講壇的上方，羅馬人民看到恐怖的景象都嚇得發抖。他們所見不是西塞羅那副熟悉的臉孔，而是安東尼的靈魂所反射的影像。安東尼還是做了一件公道事，就是將斐洛洛古斯交給坐凶都斯的妻子龐波妮婭（Pomponia），任憑她去處置。斐洛洛古斯落到龐波妮婭的手裡，就受到令人髮指的酷刑，他的肉被一片一片的割下來，烤過以後讓人吃下肚去，有幾位史家曾經提及這樣的報復事件。西塞羅的自由奴泰羅，沒有說起斐洛洛古斯的賣主。

過了很久以後，有次奧古斯都去探視他的一名外孫，發現那個小孩的手裡拿著一本西塞羅著作。他的外孫非常惶恐，趕緊將書藏在自己的長袍裡面。奧古斯都看到那種情形，就將書拿過來，站在那裡翻了一會兒，然後還給他對他說道：「我的孩子，這位作者有高深的學問，還是一位愛國志士。」奧古斯都在擊敗安東尼[120]以後，出任執政官，馬上推舉西塞羅的兒子擔任另外一位執政官，成爲他的同僚。在那一屆執政官任職期間，元老院下令拆除安東尼所有的雕像，廢除他所獲得的一切榮譽，規定安東尼家族爾後任何成員不得使用馬可斯這個名字。神明的力量使得安東尼遭受這幾項法案所帶來的懲罰，西塞羅家族在後面推動當然會不遺餘力。

---

119 西塞羅被殺是在43年12月7日B.C.。
120 30B.C.發生在亞歷山卓。

第三章
笛摩昔尼斯與西塞羅的評述

1 上面所述,是我們所知笛摩昔尼斯和西塞羅的行誼中最值得長留記憶的事蹟。雖然我無法對兩人在演說方面進行更爲確實的比較,可是下列幾點我還是要一一說明:笛摩昔尼斯爲了使自己成爲一個演講大師,要把先天稟賦和後天學習的語言能力全部發揮得淋漓盡致,他的口才鏗鏘有力,比起當代一切從事政治和法律演說的人更勝一籌,辭藻的華麗和用語的典雅,較之那些歌功頌德的演說家更爲高明;即使是措辭的明確和技巧的運用,同樣勝過那個時代的邏輯學家和修辭學家。談到西塞羅,可以說是一位受過高深教育的學者,敦品苦讀的結果成爲多個學門都極有造詣的哲人,留下爲數甚鉅按照學院派原則撰寫的哲學論文,甚至就是在有關政治或法律的講話,可以得知他時常不忘顯示自己的學識淵博。

我們從這兩個人的公開演說,發現他們的性格可以說是大相逕庭,笛摩昔尼斯的演講不在意文字的潤飾和詞句的詼諧,嚴謹的結構著眼於求得眞實的效果以及表現肅穆的態度,並不像皮瑟阿斯(Pytheas)用開玩笑的口吻,說是帶有焚膏繼晷的油燈味,而是表現出他的個性所特有的堅忍、沉思、嚴肅和誠摯。西塞羅的語言表達特別愛好戲謔的手法,稍有不愼難免流於粗俗,有些時候爲了當事人的利益,說出無傷大雅的雙關語來處理僵硬的法律問題,從而可以批評他沒有保持適當的分寸。譬如他在爲西留斯(Caelius)辯護的時候,他提到他的當事人生活極其優裕,即使耽於逸樂也沒有過分的荒唐,除非一個人瘋狂到喪失神智,否則不會出現這種狀況,那就是擁有某些東西而不去享用,何況那些大名鼎鼎的哲學家曾經說過,歡愉乃是首要的幸福。

據說,小加圖控告穆里納的訟案,西塞羅身爲執政官出庭爲穆里納辯護,針對斯多噶學派一些自相矛盾的荒謬論點,說出許多喜笑怒罵的言辭用來諷刺小加圖。群眾聽了以後全都樂不可支,就連陪審員都受到感染,這時小加圖表露出安

詳的微笑，對坐在旁邊的人士說道：「各位朋友，我們的執政官是多麼的風趣。」

實在說，西塞羅的個性愛好歡樂和戲謔，經常面帶笑容表現出寧靜的神色。笛摩昔尼斯總是一副憂慮和深思的表情，始終保持嚴肅的態度，連他自己都承認，他的政敵說他性格陰鬱，讓人看到難過。

2 從他們兩人的著作當中，可以明顯的看出，笛摩昔尼斯為了某種重大目的需要讚許自己，總是做得非常得體，不會引起別人的反感；處於其他的狀況，他不僅謙遜而且極其審慎。西塞羅的演說有過分自誇的傾向，表達出求名的欲望非常強烈，他一直大聲疾呼要刀劍聽命於長袍，征戰的桂冠讓位於辯才。最後，他不僅歌頌自己的功業和事蹟，還不斷讚美自己的演講，包括口頭的演說和文字的講詞。他彷彿在與縱橫家伊索克拉底和安納克斯米尼斯（Anaximenes），進行非常幼稚的比賽，看誰的口才最好，並沒有著眼於提升領導統御的素養，或者教誨羅馬人民的重點工作是：

> 戰士全副武裝，
> 敵人膽顫心寒。

一個政治領袖有必要成為優秀的演說家，然而一個人僅知道讚美自己的口才，不斷為雄辯所獲得的榮譽沾沾自喜，實在是極其可恥的行為。就這方面而言，笛摩昔尼斯的表現可以說是態度端莊而且泰然自若，他提到自己的演說所以引人入勝仍是長期練習的結果，能夠獲得莫大的成就有賴於聽眾的善意和誠摯，他認為那些善於演說而自我標榜的人士，根本不值得受人尊重。

3 談起對人民的說服和領導的能力，兩個人都是極其卓越的頂尖高手，很難分出高下，那些掌握兵權的將領都需要他們的協助；查拉斯（Chares）、戴奧披昔斯（Dioptthes）和李奧昔尼斯（Leosthenes）要求笛摩昔尼斯給予參贊；龐培和屋大維都與西塞羅有密切的合作，後者在他的《回憶錄》中承認確有此事；這部作品用題贈給阿格里帕（Agrippa）和密西納斯（Maecenas）的名義發表。常人都有這種看法，權勢和地位最能表明和考驗一個人的品性；因為只有名利最能激發人的一切熱情，揭露人的一切弱點。笛摩昔尼斯從未曾擁有名利，他的為人究竟如

何在這些方面也無從表現，他沒有獲得顯赫的官位，對抗菲利浦的軍隊是用他的名義號召，他卻沒有親自統率。

西塞羅曾經在西西里擔任財務官，以代行執政官的頭銜在西里西亞和卡帕多西亞出任總督，當時貪婪的風氣極其盛行，那些在國外擔任指揮官和總督的人士，把竊取財物當成小家子氣的行為，可以公開用武力明火打劫；因此，收受賄賂毫無罪惡感可言，只要不太過分就會受人敬重。可是，在這樣一個時代裡面，我們從留下的證據，得知西塞羅的清廉、仁慈和友善。有段時間他在羅馬名義上是執政官，實際上卻獲得笛克推多的獨裁大權，可以隨心所欲用來對付加蒂藍和陰謀分子，實質上他的所作所為足以證明柏拉圖所言不虛：一個國家有幸得到一位賢明的元首，擁有至高無上的權炳、智慧和正義，使得全體人民脫離戰亂的火海，可以享受長治久安的局面。

據說笛摩昔尼斯利用辯才賺錢為人所不齒，他在暗中為同一個訟案的雙方當事人福米昂(Phormion)和阿波羅多魯斯(Apollodorus)撰寫辯詞，他接受波斯國王的金錢而受到指控，收取哈帕拉斯的賄賂受到譴責。即使我們認為這些史家(看來為數並不算少)的敘述有失真之處，至少我們無法否認，笛摩昔尼斯會對帝王基於尊敬和感激的禮物無動於衷，像他的貸款都要拿船舶契約作保，會對那些財富毫不動心，實在是令人難以相信。西塞羅的情形完全不同，我們在他的傳記中曾經提過，無論是他擔任財務官西西里人送給他的酬勞，還是他擔任總督卡帕多西亞國王送給他的財富，亦或是他受到放逐羅馬人送他的禮物，即使那些送禮的人非常誠懇請他接受，他還是一一婉拒。

4 笛摩昔尼斯因貪污遭到極其羞辱的放逐；西塞羅為國家剷除一批惡徒遭到放逐何其光榮。所以，當笛摩昔尼斯離開國土的時候，根本沒有人理會；等到西塞羅開始逃亡，元老院卻為他改換裝束穿起喪服，如果西塞羅返國的提議未能通過，他們拒絕討論其他的法案。西塞羅在流亡馬其頓期間，並未曾有所建樹。笛摩昔尼斯對國家的貢獻，大部分出於流亡期間的力行不輟；因為他走遍希臘各個城市參與實際的鬥爭，要將馬其頓的使者驅離，從而得知他所獲得的成效，遠勝面臨同樣處境的提米斯托克利和亞西拜阿德；等到他返國以後，再度致力這項政治目標，堅持要與安蒂佩特和馬其頓人抗爭到底。等到乳臭未乾的屋大維不符傳統規定，請求西塞羅出面競選執政官的時候，西塞羅在元老院保持沉

默受到利留斯的譴責,布魯特斯在寫給他的書信中對他大肆抨擊,說他所培養的
暴君,比起他所推翻的虐政,對國家帶來更大的危害。

5 西塞羅之死引起我們的憐憫之情和惻隱之心,當時他已經是一位花甲老
人,還被僕人抬著東躲西藏,終於難免被殺的命運。至於笛摩昔尼斯在
開始的時候,好像是表露出哀求的姿態,可是他能預備和密藏毒藥,我們非常佩
服他有先見之明,最後終於獲得解脫,使得我們更加讚許他的膽識和勇氣。等到
神廟無法給他庇護,他能在一個更為強有力的祭壇找到歸宿,遠離武器和士兵所
能控制的範圍之外,安蒂佩特雖然無比的殘酷,面對他的嘲笑和輕蔑,最後心生
無可奈何之感。

第二十一篇

美色亡身者

第一章
德米特流斯（Demetrius）

336-283B.C.，馬其頓國王，致力統一亞歷山大建立的帝國，
屢次奪取堅城獲得「圍攻者」的稱號，戰敗鬱鬱而終。

1 才智之士長久以來發現用人的技巧和身體的感官非常類似，我以爲只要妥善運用可靠的方法和正確的判斷，就可以檢驗出兩者相異之處。感官的主要功能不在於分辨黑與白的映像、甜比苦更爲適口或者柔軟與堅硬具備不同的性質，重點在於接受外面的物體所產生的印象，然後將接受的印象通報能夠理解的頭腦和心靈。在另一方面，用人的技巧完全基於理性的需要，刻意著手選擇和獲得某些適合的目標，對於引起反感的對象不是拒絕就是排除。通常會注意那些需要拒絕的對象；除非出於疏忽或偶然的意外，爲了避免產生不必要的困擾，對於要排除的人物，更要加以防範。

醫學在於維護健康，應該查驗各種疾病；音樂在於創造和諧，必須研究各種調性。還有那些等級更高的層次諸如節制、正義和智慧，運用判斷和選擇的目標，不僅僅限於善良、公平和便利，還要及於邪惡、偏頗和失策。有些明哲保身以清白著稱的人士，自詡於毫無爲非作歹的經驗，非但無須給予讚揚，還要把這些人稱爲愚蠢和無知之徒，他們既然生存在這個世界，就應該對當前的種種狀況無論對錯都要有深刻的認識。

古代的斯巴達人每逢節慶和祭典，經常會逼著希洛特人（Helots）[1]飲大量的劣酒，然後帶著他們出現在公共食堂，讓年輕人看這些農奴在酒醉後的醜態。讓一

---

1 斯巴達人進入伯羅奔尼撒半島以後，征服拉柯尼亞地區的部落，將全部土著當成奴隸，helots 成為農奴的別稱，他們的人數眾多，斯巴達人除了嚴加防範，更要採取殘酷的措施，特別重視本身的訓練，才能立於不敗之地。

些人墮落的目的是要當成榜樣使得另外一些人免於重蹈覆轍，就我個人看來，這樣做不僅違背人性也不符合公平正義的原則。我認為可以運用某些案例，像是輕舉妄動的人物，或是身居高位卻因一失足而成千古恨。在我所寫的傳記當中，出現幾個這種例子並不是一件壞事，因為我的目的不是用來娛樂讀者產生扭曲和誤導，或是為了讓我所寫的題材出現不同的風格。

可以仿效底比斯人伊斯門尼阿斯（Ismenias）[2]的做法，他要技術優秀的樂師和水準很差的新手，都在門人弟子的面前吹奏笛子，然後告訴他們：「你們應該效法這位人士。」或者：「你們不要跟他一樣。」安蒂吉奈達斯（Antigenidas）[3]說得好，年輕人先聽技術很差的人演奏，接著再聽好手的表演就會感到心情極其愉悅。根據我的意見可以運用同樣的方式，如果我們對那些應受譴責和極其惡劣的事物一無所知，又怎麼會用最大的熱情和爭勝的心理，去閱讀、體會和效法那些仁人志士的傳記。

基於這樣的理由，這一卷的內容是德米特流斯和安東尼的列傳，前者被稱為波利奧西底（Poliorcetes）即偉大的「城市圍攻者」，後者是後三雄執政團的成員之一。這兩個人能夠證實柏拉圖的話所言非虛，偉大人物的行善為惡經常是趨於極端[4]。他們同樣喜歡拈花惹草、酗酒狂歡，窮兵黷武和好大喜功，過著奢華揮霍的生活，表現傲慢專橫的態度。在他們所扮演的角色當中，無論運道和機遇都有雷同之處，不僅他們的生涯是一系列登峰造極的勝利和悲慘可恥的失敗，能夠強而有力的獲得權力以及在驚心動魄之中喪失殆盡，即使突然遭到顛覆的命運接著是意料之外的死灰復燃，就是他們的死亡也是同樣的羞辱和可恥，何況德米特流斯已經成為敵人的俘虜，安東尼面臨這種下場只有自我了斷而已。

2 安蒂哥努斯（Antigonus）[5]的妻子斯特拉托妮絲（Stratonice）是科里烏斯（Corrhaeus）的女兒，她生了兩個兒子，一個的名字來自安蒂哥努斯的伯

2　伊斯門尼阿斯是知名的樂師，善於教授吹笛的技巧。
3　安蒂吉奈達斯是亞歷山大在位時期，底比斯名氣最高的笛手和詩人。
4　現存的柏拉圖著作，找不到這段話的出處。
5　馬其頓王國用安蒂哥努斯當稱號的國王有三位：計為安蒂哥努斯一世，在位期間319-301B.C.；安蒂哥努斯二世哥納塔斯（Gonatas），在位期間277-239B.C.；安蒂哥努斯三世多森（Doson），在位期間229-221B.C.。本章所指是安蒂哥斯一世，綽號「獨眼龍」（Monophtnalmos），出身馬其頓貴族，亞歷山大大帝得力部將，大帝崩殂後，戰勝群雄成為馬其頓國王，301B.C.伊普蘇斯會戰戰敗被殺。

父叫做德米特流斯，另一個兒子幼年夭折，名字取自他的祖父菲利浦。雖然這是最常聽到的說法，仍舊有人不把德米特流斯看成安蒂哥努斯之子，說是他的兄長所出。德米特流斯親身之父年紀很輕就逝世，他的母親後來嫁給她的小叔，因此被認爲是安蒂哥努斯的兒子。

德米特流斯的體型修長，身高不及他的父親安蒂哥努斯，他的面貌極其美麗，可以說是世所罕見，畫家和雕塑家費盡心血的作品也難相比擬，雖然可以將文雅、精力、尊貴、以及年輕人具有的熱情，種種特性揉和在一起，但是帶有王者之風的英雄氣概和形象卻難以表達。他的個性配上俊秀的容貌，沒有人能像他那樣同時受到人們的愛戴和敬畏，他是最易相處和情投意合的同伴，在飲宴和歡樂的場合他是奢華揮霍和講究品味的君王，等到發起作戰行動，沒有人比他更能表現堅定的意志和無窮的精力。酒神巴克斯精通兵法，戰爭結束後享受和平的愉悅和歡樂，在所有的神明之中，只有祂成爲德米特流斯所要仿效的楷模。

3 德米特流斯摯愛他的父親安蒂哥努斯始終保持孺慕之情，他非常孝順他的母親，因爲她的緣故更是加倍的殷勤有禮，他這樣做不能說是基於畏懼或責任，很容易知道是出於一種更爲強烈的動機，就是他的天性如此。據說有一次德米特流斯打完獵回來，立即去見安蒂哥努斯，這時國王正與一些使臣談話。德米特流斯進入室內就親吻他的父親，如同以往那樣坐在王座的旁邊，手裡還握著那根帶進來的標槍。

這時安蒂哥努斯接受使臣的告辭，他們正要離開被國王叫住並且大聲說道：「順便提一句，我們兩人住在一起，過著這樣的生活。」等於暗示他和兒子相處非常融洽，讓別人無隙可乘，可以增強王國的實力，使得他安全無虞確保統治的寶座。擁有權力使人難以接近而且陷入孤獨，引起嫉妒和疑心，不僅無法相信別人也因而喪失自信。身爲亞歷山大大帝名列首位和實力最強的繼承人，竟然爲這樣一件事感到無比榮耀，那就是能讓兒子手裡拿著武器站在身旁，自己心中毫無畏懼之感。

亞歷山大那些繼位稱王的部將當中，安蒂哥努斯有眾多的子孫，只有他這個世系免於骨肉相殘的罪行。要是說得更爲精確一點，這個家族裡面只有菲利浦處

死自己的兒子[6]，至於其他的家族經常出現父親使子女不得善終，丈夫謀害妻室和兒子弒殺母親的慘劇，說起兄弟鬩牆相互殘殺，就像數學定理一樣是確保王室安全的首要原則，不僅極其普遍也受到大家的認可。

4 從記載德米特流斯早年生活的一個例子中，讓我們知道他的人道精神和仁慈爲懷的天性，這是他和亞里奧巴札尼斯（Ariobarzanes）之子米塞瑞達底（Mithridates）之間一段非常奇特的經歷。米塞瑞達底的年紀與德米特流斯相若，兩人住在一起同時隨侍在安蒂哥斯身邊。雖然說米塞瑞達底沒有做錯事，從未受到任何人的譴責，因爲安蒂哥努斯做了一個夢，使得他面臨極其嚴重的猜疑。安蒂哥努斯的夢境出現一片美好而廣大的田野，他撒下黃金的種子，立即看到耀目的作物生長茁壯，不過，轉眼之間只有殘株留存，所有的穗粒變得一無所有。他站在那裡深爲憤怒和懊惱的時候，聽到一些聲音說是米塞瑞達底割去黃金的穀粒，將這些收穫運回潘達斯。

安蒂哥努斯爲這個夢感到慌亂失常，首先要他的兒子發誓不得告訴任何人，接著才提到這件事；最後，他決定要不失時機將米塞瑞達底殺死以絕後患。德米特流斯聽到以後非常悲痛，等到這位年輕人如往常那樣，前來與他相見打發空閒的時光，這時他爲了要遵守不可洩密的誓言，就用標槍的槍尖在米塞瑞達底的面前寫出兩個字：「米塞瑞達底，快走！」米塞瑞達底明瞭這個警告，立即連夜逃往卡帕多西亞，後來他擁有面積廣大而且土地肥沃的疆域，安蒂哥努斯有關他的夢境很快能夠實現，等到他成爲潘達斯的國王建立起皇家的世系，他的直系後裔一共傳了八代，直到爲羅馬人滅亡爲止[7]。德米特流斯的天性之中，早年的時光與人爲善而且急公好義，這件事可以視爲一個樣本。

---

6 這是指馬其頓國王菲利浦五世，在位期間爲221-179B.C.，聽信讒言將他的兒子德米特流斯處死，事後發現他清白無辜，就在憂傷中逝世，將王位傳給帕修斯，168年被羅馬人擊敗，馬其頓成爲羅馬行省。

7 63B.C.龐培擊敗米塞瑞達底四世，看起來潘達斯王國像是變得四分五裂，事實上等到法納西斯二世（Pharnaces Ⅱ）即位後，勵精圖治，對羅馬帝國形成極大威脅，直到47年凱撒在齊拉會戰中獲勝，這方面的問題才獲得解決。

5 根據伊姆皮多克利(Empedocles)[8]的說法，就像那些構成世界的元素一樣，出於愛惡之心才會迸發出爭論和戰事，愈是相互接觸或靠近的物體愈會如此。甚至就拿亞歷山大的繼承人來說，他們之間因為相同的利益和毗連的領土，原來存在的敵意在某些特殊狀況中，對抗的情勢加劇變得一觸即發。有關安蒂哥努斯和托勒密之間的戰事就是最常見的例子。

安蒂哥努斯獲得信息，托勒密從塞浦路斯渡海入侵敘利亞，蹂躪整個國度攻下很多城市；因此，他自己坐鎮在弗里基亞，派遣德米特流斯以21歲之齡，頭一次接受考驗，要在這次重大的攻勢行動中成為獨當一面的指揮官。他空有年輕人的熱情缺乏實戰的經驗，進軍去對付這樣一位敵手，曾經在亞歷山大的麾下接受多年的磨練。雙方在多次接戰以後，他在加薩(Gaza)[9]這個城鎮的附近遭到一次慘敗，8000人被俘以及5000人陣亡，他自己的帳篷連帶裡面的錢財，還加上所有私人的用品和擺設，全部被敵人擄走。

不過，托勒密遣還這些物品和他的朋友，連同善意和殷勤的信函，說他們之間的戰鬥是為了榮譽和疆域，不會影響到私人的關係。德米特流斯收下這分餽贈，向神明祈禱不要讓他等待太久，能夠早日償還他虧欠托勒密的情分，所謂來而不往非禮也。他用坦蕩的胸懷接受這次災難，並非一位黃口孺子在他的攻擊中遭到敗北，而是使得一位年長而且經驗豐富的將領熟悉命運的逆轉。他的工作極其忙碌，積極收容分散的人馬，補充所需的供應品，注意這些城市的狀況，採取措施保證他們的忠誠，對於新徵的兵員當予適當的訓練。

6 安蒂哥努斯接到會戰的消息，特別提到托勒密雖然把這位兒童打了一頓，現在起就要與長大成人的男子漢戰鬥[10]。他為了不讓自己的兒子受到挫折或者加重心理的負荷，答應他提出的請求，繼續擔任指揮官等待下一次機會。

沒有過多久，托勒密的部將西勒斯(Cilles)率領一支戰力強大的軍隊進入戰場，對於德米特流斯抱著輕視的態度，認為敵手在前次會戰中吃了敗仗，甚至雙

方的部隊不必接觸，就可以把德米特流斯趕出敘利亞。西勒斯很快發現自己上了大當，德米特流斯出乎他的意料發起攻擊，無論是將領還是軍隊都受到奇襲，使得他自己和7000名士兵成爲戰俘，同時讓德米特流斯還獲得大量財富。勝利帶給他的歡愉不在於他保有應得的酬庸，而是能歸還贏取的獎品。他的感激不在於獲得財富和光榮，而是能夠回報敵人以往對他的慷慨。雖然如此，善後工作還是不能完全自行定奪，寫信給他的父親聽候裁示。等到接奉通知說他可以權宜從事，就將西勒斯和他的幕僚遣回，還帶著送給托勒密的禮物。局勢的逆轉將托勒密驅出敘利亞，安蒂哥努斯從卡里尼(Calaenae)[11]南下，要與引頸盼望的兒子見面享受所獲得的勝利。

7 接著德米特流斯負起的使命，是要讓納巴薩阿拉伯人(Nabathaean Arabs)[12]聽命臣服。他率領軍隊進入一個缺乏飲水的地區，遭遇相當的困難和危險，靠著決斷和沉著的風度折服蠻族，使得他們產生敬畏之心，願意奉上大量進貢的物品和700匹駱駝。不久以後，過去被安蒂哥努斯用武力趕出巴比倫的塞琉卡斯，後來又光復失去的疆域，花費很大的力氣維持統治的局面，現在率領一支大軍展開遠征行動，討伐位於印度邊境的部族和平定靠近高加索(Caucasus)山區的行省。

德米特流斯判斷塞琉卡斯的離朝，留在美索不達米亞的守備兵力不足，於是他突然渡過幼發拉底河，出人意表向著巴比倫前進，等到占領兩座城堡中的一座，趕走塞琉卡斯的守軍，配置本軍的7000人馬在這個要點，以確保安全以後，允許他的士兵到處搶劫發筆橫財，讓他們盡可能將財物運出這個國度。他向著海岸退卻，使得塞琉卡斯比起過去更能穩固他的統治基礎，德米特流斯對待當地民眾的態度如同一個敵人，燒殺擄掠無惡不作，他的行爲像是在放棄主權的要求。不過，他前進的速度極其敏捷，救援哈利卡納蘇斯(Halicarnassus)[13]的行動，迫使托勒密只有解圍離去。

11　卡里尼是弗里基亞地區的城市，位於米安德(Maeander)河的上流，色諾芬(Xenophon)在《遠征記》中提到這個地方。

12　納巴薩阿拉伯人是居住於敘利亞的游牧部落，曾經在約旦河地區建立納巴薩王國。

13　哈利卡納蘇斯位於小亞細亞的卡里亞(Caria)地區，古代是富裕的希臘殖民城市，文風極盛，名家輩出，現在的名字是波德魯姆(Bodrum)。

8 作戰勝利獲得的光榮成就，鼓勵這對父子獻身更為崇高的理想，要使整個希臘獲得自由，這個地區受到卡桑德(Cassander)[14]和托勒密的占領和統治，民眾一直過著奴役的生活。當時那些國王當中任何一位，都沒有發起像這樣一次高貴或正義的戰爭，他們兩人獲得很大一筆財富，在城邦的協助之下挫折蠻族的銳氣，然後為了榮譽和名聲，他們轉用這些資源來援助希臘人。當下定決心準備攻擊雅典的時候，有一位幕僚向安蒂哥努斯進言，如果他們奪取這個城市，必須很安全的掌握在手裡，當成船隻進入希臘的港口，可以隨心所欲如願而為。安蒂哥努斯聽不進這番話，他認為需要人民的善意和支持，遠勝於寬大和穩定的港灣，而且雅典是世界的燈塔，他的作為可以從這裡傳遞到全世界，讓所有的居民都知道這個信息。

德米特流斯帶著5000泰倫的鉅額經費，率領一支有250艘船隻的艦隊，向著雅典開航。費勒隆人(Phalerian)德米特流斯[15]奉卡桑德之命治理這個城市，在慕尼契亞(Munychia)[16]的港口配置一支守備部隊。安蒂哥努斯之子的好運和優異的航行技術，使得他在Thargelion月第二十六天(5月26日)[17]，敵人毫無風聲的狀況下，出現在派里猶斯前方的海面。實在說，當他的船隻被人看見以後，認為是托勒密派來的艦隊，準備開始迎接他們進港，直到最後這些將領發覺他們犯下大錯，急忙趕過來救援，全都陷入慌張和混亂之中，意圖盡快完成各項準備工作，阻止這支來勢洶洶的部隊所發起的登陸行動。

德米特流斯已經探明海港的進口沒有設防，趁著這個安全的時刻直接開了進去，站在大家可以看到的地方，從他的船上發出信號，要求保持安靜聽取他的意見，等到大家順從他的指示，派出一位傳令官大聲宣布，說他遵奉父親的命令前

14 卡桑德是馬其頓攝政安蒂佩特的兒子，218-307B.C.統治雅典，301年他聯合托勒密一世、黎西瑪克斯和塞琉卡斯一世，在伊普蘇斯會戰中擊敗安蒂哥努斯和德米特流斯。他建立提薩洛尼卡(Thessalonica)和卡桑德里(Cassandrea)兩個城市，分別用他的妻子和自己的名字來命名，後來還重建被亞歷山大夷為平地的底比斯，亡故於297年。
15 費勒隆人德米特流斯(350-283B.C.)是雅典哲學家、政治家和演說家，傾向馬其頓被控叛國，後來在卡桑德的支持下，掌握軍政大權達10年之久，等到德米特流斯一世解救雅典，他逃到皮奧夏，後被放逐埃及直到逝世。
16 派里猶斯有三個港灣，計為派里猶斯港、退阿(Zea)港和慕尼契亞灣；整個地區的樞紐是上方的慕尼契亞山，山頂建有衛城，易守難攻，形勢極其險要。
17 時間是在307B.C.的初夏。

來此地,是為了爭取雅典人的自由權利,驅逐外來的守備部隊,城邦恢復古老的法律和制度,他除了祈禱神明保佑他順利完成任務,沒有抱持任何其他的企圖。

9 人民聽到這番話以後,立即丟下盾牌鼓起掌來,在歡呼聲中懇求德米特流斯登陸,將他稱為救星和恩主。統治者費勒隆人和他的黨羽,看到目前的情形知道無法可施,只有接受征服者所擁有的權利。不等德米特流斯是否會答應所承諾的事項,立即派出使者前去乞求他的保護,德米特流斯用仁慈的態度接見來使,接著派遣米勒都斯人阿里斯托迪穆斯(Aristodemus)隨同前去回拜,這位人士是他父親的朋友。費勒隆人在政治局面變換的狀況下,畏懼他的市民同胞更甚於敵人,德米特流斯基於尊敬他的名聲和地位,預先採取各種防範措施,經過妥善的安排將他送到底比斯,這是他想要去的地方。德米特流斯特別宣布,雖然他急著想要抵達雅典滿足平素的心願,然而在完成解救任務將所有守備部隊趕走之前,絕不會進入這個城市。他用柵欄和壕溝封鎖慕尼契亞對外的通路,接著發航前去攻擊麥加拉,卡桑德在這裡駐紮一支守備部隊。

克拉提西波里斯(Cratesipolis)是波利斯帕強(Polysperchon)[18] 之子亞歷山大的妻室,以美豔著稱於當時,米特流斯聽到她擺出友善的姿態想要與他見面,就將他的部隊留在麥加拉附近,帶著一些輕裝的隨從人員前往她所暫住的佩特里。他不僅將一切拋開置之不理,還把帳篷架設在離開大家的地點,使得這位婦人在來訪之際不會被人看見。等到敵人探明狀況,對他發起突然的襲擊。他在緊急關頭只有披上襤褸的斗篷,加以裝扮不讓人發覺身分,間不容髮逃出敵手免於被俘的羞辱,這才是愚蠢的激情應該獲得的報酬。即使他能脫險,帳篷和錢財都被敵人攫走。

麥加拉打算開城投降,士兵想要大肆掠奪,經過雅典人急著前來講情說項,終於讓他打消洗劫的意圖。等到守備部隊被趕走,城邦恢復獨立的主權。就在他忙著處理有關事務的時候,想起名聲極其響亮的哲學家司蒂坡(Stilpo)[19],為了能過平靜的生活,最後的抉擇是居住在這個城市。德米特流斯將司蒂坡召來,問他

18　波利斯帕強是亞歷山大大帝麾下戰功彪炳的部將,安蒂佩特病重指定他接任攝政,沒有將這個職位留給自己的兒子卡桑德。後來雙方發生激烈的鬥爭,從303B.C.起,波利斯帕強已經在人間蒸發。

19　司蒂坡是當代知名的哲學家,在參加拉興建一所學院而享譽於世。

是否有屬於他的東西被人拿走，司蒂坡回答道：「我還沒有遇到一個能搶奪知識的人。」城市裡面所有的奴隸幾乎都被士兵在暗中轉運出去，德米特流斯為了向司蒂坡表示好感，在他離開之際向他說道：「司蒂坡，我讓這個城市所有居民都成為自由人。」司蒂坡回答道：「一點都不錯，我們中間沒有一個人被當成奴隸出售。」

10 從麥加拉回師以後，他在慕尼契亞的城堡前面列陣，不過幾天功夫發起攻擊強行奪取，整個防禦工事都被摧毀，等到他的計畫全部達成以後，接受雅典人的要求和邀請進入上城，他在那裡召開市民大會，公開宣布要恢復古老的法律，他的父親安蒂哥努斯送給他們的禮物是15萬乾量單位[20]的小麥，供應所需的木材可以建造100艘戰船，運用這些舉措使得雅典人恢復民治政府相關的各項制度，從拉米亞(Lamia)戰爭和克拉隆(Cranon)會戰[21]以後已經過了15個年頭，這段期間的政府就名義而言是寡頭政體，實際上卻是獨裁統治的局面，費勒隆人德米特流斯擁有無可比擬的權力。

德米特流斯高貴和慷慨的行為，雅典人授與逾越常規的榮譽，反而引起別人的反感和厭惡。他們最早將國王的頭銜送給安蒂哥努斯和德米特流斯，兩位基於虔誠的觀點加以婉拒，像這種王室的特權仍舊保留給菲利浦和亞歷山大的直系後裔，沒有任何人敢僭用或逾越。雖然如此，雅典的人民將他們稱之為守護神和解救者，他們也就受之無愧。為了加強奉承的效果，市民投票一致通過要改變城市的傳統習慣，不再拿首席執政官(可以稱為名年執政官)的名字作為紀年之用，每年為兩位守護神選出一位祭司，為了賜給他最大的榮譽，城邦所有的法案和文件都要列上他的名字，用來標示頒布的年度。他們還發出敕令要將安蒂哥努斯和德米特流斯的肖像，與眾神並列當成圖案織進神聖的禮服[22]。他們將德米特流斯進入城市從戰車下來的地點，奉獻出來建一個祭壇，稱之為德米特流斯御駕之地。

20　這裡使用希臘的容量單位medimnus，大約為1又1/2蒲式耳。

21　亞歷山大大帝在位14年，這段期間雅典喪失獨立和民主；323B.C.希臘人反抗馬其頓統治爆發拉米亞戰爭，322年8月馬其頓人贏得克拉隆會戰的勝利。

22　每隔15年要為泛雅典節製作神聖的袍服，展示在莊嚴的遊行隊伍之中，接著奉獻給雅典娜女神存放在衛城的神廟，這是為了彰顯女神的功勳，特別是在巨人之戰大發神威，贏得最後的勝利。

他們新設立兩個部落[23]，就用兩位君主的名字稱Antigonid即「安蒂哥努斯部落」和Demetriad即「德米特流斯部落」，原來會議的成員是五百人，是由每個部落選出五十人組成，現在增加一百人用來代表兩個新的部落。

11 斯特拉托克利(Stratocles)[24]竭盡心力從事奉承和恭維的工作，可以說是無所不用其極，提出一個特別荒唐的建議，城邦爲了祈福在泛希臘節慶期間，派遣代表團前往斐爾德或奧林匹亞向神明奉獻犧牲，同時也要派遣一個代表團，使用同樣的頭銜，前去向德米特流斯和安蒂哥努斯致敬。這位斯特拉托克利無論從各方面來說，都是一個寡廉鮮恥和渾無忌憚的傢伙，粗俗和魯莽的性格完全是克里昂的翻版，民眾對於這位古代人物非常熟悉。

他的情婦菲拉西昂(Phylacion)在晚餐爲他準備燉羊頭之類的菜餚，他說道：「啊，我拿來當作食物的東西，我們這些政客可是拿來當球踢。」另外有一次，雅典人在阿摩果斯(Amorgos)附近的海面吃了一個大敗仗[25]，他趕在噩耗傳到城市之前回到家中，頭上戴著花冠，騎馬通過稱爲西拉米庫斯(Ceramicus)的內城區域，高聲宣布他們已經贏得一場大捷，通過動議爲表示感恩向神明獻祭，將胙肉分配給各部族的民眾。接著那些破損的船隻從戰場駛回國內，民眾非常氣憤責問他爲什麼會有這種舉動，他無所畏懼面對大家的叫罵，說是讓大家高興兩天也沒有什麼壞處。這些就是斯特拉托克利平素的行徑。

12 除此以外，亞里斯托法尼斯(Aristophanes)[26]說道：「還有人火上加油。」據稱有個傢伙比起斯特拉托克利的做法更是變本加厲，提出建議通過以後頒布敕令，德米特流斯訪問雅典會給城市帶來莫大的榮譽，他們要

---

23 雅典原來有10個部落分別是Erechtheis, Aegeis, Pandionis, Leontis, Akamantis, Oineis, Kekropis, Hippothontis, Aiantis, 和Antiochis；每個部落由3個trittys即「小區」（城市、沿海及內陸地區各一個小區）組成，整個城邦共有30個trittys，按分配的代表選出五百人會議的成員，負責落實市民大會的決策，管理公共的事務。

24 斯特拉托克利是雅典演說家，人品極其不堪然而言辭極富煽動性。

25 阿摩果斯島是賽克拉德斯群島最東的島嶼，位置正好在雅典到羅得島的中途。海戰發生在322B.C.，馬其頓艦隊擊潰雅典水師。

26 亞里斯托法尼斯是希臘名聲最響亮的喜劇作家，現在還有11個劇本存世，這句道白引用於《武士》第382行。

舉辦盛大的宴會款待這位貴賓，達到西瑞斯和巴克斯所接受的標準。市民要是比起其他人花費更多的款項，接待的工作辦得富麗堂皇，超出的金額可以獲得公款的補助，這筆錢原來用來向神明奉獻祭品之用。

最後，他們要將Munychion月（4月）這個名稱改為Demetrion月，同時將每個月最後一天稱為Demetrias，將Dionnsia即「巴克斯節慶」這個名字，換成Demetria即「德米特流斯節慶」。

這些改變引起神明的反感因而產生明顯的結果，眞是出乎眾人意料之外。遵照敕令的指示，神聖的禮服上面繡著朱庇特和密涅瓦這些神祇，現在加上德米特流斯和安蒂哥努斯的肖像，遊行的行列帶著這件禮服通過西拉米庫斯的內城區域之際，突然一陣強風將它颳走而且撕成兩半。芹葉鉤吻是一種不易生長的毒草，甚至在這個國度的鄉野都很難發現，就在爲新來的神明建立的祭壇四周，這種植物生長得非常茂密。他們取消「巴克斯節慶」正式的遊行活動，就在這個民眾要大肆慶祝的日子，出現極其凜冽和嚴酷的霜害，根本不是這個季節應有的現象，不僅葡萄和無花果遭到凍死，幾乎小麥的葉片都因而枯萎。

菲利庇德（Philippides）[27]是斯特拉托克利的政敵，有鑑於這些徵候的出現，他像一個喜劇作家用下面的詩句，對於敵手進行毫不留情的攻擊[28]：

> 有人犯了天條降下嚴霜凍傷葡萄的樹叢，
> 罪大惡極的行徑讓神聖的禮服不值一提，
> 竟然同意凡夫俗子可以享受神明的尊榮，
> 現在他不是可憐的丑角而是人民的仇敵[29]。

馬其頓國王黎西瑪克斯對於菲利庇德極其優容，雅典人因為他的關係得到種種仁慈的待遇。黎西瑪克斯從事任何軍事行動或是遠征作戰，只要開拔的時候能夠遇到或是看見菲利庇德，認爲這是一帆風順的朕兆。一般而論，菲利庇德非常

27　菲利庇德是新喜劇的代表性人物，作品深獲好評，4世紀B.C.初期風行一時。

28　這幾句詩文來自柯克（Kock）蒐集和編纂的《阿提卡戲劇殘本》第3卷。

29　很可能是斯特拉托克利或其他與他職位相同的人物，獲得自由以後，濫用權力犯下很多惡行，對於那些嘲笑他們的劇作家，顛倒黑白大肆抨擊。這是中期喜劇在雅典流行以後發生的事。

坦誠絕不徇私有違公務，作為一個廷臣他沒有奉承討好和自視過高的習性，憑著良好的品德贏得備受讚譽的名聲。有一次，黎西瑪克斯很想向他表示好感，特別問他希望送給他那些禮物，菲利庇德回答道：「任何東西都可以，前提是要保守秘密。」我們認為公眾跟前的政客如同舞台上面的名角，他們的言行還是值得描述一番。

13 司菲都斯(Sphettus)的德羅摩克萊德(Dromoclides)所提建議，讓前面這些愚蠢和諂媚的行為更要自嘆不如；雅典人每遇重大事件，會派出一個代表團到德爾斐求取神讖，為了獲得有利的指示，要向神明奉獻盾牌當作祭品。這時他在市民大會提出動議，說是他們應該派人到德米特流斯那裡去接受神讖。我把敕令的內容一字不漏抄錄如下：「祈求神佑城邦[30]。雅典的市民大會頒布敕令，選出適當的人員，奉派前去晉見我們的解救者，在向神明獻祭獲得朕兆之後，必須詢問解救者的意見，對於宗教的信仰和禮儀的行為，他一定樂於下達一番指示，這時要盡早奉獻幾面圓盾，表達衷心的感激。市民大會要按照他的批答貫徹始終。」即使市民的信念是如此的堅強和正確，他們採取矇騙和愚弄的伎倆，使得大眾的心靈完全受到扭曲。

14 德米特流斯在雅典享受閒暇生活那段期間，娶優里迪絲(Eurydice)為妻；這位女士是古代名將密蒂阿德(Miltiades)[31]的後裔，曾經嫁給塞倫(Cyrene)的統治者歐菲塔斯(Opheltas)，等到丈夫逝世以後返回故鄉。雅典人將這椿親事看成德米特流斯對城邦的敬意和厚愛。他本人對於婚嫁抱著自由放任的態度，是一位同時有幾房妻室的丈夫，其中以斐拉(Phila)擁有最高的地位和尊榮。斐拉是安蒂佩特的女兒，過去是克拉提魯斯的妻子，要是拿亞歷山大大帝所有的繼承人來說，克拉提魯斯最受馬其頓人的擁戴，等到他去世以後還是緬懷不已。基於這個理由，安蒂哥努斯逼得德米特流斯無法不娶她為妻，雖然兩人的年齡相差懸殊，德米特流斯還是青春少年，她早已過了花信年華。

---

30 這是重要文件開始的敬語。
31 密蒂阿德(550-489B.C.)是雅典的將領，奧林匹克72會期第3年即490B.C.，領導希臘軍隊發起馬拉松會戰，對波斯人取得決定性的勝利。

　　這件婚事要他順從當然會出現很多問題，安蒂哥努斯在他的耳邊提到優里庇德的經驗之談，只是用「婚姻」取代下面詩句中原來的「從軍」兩字：

> 天理人情不必細訴，
> 婚姻在於有利可圖。

無論如何，即使他對斐拉或其他的妻室還有幾分尊重，仍舊無法不讓他到處接納眾多的情婦，在那個時代所有國王之中，就這方面來說，他的名聲真是狼藉不堪。

15 現在他的父親下的諭旨已經傳到，命令他前往塞浦路斯與托勒密交戰。雖然離開希臘使他感到極其遺憾還是只有服從，在從事這個高貴而光榮冒險事業之前，派人去見托勒密的將領克里奧奈德（Cleonides），說是願意付錢好讓西賽昂（Sicyon）[32]和科林斯獲得獨立，因為將領掌防在這兩個城市的守備部隊。克里奧奈德不願接受賄賂，於是德米特流斯趕緊出海，與額外派來的部隊會合，接著航向塞浦路斯[33]。等到抵達就向托勒密的兄弟麥內勞斯（Menelaus）發動攻擊，讓對手吃了一場敗仗。

　　托勒密要御駕親征，大軍開始水陸並進，雙方還有時間可以交換威脅恫嚇和吹牛的大話：先是托勒密吩咐德米特流斯在王師到達之前，趕緊發航遠遁，否則粉身碎骨悔之晚矣；接著德米特流斯說他會讓對手全身而退，條件是托勒密必須撤走西賽昂和科林斯的守備部隊。不僅這兩位如此，就是當時所有的統治者和君王，對於迫在眉睫即將發起的衝突感到憂心不已，好像這是很明顯的證據，征服者的獎品並非塞浦路斯或敘利亞，而是擁有至高無上的霸權。

16 托勒密的兵力是150艘戰船，命令麥內勞斯在會戰最激烈之際，從薩拉密斯的港口出擊，率領60艘戰船攻打德米特流斯的後衛。誰知對手只用10艘船牽制麥內勞斯的60艘戰船，因為只要少數船隻就能夠阻塞海港狹窄的出口。德米特流斯布署陸上部隊沿著兩個海岬伸向大洋，形成包圍的態勢，接

32　西賽昂位於伯羅奔尼撒半島的北端，與德爾斐隔著50公里寬的科林斯灣遙遙相望。

33　時為奧林匹克118會期第3年即306B.C.。

著率領180艘戰船與敵軍會戰，發起勇敢而猛烈的攻擊將對手打得潰不成軍。托勒密在8艘戰船的隨護下脫逃，整個艦隊有70艘船連帶上面的人員被俘，其餘的船隻全部遭到毀滅的命運。成群結隊的隨從、幕僚和婦女，加上船隻裝載的武器、財富和軍事機具，毫無例外全部落到德米特流斯的手中，經過收集以後帶回營地。

無數的俘虜當中就有聞名遐邇的拉米婭(Lamia)，當時以演奏笛子的技巧著稱，後來成為他的情婦更是不可一世。雖然拉米婭在當時已經不再是美豔的少女，年齡較德米特流斯為長，卻能施展特有的魅力，即使有眾多的婦女迷戀德米特流斯，她能獲得三千寵愛在一身的地位。打完這次影響深遠的會戰之後，德米特流斯來到薩拉密斯，麥內勞斯沒有能力進行任何抵抗，帶領整個艦隊向他投降，包括駐守該地的1200名騎兵和1萬2000名步卒。

17 德米特流斯對戰敗敵軍的仁慈和慷慨，更能增加這次大捷的榮耀和壯麗，他為陣亡將士舉行體面的葬禮，將自由權利賜給倖存的人員，他並沒有忘記雅典人，將可以裝備1200人的武器和鎧甲當成禮物送給他們。

米勒都斯的亞里斯托迪穆斯是宮廷裡面善於取悅國君的高手，奉命帶著天大的好消息去面報安蒂哥努斯。他為了使得自己成為備受歡迎的使者，抱定決心要達到最成功的效果。他從塞浦路斯渡海返國，吩咐座艦在離開陸地較遠的地點拋錨，命令所有的水手都要留在船上，只有他獨自乘一條小艇登岸。從當時的狀況來看，大家可以想像得到，安蒂哥努斯非常關切會戰的結局，對於在危險中奮鬥的親人更是無比的焦慮，聽說亞里斯托迪穆斯單人匹馬前來，讓他很直覺的感到大事不妙，已經等不及使者前來當面報告，派出一個接著一個的信差，還有首尾相連的幕僚人員，前去詢問所帶來的信息。

亞里斯托迪穆斯擺出高深莫測的面容，邁著非常穩重的腳步，不願回答任何問題，繼續向著內廷走去。等到他看見安蒂哥努斯來到聽得清楚的距離，還向著他伸出雙手，這時他才開口用很大的聲音宣布：「僅向安蒂哥努斯王致敬，我們在海戰中擊敗托勒密，征服塞浦路斯，獲得1萬6800名俘虜。」安蒂哥努斯回答道：「歡迎大駕光臨，亞里斯托迪穆斯，你為了折磨我們遲遲不願通報這個好消息，看來你應得的酬庸也要等待相當時間。」

18 全體人民爲了這次勝利，頭一回用國王的頭銜稱呼安蒂哥努斯和德米特流斯。廷臣立即爲安蒂哥努斯舉行加冕大典，接著派人去見他的兒子，帶著信函上面稱他爲德米特流斯王。等到這些消息傳到埃及，他們並沒有爲最近的挫敗感到沮喪，追隨在托勒密左右的人員掌握這個機會，同樣用國王的稱呼向他致敬。亞歷山大大帝其餘的繼承人很快循例而爲：黎西瑪克斯開始戴上土冠；塞琉卡斯過去只從蠻族送來的呈文中接受這個名諱，現在用在與希臘人有關的事務上面；卡桑德在他的信函中仍舊保持原來的稱謂和書寫方式，其他人無論是文字或言語，提到他的時候都使用王室的頭銜。

這種做法不僅是獲得一個稱呼，或是推薦一種新的禮儀；當事人的情緒激動不安而且極其興奮，他們在生活和談吐方面改變原有的習慣，逐漸形成講究排場和僭越的風氣。如同一個悲劇名角經過裝扮以後，登上舞台就會使得他的步伐、音調、就座的動作，以及與別人交往的舉止談吐，全部隨之改變。他們施加於別人的懲處更爲暴虐，過去運用較爲寬容的模式來掩飾他們所擁有的權力，所產生的影響經常使他們擺出溫和的態度，對待他們的臣民也不會那麼苛刻，現在既然身登大寶可以全部棄之不理。看來唯有奉承和阿諛的聲音會使世界發生驚天動地的變革。

19 安蒂哥努斯對於他的軍隊接受德米特流斯的指揮，在塞浦路斯獲得大捷，使得他不禁欣喜若狂，決定抓住機會順勢而爲[34]。他親自率領大軍經由陸地前去討伐托勒密，要求德米特流斯指揮艦隊沿著海岸南下，可以從海上給予必要的援助。就在發起遠征行動的時候，安蒂哥努斯的一位幕僚米狄斯(Medius)做了一個夢，暗示未來的朕兆。他在夢中見到安蒂哥努斯和整個大軍正在快跑，好像大家參加運動會的競賽項目，開始這段路程安蒂哥努斯的精力充沛而且速度平穩，不過，逐漸他的步伐開始緩慢下來，快到結束的時候看到他已經落後，全身勞累不堪，精疲力竭到幾乎喘不過氣。安蒂哥努斯經由陸路要克服很多困難，德米特流斯在海上遇到風暴，颳向危險的海岸找不到避難的港口，損失相當數量的船隻。這次遠征行動沒有獲得任何成果無功而返。

安蒂哥努斯的年齡現在幾乎已經八十歲，不再禁得起長途跋涉的作戰行動所

---

34 發生在同一年即306B.C.。

帶來的勞累，並非體能不足而是身材高大和肥胖所致，因而他將所有的事務交給
他的兒子去處理，無論德米特流斯的運道和經驗都可以說是遊刃有餘；何況向來
安蒂哥努斯對於德米特流斯的奢華、揮霍和狂歡從不在意。雖然在和平時期一旦
德米特流斯感到無所事事，就用醇酒美人來發洩剩餘的精力，等到投身戰爭之
中，他過著節制和簡樸的生活，表現出穩重和沉著的性格。據說有這樣一個傳聞，
那時他對拉米婭已經到了言聽計從的程度，一切的生活起居都受到她的控制，當
德米特流斯從國外回到家中，還是如同往昔那樣非常熱情親吻安蒂哥努斯，這位
老人同他的兒子說起，如果能把他當成拉米婭就更好了。

　　另外有一次，德米特流斯有幾天的時間都在花天酒地，為了沒有與他父親見
面找藉口，就說他得了很嚴重的腹瀉，安蒂哥努斯說道：「我聽到有那麼一回事，
不知問題出在薩索斯(Thasos)的酒還是開俄斯(Chios)的酒？」[35] 有次安蒂哥努斯
聽到他的兒子身體不舒服，就前去探望，在門口遇見幾位年輕的美女，進到房內
以後，他坐在床邊為德米特流斯把脈，德米特流斯說道：「我的熱已經退了。」
他的父親回答道：「沒錯，我在門口遇到她們走出去。」德米特流斯的戰功彪炳，
使得安蒂哥努斯用平易近人的態度來對待這個跨灶之子。

　　西錫厄人在狂歡的酒宴中撥著弓弦發出清越的響聲，即使沉溺於美夢之中仍
舊要使勇氣保持清醒；德米特流斯無須提高警惕之心，他把紙醉金迷的歡愉和驍
勇奮戰的行動分得清清楚楚，兩者從來不會混淆在一起；等到準備戰爭的時刻來
到，他表現的工作能力要超過所有人員。

20 實在說，他的才能展現在戰爭的準備遠勝於戰爭的遂行，認為在任
何狀況之下所有的軍備都要有充分的供應。他對於船舶建造和船用
裝備的性能改進，一直保持極大的興趣而且永無滿足之感；從來不會濫用天賦的
才華和能力，將機械研究的成果用在玩物喪志方面來打發空閒的時間，諸如其他
的國王一樣，他們的專長是鏤空金器、繪畫雕塑或是吹笛自娛。可以舉例說明，
像是馬其頓國王伊羅帕斯(Aeropus)[36]，花費很多時光用來製作小型燈具和各種木

35　薩索斯和開俄斯分別是愛琴海北部和東部海域的島嶼，盛產葡萄，釀酒業非常發達；而且這
　　兩個島嶼都出美女，特別是薩索斯的神廟以豔麗的女祭司聞名天下。

36　我國明朝的熹宗朱由校也有這方面的嗜好，喜愛木工和營建，所以才有魏宗賢的攬權用事。

器；或是綽號叫做斐洛米托（Philometor）[37]的阿塔盧斯（Attalus）[38]，他的嗜好是栽培各種有毒植物，除了良菪、藜蘆還有毒芹、毛茛和多榔蘭[39]等罕見的品種，通常是種植在御花園裡面，按照季節收集種子和提煉汁液，正經八百當成政務來辦理。帕提亞的國王認為自己動手把箭矢和標槍磨得尖銳無比，是一件令人感到極其驕傲的工作。

當德米特流斯扮演工匠這種角色的時候，他的手藝是如此的博大雄偉，表現出王者的氣勢。生產的品項最引人注目之處不僅在於創造的能力，更可以體會到偉大的心靈和崇高的目標。這位國王除了負責設計和支付所需的費用，還要親自動手參與各項工作。他的幕僚為船隻的碩大而驚恐不安，這時他的敵人卻為外形的美觀而竊喜不已，有關的敘述完全是事實毫無誇大之處。他的戰船安裝著五或六排划槳[40]，列隊從海岸邊駛過，那些與他們對抗的民族看到以後，都會讚不絕口。受到圍攻城市的居民都會跑上城牆，去看那個龐然大物，就是他那座極其出名稱為「城市奪取者」的攻城塔台。

在當時那些國王之中黎西瑪克斯是德米特流斯最強大的敵人，就在他率軍來到西里西亞，要去解救遭到圍攻的梭利（Soli）[41]之際，首先派人去見德米特流斯，提出要求允許參觀對方的戰船和攻城機具，等到他看過好奇心獲得滿足以後，不僅表示欽佩還立即退兵離開這個地方。羅得島人經歷長期的圍攻，等到雙方簽訂和平條約以後，就乞求德米特流斯將一些攻城機具送給他們，保存起來做紀念品，用以證明當時敵軍具備的實力，以及市民英勇抵抗的精神。

21 他與羅得島人之間發生戰爭[42]，起因是他們要與托勒密建立聯盟關係。圍攻期間所有攻城機具之中，最巨大的一種安裝起來用以對付

37　斐洛米托是另外一位君王的名字，他把農耕的工作當成消遣和休閒活動。
38　從這段文字的敘述，好像阿塔盧斯望之不似人君，事實上他親自從事自然科學的試驗，還寫出農業改革的論文，特別是哲學和歷史方面的造詣，與海羅（Hiero）和阿奇勞斯（Archelaus）這兩位國王相比，可以說是不分軒輊。
39　Dorycnium即「多榔蘭」是常見的有毒植物，得到這樣的稱呼來自嫩芽的尖端帶著樹液的氣味。
40　原文可能有誤，另外有兩個版本，都說這些船隻是15或16排的划槳。
41　稱為梭利的城市有兩處，一個位於塞浦路斯島，另一個在西里西亞海岸，兩城隔海相望，這裡所指的梭利是在塞浦路斯。
42　德米特流斯與羅得島的戰爭是在305-304B.C.，圍攻作戰延續將近一年之久。

他們的城牆。這部稱爲「塔台」的機具有一個正方形的基礎，每邊的長度爲24肘尺，高度爲33肘尺，從底部到頂部逐漸狹窄，裡面有幾個房間或小室都駐紮著武裝人員，每層面向敵軍的一面開著窗戶，可以從內向外投擲標槍和張弓射箭，裡面的士兵能夠從事各種不同性質的戰鬥。最令人感到驚奇之處當然是它的體積極其碩大，拖動的時候非常平穩不會向一側傾斜，行進之中發出嘈雜的聲音和巨大的衝力，使人的心靈感到無比的驚駭，同時也使所有的觀眾在看到以後覺得大開眼界[43]。

德米特流斯在這次圍攻期間，有人從塞浦路斯給他帶來兩副鐵製的胸甲[44]，每副的重量超過40磅，名匠佐伊拉斯（Zoilus）親手打造，爲了顯示質地的堅硬，特別用一具弩砲在不超過26步的距離，發射出一支標槍打擊在胸甲上面，產生的痕跡比起鐵筆和雕刀的刻劃還要細小。德米特流斯自己穿一副，另外一副送給伊庇魯斯人（Epirot）阿爾息穆斯（Alcimus）。在他所有部將當中，阿爾息穆斯不僅驍勇善戰而且力大無窮，只有他可以禁得起重達2泰倫的披掛，普通人認爲1泰倫重的鎧甲已經夠用。這次圍攻作戰他在劇院附近的戰鬥中陣亡。

22 羅得島人的防衛作戰極其英勇，以致德米特流斯的進展非常有限，僅僅出於剛愎的個性和熾熱的情緒才能堅持下去，其實主要原因還是羅得島人捕獲一艘船，上面裝載著他的妻子斐拉運來的衣物、擺設和寫給他的書信，然而這些東西都被他們呈送給托勒密。羅得島人對於這件事情的處理，沒有效法雅典人光明磊落的先例。雅典人與馬其頓人相互敵對引起戰爭，一次突擊捉到菲利浦王派出的信差，除了其中一封以外他們將他寄出的信件全部打開，那是他寫給奧琳庇阿斯王后的私函，原封不動予以退還。德米特流斯雖然極其惱怒，沒過多久就可以要他們爲這次冒犯付出代價，只是他不願讓自己爲睚眥必報所苦。

---

43 戴奧多魯斯·西庫拉斯（Diodorus Siculus）曾經提到這種機具，說是有9層樓高，下面安裝4個大輪子，每個輪子的直徑是5公尺。

44 普里尼說起塞浦路斯的鎧甲是刀槍不入，特別從特洛伊戰爭的時代開始，就善於冶金和煉鋼，荷馬《伊利亞德》第11卷提到塞浦路斯國王賽尼拉斯（Cyniras），派人將一副胸甲送給阿格曼儂。

高尼亞人(Caunian)普羅托吉尼斯(Protogenes)[45]用《伊阿利蘇斯(Ialysus)的傳奇》[46]做題材爲羅得島人繪製一幅畫，即將大功告成之際，在城郊爲德米特流斯所擄獲。羅得島人派遣一位傳令官去見德米特流斯，請他保留這幅名著不要毀棄，德米特流斯的答覆是他情願燒掉父王的畫像，也不讓費盡心血的精品受到絲毫的損傷。據說普羅托吉尼斯爲這件作品花了7年時間；有人提及阿皮勒斯首次看到以後，像是深受打擊一樣目瞪口呆，等他恢復神志以後說道：「眞是嘔心瀝血的傑作。」不過他還加了幾句話，說是沒有像他的繪畫那樣，能夠到達神而明之的程度。這幅畫與其他一大堆戰利品送到羅馬，後來還是毀於一場大火[47]。

羅得島人在戰爭中繼續頑強抵抗，德米特流斯爲了找台階能夠撤軍，誘使雅典人派出一個代表團前來說項，講和的條件是羅得島人與安蒂哥努斯和德米特流斯簽訂盟約，然而馬其頓人要是與托勒密發生戰爭，他們可以保持中立。

23 卡桑德止在圍攻雅典的時候，雅典人派出使者請求德米特流斯給予援助。他率領一支擁有350艘船的艦隊和很多士兵前去解救，不僅將卡桑德趕出阿提卡，還在後面追擊最遠到達色摩匹雷，等到他將卡桑德擊潰以後，就成爲赫拉克利(Heraclea)[48]的主人，這個城市出於自動願意聽命效忠，加上6000馬其頓人的隊伍投向他的陣營。等他回到雅典以後，將自由權利賜給所有在色摩匹雷以南的希臘人。德米特流斯與皮奧夏人聯盟，奪取申克里(Cenchrac)[49]，卡桑德在菲勒(Phyle)和潘納克屯(Panactum)兩個堡壘派駐守備部隊，他攻下以後交還給雅典人。

他們爲了報答他的恩德，竭盡所能創造各式各樣的榮譽和頭銜，加在他的身

---

45 普羅托吉尼斯出生於卡里亞的高努斯(Caunus)，4世紀B.C.中葉與阿皮勒斯(Apelles)齊名，是全希臘聲望最高的畫家。
46 伊阿利蘇斯是神話中的英雄人物，他是歐契穆斯(Ochimus)的兒子和阿波羅的孫兒，羅得島有一個名叫伊阿利蘇斯的市鎮，很可能淵源於此。
47 根據斯特拉波(Strabo)的記載，奧古斯都在位的時期，這幅畫仍舊保存在羅得島，早先西塞羅不僅看過，還在演說中大加讚美。老普里尼提到這件事，說是過了幾十年以後，這幅畫被運到羅馬，掛在和平女神廟當成最重要的裝飾品。
48 古代有很多城市的名字都叫赫拉克利，這裡所指的城市是赫拉克利‧特拉契尼亞(Heraclea Trachinia)，位於希臘中部的多里斯(Doris)地區。
49 申克里是科林斯東邊不遠處海港市鎮。

上；從而可以知道他們對於奉承和阿諛還不在行，也可以說是這方面的新手。雅典人竟然將帕台農位於後面的神殿，用來當作他的府邸，因為處在一個屋頂之下，看來像是暗示密涅瓦成為他的女主人；即使是人品高尚或行為端莊的貴賓，也不能與雲英之身的女神居住在一起。他的兄弟菲利浦有次搬進一間有三位妙齡女子居住的房子，安蒂哥努斯沒有說什麼，只是當著這位年輕人的面將他的補給官叫來，吩咐他去找不要太擠的住所。

24 德米特流斯應該尊敬這位女神[50]，至少也要把祂當成自己年長的姐姐，即使要這樣也是出於這個城市對他的討好和奉承[51]。事實上他的放縱和淫亂，只讓克里西斯(Chrysis)、拉米婭、笛摩(Demo)和安蒂賽拉(Anticyra)這些家世微賤的婦女[52] 在這裡進進出出，不僅玷辱神廟也褻瀆希臘人的聖地。

我們為了保護雅典美好的名聲，盡量避免詳盡描述這些艷史綺聞，對於年輕的達摩克利(Damocles)殉身的德行，卻不能略而不提。德米特流斯從這個綽號就知道他是一個漂亮的小伙子，因為Democles即「美麗」之意。達摩克利逃開不斷的糾纏，避免前往那些常去的地方，最後還是被德米特流斯尾隨進入一個私人浴室，看到沒有人可以出面幫助或者施以援手，他掀開大鍋的鍋蓋縱身跳入沸騰的滾水之中，這種過早的夭折可以說是求仁得仁，視死如歸的義行為他的國家帶來最高的榮譽，美麗的面容最後獲致純潔的名聲。

克里奧米敦(Cleomedon)之子克里尼都斯(Cleaenetus)的做法大相逕庭。他為了從德米特流斯那裡獲得一封講情說項的信，不僅羞辱自己清白之軀，還使得城市陷入紛擾的困境。他的父親剛剛受到50泰倫的罰鍰，這封寫給市民大會的信會給他帶來好處。他們為了順從恩主提出的要求，豁免這筆罰鍰，然而市民大會頒布禁令，任何人在未來不能要求德米特流斯寫信干預公務。德米特流斯聽到這個消息極其憤怒，認為是對他個人最大的侮辱，嚴重的事態使得他們大驚失色只有將前令作廢，還有一些提議者和附和者受到死刑或放逐的處分。

更有甚者，他們制定法律發布敕令，無論馬其頓國王德米特流斯對於任何事

---

50 這位女神是雅典娜，羅馬人稱為密涅瓦，是雅典的保護神，衛城建有祂的雕像，高達12公尺，用去黃金40泰倫。

51 因為雅典人把他視為「救世主」推崇備至，這樣一來，雅典娜自然就成為他的姐姐。

52 這些女士都是德米特流斯的情婦或嬖妾。

務有所指示和規定,對於神明而言他擁有特權,對於世人而言他主持正義。市民
當中有位階層較高的人士提到這件事,他說斯特拉托克利一定是瘋了,要不然怎
麼會使用這樣的字眼;按照琉科尼區(Leuconoe)的德謨查里斯(Demochares)[53] 發
表的說法,如果他是一位傻子就絕不會發瘋。斯特拉托克利的極力奉承使他獲得
優渥的報酬,德謨查里斯的信口開河竟然遭到驅逐的處分。雅典人的境遇何其悲
慘,從外國守備部隊的控制之下解脫束縛,所能恢復的自由權利也不過爾爾。

25 接著德米特流斯率領部隊進軍伯羅奔尼撒半島[54],敵軍在他的前面逃
竄,沒有人敢攖其鋒芒,允許地區的城市加入他的陣營。他接受阿
克特人(Acte)的友誼,據說這是名字是整個阿卡狄亞地區除了曼蒂尼以外的通
稱。他為了使亞哥斯、科林斯和西賽昂獲得自由,付出100泰倫讓這些城市的守
備部隊撤走。他在亞哥斯正值朱諾節慶期間,出面主持競技比賽和運動大會,參
加希臘群眾辦理的盛大宴會,同時還舉行他與戴達美婭(Deidamia)的結婚典禮[55];
戴達美婭是摩洛西亞國王伊阿賽德(Aeacides)的女兒,皮瑞斯的姊姊。他在西賽
昂告訴市民大會,所有的居民應該離開原來的城市,不僅可以按照他們的意願選
擇新的位置,並且同意他們使用德米特里阿斯(Demetrias)這個新的名字。

希臘的城邦會議在地峽召開,各地派來的代表一致推舉他為全希臘的主將,
如同過去的菲利浦和亞歷山大大帝曾經獲得這分榮譽。他認為就目前的機運和權
力而言,已經居有更為優勢的地位。不過,亞歷山大在這方面確實不如德米特流
斯,那就是亞歷山大從來不會拒絕任何一位國王擁有這個頭銜,雖然有很多國王
從他那裡獲得頭銜和權勢,他本人也不以「萬王之王」自居;反觀德米流斯除了
他自己和他的父親,要是任何人使用國王的頭銜,他都會加以嘲笑和諷刺;他在
宴會之中最高興的事,莫過於他的追隨者用對國王的禮節,向他和他的父親舉杯
致敬以後,繼續祝福知名人士的健康,塞琉卡斯用的稱呼是「戰象隊長」,提到
托勒密就是「水師大提督」,黎西瑪克斯還要加上「司庫」的職稱,阿加索克利
(Agathocles)的官銜則是「西西里總督」。

53　這位演說家是笛摩昔尼斯的姪兒。
54　這次軍事行動是在303B.C.年初。
55　優里迪絲和斐拉還是他的妻室,看來這椿政治婚姻根本不受影響。

當那些國王聽到諸如此類的傳聞以後，除了黎西瑪克斯以外，對於德米特流斯的虛榮都一笑置之；黎西瑪克斯所以感到氣憤不已，是他認為德米特流斯將他視為一個宦官，通常他們會選擇閹人管理金庫。一般而言，德米特流斯對於黎西瑪克斯比起其他人士，像是彼此之間更有難以化解的仇恨。有一次黎西瑪克斯譏笑德米特流斯對拉米婭的癡情，說是他從來沒有看到一個娼妓竟然扮演王后這個角色[56]；德米特流斯的回應是他的小妾比起黎西瑪克斯的佩妮洛珀（Penelope）[57]更為貞潔。

26 言歸正傳，大約在德米特流斯快要返回雅典之際，發函給城市讓他完成入會儀式俾能參加神秘祭典，必須從頭到尾貫徹全程，這件事應該立即辦理不得有任何延誤。他的要求絕對違背古老的規定，類似狀況過去從來沒有獲得允許，每年Anthesterion月（2月）辦理初級神秘祭典的入會儀式，正式的莊嚴祭典舉行的期間在Boedromion月（9月），任何一位新入會的人員，在每年年初經歷初級入會儀式以後，才能參加正式的祭典[58]。

雖然有這些限制，當德米特流斯的來信在市民大會提出並且宣讀以後，除了執炬者彼索多魯斯（Pythodorus）以外沒有人敢鼓起勇氣出面反對，這樣做毫無用處，於是斯特拉托克利提議頒布詔書，將現在這個月份即Munychion月（4月）改回去成為Anthesterion月（2月），提案通過以後，德米特流斯就可以加初級神秘祭典的入會儀式，然後經過市民的投票，將同樣這個月份由Anthesterion月再改為Boedromion月（9月），接著舉行正式的莊嚴祭典，這樣一來德米特流斯等於獲得市民大會的允許，按照規定完成全部過程。這種掩耳盜鈴的方式讓喜劇作家菲利庇德，借題發揮來諷刺斯特拉托克利[59]：

---

56 所以會有這種說法是當時沒有女演員，所有的旦角都是男扮女裝。我國的京劇，甚至徽劇和崑曲莫不如此，可見有些習俗真是中外皆然。

57 佩妮洛珀是奧德賽的妻子，從特洛伊的遠征到漫長的返國行程，她在家中苦等20年，最後展現出很多驚心動魄的情節。黎西瑪克斯的妻子竟然也用這個名字，看來這位國王實在過於自大。

58 事實上，入會儀式是神秘祭典的開始部分，兩者無法分開實施，蒲魯塔克不應有這樣的差錯，卡索朋（Cassaubon）和米爾休斯（Meursius）認為是本文的抄錄有誤。

59 這幾句詩文來自柯克（Kock）蒐集和編纂《阿提卡戲劇殘本》。

怕字當前，

化月爲年；

無恥厚顏，

夫復何言。

因爲市民大會經過投票，贊同德米特流斯用帕台農神廟當作他的行宮：寫出如下的詩句：

神聖廟宇，

變成公寓；

罪孽玷汙，

純潔處女。

27 他對這個城市所施加的不法和濫權的行爲之中，有一件事特別傷害到雅典人的感情，那就是他下令要求立即徵收250泰倫供他支用，雅典當局爲了遵守他的指示，運用極其嚴苛的方法迫使民眾盡其所有解囊供應，當他們將費盡千辛萬苦徵收的錢財解交給他的時候，德米特流斯認爲這不過戔戔之數，交代他們將這些款項交給拉米婭和其他的婦人當作脂粉錢。金錢的損失使得狀況變得非常惡劣，比起所受的羞辱愈加使人難堪，隨口所說的話較之不當的行爲更是無法忍受。雖然這件事有不同的記載，有人說是帖沙利人受到類似的待遇，跟雅典人毫無關係。拉米婭到處搜刮貢金獲得大量錢財，支付國王享樂之用，她所舉辦的宴會以奢華著稱，有位薩摩斯的作家林西烏斯(Lynceus)[60]對這方面有詳盡的敘述。因爲出現這種場面，有位喜劇作家將拉米婭稱爲眞正的Helepolis即「攻略城市者」，索利的德謨查里斯將德米特流斯稱爲Mythus即「傳說」，因爲在傳說中經常有拉米婭這種妖孽[61]隨伴在側，就像德米特流斯所用的攻城器具一樣。

60　林西烏斯是薩摩斯僭主和歷史學家杜瑞斯的兄弟，本人是創作甚豐的喜劇作家，4世紀B.C.
　　左右與米南德(Menander)的名氣難分上下。

61　希臘神話裡面有一位吃人的妖怪，名字叫做拉米亞。

實在說，他對這位婦人的迷戀以及她所享受的榮華富貴，不僅引起其他妻室的羨慕和嫉妒，甚至他的朋友對她都充滿仇視和敵意。例如，黎西瑪克斯向德米特流斯派遣的使臣顯示全身的傷疤，大腿和手臂上面滿布獅爪的痕跡，說是亞歷山大將他和這種猛獸關在一起所造成[62]。使臣聽到這些搏鬥的經過以後，大家笑著回答，說是他們的國王沒有這種傷疤，但是頸脖上面有拉米婭留下的記號，這種猛獸比起獅子更加危險。有件事使人感到百思不解，雖然斐拉因為年紀的關係，始終讓他心懷不滿，然而拉米婭即使早已徐娘半老，仍然擁有專房之寵，使得他甘願俯首為奴。

有一天舉行晚宴，正當拉米婭在吹奏笛子的時候，德米特流斯問被男士稱為「豪放女」的笛摩，她對於拉米婭有什麼看法。笛摩回答說她認為拉米婭不過是一位老婦人。等到很多甜點送到餐桌上面，這時國王說道：「看看拉米婭的款待多麼周到。」笛摩回答道：「如果你讓我的老母親成為女主人，她會送給你更多的東西。」

另外一個傳聞提到拉米婭對於波考瑞斯(Bochoris)[63] 極其出名的判決，她的批評表示不以為然的態度。有位年輕的埃及人長久以來，一直在討好名叫索妮斯(Thonis)的青樓女子，為了想成為他的入幕之賓，答應送給她黃金作為纏頭之資，就在他前來應約的前夜，夢到與她燕好從幻影中獲得滿足，不想與她再結合體之緣。索妮斯要他支付費用提起訴訟，波考瑞斯擔任法官聽取案情以後，命令被告將應付數額裝在甕中帶到法庭，然後將黃金倒在手裡來回拋丟，法官就將看到的影像判給索妮斯。拉米婭駁斥這個判決的公正性，她的說法是年輕人的欲望從夢中獲得滿足，索妮斯對於金錢的欲望，看到的影像卻毫無助益。這些就是拉米婭的豔聞軼事。

28 現在的情節從喜劇轉向悲劇，完全出於敘述對象所採取的行動和他們的運道。這些國王的同盟關係使得他們能夠集結和聯合所有的軍隊，對於安蒂哥努斯發起攻勢行動。德米特流斯奉命離開希臘[64]，等到發現他的

---

62 貫士丁(Justin)和鮑薩尼阿斯(Pausanias)都提過這件軼聞，只有奎因都斯‧克爾久斯(Quintus Curtius)懷疑是否確有其事，看來還是他有道理。

63 波考瑞斯是9世紀B.C.埃及國王和立法者。

64 大約是302B.C.歲末。

父親精力旺盛，用無比的決心從事戰爭的準備，完全超出高齡的限制，使得他激發高昂的鬥志。下面的說法倒是所言不虛，如果安蒂哥努斯能夠忍耐一下稍作讓步，對於建立大帝國的熱情有所節制，不僅可以在亞歷山大大帝這些繼承人當中維持領袖群雄的局面，等到逝世以後還能夠將優勢的地位傳給他的兒子。他性格極其暴烈而驕傲，侮慢的言辭如同他的作戰行動，使得那些年輕而且擁有權勢的君王難以消受，激怒他們要聯合起來與他抗衡。雖然現在他獲得信息得知他的敵手是聯軍部隊，還是忍不住要說他們如同一群飛鳥，只要他扔出一塊石頭或是發出一聲喊叫，立刻就會一哄而散。

　　安蒂哥努斯率領一支大軍有7萬名步卒和1萬名騎兵，加上75頭戰象進入戰場。敵軍的兵力是6萬4000名步卒，騎兵的數量比他要多500人，還有400頭戰象和120輛戰車。兩軍逐漸接近之中，有一種變化可以明顯地看出來，對安蒂哥努斯而言，不是出於意圖而是某種預感。他在過去參與所有的戰役，都能表現出激昂的鬥志和堅定的自信，說話的聲音非常響亮，帶著目空一切的口氣，特別是在會戰的前夕，經常開開玩笑或相互嘲諷一番，表示他對敵人的藐視以及自己的泰然自若；現在給人的印象卻是沉思、靜寂和退縮。他集合軍隊向大家宣布德米特流斯是他的繼承人，現在有了狀況只與德米特流斯在帳篷中商量，這件事讓每個人都感到非常奇怪，因為過去他從來不會私下詢問任何人的意見，即使德米特流斯也不例外。他通常都是根據自己的判斷下定決心，然後發出命令要求貫徹執行。有一次當德米特流斯還是一個小孩的時候，問他要多久軍隊才會開始行動，他用嚴厲的口吻回答道：「你問這個幹什麼！難道還怕全軍聽不到號角的聲音？」

29 這次顯示一個凶兆對他產生很大的影響。德米特流斯在夢中看到全身披掛的亞歷山大大帝，現身在他前面問他打算在會戰中用什麼「口令」，德米特流斯回答說他用「朱庇特的勝利」。亞歷山大說道：「看來只有你的敵手歡迎我，那麼我要參加他們的陣營。」[65] 就在開戰的那天早上，兩軍都已經列隊布成陣線，安蒂哥努斯從御帳中出來，發生意外絆了一跤，直挺挺摔倒在地面，傷勢相當嚴重。等到他的雙腳恢復行動以後，向著上天高舉雙手，懇請神明答應他的祈求：「獲得勝利，要不然在敗北之前光榮戰死。」

65　因為對手使用的口令是「亞歷山大的勝利」。

兩軍開始接戰[66]之際，德米特流斯指揮最精銳和兵力最強大的騎兵部隊，對塞琉卡斯之子安蒂阿克斯發起衝鋒，打垮當面敵軍獲得光榮的戰績，接著在後面緊追不捨，成功的驕傲和狂喜衝昏了頭，造成極其不智的後果是離開本隊太遠，在那一天給他帶來致命的損失。當他發覺犯下錯誤以後，要趕回去幫助自己的步卒，這時已經喪失時機，因為敵軍排出戰象切斷他的歸路。在另一方面，塞琉卡斯看到安蒂哥努斯的方陣因為缺乏騎兵的掩護，雖然擺出進攻的架式並沒有採取實際的行動。他的騎兵在他們的周圍不停的轉動，像在威脅要發起攻擊，始終讓對方陷入恐慌的狀況。這樣讓他獲得機會迫使敵軍分離，達成各個擊滅的目的，結果是敵軍一支大部隊被殲，其餘的人員向後逃走。

年邁的國王安蒂哥努斯仍舊留在原地不退，等到實力強大的敵軍列隊向他衝了過來，旁邊有位人員向他大聲叫道：「陛下，他們要來攻擊你了。」他僅僅回答道：「難道他們要做其他的事不成？德米特流斯會立刻趕來救援。」他向四周觀看像是他的兒子已經來到，堅持希望到最後一刻，直到身體被無數的標槍射中當場斃命，所有的隨從和幕僚都已逃走，只有拉立沙的索拉克斯(Thorax)單獨守著他的遺骸。

30 這是一次決定性的會戰，獲勝的國王瓜分原來屬於德米特流斯和安蒂哥努斯的龐大帝國，就像一具屍體被肢解為很多部分，使得他們據有的疆域增加新獲得的領土。這時德米特流斯帶著5000名步卒和4000名騎兵，盡最大速度逃到以弗所(Ephesus)，大家的看法是他要攫走神廟的寶藏，解決當前的燃眉之急[67]，事實完全相反，他害怕這些敗兵有大掠一筆的企圖，趕緊離去向著希臘發航，現在主要的希望全部寄託在雅典人對他的忠誠上面，何況他將部分水師和錢財，以及他的妻室戴達美婭留在雅典。他認為獲得這方面的支持和協助是毫無疑問的事，即使目前他陷入山窮水盡的困境仍然有東山再起的機會。他抱著這種想法在到達賽克拉德斯(Cyclades)群島[68]之際，遇到從雅典派出的使節，

---

66 這次會戰的地點在弗里基亞一個名叫伊普蘇斯的村莊附近，時間是301B.C.。
67 以弗所的黛安娜神廟是當時最雄偉和最壯觀的宗教建築物，正面的寬度將近150公尺，使用127根愛奧尼亞型大理石柱作為支撐，每根高度有20公尺，都是虔誠的帝王所奉獻。雖然遭遇七次災難，每次修復益增光彩，最後在哥德人(Goths)第三次入侵中燒得片瓦不留。
68 賽克拉德斯群島位於愛琴海的南部海域，包括納克索斯(Naxos)、佩羅斯(Paros)、西菲諾斯

說是市民大會通過一個議案，不允許任何一位國王進入他們的城牆之內，因此勸
他不必向著雅典前進；同時他們派出人數眾多的隨從隊伍，將戴達美婭護送到麥
加拉。

　　憤怒和驚訝使得德米特流斯無法控制自己的情緒，雖然他過去遭到逆境總是
處之泰然，那種表現真是極其難能可貴，任何災禍和不幸都不會讓他懷憂喪志或
是妄自菲薄。這一次他對雅典人感到失望，發現他所相信的友誼竟是如此的脆弱
和空虛，根本禁不起現實的考驗，給他帶來更大的痛苦。老實說，人民要是真正
敬愛他們的國王和統治者，就不會僅僅重表面的榮譽，逾越應有的本分到虛幻的
程度；所以會出現這種狀況，那是他們喪失信心使然，要知道信任才是敬愛的象
徵（這種美德出於感情和基於大是大非所做的選擇）。要是我們再深入考量，知道
人民對在上者的敬愛也可能出於畏懼之感。無論是出於敬愛或畏懼的動機，可以
使同樣的敕令獲得通過。

　　明智的國君不要重視那些雕塑、畫像和神性的頭銜，雖然這些都是人民所授
與；更要注意自己的言行和作為。在上者判斷人民是否值得信任，這要看他們是
真正的效忠還是被迫的臣服。事實上這種情形可以說是屢見不鮮，須知最受人民
痛恨的統治者，就是那些擺出貪婪和傲慢的態度，接受榮譽和奉承的無知之徒，
他們對於擁有自由意志的授與者毫無尊重之心。

　　31　德米特流斯認為這是平生最大的羞辱，目前沒有能力對冒犯的行為
進行報復，派遣一位使臣到雅典提出語氣很溫和的抗議，希望能把
他的戰船歸還給他，其中一隻安置十三排划槳。等到這件事辦成以後，接著航向
地峽，發現他的處境極其惡劣，派駐的守備部隊遭到驅逐，有一位將領倒向敵人
的陣營。他將皮瑞斯留下來照料希臘的事務，自己取道前往克森尼蘇斯
（Chersonesus）[69]，蹂躪黎西瑪克斯的疆域，獲得很多戰利品，用來維持部隊和鞏
固團結，現在開始逐漸恢復士氣，表現出相當的規模和實力。其他的君主對這方
面的問題採取不聞不問的態度，黎西瑪克斯的態度使人引起反感，同時他的權勢

（續）────────────
　　（Siphnos）和米洛斯（Melos）幾個主要島嶼在內。
　69　這個地區又稱色雷斯・克森尼蘇斯（Thracian Chersonesus），就是現在的加利波利（Gallipoli）
　　半島。

也令人感到畏懼。

過了不久以後，塞琉卡斯派人來向德米特流斯求親，要娶斐拉所生的女兒斯特拉托妮絲為妻。老實說，塞琉卡斯已經先有波斯人阿帕瑪(Apama)，獲得一個名叫安蒂阿克斯的兒子，他認為廣大的疆域可以滿足不止一位繼承人的需要，特別是他想要與德米特流斯建立聯盟關係，因為黎西瑪克斯和他的兒子阿加索克利，分別娶了托勒密王的兩位女兒。德米特流斯把這件親事看成意想不到的運道，很快帶著女兒登船，率領整個艦隊駛向敘利亞，航行期間有幾次接觸到海岸，在西里西亞找到適合的位置登陸；安蒂哥努斯戰敗以後，這個地區經過幾位國王的分配，交給卡桑德的兄弟普萊塔克斯(Plistarchus)統治。所以普萊塔克斯將德米特流斯對海岸的襲擊，當成他的合法權益受到侵犯，毫不遲疑向卡桑德提出訴怨，抗議塞琉卡斯在沒有與其他國王磋商的狀況下，竟然與他們共同的仇人運用聯姻方式建立親戚關係。

32 德米特流斯獲得普萊塔克斯離開的信息，抓住機會對於奎因達(Quinda)[70]這個城市施以奇襲，拿走仍舊留在金庫的1200泰倫的錢財，等到獲得這份豐碩的成果，趕緊退到他們的戰船上面，立即啟碇開航，與他的妻子斐拉會合，在羅蘇斯(Rhosus)受到塞琉卡斯的歡迎，相互之間的來往能夠打下坦誠、信賴和親善的基礎。首先是塞琉卡斯在營地的御帳中設宴為德米特流斯接風，然後德米特流斯在十三排划槳的戰船上面款待這位貴賓，他們相聚在一起娛樂和消遣，舉行會議進行討論，接著是長時間的拜訪和交談，全部都不帶隨護人員或是保持森嚴的戒備，直到最後塞琉卡斯離開都已經習以為常，他用隆重的儀式將斯特拉托妮絲迎入安提阿。

德米特流斯這時據有西里西亞成為自己的領地，派遣斐拉去見她的兄弟卡桑德，對於普萊塔克斯的指控提出答辯。這時他的妻子戴達美婭離開希臘，經由海路前來與他相會，不久以後染病亡故。德米特流斯在戴達美婭逝世以後，經由塞琉卡斯居中斡旋與托勒密言歸於好，經過協議他要娶托勒密的女兒托勒邁斯(Ptolemais)為妻。

塞琉卡斯公正的做法直到目前都有很大的成效，沒有過多久想要獲得西里西

---

70 奎因達是西里西亞一個城市，現在稱為阿納札布斯(Anazarbus)。

亞這個行省，說是願意付給德米特流斯一筆鉅款，遭到拒絕以後，發起脾氣向德米特流斯要求泰爾(Tyre)和西頓(Sidon)兩個城市[71]。老實說，塞琉卡斯表現出武斷的作風和粗暴的舉動，像他這樣擁有印度和敘利亞海之間為數眾多的行省，還認為自己窮困到非要得到兩個城市方能滿足貪婪的欲念，不惜破壞他與關係密切的姻親之間的和平，特別是這位盟友剛剛擺脫顛沛流離的乖運。雖然如此，他這種做法印證柏拉圖的話極其有理，真正的富裕在於欲望少而非財產多[72]。一個人只要是貪心不足索求無度，即使富可敵國仍舊一貧如洗。

33 德米特流斯並沒有喪失勇氣，斷然給予明確的答覆，他可以接受一萬次伊普蘇斯會戰的損失，對於像塞琉卡斯這樣一位女婿所表達的善意，他不願付出任何代價(即使他會遭到一千次像伊普蘇斯會戰的損失，還是不願付出代價去買塞琉卡斯的聯盟關係)。他對這些城市增援足夠的守備部隊，使他們能夠抗拒塞琉卡斯野心勃勃的併吞。

他獲得信息說是拉查里斯(Lachares)從雅典人當中崛起成為一位篡位者，所造成的內部衝突給他帶來有利的機會。德米特流斯的構想是出其不意對雅典發起一次突擊，可以不費吹灰之力使得這個城市成為他的囊中之物。他率領一支實力強大的艦隊安全渡過大海[73]，在沿著阿提卡的海岸航行之際，遭遇來勢洶洶的暴風雨，損失大部分的船隻以及上面搭乘的人員。他逃過一劫以後，與雅典人展開的戰局落入以卵擊石的處境，等到知道自己無能為力達成所望的圖謀，派人返回重新徵集另外一支艦隊以及所需的部隊，接著向伯羅奔尼撒進軍，開始包圍梅西尼(Messene)[74]這個重鎮。他在攻城的過程中幾乎當場喪命，弩砲射出的箭矢擊中他的臉孔，穿過面頰插入口腔之內。

等到他的身體痊癒以後，立即領兵進入戰場獲得優勢，所有背叛的城市全部回到他的陣營，接著發起入侵阿提卡的行動，占領伊琉西斯和拉姆努斯(Rhamnus)，縱兵蹂躪四周的鄉村。他切斷所有的糧道使雅典人陷入困境，一艘載運穀物的船隻落入他的手中，下令立即吊死船長和貨主，對其他人產生殺一儆

---

71 泰爾和西頓都是腓尼基人建立的城市，瀕臨地中海是重要港口和貿易中心。
72 現存的柏拉圖著作中找不到這句話的出處。
73 發生在297B.C.，馬其頓的統治者卡桑德在這年逝世。
74 梅西尼是伯羅奔尼撒半島中部重要城市，位於斯巴達西北方約60公里。

百的效果，不敢運糧食供應這個城市。運用這種手段使得市民面臨極其惡劣的局勢，一蒲式耳的食鹽賣到40德拉克馬銀幣，然而一配克的小麥價值300德拉克馬。托勒密派出一支援軍擁有150艘戰船，等到他們接近可以看見伊吉納島的時候，因爲敵方有300艘船到達使得他們的希望頓告絕滅，這是德米特流斯從塞浦路斯、伯羅奔尼撒和其他地區獲得的生力軍。托勒密的艦隊避戰遠遁，僭主拉查里斯趕緊逃走，留下城市聽從命運的擺布。

34 雖然不久之前，雅典人對於那些提議要與德米特流斯講和或修好的市民，頒布敕令視爲十惡不赦的罪行加以處死，現在卻打開最近的城門，派遣使者前去晉見這位他們不願打交道的人；他們並不寄望德米特流斯出於惻隱之心，從而使他們獲得任何寬大的條件，完全是基於現實的需要，免得因發生饑饉使全城的人民餓死。在這場災難當中曾經出現很多慘絕人寰的事例，據說有一對父子坐在房間裡，完全陷入絕望之境，這時突然有隻死老鼠從天花板掉下來，他們跳起來爲爭奪用來裹腹的腐臭之物而相互毆打。有人提到在出現飢荒期間，哲學家伊庇鳩魯（Epicurus）[75] 靠著少量的豆子，救活他自己和他的門人，每天用一粒一粒的數來分配食物。

當德米特流斯入城之際，雅典陷入極其悲慘的狀況，他命令所有的居民要在劇院集合。等到人員到齊以後，他派出士兵列隊在舞台的背面，整個場地都配備他的衛士，然後自己從演員的通道走了出來，這時民眾的恐懼感已經到達頂點，等他開口說話，滿天的愁雲全部消散。沒有任何刺耳的聲調和苛刻的言辭，他用溫和的語氣和友善的態度，對大家薄施譴責，特別宣布要與雅典人民重歸舊好，送給大家10萬蒲式耳的小麥作爲禮物，指派市民大會能夠接受的人員出任官吏。演說家德羅摩克萊德發現人民對於他們的感激之情，已經到達無法用言語或歡呼來表達的程度，他認爲拿出公眾發言人的身分，在演壇上面唸出口頭頌辭沒有多大意義，於是站出來提議頒布敕令，將派里猶斯和慕尼契亞交到德米特流斯王的手裡。這個議案獲得通過，接著德米特流斯自己提出動議，增加第三支守備部隊

75　薩摩斯人伊庇鳩魯（341-270B.C.）是當代知名的哲學家和教育家，曾經在邁蒂勒尼、蘭普薩庫斯和雅典講學，門生子弟遍希臘世界，後來成爲伊庇鳩魯學派，能與希臘三大主流學派分庭抗禮，平生寫出大量著作，大部分都已散失。

配置在繆西姆(Museum)[76]，作爲一種預防措施用來鎮壓人民當中出現不穩和動亂的狀況，因爲在他離開雅典從事其他作戰行動的時候，要是不經過這樣的安排，時常會給他帶來很多的困擾。

35 他在成爲雅典的主子以後，很快擬定計畫要去征討拉斯地蒙人，阿契達穆斯(Archidamus)[77]王事先得知信息，率軍出城前往迎擊，德米特流斯在曼蒂尼附近一次會戰中打敗對手，接著進入拉柯尼亞，就在斯巴達的近郊展開第二次會戰，再度擊潰阿契達穆斯，遭到的損失是200名拉斯地蒙人陣亡，500人成爲俘虜。雖然這座城市過去從來沒有被敵軍占領過，看起來似乎已經難逃兵刀之災。命運女神沒有讓任何一位國王像他那樣，在很短的時間內發生重大的轉折，也沒有任何人的平生或者是流傳的事蹟，充滿像這樣極其快速和令人驚訝的改變。這種狀況不斷重複發生，從處理瑣碎雜務到掌握軍國大事，從光宗耀祖的功勳到陷入羞辱之境，從再次的虛弱不堪到權勢熏人的巔峰。

他們提到德米特流斯一生極其坎坷的興衰榮枯，就會引用伊斯啓盧斯(Aeschylus)[78]描述命運女神翻臉無情的詩句[79]：

　　汝與吾等的情分何其投緣，
　　高高捧起再擲入無底深淵。

就在這個時刻，所有的事務處理得如此順遂，無論是他所要求的疆域和權力都能稱心如意，噩耗傳來說是黎西瑪克斯奪走他在亞細亞的所有城市，托勒密征服塞浦路斯全境，除了薩拉密斯(Salamis)一地尙未攻下，他的母親和子女被包圍在這個城市裡面。因此，那位神祇就像阿契洛克斯(Archilochus)[80]所形容的婦女：

76　這是位於衛城西南方一個小山丘。

77　這位斯巴達國王是優里龐世系的阿契達穆斯二世，在位期間約爲469-426B.C.，他的兒子是鼎鼎大名的埃傑斯二世，斯巴達的威望臻於頂點。

78　希臘的悲劇作家中以伊斯啓盧斯(525-455B.C.)成名最早，他生於伊琉西斯，曾經參加馬拉松會戰和薩拉密斯會戰，平生的作品約有80-90齣悲劇，至今尙有五部存世，如《波斯人》、《七士對抗底比斯》和《懇求者》等。

79　這幾句詩文引用自瑙克(Nauck)所編《希臘詩文斷簡殘篇》第107頁。

80　派羅斯(Paros)的阿契洛克斯是7世紀B.C.中葉的詩人，薩索斯(Thasos)的動亂中被殺，他的

> 端出飲水騙人於指掌之間，
>
> 伸手冒起燒焦來客的火焰。

同樣一位命運女神用帶來災禍的信息將德米特流斯逐出斯巴達，過了片刻以後，又給他打開大門迎進一個嶄新的前途和奇妙的機遇。事態的發展有如下述。

<big>**36**</big> 馬其頓國王卡桑德崩殂以後，長子菲利浦接位，沒有過多久相繼亡故，兩個年輕的兄弟因爲繼承的問題發生爭執。安蒂佩特因而謀害自己的母親提薩洛尼卡(Thessalonica)；亞歷山大是那位更爲年輕的兄弟，請求皮瑞斯和德米特流斯分別離開伊庇魯斯和伯羅奔尼撒，前來對他給予援手。皮瑞斯最先到達，占領馬其頓很大一部分區域，作爲他提供援軍的報酬，這樣一來亞歷山大起了警惕之心，知道已經爲自己找來一個危險的鄰居。

德米特流斯在接到信函以後立即起兵，他的權勢和名聲更加響亮，當然使得亞歷山大還要畏懼三分。這位年輕人聽到德米特流斯即將來到，急忙趕到狄姆(Dium)[81] 去會面，在向他致敬和表示感激以後，提到目前的情勢逐漸穩定下來，不必麻煩他御駕親征，接著邀請他參加晚宴。

這時雙方已經產生猜忌之心，德米特流斯在赴宴的途中，有人前來告密說是他會在酒酣耳熱之際遭到謀害。德米特流斯一點都不在意，叫他們放慢行進的速度，召來軍隊裡面負責的軍官，命令他們將士兵帶出營房，要他們全副武裝，他的隨員(人數要比亞歷山大的待從超過太多)列成隊伍護衛他進入接受款待的房間，跟在一側動也不動直到看見他從桌邊站了起來。亞歷山大的奴隸發現整個局面受到控制，再也沒有膽量動手。事實上德米特流斯的拜訪極其短暫，並沒有給他們機會，同時向亞歷山大提出的藉口是目前的健康狀況不許他飲酒，於是很早就告辭。

第二天他把大部分時間用來完成離開的準備工作，告訴亞歷山大說是接到信息，使他不得不現在就要分手，同時他請亞歷山大原諒他突然離去，等到他要處理的事務不致太過繁忙的時候，希望能夠再見面。亞歷山大聽到以後非常高興，

(續)────────

作品以短詩爲主，題材非常廣泛，只有殘篇留存。

81 狄姆是馬其頓東南部重要城市，瀕臨德密灣。

不僅是德米特流斯立即要啓程，而且這樣做完全是他主動提出，看不出有任何不悅的表示，因此提出建議要陪同他進入帖沙利。當他們來到拉立沙以後，雙方之間出現新的邀請，拿善意作爲新的藉口，用來掩飾新的陰謀，亞歷山大讓自己落入德米特流斯的掌握之中。他之所以沒有採取預防措施，就是怕德米特流斯看到以後如法炮製，最後還是亞歷山大自食惡果遭到報應。

他接受赴宴的邀請來到德米特流斯的府邸，當大家還在繼續進食的時候，德米特流斯離開餐桌向前走去，年輕人跟著站起來隨在後面到達門口，德米特流斯通過房門僅僅交代他的衛士：「殺掉那個跟著我的人！」然後繼續行走並沒有停下來。亞歷山大當場遇害，他的朋友拚著性命不要想施以援手，給果全部遭到屠殺，其中一位在死前說道：「可惜你下手比我們早了一天。」

37 可以想像得到，這個夜晚是在混亂和焦慮中度過，到了第二天早晨，所有的馬其頓人仍舊悼恐不安，他們畏懼德米特流斯的軍隊，沒有發現使用暴力的舉動，僅有一個信差前來傳達德米特流斯的要求，讓他有機會用對話的方式來解釋，他爲什麼要採取這樣的手段，最後他們再度感到相當自信，準備用善意和殷勤的態度接納德米特流斯。

等到他出現在大家的面前，好像已經不需要再多費口舌，他們痛恨安蒂佩特謀殺自己的母親，在場的人士沒有任何一位能夠把國家治理得更好，於是很快決定並且正式宣布德米特流斯是馬其頓的國王。大家立即開拔進入馬其頓要將這個王國奉獻給他[82]。即使那些留在家園的馬其頓人對於這場變局，並不覺得有任何遺憾之處，卡桑德對亞歷山大大帝家族極其邪惡的暴行，他們始終沒有忘記也不會原諒。要是有任何人還記得首位安蒂佩特那些明確和簡單的規定，就會使德米特流斯蒙受餘蔭，因爲他的妻子斐拉是安蒂佩特的女兒，她所生的兒子現在長大成人，在父親的麾下服務，理所當然成爲這個國家的繼承人。

38 還有意想不到的好運接踵而至，消息傳來說是托勒密要送返他的母親和子女，致贈他們很多的禮物，多方面的接待都擺出隆重的場面。原來他將女兒斯特拉托妮絲許配塞琉卡斯，現在改嫁給塞琉卡斯的兒子安蒂阿克

82　這樣的意外事件發生在294B.C.的秋天。

斯爲妻，並且尊稱她爲上亞細亞的王后。

安蒂阿克斯對於年輕的王后斯特拉托妮絲，產生極其狂熱的迷戀，雖然這時她已經爲他的父親生下一個兒子。他在開始的時候爲了這種「不倫之戀」感到內疚，經過不斷的掙扎還是徒然無益，他知道自己的欲念爲天理所不容，這種相思病根本無法治癒，他的權力基礎太過薄弱以致難以採取任何行動，最後決定只有一死了之，藉口患下重病，忽略身體的療養也不進滋補的食物，讓生命之火逐漸熄滅。

伊拉西斯特拉都斯(Erasistratus)是照顧他的醫生，很快覺察他的病因來自愛情，很想找出誰是他熱戀的對象，但是知道這件事很難著手。因此這位醫生一直守在年輕人的寢室，只要宮廷裡面的麗人前來探看生病的王子，他就仔細觀察安蒂阿克斯的神色變化，從而知道靈魂深處的激情和愛好。伊拉西斯特拉都斯注意到其他的婦女在場都不會產生任何影響，只要斯特拉托妮絲出現，無論是她單獨前來或者陪伴塞琉卡斯一起探望，在她來說這也是人之常情，這時醫生會看到安蒂阿克斯顯現出莎孚(Sappho)[83]所說的各種徵狀：他的聲音顫抖而口吃，面孔感到羞澀滿布紅潮，眼睛因偷瞟而閃閃發亮，皮膚突然不停的流汗，出現劇烈的心跳而且脈搏失常，身體的機能已經無法負擔過度的激情，陷入昏亂和恍惚的狀態，接著是臉色變得蒼白有如見到鬼魅。

伊拉西斯特拉都斯根據這些徵候可以證實他的臆測，如果他熱戀的對象是其他的女子，以他身爲國王之子的地位而言，無須在意將這個密秘洩漏出去，更不必抱著殉情的態度。他認爲最困難之處在於讓塞琉卡斯了解整個狀況，主要還是他相信塞琉卡斯對這位年輕人的親情，將所有的希望寄託在孤注一擲，最後還是找到機會，向國王提到安蒂阿克斯患了相思病，特別是他所需要的愛情不可能得到滿足，所引起的病情也無法治療痊癒。

國王聽到以後感到非常驚奇，於是問道：「這種病爲何不能治好？」伊拉西斯特拉都斯回答道：「就實際情況而言，安蒂阿克斯愛上我的妻子。」塞琉卡斯說道：「怎麼會這樣！爲了我的兒子和唯一的繼承人，要是沒有其他的辦法達成治療的效果，我的朋友伊拉西斯特拉都斯爲什麼會拒絕奉獻他的妻子，好去拯救

83　莎孚(620-565B.C.)爲希臘女詩人，作品有《抒情詩》和《哀頌》，僅殘篇傳世，有同性戀傾向，出生地小亞細亞的列士波斯(Lesbos)島，因而lesbos成爲女同性戀的專用語。

安蒂阿克斯的性命？」伊拉西斯特拉都斯回答道：「如果他愛上斯特拉托妮絲，即使你是他的父親，所持的態度還不是跟我現在一樣。」塞琉卡斯說道：「啊，我的朋友，無論是出於人力或神意，能夠轉變安蒂阿克斯目前的激情到你所說那樣，在我而言就是託天之幸。你要知道爲了救安蒂阿克斯的性命，不要說我與斯特拉托妮絲分手，就是要我放棄整個帝國，都甘心情願毫無怨言。」他一邊說一邊流著眼淚，情緒顯得非常激動，伊拉西斯特拉都斯看到這種狀況，握住國王的手回答道：「從安蒂阿克斯的病情來看，已經不需要伊拉西斯特拉都斯，因爲你同時具備丈夫、父親和國王的身分，對於你的家庭而言，只有你才是最適當的醫生。」

塞琉卡斯因此召開全民大會，公開宣布他的決定，安蒂阿克斯成爲上亞細亞各行省的國王，斯特拉托妮絲是他的王后，兩人立即舉行結婚大典；同時還告訴大家，說他有足夠的權力可以左右王子的意圖，會讓這位年輕人服從他的命令，雙方不至於因而產生芥蒂。如果斯特拉托妮絲對於她與安蒂阿克斯結婚，表示出任何勉強的地方，他希望所有的朋友盡最大努力，使她很清楚的了解所具備的意義，因爲國王的決定出於有利於國家和王室的需要，所以她應該用公正的立場和尊貴的態度來看待這件婚事。據稱，運用這種說辭使得安蒂阿克斯和斯特拉托妮絲終於能夠結爲夫婦。

39 我們還是言歸正傳，德米特流斯獲得馬其頓的權杖以後，現在成爲帖沙利的統治者；占領伯羅奔尼撒半島絕大部分地區，還要加上地峽這邊的城市像是麥加拉和雅典，現在他要轉用兵力來對付皮奧夏人。他們首先達成協議要進行和解，斯巴達的克利奧尼穆斯(Cleonymus)竟敢率領軍隊前來援助，他們已經進入底比斯，帖司庇伊人(Thespian)皮西斯(Pisis)是當時的領導人物，擁有莫大的權力和聲望，煽動市民要進行堅強的抵抗，因而雙方的和平條約遭到破壞。德米特流斯帶著攻城機具剛剛抵達城下，克利奧尼穆斯在驚懼之餘連夜撤走，皮奧夏人發覺被盟友拋棄，只有開城投降[84]。德米特流斯進駐一支守備部隊責負城市的安全，然後從市民身上籌措大筆金錢，指派歷史學家海羅尼穆斯

84　皮奧夏的歸順是在293B.C.。

(Hieronymus)[85] 出任總督和最高指揮官。德米特流斯為了向民眾表示寬厚和仁慈，言行分外的彬彬有禮，特別是皮西斯不僅沒有受到傷害，反而受到重用成為帖司庇伊行政首長。

沒過多久以後，黎西瑪克斯成為德羅米契底(Dromichaetes)的俘虜，色雷斯處於無人統治的狀況，德米特流斯滿懷希望想要據為己有，立即率領軍隊大舉出動。皮奧夏人有鑑於局勢的轉變，高舉義幟再度背叛馬其頓人，同時傳來信息黎西瑪克斯重獲自由。德米特流斯火冒三丈迅速回師，途中得知他的兒子安蒂哥努斯在會戰中擊敗皮奧夏人，他再度將底比斯圍得有如金桶。

40 德米特流斯得知皮瑞斯入侵帖沙利，進軍的距離最遠已經抵達色摩匹雷，他留下安蒂哥努斯繼續從事圍攻作戰，親自率領其餘的軍隊開拔前進去迎擊敵軍。皮瑞斯展開快速的退卻行動，因此他用1萬名步卒和1000名騎兵保護帖沙利，大軍轉頭回去圍攻底比斯。他使用舉世知名的攻城機具發起攻擊，這個稱為「塔台」的物體極其龐大和鈍重，運用為數眾多的人力而且移動非常緩慢，花去兩個月的功夫只有兩弗隆的進展[86]。這個時候底比斯的市民實施極其頑強的防禦作戰，德米特流斯基於爭強好勝的心理，在根本沒有必要的狀況下使士兵歷險犯難，後來安蒂哥努斯看到很多人當場陣亡，向他說道：「父親，為什麼你要讓這麼多人毫無義意的白白犧牲？」德米特流斯用豪情萬丈的口氣打斷他兒子的話，說道：「你這個老好人，為什麼要為這些事情感到痛苦？難道死者會為了要口糧前來找你？」

士兵可以很清楚的看到，他並不認為自己的生命比起其他人更為貴重，經常暴露在激戰之中，有一次被一支標槍射穿脖子，傷勢極其危險幾乎喪失性命。雖然如此，他還是繼續圍攻毫不鬆懈，直到最後再度奪取整個城市[87]。他進入底比斯以後，市民感到膽顫心驚，害怕這位憤怒的征服者會施以嚴厲的報復，最後他

---

85 卡迪亞的海羅尼穆斯是從亞歷山大逝世到皮瑞斯亡故，這半個世紀最主要的歷史學家，還是著名的將領和政治家，早年追隨攸門尼斯，後來在安蒂哥努斯一世、德米特流斯和安蒂哥努斯二世的麾下服務，績效極其卓越，他的作品除引用的吉光片羽尚可見到以外，全部佚失殆盡，260B.C.逝世，高齡已達104歲。

86 攻城塔台的基座都會裝上車輪，不可能一小時僅能移動30公分的距離，那就表示出於其他方面的問題。

87 攻占底比斯是在290B.C.，持續圍城的作戰將近一年的時間。

只處死13名首要人物，放逐少數主戰分子，其餘人員概不追究。底比斯這個城市經過重建至今也不過10年[88]而已，就在很短一段期間之內，竟然遭到敵軍兩次的圍攻和占領。

不久以後，皮提亞的阿波羅神殿要舉行年度的盛大祭典，艾托利亞人（Aetolians）封鎖前往德爾斐所有的通路，德米特流斯只有在雅典辦理各種體育活動並且主持祭祀的儀式，公開宣布只有雅典這個城市配得上這個榮譽，因為阿波羅是雅典人民的保護神和淵源最深的始祖。

41 德米特流斯從雅典回到馬其頓，他自己不僅是一個好動的人，同時也看到馬其頓人在戰時的遠征行動中表現優異，可以說是負責盡職的臣民，一旦處於無所事事的和平時期，他們的心中就會產生改變現況的欲念，受到唆使非常容易引起騷動。他帶領馬其頓人征討艾托利亞人，在對方的國度大肆劫掠以後，留下潘陶克斯（Pantauchus）和大部分兵力繼續完成征服工作，他自己親率其餘的部隊，進軍前去探索皮瑞斯的行蹤；這時皮瑞斯抱著同樣的企圖，突入敵國境內要去迎擊德米特流斯。只是事與願違，兩支大軍採用不同的路線所以沒有形成遭遇。

就在德米特流斯進入伊庇魯斯，對該地著手蹂躪和破壞之際，皮瑞斯對潘陶克斯發起攻擊，兩位指揮官對陣相搏雙雙掛彩，還是皮瑞斯贏得勝利，捕獲5000名俘虜，除此以外敵軍還有大量人員陣亡在戰場。不過就德米特流斯而言最不利的事，莫過於人民沒有將皮瑞斯視為敵人激起恨意，反而讚揚他是一個勇士。皮瑞斯在會戰中獲得壓倒性的勝利，使他在馬其頓人當中贏得極大的名聲和光榮。很多馬其頓人抱持這種觀點，所有的國王當中，只能從皮瑞斯的身上看到亞歷山大大帝英勇的形象，其餘的君主特別是德米特流斯，就像是舞台上的名角，只能擺出誇耀和莊嚴的身段。

實在說，德米特流斯就像是戲劇和史詩裡的人物，身穿鑲著金邊的紫色官袍，頭上戴著兩邊下垂飾帶的王冠，他的鞋子是名貴的紫色皮革製成，用金線繡出各種花樣。有一件非常特殊的禮服，可以說是價值連城的珍品，使用專門為他

88　卡桑德在315B.C.重建底比斯城，到被德米特流斯占領已有25年；亞歷山大大帝在335年將此城夷為平地，所以底比斯兩次落入敵人手中間隔45年之久。

準備的織機製成所需的長度，精工繡上宇宙和天體的圖案，不過一直到他厄運臨頭還無法完成，後來的馬其頓國王包括他的繼承人在內，雖然出現種種傲慢的行為，還沒有一位僭越到敢於穿在身上亮相。

42 馬其頓人之所以厭惡德米特流斯，並非僅僅誇張的外表和賣弄的排場，主要在於揮霍和奢侈的生活方式，更有甚者就是很難與他交談或是獲得覲見的機會。一方面是他不願與人會晤，另一方面是他即使讓人晉謁，會表現出粗暴和自大的模樣。他對雅典人較之其他地方的希臘人更加禮遇，還是讓雅典派來的使節團等候整整兩年，才獲得一次會面晤談的機會。拉斯地蒙人只派一個人擔任使者要求他給予接見，他知道以後覺得受到冒犯，非常氣憤地質問拉斯地蒙人只派出一個使者是否確有其事，他得到很得體的答覆：「不錯，對於一位國王我們只派一位使者。」

有一次他感到胸懷舒暢而且樂於見人，就騎馬外出散心，大群民眾趕過來向他遞交寫好的陳情書，他表現出彬彬有禮的模樣全部接了下來，然後放在斗篷邊緣的夾層中，很多貧苦的市民全都欣喜欲狂，認為他們的問題可以獲得解決，於是大家緊跟在他的後面，他從阿克西烏斯（Axius）河[89]的橋梁上經過，抖動斗篷將所有的陳情書全部投入河中。這件事在馬其頓人中間引起悲痛和憤恨，他們認為自己沒有受到國王的照顧，反而為僭主所侮辱。他們一直把菲利浦王記在心裡，無論是那些見過或是聽說過他的人，提到他那簡單樸素和平易近人的生活方式，都感到無限的追思。

有一天一位老婦人在他經過的路上好幾次攔住他不讓他前進，非要他聽取她的陳述不可，這時他告訴這位老婦人說他現在很忙，於是她大聲叫道：「你要是忙得沒有時間聽取民間的疾苦，那就不配當一位國王。」這番譴責對於國王是椎心之痛，等到他經過仔細考量，馬上回到府邸，將所有其他事務放置一旁，花了幾天的時間用來聽取各方人士的申訴，特別讓那位老婦人排在第一位。主持正義是國王最首要的工作，看來真是所言不虛。

泰摩修斯（Timotheus）[90]曾經說過：「戰神是暴君。」那麼就品達（Pindar）[91]的

89　阿克西烏斯河是馬其頓最主要的河川，流經佩拉注入德密灣。

90　泰摩修斯是撰寫酒神合唱曲的作家，這是一種神劇，流行於5世紀B.C.左右。

觀點而論，認爲「法律」才是統治一切的國王。荷馬所說的國王，從約夫（Jove）手中接到的東西不是圍攻的機具或作戰的船舶，而是公正的裁決[92]，維持法律的尊嚴並且要貫徹執行。在這些窮兵黷武、偏頗不仁和殘酷暴虐的國王當中，只有主持正義的仁君，才夠資格稱爲朱庇特的親密朋友和門徒[93]。德米特流斯樂於接受的頭銜與「萬神之王」的選擇大相逕庭，朱庇特被人稱爲城市的「保護者」或「奠基者」，德米特流斯卻冠上「城市圍攻者」的惡名。因此，一個人擁有權勢即使並非愚昧之徒，他還是會將邪惡提升到美德的位置，行爲與犯罪密不可分從而給他帶來榮譽。

43 德米特流斯罹患重病在佩拉瀕臨危亡之際，皮瑞斯幾乎征服整個馬其頓，前進的位置已經深入到埃笛莎（Edessa）[94] 這個城市。等到他恢復健康以後，很快將皮瑞斯趕出國境，同時與對手談妥條件，放棄與鄰國引發一連串小規模的地區性衝突，將眼光放在更遠大的目標上面。他認爲最重要的工作莫過於收回失土，恢復帝國到達他父親原來擁有的版圖。他所進行的準備工作能夠達成他的願望，有能力支持這個偉人的冒險事業，安排的要項是要徵募9萬8000名步卒，以及將近1萬2000名騎兵，幣備一支艦隊有500艘戰船，分別在雅典、科林斯、卡爾西斯和佩拉鄰近地區建造。他自己不斷在這些地點來回趕路，按照計畫給予指導和協助，只要是看到成果的人士都感到驚異，不在於要建造的數量，而是這些船隻的體積極其龐大。迄今爲止，還沒有看到一艘戰船安置15或16排划槳。

後來沒過多久，托勒密・斐洛佩托（Ptolemy Philopator）曾經建造一艘40排划槳的艨艟巨艦，長度是280肘尺[95]，船尾所聳起的高度是48肘尺，可以容納400名

（續）

91 品達是6-5世紀B.C.的抒情詩人，生於皮奧夏的賽諾西法立（Cynoscephalae），平生事蹟不詳，從他的詩文得知他遊歷希臘各地，受到君王和權貴的尊敬和優待，著有《伊庇尼西亞頌歌集》（*Epinician Odes*），用來讚揚奧林匹克運動會和各種競賽的優勝者，現有4卷存世。

92 這段話來自《伊利亞德》第1卷第238行及後續幾行。

93 朱庇特的門生是指克里國王邁諾斯（Minos），這段話引用《伊利亞德》第19卷第179行。

94 埃笛莎是馬其頓北部的內陸城市，也是最早的都城，還有一個同名城市位於敘利亞，曾經是奧斯浩尼（Osrhoene）的首府。

95 1肘尺相當於20英寸即50公分左右，所以這艘船的長度有140公尺，即使再過兩千年到了18世紀，西方世界也無法用木材造成這樣巨大的船隻。

士兵和4000名划槳手，提供的空間可以容許將近3000名士兵在甲板上面戰鬥。總而言之，這樣的龐然大物只能擺擺樣子，根本派不上用場，看來與海岸旁邊一座大廈沒有多大差別，稍爲移動一下，就要耗費巨大的人力並且帶來難以估算的危險。德米特流斯的戰船並非虛有其表，從外觀看起來同樣適合戰鬥，華麗的裝飾還是非常實用，令人感到驚奇之處在於碩大的船體不僅快速而且便於操縱。

44 德米特流斯全爲了討伐亞洲，進行的準備工作極其龐大而繁劇，自從亞歷山大大帝首次從事遠征以來，還沒有看到如此大規模的行動，迫得塞琉卡斯、托勒密和黎西瑪克斯建立同盟關係，防衛他們的領土和主權免受敵人的侵略。他們還派遣使臣去見皮瑞斯，想要說服他改變立場攻擊馬其頓。讓他知道根本無須考量這樣做會違背他與德米特流斯所簽訂的和平條約，即使在平時全都無法對雙方提出保證，反而成爲一項藉口使他能與選定的敵人發起一場戰爭。等到皮瑞斯願意接受他們的建議，德米特流斯仍在準備的階段，他的國境四周都被戰火包圍得水洩不通。托勒密率領強大的水師入侵希臘[96]；黎西瑪克斯從色雷斯這面進犯馬其頓，皮瑞斯則從相鄰的伊庇魯斯邊界出兵，兩支大軍對於整個地區進行搶劫和蹂躪。德米特流斯留下他的兒子處理希臘的事務，自己立即開拔前去解救馬其頓面臨的緊張局勢，當務之急是要擊敗黎西瑪克斯。

他在進軍的途中，接到皮瑞斯攻下貝里亞（Beroea）[97]這個重要城市的信息，噩耗很快在士兵當中傳播開來，立即使得軍紀蕩然無存，營地裡面到處是哀怨之聲，大家流著眼淚詛咒德米特流斯來發洩怒氣。他們不願停留下來要盡快前進，據他們的說法是關心他們的城邦、朋友和親人，實際上他們的意圖是要倒戈投靠黎西瑪克斯的陣營。德米特流斯認爲當前最重要的舉措，是要與黎西瑪克斯保持相當的距離，何況他還是大家的同胞，很多人基於亞歷山大大帝的關係，始終對他抱有好感。皮瑞斯是一個外來者和異鄉人，馬其頓人要是與他作戰，就不會讓德米特流斯產生被取而代之的顧慮。他後來發現自己的推測不準因而犯下大錯。當德米特流斯進軍在對手的附近紮營以後，皮瑞斯英勇的事蹟再度在軍隊裡面流傳使得他受到各方的讚揚，從古老的時代開始大家全都認同一種觀念，那就是驍

---

96 這是294B.C.的春天。
97 貝里亞是馬其頓北部地區的城市，離開首都佩拉（Pella）大約有50公里。

勇無敵的士兵可以成爲表現優異的國王，大家現在還提到他對俘虜的處理非常寬大和慷慨；總而言之，要說有任何人可以取代德米特流斯，那就非皮瑞斯不可，他們對於這點不僅非常熱中，還抱著樂觀其成的態度。

開始的時候，有一些散兵遊勇不告而別，過不多久整個軍隊爆發全面的叛變，甚至到最後有些人前來向他開誠布公地說清楚，如果他考慮到本身的安全，最好的辦法是趕緊離開，馬其頓人的決定是不再冒著生命的危險，僅僅爲了滿足他的奢侈和歡愉。要是比較其他人士更爲凶狠的態度，他們的口吻已經是非常溫和與理性，這也是可想而知的事。有鑑於目前的情勢極其不利，德米特流斯退入他的帳篷以後，他的舉止不像真正的國王，倒是與舞台上的戲子沒有兩樣，馬上脫掉身上的御用官袍，換上平民的服裝然後偷偷溜走。他的前腳剛剛離開，叛變的軍隊爲了搶劫他的帳篷，發生爭執而大打出手。皮瑞斯立即出兵，不費吹灰之力據有整個營地。接著他與黎西瑪克斯瓜分馬其頓的領土，迄今爲止德米特流斯安全統治這個王國已有7年[98]之久。

45 突然之間，德米特流斯所有一切全被剝奪殆盡，逼得他只能退向卡桑德里(Cassandrea)[99]尋找庇護。他的妻子斐拉極其悲傷，看到不幸的丈夫落入到這種地步，不僅是一個平民還受到放逐，真是讓她難以忍受。她對未來已經不懷任何希望，決定要拋棄只給她帶來災禍的命運，即使稍有好轉也難保長久，於是她服毒身亡。德米特流斯仍舊掌握那些破船不肯放手，向著希臘逃走，在那裡聚集他的幕僚和軍官。

在索福克利[100]的一齣戲中，麥內勞斯(Menelaus)[101]對於他飽經滄桑的一生，有非常傳神的描述：

人有悲歡離合，

---

98 這段期間應該是6年，就是從294到288B.C.。
99 古老的波蒂迪亞(Potidaea)位於馬其頓東部的卡夕得西(Chalcidice)半島，卡桑德在這個遺跡上面興建的城市，命名為卡桑德里。
100 這幾句詩文引用於瑞克所編《希臘詩文斷簡殘篇》第315頁。
101 這位麥內勞斯是神話中的人物，身為斯巴達國王，也是阿格曼儂的兄弟和美人海倫的丈夫，就是因為妻子受到帕里斯的誘騙，才引起長達10年的特洛伊戰爭。

> 月有陰晴圓缺；
> 貪圖榮華富貴，
> 瞬息欠飛煙滅。
> 世事何似弈棋，
> 浮生直如春夢
> 嗟爾命運小兒，
> 吾等任憑播弄。

這種比喻對德米特流斯而言非常實切，他的命運無論在那個階段，都像月亮一樣包括著盈虧消長；然而就在他的人生變得漆黑一片的期間，他的鋒芒又開始外露，實力在慢慢地增長，逐漸能夠滿足他的希望。

　　他在開頭的時候從裝束上看起來就像一個普通人，身上沒有佩帶任何章紋，無論到那個城市都不知道他是一個國王。有一位人士在底比斯見過他，就用優里庇德的詩句加以描述，倒是非常適合當時的情景[102]：

> 他已拋棄神明的倨傲顯現常人的謙卑，
> 來到德西的河邊和伊斯門努斯的海濱[103]。

46 不久以後，德米特流斯的期望是要重新加入王室之間爭權奪利的行列，再度在他的四周聚集一批人馬，要為建立一個帝國而奮鬥不息。他讓底比斯人尊奉古代的制度，當成他送給這個城邦的禮物。雅典人反出德米特流斯的陣營。迪菲盧斯（Diphilus）是兩個保護神的值年祭司，市民恢復古老的執政官，推選他接替這個職位，最大的榮譽是拿自己的名字作為紀年之用。等到他們得知德米特流斯的實力，並不是像他們預料中那樣的虛弱，立即派人前往馬其頓乞求皮瑞斯給予保護。

　　德米特流斯在大怒之下向雅典進軍，將城市包圍得插翅難飛。陷入這種災難

---

102 這句詩來自優里庇德的悲劇《巴奇》，只是第一人稱稍作改動。
103 德西和伊斯門努斯都是神話中的人物，他們都用殘酷的手段來對待他們的仇敵。

之中，他們派遣哲學家克拉底(Crates)[104] 去見德米特流斯，這位使者在學術方面享有很高的聲望，完成艱鉅的任務遠超過大家的想像，他所提出的意見和理由，說服德米特流斯願意解圍而去。他集結所有能夠獲得的船隻[105]，裝載一支包括騎兵在內共有1萬1000人的軍隊，向著亞細亞發航，要從黎西瑪克斯手裡奪取卡里亞(Caria)和利底亞(Lydia)這些行省。

他在米勒都斯遇到斐拉的姊妹優里迪絲，她帶著與托勒密王所生的女兒托勒邁斯，早先已經與德米特流斯訂親，現在就與他舉行婚禮[106]。接著他立刻執行擬定的計畫，行動的初期可以說是無往不利，很多城市開城投降，還有一些城市特別像是薩迪斯(Sardis)用武力奪取。黎西瑪克斯有幾位將領帶著部隊和金錢投向他的陣營，當黎西瑪克斯的兒子阿加索克利率領一支軍隊抵達，他向著弗里基亞撤退，意圖是經過該地前往亞美尼亞。他的構想是一旦能在亞美尼亞站穩腳跟，米地亞(Media)就會爆發起義的行動，使得他可以在上亞細亞(Upper Asia)獲得堅強的據點。

一位逃亡的指揮官可以運用上百種避戰和脫身的方法，阿加索克利始終在後面緊追不放，雙方發生很多次小規模的戰鬥和衝突，德米特流斯總是能夠獲得上風。阿加索克利使得對手難以獲得糧草的供應；同時德米特流的手下懷疑他別有企圖，對於他要帶領他們進入遙遠的亞美尼亞和米地亞，表達出極度不滿的態度。饑饉給他們帶來莫大的壓力，在渡過黎庫斯(Lycus)河[107]的時候發生很大的差錯，相當數目的人員被人水沖走或是遭到淹斃。雖然如此，他們還有心情開玩笑，有人將厄迪帕斯(Oedipus)[108] 的詩句，稍為改動兩個字寫在紙上，貼在德米特流斯的帳篷門口：

盲人瞎馬臨深淵，

---

104 古代有兩位哲學家的名字都叫克拉底，一位是雅典人而另一位是底比斯人，本章所指是前者，他在270B.C.成為學院學派的首腦人物，著作豐富都沒有傳世。

105 就是前面提到的五百艘船隻和一些艨艟巨艦。

106 早在301B.C.就有這樣的安排，等到286年結婚已經過了15年。

107 古代稱為黎庫斯河的河川共有三條，分別流經小亞細亞、西西里和拜占庭；本章所指的黎庫斯河流過小亞細亞，形成卡里亞和呂底亞的邊界。

108 厄迪帕斯是希臘神話的英雄人物，底比斯國王拉烏斯(Laius)和王后約卡斯塔(Josasta)的兒子，後來發生弒父妻母的悲劇，近世才出現「厄迪帕斯情意綜」和「戀母情結」等心理學名詞。

豎子領路真危險？

47 最後，當一支軍隊被趕得走投無路，為了生存只有吃那些能到手的食物，這時瘟疫會合饑饉一同來襲擊他們，等到損失8000人以後，他帶著剩餘士兵撤往塔蘇斯，這個城市位於塞琉卡斯的疆域之內，為了防止發生搶劫使得他苦不堪言，這樣做的目的是不願冒犯塞琉卡斯。他知道士兵處於糧食極其匱乏的狀況，要想對他們加以限制幾乎是不可能的事，何況阿加索克利已經封鎖陶魯斯山區所有的通路。他寫一封信給塞琉卡斯，首先哀嘆他的命運何其乖戾，接著懇求他給予同情，特別是一位關係極其密切的親戚，目前他淪落到如此悲慘的處境，就是他的敵人也會產生惻隱之心。

這些書信讓塞琉卡斯非常感動，立即下令給這些行省的總督，要求他們供應德米特流斯維持王室排場所需各種物品，運送足夠的糧食給他的軍隊。佩特羅克利(Patrocles)的判斷正確而且頗有見地，是深受塞琉卡斯信任的幕僚人員，特別向他指出，維持這樣一支部隊所需的經費並不是考慮的重點，讓德米特流斯停留在國內，基於策略的著眼產生極其不利的後果。這個人在當代所有國王當中，個性最為暴虐，行事大膽妄為，陷入攻城奪地的冒險事業不能自拔。即使他處於目前的狀況之下，那些個性溫馴和謹言慎行的人士，受到他的誘惑都會從事無法無天和負嵎頑抗的勾當。

塞琉卡斯為佩特羅克利的勸告所開導，下令一支實力強大的軍隊向著西里西亞運動，德米特流斯對於他突然改變態度感到大為詫異，為了確保安全躲到陶魯斯山區最難進入的地點，再從那裡派遣使臣去見塞琉卡斯，請他同意他們提出的要求，讓他的軍隊不受拘束與當地獨立的蠻族和平相處，自己能夠成為一個無足輕重的國王，終老此地再也不過飄泊和艱困的生活。即使塞琉卡斯拒絕這方面的建議，無論如何還是要在冬季供應軍隊所需的食物，更不要趁人之危，在他落入一無所有之際，將他交給充滿暴怒之氣的敵人。

48 塞琉卡斯用猜忌之心將德米特流斯的要求視為不懷好意，讓來人帶去的答覆，是容許他們在卡塔奧尼亞(Cataonia)[109] 實施兩個月的冬

---

109 卡塔奧尼亞是卡帕多西亞境內一個行政區域。

營不得久留，條件是要將他主要的幕僚送去當作人質，一直到他離開再遣回。就在這個時候，他對於所有進入敘利亞的通道全部嚴加戒備。德米特流斯將自己看成一隻精疲力竭的野獸，四面八方都受到包圍，找不到一條出路，逼得他要進行絕望的防禦作戰。

他蹂躪整個地區，受到塞琉卡斯的攻擊，在幾次接戰中都能獲得優勢。特別是敵軍使用裝著鐮刀的戰車發起衝鋒，他不僅安然無恙反而將攻擊者打得大敗而逃，接著他們趕走守備隘道的部隊，控制通往敘利亞的道路。現在他極其得意，發現他的士兵因這次勝利充滿幹勁，他決定不顧一切向前推進，要對塞琉卡斯和他的帝國施以致命的打擊。塞琉卡斯現在感到相當的憂慮和煩惱，還是不願接受黎西瑪克斯的援助，因為他對這個人一直不信任而且頗為憚忌。他對於是否要與德米特流斯會戰採取規避的態度，雖然知道這位對手已經是窮途末路，但是德米特流斯的運道經常會突然好轉，從陷入谷底的窘境直達無往不利的巔峰狀態。

德米特流斯就在這個時候，患了一場來勢洶洶的重病，他的身體遭受很大的痛苦，光明的前途也都毀於一旦。手下的將士不是投向敵軍就是暗中星散。最後熬過40天，等到他恢復體力，集中剩餘的部隊，看起來最直接了當的辦法，就是向著西里西亞進軍。然而他在一個夜晚，為了保持靜肅沒有用號角卜達撤營的命令，採取向後轉進的戰術行動，越過阿曼努斯(Amanus)山脈[110]，劫掠濱海的平原地區最遠到達賽里斯蒂卡(Cyrrhestica)[111]。

49 明瞭當面情況以後，塞琉卡斯向前推進在距離敵軍不遠處紮營，德米特流斯指揮部隊在夜間發起奔襲，他已經就寢直到最後關頭還是毫不知情。有一些逃兵前來通告這個消息，他知道大事不妙立即從床上跳下，在非常狼狽的狀況下對手下的人馬發出警報。當他穿好靴子騎上馬背之際，叮囑他周圍的軍官要特別留意，因為他們要遇到一隻凶狠而令人感到恐懼的猛獸。

德米特流斯聽到營地傳來嘈雜的聲音，知道他們已經提高警覺，於是趕緊帶走他的部隊。等到天明他發現塞琉卡斯繼續施加壓力，絲毫沒有放鬆之意，就派出一名軍官在另外一翼抵抗敵人的攻擊，他自己率領主力打敗當面的對手。塞琉

---

110 阿曼努斯山脈位於西里西亞和敘利亞之間，整個山系的一端緊接伊蘇斯(Issus)灣。

111 敘利亞北部有一個地區稱為塞里斯蒂卡，與康瑪吉尼(Commagene)王國相鄰。

卡斯下了坐騎,脫去頭盔手裡執著一面盾牌,前進到對方傭兵部隊最前列的位置,讓他們看清他是何人,向他們喊話要他們投向他的陣營,同時讓這些人知道他冒著這樣大的危險,完全是為了要拯救他們的性命。這種做法獲得望風披靡的功效,他們拿出對待國王的禮節向著塞琉卡斯致敬,然後將德米特流斯棄之若敝屣。

德米特流斯感覺到他的命運面臨最後一次巨變,已經沒有東山再起的機會,帶著少數幕僚和隨員奔向阿曼努斯山的隘道,藏身在一座濃密的森林裡面,等候黑夜的來到,他的意圖是要逃到高努斯(Caunus),希望能找到原來安排好的船隻,將他運送到安全的地點。經過查問目前的狀況,知道他們沒有攜帶糧食,幾乎連一天都無法維持下去。他開始盤算還有沒有其他的辦法,就在遲疑不決的時候,他的朋友索西吉尼斯(Sosigenes)帶著400金幣來到藏身之處,有了這筆鉅款使他重新有了希望,認為可以抵達海岸。等到天黑以後他們向著隘道走去,從出現火光知道敵人已經占領那個地點,只有捨棄沿著道路前進的打算,退回到森林裡面剛才停留的位置,並不是所有的人員都跟著過來,有些已經開了小差,就是留下的人也不抱原來的想法。

拖到最後,他們其中一位敢於向德米特流斯進言,認為當前最適當的處置方式,還是向塞琉卡斯拱手稱臣。德米特流斯聽到大怒,拔出他的佩劍就要刺進口吐狂言之徒的身體,這時其他的幕僚加以阻勸,說服他接受所提建議。最後他只有屈從,派人去見塞琉卡斯說他願意無條件投降。

50 等到塞琉卡斯得知此事以後,就說這不光是德米特流斯的命好,能夠讓自己得到安全的保障,而是他的運氣更佳,承蒙上天的厚愛有機會表現仁慈和寬恕。毫不猶豫立刻對他的家臣下達命令,準備一頂王室專用的篷幕,安排接持和飲宴的事項務求盡善盡美。塞琉卡斯的隨員當中有一個人名叫阿波羅奈德(Apollonides),過去與德米特流斯非常熟悉,所以他是最適當的人選,被國王派去迎接德米特流斯。這樣會讓他感到心平氣和,對於自己的安全充滿信心,因為即將要見面的人是他的朋友和親戚。等到這種信息傳出來以後,他的廷臣和軍官,開始只有少數人明白,到後來變得眾所周知,那就是德米特流斯會對國王產生很大的影響力,於是大家爭著前去向他表示敬意。

這種舉動產生立竿見影的效果,國王對於德米特流斯的同情經過轉變成為猜

忌；那些滿懷惡意的人員獲得中傷的機會，特別暗示他的軍隊只要德米特流斯看上一眼，就會產生極其危險的騷動，這樣一來很容易說服塞琉卡斯放棄婦人之仁的不當做法。阿波羅奈德帶著心滿意足的神情去見德米特流斯，其他人員也跟著前去殷勤致意，他們特別提到塞琉卡斯的仁慈和寬厚。德米特流斯在經歷災難和不幸以後，即使他想起投降難免感到羞辱，現在確信又能獲得美好的希望，完全忘懷原先遭受的打擊。

　　然而就在這個時候，鮑薩尼阿斯(Pausanias)帶著一支有1000名騎兵和步卒的部隊，前來將他的營地圍得水洩不通，那些在他四周的人員都被驅散，不讓他與塞琉卡斯會面，就將他送到敘利亞的克森尼斯(Chersonese)，派遣強大的衛隊為了保護他的安全，對他實施嚴密的監管。他有足夠使喚的隨從和任意享用的食物，很大的空間可以騎馬和散步，還有一個花園供他狩獵之用，那些願意接受放逐的朋友和同伴，獲得允許可以前來探視。他從塞琉卡斯那裡經常收到表示仁慈的信息，暗示他安蒂阿克斯和斯特拉托妮絲很快來到，他在那時就會獲得自由。

51 雖然如此，德米特流斯發現自己處於這種狀況，派人送信給他的兒子，還有在雅典和科林斯的將領和幕僚，不能相信用他的名義寫給他們的任何信件，即使上面用他的印章一樣不能算數，要他們把他看成一個已經逝世的人。德米特流斯認為只有安蒂哥努斯才是帝國的繼承人，大家要為他維持所有的城市和留給他的權力。

　　安蒂哥努斯接到他父親被俘的消息感到非常傷心，他在悲痛之餘寫信給其他的國王，特別對於塞琉卡斯提出乞求，不僅會把他們現在保有的領土全部無條件奉上，而且為了救他的父親願意充任人質；很多城市和君王都一起為德米特流斯調停說項，只有黎西瑪克斯派人去見塞琉卡斯，說是只要他除去德米特流斯，就要贈送給他大筆財富。塞琉卡斯過去對於黎西瑪克斯經常表現出嫌惡的神情，現在看到他竟然提出這種非分的要求，更加認定他是一個缺乏教養的蠻族和毫無人性的怪物。不僅如此，塞琉卡斯拖延時間，據他的說法是要保留這分善意，好讓安蒂阿克斯和斯特拉托妮絲出面為德米特流斯講情。

52 德米特流斯多年來不斷陷入逆境，從開始到現在已經習以為常，即使遭到不幸的打擊還能夠保持泰然自若的神色，忍受被俘的單調生

活。首先，他從事各種體能訓練，經常狩獵而且盡量運用可以獲得的獵具，還有就是騎馬出外散心。不過，隨著時間的推移，使得他產生怠惰之心，開始厭惡這些體育活動，就用賭博和飲酒來打發空閒的歲月。

他這樣做一方面是出於逃避的心理，他只要清醒就會為當前的狀況感到痛苦；在沉醉當中不再思考未來的處境，使得心靈獲得撫慰。或許另一方面是因為他讓自己相信，這才是真正的幸福生活，很久以前幾經努力已經如願達到，出於無知和空虛的野心，竟然發生愚昧的行為因而喪失殆盡，這樣做不僅給自己增加很多煩惱，也給很多人帶來很大的痛苦。他過去認為獲得最大的幸福，是靠著軍隊、艦隊和士兵，現在出乎意料之外，發現要達成這個目標，在於怠惰、閒散和安息。實在說那些一無可取的國王既邪惡又愚蠢，不僅要用奢華和歡愉來取代德行和榮譽，何況還不知道如保享用奢華和歡愉。他們想要用戰爭和危險來達成企圖，難道還能找到比這個更好的下場嗎？

德米特流斯在克森尼蘇斯過了三年的俘虜生活[112]，由於缺乏運動和飲食過量不知節制，患了重病不久逝世，享年54歲。塞琉卡斯因而受到大家的指責，他自己也感到悲痛，這完全是他猜忌之心過重所致。就這方面來說他還不如色雷斯那位蠻族德羅米契底，能夠表現出人道的精神，用非常仁慈的態度對待他的俘虜黎西瑪克斯。

53 德米特流斯的葬禮所享有的殊榮，可以說是具備戲劇性的特質和排場。他的兒子安蒂哥努斯得知他的遺體已從敘利亞運回來的信息，率領整個艦隊出海遠赴賽克拉德斯群島前去迎接，他們將一隻黃金製作的骨灰甕交給他，接下以後安放在最大一艘座艦上面，沿途所有的城市派人送來花圈將金甕裝飾得花團錦簇，市民當中知名的人物都參與送葬的行列，使得整個喪禮的儀式更為莊嚴隆重，當艦隊即將進入科林斯的港口之際，用紫袍覆蓋著金甕再放置一頂王冠，然後擺在船尾的高聳甲板上面讓眾人瞻仰，登岸的時候有一隊年輕人全副武裝隨侍在側，色諾芬都斯(Xenophantus)是當代極其著名的樂師，用笛子吹奏出最穆肅的旋律，進港船隻的划槳手高聲應和，他們下槳保持音樂的節拍，如同葬禮所帶來的悲傷，一聲聲衝擊著人們的心胸。安蒂哥努斯淚流滿面一身喪

112 德米特流斯是在285B.C.向塞琉卡斯一世投降，死於283年。

服，岸邊聚集的群眾看到這一幕都非常傷感和同情。等到在科林斯接受冠冕和額
外的尊榮以後，遺體運到用他的稱號命名的城市德米特里阿斯(Demetrias)，這裡
的居民來自一個名叫愛奧庫斯(Iolcus)的小村莊。

德米特流斯的妻子斐拉只給他生下安蒂哥努斯和斯特拉托妮絲兩個兄妹，此
外他還有兩個兒子，都使用德米特流斯這個名字，其中一位的綽號叫做廷因
(Thin)，母親是伊里利亞人，另外一位後來統治塞倫，是托勒邁斯所出。戴達美
婭也為他生了一個兒子，名字叫做亞歷山大，一直生活在埃及後來在那裡過世。
據說他還有一個名叫科拉布斯(Corrhabus)的兒子出自優里迪絲。他的家族保持世
襲的國王頭銜到帕修斯(Perseus)[113] 為止，最後還是羅馬人從他的手裡攫走馬其
頓。

現在馬其頓人上演的戲劇已經落幕，讓我們準備觀看羅馬人出場。

---

113 168B.C.帕修斯喪失馬其頓，這已經是115年以後的事。

第二章

安東尼（Antony）

83-30B.C.，羅馬將領，組成三人執政團掌握整個帝國，
受到克麗奧佩特拉美色蠱惑，與屋大維爭天下，戰敗自盡。

1 安東尼的祖父是著名的辯護律師，參加蘇拉的陣營被馬留處死[1]，他的父親也叫安東尼，綽號稱之為「克里特人」，在政界沒有多大的名望[2]，性格和善很受時人的敬重，特別是待人極其慷慨，我們現在略舉一個例子，可以知道他輕財重義的作風。他不是一個家財富有的人，所以他的妻子不許他任意發揮樂於助人的天性。有次一個朋友需要用錢來向他告貸，他手頭沒有現款，吩咐奴僕用銀盆給他打一盆水來，等水送來以後就把下顎沾濕，像是要刮鬍鬚的樣子，然後打發那位奴僕去做另一件事，看到沒有人在跟前，立刻將銀盆送給朋友，叫他拿去賣掉以應急需。後來，家裡發現銀盆丟失，到處都找不到，他的妻子非常生氣，要一一拷問奴僕，這時他才承認自己所做的事情，請她不要追究。

2 他的妻子茱麗亞（Julia）出身凱撒家族，言行審慎，儀態高貴，不遜於當時任何一位大家閨秀。安東尼在這樣一位賢妻良母的教養下長大。等到安東尼的父親去世後，她再嫁給高乃留斯‧連圖盧斯（Cornelius Lentulus）[3]，後來連圖盧斯涉及藍蒂加叛國案，被西塞羅處死。安東尼之所以對西塞羅懷著深仇大

---

1 安東尼的祖父馬可斯‧安東紐斯在99B.C.出任執政官，是羅馬政壇的領袖人物，87年被平民派殺害，可以參閱本書第十一篇〈馬留〉第44節。西塞羅在〈論腓力〉的演說中提到，他的被害主要還是出於辛納的堅持。

2 他的父親馬可斯‧安東紐斯‧克里蒂庫斯（Marcus Antonius Creticus）雖然在72B.C.被克里特的海盜打敗，還能獲「克里特人」這個榮譽的稱號，不久以後過世。

3 茱麗亞的父親朱理烏斯‧凱撒是90B.C.的執政官，她後來所嫁的高乃留斯‧連圖盧斯綽號叫做敘拉（Sura），本書第二十篇〈西塞羅〉第17-22節對他有詳盡的描述。

恨，這大概是最基本的原因。據他的說法是西塞羅甚至不許他們埋葬連圖盧斯的
屍體，還是他的母親向西塞羅的妻子提出請求，才同意將屍體發還給他們。不過，
這番話可能是言過其實，西塞羅擔任執政期間，任何遭到處死所遺留的屍體，都
沒有不許埋葬的規定。

安東尼青年時代儀容英俊，前途非常遠大，可惜交到古里歐(Curio)這樣一位
損友[4]。古里歐是一位愛好尋芳作樂的年輕人，爲了使安東尼更易於受到操控，
帶領他過著醇酒美人的生活，使得他揮霍無度，以致在那麼年輕的時候，竟然欠
下250泰倫的債務[5]。這筆欠債全由古里歐擔保，等到古里歐的父親得知這件事以
後，便將安東尼從他的家中趕出去。後來有段很短的期間，他追隨當時個性最爲
魯莽卑鄙，專以煽動民眾爲能事的政客克洛狄斯，從事破壞和擾亂的工作，沒過
多久就對那個人的瘋狂態度感到厭倦，何況有一股強大的反對勢力正在形成之
中，使他感到應該戒慎恐懼，於是離開意大利前往希臘，在那裡鍛鍊身體和學習
辯才，那是一種亞洲式的演講術，當時非常流行，適合他那種虛浮誇張、炫耀賣
弄和熱中名利的個性。

3 他在希臘停留一段時間以後，曾經出任執政官的蓋比紐斯(Gabinius)邀
請他一起遠征敘利亞，他不願以私人身分隨同前往加以拒絕，後來蓋比
紐斯委派他爲騎兵指揮官，欣然接受隨同出征[6]。第一次作戰的對象，就是唆使
猶太人反叛的亞里斯托布拉斯(Aristobulus)[7]，他在這次會戰能夠身先士卒，頭一
個爬到敵人最高堡壘的上面，把他們從所有的工事裡面驅趕出去，然後在一場堂
堂正正的會戰當中，擊潰兵力超過他的部隊很多倍的敵軍，把他們幾乎全部殺
死。俘虜亞里斯托布拉斯父子兩人。

這場戰爭結束以後，托勒密懇求蓋比紐斯協助他光復埃及王國[8]，答應給他1

---

4 蒲魯塔克對安東尼的早年生活所知甚少，後來根據西塞羅的演說〈論腓力〉第2篇第44-48
節，了解到安東尼與古里歐和克洛狄斯的關係，因而重寫本書第二十篇〈西塞羅〉有關情節。

5 羅馬的笛納相當於希臘的德拉克馬，1泰倫等於6,000笛納或24,000塞斯退司，所以250泰倫折
合6,000,000塞斯退司，是極其龐大一筆鉅款。羅馬第一階級的主要條件是年收入在400,000
塞斯退司以上。

6 遠征埃及是在58B.C.，那時他僅有25歲。

7 參閱本書第十六篇〈龐培〉第39節，裡面提到龐培平定猶太國王亞里斯托布拉斯的叛亂。

8 蓋比紐斯是58B.C.執政官；埃及國王托勒密十二世奧勒底(Ptolemy XII Auletes)是克麗奧佩

萬泰倫的報酬。大多數軍官都反對這件事，蓋比紐斯本人的意願不高，雖然那樣大一筆錢的確使他極其動心；安東尼生性好大喜功，同時又想取悅蓋比紐斯，便幫著托勒密力勸他接受這項請求。大家都認爲，這次出征最危險的事情，莫過於前往佩盧西姆（Pelusium）[9] 一段行程，經過寬廣無垠的沙漠，完全沒有水可喝，接著要沿著阿克里格馬（Acregma）沼澤和塞波尼亞（Serbonian）沼澤行進（埃及人稱那兩個沼澤爲泰豐［Typhon］[10] 的呼吸孔，實際上大概是紅海一個殘留的海灣，或是從紅海流出來一個水道，那塊地方有一個狹窄的地峽把紅海和地中海分開）。安東尼奉命率領騎兵前往，他不僅控制那條狹窄的通路，而且還占領主要的城市佩盧西姆，俘虜當地的駐軍，使得大軍的進展更爲安全，將領的勝利更容易到手。甚至就是敵人也從安東尼渴望榮譽的心態得到好處。托勒密進入佩盧西姆以後，憤怒和仇恨的情緒高漲，本來的打算是要把埃及人全部屠殺，安東尼加以勸阻，才使他們保全性命。

他參與很多次重大的作戰行動，能夠表現勇敢進取的作爲和軍事領導的才能，尤其是他有次從側翼迂迴過去，襲擊敵人的後衛，使前鋒獲得勝利。他爲了這項功勳而獲得很大的獎賞和榮譽。他對於死去的阿奇勞斯（Archelaus）[11] 所表現的義氣，也很受人讚許。阿奇勞斯本是他的朋友，後來在很不得已的狀況下與之交戰，仍舊非常英勇，等到阿奇勞斯陣亡，安東尼找到屍體，用王室的禮儀予以安葬。因此安東尼在亞歷山卓的人民間留下很好的名聲，所有在羅馬軍隊中服役的人都認爲他是一位最英勇的軍人。

4 他的儀表英俊舉止高貴，鬍鬚長得很美觀，寬廣的前額，再配上一個鷹鉤鼻，使人覺得他具有海克力斯的男性美，那種容貌經常出現在畫像和雕塑上面，何況還有一項古老的傳說，據稱安東尼家族是這位神明的後裔，他們的始祖是海克力斯一個名叫安東（Anton）的兒子。安東尼靠著他與海克力斯面貌

（續）
　　　特拉的父親，58年被臣民罷黜。
　9　佩盧西姆位於尼羅河最東邊的支流，城池堅固，位置險要，是亞洲進入埃及的門戶。
　10　希羅多德《歷史》第3卷第5節提到塞波尼亞沼澤，說是泰豐這個埃及的邪神住在裡面，危害來往的旅客。
　11　阿奇勞斯自稱是米塞瑞達底的兒子，後來娶托勒密・奧勒底的女兒貝麗奈西（Berenice）為妻，曾經統治埃及很短一段時期，55B.C.戰敗被殺。

神似，加上服裝的樣式，用來證明傳說確有其事。每當他在眾人面前出現的時候，總是穿著一襲長袍，佩帶一把寬劍，外面披著粗毛料的斗篷。

他喜歡誇耀也愛開玩笑，常常當眾飲酒，旁人進餐他就坐在旁邊，有時還站著和士兵一道吃簡單的食物，這些行為雖然被某些人感到討厭，卻博得部下的歡心。他在愛情方面的無往不利能夠爭取人們的好感，他因為幫助別人的戀愛事件，使得那些人成為他的好友，至於旁人取笑他的風流韻事，都能泰然接受。他的慷慨作風可以說是揮金如土，對於朋友和其他士兵的大量餽贈毫無吝色。這對他的青雲直上有很大的幫助，等到他身居要津以後，雖然同時發生無數愚蠢行為使他受到很大的打擊，還是靠著寬厚的心胸，能夠使他維持並且增大他的權勢。

關於他一擲千金的豪爽好施，我現在可以舉一個例子來說明：有一次他吩咐管事付給他的朋友25萬笛納或100萬塞斯退司，就是羅馬人所稱一個decies即「百萬的四分之一」。這位管事對於送出龐大的金額感到不可思議，便將銀幣堆在一起，擺出來不以為然的態度。安東尼經過看到以後，便問管事為何要將錢放在那裡，管事回答道：「這些錢是奉你的命令要送給朋友。」安東尼發現這位管事別有所圖，便告訴他道：「一個decies的錢怎麼才這一點點，實在太少了，再加上一倍。」[12] 這些都是以後發生的事。

5 後來的狀況是羅馬的政壇分為兩個派系，元老院派擁護羅馬的龐培，平民派求助率軍遠征高盧的凱撒。安東尼的朋友古里歐改變立場，轉而追隨凱撒，同時說服安東尼和他採取同一步調。古里歐憑著口若懸河的辯才和凱撒提供鉅額金錢，對於市民大會運用很大的影響力，得以使安東尼先出任護民官，然後又被選為占卜官。安東尼就職以後，馬上對於凱撒發揮最大的助力[13]。

等到執政官馬塞拉斯(Marcellus)提出建議，要讓龐培統率已經徵集的軍隊，還要授權給龐培依據需要另行召募相當兵力。安東尼反對這種做法，提出另一個法案，規定這些軍隊應該趕赴敘利亞，支援正與帕提亞人作戰的比布盧斯(Bibulus)，此外龐培不得指揮他所徵集的軍隊[14]。

12　亞歷山大大帝也有非常類似的故事，如此才能表現出揮金如土的豪情。
13　安東尼早在54B.C.隨凱撒前往高盧，到了51年出任財務官。他返回羅馬，50年成為占卜官，接著當選為49年的護民官，這時凱撒與龐培已經發生利害衝突，安東尼在50年12月10日就職。
14　這些部隊包括凱撒還給龐培的兩個軍團在內，元老院不僅將他們留在意大利，還要用來對付

元老院拒絕接受和處理凱撒送達的信函，安東尼運用所賦予的職權，親自在元老院公開宣讀，使得很多議員聽到以後改變個人的意見，他們從信函中了解凱撒提出的訴求不僅正當而且合理[15]。兩個議案在元老院中同時提出：第一個提議是龐培應否解散軍隊，第二個提議是凱撒應否解散軍隊；只有少數人員主張龐培應該放棄他的軍隊，差不多絕大多數都贊同凱撒交出指揮權，這時安東尼起立發言，提出另一個議案請元老院通過，龐培和凱撒全都解除兵權。元老院的成員對這項建議極其讚許，高聲歡呼，並且要求投票表決。

兩位執政官不同意這個辦法，凱撒的朋友又提出幾項讓步的條件，都很公正而且合理，卻遭到小加圖的強烈反對[16]，執政官連圖盧斯命令安東尼離開元老院。他在走出會場的時候對著他們破口大罵，為了隱匿身分就換上奴隸所穿的服裝，雇一輛馬車與奎因都斯‧卡修斯(Quintus Cassius)前去投奔凱撒。他們到達軍營以後，安東尼宣布羅馬的政局陷入法紀蕩然和混亂不堪的狀況，連護民官在元老院都沒有自由發言的權利，他為了主持公理正義竟被趕了出來，隨時有喪失性命的危險[17]。

6 凱撒基於這種情勢，立即出動部隊向意大利進軍。因為這個緣故，西塞羅在他的演說中盡情加以攻訐，說是如同特洛伊戰爭的起因是海倫一樣，這場內戰的罪魁禍首就是安東尼[18]。實際上這只是誣賴之詞，凱撒有強烈的主觀意識，不會因一時的憤怒做出衝動的行為，如果不是他早已胸有成竹，不可能看見安東尼和卡修斯穿著襤褸的衣服，乘坐雇來的馬車，到他的營地避難，就馬上發動一場內戰。出現這種狀況只是讓他獲得期待已久的適當藉口而已。促使他發動這場戰爭的真正動機，與從前亞歷山大和居魯士對全人類發動戰爭的動機幾無差別[19]，那是無法抑制的權力欲望，以及想成為全世界最偉大人物的瘋狂野

（續）

凱撒。

15 本書第十六篇〈龐培〉第59節和第十七篇〈凱撒〉第30節，對這些信函的內容都有說明。

16 要是比照西塞羅對安東尼扣帽子的說法，那麼小加圖的杯葛更是內戰爆發最直接的點火線。

17 安東尼被逐出羅馬是在1月7日，可以參閱本書第十六篇〈龐培〉第43節和第十七篇〈凱撒〉第30節。

18 西塞羅在44B.C.年底，發表第2篇以「論腓力」為名的演說對安東尼大肆抨擊，其中第22節提出這樣的說法。

19 居魯士大帝建立波斯帝國在6世紀B.C.；亞歷山大大帝征服波斯是在334-323B.C.。

心。他如果想實現這種企圖，非先將龐培打倒不可。

　　凱撒出兵占領羅馬，將龐培驅出意大利，接著決定先去征討龐培在西班牙的
軍團，下令在這段期間準備好一支艦隊，等到西班牙戰事結束，所有的船隻都已
完成備便，即將渡海前去對付龐培和他的軍隊。他將羅馬的政務交給擔任法務官
的雷比達，護民官安東尼負責意大利和統率所有的部隊。安東尼不久就博得士兵
的好感，因為他參加所有的訓練和操作，大部分時間都和他們生活在一起，並且
盡自己能力所及，餽贈他們許多禮物。但是他與其他人士的交往，卻無法達到眾
望所歸的要求，主要在於他的習性怠惰而且大而化之，對於受到冤屈前來申訴的
人士，沒有注意到他們的怨言，聆聽旁人提出請求的時候，表現出不耐煩的神色。
他時常同旁人的妻子發生不可告人的關係，以致名聲狼藉。總而言之，凱撒施政
（就凱撒本人的作為而論，絕不是一個暴虐的政權）所能獲得的良好名譽，全都被
他的朋友所損毀。在這些友人之中，安東尼託付的責任最重，所犯的過錯最大，
所以大家都認為他難辭其咎。

　　7　凱撒從西班牙獲勝返朝，完全不理會人們對安東尼的指控和譴責，因為
安東尼在戰爭中執行任務，積極進取而且精力過人，行事有人將之風，
尤其是戰陣交兵可以說是毫無缺失。凱撒從布林迪西上船，率領少數軍隊渡過愛
奧尼亞海[20]，然後將船隻遣回，命令安東尼和蓋比紐斯趕快率領他們的部隊上船
前往馬其頓。當時正值冬季，氣候惡劣，波濤洶湧，蓋比紐斯不敢冒險航行，打
算率領他的軍隊從漫長的陸路繞道前往，安東尼認為凱撒既然正遭敵人圍攻，深
恐他寡不敵眾，先去攻打當時率領一支艦隊封鎖布林迪西港口的黎波（Libo），運
用大批小艇襲擊他的戰船，將他趕走以後，才獲得機會讓2萬名步卒和800名騎兵
上船，啟碇向東航行。

　　等到敵人發現他們的行動，派出戰船在後追擊，幸虧這時颳起一陣猛烈的南
風，海面巨浪滔天，敵方的船隻受阻，總算解除面臨的危險。他們的船隊遭到暴
風的吹襲，撞向一個懸岩絕壁的海岸，幾乎已經沒有倖免的希望，想不到風向開
始轉換，南風變為西南風從陸地向著海洋吹來，安東尼得以安穩朝著目標的方向

20　48年1月4日B.C.，凱撒率領7個軍團將近1萬5000人，渡海前去伊庇魯斯要與龐培決一雌雄。
　　參閱本書第十七篇〈凱撒〉第37節。

行駛,這時可以看到岸邊布滿敵方戰船的殘骸,原來敵軍追擊他們的水師,都被狂風吹到那裡,其中很多都被岸邊的岩石撞碎。安東尼俘虜很多敵人,得到大量的財物,接著占領當地主要城市黎蘇斯(Lissus),大量援軍及時到達,給凱撒帶來很大的鼓勵,激起更大的鬥志[21]。

8 後來連續發生許多次的接戰行動,安東尼每次都有卓越的表現,其中有兩次他們的主力已經全部潰退,在他的遏阻之下,領導軍團轉過身去再度與追擊的敵軍奮戰,最後能獲得勝利。因此除了凱撒之外,他已經成為整個軍隊中最著名的人物。最後一場法爾沙利亞(Pharsalia)會戰,凱撒自己指揮右翼,把安東尼視為他手下能力最強的部將,要他負責左翼。從這件事可以看出凱撒對他有極高的評價[22]。

凱撒在會戰完畢以後接受笛克推多的職位,親自率領軍隊追擊龐培,同時派安東尼返回羅馬擔任騎士團團長。按規定當笛克推多在羅馬的時候,身為騎士團長無論職位和權力都是第二號人物,如果笛克推多離開都城,這個職位可以說是唯一的行政首長。因為等到笛克推多就任以後,除了護民官以外,所有其他的民選官員都要停止行使法定職權。

9 當時擔任護民官的多拉貝拉(Dolabella)還是一個年輕人,勇於任事積極負責,提出一項廢除債務的法案,要求安東尼與他採取同一立場,安東尼是他的朋友,熱心推動任何可以討好民眾的施政舉措。阿西紐斯(Asinius)和特里比留斯(Trebellius)卻持不同的意見,勸告安東尼不要附合多拉貝拉的主張。正在這個時候,安東尼猜疑多拉貝拉與他的妻子有曖昧關係,在氣惱之餘就與妻子離異[23](他們兩人原來是表兄妹,岳父就是與西塞羅同時任執政官的該猶斯‧安

---

21 安東尼於3月27日在尼姆法門(Nymphaeum)登陸,4月3日與凱撒會師,援軍有老兵3三個軍團、新兵1個軍團和800名騎兵。

22 雙方的部署如下:龐培軍的左翼是第一和第三兩個軍團,龐培自己的位置在此,中央是西庇阿的敘利亞軍團,右翼是阿法拉紐斯的部隊,共有110個支隊,4萬5000名兵員;凱撒軍將第十軍團配置在右翼,第九軍團在左翼,後者在狄爾哈強犧牲慘重,加上第八軍團,幾乎由兩個軍團編成,共有80個支隊,列陣兵員2萬2000人,凱撒要安東尼指揮左翼,蘇拉在右翼,杜米久斯在中央,他自己的位置面對龐培。

23 多拉貝拉和安東尼的妻子安東尼婭的姦情,西塞羅在他的演說〈論腓力〉第2篇中提到,詳

東紐斯[Caius Antonius]),然後加入阿西紐斯這一派,與多拉貝拉發生公開的衝突。這時多拉貝拉已經在羅馬廣場占了上風,想憑著暴力促使他的法案通過,後來元老院通過一項成議,要用武力來鎮壓多拉貝拉,安東尼便藉機率領士兵前來對付他,殺死對方一些部下,自己也遭到若干傷亡。

魯莽的行動讓平民不再對他產生好感,至於那些位階較高和重視品德的人士,誠如西塞羅所說那樣,對他日常的生活方式引起大家的深惡痛絕。因為他經常縱飲酗酒、奢華揮霍、荒淫無度,白天不是睡覺就是毫無目的在各處亂逛,到了夜間全都用來宴飲或觀劇,或者是參加喜劇演員或丑角的婚禮。據說喜劇名伶希皮阿斯(Hippias)結婚的時候,他在喜宴中喝了一夜的酒;第二天的早晨要到市民大會發表演說,走上講壇就對著群眾嘔吐不止,他的一個朋友拉起他的長袍,趕緊遮住不要太過難堪。

名角塞吉烏斯(Sergius)是他朋友當中,對他影響最大的人士之一,還有從事這個行業的旦角賽舍瑞斯(Cytheris),最受他的寵愛,在他外出視察的時候讓她隨行,就隨員的人數和排場的盛大而言,只有他的母親可以與她分庭抗禮。而且他隨身帶著黃金的酒杯,就像是宗教遊行行列中神聖的器具,野外搭起高高的天幕,河邊的樹叢之中擺出極其豪奢的盛宴,甚至從清晨開始就大吃人渴。他乘坐的戰車用獅子拖曳;占用正經人家的房舍,安置著一些不三不四的婦人和歌女,一般人民看到這些情形,產生很大的反感。當時凱撒正在意大利的境外從事征討,餐風露宿,席地而眠,不辭辛勞危險,繼續進行那場未完的戰爭,這些在他的勢力庇蔭之下的權貴,竟然如此驕奢淫逸,無視於輿論的批評,可說實在非常荒謬[24]。

10 種種不法情事使羅馬的派系傾軋更為猛烈,鼓勵士兵為非作歹,到處勒索搶奪財物;等到凱撒班師還朝,寬恕多拉貝拉過於激進的作風。凱撒第三次當選執政官,推舉雷比達為他的同僚而摒棄安東尼[25]。後來龐培

(續)─────────────
　　細的狀況沒有說得很清楚。
24 所有攻訐他的資料都來自西塞羅的〈論腓力〉各篇,還要加上後人很多附會之作,特別是普里尼的《自然史》第8卷提到他用獅子拖車。
25 凱撒在46B.C.第三次當選執政官,接著出任第四次笛克推多,這時他捨安東尼而用雷比達為騎士團團長。

的府邸出售，安東尼將它買下，等到要支付價款卻高聲抱怨。據他自己的說法沒
有跟隨凱撒出征利比亞，就是認為自己以前的功績，沒有得到應有的酬膺，所以
他才志不在此，拒絕前去賣命。凱撒用寬大的態度處理他所犯各項錯誤，結果使
得他自己能夠糾正過往的愚行和奢華。

安東尼棄絕從前的生活方式，結婚娶政客克洛狄斯的遺孀弗爾維婭（Fulvia）
為妻。弗爾維婭不屑於治理家務，即使掌控聽話的丈夫都無法讓她滿足。她的目
標是要駕馭城邦的統治者，或者向負有專閫之權的主將發號施令[26]。克麗奧佩特
拉該感謝這位女強人，因為她把安東尼訓練得服服貼貼，一切事情對妻子唯命是
從，等他落到克麗奧佩特拉的手中，馬上便是溫馴聽話的丈夫。安東尼還時常做
出種種孩子氣的玩笑行為，來博取弗爾維婭的歡心：例如，凱撒在西班牙獲勝之
後，動身返回羅馬途中，安東尼同旁人一起離開羅馬去迎接，忽然傳來一項謠言
說是凱撒已死，敵人正向意大利進軍。安東尼立即折返羅馬，喬裝成為一位奴隸
在夜間回到家中，說他是替安東尼送信的奴僕；這時他的臉完全用布蒙著，弗爾
維婭非常焦急，還沒有等他把信取出，先問他安東尼是否平安。他沒有回答只把
信遞給她，當她看信的時候，他卻過去摟住她的頸脖開始吻她。像這一類的軼事
很多，我現在只是姑且舉一個例子而已。

11 凱撒從西班牙班師返朝[27]，羅馬所有的政要都走好幾天的路程前去歡
迎，安東尼在其中是最受他禮遇的人，凱撒讓安東尼和他共乘一輛
車，全程都是如此。布魯特斯·阿比努斯（Brutus Albinus）和屋大維則隨在後面，
屋大維是他外甥女的兒子，後來承襲他的名字，很長時期是統治羅馬皇帝。等到
凱撒第五次受到任命成為執政官，馬上選擇安東尼擔任他的同僚[28]；他自己打算
辭職，把這個職位讓給多拉貝拉。凱撒將這個意思向元老院提出，安東尼竭力反
對，大肆攻訐多拉貝拉的行徑，多拉貝拉也惡言相向，毫不退縮，凱撒對於他們

26　弗爾維婭前面兩位丈夫是克洛狄斯和古里歐：前者是大名鼎鼎的政客，52B.C.在羅馬被米羅
　　所殺；後者是凱撒的愛將，出征阿非利加於49年作戰陣亡。雖然她屢遭喪夫之痛，仍舊在羅
　　馬政壇扮演舉足輕重的角色。她與安東尼結婚以後，趁著凱撒亡故的大好良機積極擴張勢
　　力，等到安東尼到亞洲，她與安東尼的弟弟盧契烏斯·安東紐斯聯合起來，發動對屋大維的
　　戰事，失利以後被圍在珀魯西亞（Perusia）。
27　45年9月B.C.凱撒平定西班牙的動亂以後回到羅馬。
28　凱撒在44B.C.出任第五次執政官，接著成為第六次笛克推多，最後宣布為終身笛克推多。

兩人的粗魯舉止極其不滿，就將這件事情暫時擱置下來。

　　這時他再度在市民大會中提出意見，要多拉貝拉出任執政官，安東尼卻高聲叫囂，說當時的預兆不祥[29]，不宜立即做出此項宣布，凱撒只好放棄原意，多拉貝拉當然頗爲煩惱。實際上，凱撒對於他們兩人都同樣感到厭惡。據說，有次一個人告訴凱撒說這兩個人都靠不住，凱撒回答道：「我所怕的不是這兩個腦滿腸肥留著長頭髮的貨色，倒是那些面色蒼白像是吃不飽飯的伙傢，應該多留心一點。」他所指就是布魯特斯和卡休斯，這兩個人後來還是密謀將他刺死[30]。

12 安東尼無意中提供遂行這場陰謀最好的藉口，使得叛徒師出有名。當時羅馬人正在慶祝Lupercalia即「逐狼節」[31]，凱撒穿著舉行凱旋式的盛裝，坐在羅馬廣場的講壇上面，觀看正在進行的各種活動。許多年輕的貴族和官員，赤裸上身塗著油膏，手裡拿著一條皮鞭，按照習俗到處奔跑遇到人就輕輕抽打。安東尼參加這項活動，他沒有遵照傳統的方式去做，卻用月桂葉編成一頂冠冕，然後跑到講壇的前面，旁邊的人把他高舉起來，要將那頂冠冕戴在凱撒頭上，好像藉著這種方式冊封凱撒爲國王[32]。凱撒裝模作樣表示拒絕向旁邊讓了一下，避開在上面那頂王冠，這時民眾便高聲向他喝采。安東尼再度把王冠往他的頭上戴，他還是加以婉拒。他們兩人這種你來我往的互動，又繼續一些時候。安東尼雖然努力獻上王冠，只受到少數朋友在那裡鼓掌捧場，凱撒的拒絕接受冊封的形式，卻受到民眾普遍的高聲歡呼[33]。

　　羅馬出現這種狀況說起來非常奇怪，人民有耐心接受帝王的實際統治，卻恐懼統治者使用帝王的頭銜，彷彿只要僭用那個名諱，就會剝奪他們的自由權利。

29　安東尼是占卜官，有權根據鳥卜預判未來的凶吉。

30　本書第十七篇〈凱撒〉第42節和第二十二篇〈馬可斯‧布魯特斯〉第8節，對於凱撒遭到弑殺有極其生動的敘述。

31　逐狼節是向保護牧人和羊群的盧帕庫斯（Lupercus）獻祭。盧帕庫斯是意大利本土的牧神，每年2月15日舉行盛大的慶典，包括集體齋戒和增加生育的儀式。

32　根據西塞羅在〈論腓力〉的說法，所謂的王冠只不過是一個束髮帶，用來作爲擁有王權的象徵而已。509B.C.，從塔昆被迫棄位下台以後，羅馬人對於國王始終抱有厭惡的心理，任何人有登極稱王的企圖都被視爲國賊，人人得以誅之。

33　凱撒雖然不願接受安東尼的王冠，非常害怕人民以爲他有稱王的念頭，於是命人在羅馬廣場一角的大理石柱上，刻下正式記錄：「執政官馬可斯‧安東尼請求終身笛克推多該猶斯‧凱撒接受王者的權威，遭到凱撒的拒絕。」

凱撒對當時所發生的事情感到窘惑不堪，就從座位上站起來，將長袍向下拉將頸部裸露出來，然後對大家說道，要是他懷著稱王登基的念頭，任何人都可以對他施以致命的一擊，血濺五步。後來那頂冠冕被安放在凱撒雕像的頭頂，卻被幾位護民官取了下來，就在他們回家的途中，民眾跟在後面高聲喊叫喝采，表示讚許。凱撒對這幾位護民官的行為感到不悅，因此將他們施以免職的處分[34]。

13 發生這樣的事情給布魯特斯和卡休斯帶來很大的鼓勵，他們要用密謀行動對付凱撒，必須選擇一批忠實可靠的盟友，曾經考慮是否應該邀請安東尼參加，大家都贊成這個意見，只有特里朋紐斯大力反對。根據特里朋紐斯的說法，上次大家一前去歡迎凱撒從西班牙返國，安東尼和他結伴而行，同宿在一個帳篷裡面，他用審慎的言辭將這個企圖稍微暗示安東尼，藉以探測他的意念，當時安東尼明白他的用心，卻未對他的計畫有任何明確的答覆；從另一方面來說，安東尼並未將這件圖謀透露給凱撒知道，等於是一直在為他們保守秘密[35]。

陰謀分子主張連帶將安東尼一起解決，布魯特斯並不贊成，他認為之所以要採取謀殺的手段，乃是為了維護正義和法律，絕對不可做出任何違背榮譽或玷污公正的行為。大家認為安東尼身強力壯，地位崇高，不能不對他加以防範，最後決定先派幾個人在外面守候，假裝有事要與他談話，好把他羈絆在外面，等到凱撒走進元老院，大家動手行刺的時候，安東尼就不會在場形成妨礙。

14 全部都按計畫順利執行，凱撒死於元老院的議場，安東尼一看大事不妙，馬上穿上一套奴隸的服裝躲藏起來。後來他發覺那些謀逆者在卡庇多的神殿集會商議，沒有意圖要進一步對其他人士採取行動，他就出頭勸他們下來，並且將自己的兒子交給他們充當人質。那天晚上，卡休斯和布魯特斯分別前往安東尼和雷比達的家進餐。安東尼召集元老院議員開會，發言主張不究既往，委派布魯特斯和卡休斯到行省擔任總督。元老院通過這項成議，同時決定

---

34 本書第十七篇〈凱撒〉第61節提到，凱撒免除護民官弗拉維烏斯和馬魯拉斯的職務，同時在指控這兩個人所犯罪行的時候，不止一次稱他們是騙子和壞蛋。

35 西塞羅在〈論腓力〉第二篇中提到特里朋斯試探安東尼這件事，等於指控安東尼有腳踏兩條船的企圖。

對於凱撒制定的決策和法令不做任何修改[36]。當安東尼走出元老院之際，儼然成為羅馬最顯赫的人物，大家認為他已經遏止一場內戰；能夠運用高明的辦法，具備一個政治家的風範，處理當前極其困難和棘手的問題。

沒過多久，基於民眾對他表現出熱烈擁護的態度，使得他打消溫和和妥協的主張，他當時懷有這種念頭，如果能把布魯特斯打倒，毫無疑問可以坐上羅馬政壇第一把交椅。在把凱撒的遺體安葬之前，安東尼按照慣例在羅馬廣場發表喪禮演說，發現自己所講的話在聽眾之間發揮很大的影響力，便趁著這個機會，從讚美凱撒的言辭之中加上悲傷的語句，對於所發生的事情表示極大的憤慨；演講快要結束的時候，他撩起死者的內衣，讓大家看看斑斑血跡以及刀劍所戳出許多洞眼。他稱呼那些元老院議員是手段殘忍的惡棍，施展暴行的兇手。群眾在聽到這番話以後，痛心疾首到無法控制的程度，人家不願讓這場葬禮拖延時間，就從廣場附近找來很多桌椅門窗，堆積起來舉火將凱撒的屍體焚化，然後每個人拿起一根燃燒的木頭，跑到那些陰謀分子的家中，要把他們找出來算帳[37]。

15 布魯特斯和他那批黨羽得知大事不妙，趕緊逃離羅馬，凱撒的朋友和部下聯合起來，一致擁護安東尼。凱撒的妻子卡普妮婭（Calpurnia）把大部分的財產，都託付給安東尼保管，數量達4000泰倫。凱撒的全部文件也都落到安東尼的手中，包括他過去所做各種事務的記載，以及各種計畫和事項的擬案。安東尼把這些文件加以利用，按照自己的意思委派一些官員和元老院的議員，召回有些被流放的人士，從監獄中釋放若干判刑的罪犯，聲稱這些作為都是在執行凱撒生前的決定。羅馬人用嘲笑的口吻，稱那些受惠的人士為Charonites或「卡戎派」[38]，如果有人對他們獲得赦免的依據表示懷疑，這時就得從死者的文件中獲得憑證。總之，安東尼在羅馬的作為極其專制，他自己擔任執政官，兩位弟兄都據有高位，該猶斯授與法務官而盧契烏斯是護民官。

---

36 本書第十七篇〈凱撒〉第67節敘述凱撒亡故後穩定政局的措施，但是沒有提到安東尼的名字。

37 本書第十七篇〈凱撒〉第67-68節和第二十二篇〈布魯特斯〉第18-20節，對這件事有不同的敘述；莎士比亞的《凱撒》第三幕第二場，安東尼向市民發表演說，完全是充滿戲劇性的創作。

38 奴隸因為主人的遺囑而獲得自由，也可稱為卡戎派，說他從死人那裡獲得好處。希臘神話當中，卡戎是地獄裡面渡過冥河的舟子，羅馬人稱之為奧庫斯（Orcus）。

16 屋大維是凱撒外甥女的兒子，在他的遺囑中是指定的繼承人，所以稱爲小凱撒[39]；凱撒被弒的時候他正在阿波羅尼亞（Apollonia）[40]。他回到羅馬之後，首先去訪問安東尼，把他視爲他父親的朋友，談到由他保管的金錢，並且特別提到要執行凱撒的遺囑，餽贈每位羅馬市民75德拉克馬。安東尼最初覺得以他那樣一位後生小子，竟然敢講出這種話來，實在令人感到可笑。於是他明白指出屋大維的心智恐怕有些不正常，作爲凱撒遺囑的執行人，需要有明智的判斷和朋友的忠言，使自己明白這項任務的艱鉅。屋大維不願接受這類的說辭，一定要他將錢交出來，安東尼卻繼續不斷在言語和行爲方面對屋大維加以傷害。例如，屋大維要競選護民官的時候，安東尼持反對的立場，等到屋大維按照元老院的成議，要把凱撒的金交椅奉獻出去[41]，安東尼特別加以威脅，要是不停止這種博取人民好感的作風，他就要將屋大維關進監獄。屋大維只有求助於西塞羅和所有憎恨安東尼的人士，在他們的協助之下，能夠獲得元老院的支持，屋大維自己則在爭取人民的好感，並且將凱撒散布在各個殖民地的士兵召集起來，這時安東尼才遭到壓力產生恐慌，願意同屋大維在卡庇多神殿會談，兩人經過協商和讓步以後，言歸於好。

那天夜裡，安東尼做了一個惡夢，就是自己的右手遭到雷殛；過了幾天以後，有人向他通風報信，說是屋大維要謀害他。雖然屋大維向他提出解釋，他根本不相信這些說辭，雙方的關係出現與從前同樣難以彌補的裂痕。兩個人都忙著在意大利各處奔走，用豐碩的報酬召募舊日的士兵，這些人目前散布在各個殖民地；並且爭取那些尙未解甲的軍隊給予大力鼎助[42]。

---

39 屋大維成爲凱撒的繼承人以後，他的名字稱爲凱撒・屋大維阿努斯，後來稱爲奧古斯都・凱撒。我們爲了易於辨識，將Octavius譯成兩個中文名字，一個是「屋大維烏斯」，用於其他人等，另一個是「屋大維」爲他所專用；同時我們不將屋大維稱爲凱撒（原文中都是如此稱呼），以免混淆。

40 阿波羅尼亞是伊里利孔地區古老的希臘城市，羅馬共和國末期成爲學術重鎮和教育中心。

41 狄昂・卡休斯《羅馬史》第50卷第44節，提到元老院賜給凱撒很多特權，像是他在劇院可以坐黃金的交椅，上面還鑲嵌著名貴的寶石。

42 44B.C.從5月到11月，安東尼和屋大維雖然經常發生齟齬，外表上還是不容易看得出來，布魯特斯和卡休斯這時仍舊留在意大利，對於這種狀況好像並不清楚。

17 這個時候的西塞羅是羅馬最有影響力的人物，竭盡全力煽動民眾，要他們反對安東尼[43]，最後總算說服元老院宣布安東尼是國家的公敵，將束棒、斧頭和其他作為法務官的榮譽權標送給屋大維，還對擔任執政官的赫久斯(Hirtius)和潘沙(Pansa)下達敕令，要求他們將安東尼驅出意大利。兩軍在莫德納(Modena)附近接觸，屋大維本人參加這次會戰，安東尼遭到擊潰，兩位執政官當場陣亡[44]。安東尼在逃亡過程之中，遭到各種困苦，飢腸轆轆使得狀況極其嚴重，他只要面臨災難，卻比任何其他時期有更佳的表現，這是他的性格使然。他一旦遭逢逆境，就會凸顯他的武德到達最高的水準。

每當遇到重大危難的時候，能夠明辨是非對錯，曉得自己應該如何去做，這在一般人而言並非難事；等到處於窮途末路的困境，很少人能夠遵從自己的判斷力去做應該做的工作，更難避免那些使狀況更惡化的事項，許多人變得更為懦弱只有屈從自己的習慣，無法善於運用心智的力量。安東尼這一次卻能為他的士兵做出良好的榜樣，讓人感到驚奇不已。他本來一直過著奢侈豪華的生活，現在毫無困難喝著渾濁的污水，拿野果和茱根當成裹腹的食物。據說他們連樹皮都吃過，尤其是在越過阿爾卑斯山的時候[45]，拿人類不屑一顧的野獸當成糧食。

18 雷比達(Lepidus)在阿爾卑斯山那邊率領一支軍隊，安東尼認為這個人是他的朋友，過去靠著他的幫助能從凱撒那裡得到很多好處，所以他的企圖是要與雷比達會合。安東尼到達以後就在附近紮營，雷比達沒有任何友好的表示，於是他決定大膽嘗試要孤注一擲[46]。他的頭髮留得很長不加整理，自從打了敗仗以後就沒有刮過鬍鬚，帶著這樣一副極其不堪的儀表，身上披著一件黑色的斗篷，跑進雷比達工事嚴森的營地，開始向那批軍隊講話，無論是他的外表或者言辭，都能讓很多士兵感動。雷比達看到發生這種狀況很不高興，就下令號角手吹起嘹亮的號聲，好讓大家聽不清楚他所說的話。可是士兵因而對他更

---

43 西塞羅從43年9月B.C.到44年4月B.C.一共發表十四篇稱為「論腓力」的演說，其中以第二篇最有名，撰寫於44年11月B.C.。

44 時間是在43B.C.年初，地點是穆蒂納(Mutina)即今日的莫德納，安東尼戰敗但是兩位執政官潘沙和赫久斯被殺。

45 安東尼越過亞平寧山脈，沿著海岸前往普羅旺斯，但是按照他自己的說法是阿爾卑斯山。

46 安東尼在43年5月B.C.中旬與雷比達的軍隊發生接觸。44年凱撒派卸任的法務官雷比達出任納邦高盧和近西班牙兩個行省的總督，現在他非常關心政局的發展。

表同情，決定派遣利留斯(Laelius)和克洛狄斯當代表，與他進行一次會商。這兩個人穿上婦女的衣服，偷偷溜出去與他見面，他們勸他馬上出兵進攻雷比達的營地，保證許多士兵都會出來歡迎，如果他願意的話，可以除去雷比達以絕後患。

安東尼不願殺死雷比達，第二天早晨他率軍渡過隔在兩軍之間的河流。他是第一個下河的人，在朝著對岸走去的時候，看到雷比達的士兵全都出來接應，拆除那些阻絕的工事，使得他能順利上岸。等到他進入雷比達的營地，立即成為掌握絕對大權的主人，可是他對雷比達的態度非常謙恭有禮，談話的時候尊稱雷比達為他的父執，雖然一切都在他的控制之下，仍舊讓雷比達保有將領的職位。他這種待人寬厚的態度，使得當時率領一支龐大軍隊，駐紮在不遠之處的穆納久斯・普蘭庫斯(Munatius Plancus)，願意投效他的陣營。他的戰力又開始壯大起來，最後率領17個軍團和1萬名騎兵，再度越過阿爾卑斯山進入意大利。除了這些軍隊以外，他還有6個軍團留駐在高盧，由瓦流斯(Varius)負責指揮，這位將領是他的好友和夥伴，有個綽號叫做柯特隆(Cotylon)[47]。

19 屋大維發覺西塞羅念茲在茲要使人民擁有自由權利，便不再對他表示好感，派遣朋友去見安東尼，希望與他達成共同合作的協議。他們兩人與雷比達在一個小島晤面，舉行連續三天的會商[48]，帝國如同祖傳的產業被他們瓜分。要將那些人處死成為最難解決的問題，因為每個人都想消滅自己的仇敵而保全自己的朋友，相持不下無法獲得協商的結果，最後還是對敵人的仇恨，戰勝對親屬的尊敬和朋友的情誼，屋大維因安東尼的堅持犧牲西塞羅，安東尼放棄他的舅父盧契烏斯・凱撒(Lucius Caesar)，雷比達只有讓人去謀殺他的兄弟包拉斯(Paulus)；還有另外一種說法，完全是出於他們兩位的要求，雷比達不得不送掉自己兄弟的性命[49]。

就我看他們所同意的協議，實在是世間最野蠻和最殘酷的惡行，因為在這場「血債血還」的交易中，他們不僅殺害那些遭到捕獲的人士，還要主動交出親友

---

47 cotylon即「大酒壺」，這個綽號是說他有千杯不醉之量。

48 43年10月底B.C.，安東尼、雷比達和屋大維集會，地點是波諾尼亞(Bononia)境內雷諾(Reno)河上一個小島，達成協議成立三人執政團。

49 從這三個人的性格來說，雷比達較為溫和而且不會堅持己見，所以在三人執政團中成為一個制衡的力量，用來緩和安東尼和屋大維的衝突。

來讓人處死；這種做法特別傷害到友情，因為那些當成犧牲品的朋友與他們無冤無仇，實在沒有被謀殺的道理。

20 軍方為了要使他們這次重修舊好能夠完美無憾，特別要求他們聯姻鞏固雙方的關係，屋大維應該娶弗爾維婭的女兒克洛迪婭（Clodia）為妻，弗爾維婭的丈夫就是安東尼。這項要求經過大家同意以後，他們便公開宣布判處300人死刑，立即執行不得有誤。安東尼下令給負責處死西塞羅的劊子手，要砍下死者的腦袋和右手，因為那些對他大肆抨擊的演說，都是靠著那個頭顱和那隻手寫出來[50]。等到他的部下將西塞羅的首級和手臂送到他的面前，他非常高興看著那兩樣東西，禁不住發出愉快的笑聲，等他感到心滿意足以後，吩咐僕從將西塞羅的頭和手送到羅馬廣場，懸掛在講壇的上方，認為這樣做可以侮辱死者，實際上只是凸顯自己的狂妄和傲慢，憑著運道所獲得的軍國大權，他根本不夠資格享用。

安東尼的舅父盧契烏斯·凱撒在嚴密追蹤之下，躲到他的姊姊家中，那些殺手撞入大門就要衝進她的寢室，她站在門口伸出雙手，一再高聲喊叫：「我是你們的將領安東尼的生身之母，我不許你們殺害盧契烏斯·凱撒，除非你們先把我殺了。」這樣一來，她的弟弟才能保住性命，未遭殺身之禍。

21 羅馬人民對於三人執政團非常厭惡，一般認為安東尼難辭其咎，特別是他的年齡長於屋大維而權勢大於雷比達，等到政局稍為平靜下來，所謂「飽暖思淫慾」馬上恢復奢侈放蕩的生活。他本來已經名聲狼藉，偏偏又要住進龐培大將的府邸，使得人民對他格外產生反感。龐培品德高尚，生活嚴謹，表現民主風度，曾經獲得舉行三次凱旋式的榮譽，所以深獲民眾的敬仰。一直有很多高官、名流和使節想要獲得那所房屋，都遭到嚴辭拒絕，現在裡面卻住滿各種演員名角、雜耍賣藝者和酗酒的阿諛之徒，靠著用暴力和殘酷手段搜刮的金錢，過著養尊處優的生活，民眾看到這情形，無不表示深惡痛絕。

三人執政團不僅沒收那些遭到處死者的財產，壓榨他們的遺孀和家屬，還想

50　西塞羅被害是在43年12月7日B.C.，有些版本包括本書第二十篇〈西塞羅〉第47節，說他的雙手都被砍了下來。

盡種種辦法對人民橫徵暴斂，甚至他們聽到有些外國人和羅馬市民，將貴重之物
存放在灶神女祭司的手裡，還被這些人要去將那些錢財逼索出來。後來屋大維看
出安東尼的貪得無饜，於是要求重新劃分勢力範圍。他們在將軍隊平均分配以
後，兩人各自率領所屬人馬前往馬其頓，要與布魯特斯和卡休斯決一勝負，羅馬
交由雷比達治理。

22 他們渡海之後將營地設置在敵軍附近，開始展開作戰行動，安東尼
的對手是卡休斯而屋大維對抗布魯特斯[51]。屋大維的作為毫無起色，
反之安東尼卻能連戰皆捷。在第一次會戰中，屋大維被布魯特斯擊潰，營地喪失，
他本人逃脫倖免於難。據他在《回憶錄》的記載，因為他的朋友做了一個夢，使
得他在會戰之前已經先行撤退[52]。安東尼卻擊滅卡休斯，雖然若干史家有這種說
法，戰鬥進行之中，安東尼並未在戰場指揮，直到獲勝他才趕回，和部隊一起進
行追擊。卡休斯戰敗之後，不知道布魯特斯打了勝仗，命令他最信賴的自由奴潘
達魯斯（Pindarus），拔出刀來將他殺死免得落入敵人手裡。過了幾天以後，雙方
再進行一次會戰，布魯特斯戰敗自殺身亡。

屋大維生病未能出戰，勝利的榮譽幾乎全歸安東尼所有。安東尼站在布魯特
斯的屍體前面，講了幾句譴責死者的話，意思是他不應該為了替西塞羅復仇，在
馬其頓下令處決他的兄弟該猶斯。接著馬上又說，那件事應該由賀廷休斯
（Hortensius）負主要責任，所以下令將賀廷休斯帶到他兄弟的墳前殺死以洩憤。安
東尼將自己穿著那件名貴的猩紅斗篷，覆蓋在布魯特斯的屍體上面，然後吩咐他
的一位自由奴，負責辦理喪葬事宜。後來安東尼獲悉，那位自由奴沒有將斗篷和
布魯特斯的遺體一起火化，不僅將這件貴重物品據為己有，還中飽大部分葬喪費
用，安東尼一氣之下，將這個人處死。

---

51 42年10月B.C.的腓力比會戰，在本書第二十二篇〈馬可斯・布魯特斯〉第39-52節有詳盡的
描繪，誠如阿皮安的評述，這一天的戰鬥決定羅馬政府未來的形式，民主政體結束，君權統
治開始。

52 可以參閱本書第二十二篇〈馬可斯・布魯特斯〉第41節，屋大維的朋友是馬可斯・阿托流斯
（Marcus Artorius）。

23 屋大維乘船返回羅馬，病勢很重大家以為他留在世間不會長久。安東尼為了要使東部各行省都向他繳納貢金，率領一支大軍進入希臘[53]。三人執政團在出征之前，曾經立下承諾，將來要發給每名普通列兵5000德拉克馬，所以現在必須運用嚴厲的手段，徵收賦稅和貢金，始能籌出所需的鉅額經費。安東尼對希臘所採行的措施卻很溫和寬大，至少在初期的確如此。他聆聽學者辯論，觀賞競技表演，參加宗教儀式，藉以滿足個人的嗜好和素養。他在司法方面的態度極其公正，樂於被人稱為Philhellene即「欣賞希臘的人士」，尤其是稱為Philathenian即「喜愛雅典的人士」，所以他向那座城市贈送很多禮物。麥加拉市民表示他們有一些可以與雅典媲美的東西，特別邀請他去參觀他們的元老院大廳，等到看完以後主人請他發表感想，他說這座建築物並不壯觀，事實上已經殘破不堪。他派人前去量測德爾斐的阿波羅神殿，好像是有意要加以整修，後來他果然向元老院宣布要求撥款進行施工。

24 不久以後，他要盧契烏斯‧申索瑞努斯(Lucius Censorinus)留在希臘，負責照料整個區域的狀況，他自己渡海前往亞細亞[54]，攫取那裡極其豐碩的財富，所有的國君等候在他的門口，王后競相向他奉獻禮物，並且鬥豔爭勝，博取他的歡心。這段期間，屋大維置身羅馬，困於內部的紛擾和戰爭之中，體力日感不支。安東尼卻在亞細亞逍遙自在，逐漸恢復從前那種逸樂放蕩的生活。像安納克森諾(Anaxenor)和祖蘇斯(Xuthus)之類的豎琴家和笛手，舞師梅特羅多魯斯(Metrodorus)，還有一大批亞細亞的表演藝人，都進入他的宮廷，這些人打著他的名號到處放肆胡為，遠甚於他從意大利帶來的敗類和壞蛋；所有的財富都浪費在這些方面，事態的發展已到了令人無法忍受的地步。整個亞細亞就好像索福克利筆下所描寫的那個城市[55]：

> 空氣中瀰漫著香薰燭燎的味道，
> 充滿歡樂的歌聲和絕望的哀叫。

53　布魯特斯和卡休斯敗亡以後，三人執政團現在控制東方和帝國最富庶的地區，安東尼了解到這方面的重要性，從而建立穩固的權力基礎。

54　發生在41B.C.。

55　引用自索福克利的悲劇《厄迪帕斯王》，所指的城市是底比斯。

當他到達以弗所的時候，婦女打扮成酒神的女祭司，男士和孩童裝做半人半獸的森林精靈和牧神，他們夾道歡迎，全城到處都纏繞著常春藤的長矛，還有豎琴、簫笛和七弦琴，人民都沉醉在歡樂之中，他們奉安東尼是賜予快樂和仁慈的酒神。對於某些特定人士，他固然是快樂和仁慈的贈與者，但是對於大多數的人們，他卻是殘酷和毒惡的吞噬者[56]。他經常剝奪品德高尚人士的財產，送給那些惡棍和奸佞之徒。有些人還活在世間，貪婪的小人卻謊報他們已經亡故，請求安東尼把死者的財產賜給他們，多能如願以償。

安東尼把馬格尼西亞一個市民的房屋賞給他的廚子，只因為這位奴僕把一頓晚餐調理得極其精美。最後當他向亞細亞各城市執行年度第二次徵稅的時候，海布里阿斯（Hybreas）[57] 鼓起勇氣，代表亞細亞各城市向他提出意見：「你既然要每年徵收兩次賦稅，一定會有法讓我們每年能有兩個夏天和兩個收穫季節。」這些話表達的意思非常直率，只是措辭的方式很有技巧，安東尼頗為賞識。接著海布里阿斯大著膽子明白地指出，說是亞細亞各城市已經繳給他20萬泰倫[58]：「如果你還沒有收到這筆鉅款，可以向租稅承包商索取，要是你已經收到而且花光，我們就會成為一無所有的倒霉鬼。」

這些話正是直指問題的核心所在，對很多假藉他的名義做出的事情，他竟然毫無所知，主要原因並非他的疏忽和怠惰，而是過於信任左右的親隨。他的性格非常豪爽，不太容易發現自己的錯誤，一旦得知犯下過失就會懊悔，對於蒙受損害的人士表示歉意。他用慷慨的行為補償受害者的損失，也會採取嚴厲的手段來懲罰做了壞事的部屬，只是他的慷慨遠甚於他的懲處。他會用鋒利尖刻的言辭來嘲笑旁人，這樣做並不讓人感到難堪，因為對方可以反唇相稽；他很高興表現出嬉笑怒罵的姿態，要是對方回報以嘲諷，他也不以為忤。這種毫無忌憚的交談，後來竟然成為禍患之源。他無法想像在開玩笑的時候極其大膽的人，等到辦理公務還會運用奉承的手法施加欺騙，因為他並不明白那些奸詐之徒的習性，往往會在阿諛討好之中夾雜冒犯的言辭，正如同糖果商要在產品當中摻雜少量辛辣的物

---

56 蒲魯塔克一直將安東尼比擬為酒神巴克斯，要是用羅馬人的稱呼就是戴奧尼休斯，在後面的
    24、60和75節都提到，交替表現出神性的仁慈和人性的罪惡。

57 演說家海布里阿斯成為邁拉薩（Mylasa）的統治者，這個城市位於安納托利亞（Anatolia）的西
    南部，他需要羅馬的支持，因而成為忠實的附庸國。

58 41B.C.安東尼要求各城邦在兩年之內，要將9年的貢金繳清。

質，以免多食讓人生厭。他們會在酒宴之前，旁若無人大放厥詞，目的在於造成一種假象，讓人覺得他們在會議中一味順從，完全是本著個人的理念而非逢迎和諂媚。

25 這個人的個性大致如此。他與克麗奧佩特拉[59]的戀情，是他一生之中最後也是最大的災禍，這種熱愛把他本性中原已停滯的欲念，激發、點燃以後竟然達到瘋狂的程度，原本可以發揮抵抗作用的善意和睿智，不是遭到窒息就是敗壞變質。他之所以會陷入其中不得自拔，有如下述的成因：當他正在準備帕提亞戰爭[60]的時候，有人對克麗奧佩特拉提出指控，說她在上次戰爭給予卡休斯大量援助，安東尼派人前去通知，要求她到西里西亞與他會晤，就這項罪行做出答辯。奉派的迪流斯(Dellius)[61]和克麗奧佩特拉見面以後，看到她的容貌豔麗，口齒伶俐，立即認爲安東尼不會與這樣的婦女作對，可以預判她會得到他最大的恩寵。迪流斯對埃及女王大肆奉承，用荷馬的詩句勸她穿上「華麗的裝束」[62]前往西里西亞，告訴她不要對安東尼存著畏懼之心，要知道他是最仁慈和最和善的勇士。

她認爲迪流斯所言不虛，對於自己的魅力更具信心，她曾經憑著無往不利的嬌媚，使得凱撒和年輕的格耐烏斯‧龐培(Cnaeus Ponpey)拜倒在她的石榴裙下[63]，現在更能使得安東尼對她一見傾心。她在與前面兩位相識的時候，還是一位不識世事的少女，等到現在與安東尼相見已經處於花容月貌的全盛時期，女性之美到達光輝燦爛的階段，智慧完全成熟更能善體人意。她爲這次旅行大肆準備，就一個富裕王國的財力所及，帶了許多禮品、金銀和貴重的飾物，最大的本錢還是她

59　克麗奧佩特拉是埃及女王，自從亞歷山大大帝征服埃及建立馬其頓王朝以來，她是最後一位統治者，年齡在41B.C.是28歲，原先準備兵力要與安東尼力爭，最後的打算要改善雙方的關係。
60　帕提亞帝國控制美索不達米亞和波斯，對於羅馬的東疆形成重大的威脅，公元前53年克拉蘇率領的大軍在卡里(Carrhae)戰敗，損失極其慘重，安東尼為了雪恥復仇，組成數支遠征部隊對帕提亞人起攻勢。
61　迪流斯是安東尼的事業夥伴，曾經寫出那個時代的歷史著作，有很多資料為蒲魯塔克所引用。
62　《伊利亞德》第14卷第162行，描寫赫拉打扮極其華麗去與宙斯會面。
63　48年10月2日B.C.朱理烏斯‧凱撒抵達亞歷山卓是在龐培被害以後，當時克麗奧佩特拉是21歲，可以參閱本書第十七篇〈凱撒〉第49節。格耐烏斯‧龐培到埃及是在49年，只有蒲魯塔克說他與克麗奧佩特拉譜出戀情，看來這是想當然耳的事。

的魅力和美色。

26 克麗奧佩特拉接到好幾封信函召她前往，分別來自安東尼和他的幕僚，她對於那些命令根本不予理會。最後好像是爲了要嘲笑他們起見，乘坐一艘大型皇家遊艇，有著鍍金的船尾，紫色的船帆全部伸展開來，銀色的船槳配合簫笛和豎琴的節拍划動，進入賽德努斯(Cydnus)河[64]溯流而上，克麗奧佩特拉躺在一個由金線織成的華蓋下面，打扮得像是畫裡所見的維納斯，面容俊美的男童，衣著宛如畫家筆下的邱比特(Cupid)，站在兩旁爲她打著搧風的扇子，侍女的裝飾像是海上仙子和美麗的女神，有的在船尾掌舵，有的在操縱纜繩，縹緲的香氣向著四周飄散，岸上觀看的人潮眞是萬頭攢動，有些人一直沿著兩岸隨著船隻行走，還有更多人從城市裡出來大開眼界。廣場的人全都前去迎接，只剩下安東尼一個人坐在審判席上，這時群眾盛傳維納斯即將爲了亞細亞居民的利益，要與酒神舉行飲宴。

她到達以後，安東尼派人去請她共進晚餐。她認爲最好還是請安東尼到她那裡去，他爲了表示自己的體貼有禮，只有應邀前往。迎接場面的盛大眞是無法形容，不計其數的燈光最讓人感到驚奇讚嘆。等他到達以後，突然展現很多燈具，布置得非常巧妙，有些排成方形，有些排成圓形，共同構成一幅無與倫比的美麗景色。

27 安東尼在次日設晚宴回請，很想在場面的富麗堂皇和設計的精巧細緻方面，都能勝過女流之輩，結果發現遠不是對手。所以安東尼開始的時候講些笑話，自嘲智慧的貧乏和構想的庸俗。克麗奧佩特拉見識到安東尼的戲謔手法，言辭頗爲粗魯通俗，富於士兵的豪邁風格，缺少宮廷的高雅氣質，所以她也敞開胸襟，毫無拘束用同樣的作風與他講一些開玩笑的話。

據說克麗奧佩特拉並沒有沉魚落雁的容貌，更談不上傾國傾城的體態，但是她有一種無可抗拒的魅力，與她相處像是如沐春風，俏麗的儀容配合動人的談吐，流露於言語和行爲之間一種特有的氣質，的確是能夠顛倒眾生。單單聽她那

---

64 賽德努斯河在西里西亞的東部流入地中海，塔蘇斯是位於河岸的重要城市，離開出海口尚有相當距離。

甜美的聲音，就令人感到是一種賞心樂事，她的口齒宛如最精巧的弦樂器，可以隨時轉換不同的語言。她在接見來自各地的蠻族人士之際，很少使用通事，大半都是用對方的語言直接交談，不論對方是衣索匹亞人（Aethiopians）、特羅格洛迪特人（Troglodytes）、希伯萊人、阿拉伯人、敘利亞人、米提人還是帕提亞人，除了那些民族之外，還會講許多其他的語言[65]，這種卓越的本領的確讓人感到驚奇，因爲在她以前的國王連埃及的語言都不肯學習，其中有幾位連自己的馬其頓語都不夠精通。

28 這樣一來，安東尼受到她的蠱惑完全喪失理智。當時他的妻子弗爾維婭正在羅馬與屋大維從事武力鬥爭，著眼是要維護他的權益。拉頻努斯（Labienus）[66]（波斯國王屬下的將領都已奉他爲統帥）率領的帕提亞軍隊，正在美索不達米亞集結，準備進軍敘利亞，他卻跟著克麗奧佩特拉前往亞歷山卓。他在那裡就像一個耽於逸樂的孩童，沉迷於各種遊戲和消遣，把安提奉（Antiphon）所謂世間最寶貴的「時間」，浪費虛耗在兩情歡悅之中。他們組成一個會社，名字叫做Inimitable Livers或「極樂會」，參加的成員輪流每天設宴歡會，花費之浩大眞是令人難以置信。

有位來自安斐沙（Amphissa）的醫生斐洛塔斯（Philotas），時常與我的祖父蘭普瑞阿斯（Lamprias）談起那時的情形[67]。斐洛塔斯當時正在亞歷山卓習醫，認識一位御廚，有天邀請他去看看調理一餐御膳的豪奢程度。他在廚房裡面見到食材種類之繁和數量之豐，可以說是嘆爲觀止。尤其是看到8隻野豬同時在烤製的時候，他不禁問道：「參加的客人一定不少吧！」御廚笑他孤陋寡聞，告訴他客人不過12位左右，要求每道菜在端上去的時候，都必須烤得恰到好處，如果火候稍有不對，那道菜就得報銷重做，御廚說道：「安東尼也許會吩咐馬上用餐，或許會等

---

65 這裡列舉那些與埃及接鄰而住的民族，從南邊的衣索匹亞人開始，接著是居住在紅海附近的特羅格洛迪特人，再就是東邊的猶太人和阿拉伯人，最後是敘利亞人和美索不達米亞的米提人和帕提亞人。

66 這位奎因都斯·拉頻努斯是提圖斯·阿久斯·拉頻努斯（Titus Atius Labienus）的兒子；後者是高盧戰爭擔任凱撒的副將，後來投向龐培的陣營，孟達會戰中被殺。

67 蒲魯塔克經常在著作中訴說祖父蘭普瑞阿斯的軼事，認爲他不僅慈祥而且見多識廣，這種親情的流露無足爲怪。在一本描述德爾斐的書中提到斐洛塔斯，說他是該地的名醫。蒲魯塔克和斐洛塔斯的家鄉分別是奇羅尼亞和安斐沙，這兩個城市距離德爾斐很近。

一下先進一杯酒,要是談正事就會延後進餐的時間。因此,我們準備不是一頓晚餐而是多場飲宴,因為根本無法預測他會在什麼時候就座進食。」這是斐洛塔斯所說的往事。

斐洛塔斯接著還提起,安東尼的長子是弗爾維婭所生,他後來成為這位貴公子的私人醫生,要是這位嫡子不與父親共進晚餐,就會邀請自己的朋友一同用膳。有天在宴會當中,另外一位醫生高談闊論,使得在座的人士感到不以為然,斐洛塔斯運用三段論法的詭辯術,駁斥對方的論點:「病人發燒要讓他喝涼水;任何人只要患上熱病就會發燒;因此,人只要患上熱病得讓他喝涼水。」另外那位醫生聽到以後,只有閉嘴不語。安東尼的長子非常高興地大笑起來,指著那張布滿金銀器具的桌子說道:「斐洛塔斯,我把這些東西全部送給你。」斐洛塔斯連聲致謝,他實在想不到,一位年輕人居然能夠隨意把這麼貴重的東西送人。過了一會兒,僕人把這些器具拿了過來,要他劃一個押,他不敢接受加以婉拒,那個僕人說道:「你這個人是怎麼回事?雖然這些東西都是黃金的器具,難道你不曉得送你東西的人是安東尼的兒子?他就是有權說話算數。不過,你要是肯聽我的話,我勸你最好還是讓我們將這些東西折合現款給你,因為這些金器當中有幾件是古董非常名貴,他的父親或許不願就這樣隨意送掉。」我的祖父告訴我們,斐洛塔斯喜歡談起這些軼事異聞。

29 我們言歸正傳,敘述克麗奧佩特拉有關事蹟。柏拉圖提到的奉承阿諛的本領有四種方式[68],克麗奧佩特拉卻可以變幻出一千種花樣。無論安東尼的心情是一本正經還是輕鬆自如,她隨時可以創造新的歡樂或者施展新的魅力,來迎合他的願望或欲念,她無時無刻不在他的身旁服侍,白天夜晚都不離開他的視線。她陪著他呼盧喝雉、飲酒作樂、垂釣狩獵。他在練習武藝的時候,她也跟著去觀看。她時常在晚上隨著他一起夜遊,到平民人家的門口或窗下,講一些不堪入耳的笑話,安東尼喬裝為男僕,她則打扮成女僕的模樣,安東尼常常遭到辱罵,有時會被人打一頓,即使很多人猜得出這兩人的身分,表面看來大家不知道他們是何許人也。然而亞歷山卓人都很欣賞他這種奇特的作風,用愉快和

---

68 柏拉圖的《高吉阿斯》第464頁,將這方面的技巧區分為四種:即詭辯、修辭、美食和裝束,
  相對於四種高貴的技能是立法、正義、醫藥和體操。

親切的態度陪著他歡笑嬉戲。他們對安東尼非常欣賞，即使他在羅馬裝扮悲劇的角色，現在卻與他們同台演出一場喜劇。

他的怪誕行徑難以細述，有關釣魚的故事倒是值得一提。有天他和克麗奧佩特拉一同去垂釣，過了很久還是沒有收穫，看到情婦在旁邊覺得沒有顏面，於是他暗中吩咐漁夫潛入水中，把早已捕獲的魚掛在釣鉤上面，因為他很快接二連三起竿，竟被克麗奧佩特拉看出破綻，可是她不動聲色，裝出毫不知情的神色。她向安東尼的朋友大肆讚許他的釣魚技巧，還邀請他們明天再來享受垂釣之樂。等到第二天，很多人依約前往，登上那條遊艇，他剛剛開始揚竿拋出釣鉤，她的一名僕人搶在潛水夫之前暗中下水，把一條從潘達斯運來的鹹魚掛在鉤上，安東尼發現釣絲在動，馬上起竿，接著當然是一陣轟堂大笑，於是克麗奧佩特拉對他說道：「將軍，把你的釣竿交給法羅斯(Pharos)和坎諾帕斯(Canopus)[69] 那些可憐的漁夫吧！你所要捕獵的目標是城市、行省和王國。」[70]

30 就在這段優游逍遙的期間，他收到兩份緊急報告，一份來自羅馬，說他的兄弟盧契烏斯，原來和他的妻子內訌非常激烈，後來一改初衷彼此合作，對抗屋大維的作戰完全失敗，現在已經逃離意大利[71]。另一份報告帶來同樣不利的消息，說是拉頻努斯率領的帕提亞部隊占領亞細亞，從幼發拉底河和敘利亞算起，遠至利底亞和愛奧尼亞，這一大片地域都在他的控制之下[72]。這時他才恍然大悟，放棄醉生夢死的生活，率領所部立即出發，襲擊帕提亞的軍隊，進展順利直達腓尼基[73]。

等到接獲弗爾維婭一封悲痛的信函以後，他立即改變行程，帶著200艘戰船駛向意大利，航行途中接待從意大利逃出來的朋友，從他們的口裡得知整個事件

---

69 法羅斯是屏障亞歷山卓的一座小島，上面建有舉世聞名的燈塔，用很長的堤道與大陸連接。坎諾帕斯是尼羅河口一個小鎮，位於亞歷山卓東邊約25公里，成為王室的避暑勝地。

70 魏吉爾寫出詞藻華麗的詩篇來記述此事，使人讀後有不勝欷歔之感。

71 盧契烏斯·安東紐斯和安東尼的妻子弗爾維婭，要在意大利用武力對付屋大維，不僅徵召八個軍團還要占領羅馬，結果在41-40B.C.的冬天，被圍困在珀魯西亞(Perusia)，後來迫於饑饉只有開城投降，屋大維饒恕兩位領導人物，但是城市被洗劫一空。

72 拉頻努斯的入侵開始在40B.C.的春天，經過敘利亞和西里西亞直抵愛琴海的海濱，這時有很多羅馬人加入他的陣營，直到39年的年初為止，一路上可以說是勢如破竹。

73 這個時候已經接近40B.C.的歲末。

的來龍去脈，這場戰爭完全是弗爾維婭一手促成；這個女人個性急躁又固執己見，她的目的是要在意大利引起動亂，可以迫使安東尼離開克里奧佩特拉。出乎意料之外，弗爾維婭乘船前來會晤安東尼的途中，染患重病亡故於西賽昂。這樣一來形勢大變，能夠使安東尼和屋大維有和解的機會。安東尼抵達意大利以後，屋大維並未對他做出任何指責，他準備將一切過錯歸咎於弗爾維婭，雙方的幕僚都認爲不必浪費時間，再來計較誰是誰非，要盡先讓他們兩人和好如初，這個帝國就可以分而治之：大家劃定以愛奧尼亞海爲界，東部的行省歸安東尼，西部的行省歸屋大維，阿非利加則受雷比達的統治[74]。最後達成一項協議，當他們本人不願出任執政官的時候，由他們的幕僚輪流擔任。

31 雙方都很滿意這些解決辦法，可是大家都認爲他們之間應該有更爲密切的聯合，剛好湊巧有這樣一個好機會，屋大維有位同父異母的姊妹屋大維婭（Octavia），因爲他的母親是阿蒂婭（Attia），只是她是安查麗婭（Ancharia）所出[75]。據說她在各方面都非常出色，受到屋大維的喜愛和照顧。屋大維婭的丈夫該猶斯·馬塞拉斯（Caius Marcellus）過世沒有多久，安東尼也因弗爾維婭之死成爲鰥夫。雖然他不否認自己對克里奧佩特拉的熱愛，卻不承認與她有婚姻關係，就這件事情來說，他的理智正與那位埃及女人的魅力，一直不斷在他的內心引起衝突。大家極力促成雙方的親事。他們認爲以屋大維婭的美貌、尊貴和睿智，一旦與安東尼結爲連理，定會贏得他的歡心，兩個家族可以和諧共處，相安無事。於是經過雙方的同意以後，他們前往羅馬，大肆慶祝這場婚禮。按照法律的規定，女子在丈夫亡故後未滿十個月，身爲孀婦不得再醮，現在元老院卻爲他們廢除這項法律的限制。

---

74 40年9月B.C.屋大維和安東尼在布林迪西舉行會議，新的勢力劃分使得屋大維在西部擁有更大的權力，同時也讓公元3世紀的戴克里先加以沿用，帝國的分治能夠有先例可循。雷比達雖然分到阿非利加，埃及沒有包括在內。

75 屋大維婭生於70B.C.，應該是屋大維的姐姐，蒲魯塔克認爲屋大維是兄長。

32 當時，色克都斯‧龐培烏斯(Sextus Pompeius)[76]擁有西西里，他的船艦在門納斯(Menas)的指揮之下，配合麥內克拉底(Menecrates)的海盜幫派，經常騷擾意大利沿海一帶，普通船隻都不敢駛入鄰近海域[77]。色克都斯過去一直對安東尼表達友善的態度，安東尼的母親和弗爾維婭逃亡途中，曾經接受色克都斯的接待。所以經過三方面的決議，要讓色克都斯參加和約的簽訂。雙方在麥西儂(Misenum)[78]的海角附近會晤，面談的地點就在港口的防波堤旁邊，龐培烏斯的艦隻碇泊在相鄰的海面，安東尼和屋大維的軍隊則在岸上排列很長的隊伍。雙方會商的結果，決定由色克都斯治理西西里和薩丁尼亞，負責肅清海盜，每年要向羅馬繳納定額的小麥。

他們達成這項協議以後，彼此相互設宴款待，按照拈鬮由龐培烏斯第一個做主人。安東尼問他晚宴設在何處，他指著那艘有六排槳座的旗艦說道：「就在那裡，是我父親留給我繼承的唯一產業。」他說這種話對安東尼帶有指責的意味，因爲他父親的府邸正被安東尼據爲己有。龐培烏斯的座艦下錨碇泊妥當，搭起一座浮橋直抵海角，非常熱情將客人迎上船去。賓主敬酒佐觴，真是不醉無歸，都拿安東尼和克麗奧佩特拉的戀情當作笑談，海盜頭目麥內克拉底低聲對龐培烏斯說道：「只要我砍斷這艘船的纜索，那你不僅是西西里和薩丁尼亞的主子，整個羅馬帝國都會落到你的手裡，你看如何？」龐培烏斯略事考慮，然後回答道：「你要做就不必問我的意見。目前要維持雙方相安無事的局面，況且我要守信，否則就會爲人所不齒。」接受另外兩位的款待之後，龐培烏斯駛返西西里。

33 等到和約完成簽署以後，安東尼派遣溫蒂狄斯(Ventidius)前往亞細亞，阻止帕提亞人向外的擴張[79]，他自己爲了獲得屋大維的好感，接受過世的凱撒所遺祭司長或最高神祇官一職。他們兩人用友善和尊重的態度，共同處理政務和軍國大事。在所有的娛樂活動當中，不論是比賽的技巧還是運氣的

---

76 色克都斯‧龐培烏斯是龐培最小的兒子，第三位妻子所生，他從45B.C.孟達會戰逃脫以後，始終與三人執政團為敵，直到35年戰敗被殺。

77 龐培大將的幼子在過去幾年給屋大維帶來很大的困擾，現在他的艦隊由200-250艘戰船編成，擁有足夠的力量可以切斷意大利的海上運輸，讓羅馬陷入饑饉的絕境。

78 麥西儂是康帕尼亞地區海岬和港口的名字，這個海港位於那不勒斯灣，是最主要的水師基地，奧古斯都時代將一支艦隊配置在此，用來保障海上糧食運輸的安全。

79 根據阿皮安的說法，布林迪西會議之前，安東尼已派遣溫蒂狄斯前往亞洲。

好壞，總是屋大維占了上風，這種情形一直讓安東尼感到困擾。

安東尼的身邊有一位埃及占卜官，精於子平之術，不知是受到克麗奧佩特拉的收買，還是推算的結果的確如此，非常坦誠告訴安東尼，說他的運道本來極其興旺，但是在屋大維氣數的籠罩之下，受到遮蓋變得黯淡無光，他勸安東尼要盡速遠離那位年輕人。占卜官說道：「因為你的守護神對他的守護神懷有畏懼之心；保護你的神祇在獨處的時候，不僅高傲而且勇敢，一旦來到他的守護神面前，就會變得怯懦和沮喪。」對照一些實際發生的事例，似乎可以證明這位埃及人所言不虛，每當他們拈鬮或是擲骰子，總是安東尼輸，他們時常鬥雞或是鬥鶴鶉，總是屋大維贏，這種情形使他心中感到憤懣，進而對那位埃及人更加器重。後來他把自己的家務事交給屋大維處理，帶著屋大維婭離開意大利前往希臘；屋大維婭不久之前為他生了一個女兒。

他在雅典過冬期間，得到溫蒂狄斯的捷報，知道這位將領已經打敗帕提亞人，殺死海羅德(Hyrodes)王手下優秀的將領拉頻努斯和法納帕底(Pharnapates)。為了慶祝這場勝利，他設宴招待希臘人，親自參加雅典的賽會擔任主持人。他將統帥的標誌和仗儀留在家中，穿著希臘人的長袍和白鞋，手持權杖出現在公眾的面前。等到競賽者搏鬥到相持不下的程度，他就出來執行任務，抓住他們的頸脖將他們分開。

34 安東尼在開拔前去作戰的時候，從神聖的橄欖樹[80]上取來一只花環，遵守神讖的囑咐，用瓶子裝滿克勒普西德拉(Clepsydra)泉[81]的聖水，然後隨身攜帶。這段期間，帕提亞國王的兒子帕科魯斯(Pacorus)又率領大軍進犯敘利亞，溫蒂狄斯立即迎擊，雙方在賽里斯蒂卡(Cyrrhestica)的原野進行會戰，羅馬人的斬獲極為豐碩，帕科魯斯本人陣亡於是役[82]。這場大捷是羅馬人最著名的成就之一，能夠洗雪克拉蘇喪師辱國的羞恥，使得帕提亞人在連續遭到三次失敗以後，不得不困守在米地亞和美索不達米亞的範圍之內。溫蒂狄斯不再

80　這棵樹種植在雅典衛城的伊里克蘇斯(Erechtheium)神廟的前面。

81　鮑薩尼阿斯《希臘風土志》第1卷第28節，提到聖泉位於衛城古老正門或「山門」的下方。獲得Clepsydra的稱呼在於泉水有時滿溢有時乾涸。

82　這場會戰發生在38B.C.，本書第十四篇〈克拉蘇〉第33節特別提到，公正的神明最後要懲罰海羅得的殘酷和蘇里納的殺降，所以海羅得的兒子帕科魯斯會死在羅馬人的手裡。

對帕提亞人發起追擊，生怕會引起安東尼的嫉妒，率軍進攻那些曾經背叛的民族，將他們一一征服，重新歸順羅馬帝國。

溫蒂狄斯在薩摩薩塔(Samosata)[83]圍攻康瑪吉尼(Commagene)國王安蒂阿克斯(Antiochus)。安蒂阿克斯願意獻出1000泰倫以獲得他的諒解，答應爾後要聽從安東尼的吩咐，溫蒂狄斯不肯接受，要對手將這項建議向安東尼提出。因為安東尼率領大軍正在途中，已經抵達附近地區，事先下達命令要溫蒂狄斯不可與安蒂阿克斯談和，他希望這次大捷的功勞能夠歸到自己的名下，不讓別人認為一切勝利都是副將的成績。可是圍攻作戰的時間拖延甚久，被圍者的求和受到拒絕，他們便加強守備的工作，以致安東尼沒有獲得進展。安東尼在羞愧之餘，非常後悔自己否決對方第一次歸順的建議，現在他被逼只有讓步，結果安蒂阿克斯出了300泰倫，雙方簽訂和約。安東尼對於敘利亞的事務做了若干指示之後，率軍返回雅典，讓溫蒂狄斯得到應有的光彩，回到羅馬接受舉行凱旋式的榮譽。

到目前為止，溫蒂狄斯是唯一戰勝帕提亞人班師的將領[84]；他的出身寒微，受到安東尼的拔擢才有表現才華的機會，成就一番豐功偉業。特別是他的無往不利，證實當時一般人對屋大維和安東尼的看法，就是統帥本人領軍出征，往往沒有什麼收穫，他們的副將總是能夠手到擒來。安東尼的部將索休斯(Sossius)同樣有很大的建樹。還有就是坎奈狄斯(Canidius)，安東尼把他留在亞美尼亞，後來不僅征服那個民族，接著擊敗阿爾巴尼亞人和伊比里亞人的國王，進軍直抵高加索地區[85]。因此，安東尼的聲勢大振，在野蠻民族之間建立很高的威望。

35 安東尼受到不實傳聞的影響，對於屋大維產生怨恨的心結，率領300艘戰船駛往意大利[86]，布林迪西的守軍不讓他登岸，便前往塔倫屯。他的妻子屋大維婭隨他前來，獲得他的同意去訪晤她的弟弟屋大維，她已經為安

83　薩摩薩塔是康瑪吉尼王國的首都，位於幼發拉底河的上游區域。

84　圖拉真皇帝入侵帕提亞獲得極大的成就，這次遠征行動發生在114A.D.，雖然他在返回羅馬之前已經病故，117年還是為他舉行盛大的凱旋式。或許圖拉真生前看到蒲魯塔克所寫這段文字，才激起他的雄心壯志。

85　龐培早已將羅馬的勢力伸入此一地區，可以參閱本書第十六篇〈龐培〉第34-36節。

86　安東尼回到意大利是在37B.C.春天，這時屋大維和色克都斯·龐培烏斯的協議破裂，需要他前來充任和事佬。

東尼生了兩個女兒，現在又懷孕在身[87]。她在途中遇到屋大維和他的兩個屬下阿格里帕(Agrippa)和密西納斯(Maecenas)；她拉著他們到一旁，非常懇切而哀傷的告訴他們，說她本來是世界上最幸運的女人，現在卻可能會造成極大的轉變落入不幸的深淵。因為到現在為止，大家都羨慕她是兩位最偉大指揮官的妻子和姐姐，如果這兩個因失和而發生戰爭，她說道：「我立即陷入無可挽回的悲慘處境，姑且不論那一方面獲得勝利，我都要吞下失敗的苦果。」[88]

屋大維深為她的話所感動，於是懷著和平的心情前往塔倫屯。當地的居民看到莊嚴感人的景象，數量龐大的陸軍列隊在岸上，威風凜凜的艦隊停泊在海港，雙方毫無敵對行為，只有朋友彼此問候表現快樂和親切的態度。安東尼首先設宴款待屋大維，屋大維為了他姐姐的緣故欣然赴席。最後雙方商定，屋大維為了帕提亞戰爭應該交給安東尼兩個軍團，安東尼也要投桃報李奉送屋大維100艘戰船；除此以外，屋大維婭又讓她的丈夫送給她的弟弟20條輕型帆船，回報的禮物是1000名步兵[89]。雙方在友善的氣氛中分手，屋大維馬上要去與龐培烏斯作戰，希望能夠征服西西里。安東尼把他的妻子連同他和弗爾維婭所生的子女，全部託付給屋大維照顧，然後啟碇前往亞細亞。

36 經過很長的時間，他對克麗奧佩特拉的戀情已經冷淡，釀成的禍患似乎被他的理智清除殆盡，往日的歡樂逐漸被他所遺忘。但是，快到敘利亞的時候，他的激情開始死灰復燃，最後就像柏拉圖所說那樣，人類靈魂就像那匹倔強無法駕馭的烈馬，不理有益的忠告非要一意孤行不可[90]；他派遣豐提烏斯‧卡庇多(Fonteius Capito)將克麗奧佩特拉接到敘利亞。等她到達以後，安東尼送給她一份豐碩的禮物，把腓尼基、內敘利亞(Coele-Syria)、塞浦路斯、西里西亞大部分區域、朱迪亞出產香脂的地帶，以及在阿拉伯半島向外海延伸的納巴薩(Nabathaean)，全部納入妊的版圖，豪奢的餽贈使羅馬人極其不悅。

---

87 小安東尼婭出生在36年1月B.C.，每次懷孕不是流產就是所生的小孩後來夭折。

88 從這段話可以知道屋大維婭與克麗奧佩特拉表現出截然不同的行為，前者抱著息事寧人的態度，後者唯恐天下不亂。當然，這也可能是屋大維的宣傳手段，用來指控安東尼的無情無義。

89 37B.C.秋天，塔倫屯協定同意三人執政團再延長五年，重新安排重要的事務，安東尼從未獲得屋大維所應允的部隊。

90 蒲魯塔克用這兩句話來描寫安東尼的舊情死灰復燃，出自柏拉圖的《斐德魯斯》(Phaedrus)。

雖然他的作爲過於擅權，像是他曾經運用私人關係，委派一些平民去治理所
屬行省，或者是進而掌握一些王國，曾經從一些國王手裡奪走他們的領土，譬如
朱迪亞的安蒂阿克斯被他下令斬首(國王的地位非常尊貴，遭到此類刑罰是歷史
上第一人[91])，讓羅馬人最感憤怒之處，乃是他賜給克麗奧佩特拉的榮譽和頭銜。
他承認克麗奧佩特拉所生的孿生子是他的子女，分別命名爲亞歷山大和克麗奧佩
特拉；同時還拿太陽和月亮當作自己和克麗奧佩特拉的稱號，更加引起羅馬人的
反感。

安東尼擅長將極其羞辱的行爲說得理由十足，他經常提及羅馬帝國的偉大，
不在於對王國的奪取而是施與，能夠在每個地方培育成群的後裔或繼承的帝王，
乃是使得羅馬的貴族血胤擴展到全世界的唯一方法。他認爲自己的祖先就是這樣
由海克力斯生育出來；海克力斯並不把繁殖後代的任務局限一個女人，毫不畏懼
梭倫法典中有關管制生育的法律[92]，完全順其自然，所以能夠留下很多的分支血
統。

37 等到弗拉阿底(Phraates)弑殺父王海羅德自立爲帝[93]以後，許多帕提
亞人離開自己的家園逃奔各方，聲望很高且權勢甚人的摩尼西斯
(Monaeses)投效安東尼尋找庇護。安東尼認爲摩尼西斯的際遇與提米斯托克利相
似[94]，他素以豪邁和慷慨自傲，當然不能讓波斯國王專美於前，就將拉立沙
(Larissa)、阿里蘇薩(Arethusa)和稱爲班比昔(Bambyce)的海拉波里斯(Hierapolis)
這三個城市[95]，送給摩西尼斯去治理。不久以後，帕提亞國王對摩尼西斯表示友
好，保證他的安全要他返國，安東尼也欣然同意。安東尼的目的是想讓帕提亞國
王的感觀一新，覺得和平的局面可以繼續維持下去，提出的條件是歸還克拉蘇戰

---

91 根據狄昂‧卡休斯的記載，他們先對安蒂阿克斯施以炮烙和鞭刑，然後再將他的咽喉割開。
92 參閱本書第三篇〈梭倫〉第22節，根據赫拉克萊德的記述，梭倫公開宣布「非婚生子沒有奉
　養父親的義務」，說是有人所以要避開雙方結合的正當形式，表示他要女人不是爲了養育後
　代而是尋歡作樂，這樣一來就要他自食其果。
93 等到帕科魯斯(Pacorus)被殺以後，帕提亞王國的政局變得極其不穩，弗拉阿底(Phraates)爲
　了奪權，暗中殺害他的父親海羅德(Hyrodes)和所有的兄弟，引起帕提亞貴族階層的叛亂，
　於是安東尼抓住這個機會，在36B.C.發起遠征行動，就是下面第37-52節所敘述的過程。
94 可以參閱本書第四篇〈提米斯托克利〉第28-32節，波斯國王對提米斯托克利極其禮遇。
95 這三個城市應該都在敘利亞境內，雖然帖沙利地區有一個更爲知名的城市叫做拉立沙。

死時被擄去的軍團鷹幟,釋放仍舊活著的羅馬俘虜。

安東尼將這件事處理完畢,奉送克麗奧佩特拉返回埃及,然後率軍經過阿拉伯和亞美尼亞,這時他的部隊全都集結起來,並且和聯盟國家(許多國王與他簽訂盟約,其中以亞美尼亞國王阿塔伐斯德[Artavasdes]的實力最為強大,帶來的兵力是6000名騎兵和7000名步卒)的軍隊會師,他出面主持一次盛大的校閱。受檢的軍隊之中有6000名羅馬步兵,以及視為羅馬主力的1萬名西班牙和高盧騎兵;另外還有其他國家的3萬名騎兵和步卒。這支兵力之強大和人數之眾多,不但使得巴克特里亞(Bactria)[96]邊界的印度大感驚慌,還讓整個亞洲為之顫慄。可惜安東尼為了克麗奧佩特拉的緣故,未能適當運用以致功敗垂成。安東尼想與克麗奧佩特拉到冬天能夠廝守在一起,所以未到預定的時間就提前發動戰爭。他的一切作為都沒有經過適當的考量,顯得雜亂無章,看來他已經無法主宰自己的能力,似乎在某種藥劑或魔法的操縱之下,全心全意想念克麗奧佩特拉,他的目的不是戰敵人而是盡快回去[97]。

38 首先,他的部隊長途行軍而來,至少已經走了8000弗隆的距離,早已疲憊不堪,應該在亞美尼亞冬營,人員能夠得到充分的休息;接著要在春季開始之際,趁著帕提亞的軍隊尚未離開冬營,先行入侵米地亞。安東尼沒有耐心等待,亞美尼亞留在左側毫無掩護,就向著阿特羅佩提尼(Atropatene)行省進軍,接著大肆蹂躪整個地區。其次,主力後面本來跟隨300輛車所編成的縱隊,載運攻城所需的器械和裝備,其中包括一輛長達80呎的攻城撞車,所有的器具連帶所需的零件,無論是遺失或損壞都不可能補充,因為在上亞細亞地區的木材,長度和硬度都嫌不足,無法製造出合乎要求的裝具。然而他在匆忙之中卻把整個車隊留在後方,指派縱隊指揮官史塔蒂阿努斯(Statianus)率領一支分遣部隊負責照料,他認為這些鈍重的器具會妨礙行軍的速度。

他率軍圍攻米地亞最主要的城市弗拉阿塔(Phraata),國王的妻子和兒女都居

---

96 巴克特里亞位於阿姆河與興都庫什山脈之間,即今阿富汗一帶,是中亞的古國,我國稱之為大夏,唐朝亦稱吐火羅,後為大月氏所滅。

97 當時有人批評安東尼出兵的時機不對,這是事後之明不足為訓。要是延到次年會使弗拉阿底有時間加強準備,勝算可能更低。

住在該地[98]。實際的需要證明他沒有帶攻城縱隊犯下多大的錯誤，在無法可施的狀況之下，只有靠著城牆堆起等高的土丘，這項工程極其浩大，不僅耗費龐大的人力而且進行甚為緩慢。這段期間，弗拉阿底率領一支大軍前來救援，等到知悉攻城的器具和車輛都留在後面，馬上派出大批騎兵，奇襲史塔蒂阿努斯，結果指揮官和屬下1萬名士兵被殺，攻城的器具全遭破壞，許多人成為俘虜，包括波勒蒙（Polemon）這位國土在內[99]。

39 戰爭剛開始就遭到嚴重的挫折，軍隊的士氣當然大受影響，亞美尼亞國王阿塔伐斯德認為羅馬軍隊的命運乖戾，雖然他是這場戰爭的始作俑者，竟然率領所屬離開營地逕行撤退[100]。帕提亞人激起高昂的鬥志，出現在圍城的羅馬軍隊之前多方加以侮辱。安東尼認為如果繼續按兵不動，不僅士氣消沉而且軍心慌亂，所以決定率領10個軍團和由重步兵組成的3個禁衛軍支隊，加上所有的騎兵，出去搜尋所需糧草，藉以吸引敵軍前來決戰。

他領導部隊行軍一日的路程，發現帕提亞人一直在附近盤旋不去，伺機在他們前進的途中發起襲擊。他下令在營地懸出會戰的信號，同時拆卸帳篷，使敵人認為他並不打算作戰，而是想率軍退卻。敵軍已經排成新月形的戰線，他率軍從旁邊經過，在事前已發布命令，一等軍團行近，可以給予支援的時候，騎兵馬上開始出擊。羅馬軍隊手中持著長矛，一排一排隔著同等的距離向前行進，隊伍井然有序，保持靜寂無聲，紀律極其良好，使得在旁觀看的帕提亞人不禁動容。等到號令一經發出，羅馬騎兵突然向著帕提亞人襲擊，同時發出很大的喊聲，帕提亞人勇敢應戰，然而與敵人的距離太近，使得他們無法運用弓箭。接著羅馬的軍團也參加作戰，高聲吶喊，配合武器的撞擊聲，帕提亞的士兵和馬匹都大為慌，紛紛退走。

安東尼毫不放鬆，奮勇在後跟進，希望這場大捷可以結束戰爭，步兵的追擊

---

98 米地亞的國王與亞美尼亞的國王同名，都叫阿塔伐斯德，因為怕產生混淆，所以這裡沒有說出他的名字。後面52和53節提到米地亞國王就是這位阿塔伐斯德。

99 史塔蒂阿努斯的覆沒對安東尼而言是最大的損失，帕提亞還是運用當年對付克拉蘇的戰術，大量乘騎弓箭手發起快速的攻擊。失敗的主因是亞美尼亞的騎兵部隊不願給予掩護，任憑史塔蒂阿努斯的運輸縱隊陷入絕境。波勒蒙是潘達斯的國王，這個王國是羅馬的附庸。

100 狄昂・卡休斯在《羅馬史》第49卷第25節中提到，亞美尼亞國王阿塔伐斯德誘使安東尼的遠征行動，要經過米地亞的國境，那是因為他一直對米地亞國王抱著敵視的態度。

達到50弗隆,騎兵疾馳的距離則三倍於此,可是他們獲得的戰果,卻是只俘獲30名帕提亞人,殺死敵人80名。羅馬軍隊充滿沮喪失望之情[101],因為他們覺得在勝利的時候,所獲得的成就是如此微少,然而他們一旦遭到失敗,卻要蒙受極其慘重的傷亡。

第二天,他們將輜重收拾妥當,首途返回弗拉阿塔的營地。他們在行軍的途中,首先遇到一些散漫的敵軍,越往前走碰到的敵軍越多,最後竟與敵軍的大隊遭遇。帕提亞人的陣容整齊,毫無疲憊之色,竟向他們挑戰,從四面八方發起攻擊。他們且戰且走,好不容易才到達營地。到了營地以後,安東尼發現米地亞人曾經出擊,他的部下在驚慌之中,竟然放棄好不容易堆成的土丘,於是他要對失職的人員施以「十一之刑」[102],就是將士兵分為十人一組,採取抽籤的辦法處死其中一位,至於那些留得性命的人,下令將他們的口糧由小麥改為大麥。

40 現在雙方陣營對於這場戰爭都感到艱辛困頓,如果拖延下去對於安東尼更為不利。他已經面臨饑饉的威脅,屬下官兵每次出去搜尋糧草,必定有相當的傷亡。在另一方面,弗拉阿底深知他的部隊無視於戰陣之苦,就是無法在室外度過隆冬,所以他十分擔心,當時秋分已過,天氣漸漸轉寒,如果羅馬人繼續圍城,他的部下可能棄他自行離去。為了促使羅馬軍隊趕快退卻,他實行一個詭計,命令那些和羅馬軍隊熟悉的帕提亞士兵,等羅馬人出來搜尋草的時候,不要在後面窮追猛趕,讓他們帶走一些收穫之物,還要稱讚他們的勇敢,說是帕提亞國王認為羅馬士兵受到舉世的稱許,這些讚譽之辭實非虛語。如果再有機會就前行幾步,把馬匹停在羅馬士兵的身邊,對他們大罵安東尼過於固執,因為弗拉阿底非常希望講和,藉以保全許多士兵的性命,安東尼卻堅決拒絕一切友善的建議,繼續圍城,等待兩個最厲害的敵人降臨,就是寒冬和飢餓,到時即使帕提亞人樂於協助,羅馬軍隊也很難逃脫厄運。

安東尼從許多人的口中得到這項報告,開始存著和解的希望,但是並沒有派

---

101 帕提亞人的主力是輕裝步兵和乘騎弓箭手,所以進入和撤離戰場的速度極其敏捷。

102 羅馬的軍法非常嚴厲,尤其對部隊違犯重大過失,像是謀叛譁變、不聽節制、違抗命令等,會處以「十一之刑」,就是掣籤抽出十分之一的人員,要其餘未中籤人員排成夾道,用棍棒將受罰者擊斃。內戰時期經常實施這種令人聞之悚慄的刑罰,像是朱理烏斯·凱撒在49B.C.,杜米久斯·卡維努斯在39年和屋大維在34年,處亂世唯有運用重典才能維持軍紀。

人去和帕提亞國王接觸，卻先向那些發表友好談話的帕提亞人探聽明白，他們之
所以講出那些話，是否奉到他們國王的命令。那些帕提亞人說他們的確奉了國王
的命令，並請他不要猜疑，於是他派遣幾名代表去見帕提亞的國王，還是要求歸
還鷹幟和釋放俘虜，用意無非是爭回一點顏面，使人覺得他的目的並非只是安全
撤退而已。國王的回答關於軍旗和戰俘之事，最好不要再提出來，如果他想撤退
的話，倒是可以隨時離開，帕提亞的軍隊沒有追擊的打算。

　　過了幾天以後，安東尼收拾好他的輜重拔營而去。要知道安東尼擅長演講，
最能憑著口才維繫軍心，這次解圍後撤，出於羞愧和沮喪的心情，並未親自向官
兵發表演說，派遣杜米久斯・伊諾巴布斯(Domitius Aenobarbus)[103] 代表他講了一
些話。有些士兵對他這種做法感到氣憤，認為安東尼藐視他們，大多數人都了解
真正原因何在，寄與同情和諒解，他們認為在這種情況之下，應該對他們的主將
格外表示尊敬和服從。

41　安東尼原本決定循著來時的路線返回，要經過一片無樹的平原，可
是一個瑪迪亞人(Mardian)[104] 來見(這個人非常熟悉帕提亞人的行事
習性，在那場損失攻城器具的作戰中，表現出對羅馬人的忠誠)，勸他依靠右側
的山區撤退，不要使自己的重裝步兵，在一片空曠、遼闊和便於騎兵活動的地區
行進，免得隨時受到大批輕裝騎兵和弓箭手的襲擊。這位瑪迪亞人並且說起，弗
拉阿底促使安東尼放棄圍城的時候，就已經打著如意算盤，以為安東尼必定會從
原來的路線回師，他就很容易切斷他的退路。這個人特別表明，如果安東尼願意
的話，很可以走一條較近的路線，沿途還能獲得較為豐富的糧草。安東尼對建議
事項認真做了一番考慮：他已經與帕提亞人達成休戰協議，不願再對他們表示事
事懷疑，可是他承認沿著距離較短而又人煙較密的路線撤退，的確是最為可行的
上上之策。安東尼要求瑪迪亞人為自己的忠誠提供保證；他說可以把他捆綁起
來，等到大軍安全抵達亞美尼亞，再為他鬆綁不遲。

　　安東尼的部隊在緊緊看管的瑪迪亞人嚮導之下，行進兩天沒有發生任何事

---

103 杜米久斯・伊諾巴布斯早先追隨布魯特斯，後來投效安東尼，在內戰中扮演非常重要的角色，
　　阿克興會戰以後倒向屋大維。他的一生充滿罪惡，很多殘酷的行為已到人神俱憤的程度；尼
　　祿是他的親生兒子，後來過繼給克勞狄斯皇帝。
104 馬迪亞人是居住在裡海南岸的一個部族，騎術精良而且英勇善戰，構成波斯騎兵部隊的主力。

故，到第三天，安東尼已經把帕提亞人的威脅丟在腦後，大軍行軍途中戒備非常鬆懈，瑪迪亞人發現堤防剛被拆毀，河水大量流出即將淹沒他們經過的道路。他馬上明白這件事是帕提亞人在搞鬼，想藉此阻止羅馬軍隊行進，於是勸告安東尼要提高警覺，因為敵人已經迅速接近。安東尼剛剛下達命令部隊排列陣勢，投石手和長矛兵保持適當間隔以便運用投射武器，大量帕提亞人從四面八方發起進攻，想把羅馬軍隊圍得水洩不通，使之陷入混亂之中，羅馬的輕裝部隊馬上展開反擊。帕提亞人箭下如雨使許多羅馬人受傷，卻受到到羅馬的石塊和標槍的猛烈襲擊，傷亡人數增加被迫退卻。片刻之後，帕提亞人經過整頓再度進攻，被一大隊高盧騎兵擊敗，那一天其餘時間未現敵蹤。

42 安東尼根據敵人的戰法擬定撤退計畫，不僅用投石手和標槍兵掩護後衛，同時拿來壓住兩翼的陣腳，行軍縱隊編成中空的方陣向前挺進，命令騎兵擊退來襲的敵軍。然而敵人在退走之際，羅馬人無法實施長距離的追擊。帕提亞人在爾後四天的作戰中，所蒙受的損失比他們加之於羅馬人的傷害為大，因而士氣受到影響，紛紛抱怨說是隆冬將至，最好是打道返家。

到了第五天，一位英勇能幹而且地位很高的將領弗拉維烏斯·加盧斯(Flavius Gallus)，要求安東尼分別從後衛和前鋒撥給他若干輕步兵和騎兵，加以編組可以發揮更大的作用。安東尼如數撥給所要的部隊，他在敵軍來襲的時候將他們擊退，沒有如同往常一樣退回與大隊會合，卻對敵人窮追不捨，繼續奮勇交戰。指揮後衛的將領發現他離開本隊太遠，有被切斷後路之虞，派人向他提出警告即刻歸建，這時他不肯聽從。據說財務官提久斯(Titius)抓住隊標要他們後轉，責備加盧斯不該將這麼多勇士引到絕路。加盧斯譏笑提久斯怯懦，命令他的部下不能擅自退卻，提久斯只有單獨撤回。加盧斯率領部下攻擊前面的敵軍，不料後衛被敵人包抄，等他發覺危機臨頭只有派人求援。指揮重步兵單位的將領，包括安東尼的親信坎奈狄斯在內，對於派出援軍犯了大忌，未能以全部軍力解救加盧斯，卻每次派出少數部隊，等到失敗以後再逐次增加兵力，繼續下去勢必使全軍陷入滅亡的處境。幸虧安東尼親自率領第三軍團從前方趕來，穿越向後逃走的士兵迎擊敵軍，使得他們不能趁勝發起追擊。

43 這場接戰羅馬軍隊損失3000名人馬，負傷運回營地有5000人之眾。加盧斯身中四處箭傷，送返以後終於不治。安東尼巡視各處帳幕慰問受傷人員，每次和他們相見總不免傷心落淚。他的部下卻帶著笑容緊握他的手，勸他自己多加保重，不必爲他們的遭遇感到難過。大家稱呼他爲「凱旋將軍」，特別讓他知道，只要他能夠全身而退，就可以確保全體官兵的安全無虞。總而言之，安東尼所統率的軍隊，實在是當時最優秀的隊伍，不僅大家年輕而且作戰英勇，就是吃苦耐勞都表現出高人一等的態勢。特別是他們對主將的服從和敬愛，全軍之中不分年齡和階級，都把安東尼的讚許看得比生命還重要，就是在古代的羅馬軍隊當中，這種情操都極其難能可貴。

如同我在前面所說，他們之所以對他忠心不貳，基於很多因素，諸如他出身古老世家，擁有極佳的口才，性格坦誠而且慷慨，對每個人都能親切的交談，經過這場接戰之後，他又去探視傷患給予慰問，不僅分擔他們的痛苦還供需所需要的物品，使得那些傷患比起身強體壯的士兵更樂於他效命。

44 敵軍本來已經疲憊不堪有意停止追擊，這場勝利激起他們的鬥志，開始藐視羅馬軍隊的戰力。他們整夜在羅馬軍隊的營地附近窺伺，準備劫掠對方的營帳和行李，他們斷定羅馬人逃走之際，要拋棄這些累贅的物品。到了次日清晨，敵軍兵力增加到騎兵有4萬之眾，帕提亞的國王爲了確保戰爭的勝利，連不經常用於作戰的禁衛軍也都派了出來。

安東尼決定對士兵發表演說，他本想穿起白色的喪服，以便使他們更受感動。他的幕僚加以勸阻，於是他穿上將領的紫袍向士兵致詞，對戰勝的士兵加以讚揚，那些臨陣脫逃的人員受到他的譴責。前者的回答是他們一定可以獲得最後的勝利；後者深表歉意說他們甘願接受「十一之刑」的懲罰或其他處分，請求他不要再爲他們的過失感到擔憂。安東尼高舉雙手向神明祈禱，過去要是他得到的恩惠太多，現在必須身處逆境接受報應，情願上天降臨的災難全都落到他一個人頭上，務使他的士兵贏得大捷，最後能夠安全離去。

45 羅馬軍隊在第二天繼續行軍，擺出的隊形更能獲得周到的防護。帕提亞人看到以後大爲驚異，他們的目的是搶劫而非作戰。等到他們接近羅馬軍隊的時候，受到投射武器如驟雨的攻擊，發現羅馬人的精神振作，戰

志激昂,他們難免表現出氣餒的神色。他們聚集在對方行軍必須經過的斜坡位置,等羅馬軍隊在緩緩下行之際,向著對手發射大量箭矢。那些持盾全副披掛的羅馬步兵轉過身來,將裡面的輕步兵掩護起來,第一列的士兵屈下一膝,把盾舉在前面,第二列的士兵把盾舉在第一列士兵的頭上,第三列的士兵把盾舉在第二列士兵的頭上,就這樣一列一列的擺好,很像屋頂上面的瓦片,或者如同劇院一排一排的座位,構成一個極其堅強的防護工事,箭矢射在上面,都輕輕地滑過,無法造成任何傷害[105]。帕提亞人看到羅馬人屈下一膝,以爲他們一定是過於疲倦,於是們收起弓箭,持著長矛對著羅馬人猛烈進擊,羅馬人發出吶喊之聲,一躍而起用標槍近身迎戰,殺死最前列的帕提亞人,其餘的帕提亞人紛紛逃走。在以後的日子裡面,每天出現類似狀況,羅馬軍隊的行進速度甚爲緩慢。

羅馬人受到飢餓的威脅,總要經過戰鬥才能獲得糧食,然而數量非常有限;磨麵粉和做麵包的工具在丟掉以後極其欠缺,載運輜重的馱獸有的死去,還有就是用來運送傷患。軍中的穀物深感匱乏,一個阿提卡夸特的小麥要賣50德拉克馬,大麥麵包要同樣重量的銀兩才能買到[106]。他們只好退而求其次,試著去吃野菜和根莖植物,發現平時常吃的種類非常稀少,沒有辦法只能把找到的東西吃下肚去。其中有一種草本植物帶有致命的毒素,吃了以後喪失判斷和理解的能力,接著就會死亡。凡是不小心吃下這種食物的人,會忘懷世間一切事物,盡全身力氣去搬石頭,非常熱心來回運送,好像這才是最重要的工作。所以在整個營地裡面,看到各處都有人在挖掘和搬運。只有飲酒可以解毒[107],在得不到的狀況下,最後會嘔吐膽汁而倒斃,許多人因爲這種緣故喪失性命。

帕提亞人仍舊緊追不放,安東尼處於艱苦的困境,時常高聲叫道:「啊!想想那一萬人馬。」好像是在讚美色諾芬率領的希臘軍隊,他們從巴比倫撤退經歷更長的路途和更多的敵人,最後能夠安然返回國門[108]。

---

105 這是狄昂・卡休斯在《羅馬史》第49卷第3節所描述的龜甲陣。

106 這個價格比平常高出100倍。

107 古代用葡萄酒作爲防止嘔吐的藥劑,普里尼《自然史》第27卷提到這方面的功效。

108 色諾芬(431-350B.C.)是希臘的將領和歷史學家,率領1萬名希臘傭兵參與波斯的內戰,等到
   局勢逆轉,能從腹地退到黑海安然返國,著有《遠征記》一書記述經過。

46 帕提亞人發現無法造成羅馬軍隊的分離，發起會戰又不能突破他們的陣線，而且時常被他們擊敗，所以又開始派人與出來掠劫糧草的羅馬士兵套交情。他們手裡拿著沒有裝上弓弦的弓，走近羅馬士兵說他們即將返回家鄉，從今以後不再對羅馬軍隊從事報復行動，只有少數米地亞人的隊伍，仍舊跟著羅馬軍隊走兩三天，不過他們的目的不是要騷擾對方，是要保衛前面一些村莊不受羅馬人的搶劫。他們說完這些話以後，對那些羅馬士兵殷勤致意，非常熱情的擁抱告別。於是羅馬士兵再度充滿信心，安東尼在聽到這個消息以後，很想改走經由平原的道路回去，因為他聽說通過山地的時候，沿途很難找到飲水。

他正在準備做出這項決定的時候，一位名叫米塞瑞達底(Mithridates)的人從敵方來到羅馬軍營，這個人是摩尼西斯的表兄弟，我們在前面說過，摩尼西斯到羅馬尋求庇護，安東尼曾經將三個城市交給他當成封地。米塞瑞達底來到以後，希望能與一位懂敘利亞語或帕提亞語的人交談，安東尼的幕僚安提阿的亞歷山人與他唔面。他向亞歷山大說明自己的身分，並且表示他此番前來，完全是為摩尼西斯向羅馬人報答所受的恩典。他指著遠處一列高山，要亞歷山人仔細看個清楚。接著便告訴亞歷山大說道：「這裡的高山與平原相連，帕提亞人預料你們會相信他們的諾言，就會放棄山區改走平原的道路，所以他們將全部軍隊預先埋伏在該地，等待你們通過的時候發起襲擊。經過山地固然沒有飲水，會像過去這些天一樣的辛勞，但是你們要是改走平原，安東尼就會遭到克拉蘇同樣的下場。」

47 米塞瑞達底說完這些話馬上離去。安東尼感到驚慌，召集他的幕僚舉行會議，並且將瑪迪亞人找來，那位嚮導完全贊同米塞瑞達底的意見。他特別告訴他們是否有敵軍姑且不論，由於缺乏固定的道路，若會出現迷途的狀況，單憑這點理由就不能在平原上面行軍。崎嶇的山路唯一的缺點是缺乏飲用的水源，這種情形只有一天的行程。因此安東尼改變主意，當夜就率領軍隊沿著山路前進，命令各人攜帶自己所需的飲水，大多數士兵因為沒有器具，就用自己的頭盔盛水，有些人則用獸皮做的袋子。

他們剛剛拔營，帕提亞人就得到消息，改變過去的慣用戰法，整個夜晚在後面尾隨前進，破曉以後帕提亞人向羅馬的後衛發起攻擊。羅馬軍隊連夜行軍沒有休息，缺乏睡眠已經精疲力竭，無法進行有力的防禦。因為他們在那天夜間，就趕了240弗隆的路，沒有想到敵軍這麼快就來襲擊他們，所以士氣非常消沉。何

況這種且戰且走的行軍方式，使得他們更加口渴難忍。羅馬的前鋒走到一條小河的岸邊，河水涼爽而清澈，有毒的關係所以帶著鹹味[109]，喝下去立即肚痛，而且渴得更加厲害。嚮導瑪迪亞人事先曾經警告過大家，不要喝這條河裡的水，但是士兵渴得太厲害，旁人去勸阻會被趕走，不顧一切還是要喝。

安東尼到處奔波，要求他們暫時耐忍，說是前面不遠處還有一條河，其中的水可以安全飲用，其間一段路途非常崎嶇，馬匹無法行走，所以敵人不會繼續在後追擊。他說完這些話以後，便下令吹號收兵，正和敵人激戰的弟兄退回來，下令支起帳篷，士兵至少可以在蔭涼中休息片刻。

48 羅馬軍隊紛紛架設帳篷，帕提亞人按照慣例開始撤退，這時米塞瑞達底又來到，他告訴上次和他會晤過的亞歷山大，安東尼最好讓他的軍隊只在這裡稍微休息一會兒，然後盡快繼續行軍，趕到下面一條河流，帕提亞人決定追到那裡為止，所以不會渡河。亞歷山大將這番話報告安東尼，他將很多金器送給米塞瑞達底。來人盡量將這些值錢的東西藏在衣服裡面，然後離開。安東尼接受提出建議，雖然還是大白天就下令拔營，全軍繼續前進。

帕提亞人沒有騷擾他們，這時他們自亂陣腳，使得夜間的狀況可以說是驚險萬分。有些士兵動手殺害和搶劫他們認為有錢的人，搜索包裹拿走其中的金銀。最後，他們竟敢奪取安東尼的行李，把貴重的桌子和酒具全部打碎，大家好均分金銀。安東尼聽到全軍到處都是吵鬧和喧囂的聲音，以為敵軍來襲，已經打敗他們的軍隊並且切斷他們的退路，就將衛隊當中一位解放奴拉姆努斯(Rhamnus)找來，要他當場發誓，只要安東尼一下命令，他就用劍將安東尼刺死，然後將頭給割下來，免得被帕提亞人生擒，或者死後被認出將領的身分。

這時安東尼非常驚慌，周圍的幕僚也都黯然落淚，那位瑪迪亞嚮導卻鼓勵大家，要他們振作起來。他說根據當地空氣的涼爽和溫度來判斷，河流相距不遠，按照沿途所需的時間來推算，可以證明他的結論非常正確，因為黑夜即將過完。就在這個時候，下面的人傳來消息，說是隊伍中發生混亂完全是內部互相搶劫所造成，為了平息這場騷動，使得士兵在狂亂之後恢復秩序，安東尼下令發出停止

---

109 這個地區有很多鹽漬地而且盛產石膏，所以河流的水帶有鹹味。

前進的信號[110]。

49 破曉以後，羅馬軍隊剛剛開始恢復安寧和秩序，帕提亞人的箭雨便向後衛射來，輕步兵奉命出擊。接戰人員在重裝步兵(就像前面敍述那樣，大家用盾牌前後相互掩護)的協力之下，非常英勇迎戰敵軍，使得對手不敢繼續前進。在這種情形之下，前鋒能夠從容繼續趕路，等到那條河流在望，安東尼命令騎兵在河岸列陣，準備對抗追擊的敵軍，然後要軍中的傷患先行渡河。這時連那些與敵軍交戰的士兵，都有機會安詳的飲水，因為帕提亞人看到這條河，就鬆掉弓弦，告訴羅馬軍隊儘管放心渡過去，同時還大加讚揚他們作戰的英勇。羅馬軍隊平安渡河完畢以後，略為休息馬上繼續行軍，對於帕提亞人所說的話並未盡然相信。

經歷最後這場戰鬥又過了6天，他們抵達阿拉克斯(Araxes)河[111]，這條河是米地亞和亞美尼亞的國境線，水深而且流勢湍急，渡河相當困難。同時還流傳一項信息，說敵軍正在埋伏，等待他們在半渡之際發起攻擊，他們竟能平安到達彼岸，踏上亞美尼亞的領土，彷彿在大海經歷狂風暴雨之後，又能看見陸地一樣，大家高興得流著眼淚親吻地面，彼此擁抱在一起。亞美尼亞是一個富庶的國家，他們經過長期的匱乏和饑饉，難免要大快朵頤，許多人因而患上腫脹和痢疾。

50 安東尼檢閱整個軍隊，發現自己的損失是2萬名步卒和4000騎兵，其中大部分患病逝世，並非喪生在敵軍的刀劍之下。他們在離開弗拉阿塔之後，行軍長達27天之久，這段期間曾在18場戰鬥中擊敗敵軍，不過那些勝利都沒有產生重大的作用和持久的成效，因為他們不能對敵人實施擴張戰果的追擊行動。從這種情形可以看出，安東尼之所以未能早日結束這場戰爭，主要的原因要歸咎於阿塔伐斯德，因為他從米地亞撤走1萬6000名騎兵[112]，這些部隊使用

---

110 部隊目前的狀況極其危險，要說士兵因貪婪而譁變是不合理的事，他們對飲水的需要遠超過財富，何況還有強敵在後追躡，再多的錢財都不能保證生命的安全。最可能的解釋是士兵長期處於緊張之中，稍有不慎就會出現鬧營的現象。

111 阿拉克斯河是發源於亞美尼亞的巨川，向東流入裡海。

112 第37節提到亞美尼亞國王帶來的部隊只有6000名騎兵，本節的1萬6000名騎兵可能包括最早支援克拉蘇的部隊，以及後來陸續增援的生力軍在內。

與帕提亞人完全相同的裝備，習慣帕提亞人的戰鬥方式，如果亞美尼亞的騎兵仍舊留在他的麾下，等到羅馬軍隊擊敗帕提亞人以後，接著可以發起追擊作戰，帕提亞人不可能在每次失利以後，又能重整旗鼓捲土重來。全軍基於這個緣故感到無比的氣憤，要求安東尼對阿塔伐斯德採取報復行動。安東尼經過再三斟酌得失，決定暫時不去追究背信毀約的罪行，對於阿塔伐斯德仍舊待之以禮，因為他覺得羅馬軍隊當時已經疲憊不堪，各種民生供應品極其缺乏。

等到他再度揮軍進入亞美尼亞[113]，曾經多次提出邀請和給予承諾，要求阿塔伐斯德前來與他晤面。安東尼在他到達以後，立即翻臉將他扣押，捆綁起來帶到亞歷山卓，展示在凱旋式的遊行行列之中[114]。羅馬人民覺得安東尼為了克麗奧佩特拉，竟然將城邦的榮譽和莊嚴的慶典給予埃及人民，引起極大的反感。

51 無論如何這都是後事。目前的狀況是他在風雪交加的隆冬之際兼程趕路，已經損失8000名人馬，只率領少數殘兵到達沿海一個名叫白村(White Village)的地點，正當希登(Sidon)和貝萊都斯(Berytus)之間[115]。他在這裡等待克麗奧佩特拉，卻遲遲不見蹤影，使他感到極其難耐只能藉酒澆愁，常常在用餐的中途，忽然離席去看她是否已經來到。最後克麗奧佩特拉終於抵達，為士兵帶來很多的衣物和金錢。不過有人說她只帶來衣物，那些錢都是安東尼所出，用她的名義分發給士兵。

52 就在這個時候，米地亞的國王和帕提亞的弗拉阿底發生爭執，起因是為了分配從羅馬人手裡獲得的戰利品。米提人唯恐國王失去他的疆域，因此派遣使者去與安東尼商議，要求締結聯盟與弗拉阿底作戰。安東尼對於這項建議頗有受寵若驚之感，上一次他之所以未能擊敗帕提亞人，就是因為缺乏騎兵和弓箭手，現在竟然有人將這兩樣東西送上門來，他當然很高興接受。他馬上開始準備再度進軍亞美尼亞，在阿拉克斯河畔與米提人會師，重新發起對帕提亞的戰爭。

---

113 這件事發生在34B.C.，在第53節中敘述所以後來會延宕的原因。

114 這是希臘的酒神慶典的遊行行列，不能與羅馬的正規凱旋式相提並論。接著克麗奧佩特拉下令處死阿塔伐斯德。

115 現在是黎巴嫩的賽達(Saida)和貝魯特(Beirut)。

53 當時住在羅馬的屋大維婭很想前去探望安東尼，要求屋大維准許她遠行，屋大維甚表同意。依據大多數學者的看法，屋大維之所以同意，不完全是為了滿足他姐姐的意願，而是要找到一個藉口，如果她受到待慢和蔑視，就有充分的理由可以用來發動戰爭[116]。屋大維婭剛抵達雅典[117]，接到安東尼的來信，告知現在的出兵計畫，要她留在該地等待他班師。屋大維婭當然很不高興，何況她並不是不知道他真正的意圖，還是寫信給他，說是她為他帶來很多物品，現在應該送到何處？包括為他的士兵所帶來的衣服，為他的幕僚和軍官帶來的用品、牲口、金錢和禮物；另外還有2000名衣甲鮮明的精兵，當作他的衛隊。屋大維婭這封信是託安東尼的朋友奈傑（Niger）親送，奈傑對於屋大維婭可以說是讚不絕口。

克麗奧佩特拉得知這位情敵即將到來，心中極為憂慮，屋大維婭的品格高潔，她的弟弟提供堅強的後盾，如果有機會與安東尼朝夕相處，會永遠嚴密控制自己的丈夫，她擔心將完全失去可以相與抗衡的能力。這時她裝出對安東尼愛逾性命的模樣，節制飲食使身體消瘦下來，只要安東尼進到屋內，她就歡笑顏開默默含情的注視著他，在他離開的時候，馬上現出憂鬱落寞的神色。她費盡苦心設法使他發現她在暗中落淚，而且等他剛一看到，馬上擦乾眼淚轉過臉去，好像唯恐被他發覺。就在安東尼準備進軍米地亞期間，克麗奧佩特拉對他施展這些狐媚的伎倆，手下的走狗也在旁敲邊鼓，他們責備安東尼鐵石心腸，竟然任憑對他一往情深的佳人消瘦憔悴。他們說屋大維婭固然是他的妻子，但是她所以嫁給他，是基於政治上的考量，也可以說是為了她弟弟的緣故，她已經享有極其光榮的頭銜，克麗奧佩特拉是統治很多民族的女王，竟然甘願做他的情婦。她是希望能長相廝守，對於自己的身分並不計較；如果她連這個要求也保不住，那就無法活在世上。

這些人遊說的結果，使得他英雄難過美人關；深信要是他一旦離開她就會香消玉殞。所以他決定延緩戰事回到亞歷山卓，將與米地亞的聯合行動拖到翌年的夏季再實施；這時傳來帕提亞因為內部的失和，已經陷入混亂的狀態。不久以後，

[116] 屋大維之所以有這種打算，是因為他已經擊敗色克都斯·龐培烏斯，此時雷比達遭到放逐，安東尼在帕提亞戰爭的損失還未恢復。
[117] 屋大維婭抵達雅典是在35B.C.。

爲了聯姻他還是到米地亞去了一趟[118]——他與克麗奧佩特拉所生的兒子，同米地亞國王的年幼女兒訂親；等他回來以後，全心全意要打一場內戰。

54 屋大維婭返回羅馬，屋大維認爲她受到蔑視和虐待，爲了維護家族尊嚴吩咐她搬到另外的房子去住。她拒絕離開丈夫的府邸並且懇求她的弟弟，如果他基於其他問題決心要與安東尼開戰，那是另外一回事與她無關；千萬不要單單因爲她所受的待遇而與安東尼絕裂。他們兩人是全世界最偉大的將領，一位涉及到兩個女子的愛情，另一位僅僅是不願讓自己的親人受辱要出一口氣，竟然使得羅馬人民陷入內戰之中，說起來這是令人無法苟同的事情。屋大維婭用實際行動來證明自己所言不虛，繼續住在安東尼的府邸，把那裡當成自己的家，無論是自己還是弗爾維婭所生的孩子，全都一視同仁盡心照料。安東尼的朋友來到羅馬謀職或辦事，她都予以接待，並且竭力將他們的要求向屋大維提出。受人敬重的行爲卻使安東尼的聲譽受到損害，這是她始料未及的事，何況她的本意絕非如此；那就是安東尼竟然虧待這樣一位品格高尚的女士，當然會引起別人對他的反感。

安東尼在亞歷山卓，對於他與克麗奧佩特拉所生的兒子，給予的待遇和頭銜，更是違背他那素孚眾望的作風，這種侮蔑祖國的行爲看起來像是戲劇性表演。他把當地的市民全部聚集在運動場，銀製的高壇設置兩個黃金寶座，他與克麗奧佩特拉端坐在上面，他們的兒子座位較爲低下。這時他就宣布克麗奧佩特拉是埃及、塞浦路斯、利比亞和內敘利亞的女王，並且由凱撒里昂和她共享王位；凱撒里昂被認爲是凱撒和克麗奧佩特拉所生的遺腹子。他封自己同克麗奧佩特拉所生的兒子是萬王之王，把亞美尼亞、米地亞和即將征服的帕提亞賜給亞歷山大；托勒密擁有腓尼基、敘利亞和西里西亞[119]。他叫兩個兒子出現在民眾的前面，亞歷山大穿著米地亞人的服裝，頭上戴著冠冕和下垂的頭飾；托勒密則穿著靴子、斗篷，頭戴馬其頓人的帽子，上面還頂著王冠，因爲後者打扮成亞歷山大大帝的繼承者，前者則是米提人和亞美尼亞人的裝束。等到這兩個孩子向父母致敬

118 這是34或35B.C.的事。
119 雖然有人將這場鬧劇稱之爲「亞歷山卓的分封」，事實上只能算是故做姿態而已，因爲提到的地區仍受羅馬總督和附庸國王的統治。此外克麗奧佩特拉在36B.C.，還爲安東尼生了第三個兒子，名字叫做托勒密‧費拉德法斯(Ptolemy Philadelphus)。

以後，亞歷山大得到一批亞美尼亞衛隊，托勒密擁有一批馬其頓衛隊。克麗奧佩特拉像每次出現在公眾面前同樣的裝扮，穿著艾希斯(Isis)[120]的服飾，讓人民觀見這位新來凡間的豐饒女神。

55 屋大維將這些事情在元老院提出報告，時常在市民大會醜化安東尼，藉以煽起人們對他的不滿。安東尼同樣不斷譴責屋大維，指控的要點如下：首先，龐培烏斯的西西里被屋大維占領，這個島嶼的領土沒有分給他一份；其次，屋大維為了作戰向他借用的船隻，一直沒有歸還；再者，屋大維罷黜他的同僚雷比達，就將本來屬於雷比達的軍隊、領地和稅賦全部據為己有；最後，屋大維幾乎將整個意大利全都分給自己手下的官兵，沒有為安東尼的袍澤留下任何土地[121]。

屋大維對上述指責答覆如下：雷比達的行為不當因而被解除職權；只要安東尼把亞美尼亞的戰利品分給他一份，他就會將獲得的領士分給安東尼；安東尼的士兵沒有權利要求分得意大利的土地，因為他們已經擁有米地亞和帕提亞，那兩個國家都是他們在將領的領導之下，經過英勇的戰鬥而為羅馬帝國增加的疆域。

56 安東尼得到這項答覆正在亞美尼亞，立即命令坎奈狄斯(Canidius)[122]率領16個軍團開往沿海地區，自己帶著克麗奧佩特拉抵達以弗所，他的船隻從各處前往該地集結，組成的水師共有800艘戰船和運輸船，其中有200艘是由克麗奧佩特拉提供，她另外還籌措2000泰倫的經費，供應全軍在作戰期間所需給養。安東尼接受杜米久斯和其他人士的勸告，吩咐克麗奧佩特拉返回埃及，在那裡靜候戰爭的結局。克麗奧佩特拉唯恐屋大維婭又設法使雙方和解，用重金賄賂坎奈狄斯，要他在安東尼面前為她說項。於是坎奈狄斯向安東尼指出，克麗奧佩特拉對於這次戰爭有很大貢獻，如果不讓她親身參與，是很不公平的做

---

120 伊希斯的聖袍是用不同顏色的布料編織而成，表示女神在各種季節都有豐饒的生產力，不像奧塞里斯(Osiris)的衣袍都是一個顏色。
121 安東尼在與屋大維算四年以前的老帳，36B.C.屋大維採取攻勢對付色克都斯·龐培烏斯，這時安東尼與帕提亞人兵戎相向，雙方發生激烈的戰鬥。
122 盧契烏斯·坎奈狄斯·克拉蘇(Lucius Canidius Crassus)在43B.C.出力調解安東尼和雷比達的歧見，使得兩人聯合起來，後來在40年出任執政官，等到安東尼和屋大維發生戰爭，他負責指揮安東尼的陸上部隊，阿克興會戰以後，他被屋大維處死。

法，特別是埃及人在安東尼的水師當中，占有舉足輕重的實力，如果將克麗奧佩特拉送回國內，就會影響作戰的士氣；坎奈狄斯說他看不出克麗奧佩特拉的智慧和能力，遜於參與這次戰爭的任何一位君王，何況她與安尼相處很久，對於治理政府獲得寶貴的經驗。這些論點發揮很大效用(看來命運已經注定，一切全要落入屋大維的手裡[123])。

等到全部軍隊集結完畢以後，他們一起乘船前往薩摩斯，在那裡大肆宴請賓客[124]。敘利亞、米奧提斯湖、亞美尼亞和伊里利亞這個範圍之內，所有的國王、君主和行省的總督，包括所有的國家和城邦，全都接到他的命令，負責供應這次戰爭所需的補給品，同時所有的演員和藝人也都奉命前往薩摩斯。正當舉世呻吟和哀哭不已，只有這個島嶼充滿絲竹之聲，劇院裡面高朋滿座，合唱表演不絕於耳。每個城市送來一頭牛作為祭神的犧牲，陪伴安東尼的帝王互相爭勝，看誰的宴席最為豐美，誰送的禮物最為奢華，人們現在不禁自忖，他們在開戰之際已經耗費鉅額金錢從事宴樂，將來慶祝勝利真不知會擺出如何盛大的排場。

57 等到這些宴樂舉行完畢以後，安東尼將普里恩(Priene)[125] 賞給演出的藝人，讓他們把寓所安排在這個城市，然後啟程前往雅典，接著又忙於各種消遣和戲劇活動。麗奧佩特拉對於屋大維婭過去在該城所獲得的榮譽感到嫉妒(屋大維婭深受雅典人民的喜愛)，竭力博取當地人民的好感。雅典人的回報是投票通過向她致敬，派遣代表團到她的住所謁見；安東尼是成員之一(因為他也算是雅典的公民)，由他代表大家致詞。

安東尼並且派人前往羅馬，命令屋大維婭遷出他的府邸[126]，據說她帶著所有的孩子(弗爾維婭所生那個最大的兒子除外，這時正跟他的父親在一起)離開，她之所以傷心落淚，認為自己是引起這場戰爭的主因之一。羅馬人卻深為安東尼感到惋惜，認為屋大維婭嫁給他是委身屈就，尤其是那些曾經見過克麗奧佩特拉的

---

123 很多英雄人物的失敗都把責任推到女色和嬖倖的身上，這種例子古今中外屢見不鮮，如果這也是天命所歸，那麼勝利者感到委屈也是很自然的事。

124 只有蒲魯塔克提到這段穿插的情節，無法從其他史料獲得證實。

125 普里恩是希臘人在愛奧尼亞的殖民城市，現在的名字是土倫克拉(Turunlclar)，該城的文風很盛，歷史上出現很多知名人士，城內的廟宇都是大型建築物，以愛奧尼亞柱式聞名於世。

126 可見雙方已經辦妥離婚的手續，這是32B.C.5、6月間的事。

人士，無論就年齡或容貌來說，她都不及屋大維婭。

58 安東尼爲了進行這次作戰，準備工作的迅速和規模之龐大，令屋大維感到驚慌，害怕在該年的夏天被迫與安東尼決戰[127]。因爲許多戰爭必需的物品，他還沒有籌備齊全，人民正爲了賦稅問題而怨聲載道，市民都被迫繳納收入的四分之一，自由奴要將財產的八分之一當成貢金，所以民眾大力反對，全國各地騷動不已。安東尼不能掌握機會發動戰爭，實在是他最大失策之一，屋大維獲得充分的時間，一方面準備戰爭，一方面平息民怨。市民在被迫掏腰包的時候，心情暴怒容易產生叛意，等到已經將錢繳出來，只有認帳就會很快平靜下來。

安東尼的朋友提久斯和普蘭庫斯都是具有執政官身分的人士，因爲受到克麗奧佩特拉的辱罵（他們極力反對她親身參與這次戰爭），逃到屋大維那裡要求庇護，同時洩漏安東尼遺囑的內容，說是那份文件交給灶神女祭司保管[128]。派人去拿她們不肯交出，傳話給屋大維想要就得親自去取，於是屋大維只有移樽就教。他首先獨自閱讀一遍，特別留意其中最值得爭議的部分，然後召集元老院會議，公開宣讀遺囑的內容。大多數議員對於他這種行爲都深表不滿，他們認爲要一個人在生前爲了死後的願望而受譴責，是既不合理也不公正的做法。屋大維強調遺囑當中關於安東尼葬禮的條文，他的指示是即使他亡故在羅馬，他的遺體抬著經過市民廣場，接受人民的瞻仰和憑弔，然後運到亞歷山卓交給克麗奧佩特拉。

屋大維的親信卡維休斯(Calvisius)[129]就安東尼和克麗奧佩特拉的行爲，另外提出很多的指責：安東尼將帕加姆斯(Pergamus)[130]的圖書館全部典藏都送給她，總數有二十萬卷之多；他曾經在一場盛大的宴會中，當著眾多賓客的面站起來，爲了履行一項諾言或是打賭，親自用手去按摩她的腳；他竟然容許以弗所的居民

---

127 那一年是指32B.C.，事實上雙方的作戰開始於31年的夏天。
128 這是當時經常運用的方式，藉著宗教的力量可以安全保管重要的文件；特別是一份保存在灶神廟的遺囑，更是神聖不可侵犯。
129 卡維休斯·薩比努斯(Calvisius Sabinus)在內戰中曾經擔任朱理烏斯·凱撒的使者，45B.C.擢升阿非利加的總督，40年出任執政官，屋大維與龐培烏斯·色克都斯在西西里的海戰，他指揮屋大維的艦隊獲得勝利。
130 帕加姆斯是小亞細亞的首府，距離海岸有24公里，圖書館的規範僅次於亞歷山卓，是希臘世界一座名城，從282-133B.C.，建有阿塔盧斯世系的帕加姆斯王國。

稱呼她爲該城的女王；很多次他在公開接見國君和行省總督的時候，收到寫在瑪瑙和水晶板上面談情說愛的短簡，他竟然就在覲見廳當眾宣讀；有一次，羅馬的法學權威而且口才極佳的弗紐斯（Furnius），正在爲一件訟案提出申辯的時候，克麗奧佩特拉剛好乘著抬輿從法庭旁邊經過，安東尼看到她馬上一躍而起，丟下審判的職責中途離席，陪伴在側送她回家。

59 大家認爲卡維休斯所說這些八掛消息，大部分都是捏造或杜撰。安東尼的友人在全城各處奔走，代他爭取人民的好感；他們推舉傑米紐斯去見安東尼，請他特別留意自己的行爲，不能受到指控列入議案，會被市民大會投票通過解除職務，宣布爲羅馬的公敵。傑米紐斯到達希臘，有人認爲他是屋大維婭派來的坐探，在晚餐的席次上面，不僅受到大家的諷嘲，總是安排在位階最低的座位。他只有竭力容忍，希望能找到機會與安東尼好好談一談。有人在宴會中問他此行的目的何在，他的回答是要等安東尼的頭腦清醒再談，有件事無論是否喝醉都可以斷言，那就是克麗奧佩特拉只要返回埃及，一切問題都可迎刃而解。安東尼聽到傳來這番話以後，表現出氣惱的神色。克麗奧佩特拉說道：「傑米紐斯，你的表現可圈可點，真是不打自招。」傑米紐斯在幾天之內，找到一個機會趕緊逃回羅馬。

那些在克麗奧佩特拉身旁只會奉承和阿諛的小人，表現出侮慢和無禮的態度，使得安東尼有許多朋友感到心寒只有避而遠之，其中包括馬可斯・希拉努斯（Marcus Silanus）和歷史學家迪流斯（Dellius）。迪流斯曾經提到，說是他很擔心自己的性命朝不保夕，因爲醫生格勞庫斯（Glaucus）曾經告訴他，克麗奧佩特拉正在暗中謀害他；克麗奧佩特拉所以恨他，是因爲他說安東尼的朋友現在只能飲發酸的劣酒，在羅馬就連屋大維的侍童（羅馬人將這種職位稱爲delicia）薩門都斯（Sarmentus）都喝法勒瑞（Falerii）[131] 的葡萄酒。

60 屋大維完成戰爭的準備工作以後，通過議案發布對克麗奧佩特拉宣戰的敕令，同時解除安東尼的指揮權，因爲他讓一個女人取代他的職位。屋大維還提到安東尼經常服用藥劑，好像他的神智已經失常，因此他們作

---

131 法勒瑞是位於伊楚斯坎地區的聚落或城市，以盛產葡萄酒知名於世，在羅馬的北方約50公里。

戰的對象是宦官馬迪昂(Mardion)、克麗奧佩特拉的梳髮侍女波瑟努斯(Pothinus)和伊拉斯(Iras)，以及安東尼的主要政治顧問查米昂(Charmion)[132]。

據說在這場戰爭開打之前，發生以下很多奇特現象：安東尼在亞得里亞海岸所建一個名叫披紹魯姆(Pisaurum)的殖民地，在一次地震中被海浪所淹沒。阿爾巴一座安東尼的大理石雕像，一連多天總是滲出汗水，雖然經常擦拭還是不停的滴落。當安東尼在佩特里(Patrae)[133]這個城市的時候，海克力斯神殿被雷電擊毀。雅典的衛城，酒神巴克斯的雕像被一陣狂風吹離「神與巨人之戰」[134]的行列，落到下方的露天劇院。這兩位神祇與安東尼都有關係，因為他自稱是海克力斯的後裔，生活方式時常模仿酒神巴克斯，獲得「在世的巴克斯神」[135]的稱謂。

雅典的那陣狂風也吹倒攸門尼斯(Eumenes)和阿塔盧斯(Attalus)所樹立的巨大雕像，那上面刻著安東尼的名字，然而其他很多雕像安然無事。克麗奧佩特拉的旗艦「安東尼阿斯」(Antonias)號，同樣發生一個極其不利的朕兆，本來有一群燕了在船尾築巢，這時卻來了另外一批燕子，把前面那批趕走，並且破壞它們原來所築的巢[136]。

61 安東尼參與戰爭的兵力全部到齊，擁有的戰船不下500艘之多，其中許多都是安裝八至十排槳架的巨型船隻，裝飾得花團錦簇，彷彿準備參加凱旋式的盛典。他有10萬名步卒和1萬2000名騎兵。東方的國王都是他的諸侯，包括利比亞的包克斯(Bacchus)、上西里西亞(Upper Cilicia)的塔康迪穆斯(Tarcondemus)、卡帕多西亞的阿奇勞斯(Archelaus)、帕夫拉果尼亞的費拉德法斯(Philadelphus)、康瑪吉尼的米塞瑞達底，以及色雷斯的薩達拉斯(Sadalas)，全都

---

132 在其他的史料中找不到諸如此類的說法，伊拉斯和查米昂都是克麗奧佩特拉的宮女，後面第85節敘述她們陪著女王赴死的經過。

133 佩特里位於伯羅奔尼撒半島北端的亞該亞地區，面臨科林斯灣，控制進出的水道，形勢非常險要，早在419B.C.就建有長牆。

134 鮑薩尼阿斯《希臘風土志》第1卷第25節，提到帕台農廟南牆的山花有一組浮雕「神與巨人之戰」，是由帕加姆斯王國的阿塔盧斯一世奉獻。

135 因此大家將克麗奧佩特拉稱為「在世的艾希斯神」。

136 蒲魯塔克在《英豪列傳》中描述很多奇特的傳聞，當成一種朕兆用來表示歷史的事件會產生必然的結局。攸門尼斯(本文誤為Fumenes)和阿塔盧斯是帕加姆斯王國的國王，不知為何會在雅典為安東尼樹立雕像。

親自隨著他一起出征；還有潘達斯的波勒蒙、阿拉伯的瑪爾克斯（Malchus）、猶太
的希律王及黎卡奧尼亞（Lycaonia）和蓋拉夏的國王阿明塔斯（Amyntas），他們派來
大批軍隊；即使是米地亞的國王也都派遣部隊參加作戰。屋大維共有250艘戰船，
8萬名步卒，騎兵的數量大致與敵軍概等。

安東尼的帝國領域從幼發拉底河與亞美尼亞延伸到愛奧尼亞海和伊利里
亞；屋大維的勢力範圍，起自伊里利亞向西直到大洋，再從那裡擴展到托斯坎海
和西西里海。屋大維擁有阿非利加的海岸地區、意大利、高盧、西班牙直到海克
力斯之柱；然而從塞倫（Cyrene）到衣索匹亞所有的行省全由安東尼統治[137]。

62 安東尼現在已經成為克麗奧佩特拉的附庸，雖然他的陸上部隊遠較
敵人為優，可是他為了取悅女王，希望能由水師贏得勝利。水手的
缺乏使得他的船長在「希臘四處拉夫」[138]，許多路人、驟夫、收割的農夫和少年
人，全被抓來充數，還是不能達到艦隊的需求，大多數船隻都感到人手不足，划
船的技術非常低劣。就對手這方面來說，屋大維的艦隻建造精良注重實用，不以
高大或外觀的雄偉取勝，看起來並非虛有其表的大型船艦，不僅輕快敏捷而且人
員充足。

屋大維從設在塔倫屯和布林迪西的大本營，致書給安東尼要他無須拖延時
間，立即率軍出戰；同時答應讓他的艦隊有適當的碇泊位置和港口，將陸上部隊
從海濱地區，向後撤退騎兵一天行程的距離，使他的軍隊可以安全登陸，完成營
地的設置。安東尼也同樣以豪邁的語氣回覆屋大維，雖然自己的年歲比起對手大
很多，提出與他做一對一搏鬥的要求。如果屋大維拒絕這次的挑釁，安東尼願意
與他在法爾沙利亞戰場決一勝負，這裡是凱撒和龐培進行會戰的地點[139]。

當安東尼的艦隊停泊在阿克興（Actium）[140]附近的時候，這裡現在稱為奈柯波
里斯（Nicopolis），屋大維抓住機會渡過愛奧尼亞海，占領伊庇魯斯一個名叫Ladle

---

137 這場戰爭是羅馬帝國東部和西部的對決，受到影響的範圍從直布羅陀海峽到幼發拉底河，時
　　間是在31B.C.的夏季。
138 這句話引用自優里庇德的悲劇《海克力斯》第1250行。
139 這是17年前發生的決定性會戰，龐培因而一敗塗地。
140 希臘北部的阿卡納尼亞（Acarnania）地區有一個海岬名叫阿克興，正當安布拉西亞
　　（Ambracia）灣的進口，是兵家必爭的要點。

即「長杓」的地方。這時安東尼的陸上部隊還遲遲未到，與他的水師尚有相當的距離，所以他和幕僚人員都感到憂慮不安，克麗奧佩特拉卻開玩笑說道：「屋大維的手裡拿著一隻『長杓』，要是他會用那個東西來打我們，難怪會令人感到害怕。」[141]

63 安東尼在翌日看到敵軍的艦隊直駛過來，自己的船隻缺乏戰鬥人員，生怕會被敵人俘虜，就將所有的划槳手武裝起來，列隊站在甲板上面，像是已經完成備便，隨時可以出戰的模樣。所有的槳都已經高舉，似乎只等一聲令下就可開船；那些船隻朝著敵軍排列在阿克興海峽的兩側，彷彿都配置充分的人員立即要與敵人接戰。屋大維果然中了他的空城計，馬上率領船隻撤退。安東尼挖掘塹壕築成對壘線，用來切斷敵軍的水源，特別是附近地區的飲水供應困難，而且水質苦澀難以入口，從這件事可以知道他的作戰經驗非常老到。他還能違背克麗奧佩特拉的意願，對待杜米久斯極其仁慈寬厚。杜米久斯還在生病發燒，卻乘著一條小船逃向屋大維的陣營，安東尼的內心雖然憤怒，還是將他的幕僚和奴僕，連帶他的行李全部送過去。這樣一來使得世人都認為杜米久斯毫無情義可言，他本人感到後悔莫及，沒過多久一命嗚呼。

原先有很多國王參加安東尼陣營，後來阿明塔斯和戴奧塔魯斯(Deiotarus)投靠屋大維[142]。安東尼的水師一直作戰不利，所有的機會都無法掌握，可以說是一事無成，被迫要把希望寄託在陸上部隊。這時統率陸上部隊的坎奈狄斯鑑於情勢的嚴重，改變主張勸安東尼將克麗奧佩特拉遣走，然後撤到色雷斯和馬其頓，在那裡與對手在陸上決一勝負。因為傑提(Getae)國王迪科米斯(Dicomes)已經答應率大軍前來參戰；何況海戰是屋大維的特長，他曾經在西西里的戰爭中經歷長期的磨練[143]，坎奈狄斯認為放棄海洋並不會喪失顏面。談起陸上作戰，安東尼是舉世無匹最有經驗的統帥，如果他竟然將所有的部隊化整為零，分散在個別的船艦上面，不能有效發揮統合的戰力，真可以說是荒謬絕倫的蠢事。克麗奧佩特拉還是主張用水師決戰，安東尼完全接納她的意見，雖然克麗奧佩特拉實際上已經開

---

141 Ladle這個字使用當地土語就是「陽具」的意思，克麗奧佩特拉的笑話可以說非常下流。

142 阿明塔斯是蓋拉夏的國王(蓋拉夏人是高盧人的分支，後來定居在小亞細亞的中部地區)，戴奧塔魯斯‧費拉德法斯(Deiotarus Philadelphus)是帕夫拉果尼亞的國王。

143 屋大維在西西里的海戰中，把龐培烏斯‧色克都斯的艦隊打得潰不成軍。

始考慮逃走，所以她對於兵力部署，不是爲了達成勝利的目標，只要發覺剛一出現失敗的徵候，就能極其容易的脫離戰場。

從營地有兩道高牆延伸到船隻停泊的位置，安東尼經常往返其間，因爲有工事的掩護從未感到危險，有名奴僕向屋大維提出建議，趁著安東尼在高牆中間行走的時候，對他發起突擊不是很困難的任務。屋大維派出伏兵等待安東尼落入羅網，只是那些士兵動手過早，結果只捉到走在前面的人，安東尼及時逃走免遭毒手。

64 安東尼決定與屋大維在海上決戰以後，所有的埃及船隻除了留下60艘，其餘全部付之一炬；他又從這60艘當中選出一些最好和最大的船艦，上面安裝的槳座從十排到三排不等，再將2萬名全副武裝的士兵和2000名弓箭手配置在上面。據說這個時候，一位身經百戰遍體傷疤的百夫長對安東尼高聲說道：「啊，大將軍，你爲什麼不信賴我們的傷痕和刀劍，倒要把所有的希望寄託在這些破爛的木頭上面？讓埃及人和腓尼基人在海上作戰好了，我們要到陸地上面去，無論是陣亡還是勝利，只有在那裡我們才能一展所長。」安東尼沒有答話，只有用眼神和手勢要這位百夫長鼓起勇氣，不可以懷憂喪志，然後繼續向前走去。這時他本人似乎已經覺得沒有什麼把握，因爲當船長把帆都留下來的時候，他卻命令他們將這些東西都放在船上，他說道：「我們有了帆，敵人一個都逃不掉。」[144]

65 就在當天和爾後的三天，海上波濤洶湧，無法出航作戰。等到第五天，海面風平浪靜，兩軍開始交鋒[145]。安東尼和波普利柯拉（Publicola）指揮右翼的分遣艦隊，左翼交由西留斯（Coelius）統率，馬可斯・屋大維烏斯和馬可斯・英斯提烏斯（Marcus Insteius）負責中央。屋大維讓阿格里帕指揮左翼而自己負責右翼。陸上部隊方面，坎奈狄斯和陶魯斯（Taurus）分別是安東尼

---

144 敵對雙方在海上進行會戰，船隻的運動為了便於操縱，通常用槳和櫓，盡量不把船帆掛上去；現在這樣做，等於暗示安東尼早已做了逃走的打算。

145 阿克興會戰是在31年9月2日B.C.，各種記載和說法都不一致，作戰的經過已經很難考證，實際上克麗奧佩特拉扮演的角色引起很多爭論，最可能的狀況是他們看到作戰已成敗局，只有衝破包圍全速逃走。

軍和屋大維軍的指揮官；雙方的軍隊都沿著海岸排列陣式。安東尼乘坐一隻小艇，一一訪問每艘戰船，對於士兵加以鼓勵，叮囑他們在大船上面作戰到底，不要變換位置，就像在陸地上面堅守陣地一樣。他命令船長在遭受敵人攻擊的時候，如同停泊那樣保持船隻的穩定，始終停留在港灣狹窄難以通過的入口之處。

屋大維在天沒有亮的時候就離開帳幕，前去拜訪各艦，他在路上遇見一個趕驢人，就問那人叫什麼名字，那個人回答道：「我的名字叫Eutychus即『幸運』，那隻驢子叫做Nicon即『勝利者』。」後來屋大維將戰船的撞角聚集起來放置在該地，藉以紀念那次大捷，同時也爲驢夫和那匹驢子建立銅像[146]。等到屋大維巡視艦隊完畢，就乘坐一隻小船去到右翼，看到敵人的艦隻動也不動停在海峽，如同已經下錨一樣，使得他感到驚奇和讚嘆。有很長一段時間他一直認爲那些戰船處於泊碇的狀況，因而使自己的船艦停在8弗隆以外。

到了中午海上吹起微風，安東尼的士兵等了許久沒有見到敵軍前來，已經感到不耐煩，自信他們的船隻具有高大的優勢，可以穩操勝券，因而忘記安東尼的叮囑，左翼的船隻開始向前移動。屋大維看到這種情形非常高興，下令自己這方面的右翼分遣艦隊後退，希望盡量把敵人的艦隻吸引到海上，然後加以包圍，用自己這方運動輕快而且人員充足的船隻，襲擊敵人的龐然巨物。特別是安東尼的戰船體積大配置的人員少，行動自然緩慢而且操作極其困難。

66 雖然兩軍已經接戰，彼此都沒有用自己的座艦去撞擊對方的戰船：在安東尼這方來說，船隻過於龐大，航行無法到達有效撞擊所需要的速度；屋大維這方面，他們的船不但不敢用船首對著對方的船首撞過去，後者的船首上面裝著很厚的銅板和銅釘，也不敢衝撞安東尼船隻的側面，那些船隻的船舷都用很大的方形木材，拿鐵製的螺絲釘連接起來，如果不顧一切衝撞上去，自己船首的撞角會先撞碎。所以這樣的戰爭很像陸地上面一場會戰，要是說得更爲準確，更像一座守備森嚴的城市正在進行攻防戰鬥。通常都是屋大維的三、四艘戰船圍攻安東尼的一艘大船，他們用長矛、標槍、撐竿和各種投射武器發起襲擊，安東尼的士兵也從木造的角樓上面，用弩砲向下方射出大量的箭矢[147]。

---

146 這些雕像後來被運到君士坦丁堡，裝置在稱爲Hippodrome的大賽車場。

147 建造角樓發揮碉堡功能的技術通常用於圍攻作戰，特別是在海戰中很少聽到使用大型固定防盾。

阿格里帕指揮所屬艦隊向前延伸，企圖包圍敵人的側翼，波普利柯拉被迫出戰，逐漸與中央的分遣艦隊失去聯繫。安東尼的中央部分，受到阿隆久斯（Arruntius）的猛攻，陷入驚慌和混亂之中。雙方可以說是勢均力敵，勝負難分，這時克麗奧佩特拉的60艘船突然升起船帆，離開交戰的艦隻朝著海上逃走。那些船隻原來的位置是在大船的後面，現在從大船的隊伍中間衝過去，使得自己的陣勢完全被打散。看到脫離戰場的船隻順風朝著伯羅奔尼撒半島的方向行駛，敵人感到非常驚愕。

在這個極其重要的生死關頭，安東尼卻向全世界明白表示，無論是將領或戰士的思想和動機，抑或個人的判斷力，都不可能激起他戰鬥的熱情；有人用戲謔的口吻說起，愛情使人喪失自我且魂不附體；安東尼用臨陣脫逃來證明這句話真實不虛。他彷彿生來就是克麗奧佩特拉的一部分，無論她到那裡他必須緊緊追隨。他一看見她的船開走，馬上丟掉那些正在戰鬥為他效命的官兵，登上一艘五排槳座的大船，只帶著敘利亞的亞歷山大和西利阿斯（Scellias），追隨那個已經讓他墮落的女人，後來更使他完全遭到摧毀。

67 克麗奧佩特拉看到他跟了上來，就在甲板上面發出訊號，所以安東尼剛一抵達，馬上就被接到船上。他不去見克麗奧佩特拉也不願讓自己被她看見，一個人走到船頭獨自坐在那裡，沉默不語用雙手蒙著自己的臉。這個時候，屋大維一些體型輕快的黎布里亞帆船趕了上來。安東尼下令將船首轉過來對著敵人，那些船隻全部後退，只有拉柯尼亞人優里克利仍然進逼，他在甲板上面揮舞一根長矛，似乎要朝著安東尼投擲過來。安東尼站在船頭向他問道：「何人竟敢追逐我安東尼？」那人回答道：「我是拉查里斯（Lachares）之子優里克利（Eurycles），借重屋大維的運道，前來報殺父之仇。」原來拉查里斯犯下搶劫的罪行，被安東尼下令斬首。可是優里克利並未攻擊安東尼，卻使他的船全力衝撞另一艘旗艦（一共有兩艘），使得船身轉過去打橫，然後他便俘虜那艘旗艦和另外一條船，連帶船上所裝許多貴重的器皿和家具。優里克利離去之後，安東尼又恢復原來的姿勢，默默坐在那裡。他就這樣在船頭待了三天，即使對她極其惱怒，還是不願多加譴責；接著船隻停靠在提納魯斯（Taenarus）[148]，陪伴克麗奧佩特拉

---

148 拉柯尼亞的提納魯斯岬位於伯羅奔尼撒半島最南端。

的侍女首先安排兩人交談,然後又勸他們同餐共宿。

就在這個時候,若干條運輸船和安東尼一些戰敗的朋友陸續來到,據他們帶來的消息,整個艦隊完全遭到殲滅,認為他的陸上部隊仍舊堅強抵抗。於是他派遣使者到坎奈狄斯那裡,命令他盡速率領軍隊經由馬其頓前往亞細亞。他自己的計畫是離開提納魯斯到阿非利加。臨別之前,他將一艘裝載許多金錢和皇家貴重金銀器皿的運輸船送給他的朋友和幕僚,要他們分一分然後自行設法尋找安全。大家含著眼淚婉拒他的餽贈,他非常親切的安慰他們,並且要他們盡快離去,同時寫信在科林斯的管事狄奧菲拉斯(Theophilus),提供隱匿的住所不要受到危害,直到他們能與屋大維講和為止。狄奧菲拉斯是希帕克斯(Hipparchus)的父親,希帕克斯深獲安東尼的信任,在安東尼的所有自由奴當中,他第一個投靠屋大維,後來在科林斯定居。說起安東尼當時的處境,大致如此。

68 他的艦隊在阿克興還是抵抗很久,後來受到狂風巨浪的侵襲,損傷極其慘重。一直到下午四時停止戰鬥,根據屋大維的記載,安東尼的水師人員陣亡不到5000人,卻有300艘船隻被俘。只有少數人知道安東尼已經逃走,聽到這項消息的人最初都不敢置信,認為絕對不可能出現這種狀況,這位將領在陸上還擁有19個完整的軍團和1萬2000名騎兵,怎麼會放棄一切臨陣脫逃,何況這個人久歷兵戎,身經百戰。他的官兵仍然存著盼望和期待,以為他隨時可能出現,對他表現出無比的忠誠,甚至已經確知他不告而別之後,還繼續團結奮鬥達7天之久,對於屋大維的招降置之不理。等到最後他們的指揮官坎奈狄斯也在夜間營地逃走[149],所有的軍官也都拋棄他們,才不得不向征服者俯首聽命。

接著屋大維率領艦隊前往雅典,親自與希臘的城邦達成協議;他把安東尼徵集供作軍用的穀物,找出遺留未動的部分發給地方政府,當時這些城市陷入悽慘的處境,所有的金錢、奴隸、馬匹和馱獸全被掠劫一空。我的曾祖父尼查克斯(Nicharchus)時常向我們講述一個故事,說我們的城市所有的居民都被迫把定額的穀物,背到安蒂賽拉(Anticyra)[150]附近的海濱,有人站在旁邊用鞭子抽打他們,

---

149 坎奈狄斯要去見安東尼聽取指示,或許他認為部隊非常可靠,不會發生問題。

150 安蒂賽拉是福西斯地區一個小鎮,瀕臨科林斯灣北岸,奇羅尼亞人被迫要將穀物從皮奧夏運到此地的港口。

爲的是要讓他們的動作要快一點。他們剛剛背過一趟已經稱好分量，正在趕著背第二趟的時候，安東尼戰敗的消息傳來，這樣才救了奇羅尼亞全城人民的性命，安東尼的徵糧官和士兵馬上逃走，他們就把留下的穀物分給大家[151]。

69 安東尼到達阿非利加以後，就要克麗奧佩特拉從帕西托尼姆(Parcetonium)返回埃及，獨自過著孤寂的生活，只有兩個朋友陪伴到處徜徉，其中之一是希臘修辭學家亞里斯多克拉底(Aristocrates)，另一位是羅馬人盧西留斯(Lucilius)。關於盧西留斯的事蹟，我在前面已經提過[152]。從前在腓力比會戰的時候，他裝扮成布魯特斯的樣子，故意讓追兵把他抓住，好讓布魯特斯安全逃走。當時安東尼饒他一命，爲了感恩圖報，死心塌地追隨在他的身邊。

安東尼手下負責率領阿非利加部隊的指揮官，帶著所屬官兵向屋大維輸誠降服，這時安東尼決心自裁，受到朋友的勸阻，立即將他送到亞歷山卓。他到達以後發現克麗奧佩特拉忙著從事大膽而奇特的冒險行動，紅海和埃及海岸外面的地中海，中間只隔著一小片陸地，這個地點大家認爲是亞非兩洲的界線，最狹窄之處只有300弗隆的寬度。克麗奧佩特拉的打算是把她的戰船曳上岸，然後再拖到海峽的另一端，放進阿拉伯灣的海面，這樣就可以憑著他的武力和財富，前往埃及以外的地區建立安身立命之所，遠離戰爭和奴役，享受太平的生活。等到第一批戰船拖到岸上以後，就被佩特拉(Petra)的阿拉伯人焚毀[153]，這時安東尼以爲他的陸上部隊還在阿克興作戰，所以克麗奧佩特拉放棄了原來的計畫，下令防衛所有通往埃及的道路。

安東尼卻離開這個城市和朋友，在法羅斯附近的海面築起一條很小的堤道，將他的住所建在上面，過著與世隔絕的生活。他說希望能夠跟泰蒙(Timon)一樣遠離塵世，因爲他的遭遇與泰蒙相似，朋友的忘恩負義使他憎恨和猜忌整個人類。

---

151 從這裡可以知道，戰爭給行省帶來多大的災難，所有的財富和資源都要耗用殆盡，甚至就像尼卡克斯(Nicarchus)這樣的地主，被視為奴隸受到壓榨和搜刮。

152 本書第二十二篇〈馬可斯‧布魯特斯〉第50節，對盧西留斯的事蹟有詳盡的敘述。《羅馬希臘英豪列傳》的目次有兩種編排方式：一種是本書使用的方式；另外一種是依照希臘傳主的出生先後排出目次，分為十一卷。要是按照第一種方式，〈馬可斯‧布魯特斯〉在第二十二篇，可以說是緊跟在本章的後面；如果是第二種方式，〈馬可斯‧布魯特斯〉在第六卷，而本章在第九卷，所以要說「我在前面已經提過」。

153 根據狄昂‧卡休斯的說法，這些船隻還沒有拖過地峽，在建造中間就被焚毀。

70 從亞里斯托法尼斯和柏拉圖的喜劇,我們知道泰蒙是伯羅奔尼撒戰爭時代的雅典市民,他在那些作品裡面被描繪成與人類有深仇大恨的厭世者[154],受到民眾的嘲笑和諷刺。他盡量避免與人交往有時還加以拒絕,唯獨對亞西拜阿德讚譽有加,每當遇到總是非常熱情的擁抱和親吻,當時亞西拜阿德還是狂熱任性的青年。阿皮曼都斯(Apemantus)感到很奇怪,問他為何只對亞西拜阿德如此垂青,他的回答是這個年輕人將來必為雅典帶來災難和禍害[155]。

他從來不與任何人打交道,基於臭味相投只與阿皮曼都斯時有往來,特別是阿皮曼都斯刻意模仿他的生活方式。雅典人慶祝Anthesteria即「酒神節的祭典」,兩個人一起參加飲宴,阿皮曼都斯對他說道:「泰蒙,今天這場宴會真是讓人感到愉快。」泰蒙回答道:「要是你不在場就會更好。」有一天,泰蒙在市民大會登上講壇發表演說,這種極不尋常的現象讓人感到大為驚奇,全場靜寂無聲要聆聽他的高見,於是他說道:「各位雅典市民,我家有塊土地長著一棵無花果樹,過去曾經有很多人在那裡吊死,現在我決定要在那塊地皮上面蓋房子,所以特別向大家宣布,諸君當中如有願意自縊者,請趁著這棵樹尚未砍倒之前多加利用。」

泰蒙亡故葬在哈立(Halae)的海濱。等到他下葬以後,墳前的陸地逐漸受到侵蝕,海水環繞墓園的四周使人無法抵達。他的墓碑上面刻著如下的短詩:

> 吾本可憐人,
> 聊賴論平生;
> 詛咒來訪者,
> 無須問姓名。

這是他生前自撰的墓誌銘,另外還有大家更為熟悉的絕句,出自凱利瑪克斯(Callimachus)[156]的手筆:

---

154 亞里斯托法尼斯的悲劇《黎昔斯特拉塔》(*Lysistrata*)第809-815行和《鳥群》第1549行。柏拉圖的喜劇除了劇名和殘句,都已失傳。

155 這裡所說的話與本書第六篇〈亞西拜阿德〉第16節的記載還是不盡相同。

156 凱利瑪克斯是知名的學者、詩人和文法學家,從260B.C.直到240年逝世為止,一直在亞歷山卓圖書館擔任館長。

泰蒙厭世人，

荒謬過一生；

孤寂無訪者，

千載留罵名。

71 有關泰蒙的軼事很多，我們不能浪費篇幅，現在言歸正傳。坎奈狄斯親自前來報告陸上部隊在阿克興全軍覆滅的情形；接著安東尼又得到信息，知道朱迪亞的希律王率領他的軍團和支隊，向屋大維投降輸誠，還有一些國王和君主全都背棄他，現在除了埃及其他地區已經沒有可戰的兵力。這些事情並未使他感到煩惱，他好像很高興能放棄所有的希望，既然已經落入絕望的處境，所有一切憂愁懼怖全都隨之消逝。離開那個稱爲泰蒙尼姆（Timoneum）的海濱住處以後，克麗奧特拉將他接進皇宮，全城得以享受一段歡愉的期間，大家天天飲宴作樂，互相贈送禮物。凱撒和克麗奧佩特拉所生的兒子，已屆成年要辦理各項手續，他自己和弗爾維婭所生的長子安特拉斯，已過青春期要穿著沒有鑲紫邊的長袍[157]。爲了慶祝這兩件事，亞歷山卓的居民舉行多日的盛宴。

他們解散原來的「極樂會」，另外組織一個團體名叫Diers Together即「偕亡社」，那種奢侈和豪華的場面，還是有如往昔毫不遜色。所有那些願意與安東尼和克麗奧佩特拉共赴黃泉的友人，全都加入這個團體，大家要及時行樂經常舉行盛大的飲宴。克麗奧佩特拉忙著搜集各種毒藥，利用死刑犯人做實驗，要想知道那種毒藥給人帶來最小的痛苦。她發現效力迅速的毒藥都會引起劇烈的疼痛，痛苦較少的毒藥則功效緩慢，於是她再試驗有毒的動物，親自觀察牠們之間相互咬噬的情形，成爲她每天最重要的工作，最後終於發現最理想的動物是一種小毒蛇，受到牠囓了一口以後，不會產生抽搐也不會痛得大聲呻吟，臉上會微微發汗，感覺漸漸麻木陷入昏睡狀況，看來沒有任何痛苦，就像一個酣睡者已經無法讓人喚醒。

---

157 凱撒和克麗奧佩特拉生的兒子凱撒里昂接受希臘的教育，安東尼和弗爾維婭所生的兒子安特拉斯接受羅馬的教育。

72 他們在這個時候派遣使者前往亞細亞覲見屋大維，克麗奧佩特拉提出要求將王國傳給她的子女，安東尼的意願是在埃及做一個平民，如果這點屋大維不能答應，希望能允許他返回雅典[158]。他的朋友都已經與他分道揚鑣，還有一些人無法得到對方的信任，已經沒有什麼人士能夠成爲可以託付的說客，只好請他兒子的家庭教師優弗羅紐斯(Euphronius)負起這個使命。

　　過去在羅馬的時候，拉奧狄西亞(Laodicea)的亞歷薩克斯(Alexas)經由泰瑪吉尼斯的介紹，認識安東尼以後獲得的信任超過所有的希臘人。這時亞歷薩克斯幫助克麗佩特拉，極力勸說安東尼要與屋大維婭劃清界線，即使安東尼想要做一些有利於屋大維婭的考量，都被他用各種藉口予以打消。後來安東尼派他去勸告希律王不要投向屋大維的陣營，他背叛安東尼一去不返，自恃有希律王作爲後盾，竟敢跑到屋大維的面前去討好。他當場被加上腳鐐手銬，送回本國後由屋大維下令處死，希律王不敢開口求情。這就是亞歷薩克斯賣友求榮的下場，當時安東尼還活在世上。

73 屋大維拒絕接受安東尼提出的要求，他的答覆是克麗佩特拉如果處死安東尼，或是將他趕出埃及，將會受到極其優渥的待遇。派遣特爾蘇斯(Thyrsus)[159] 隨著使者同行，這位自由奴富於才智深獲屋大維的信任，能夠爲年輕的將領向自負美貌和魅力的女子傳信，實在說是非常適當的人選[160]。克麗奧佩特拉在接見來人的時候，談話的時間過久加上給予特殊的禮遇，使得安東尼感到嫉妒，下令逮捕特爾蘇斯痛打一頓立即遣返。安東尼給屋大維寫了一封信交特爾蘇斯遞送，裡面說他當時處於逆境難免心浮氣躁，特爾蘇斯傲慢不遜對他有所冒犯。他還特別提到：「如果這件事讓你惱怒，我的自由奴希帕克斯正好在

---

158 31B.C.歲末，屋大維在薩摩斯島和以弗所，根據各種史料可以得知，他在抵達亞歷山卓之前始終大開談判之門，目的爲了要得到安東尼的財富和軍隊，希望能夠活捉克麗奧佩特拉，好在他的凱旋式中亮相。

159 狄昂也將這個人稱爲特爾蘇斯。安東尼和克麗奧佩特拉還派遣其他的使節，攜帶相當可觀的財寶前去覲見屋大維，甚至派他的兒子安特拉斯帶著大量黃金做最後的努力，屋大維接受這些禮物，其他方面就虛與委蛇，免得迫使安東尼走上極端，必要時將戰爭帶到高盧或西班牙，引起更大的困擾。

160 根據狄昂・卡休斯的記載，特爾蘇斯事先受到教導，要用最溫柔的詞句暗示屋大維對克麗奧佩特拉的美貌傾心不已，使得她認爲已經擄獲這位征服者，就會將安東尼棄如敝屣。

你那裡，可以把他吊起來痛打，就算這段過節可以相互扯平。」[161]

經過這件事以後，克麗奧佩特拉為了表明心跡，消除他的猜忌和疑慮，對他的照顧極其周到。克麗奧佩特拉在自己過生日的時候，為了顧及艱苦的困境盡量從簡；等到安東尼的壽誕，她卻擺出舖張的場面大肆慶祝，極盡奢侈豪華之能事，許多賓客送的禮物微薄卻能滿載而歸。就在這個時候，阿格里帕不斷致書屋大維要他返回羅馬，發生很多重大的問題需要他親自處理。

74 因此，戰爭向後緩延一季的時間。冬天過去以後，屋大維開始攻勢行動，他自己率軍從敘利亞前進，部將從阿非利加出兵[162]。佩盧西姆的陷落有一項傳聞，說是守將塞琉卡斯把這座城市拱手送給屋大維，事先已經獲得克麗奧佩特拉的同意。女王為了替自己辯白起見，把塞琉卡斯的妻兒子女交給安東尼處死。克麗奧佩特拉在艾希斯神廟[163]，建造好幾座高大而且精美的陵墓和紀念碑，她把所有的金銀、翡翠、珍珠、烏木、象牙和肉桂都搬到那裡，另外還準備大量易燃的脂檀和拖繩。

屋大維唯恐這個女人在逼得狗急跳牆之際，會把所有的財富付之一炬。所以他在率軍朝向亞歷山卓前進的途中，不斷向她提出善意的保證。等到屋大維的軍隊列陣在Hippodrome即「圓形賽車場」[164]，安東尼猛烈出擊打敗屋大維的騎兵部隊，把他們驅回用壕溝圍繞的營地。他揚揚得意返回皇宮，全身披掛還未卸下，就親吻克麗奧佩特拉，讓一名作戰最為英勇的士兵前來觀見；她贈送勇士一套金製的胸甲和頭盔。接受賞賜的士兵卻在當天夜晚逃走，前去投降屋大維。

75 安東尼再度向屋大維挑戰，要與他進行一對一的搏鬥。屋大維回答安東尼，說是結束生命的方法不勝枚舉，根本無須兩個人的比武。安東尼認為最光榮的死法，莫過於陣亡於戰鬥之中，於是他決定運用軍隊和水師

---

161 莎士比亞在特爾蘇斯和克麗奧佩特拉之間，發展出一種更為曖昧的關係，從他的劇本《安東尼和克麗奧佩特拉》第三幕第十三場可以得知。
162 屋大維在31B.C.年底回到羅馬，接著馬上趕赴東方，部隊的行軍路線是經過小亞細亞到埃及，他在30年7月初抵達亞歷山卓。
163 克麗奧佩特拉自稱為「在世的伊希斯」，死後準備與她的保護神在一起。
164 亞歷山卓的大賽車場位於城市的東邊。

同時出擊。據說他在晚餐的時候，吩咐僕人多準備幾道菜和多斟一些酒，明天他也許戰死沙場，倒在地上成為一具屍體，他們就會伺候一位新主人。他的幕僚和朋友聽到這些話，都不禁痛哭起來。他告訴他們說是明天的出戰，不是為了獲得勝利和安全，而是為了尋求光榮和死亡，所以他們不必置身其間。

據說那天的午夜時分，全城正處於寂靜和陰鬱的氣氛之中，期待明天可能發生的事情。這時突然聽到各種樂器的旋律和配合的歌聲，一大群人像是酒神的信徒在喊叫跳舞。喧譁的行列從城中經過一直朝著距離敵人最近的城門走去；到了那裡叫囂的聲音到達最高潮，接著遽然停息變得萬籟無聲。對於這件事加以查明真相的人，認為這是表示安東尼向來模仿和效法的酒神，現在已經棄他而去。

76 次日[165]破曉他率領步兵出城，將他們配置在一座小山上面，觀看他的水師出動，向著敵艦進攻。他站在那裡期待戰船會獲得相當戰果，當那些艦隻駛近敵方船隻的時候，他的船員卻舉槳向屋大維的船員敬禮，等到屋大維的船員答禮以後，雙方的艦隊便混合在一起。就在安東尼看到這幕情景的同時，騎兵部隊背棄他的陣營向屋大維投降。他所率領的步兵同敵軍交戰失敗以後，他便退回城市，高喊他是為了克麗奧佩特拉的緣故，才同敵人作戰，現在她卻將他出賣給他們的死對頭。

克麗奧佩特拉生怕他在暴怒和絕望之中，會做出傷害她的行為，於是她逃到陵墓，放下懸吊的垂門，拉起堅固的門栓，然後派人去告訴安東尼說她已經死亡。安東尼相信這個消息，高聲說道：「安東尼，命運已經奪走你活在世間的唯一藉口，你為什麼還要苟且偷生？」他回到自己的房間，脫去全身的披掛，說道：「克麗奧佩特拉，我現在失去了你並不感到悲傷，因為不久就會與你相聚；唯一給我帶來羞辱的事，就是像我這樣偉大的將領，竟然還不如一個女人勇敢。」

安東尼有位忠實的奴僕名叫厄羅斯(Eros)，過去曾經答應安東尼，必要的時候就會將他殺死免於落在敵人手中，現在安東尼要厄羅斯履行諾言。厄羅斯拔出劍像是要殺害安東尼的模樣，卻突然轉過身子把自己刺死。等到這位僕人倒斃在主人腳下，安東尼說道：「太好了，厄羅斯，你已經指點你的主人去做你所不願做的事情。」於是他用劍刺進自己的腹部，接著倒在臥榻的上面。可是他的傷勢

---

165 這一天是30年8月1日B.C.。

並不足以馬上致命，等到躺下血不再流出，不久就恢復知覺，請求站在身邊的人幫助他解除痛苦，但是那些人全都跑掉，只留下他一個人在那裡喊叫掙扎。這時克麗奧佩特拉的書記戴奧米德來到，奉女主的命令要將他接進陵墓。

77 安東尼聽說克麗奧佩特拉沒有亡故，趕緊命令奴僕把他抱到陵墓的門口。克麗奧佩特拉不肯開啓垂門，從一個窗口向下望，接著丟下一條繩索，這些奴僕將他綁好，然後她和兩位宮女(她只帶這兩個女人進入陵墓)把安東尼往上拉。據當時在場的人說，那幅景象非常悽慘，安東尼滿身血污像是快要斷氣的樣子，就在被人往上吊的時候，還揚手向克麗奧佩拉打招呼，竭盡自己的體力在那裡拚命掙扎。要三個女人來做這件事確實相當困難，克麗奧佩特拉緊握繩索，一面探望他的位置一面用力，底下的人高聲叫喊加以鼓勵，不僅著急還分擔她的憂慮，最後終於把他拉了上去。她把安東尼放在床上，脫下身上的衣服蓋住他的身體，她用手毆擊自己的胸膛，撕扯自己的肌膚，把他傷口流出的血塗在臉上，稱他是她的主子、她的丈夫、她的皇帝；對他的遭遇關懷備至，好像完全忘記自己的不幸。

安東尼盡力勸她不要哀傷，可能是口乾就向她要酒喝，或者希望飲下去迅速解除自己的痛苦。等他喝過酒以後，不停勸她在不受羞辱的原則之下，做出適當的安排尋求自身的安全；特別告訴她在屋大維的幕僚當中，只有普羅庫留斯(Proculeius)是值得信賴的人。他求她不要因爲他遭到厄運而憐憫他有如此不幸的下場，應該回憶他過去的豐功偉業而爲他一生感到高興。他曾經是世間叱　風雲的顯赫人物，即使最後的結局可以說是死得其所，只是他這個羅馬人被另一個羅馬人擊敗而已。

78 正當安東尼迴光返照之際，普羅庫留斯從屋大維的營地趕來。原來在安東尼用劍刺傷自己，然後送到克麗佩特拉這裡來的時候，他的一名衛士德西提烏斯(Dercetaeus)撿起他的劍，藏起來不讓人知道，然後找機會偷偷跑到屋大維那裡，首先向他報告安東尼逝世的信息，並且拿出這把沾滿血跡的佩劍作爲證據。屋大維聽到這番話以後，退到他住的帳幕裡面，爲安東尼的死而垂淚嘆息；這個人曾經是他的姻親、統治帝國的同僚、共度多少戰爭和危險的友伴。他拿出很多書信來到幕僚的面前，高聲宣讀那些函件，要讓他們知道，他寫

給安東尼的信極其謙遜有禮，然而安東尼的覆函是多麼倨傲粗暴。

　　然後屋大維派普羅庫留斯去見克麗奧佩特拉，運用諸般手段使她活在世間，接受他的掌握和控制。屋大維唯恐她自尋短見，連帶大批財富成爲陪葬之物，要是她活著送回羅馬，會爲凱旋式增添莫大的光彩。克麗奧佩特拉非常小心，不願落入普羅庫留斯的手中。他到達陵墓站在門外，墓門的位置和地面有同等的高度，拴著很堅固的門閂，克麗奧佩拉與他隔著門談話，彼此都可以聽得清楚。她要求屋大維讓她將埃及王國傳給子女，他則勸她放心全部可以信賴屋大維的安排。

79 普羅庫留斯仔細觀察陵墓的位置，趕回去報告屋大維；他又派加盧斯(Gallus)前去與克麗奧佩特拉做第二次會晤。加盧斯到達陵墓門口和她隔門交談，故意問很多問題拖延時間，好讓普羅庫留斯將雲梯架在那些女人將安東尼拉上去的窗口。普羅庫留斯率領兩個人從窗口進入以後，馬上向下走到他們正在談話的門邊，陪伴的兩個宮女大聲喊叫道：「可憐的克麗奧佩特拉，你已經成爲他們的俘虜。」克麗奧佩特拉轉過身來，看見普羅庫留斯就拔出隨身攜帶的匕首想要自裁。普羅庫留斯趕緊跑過來，用兩隻手將她抓住，他說道：「不必這樣，克麗奧佩特拉，這樣做不僅對不起自己也辜負屋大維的好意，使得他沒有機會表現他的恕道，這樣一來會讓世人把這位心胸善良的將領，看成是一個充滿仇恨的不仁不義之徒。」於是他把那把匕首從她的手裡奪走，同時還抖動她的衣服，看看裡面是否藏有毒藥。接著屋大維又派他的一位自由奴伊帕弗羅迪都斯(Epaphroditus)前來，特別囑咐普羅庫留斯盡可能用溫和有禮的態度對待克麗奧佩特拉，嚴密防備以免她自尋短見。

80 屋大維在這個時候進入亞歷山卓，阿瑞烏斯(Areius)在旁邊相陪，他握著這位哲學家的手，交談甚歡。這樣做的目的是想讓市民看到他給阿瑞烏斯的殊榮，大家以後就會推崇這位學術界的偉大人物。然後他走進運動場登上爲他設置的講壇，一開口就命令所有的市民站起來(他們因爲過於恐懼，全都趴俯在地上)，接著才對大家講話，說是他赦免亞歷山卓人的過失和罪行：首先是爲了頌揚城市的創立者亞歷山大；其次是他喜愛這個優美而廣大的城市；

最後則是爲了取悅他的朋友阿瑞烏斯[166]。

屋大維賜給阿瑞烏斯莫大的榮譽，由於這位哲學家的說項講情，許多人得以保全性命，斐洛斯特拉都斯（Philostratus）就是其中之一。所有的邏輯學教授當中，斐洛斯特拉都斯最善於即席演說，然而他不夠資格自稱爲學院派哲學家。屋大維厭惡他的爲人，所以對他的請求根本置之不理。他長著長長的白鬍鬚，穿著一件黑袍，跟在阿瑞烏斯的後面，朗聲高誦這兩句詩[167]：

明君惟其睿智，
哲人可保無虞。

屋大維聽到以後寬恕他的過錯，這樣做不是他對斐洛斯特拉都斯產生好感，而是爲了使阿瑞烏斯不致因而受到別人的責怪。

81 安東尼的子女當中，他與弗爾維婭所生的長子安特拉斯，遭到家庭教師狄奧多魯斯（Theodorus）出賣而被處決。當士兵要把他的頭割下來的時候，這位家庭教師設法偷去掛在頸脖一顆寶石，藏在自己的衣袋裡面，雖然他矢口否認，還是受到磔刑的定罪釘死在十字架上。

克麗奧佩特拉的子女連同侍從人員，特別派出禁卒給予嚴密的看管，生活方面受到優渥的待遇。凱撒里昂被大家認爲是笛克推多凱撒的兒子，奉到他的母親克麗奧佩特拉的命令，攜帶大量金錢取道衣索匹亞前往印度，他的家庭教師羅敦（Rhodon）可以與狄奧多魯斯媲美，說是屋大維會立他爲國王因而勸他返國。正當屋大維考慮如何處理如此棘手事件之際，據說阿瑞烏斯念出如下的詩句[168]：

眾多逐鹿人，

166 阿瑞烏斯・迪第穆斯（Arius Didymus）是一位斯多噶學派哲學家，早年的名聲並不響亮，看來是天降大任要他來拯救整個城市，雖然他後來成爲西西里的行政長官，但是一直拒絕在埃及擔任重要的職位。
167 這首抑揚格三音步的詩，作者的姓名已失傳，引用瑙克《希臘詩文斷簡殘篇》第921頁之譯文。
168 這是奧德賽所說的話，意爲「領袖過多絕非好事」，出自《奧德賽》第2卷第204行。

閱牆羅馬城。

因此，等到克麗奧佩特拉亡故之後，凱撒里昂遭到謀殺。

82 許多國君和將領向屋大維提出請求，安東尼的遺骸可以交給他們來舉行葬禮。屋大維不願從克麗奧佩特拉那裡搬走安東尼的屍體，所有的後事全部交由她辦理，喪禮完全按照帝王的儀式，安排的場面隆重且氣派，事先獲得屋大維的同意，可以任意使用她認為需要的物品。克麗奧佩特拉的心情極其悲憤，胸部由於自己屢次毆擊和撕扯的關係，潰爛發炎引起高燒。她對這種情形倒是感到欣慰，因為有了藉口可以不進飲食，希望在不受干擾的狀況下安靜過世。她對一位名叫奧林帕斯（Olympus）的醫生講了真話，請他提供意見協助她了此殘生。奧林帕斯在他的作品中記述這件事的始末和有關情節[169]。屋大維猜測到她的企圖，傳來威脅會讓她的子女受到連累，產生恐懼逼得只有就範，放棄原來的計畫，接受服侍人員提供的飲食和醫藥。

83 幾天以後屋大維親自前來探視，對她所面臨的困境加以撫慰。當時她正躺在簡陋的床舖上面，身上穿著一件很普通的長袍，看到他進來以後，就從床上跳下來跪倒在他的跟前。她的面容和頭髮零亂不堪，說話聲音顫抖不已，兩眼無神向內凹陷，胸部毆擊和撕扯的傷痕清晰可見。就她整個狀況來說，她的靈魂所受的痛苦不亞於身體所受的折磨。雖然如此，魅力和青春帶來的美麗，還沒有完全消失無蹤，處於目前這種悲慘的環境，她的儀容仍舊反射出內心的光彩。屋大維要她躺下休息，自己坐在她的身旁。這時她抓住機會為自己辯護，她說她之所以如此實在是迫不得已，特別是對安東尼的畏懼心理。屋大維把她的論點一一駁斥，她馬上改變語氣請求饒恕，好像她非常希望繼續活在世間。

最後她把財產清單交給屋大維，管事塞琉卡斯說她漏列若干項目，指責她隱匿不報。這時她勃然大怒，立即從床上跳下來，抓住管事的頭髮打了幾個耳光。屋大維微笑勸她無須如此，她回答道：「凱撒，這實在太使人難堪。我在窮途末路之際，承你屈尊前來看我，然而自己的僕人卻指控我隱匿一些婦女的飾物，我

---

169 奧林帕斯的著作成為蒲魯塔克撰寫本書的重要史料來源。

留起那些東西，不是爲了裝飾倒楣的自己，而是想當作一些小禮物，送給屋大維婭和莉維婭（Livia），希望她們能代我向你講情說項，好能受到你寬大的處置。」屋大維聽到這些話以後，感到非常高興，可以斷定她還想繼續活下去。於是他告訴她，她所留的東西，可以由她任意運用，至於他對她的處置辦法，將是非常的寬厚，可以說是超過她的期望。屋大維在說完以後告別離去，相信自己已經將她說服，實際上最後還是被她所騙。

84 屋大維的友伴當中有位出身顯赫的年輕人名叫高乃留斯·多拉貝拉，對於克麗奧佩特拉懷有好感，私下應她的請求傳話給她，說是屋大維將要取道敘利亞返國，她和她的子女要在三天之內先行遣送。克麗奧佩特拉得到這個消息以後，向屋大維提出要求准許她祭奠安東尼，獲得同意吩咐奴僕將她抬到安東尼的墓前。到了以後在宮女的陪伴之下，他流著眼淚抱著墓碑哭泣，說出下面這番話來：

> 啊，安東尼我的夫君，不久之前我親手將你埋葬，自由的我已經成爲俘虜，現在最後一次向你祭奠，旁邊有人在嚴密看守，擔心連日的憂傷會損毀奴隸的身軀，使得他們的凱旋式爲之失色不少。不要再指望我以後會來獻祭，這是克麗奧佩特拉最後一次對你的酹酒，因爲她即將匆匆遠送異地。我們活在世上沒有任何外力能使我們分開，但是死去以後就要咫尺天涯。你是羅馬人死後葬在埃及；我是埃及人卻要在你的祖國入土爲安。要是和你在一起的冥界神祇如果眞正有靈（因爲天界的神明已經遺棄我們[170]），請不要讓活在世上的妻子被你遺忘[171]，不要讓我走在凱旋式的行列之中給你帶來羞辱，要讓我匿跡銷聲和你一起埋葬在這裡；因爲在我所有的不幸遭遇之中，和你分開這一段短暫的日子使我最感痛苦。

---

170 古人認爲神明遺棄被征服的人，無論是魏吉爾的詩篇還是塔西佗的文章，都保持這種觀點。
171 克麗奧佩特拉以安東尼的未亡人自居，接著安排儀式性的沐浴和用餐，混合著婚禮和葬禮的比喻意象。

85 克麗奧佩特拉哭訴一番以後，在安東尼的墳墓上面放了幾個花圈，親吻墓碑作別。然後命令僕從為她準備沐浴，接著享用一頓非常豪奢的盛宴。有位鄉民為她送來一個竹籃，看守的衛兵攔阻不讓進去，詢問裡面裝了什麼東西，鄉民將上面的樹葉撥開，讓他們看到裝滿肥大又漂亮的無花果，衛兵稱讚不已，鄉民笑著請他們拿走一些，衛兵沒有拿也不再有什麼疑心，就放他提著籃子進去。克麗奧佩特拉用完餐把寫好密封的信派人送給屋大維，接著她摒退四周的人只留兩個服侍的宮女，然後封閉陵墓的大門。

屋大維打開來信，發現她用哀怨的語氣懇求把她和安東尼合葬，馬上明白她的意圖。最初他想親自趕去營救，後來又改變主意派旁人前往[172]。克麗奧佩特拉自行了斷執行非常迅速，屋大維的使者急忙跑到的時候，那些看守的衛兵還一無所知。他們打開陵墓的大門，看見克麗奧佩特拉躺在金榻上面，穿戴帝王的服裝和飾物，已經香消玉殞[173]。她的宮女伊拉斯倒在她的跟前，另外一位宮女查米昂已經搖搖欲墜，她的頭都抬不起來，還在為女主人整理所戴的冠冕。有位走進去的人惱怒地叫道：「查米昂，看你幹的好事？」她回答道：「真是太好了，因為她的後裔都是帝王，只有這種死亡方式才配得上她的身分。」說完以後斃命在金榻的旁邊。

86 據稱那條小毒蛇是藏在無花果和葉子下面帶進去，按照克麗奧佩特拉事先的安排，要讓毒蛇在不知不覺之中爬上她的身軀，等到她拿開無花果一眼看到的時候就說道：「牠在這裡呢！」於是伸出裸露的手臂讓牠狠狠咬上一口。還有人說那條毒蛇放在一個花瓶裡面，就用一根金紡錘去撥弄牠惹得激發性子，便纏住她的手臂不放；實際情形如何誰也不知道。還有人說她的毒藥藏在一根空心的束髮針當中，別在頭髮裡面誰也看不出來。可是她死後身體沒有出現屍斑，看不出其他中毒的徵狀，陵墓裡面也沒有找到小毒蛇，只是在靠近窗口的海濱沙灘上面，發現類似蛇類爬行的痕跡。有人提到克麗佩特拉的胳臂發現兩個模糊的小孔，屋大維似乎也相信這種說法，他的凱旋式遊行行列當中，克

---

172 當時的羅馬人都認為屋大維的個性極其怯懦，這就是一個非常明顯的例子。
173 根據狄昂・卡休斯的記載，屋大維下令趕快派昔利人去為她吮吸毒液，因為太遲而回天乏術。

麗奧佩特拉的畫像繪出被毒蛇纏繞的形狀[174]。以上是有關這件事情種種不同的傳聞。

屋大維對她的死感到相當婉惜，卻也佩服剛烈堅毅的精神，下令將她按照帝王的儀式和排場，埋葬在安東尼的身旁。追隨她的宮女奉到屋大維的指示，爲她們舉行體面的喪禮。克麗奧佩特拉享年39歲，登基出任女王長達22年，其中與安東尼共同主政有14年之久[175]。按照權威人士的說法，安東尼亡故的時候不過53歲，另外有人說他在世共56年。安東尼的雕像全被拆毀；阿契比烏斯（Archibius）是克麗奧佩特拉的朋友，他送給屋大維2000泰倫，使得她的雕像免於落到不幸的下場，仍然能夠留存世間。

87 安東尼留下3位妻子所生7個兒女[176]，只有長子安特拉斯被屋大維處死。屋大維婭將其他的孩子領去，與自己所生的子女一起撫養。克麗奧佩特拉的女兒跟母親同名，後來嫁給最有才華的國王朱巴；弗爾維婭所生的兒子安東尼，後來極受寵愛，在屋大維的心目當中，阿格里帕應居首位，莉維婭的兒子德魯薩斯第二，安東尼毫無問題居於第三。

屋大維婭與第一任丈夫馬塞拉斯生了兩個女兒，還有就是一個兒子名叫馬塞拉斯，屋大維過繼這個兒子，並且把自己的女兒嫁給他；同時要屋大維婭將她的一個女兒許配給阿格里帕。馬塞拉斯婚後沒有多久亡故，屋大維很難找到適合的人來做他的女婿，於是屋大維婭的意見是阿格里帕先休掉她的女兒，然後和屋大維的女兒朱麗亞成親。屋大維和阿格里帕都同意這個安排，於是阿格里帕娶朱麗亞爲妻，屋大維婭領回自己的女兒，再將她嫁給弗爾維婭的兒子安東尼。

提到屋大維婭和安東尼所生的兩個女兒，大安東尼婭（Antonia major）嫁給杜米久斯·伊諾巴布斯（Domitius Ahenobarbus）；小安東尼婭（Antonia minor），不僅貌美如花而且富於心機，許配給莉維婭之子德魯薩斯（Drusus），這位年輕人也是

---

174 這種說法非常可疑，因為埃及國王的冠冕上面用眼鏡蛇作為飾物，表示神聖不可侵犯之意，所以不會用這種圖形來彰顯她的身分。

175 14年這個數字有錯，應該是11年才對，克麗奧佩特拉和安東尼相會於西里西亞的塔蘇斯，時為41B.C.。

176 安東尼的三位妻室為他生下7個子女：出自弗爾維斯是兩個兒子安特拉斯和安東尼；出自克麗奧佩特拉是一個女兒、兩個兒子克麗奧佩特拉、托勒密和亞歷山大，還有就是屋大維婭的兩個女兒大安東尼婭和小安東尼婭。

屋大維的繼子。德魯薩斯和小安東尼婭這對夫婦所生兩個兒子，就是日耳曼尼庫斯(Germanicus)和克勞狄斯(Claudius)。克勞狄斯後來登基稱帝；日耳曼尼庫斯的子女當中，該猶斯(Gaius)即喀利古拉(Caligula)在位時政績斐然，後來連同妻子和兒女一起被殺。

日耳曼尼庫斯另一個女兒阿格里萍娜(Agrippina)與伊諾巴布斯有一個兒子名叫盧契烏斯·杜米久斯(Lucius Domitius)，後來她嫁給身為皇帝的克勞狄斯；因而克勞狄斯收養杜米久斯，並且給他取了一個名字叫著尼祿·日耳曼尼庫斯(Nero Germanicus)。尼祿就是我們這個時代的皇帝，不僅殺死自己的母親，瘋狂和愚蠢的行為幾乎毀滅整個羅馬帝國；他就是安東尼第五代的後裔。

第三章
德米特流斯與安東尼的評述

1　得知這兩個偉大人物的命運沉浮和榮枯興衰，我們首先加以思考，就是
他們用什麼方法獲得權力和榮譽。德米特流斯繼承安蒂哥努斯建立的王
國；安蒂哥努斯是亞歷山大亡故以後最有權勢的接班人，他在德米特流斯長大成
人之前，已經領軍轉戰各方，將亞洲大部分地區納入勢力範圍。安東尼的父親雖
然受人尊敬，究竟不是一位勇士，不可能將顯赫的名聲遺留給自己的兒子；他發
揮大無畏的精神在局勢突變之際掌握政權，雖然他的出身使他得不到合法的名
分，憑著鍥而不捨的努力總算成為凱撒真正的繼承人。

安東尼的成功完全靠自己的才能，等到帝國被他們瓜分，擁有的領域使他在
各方面穩占上風，雖然他沒有率軍出征，僅僅派遣部將就能擊敗帕提亞人，將高
加索地區的蠻族趕回裡海。即使出現很多事情損害到他的名聲，同時也能見證到
他的豐功偉業已經超過前人。安蒂哥努斯為了讓德米特流斯獲得有利的婚姻，根
本不在意安蒂佩特的女兒斐拉年齡過大的事實。克麗奧佩特拉是那個時代除了阿
薩西斯以外最有權勢和地位的君王，安東尼與她的結合仍舊給他帶來莫大的羞
辱。羅馬人認為安東尼是如此偉大，應該做出一番事業而不是僅僅滿足個人的私
欲。

2　談到他們據有帝國的公正性與合法性，德米特流斯在這方面毫無任何顧
慮，因為他要統治的民族始終有一位高高在上的國王。安東尼要奴役的
羅馬人民，剛剛從凱撒的統治之下獲得解救，接著他們要忍受殘酷和暴虐的政
權。說起安東尼最光輝和最偉大的工作，是在戰場上面擊敗布魯特斯和卡休斯，
等於粉碎城邦和市民同胞的自由權利。德米特流斯即使陷入困境還是不肯停止，
繼續使得希臘保有獨立自主，要將外國的守備部隊從這些城市趕走；不像安東尼

能夠誇口炫耀之處，就是他在馬其頓殺掉羅馬的仁人志士。

安東尼唯一叫人佩服的地方，是他的禮物不僅豐富而且極其氣派；德米特流斯在這方面要讓安東尼自嘆不如，他送給敵人的東西比起安東尼送給朋友的東西還要多。安東尼獲得響亮的名聲不過給予布魯特斯體面的葬禮；德米特流斯對於所有陣亡的敵人莫不如此，那些遣返給托勒密的俘虜都帶著他贈予的金錢和禮物。

3 他們兩位的事業獲得莫大的成就，隨之養成傲慢無禮的架勢，無法自我克制欲念，陷身於奢侈揮霍和聲色犬馬之中。然而我們不能說德米特流斯因為飲宴遊樂，曾經使得作戰行動受到耽誤，歡悅對他而言只是發洩過剩的精力，就像傳說中敘述的狀況，拉米婭只在半睡半醒的嬉戲時刻才屬於他所有，等到戰爭需要他全神貫注的時候，這時他的長矛不會裝飾長春藤，頭盔也聞不到油膏的香氣，更不會從婦女的閨房直接開上戰場，但是在發出酒神飲宴的刺耳吶喊，或是終結祭祀儀式的酗酒狂歡以後，如同優里庇斯一樣將他稱之為「大開殺戒的戰神」；總之，即使他偶爾會如此的怠惰或放縱，卻從未為自己帶來任何禍害。

然而安東尼就像圖畫中的海克力斯，可以看到歐斐利已經拿走他的棍棒而且脫下他的獅皮，克麗奧佩特拉也就如法炮製，運用連哄帶騙的方式一而再的解除他的武裝。他把最重要的作戰行動和冒險事業置之不理，陪著她前往坎諾帕斯（Canopus）和塔弗西瑞斯（Taphosiris）去遊山玩水。等到最後他就像帕里斯一樣，離開戰場投身到她的懷抱，或許實情是帕里斯的奔逃是他已經被打敗。安東尼為了追隨克麗奧佩特拉的遠遁，不惜放棄到手的勝利。

4 法律沒有規定德米特流斯不可以多娶幾位妻室，菲利浦和亞歷山大那個時代的馬其頓國王把這方面不當一回事，甚至他的行為並沒有比黎西瑪克斯和托勒密更加過分；特別是他對所娶的妻室都能待之以禮。安東尼則不然，首先是羅馬人不容許任何人同時有兩位妻子，其次是他不能趕走合法的羅馬正室，去取悅毫無法律保障的外國婦女。因此，德米特流斯不會受到家室之累，安東尼的婚姻給他帶來毀滅性的打擊。

從另一方面來說，安東尼不會像德米特流斯那樣，淫蕩的行為使他受到褻瀆

神聖的指控。歷史學家的記載讓我們知道,整個衛城區域不許犬類進入,因為這些畜牲在發情期有當眾交尾的習性。德米特流斯與娼妓的交往情形,還有他與那些不知檢點的雅典女性尋歡作樂,在帕台農神殿可以看得清清楚楚。耽溺於肉慾的習性使得德米特流斯施展暴虐的惡行,最美麗和最迷人的雅典男孩,為了逃避他的糾纏而喪失性命。總而言之,安東尼的縱情聲色是害了自己,德米特流斯卻在傷害別人。

5 德米特流斯對父母已經盡到為子之道,沒有可以非議之處;安東尼為了取西塞羅的性命不惜犧牲母親的兄弟,難道他沒有想到要殺死這位演說家,得付出多麼昂貴的代價,自己落得殘酷不仁的罵名。提到違背誓言和協約方面,阿塔伐斯德的逮捕和亞歷山大的刺殺,雖然都是事實安東尼還是可以辯稱,阿塔伐斯德早在米地亞就已經背叛,將他棄置於死地而不顧。據說德米特流斯經常為他的行為捏造很多不實的藉口,但是不會為別人對他的傷害產生報復之心,發現只有一個人受到枉屈對他提出指控。

6 德米特流斯的成就完全靠自己的本領,不像安東尼要借重他的部將,聞名於世的大捷他都沒有親身參與。他們最後所以在劫難逃只能怪罪自己,僅僅程度有所不同罷了。馬其頓人背叛德米特流斯,使得他遭到國人的遺棄;當戰士為安東尼不顧性命奮戰到底時候,他竟然拋下他們逃離戰場。他們所犯的過失一位是與士兵完全疏遠毫無恩情可言,另一位是放棄仍舊擁有的情義和忠誠為人所不齒。他們最後的亡故無法讓人感到欽佩:特別是德米特流斯反而引起我們的藐視,他成為一個囚犯還以多過三年俘虜生活感激上蒼,就像一頭野獸被口腹之欲和天之美祿所馴服;安東尼用一種怯懦、可憐和無知的方式尋求解脫,總算及時保住尊嚴不受敵人的擺布。

第二十二篇

弑殺君父者

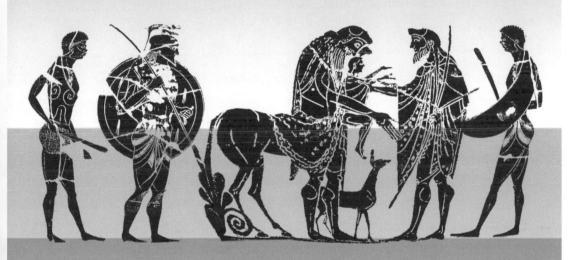

第一章
狄昂（Dion）

408-354B.C.，西西里的政治家，攻占敘拉古驅除僭主，
效法雅典建立民主政體，後被部將所弒。

1 索休斯‧塞尼西歐(Sosius Senecio)[1]，這件事一點不假，就像塞門尼德
(Simonides)[2]的詩句：

> 往事成塵，
> 何須記恨。

意思是特洛伊人並不仇視科林斯人，他們並未參加亞該亞人指揮的圍攻作戰，何
況特洛伊這邊還有他們的人員(這是指科林斯出生的格勞庫斯[Glaucus][3])前來效
命，作戰極其英勇。

還有一種非常正確的說法，羅馬人或希臘人都不會為柏拉圖學派發生爭執，
在下面的〈狄昂〉和〈馬可斯‧布魯特斯〉中，這兩個民族有同樣的表示。狄昂
是柏拉圖的門生，布魯特斯深入研究這位大師的哲學。他們受教於同一所學院，
像是經過類似的訓練去參加爭取榮譽的比賽，如果他們所採取的行動像是出自一

---

1 索休斯‧塞尼西歐是1-2世紀A.D.羅馬高層人士，曾任99年和107年的執政官，受到圖拉真皇
　帝的器重，負責第二次達西亞(Dacia)戰爭。他是當代知名的地理學家和歷史學家，小普里
　尼的好友。蒲魯塔克居住羅馬的時期，曾經受到他贊助和庇護，所以將本書和另一部《掌故
　清談錄》呈獻給他。索休斯的著述甚豐，沒有傳世的作品。
2 塞門尼德(556-457B.C.)生於西奧斯(Ceos)島，是希臘一位家喻戶曉的抒情詩和輓詩體詩
　人，曾經遊歷各地受到宮廷的款待，他的作品除了殘句現在已經散失殆盡。
3 科林斯人希波洛克斯(Hippolochus)之子格勞庫斯是特洛伊友軍利底亞人的領袖，特洛伊戰
　爭中為希臘善射者圖瑟(Teucer)所殺。

個模子，各位無須感到驚奇；他們兩人都可以出面作證，有一個人身爲他們的指
導和教師，曾經這樣說過，那就是「權力和成就要是喪失公正和審慎，施政作爲
就不能達成適切、偉大和高貴的特質」。角力教練希波瑪克斯（Hippomachus）談起
這件事非常肯定，那就是他能在相當距離之外分辨出他的門徒，雖然他們只是從
屠宰場背著肉走出來。關鍵在於他們接受同樣的嚴格訓練，所有的行動完全類
似，一舉手一投足所產生的和諧與勻稱，立刻讓看到的人感到愉悅與合適。

2 我們從這兩個人的命運，可以爲他們的傳記劃出極其接近的平行線。無
論是機遇還是出自個人的企圖，使得他們獲得幾乎相同的下場。兩位都
是在可以大展長才的英年遭到殺害，經歷許多的危險和困難還是無法達成預定的
目標。最令人感到不可思議的事，發生在他們接近死亡的時刻，超自然的現象竟
然介入其間，這種凶兆讓他們可以親眼看見。雖然有很多人全然否定諸如此類的
異聞，說是沒有一個人可以運用正常的感官，看到任何超自然的幽靈或鬼魂，僅
有孩童、愚蠢的婦人，以及生病神智不清的男子，因爲心理的變異或身體的高燒，
產生虛無和怪異的想像力，加上迷信帶來邪惡的守護神，全都進入他們的腦海，
在裡面翻騰不已。

狄昂和布魯特斯都是知識淵博和具備哲學修養的人士，即使在極其憂慮和煩
悶的時刻，也不會受到幻覺的欺騙，立即將看到的異象告訴他們的朋友。古老時
代已經全般受到推翻的論點，我不知道如何讓大家再度加以否定：提到那些邪惡
和哄人的精靈，不僅嫉妒正人君子還駁斥高貴的行爲，給大家帶來恐怖和混亂，
使得他們不再肯定德行的價值，要他們在生前擺脫這方面的負擔，免得人們能夠
表現出公正而又堅毅的精神，死後比起這些可惡的精靈獲得更爲幸福的境遇[4]。
我必須將這些問題保留下來，找到另外的機會再加以深入的研究。在這部傳記第
十二卷[5]裡面，我要對這兩位偉大的人物進行評述，在世時間較前的一位先說。

---

4 柏拉圖學派褐橥的宗教觀點，使得他們對精靈有不同的看法，有的地方抱著「不信蒼生信鬼
 神」的態度，對於柏拉圖學說狄昂和布魯特斯都是狂熱的擁護者，基於強烈的信心才會讓這
 些可怕的幻象出現在他們的眼前。

5 前面提到〈伯里克利〉在第十卷而〈笛摩昔尼斯〉在第十五卷，所以《英豪列傳》最早的編
 排方式真是匪夷所思。

3 戴奧尼休斯一世(Dionysius I)登基[6]以後，立即娶敘拉古人赫摩克拉底
(Hermocrates)[7]的女兒爲妻。新到手的政權沒有穩定之前，市民發生極
其劇烈的暴動，她受到如此殘暴和野蠻的虐待，羞愧之餘只有自盡了此一生。等
到戴奧尼休斯建立至尊無上的權勢，同時娶了兩位妻室，一位是洛克瑞(Locri)的
多麗斯(Doris)，另一位是西西里的土著亞里斯托瑪琪(Aristomache)，後者是希帕
瑞努斯(Hipparinus)的女兒。希帕瑞努斯是敘拉古的領導人物，戴奧尼休斯第一次
受到推舉成爲將領，擁有發起戰爭的絕對權力，這時他選希帕瑞努斯當他的同
僚。據說他的兩位新人是在同一天舉行婚禮，沒有人知道誰是第一夫人，他對她
們一視同仁可以說是雨露均霑，大家在一起用餐，只是輪流侍寢而已。實在說，
敘拉古人極力爭取說是老鄉的女兒應該比外國人更受寵愛。多麗斯的運氣很好，
生了一個可以繼承家業的兒子，等於對她外國血統的一種補償。戴奧尼休斯非常
想讓亞里斯托瑪琪爲他生一個小孩，還是繼續很長一段時間沒有懷孕；後來多麗
斯的母親受到指控被處死，說她用藥物使得亞里斯托瑪琪無法生育。

4 狄昂是亞里斯托瑪琪的兄弟，因爲這個緣故在宮廷受到重用。後來，他
的智慧和能力獲得姊夫的賞識，畀予近臣的職位。除了其他的賞賜，戴
奧尼休斯特別下令給司庫，無論狄昂要求的金額有多少都必須供應，僅僅只要在
同一天向他報告支出的數額。雖然狄昂早已受到推崇，大家讚許他有慷慨的氣
度、高貴的心靈和無畏的英勇，這種優越的性質因爲柏拉圖來到西西里[8]，使他
有機會獲得更大的改進。出現這種狀況絕非人力的安排或算計，完全是上天的旨
意，看來這位哲學家從意大利來到敘拉古，使得他與狄昂相識，造成的後果是恢
復西西里已經失去的自由，進而推翻暴虐的政府，這種遙不可及的因素眞是冥冥
之中難以預料[9]。那個時候的狄昂非常年輕，在追隨柏拉圖的門生弟子當中，他

---

6 這件事發生在奧林匹克93會期第4年即405B.C.。

7 赫摩克拉底是名聲極其響亮的敘拉古人，雅典人從415-413B.C.對西西里發起遠征行動，他
　爲城邦立下很大的功勞，修昔底德的筆下對他有生動的描述，等到雅典大軍遭到殲滅以後，
　敘拉古與斯巴達成立聯合艦隊，由他出任水師提督，409年遭到罷黜，兩年後陷入政爭被殺。

8 如果說柏拉圖首次前往西西里並非虛構之事，那麼這個時間該是在奧林匹克98會期第1年即
　388B.C.。

9 柏拉圖在他的第7封信裡寫道：「當我向狄昂說明哲學的原理和人道的法則之際，就在不知
　不覺之間開闢出一條推翻暴政的康莊大道。」

的學習過程最爲專注而且快速，對於武德的進修極其熱心，抱持的態度是要能學以致用。柏拉圖在他的書信[10]中提到他的行爲，這可以說是最好的證據。

雖然他從小受到僭主的撫養，服從已經成爲他的本能，願意將他的一生交到奴役和威脅他的人的手中；然而在另一方面，他雖然習慣於世俗的誇耀和奢侈，認爲不該讓民眾縱情聲色和自暴自棄。等到他初次接觸到合於理性的人生觀，要求的標準在於對德行的唯命是從。這時他的靈魂像是經過火焰的洗滌，年輕人的清白純潔完全基於他的本質，從而可以推論，同樣的道理在戴奧尼休斯的身上能夠產生類似的效果。狄昂將這個問題當成自己的事來辦，終於獲得君主的同意，願意利用閒暇聆聽柏拉圖的講學。

5 在他們這次會面中，談話的主題是人類的美德，比較特別之處是他們討論「堅毅」，柏拉圖的論點是在所有人士當中，唯有暴君從不自詡擁有這種德行。接著他們談起「公正」，肯定爲人的正直不阿是幸福的基礎，違反正義的原則會使人陷入悲慘的處境。戴奧尼休斯沒有聽過這種論點，感覺所說的話等於判定他有罪，非常不高興看到其他人士對柏拉圖的讚譽，所倡導的學說像是使得大家受到蠱惑。最後，他發著脾氣大聲咆哮問這位哲學家，到西西里有什麼貴幹，柏拉圖回答道：「我來尋找德行高潔的人士。」戴奧尼休斯說道：「我看你是白跑一趟。」

狄昂認爲這件事已經過去，再也不會有其他的問題讓他動怒；這時有艘船要送斯巴達人波利斯（Pollis）[11]返回希臘，柏拉圖提出讓他搭乘的申請。戴奧尼休斯私下與波利斯商量，盡量使出各種伎倆在航程中除去柏拉圖，如果做不到就將他發售爲奴；因爲按照柏拉圖的說法，即使處於這種狀況對他毫無傷害，因爲一個正人君子，那怕失去自由還是能享受到幸福。據說，波利斯將柏拉圖帶到伊吉納（Aegina）[12]，在那裡將他賣掉[13]。因爲伊吉納人與雅典人發生戰事，頒布敕令只要

---

10 可以參閱柏拉圖的《書信集》第7卷第327頁。

11 376B.C.斯巴達與第二次雅典聯盟在納克索斯（Naxos）島發生海戰，斯巴達水師提督波利斯敗於雅典名將查布瑞阿斯（Chabrias）之手。

12 伊吉納島位於薩洛尼克（Saronic）灣的入口，成爲派里猶斯港的屏障，要是被敵軍占領，可以切斷雅典對外的生命線，自古以來爲兵家必爭之地，從457B.C.起爲雅典人據有，始能向外發展建立偉大的帝國。

13 據說他們將柏拉圖當奴隸賣了20邁納。

有雅典人到達他們的海岸，一旦被捕就可以當成奴隸發售。

　　雖然如此，狄昂受到戴奧尼休斯的寵愛和信任並不比過去爲差，要他負責最吃力的工作，派他擔任出使迦太基這樣重要的任務，外交的折衝撙俎使他獲得極大的名聲。除此以外，篡奪者能夠容忍他那自由奔放的言論，只有狄昂可以毫無顧忌講出心中的想法；例如，他爲了戴奧尼休斯對傑隆(Gelon)[14]說不當的話而有所指責。戴奧尼休斯用雙關語嘲笑傑隆的統治，說gelos這個字是西西里的「笑柄」。其他人讚賞和稱許這種牽強的貶損之辭，只有狄昂義形於色的說道：「要知道你能成爲大權在握的總督，那是因爲民眾相信你會拿傑隆作爲仿效的榜樣；如果你表現出輕浮的態度，那麼就沒有人會相信你了。」有鑑於戴奧尼休斯的統治給人的印象是極其惡劣，相較之下傑隆的君權政體可以說是非常優異。

6 多麗斯給戴奧尼休斯生了三個兒子，亞里斯托瑪琪有四個子女，其中兩個女兒是索弗羅西妮(Sophrosyne)和阿里特(Arete)。索弗羅西妮嫁給她的同父異母兄弟戴奧尼休斯[15]，阿里特嫁給另一位兄弟瑟瑞德(Thearides)。等到瑟瑞德過世以後，狄昂娶他的姪女阿里特爲妻。當戴奧尼休斯生病即將不久於人世的時候，狄昂向他提出保證要維護亞里斯托瑪琪所生子女的利益。醫生爲了討好繼承人將他當成犧牲品，根據泰密烏斯(Timaeus)[16]的說法，戴奧尼休斯要求睡眠安穩的藥劑，結果醫生讓他失去知覺隨之命喪黃泉[17]。

　　雖然如此，在年輕的戴奧尼休斯與他的朋友第一次召開的會議中，狄昂就當前的政局侃侃而談，使得其他人在對比之下，就像黃口孺子根本提不出方案和策略，他們的角色只是奴隸而不是顧問，怯懦和無知的態度只會取悅年輕的國君，不會就他的利益做出任何建議。他提出大膽的意見使得眾人震驚不已，那就是他知道他們害怕與迦太基的戰爭，可以消弭迫在眉睫的危險，如果戴奧尼休斯希望和平，他立即前往阿非利加，與對方談判獲得有利的條款；但是，如果戴奧尼休

14　傑隆曾經是敘拉古的僭主，時間是485-478B.C.左右。

15　按照希臘的習慣，同父異母的兄妹或姊弟可以結婚，然而同母異父者不可成爲夫婦；羅馬的法律嚴禁這種行爲，視爲亂倫要受嚴屬的懲罰。埃及王室通常親兄妹可以成親共同統治，保持血統的純正，使得王權不致旁落。

16　泰密烏斯(356-260B.C.)生於西西里的陶羅米尼姆(Tauromenium)，受到放逐在雅典生活達50年之久，是當代的歷史學家，作品有《西西里史》38卷。

17　這件慘劇發生在奧林匹克103會期第2年即367B.C.。

斯堅持用戰爭來解決問題，就應該自己出資建造和整備50艘戰船。

7 戴奧尼休斯對於他有寬闊的胸襟感到驚異，帶著滿足的情緒接受他的建言。其他的廷臣認爲他的表現使得他們相形見絀，在懸殊的對比之下使得他們起了嫉妒之心，運用各種機會在暗中誹謗他的言行，使得年輕的國君感到不快。像是他掌握海上的實力用來控制當局，建立水師幫助他姊姊的兒子，能夠擁有統治城邦的權勢。實在說，引起不悅和敵對最明顯和最強固的理由，存在於雙方習性的差異，特別是狄昂的生活方式極其保守而封閉。他們從開始就用奉承和各種卑劣的伎倆，討好君王喜愛和精通的事物。何況這位僭主是如此的年輕而且性好漁色，他們要滿足他的樂趣，想盡辦法讓每天都有新的娛樂占用他的時間，除了美酒和女色還有其他的放蕩和佚行。

所謂的暴政在這種狀況之下，如同百煉鋼被烈焰化爲繞指柔，對他的臣民更爲謙卑和溫馴，極端的嚴苛爲之失色不少。銳利的刀鋒所以變鈍，並非出於君王的慈悲，而是統治的懶散和墮落。這種放縱的生活每天都可以獲得充足的藉口，他的父親戴奧尼休斯一世所說的金城湯池，可以確保君主政體的長治久安，到最後變得衰弱不堪，一擊之下全部粉碎。據說他有一次狂歡作樂，連繼九十天輟朝，所有的廷臣除了飲酒、唱歌、跳舞和說些粗俗的笑話，沒有人處理公務和討論提案，使得軍國大事完全失去控制。

8 狄昂從來不會沉溺於極其幼稚的歡樂或消遣，使得僭主身邊的廷臣將他視爲外人，不會表現親切的態度。他們爲了找出可以中傷的理由，故意將他的美德安上許多名目，用顛倒黑白的方式稱之爲惡行。像是嚴肅的態度被認爲是傲慢，坦率的性格被批評是剛愎，提出善意的勸告受到大家的誤解視爲惡意的攻訐，有些人的行爲不檢，雖然他拒絕參與其事，還是受到譴責說是出於他的疏忽和藐視。說老實話，他的性格所表現的特點就是嚴峻、冷淡、保守而且不善交際，不僅年輕的僭主跟他作伴的時候，感到心情煩悶而且難以溝通，這與耳中聽多了奉承的話很有關係，就是狄昂很多非常親近的朋友，也無法忍受他這種態度。他具備正直和慷慨的氣質深受大家的喜愛，還是會指責他那待人接物的方式，認爲不夠親切和友善，一個人既然涉足公眾事務，就應該廣結善緣才對。

　　有關這方面柏拉圖後來寫信給他[18]，像是有未卜先知的本領，勸他留意要避免獨斷專行，最適合的方式是過孤寂的生活[19]。處於這樣的時代，雖然是環境使得他成為重要人物，搖搖欲墜的政體面臨隨時垮台的危險，大家承認只有他是最有能力的支持者，他自己非常清楚，所以能夠維持崇高的地位並非善意或友情，僅僅基於篡奪者的需要。

9 狄昂經過考量以後，認為問題所在是戴奧尼休斯的無知和缺乏教育，於是他費盡心血誘導這位年輕人，願意研讀有關的通識課程，讓他對於道德的真理和學說有相當的認知，希望他不要畏懼充滿德行的生活，所有的行動要能受到讚許，並且學習如何從其中享受樂趣。戴奧尼休斯就他的本性而言，並不是最壞的僭主，然而他的父親生怕他了解自己的長處，一旦與見識高明和人情通達的人士來往，就會想出很多的辦法來與自己的父親作對，甚至將統治的權力奪走，所以將他關在家中不讓他出去。他在缺乏其他的同伴，以及不知如何打發時間的狀況下，就讓自己忙於各種木工，像是製作戰車模型、燭台、座椅和餐桌等等。

　　戴奧尼休斯老王是如此膽怯和猜疑，無論對任何人都保持嚴密的戒心，從不讓理髮匠或美容師用修剪的工具接觸到他的頭髮，而是要他的技師用熾熱的煤塊燒去長髮的末梢，即使是他的兄弟或他的兒子，都不允許穿著自己的服裝進入他的寢宮，等到全身脫光經過警衛搜查以後，穿上為他們準備的衣物才能來到他的面前。他的兄弟列普廷(Leptines)[20]有次為了描述某個地點的位置，從一名警衛的手裡拿走當值使用的標槍，好在地上劃出它的距離和方向，他看到以後怒不可遏，立即將這名交出武器的士兵處死。

　　他公開宣稱那些極其深沉世故的朋友使他難以信任，他知道當他們有所選擇的時候，情願自己是僭主不要做僭主的臣屬。他擢升馬西阿斯(Marsyas)擔任一個重要的指揮職位，有次他夢到這位將領把他殺死，醒來以後立即派人取馬西阿斯

18　可以參閱柏拉圖《書信集》第4卷及後面的部分。

19　這是柏拉圖的第四封信快到末尾，特別提出這樣的說法。第六篇〈科瑞歐拉努斯〉第15節，提到有關這種個性的人，應有的自處之道，特別是要能面對現實，對於不利的結局一笑置之。

20　敘拉古人列普廷是阿波羅尼亞(Apollonia)的僭主，351B.C.協助凱利帕斯奪取雷朱姆，342年被泰摩利昂放逐，可以參閱第七篇〈泰摩利昂〉第24節。

的性命。他認爲日有所思而夜有所夢是必然之事。這位僭主膽小如鼠成爲畏懼極其可憐的奴隸，所以對柏拉圖恨之入骨，不允許他活在世上成最勇敢的人。

10 前面我們說過，狄昂看到僭主的兒子從小不明事理變得頑劣不堪，完全是缺乏良好的教養所致，除了規勸他努力求學，還百般懇求當時首屈一指的哲學家柏拉圖前來訪問西西里。等到柏拉圖到達以後，他完全遵守這位導師的指示和勸告，聽從教導使得自己的性格符合德行所企望的眞理，效法人類當中最神聖和最光榮的楷模，他所聽命的對象在於能夠控制混亂的社會，經過改變能融入宇宙美麗的秩序，運用同樣的方式使自己得到最大的幸福，並且推而廣之及於他所有的臣民。憑著他的公正和謙恭使他的臣民把他視爲父執輩，無條件服從他的統治。

現在的狀況是他的生性慳吝，出於需要只有逼著他們承認他是他們的主子。所以他不應爲篡奪的僭主，而是合法的國王。完全是畏懼和迷信武力作祟，實力強大的水師和1萬名受雇蠻族組成的常備軍，並不能像他的父親所說那樣，能夠成爲保障王權的金城湯池；而是仁慈和公正鼓舞市民對國家的熱愛和激情。雖然外表看起來比嚴苛和強制的防線更爲脆弱，實在說是最堅固的堡壘可以維持長治久安的政體。再者，卑鄙而又可恥的統治者通常重視華麗的服裝和雄偉的府邸，然而說出的話所具備的理由和發揮的力量，還不如那些地位最低的臣民，他的心靈像是居住在堂皇的宮殿裡面，即使再三的裝扮還是配不上王室的崇高地位。

11 因此狄昂經常灌輸國王這些觀念，有機會就再三重複哲學家的格言和警語。戴奧尼休斯急著想要柏拉圖作伴，可以聽到他的高談闊論。因此，他一封接一封寫信到雅典，狄昂也在上面附上他的懇請，還有幾位在意大利的畢達格拉斯學派的哲學家，派人提出他們的勸告，要他前去掌握一個年輕而又易塑的靈魂，現在正在權力的海洋上面顚簸起伏，要靠著堅實的理性才能穩定下來。柏拉圖本人曾經告訴我們[21]，完全是出於羞愧和善意，生怕有人說他僅僅懂得理論，所以不願採取行動。他所抱持的希望，那是對一個人進行治療的工作，就其餘的人員而言可以發揮帶頭引導的作用，使得整個西西里島的病患都能獲得

21　參閱柏拉圖《書信集》第7卷第328頁。

痊癒；於是他答應他們的要求。

　　狄昂的政敵害怕戴奧尼休斯改邪歸正，說服國王召回被放逐的菲利斯都斯
(Philistus)[22]。這個人受過良好的教育，學識極其淵博，同時對於應付暴君很有經
驗，如果有他的幫助，可以與柏拉圖這個哲學家形成勢均力敵的局面。因為菲利
斯都斯從最早開始，就是建立暴政最有用的工具，長期以來擔任的職位是衛城的
司令，據說他與戴奧尼休斯一世的母親私通，國王本人並不是不知道雙方的曖昧
關係。列普廷與一個已婚婦人有姦情生下兩個女兒，就將其中一位嫁給菲利斯都
斯為妻，沒有先獲得戴奧尼休斯的同意，他在大怒之下將列普廷的情婦下獄，從
西西里放逐菲利斯都斯。後來，菲利斯都斯和他的朋友逃亡到亞得里亞
(Adria)[23]，退隱的歲月利用閒暇盡可能寫出他這一生的經歷，戴奧尼休斯一世統
治時期他沒有返回故土。

　　等到老王崩殂以後，如同剛剛提到的狀況，狄昂的政敵掌握機會召他回國，
可以用來達成他們的目標，成為專制政府立場非常堅定的朋友。

12 菲利斯都斯回國以後，盡力效勞用來維持自己的地位，就在這個時
候，很多用來對付狄昂的誹謗和控訴，被其他人帶到國王的面前：
像是他與狄奧多底(Theodotes)和赫拉克萊德(Heraclides)[24]通信，準備顛覆現在的
政體；還有就是柏拉圖的來到，使得狄昂心裡充滿希望，減輕僭主當政所形成的
嚴苛和專制，要讓戴奧尼休斯獲得名正言順而又合法的總督職位。如果戴奧尼休
斯還是背道而馳，不肯矯正自己的錯誤，狄昂決心要將他罷黜，讓敘拉古人恢復
共和國的體制。狄昂並不贊同民主政體，當穩健的貴族政體無法達成的時候，非
常容易出現僭主篡奪權力。

22　菲利斯都斯是敘拉古人，親身經歷415-413B.C.雅典對敘拉古的圍攻，30年後在他的著作《西
　　西里史》中詳述這次作戰的始末。他經寫出埃及、西西里和戴奧尼休斯統治時期的歷史著作，
　　西塞羅讚譽他是當代的修昔底德(Thucydides)。
23　亞得里亞是山內高盧一個古老的城市和港口，位於波河與阿第傑(Adige)河之間，現在成為
　　一個有20公里長的島嶼，亞得里亞海因這個城市而得名。
24　赫拉克萊德是戴奧尼休斯二世的傭兵部隊指揮官，後來隨著狄昂逃出敘拉古，戴奧多魯斯對
　　這件事有詳盡的記載。

13 這是柏拉圖前往西西里之際[25] 城邦的政治狀況，等到他剛一抵達，受到的禮遇和尊敬真是出人意料之外，一輛王室禮車裝飾得富麗堂皇到岸邊去接他，戴奧尼休斯親自獻祭，感謝神明將最大的福份賜給他的政府。所有的宴會表現出謙讓之風，宮廷特別重視禮儀的教化，就是僭主本人處理事務都本著謙沖和慈善的原則，市民對於一場快速的改革懷著莫大的希望。戴奧尼休斯對於理論和學術有研究的熱情，據說數學家的討論和學習重點在於解題演算，使得滿室都是灰塵[26]。

等到過了幾天以後，正好是敘拉古人向神明獻祭的日子，祭師如同往常一樣祈禱，懇求僭主的統治能夠安全而又長久的延續下去，據說站在旁邊的戴奧尼休斯大聲叫道：「不要祈求神明降禍到我們的頭上。」這種現象給菲利斯都斯和他的黨派帶來苦惱，只要稍為用心推測就可以知道，僅僅相識很短的時間，柏拉圖對於年輕人的心靈造成深遠的轉變，要是經過長期的交談和親密的來往，這位哲學家的威望和權勢，使得他們根本無法抗拒。

14 他們對於狄昂的打擊和中傷，不再個別和暗中進行，而且公開和全體聯手施為。大家異口同聲提到柏拉圖的詭辯法則，說是這種邪說使戴奧尼休斯受到蠱惑，等到最後他被說服，就會自動放棄他的職責，交出他的權力，狄昂可以全部接收，再將這些轉移到他姊妹亞里斯托瑪琪的子女手裡。還有人對於雅典表現氣憤填膺的樣子，說過去他們指派一支實力強大的艦隊和兵員眾多的陸軍來到西西里，沒有能夠奪取敘拉古釀成全軍覆沒的慘劇[27]，現在他們捲土重來的工具是一位詭辯家，要來顛覆戴奧尼休斯的主權；抨擊的重點說他的建議要遣返一支實力為1萬名長矛兵的衛隊，解散有400艘戰船的水師，還要將他的軍隊包括1萬名騎兵和數量以倍計的步兵全部除役，然後前往學院去尋覓天賜的福份，完全無法覺察只能憑借想像，在數學家的引導之下到達完美的境界。然而就在這個時候，實際的擁有像是絕對權力、鉅額財富和美好人生，全部交給狄

---

25 這是奧林匹克103會期第1年即368B.C.的事，距離首次來到西西里已有20年之久。

26 當時沒有那樣多的紙張，為了便於繪圖，地板上鋪上一層細沙，房間裡面當然處處灰塵。

27 奧林匹克91會期第2年6月（415B.C.），雅典派遣大軍遠征西西里，圍攻敘拉古長達兩年之久，多次海戰失利只有撤圍退卻，敘拉古人隨後追擊，雅典人無法獲得補給只有投降。雅典前後派遣的陸軍和水師多達5萬人，最後只剩7000名俘虜在石礦中做苦工。

昂和他姊妹的兒女。

　　面臨這種鬼蜮的伎倆，狄昂首先遭遇的困境是引起猜忌，在某種程度上可以覺察到別人的不悅和敵意。他寫給迦太基代表的一封信被人截走，送到年輕君主的面前，內容是如果他們想要與戴奧尼休斯議和，沒有他的居中聯繫就不可能獲得覲見的機會，只有透過他的安排才能達成他們的企求。戴奧尼休斯將這封信讓菲利斯都斯展讀，並且詢問他的意見，按照泰密烏斯的說法，他的建議是用調解當作欺騙的手段，先下手為強將狄昂除去。於是戴奧尼休斯在各種場合表現出對他的感情，不僅真摯而且深厚，使得他認為只有這位君主才是他的朋友，這樣一來，戴奧尼休斯找到機會將狄昂單獨帶到海邊，就在衛城的城牆下方，拿出信件作為證據，指責狄昂在暗中與迦太基人聯手對付他的僭主。當狄昂開口為自己辯護的時候，戴奧尼休斯根本不願接受，立即逼他登上一條早已準備好的船隻，命令水手將他帶到意大利海岸，要他在那裡登陸。

15 等到事件公開以後，大家認為這種處理方式極其冷酷，就連僭主家族的婦女都為之悲悼不已。敘拉古的市民士氣大振，他們期望城邦因而發生動亂，其他的廷臣會感到唇亡齒寒，使得國家有機會進行重大的改革。戴奧尼休斯有鑑於此特別提高警覺，竭力安撫家中的婦女以及狄昂的族人和朋友，提出保證說是他沒有受到放逐的處分，僅是讓他出國一段時間，因為戴奧尼休斯很怕他無法控制自己的情緒，有一天會固執己見而觸怒他的國君，造成的遺憾使人感到悔不當初。戴奧尼休斯為他的親戚準備兩艘船，裝上他們認為適合的財產和奴僕，可以自由開往伯羅奔尼撒去與他相會。

　　狄昂家財萬貫，房屋的裝潢和擺設不遜於王室的富麗堂皇，他的朋友將這些貴重的物品包裝起來運去交給他，除此以外，家中的婦女和他的支持者，送給他很多值錢的禮物。一旦這些財富和金錢到了他的手中，就可以在希臘人中間表現出高貴的姿態，流亡人士都能如此富有，可想而知僭主的權勢是多麼的龐大。

16 戴奧尼休斯立即將柏拉圖遷進衛城居住，拿出禮遇的款待和友善的態度作為掩飾，派遣衛士隨護在他的身邊，免得他去追隨狄昂，將僭主的不當行為公諸於世。再者，時間和談話(野獸也會馴服和溫順)使得戴奧尼休斯能夠容忍柏拉圖的作伴和交往，竟然對這位哲學家起了敬愛之心，僭主的感

情如同處理其他的事物，要求柏拉圖回報他的仁慈，那就是只關懷他一個人，同時要將他置於所有人之上。同時他允許柏拉圖關心他的主要施政工作，甚至他的政府架構，條件是他與狄昂的友誼要被取而代之。這種難以消受的愛慕給柏拉圖帶來莫大的困擾，還要加上童稚的脾氣和嫉妒的性情，像是陷入溺愛之中不能自拔，最後蒙上絕望的感覺。經常因而發怒對柏拉圖予以打擊，接著馬上乞求再度成為朋友。他非常期望成為柏拉圖的門生弟子，能夠繼續研究哲學，要是有人開口反對此事，或是認為這樣做會對他造成毀滅性的後果，這時他又會感到羞愧。

大約在這個時候爆發一場戰爭，他派員護送柏拉圖離開西西里，答應在夏季召回狄昂，接著馬上他又反悔。雖然如此，還是將狄昂的收益給送了過來。他請求柏拉圖原諒他的食言，完全是因為戰爭的關係，等到他與敵人談和就會讓狄昂返國。他特別要求狄昂在這段期間保持安靜，不要引起任何動亂，也不要在希臘人中間說他的壞話。

17 柏拉圖盡量發揮影響力，使得狄昂與他都留在學院，忙於哲學的研究工作。這時狄昂與知己凱利帕斯(Callippus)[28] 寄居在雅典的上城[29]，為了生活過得愜意就在鄉間買了一座別墅，後來當他要返回西西里的時候，就將這片產業送給史樸西帕斯(Speusippus)[30]。柏拉圖希望狄昂有情投意合的同伴，經常接觸到適合當時情景的歡樂，使得嚴苛的性格變得較為平易近人，所以經過他的安排，使得史樸西帕斯成為狄昂留在雅典那段期間，最常見面的友人。有關史樸西帕斯的個性，我們在泰蒙(Timon)[31] 的著作中可以略知一二，他的敘事詩《西利》(*Silli*)提到史樸西帕斯是「說笑話的高手」。大家要柏拉圖提供一個兒童合唱團在雅典演出[32]，狄昂負責人員編組和行政事項，支付所需費用。不僅

28　雅典人凱利帕斯與狄昂同時在柏拉圖的門下受教，他與狄昂的關係如同布魯特斯·阿比努斯之於朱理烏斯·凱撒。

29　這裡所以會將雅典稱為「上城」，是相對於派里猶斯港而言。

30　柏拉圖的門生弟子當中，史樸西帕斯是他的衣缽傳人，後來成為柏拉圖學派的領導人物，這段時間大約是在347-339B.C.。

31　弗留斯人泰蒙是懷疑論哲學家，諷刺詩《西利》的作者，曾經在卡爾西頓(Chalcedon)和雅典開班授徒，大約在280B.C.年代名聲極其響亮。

32　不僅是表演音樂節目而已，還要配合巴克斯的祭典用豪華而盛大的排場宴請各方人士，這是費用極其高昂的公關活動。

柏拉圖因而建立名聲,使得狄昂有一個機會討好雅典人,可以在各階層獲得友善的款待。

狄昂前去遊歷其他的城市,拜訪在希臘擁有最高貴的名聲和最具備政治家風度的人士,他們舉行慶典的時候他參加娛樂和文藝的活動,在所有的場合都不會讓人感到低俗的無知、專橫的傲慢、僭越的奢華,反而向大家展現出克制、慷慨、勇氣,以及在理性和學術的談話中極其得體的品味。因此他獲得眾人的敬愛和欽佩,在很多城市受到公開的表揚,拉斯地蒙人不理會戴奧尼休斯的不悅,將斯巴達市民權頒授給他,雖然那個時候他們正與底比斯開戰,要從戴奧尼休斯那裡獲得援助。

曾經提到有一次他接受邀請,前去拜訪麥加拉人(Megarian)提歐多魯斯(Ptoeodorus),這個人非常富有而且地位顯赫。當他們到達的時候發現群眾擁擠在門口,都在忙著各種事務,使得他們動彈不得,他的朋友對這種狀況相當惱怒,於是他轉過頭來向他們說道:「這不能怪提歐多魯斯,我們在敘拉古難道不也是這種樣子?」

18 過了不久以後,戴奧尼休斯嫉妒狄昂受到希臘人的歡迎和關切,於是斷絕他的財源,不再派人將每年的收入送給他,同時還將他的財產交付託管。根據柏拉圖的記載,說他盡力想要使自己在哲學家當中,除去心懷惡意和不受信任的印象,找來很多學識淵博的知名之士到他的宮廷,懷著滿腔的抱負要在公開的辯論中壓倒這些學者。這樣一來逼得他要運用柏拉圖的論點,雖然是撿拾餘唾還是錯誤百出。現在戴奧尼休斯希望能與這位哲學家在一起,非常懊惱過去沒有利用作伴的機會向他討教,對於那些淵博的課程也沒有全神貫注。一位僭主的要求無論是多麼出乎意料之外,雖然他表示願意降尊紆貴,還是要人立刻遵從不得有違。於是他自己去與畢達格拉斯學派(Pythagorean)[33]的阿克塔斯

---

33 畢達格拉斯是6世紀B.C.末葉的哲學家和數學家,薩摩斯人尼薩克斯(Mnesarchus)之子,531年為了反對波利克拉底(Polycrates)的暴政逃到克羅頓(Croton),從事寫作和教學,參與宗教活動,後來隱退到梅塔朋屯(Metapontum),平生著述甚多都已失傳。畢達格拉斯學派有段時期成為希臘哲學的主流,認為「數」為萬物的本源,要促進理性哲學的發展,提倡禁欲主義,宣揚靈魂轉生。

(Archytas)³⁴(柏拉圖介紹他與僭主相識，後來建立深厚有友情)談起此事，要他履行擔保的事項，規勸柏拉圖再度訪問西西里。

因此，阿克塔斯派阿奇迪穆斯(Archedemus)乘坐戴奧尼休斯提供的戰船，還有一些朋友，前去向柏拉圖勸駕。再者，戴奧尼休斯親筆寫給柏拉圖一封信，非常坦誠的提出條件，如果柏拉圖不識抬舉，那麼狄昂再也別想得到他的照應或友情，要是柏拉圖願意來西西里，保證狄昂任何問題都能迎刃而解。狄昂也接到來自姊妹和妻子滿紙柔情的來信，要他無論如何一定得說服柏拉圖滿足戴奧尼休斯的要求，不能讓這位暴君擁有採取極端行動的藉口。於是柏拉圖第三次向著西拉(Scylla)海峽航行，隨口唸出下面的詩句³⁵：

> 危哉深淵，
> 波濤險惡；
> 彼乃勇士，
> 再渡漩渦。

19 他的到達使得戴奧尼休斯興高采烈，就是西西里人也都充滿希望，他們熱誠祈禱柏拉圖能使菲利斯都斯革面洗心，哲理制伏暴虐贏得重大的勝利。婦女都對柏拉圖極其友善；戴奧尼休斯為了表示他信任這位哲人，授與他任何人不能獲得的特權，那就是與他見面的時候不需要經過搜身和檢查的程序。他經常運用各種時機要送數額相當鉅大的金錢給柏拉圖，總是再三遭到婉拒。賽倫人(Cyranaean)亞里斯蒂帕斯(Aristippus)³⁶有一次正好在場，他向戴奧尼休斯提到此事，說是這種慷慨的行為非常安全；因為有些人即使給的有限，但是要的更多，可以說人的胃口永難饜足；只有柏拉圖真是一芥不取的君子。

等到第一次見面表達誠摯的善意以後，每當柏拉圖談起狄昂的時候，戴奧尼休斯在開始總是顧左右而言他，後來難免口出怨言表示厭惡，雖然沒有看到他對

---

34 阿克塔斯是出生在塔倫屯(Tarentum)的希臘人，當代知名的哲學家、數學家、將領和政治家，大約在400B.C.前後名重一時，可以參閱本書第八篇〈馬塞拉斯〉第14節。

35 這首詩出自荷馬《奧德賽》第12卷第428行。

36 亞里斯蒂帕斯是生於塞倫(Cyrene)的哲學家，認為人生唯一目標是追求快樂，因而創立塞倫學派(Cyrenaic)，他要過奢華的生活，對於色諾芬和柏拉圖都感到厭惡。

別人也有這種態度。戴奧尼休斯費盡力氣去隱匿事實，對待柏拉圖非常禮遇而且尊敬，這樣做是為了使得這位哲學家減輕友愛之情，不再關切狄昂的利益。這個時候的柏拉圖也保持小心翼翼的言行，不願做出有違誠信和承諾的事，同時盡量掩飾惱怒的神情。

大家認為兩人之間已經有了芥蒂，最後總是難以避人耳目。西茲昔尼人(Cyzicenian)赫利康(Helicon)是柏拉圖的門生，預測會出現日蝕，果然如期發生。僭主對他的學養極其欽佩，獎賞他1泰倫的銀兩。亞里斯蒂帕斯向其他的哲學家開玩笑，說自己也有未卜先知的本領，大家要他表演一手，他說道：「我斷定不久以後戴奧尼休斯和柏拉圖會發生齟齬。」

最後，戴奧尼休斯拍賣狄昂的產業，將出售的錢財供自己使用，將柏拉圖的寓所從王宮的花園，搬到警衛的嚴密看守之中，這些警衛是僭主出資雇用，他們從開始就對柏拉圖極其痛恨，認為他勸戴奧尼休斯放棄獨裁政體和解散軍隊。

20 阿克塔斯知道柏拉圖已經陷入危險之中，立即派遣一艘戰船帶著信差去見戴奧尼休斯，要求將這位哲學家遣返，提到僭主願意保證柏拉圖的安全，所以才能獲得大家的信任，同意柏拉圖前往西西里。戴奧尼休斯掩飾暗中的恨意，在柏拉圖離開之前，用最高規格的禮遇接待他，各方面展現友情及和善，有一天在無法忍受之下終於原形畢露。他說道：「柏拉圖，等你回到家園與那些哲學家朋友在一起的時候，就會對我埋怨不已，盡量揭露我的短處。」柏拉圖帶著微笑回答道：「我相信在學院裡面，不會沒有適合的題材，非要把你拿出來討論不可。」根據他們的說法，這是在柏拉圖辭別時候發生的事，他的作品裡面並沒有提到[37]。

21 狄昂對這些事情非常氣憤，不久以後聽到戴奧尼休斯對他的妻子所做的安排，公開對戴奧尼休斯表示敵意。柏拉圖從戴奧尼休斯給他的信函中，知道這件事的來龍去脈。整個狀況有如下述：狄昂受到放逐以後，當戴奧尼休斯將柏拉圖送回去的時候[38]，要他私下去問狄昂，是否反對將他的妻子

37　參閱柏拉圖《書信集》第7卷第349頁及次頁。
38　這是指第一次前來西西里所發生的事情，參閱本章第16節。

改嫁另一個人。所以如此是當時有一種傳聞，不知道真有其事還是他的政敵所捏造，說是狄昂認為他的婚姻不幸福，無法與他的妻子白頭諧老。因此，當柏拉圖回到雅典的時候，將這些事情告訴狄昂，接著他寫信給戴奧尼休斯，公開說明其他事務的處理情形，表示只有這件事完全是戴奧尼休斯在背後指使，所以他與狄昂談起以後，狄昂認為如果真要這樣辦，會對這種冒犯的行為感到極其憤怒[39]。

早在那個時候之前，有很大的希望可以獲得和解，所以僭主不採取絕裂的手段對付他的姊妹，讓她與狄昂的子女生活在一起。等到這些事情都已成為過去，他不再期望重歸舊好，柏拉圖在第二次訪問以後無功而返，徒增他的懊惱和不滿，再度逼阿里特違反自己的意願，嫁給他的一位寵臣泰摩克拉底(Timocrates)。就這種行為來看，無論是處事的公正抑或對人的寬厚，戴奧尼休斯二世遠不及他的父親。

戴奧尼休斯老王在世的時候，有個姊妹名叫帖斯特(Theste)嫁與波利克森努斯(Polyxenus)為妻，後來君臣成仇水火不容，波利克森努斯知道大事不妙，趕緊逃出西西里。戴奧尼休斯將他的姊妹召來，譴責她暗中將丈夫放走，竟然不讓他知道。這位女士充滿自信而且毫不畏懼，她回答道：「我的兄弟，要是我知道丈夫逃走，竟然沒有隨著同行分擔他的厄運，難道你不會把我看成一個不盡責的妻子和膽小如鼠的女人？實在說我根本不知道會發生這種狀況，現在我可以這樣對你說，我情願人家把我稱為流亡人士波利克森努斯的妻子，也不願被人叫成僭主戴奧尼休斯的姊妹。」據說，戴奧尼休斯讚許她的回答能夠暢所欲言充滿陽剛之氣，希望所有的敘拉古人都效法她的英勇和德行，甚至暴政結束以後她還能維持原有的地位和王室的排場，等到她過世以後，市民通過提案發布敕令，為她舉行莊嚴的葬禮。這個故事雖然偏離主題，仍舊值得向大家敘述。

22 從這個時候開始，狄昂一心想要採用戰爭的手段。柏拉圖出於過去友善的接待，何況他的年事已高，可以說是完全無能為力。史樸西帕斯和其餘的朋友願意支持他並且給他打氣，請他前去解救西西里於水深火熱之中，他們正舉起手臂懇求他的幫助，並且要為他起兵高升義幟。柏拉圖留在敘拉古那段期間，史樸西帕斯經常與市民在一起的機會要比他多得多，所以對他們的

39　參閱柏拉圖《書信集》第13卷第362頁及後續各頁。

意願和想法非常了解，雖然在開始的時候大家深具戒心，對他那大膽的言論感到懷疑，生怕是僭主布置羅網用來陷害他們，等到最後才對他信任有加。他們一心一意祈求狄昂實現他的計畫，即使缺乏水師、兵員、馬匹和裝備，只要他本人登上任何一艘船隻，就能用他的名義領導西西里人起而反抗戴奧尼休斯。史樸西帕斯拿出這個信息鼓勵狄昂積極進取；他這時要掩飾真正的意圖，運用他的朋友私下去召募所需兵員。

有很多政壇人士和哲學家對他伸出援手，像是塞浦路斯人(Cyprian)優迪穆斯(Eudemus)[40]，亞里斯多德將他的死事寫進〈對話錄：論心靈〉(On the Soul)中，還有琉卡迪亞人(Leucadian)泰摩奈德(Timonides)[41]。他們也將帖沙利人(Thessalian)密爾塔斯(Miltas)列入他們的陣營，這個人是一位預言家，曾經受教於學院的課程。那些被戴奧尼休斯放逐的人，數量不會少於一千，僅僅只有25人參加遠征行動，其餘人士因為畏懼危險放棄復國大業。集結的地點是札辛蘇斯(Zacynthus)島[42]，只有一支不到800人的部隊完成整備，所有的成員極其卓越可以勝任未來艱鉅的任務，他們的體魄經過嚴格的訓練，具備的經驗和勇氣能激起積極進取的精神，狄昂的期望是有很多人在西西里加入他們的陣營，受到感召願意從事大膽的作戰行動[43]。

23 然而，等到這些人開始了解到遠征行動是為了對付戴奧尼休斯，立即感到苦惱和氣餒，他們指責狄昂膽大妄為像瘋子一樣的衝動，魯莽的進擊會將他本人和大家置於死地。他們對於軍隊的指揮官和徵召人員怒顏相向，怪罪這些人在開始沒有讓他們明瞭整個計畫。當狄昂在他的講話之中，說明專制政體目前的狀況是危機重重，已經毫無安全可言的時候，他絕不會擺出指揮官的身分讓他們像士兵一樣的犧牲，特別是敘拉古的市民和所有的西西里人，長久以來早就準備揭竿而起。接著亞該亞人亞西米尼斯(Alcimenes)再三提出同樣的

40　優迪穆斯的名字應該是優昔迪穆斯(Eutydemus)才對，他雖然是柏拉圖學派的成員，也是亞里斯多德的好友。所以亞里斯多德有一篇對話錄，題目叫做「優昔迪穆斯或論心靈」，只有少數殘句留存至今。他的朋友狄昂與叛徒凱利帕斯發生戰事，使得他因而喪生。

41　琉卡迪亞人泰摩奈德陪伴狄昂從雅典來到西西里，後來一直為他效命。

42　札辛蘇斯是伯羅奔尼撒半島西海岸的一個島嶼，現在的名字叫做占特(Zante)島。

43　戴奧多魯斯是1世紀B.C.的西西里人，當代的歷史學家和地理學家，他的著作對這次遠征行動，給予很高的評價，特別是積極的精神和旺盛的企圖，更是成功必須具備的條件。

解釋,這個人有高貴的家世和名聲,不辭辛勞參加冒險的行動,因而他的說話使得大家感到滿意。

目前正是仲夏時節[44],伊特西安(Etesian)季風[45] 平穩吹過海洋,恰好逢到滿月的日子,狄昂為阿波羅準備極其豐富的祭品,他的士兵全身披掛攜帶武器,排成莊嚴的隊伍前往神廟。完成獻祭以後,他在札辛蘇斯的運動場舉行盛大的宴會,用精美的飲食招待所有的成員。看到大量昂貴的金銀器皿,還有菜餚精美的宴席,遠遠超過私人所能擁有的財富,大家都感到驚奇不已。這時他們獲得一個結論,就是如此家世貴重的人物正處於生命中全盛時期,沒有成功的把握絕不會拿自己的身家性命去冒險,可以保證從朋友那裡獲得最大的援助。

24 在向神明酹酒和祈禱賜福以後,開始發生月蝕,狄昂一點都不感到奇怪,由於他知道天象出現變異的成因,那是地球位於太陽和月球的中間,正好產生遮蔽作用將陰影投射在月球的表面。士兵對這種現象感到驚慌和困擾,需要做一番解釋讓他們放心,鼓舞高昂的士氣。占卜官密爾塔斯(Miltas)站了起來,告訴大家要保持愉快的心情,所有的事務都會一帆風順大獲成功;上天的神威在向世人顯示,預告當前那些光彩和絢爛的東西即將虧蝕變得無比的黑暗,當前這個時刻沒有任何事物比起戴奧尼休斯的權勢更為炫耀奪目,等到他們抵達西西里,就會使他的光芒盡滅喪失所有的榮譽。密爾塔斯對這件事公開做詳盡的說明。狄昂乘坐的船隻,竟然有一群蜜蜂在舵樓結巢[46];密爾塔斯得知此事以後,私下告訴狄昂和他的朋友,重大行動的進展雖然到目前為止還是非常順利,他害怕經過短暫的延誤就會遭到挫折,很快變得難以為繼。

據說在那個時候,戴奧尼休斯的身邊也出現很多奇異的現象。老鷹從衛士的手裡攫走一根長矛,飛了很長一段距離,然後將長矛投到海洋。整日沖刷著衛城牆面的海水,很多人嚐過以後說是帶有甜味而且非常可口。剛剛生下的一窩小

---

44 是在奧林匹克105會期第4年即357B.C.,雅典開始與鄰邦進行長達三年的社會戰爭。

45 這是夏季從北方颳來的強風,風勢非常穩定;有很多學者就這方面大作文章,說是只有東風才會將船隻從札辛蘇斯帶到帕契努斯(Pachynus);普里尼乾脆說是東北風;還有人認為發航時間已經晚了兩個月,因為航行途中遇到伊特西安風,是最危險不過的事,很可能會全軍覆滅。

46 從這些地方對照下一章的〈布魯特斯〉,看來羅馬人要比希臘人更為迷信得多。

豬，除了沒有耳朵，其他部分的發育都很正常。占卜官根據這種怪異的現象，宣稱這是叛變和作亂的預兆，臣民不願聽從君王的指揮。他們對海水變甜的解釋是敘拉古人要脫離苦難和折磨，在更為舒適的環境過更幸福的生活。老鷹是朱庇特麾下的猛禽，長矛是權勢和命令的象徵，這個預兆表示萬神之王要終結和絕滅現在的統治階層。這些事件的始末在狄奧龐帕斯(Theopompus)[47]的史籍中都有記載。

25 狄昂的部隊用兩艘船載運，第三艘是體積較小的運輸船，還有兩艘三十座槳的戰船在旁隨護。為了加強士兵的戰力，他帶來2000面盾牌和大量長矛和投矢，各種穀物的存量非常豐富，可以滿足這次海上航程的需要。他們的構想是整個航行期間都留在海上，運用風力順利前進，因為所有的陸地都對他們存有敵意。同時根據他們的說法，菲利斯都斯率領艦隊留在伊阿披基亞(Iapygia)[48]，正在監視他們的行動。有12天的時間他們在一陣微風之下展帆緩行，到了第13天他們抵達西西里的帕契努斯(Pachynus)角。首席領航員普羅都斯(Protus)勸他們不要耽誤立即登陸，如果他們不能利用海岬的有利地形，就會被潮流帶離海岸，在大海中間漂流很多夜晚和白天，等待夏季的南風將他們吹向陸地。

狄昂害怕上岸的地點離敵人太近，希望在開始就拉開一段距離，盡量深入對方的腹地，於是繼續航行要越過帕契努斯角。天候的變化使得他們沒有能走多遠，凜冽的風從北面颳來，將艦隊吹離海岸，這個時候可以看到巍然矗立的阿卡都魯斯(Arcturus)山，強烈的暴風雨開始襲擊，夾雜著閃電和隆隆的雷聲。水手現在已經不知所措，對於航行的路線根本沒有概念，直到突然發現他們被帶到色西納(Cercina)的海面，這個島嶼靠近阿非利加海岸，抵達的地點要想登岸不僅港灣曲折而且極其危險。他們在千鈞一髮之際逃脫撞碎在懸崖的結局，靠著划槳手不知疲憊的辛勞，克服困難保持船身穩定，直到暴風雨停息。

47　狄奧龐帕斯出生地是開俄斯(Chios)島，他與埃弗魯斯都是伊索克拉底(Isocrates)的門人，有兩個重要歷史著作，即《希臘的反雅典史(411-394B.C.)》和《菲利浦時代的馬其頓史(360-336B.C.)》

48　伊阿披基亞是古老希臘地名，就是後來的卡拉布里亞(Calabria)，位於意大利南部東邊那個半島，最尖端的海岬仍舊稱為伊阿披基亞岬。

　　然後，他們的運氣很好能從一條船打探信息，知道目前的位置接近大敘蒂斯（Great Syrtis）海岬[49]。海洋突然平靜下來像是萬籟無聲，使得大家更加提心吊膽，只有柔和的氣流從陸地拂過，船隻在波浪中起伏絲毫不見移動，唯一的期望是從南方颳起有力的焚風，很難相信他們的運氣已經改變。風勢逐漸增強，開始將船帆吹得啪啪作響，他們對神明祈禱，再度駛往開闊的海洋，航向從阿非利加正對著西西里。穩定的風勢使得他們在第5天抵達邁諾亞（Minoa），一個位於迦太基疆域之內的西西里小鎮[50]，當時的總督是蘇納盧斯（Synalus）[51]，與狄昂相識也是他的朋友。

　　蘇納盧斯不知道來者是狄昂和他的艦隊，於是盡力抵抗不讓他的人員登陸。他們的手裡拿著刀劍衝上海岸，沒有殺害任何一位敵手（狄昂下令禁止傷人，因為他與迦太基人一向友好），只是逼使對方撤退。然後緊跟不放，到達適合的地點將這些人一舉成擒。很快兩位指揮官相遇，彼此相互致敬，狄昂將占領的地點歸還給蘇納盧斯，無論是人員或物品都沒有受到損傷，蘇納盧斯安排士兵的住處並且款待他們，供應狄昂缺乏的物資。

26 這個關鍵時刻，戴奧尼休斯竟然不在國內，不久之前率領80艘船前往意大利，極其走運的意外事件使得狄昂的軍隊士氣大振。因此，經過艱苦萬分的冗長航程之後，狄昂的打算是要讓士兵休養生息，但是他們不聽勸告，要抓住機會趁熱打鐵，堅決要求狄昂領著大家直接前往敘拉古。因此，他們留下行李和用不上的武器，狄昂也要蘇納盧斯不能放過良機，用船載運他的人馬向著敘拉古進軍。

　　阿格瑞堅屯（Agrigentum）[52] 有200名騎兵部隊駐紮在伊克諾儂（Ecnomum）[53]附近，最早前來投效參加他的行軍，接踵而來是傑洛人（Geloans）[54]。消息很快傳

49　這個地點離開的黎波里（Tripoli）已經不遠。

50　這個小鎮位於西西里的南海岸。

51　戴奧多魯斯的著作裡面，將這個人稱為皮拉盧斯（Pyralus）。

52　阿格瑞堅屯是西西里實力最強大的希臘城市，位於西南海岸，居民是在582B.C.從傑洛（Gelo）遷移來此地。

53　伊克儂諾是西西里南海岸一座小山的名字，位於傑洛和阿格瑞堅屯之間。

54　傑洛是西西里南海岸最重要的希臘城市，位於阿格瑞堅屯和卡瑪瑞尼亞之間，690B.C.為克里特人和羅得島人所建，405年被迦太基人摧毀。

到敘拉古，僭主的朋友仍舊有些留在城市，泰摩克拉底是最顯赫的人物，就是他娶了狄昂的妻子也就是戴奧尼休斯的姊妹，立即派出一位信差帶著函件去見戴奧尼休斯，報告狄昂已經到達西西里；這時他盡可能提高警覺，防止城市有任何動亂發生。雖然市民的心情極其興奮，繼續保持平靜的局勢，害怕過分相信傳來的消息。

派去的信差發生很奇特的意外，當他到達意大利，行程要經過雷朱姆（Rhegium）[55] 的陸地，火速趕到戴奧尼休斯的所在地考隆尼亞（Caulonia）[56]；他在路上遇到一位老朋友，這個人帶著祭神過後已經宰殺的牲口返家，他接受送給他的一份胙肉[57]，然後盡最大的速度繼續前進。他幾乎趕了一整夜的路以後，極其疲勞逼得要休息一會，於是就在靠近路邊的森林裡面，找到一個比較舒適的位置躺了下來。一匹狼聞到氣味就來搶奪掛在信袋上的肉，連裝在袋內要呈送給戴奧尼休斯的信函一起被啣走。這個人發覺失去袋子，到處找了一會兒還是沒有下落，知道沒有信件就無法面對國王，只有趕緊逃離然後藏匿起來。

27 因此，戴奧尼休斯從其他的管道得知西西里發生戰爭的信息，那已經是過了相當時日的事。就在這個時候，狄昂正在進軍，卡瑪瑞尼亞人（Camarineans）[58] 加入他的部隊，敘拉古地區的土著揭竿而起，他們的投效使得他的聲勢浩大。泰摩克拉底帶著李昂蒂尼人（Leontines）[59] 和康帕尼亞人防守伊庇波立（Epipolae）[60]，狄昂為了達成預定的構想，故意讓敵手獲得不實的警報，說是他的打算是一來到就攻擊城市，泰摩克拉底離開現在守衛的要點，趕緊率領援軍保衛自己的家園。等到消息傳來的時候，狄昂正在麥克茲（Macrze）[61] 附近安營

55　雷朱姆是意大利南部布魯提姆（Bruttian）半島的希臘城市，形勢極其險要，與西西里的墨西拿遙遙相對，控制墨西拿海峽。

56　考隆尼亞是位於布魯提姆半島東岸的希臘城市，389B.C.被戴奧尼休斯一世征服。

57　根據習俗和宗教的規定，奉獻的犧牲經過祭祀的儀式，要將它的肉帶回家，同時要分給每一個遇到的熟人。

58　卡瑪瑞尼亞是西西里南海岸的重要希臘城市，位於傑洛東邊約30公里，是敘拉古人在599B.C.所建立的殖民地。

59　李昂蒂尼是西西里古老希臘城市，位於敘拉古和卡塔那之間，離開海岸約12公里。

60　伊庇波立是一塊高起的台地，位於敘拉古市區的西方，可以參閱本書第十四篇〈尼西阿斯〉第17節的註。

61　麥克茲是西西里一個小城，位於敘拉古的西方約30公里。

立寨，於是他在夜間撤收營地，前往離開城市約10弗隆的安納帕斯（Anapus）河。

他在那裡稍做停留，用犧牲向河神獻祭，對著東昇的旭日立下誓言。預言家宣稱獲得神明的承諾賜給他勝利。在場的人員看到他在奉獻犧牲的時候頭上戴著桂冠，於是大家都仿效他的裝束。在行軍途中大約有5000人加入他的部隊，雖然供應不足而且武器最後才能到手，他們的熱誠和勇氣可以彌補裝備的欠缺[62]，一旦他們接到開拔的命令，就將狄昂看成是獲得勝利的征服者，發出吶喊和歡呼向前疾行，城邦的自由權利使他們充滿希望，大家相互激勵提升高昂的士氣。

28 敘拉古地位顯赫的人士和階層較高的市民，他們穿著白色的衣服在城門口迎接狄昂。民眾爲了洩憤毆打戴奧尼休斯的黨徒，特別要搜出那些他們稱爲告密者或檢舉人的傢伙，這是一群極其邪惡而又遭人痛恨的壞蛋，他們的工作是在城裡亂逛，到所有的團體當中打探消息，然後將每個人的言行舉止和愛好傾向，對戴奧尼休斯提出報告。這些人得到的報應是被發現以後，群眾就將他們活活打死。

泰摩克拉底沒有辦法率領他的士兵去與守備部隊會合，用來確保衛城的安全，騎上馬背逃離城市，所到之處帶來驚慌和混亂，狄昂的兵力估算過高，即使他拋棄自己的職負也變得振振有辭。這個時候，狄昂在民眾的注視之下，穿著一副名貴的鎧甲昂然進入城市，走在右手是他的兄弟麥加克利（Megacles），雅典人凱利帕斯在另一邊，他們的頭上都戴著桂冠。跟隨在後面是100名外國士兵所組成的衛隊，其餘的軍官所率領的人馬表現良好的秩序。敘拉古人在一旁觀看大聲歡呼，好像他們把整個的行列視爲神聖的宗教隊伍，迕違48年以後，舉行莊嚴的入城儀式，重新建立自由和民主的政體。

29 狄昂進城經過明尼蒂德（Menitid）門，號角的聲音壓過民眾的喧囂，他要傳令官宣布，狄昂和麥加克利推翻暴政，敘拉古人和所有西西里人從僭主手裡獲得自由。爲了親自對人民把話說清楚，他的行程要經過阿克拉迪納（Achradina）[63]，市民在道路的兩旁供著犧牲作爲祭品，桌上擺設食物和斟滿

62　戴奧多魯斯說途中有2萬人加入他的陣營，等到抵達敘拉古，總兵力已經不少於5萬人。

63　敘拉古這個城市最早位於一個小島上面，阿克拉迪納是向陸地延伸的區域，包括伊庇波立這

酒杯，經過的每戶人家都向他拋花朵和飾帶，口裡唸著效忠的誓詞和喝采的口號，推崇他是一位神明。衛城下方的平塔菲拉(Pentapyla)地區，戴奧尼休斯設置一座高聳和引人注目的日晷[64]，他登上頂端向群眾發表演說，呼籲大家要維護和保衛市民的自由權利。市民大會爲了表示他們的喜悅和感謝，授與狄昂和麥加克利將領的職位擁有絕對的權力，經過他們的要求和力邀，加入成員共20人的委員會，其中半數由受到放逐的流亡人員中選出。

當狄昂向民眾講話的時候，他將戴奧尼休斯費盡心血建成的雄偉紀念物踏在腳下，所有的占卜官都認爲這是一個極其有利的吉兆。當他被市民大會推舉爲領袖的時候，正好站在一日晷上面，他們對此表示擔心和害怕，認爲偉大的遠征行動會出現變數，運道的轉化和衰微也是指日可待之事。

狄昂接著奪取伊庇波立地區，釋放被關在監獄裡面的市民，然後建造一道長牆將衛城包圍得水洩不通。7天以後，戴奧尼休斯經由海路抵達，立即領軍進入衛城。大約在這個時候，多輛大車運來留在蘇納盧斯那裡的武器和裝備，狄昂將這些東西分發給市民，不足之數自行設法補齊，高昂的鬥志使得他們成爲執干戈以衛社稷的勇士。

30 戴奧尼休斯在開始的時候，派出代表私下去見狄昂，想要知道他會提出什麼條件。狄昂宣稱敘拉古人擁有自主權，任何提議要公開與他們磋商，現在使者來往僭主和市民大會之間，提出公正的條款：那就是保證敘拉古人的貢金和稅捐獲得減免的額度；廢除軍中服役的年限和遠征行動的負擔，所有對外的作戰完全依據市民大會的決議而且要獲得批准。敘拉古人嘲笑這樣的提案，狄昂對使者的答覆是戴奧尼休斯一定要放棄統治權，除此以外其餘的條款都無法讓他們認同；如果他能夠做到這點，狄昂會使他獲得大赦，免於追究過去的錯誤，以及在權力範圍所及之處，使他擁有合理和公正的特權，因爲狄昂沒有忘記他們過去是關係密切的親戚。

戴奧尼休斯似乎對他的意見感到滿意，再度派出他的代表，要求某些敘拉古

(續)——

　　塊台地的東部在內，從大港(Great Harboir)向北直抵海邊。

64　荷馬之前大約300年，有一位名叫菲里賽德(Pherecydes)的人發現日晷用來計時。這個之前，腓尼基人在西羅斯島設計一種裝置，可以描繪太陽的運行狀況。

人進入衛城，與他當面商議有關的條款，經過正大光明的辯論，使得雙方的歧見可以獲得解決。狄昂核定一些受到委託的人士，同時從衛城傳出謠言，說是戴奧尼休斯自動放棄所擁有的無上權力，認為盡量配合對方的要求，總比狄昂採取行動迫他從命要好得多。這種沒有根據的表白僅是騙人的伎倆，可以用來取悅敘拉古人。戴奧尼休斯將派到他那裡的代表團置於嚴密的監視之下；一大早就讓他的手下痛飲烈酒，開始提振奮勇作戰的士氣，同時派出負責守備的傭兵部隊，對著狄昂的城防工事展開突擊行動。

這次攻擊完全出乎意料之外，蠻族發出吶喊勇敢進行各項工作，他們推倒縱走與城牆垂直的木柵[65]，攻打敘拉古人是如此的狂暴，使得對手無法維持原來的陣地。狄昂雇用的士兵當中，只有部分人員在開始就提高警覺，立即前進施以援手。他們在開始不知如何做才能發揮成效，處於吵鬧不堪和亂成一團的狀況，他們無法聽到軍官的命令。敘拉古人逃離敵軍跑到自己的陣營，使得列陣的隊伍到處出現空隙。

狄昂有鑑於沒有人服從他的指揮，決定讓他們看到最好的榜樣可以仿效，單槍匹馬衝進敵軍戰線最堅強的位置。在他周圍發生的戰鬥既凶狠又血腥，自從他的位置被他的敵人和朋友認出來以後，所有的吶喊聲都向著他拚命的地點集中。他的一生當中不再會出現這樣戰鬥，使得他的體能和機敏發揮到極致，然而他的決心和勇氣足夠抗拒所有對他發起的攻擊。當他們英勇作戰把敵人趕回去的時候，他的手被一根長矛刺傷，所穿的鎧甲已經破爛不堪，無論是對投射武器或進行近身肉搏，很難產生防護的作用，他的盾牌插著很多根長矛和標槍，背面折斷使他跌落在地上，他的士兵立即救援將他帶離戰場。

他讓泰摩奈德出任主將，騎上一匹戰馬繞著城市疾馳，把敗逃的敘拉古人重新整頓恢復戰力。一支由外籍士兵編成的特遣隊，原來配置在阿克拉迪納擔任守備任務，現在他下達出擊的命令，在他的指揮之下，這支生力軍戰志高昂投入會戰，攻打疲憊而又氣餒的敵軍，使得對手飽受挫折要放棄原來的企圖。他們原來充滿希望要在第一次出擊中奪取整個城市，出乎他們的意料之外要與驍勇而又經驗豐富的武士接戰，被迫向著衛城撤退。等到他們放棄占領的陣地，希臘士兵緊

---

65 敘拉古人在伊庇波立從南到北建有一道城牆，雅典人對著這道城牆建起圍牆，阻止敘拉古人的出擊行動。敘拉古人為了使分割雅典人的兵力，所以從城牆向外修建相垂直的木柵。

追在後，直到他們轉身逃進城牆。這次作戰行動狄昂的士兵有74名喪生，敵軍的傷亡非常慘重。

31 這是一次重大的勝利，完全靠著外籍士兵奮不顧身的作戰，敘拉古人發給他們獎金是100邁納，狄昂手下的弟兄送給他一頂金冠。很快從戴奧尼休斯那裡派來傳令官，把家中婦女所寫的書信帶給狄昂，其中一封信的封面上寫著：「致父親，希帕瑞努斯(Hipparinus)謹呈」。狄昂的兒子名字叫做希帕瑞努斯，雖然泰密烏斯的記載大不相同，認為他的名字來自母親阿里特，所以稱之為阿里提烏斯(Aretaeus)。我的看法是要相信泰摩奈德的報告，因為他是狄昂的戰友和親信，當然不會弄錯。其餘的信公開宣讀，內容不外婦女提出很多的懇請和謙卑的求饒。

那封自稱是來自他兒子的信，傳令官沒有公開的意思，狄昂一把搶過來撕開封蠟。這封信來自戴奧尼休斯，名義上是寫給狄昂，實際上的目標是對著敘拉古人。信裡說到他向狄昂提出的要求是讓正義得到伸張，運用這種藉口作為掩飾，使市民大會對他們的將領起了猜疑之心。他特別提到狄昂應該回憶往事，當年為篡奪的政權極其卓越的服務，還要加上威脅的詞句，如果他的願望不能得到滿足，熾熱的期望一旦破滅就會讓狄昂哀悼自己的姊妹、兒子和妻室。戴奧尼休斯提出最後通牒是不能推翻目前的政體；雖然有些人很恨狄昂，他們沒有忘記相互之間過去的憤怒和爭執，狄昂還是應該將部隊交到這些人的手裡；讓他擁有統治的權力，可以保障家族和朋友的安全。

32 這封宣讀以後，狄昂靠著真正的德行和公正，來抗拒這些對他影響重大的親情；敘拉古人對狄昂堅定的意志和開闊的心胸，沒有表示由衷的欽佩，事實上他們應該如此才對。他們的想法完全背道而馳，反而對狄昂起了猜疑和畏懼之心，主要理由是他基於絕對需要去迎合戴奧尼休斯的意圖；因此，他們開始注視其他的領袖人物，等到接到赫拉克萊德即將來臨的信息，更是感到無比的欣慰。受到戴奧尼休斯放逐的赫拉克萊德是一位英勇的軍人，過去在僭主麾下服務的時候，指揮能力受到大家的肯定。這個人沒有主見，善變的性格經常見異思遷，特別是獲得光榮戰蹟的軍事行動中，只要共同指揮就會產生急功近利的心態，使人與他難以合作無間。他與狄昂曾經在伯羅奔尼撒發生爭執，他

的決定是只顧自己的意圖，率領船隻和部隊前去攻擊戴奧尼休斯。

當他率領7艘戰船和3條小船到達敘拉古之際，發現戴奧尼休斯被圍得插翅難飛，敘拉古人爲即將來臨的勝利，士氣極其高昂而且態度非常傲慢。他一看這種狀況立即與各方面廣結善緣，實在說他喜歡說些奉承話，自然很多事情可以獲得民意的支持。狄昂始終擺出不假辭色的態度，看在大家眼裡認爲他過於傲慢而且作威作福，當然會引起不滿，比較之下，赫拉克萊德很容易將民眾拉到他那一邊。特別是敘拉古人贏得大捷以後，使得民眾如此粗心大意，確保民主政體能夠成立之前，已經滿懷信心希望獲得政客的歌頌和奉承。

33 因此在一次非正式的市民大會當中，推舉赫拉克萊德出任水師提督。狄昂來到以後，告訴他們說是信任赫拉克萊德授與現在的職位，等於是收回曾經答應給他的權力，要是有任何人成爲水師提督，那他就不再是他們的最高統帥。這時市民大會雖然不是心甘情願，還是讓前令作廢，撤銷新的任命。這件事處理完畢以後，狄昂邀請赫拉克萊德到他家中，用溫和的語氣特別指出問題的癥結所在，彼此不要爲著無謂的虛名發生任何爭執，這個時候只要走錯一步就會全盤皆輸。因此，另外召開一次市民大會，他提名赫拉克萊德出任水師提督，說服市民授與特權，可以與他一樣擁有隨身護衛。

赫拉克萊德在公開場合對狄昂極其尊敬，感激給予的厚愛和支持，無論各方面都要挺身而出爲其辯護，表示願意接受狄昂的指揮。他私下和平民以及那些不受約束的市民保持密切的關係，經常對他們抱怨和唱反調使得大家無法安心，甚至要擾亂眾人的情緒，這樣一來使得狄昂感到困惑和憂慮。如果狄昂勸奧尼休斯放棄衛城，他就指責狄昂爲了市恩保護對手的安全；如果狄昂爲了避嫌或不要觸犯大家，只有繼續進行圍攻，這時他向大家說狄昂延長戰爭，完全在於保持將領的職位，高高在上讓市民感到懾服。

34 有個人名叫索西斯(Sosis)，行爲卑鄙而且目中無人是個聲名狼藉的傢伙，然而受到民眾的寵愛，最主要的理由是人民歡喜他們擁有的特權，那就是言論自由可以到達無法無天的地步。這個人反對狄昂完全出於一種圖謀，有一天他在市民大會站起來發言，奚落這些市民都是一群蠢蛋，說他們用固執而警覺的獨夫來取代酗酒和荒淫的僭主，這樣的表態等於公開宣布是狄昂的

仇敵，然後才施施然離開。翌日大家看到他從街道上面奔跑，像是有人在後追趕，他的全身幾乎赤裸，頭上受傷血流滿面。處於這種狀況之下，到達會場以後引起很多人圍繞在旁，他告訴大家說是他受到狄昂手下的襲擊，爲了肯定他所說無誤，將頭上的傷口展示給大家看，因此獲得很多人的聲援，高聲譴責狄昂殘酷和暴虐的行徑，好像他要用絕裂的手段和危及性命的威脅，以杜悠悠之口。

大家在心情忐忑不安的情況下召開市民大會，狄昂來到市民的前面，揭露這位索西斯是戴奧尼休斯一位警衛的兄弟，受領的任務是要使得整個城市陷入騷動和混亂，戴奧尼休斯現在已經無法確保對抗的安全，只有靠著他們的分裂和動搖才能占上風。外科醫生檢查傷口，說是出於割切而不是從上向下的砍劈，如果傷口是刀劍造成，通常中間部位的傷勢很深，現在不但很淺而且深度一致，看來不是一次擊中而是經過幾次的切割，這樣才能忍受所產生的痛苦。還有幾位值得信賴的人士帶著一把剃刀，呈獻市民大會當成證物，陳述他們在街道遇到索西斯狂奔，全身鮮血淋漓，告訴他們說是從狄昂的士兵那邊逃走，這些人剛剛在攻擊他將他打傷，他們馬上跑過去，結果沒有找到一個人，發現一把剃刀掉在凹陷的地面，那個位置就是看到他跑出來的地方。

35 狀況已經對索西斯非常不利，這時他的奴僕還要火上澆油，供稱他一早離開家，手裡拿著一把剃刀。那些指控狄昂的人立即撤回訟案，市民大會經過投票判處索西斯死刑，伸張正義能讓狄昂和他的官司獲得平反。

他們對狄昂的士兵仍舊保有猜忌之心；戰爭的發展已經轉向海上，菲利斯都斯率領一支實力強大的艦隊，離開伊阿坡基亞前來援助戴奧尼休斯。他們認爲這些士兵都是陸軍，所有的裝備適合於陸戰，所以目前已經沒有這方面的需要。敘拉古人自認都是水手，擁有的權力在於他們的水師，目前狀況下可以保護自己，

特別是這些觀念獲得有力的支持具備更大的優勢，因爲他們在海上接戰中，菲利斯都斯成爲俘虜，後來受到野蠻和殘酷的虐待。埃弗魯斯(Ephorus)[66]的說法是他看到自己的船隻被敵人捕獲，立即自殺身亡。

泰摩奈德從開始就追隨狄昂，這件事發生的時候他在場，曾經寫信給哲學家

---

66 埃弗魯斯生於賽麥(Cyme)，伊索克拉底的門人，著有文筆極其流暢的《希臘史》，從多里斯人(Dorian)入侵直到340B.C.，他在該年亡故。

史樸西帕斯，提到整個事件的來龍去脈：菲利斯都斯的座艦逃走之際擱淺，結果
被敵人活活抓住，首先解除武裝接著剝光鎧甲，讓他全身赤裸，雖然他是一個老
人，還是遭到百般羞辱。他們將他的頭顱砍下來，屍身交給市鎮的小孩，讓他們
將它拖著經過阿卡拉迪納，然後再投進採石場。泰密烏斯還加上一些戲謔的描
述，說是那些兒童用繩子綁住他的跛足，然後拖過街道，敘拉古人看到這種狀況
就高聲嘲笑，說是菲利斯都斯過去曾經告訴戴奧尼休斯，要是再不騎上馬背逃離
敘拉古，只要等下去就會被用繩子拖著足踝遊街示眾。但是，菲利斯都斯曾經提
到，他沒有對戴奧尼休說過這段話，而是另有其人。

36 大家都知道菲利斯都斯熱心追隨僭主，可以說是鞠躬盡瘁，死而後
已，泰密烏斯抓住這個機會對他發洩自己的脾氣和惡意。實在說，
那些受到他迫害的人，死後對他的鞭屍倒是情有可原。後來的傳記作家，他們的
一生當中並沒有受到他的侵犯，還能從所寫的作品獲得好處，當不幸落到正人君
子頭上的時候，竟然還用謾罵的言辭大肆撻伐。在另一方面，埃弗魯斯對菲利斯
都斯的歌頌可以說是言過其實。不過，他竭盡心血描述偏頗和邪惡的行為，完全
出於公正和高貴的動機，選用端莊和嚴正的措辭；然而，當他盡力而為的時候，
竟然無法祛除別人對他的指控，說他是最為愛戴僭主的人，特別針對專制君主的
奢侈、權勢、鉅額的財富和結盟的婚姻，他一直被人視為極其關切的讚美者。他
沒有稱許菲利斯都斯的行為，也沒有羞辱他的災難，就我的看法這才是持平之論。

37 菲利斯都斯逝世以後，戴奧尼休斯派人去見狄昂，願意交出衛城連
同所有的裝備、糧食和守備部隊，條件是給他五個月的時間，讓他
完成所有的準備工作，在不受干擾的狀況下安全回到意大利；還要同意他繼續享
用捷阿塔（Gyarta）的歲入；捷阿塔是敘古拉的屬地，幅員廣闊而且土地肥沃，位
置在整個國度的中部，可以經由海路抵達。狄昂拒絕接受他的建議，要將這些問
題交給敘拉古人處理。他們希望在短期內可以生擒戴奧尼休斯，直截了當將他的
使臣打發回去。於是戴奧尼休斯留下長子阿波羅克拉底（Apollocrates）防守衛城，
然後將最有用處的人員和最值錢的物品裝在船上，抓住機會趁著一陣順風趕快逃
逸，沒有讓水師提督赫拉克萊德和他的艦隊發現。

　　赫拉克萊德的疏忽使得市民不滿大聲表示反對；他買通一個名叫希波

(Hippo)的政客，來到他們當中在市民大會提出要重新分配土地的議案，倡言平等是獲得自由的當急之務，貧窮和奴役會破壞萬眾一心的團結。赫拉克萊德發表演說給予支持。狄昂反對這種做法，然而這件事符合黨派的利益，所以他用來奪權達成壓制狄昂的目標。總之，赫拉克萊德說服市民大會用投票方式批准他的計畫，更進一步是頒布敕令不得發給外籍士兵的薪餉。他們要推選新的指揮官，可以免除狄昂極其苛刻的紀律要求。人民現在認為他們已經成為自由人，像是經歷長期暴政壓迫的患者，想要立刻站起來，使得各部分都能活動，他們不知道目前還未痊癒，稍有不慎就會顛躓倒地。狄昂如同一位良醫，使出全力讓城市保持嚴格和節制的養生之道，因而引起眾人的痛恨。

38 他們在市民大會聚會選舉指揮官，正好是仲夏季節，將近有15天出現可怕的雷雨和其他凶兆，迫得民眾只有散會，完全出於宗教的畏懼延後新將領的產生。最後這些人民的領袖發現有一天風和日麗，就將他們的黨派召集起來，要進行一次選舉。有一條拖車的牛雖然習慣於街道的擁擠和吵嘈，不知什麼原因不聽車夫的駕馭，掙脫身上的軛，極其狂暴衝進正在舉行市民大會的劇院，民眾從各個方向逃了出來，一時之間秩序大亂，使得整個城市好像剛被敵人占領一樣。

敘拉古人對於此事不予理會，他們還是選出25位將校，赫拉克萊德是其中一位。當局在暗中收買狄昂的手下，這些人只要願意背棄指揮官，開出的條件是把他們列入服役的名冊，成為敘拉古的市民，享有土著所有的權利。

這些士兵根本聽不進這些建議，為了顯示他們的忠誠和英勇，手執著刀劍，將狄昂非常安全護衛在隊伍的中間，一起離開城市，不讓任何人有機會施展暴力，同時對遇到的人就譴責他們的卑鄙無恥和忘恩負義。市民看到他們的人數很少，行動非常的平和沒有敵意，於是對他們表示藐視，認為自己的實力強大，可以趁著他們出城之際，很容易將他們屠殺殆盡，於是從後面發起攻擊。

39 狄昂陷入兩難的困境之中，不與自己的同胞拚個你死我活，就得毫不反抗使得忠誠的士兵任由他們屠殺殆盡。他百般懇求敘拉古人，向著滿是敵人的衛城伸出雙手，讓他們知道對方仍舊擁有強大的力量，正在城牆上面觀望他們的所作所為。他們絲毫不為所動，在政客的蠱惑之下，群眾就像海

上颳起的風暴一樣吹襲過來。他指揮他的部隊不要衝上去接戰，僅僅發出吶喊聲敲打手中的兵器向前邁進，這時沒有一個人敢留在原地，雖然他們沒有在後面追趕，大家還是一哄而散經由街道逃走。狄昂很快讓他的手下了解到當前的情勢，領著他們前往李昂蒂尼人的城市。

撤退的行動使得這些新授職的將校受到婦女的訕笑，為了獲得市民大會的信任，他們下令市民全副武裝，追躡在狄昂的後面，等到他渡河之際發起攻擊。還有一些輕騎兵趕上去發生小規模的衝突，他們看到狄昂一改往日的態度，對於他的同胞沒有展現仁慈的面孔而是一臉怒容，決定不再忍受他們的羞辱，吩咐他的人馬按照當前的狀況擺好出擊的陣式，敘拉古人全部轉過身來比起剛才還要令人不齒，在喪失部分人員以後逃回城市。

40 李昂蒂尼人非常熱心接納狄昂的部隊，發錢給他手下的士兵，讓他們在城市自由行動；派遣使者去見敘拉古人，要求市民對待這些士兵要很公正。敘拉古人採取反制的措施，派出代表隨著他們回去指控狄昂。等到盟邦舉行一次例行會議，特別是在李昂蒂尼人的市鎮召開，無論是聽到的報告或引起爭辯的事務，敘拉古人始終犯下錯誤，他們拒絕遵守承諾付給盟友應有的報酬，表現出自命不凡的心態，極其傲慢不願聽取任何人的意見，他們的指揮官對於市民大會既不畏懼也不服從，沒有一個城邦會出現這種狀況。

41 大約在這個時候，戴奧尼休斯派遣一支艦隊前去增援，在那不勒斯人(Neapolitan)奈普休斯(Nypsius)的指揮之下，裝載糧食和發給守備部隊的薪餉。敘拉古人發起接戰占了上風，擄獲對方4艘船，他們沒有利用這次良好的戰機，完全是紀律不夠嚴明所致，大家為了享受勝利的果實，縱情於飲酒和歡宴之中，把最主要利益置之不理，當他們確認衛城已經到手的時候，實際上卻喪失整個城市。奈普休斯看到敘拉古的市民毫無秩序可言，無分日夜都在痛飲中狂歡高歌，他們的指揮官沉溺於嬉戲之中，至少不敢對那些飲酒的士兵下達任何命令。他掌握極其有利的機會，重整列陣突擊對手的工事，從城牆上面打開一條通路，率領蠻族衝進城市，可以在裡面為所欲為。

敘拉古人很快為自己的愚蠢和錯誤自食苦果，處於人心渙散的狀況毫無挽救的餘地。實際上整個城市已經遭到洗劫，敵人動刀動槍任意殺人，所有的工事遭

到拆除，婦女和孩童帶著悲慘的顫慄和哭聲，拖進衛城成為囚犯。市民與敵人混雜在一起無法分辨，也沒有辦法讓他們採取自衛的行動，指揮官完全喪失所有的希望。

42 面對這種情勢，阿克拉迪納瀕臨被敵人占領的危險，每個人都知道只有狄昂可以解救他們於水深火熱之中，但是對他所受到的委屈和羞辱，大家感到慚愧都不敢提起他的名字。最後迫於需要，有些輔助部隊的成員和騎兵大聲叫道：「快從李昂蒂尼召回狄昂和伯羅奔尼撒人。」民眾聽到這個名字，馬上發出喜悅的叫聲，他們的眼中流出淚來，希望他能在現場，可以再度看到這位領袖站在隊伍的前面。他們仍舊記得在極度危險的時刻，他所展現的勇氣和膽識，發揮大無畏的精神提振士氣，當他率領全軍對抗敵軍的時候，更能堅定他們的鬥志和信心。

他們立即從盟軍部隊中派遣阿龍奈德(Archonnides)和特勒塞德(Telesides)，以及赫拉尼庫斯(Hellanicus)和其他四位騎兵，他們的坐騎沿著道路用最大速度疾馳，在傍晚時分到達李昂蒂尼。等到跳下馬來第一件事就是拜倒在狄昂的跟前，流著眼淚提到敘拉古人所遭到的慘狀，很多李昂蒂尼人和伯羅奔尼撒人開始圍在他們的四周，從他們奔馳的速度和說話的方式，推測他們遭遇到極不尋常的情勢。

狄昂立即召開市民大會，所有成員沒花多少時期就聚集起來，阿龍奈德和赫拉尼庫斯以及其餘人員全部參加，對於敘拉古人的痛苦和不幸做簡短的說明，乞求外籍士兵對所受的傷害不要記仇，前去幫助那些正在受苦的人，他們為所犯的錯誤(那個時候權力在他們的手中)自食惡果，遭受更大的痛苦。

43 當來人結束這番訴求，劇院陷入鴉雀無聲之際，狄昂站起來要發表談話，情不自禁的哽咽使他講不下去，士兵為他的悲傷感到煩躁不安，給他打氣要他不要停止，等到他稍為控制情緒以後，接著他說道：

> 各位伯羅奔尼撒的盟邦弟兄們，我要求大家出席會議，你們在這裡可以只考慮本身的利益。就我個人的看法，如果敘拉古遭到摧毀，我將毫無利益可言。即使我無法將它從絕滅中拯救出來，還是會火速趕回去，願意葬身在故國的廢墟當中。你們對那些最不體貼而又倒楣的人

們，要是樂於伸出援手，再度使得不幸的城市渡過難關，你們可以獲得不朽的榮譽[67]。如果敘拉古人無法獲得你們的同情和救援，對於你們過去的英勇作為以及對我個人的仁慈，神明還是會賜福給各位。特別是當你們受到傷害和虐待的時候，我不會遺棄大家，即使因而我的同胞遭遇痛苦和災難，我還是不改初衷。

在他講完話之前，士兵跳起來強調他們願意為狄昂效命，高聲大叫要馬上行軍去解救這個城市。敘拉古的使者緊緊擁抱著大家，祈求上蒼賜福給狄昂和伯羅奔尼撒人，等到喧囂的聲音逐漸平靜下來，狄昂下令要每個人回到營舍完成進軍的準備，用餐以後攜帶武器在現地集合，決定在夜間發起救援的行動。

44 戴奧尼休斯的士兵在敘拉古繼續一整天的掠奪，可以說是無所不為壞事做盡，等到黑夜來臨退回衛城，他們還是遭到少數損失。黨派的首領現在感到安心，希望敵人滿足於今天的作為，不會對他們做更進一步的騷擾，說服民眾再度拒絕狄昂，如果他帶著外籍士兵前來，還是不許他們進城。這些政客勸大家不要屈服，特別是敘拉古人的榮譽和勇氣並不輸於對手，一定要靠自己的力量拯救他們的城市，護衛他們的自由和財產。因此，民眾和他們的領袖派出信差去見狄昂，不准他繼續前進；這時貴族和騎士階層派另外的人士要求他盡快趕行，狄昂處於這種狀況之下，只有放慢腳步並沒有頓兵不動。傾軋的黨派趁著夜間在城市的各處城門派去警衛，拒止他的進入。

奈普休斯率領更多的人馬，從衛城發起另外一次出擊，來勢洶洶較之前次更加膽大妄為，他們破壞仍舊矗立的防壁，像一群烏合之眾對城市進行洗劫和蹂躪。殺戮的狀況有增無已，不僅是男子就連婦女和孩童都在劫難逃，好像他們為了要屠殺那些所遇到的人，就連搶奪都可以置之不理。看來戴奧尼休斯與敘拉古人有不共戴天之仇，根本不在意能否擁有這個王國，決定把喪失的統治權葬在敘拉古的廢墟裡面。士兵要搶先在狄昂的援軍到達之前，完成毀滅的工作使得城

---

67 斯特拉波(Strabo)提到敘拉古建在奧林匹克11會期第2年即735B.C.，奠基者是海克力斯家族的阿基亞斯(Archias)，這個人來自伯羅奔尼撒半島的科林斯，所以敘拉古的安危攸關大家的榮譽。

市化爲一片焦土，他們用手裡的火炬和提燈開始縱火，較遠的地點彎弓發射火箭。市民爲了免得葬身火窟，都從家裡逃出來，他們在街頭被士兵抓住，當場死於刀劍之下。那些又回到家中避難的人，再度被火焰逼得奪門而出。很多建築物現在冒出熊熊大火，還有很多房舍倒塌，未及逃出的人員喪生其中。

45 這場臨頭大禍使得大家同意打開城門將狄昂接進來。原先他得到通知說是敵人已經退入衛城，所以不再倍道兼行，等到早晨騎兵帶來另一次突擊的信息，有些原來反對他進城的人現在逃到他那裡，懇求他火速前去解救市民倒懸之苦。各方的壓力接踵而至，赫拉克萊德派他的兄弟隨後又是他的叔父狄奧多底(Theodotes)，乞求他伸出援手，因爲現在他們沒有能力再行抵抗；特別提到赫拉克萊德已經受傷，絕大部分市區不是遭到破壞就是陷入烈焰之中。

當狄昂接到這些悲傷的噩耗之際，離開城市的距離大約是60弗隆，於是他將當前的緊急狀況告訴士兵，要他們運用這個機會表現出男子漢的氣概，部隊不像是行軍而是飛奔前進，就在他們趕路的途中，還遇到一批又一批的使者前來催駕。靠著士兵奮不顧身的熱情和不可思議的速度，狄昂很快來到城市，他進入的地點是赫卡托坡敦(Hecatompedon)，立即派出輕步兵與敵人接戰，敍拉古人看到這種情形也就士氣大振。在這個時候，他將重步兵排成方陣，所有的市民全來接應；等到大部隊形成縱深以後，派遣他的軍官擔任許多分遣單位的指揮官，可以從各個不同的地區發動攻擊，這樣一來使得敵人提高警覺。

46 等到狄昂排出陣式和向神明立下誓言以後，看到敍拉古人擁上街頭，越過他的手下去與敵人接戰，混合吶喊、感激、發誓和祈禱成爲一片震耳欲聾的聲音，他們現在把狄昂稱爲他們的解救者和保護神，這些士兵是他們的朋友、兄弟和同胞。他領頭走在隊伍前面迎戰即將來臨的危險，一路上經由血腥的戰鬥通過燃燒的城市和成堆的屍體。實在說，在這個關鍵時刻，沒有人顧慮自己的性命，大家唯一關心的事是要保護狄昂的安全，認爲所有人員加起來還沒有他重要。

敵人的情勢看來已陷入恐慌之中，他們爲到手的勝利感到興高采烈，作戰的行動更加凶狠。對手沿著拆毀的工事設防據有莫大優勢，使得他們的進擊極其危險而困難。然而讓狄昂的士兵最擔心的事還是大火，建築物都在燃燒之中，烈焰

從四面八方騰空而起,部隊走進焚毀的廢墟,每一刻鐘都會遭到房舍倒塌的災
害,他們通過劫灰和硝煙,還能保持整齊的戰鬥序列。當他們快要到達敵人跟前
的時候,這條接近路線是如此的窄狹而且崎嶇不平,只有很少人能夠同時發起接
戰行動,最後敘拉古人這邊響起一陣歡呼,高昂的熱情鼓舞士氣參加他們的作
戰,打敗奈普休斯的人馬逼得他們轉身逃走。大部分敵人遁入近在手邊的衛城,
那些留在外面和分散開來的人員,被士兵搜出來一一殺死。目前的情況極其緊
急,這次大捷沒有讓市民獲得立即到手的好處,大家只能相互道賀和擁抱。現在
全體人員忙著拯救那些沒有倒塌的房屋,經過一夜的努力,終於將火勢撲滅。

47 到了第二天,沒有一位操縱民意的政客敢留在城內,他們知道自己
所犯的罪行,為了保命只有逃為上策。只有赫拉克萊德和狄奧多底
願意投降,承認他們對狄昂做出有失公正的事,懇求他不記前愆以德報怨。他們
特別提到,他對於那些忘恩負義的人士,還能克制自己的怒氣,這樣才能成為這
個城市的主子,可以統御優秀分子完成偉大的事業。現在他們來到他的面前,願
意公開承認,過去反對他的敵人和對手,已經為他的德行所制伏。雖然赫拉克萊
德和狄奧多底用謙卑的語氣向他訴求,他的朋友勸他不要饒恕這兩個性格粗暴和
心術不正的傢伙,交給士兵讓他們任意處置,使得共和國可以根絕譁眾取寵的風
氣,如同有人野心勃勃懷抱成為僭主的激情,同樣是極其有害的傳染病。狄昂費
了很多力氣與他的朋友溝通,他說道:

> 將領的大部分時間用於戰術和用兵的訓練和操演,然而我在學院接受
> 教育的時間很長,知道如何控制自己的情緒,約束敵意和憤怒的衝
> 動。我認為要做好這方面的工作,對於朋友一定要負責盡職和充滿善
> 意,還要使自己覺得他們值得我如此對待;即使有些人對我有所誤會
> 或損害到我的利益,我還是會用溫和的態度表示寬恕。我想讓世人看
> 到我之所以能高出赫拉克萊德一籌,不在於能力和才華而是公正和仁
> 慈;榮譽並非全部來自戰爭的勝利,實在說我在這方面穩占優勢;雖
> 然沒有人願意承認,即使會引起爭論,命運的力量還是不容忽視。要
> 是赫拉克萊德的所作所為是如此不守信義和卑鄙齷齪,難道我非要縱
> 情報復玷污自己的聲譽和德行?法律肯定「以血還血,以牙還牙」的

公正，雙方的行為從事物的性質來看，完全出於同樣的缺陷和軟弱。
人類的邪惡本質雖然極其荒謬和固執，還不致於到達難以教化和無法
制伏的地步，仁慈和恩惠不僅感動他們的心靈也會改變他們的行為。

48 狄昂抱持這樣的觀點，寬恕赫拉克萊德和狄奧多底並且讓他們告
退。現在他決心要修復圍困衛城的阻絕工程，下令每一位敘拉古人
要砍一根木樁帶到工地，然後打發他們回去，用自己的部隊連夜施工，到了早晨
他完成連綿不絕的柵欄防線，敵人和敘拉古市民在天亮之後，看到這樣的工程在
很短的期間竟能很快向前推進，全都感到驚奇不已。他埋葬陣亡的敘拉古人，現
在已經有2000名俘虜，可以要求對方付出贖金。狄昂召開市民大會，赫拉克萊德
在會中提出動議，狄昂必須授與將領的職位，擁有全部的權力從事陸地和海上的
戰爭。貴族贊同提出的議案，平民要求投票表決。士兵和工匠的舉動如同一群暴
民，他們不願赫拉克萊德失去水師的指揮權，即使他是一個聲名狼藉的壞蛋，不
比狄昂他是貨真價實的市民，現在的表現對市民大會必恭必敬。狄昂只有順應民
意，贊同赫拉克萊德繼續擔任水師提督。

當他們開始擬定計畫，將土地和房舍重新分配給市民的時候，他不僅表示反
對，還撤銷過去的投票記錄，使得大家感到極其惱怒。這樣一來，使得赫拉克萊
德能夠占有上風，他在墨西拿(Messana)[68]對著隨他前去的士兵和水手發表談
話，指控狄昂的企圖是要使自己成為擁有絕對權力的僭主。然而就在這個時候，
他透過斯巴達人費拉克斯(Pharax)[69]，為了簽訂盟約與戴奧尼休斯保持私下的聯
繫。等到敘拉古的貴族階層獲得赫拉克萊德不穩的信息，軍隊裡面發生一場暴
動，城市面臨重大的災難同時還缺乏糧食。狄昂這時拿不出對策，所有的朋友都
對他大肆指責，說他養癰遺患，竟然讓赫拉克萊德這樣一位無比邪惡和墮落的傢
伙，有捲土重來的機會。

68　墨西拿是西西里的門戶，與意大利半島的雷朱姆遙遙相對，控制墨西拿海峽。
69　費拉克斯是斯巴達人，與色諾芬在《希臘史》第6卷第5節所提到的使者是同一個人，前往雅
　　典負起說客的任務。

49 當時的費拉克斯在尼阿波里斯(Neapolis)紮營,這個地點在阿格瑞堅屯境內。狄昂率領敘拉古人出兵,原本打算是在找到適合的機會之前不與對方接戰。赫拉克萊德和他的海員有了指責的藉口,說狄昂拖延戰事的目的是爲了能夠繼續掌握軍政大權。這樣一來逼得狄昂違背意願領兵出戰,結果吃了敗仗,雖然他的損失有限,主要原因是軍隊的不和斲喪應有的戰力。他整頓潰敗的軍隊,重新排出更佳的戰鬥序列,鼓勵大家挽回城邦對他們的信任,決定進行第二次會戰。傍晚的時候,他接到信息說是赫拉克萊德帶著艦隊駛向敘拉古,占領城市讓狄昂和他的軍隊無家可歸。因此他帶著一些最強壯和最積極的弟兄,摸黑騎馬趕回去,大約在次日早晨九時抵達城門,一個夜晚疾馳700弗隆的距離[70]。

赫拉克萊德盡最大努力加快速度,到達的時機已經太遲,只有搶風駛出外海,難以決定到底應該航向何處。他出乎意料竟然遇到斯巴達人吉西拉斯(Gaesylus),來人告訴他在效法捷利帕斯(Gylippus)過去的作爲[71],從拉斯地蒙發航首途西西里。赫拉克萊德很高興能獲得吉西拉斯的支持,盡可能建立緊密的關係,好把吉西拉斯當成自己的護身符。他表示雙方已經是盟邦,派出傳令官到敘拉古,向市民大會宣布要大家接受一位斯巴達人作爲將領。狄昂的答覆是敘拉古已經有足夠的將領,如果他們願意聽從斯巴達人的指揮,那麼他可以先成爲斯巴達市民,然後再向吉西拉斯提供類似的職位。吉西拉斯有鑑於當前的情勢,願意放棄所有的權利要求,帶著艦隊駛向狄昂,出面爲赫拉克萊德充當和事佬,要赫拉克萊德立下莊嚴的誓言保證奉行不渝,如果有所違背,他爲了維護狄昂的權益,會對赫拉克萊德施以最嚴厲的懲處。

50 敘拉古人鑑於他們的水師,維持的費用很高但是發揮的效用很少,暫時解散船隻,這樣一來在將領中間引起爭執與不和。他們只有加強圍攻作戰,環繞整個衛城用來阻絕的護牆已經全部完成。被圍的部隊看到援軍無望而且糧食用罄,開始蠢蠢欲動想要發起兵變。戴奧尼休斯的兒子對於父親東山再起的意圖完全絕望,只有屈服於現實的狀況,與狄昂談好條件,將衛城連帶

---

70 大約是140公里的距離。
71 捷利帕斯的來援給敘拉古人帶來信心和勇氣,最後使得雅典人落入萬劫不復的處境,可以參閱本書第十四篇〈尼西阿斯〉第18節和後續各節。

所有的守備部隊和裝備交出來，讓他帶著他的母親、姊妹和5艘戰船的家當，好與他的父親分道揚鑣。狄昂同意他安全的離開，在所有的城市裡面，很少有人看過如此美好的情景，甚至他們為那些不在場的人感到可惜，在這個幸福的日子裡，豔麗的朝陽照耀著獲得自由的敘拉古，前途是一片光明。提到命運的枯榮盛衰和變幻無常，戴奧尼休斯的殞滅成為最著名的例證，經常被人們所引用。敘拉古人用極其弱小和微不足道的力量，竟然能夠推翻穩如泰山的僭主體制，可以想像得到他們是如何的快樂和滿足。

51 等到阿波羅克拉底遠颺，狄昂前去占領衛城，婦女在他進城之際都跑到城門口去迎接。亞里斯托瑪琪帶著狄昂的兒子，阿里特流著淚跟在後面，感到害怕而且遲疑不決，在與其他的男了　起生活以後，如何對原來的丈夫開口致敬。狄昂首先擁抱他的姊妹，然後是他的兒子，亞里斯托瑪琪將阿里特領到前面，於是說道：「啊！狄昂！你的放逐使得我們一起陷入悲慘的處境，現在回來獲得大捷總算除去所有的憂愁，除了這個受盡苦難的可憐人，最大的不幸是你還活著的時候，被逼去跟從另外一位男子。你的運道使得我們的問題全都迎刃而解，對於她那苦難的命運你有什麼決定？她應該用什麼親屬關係來稱呼你，是她的舅舅還是她的丈夫？」亞里斯托瑪琪這番話使得狄昂流下眼淚，帶著恩愛的神情擁抱他的妻子，請她回到他的府邸，那是他將衛城交給敘拉古人以後，繼續居住的地方。

52 雖然他在各方面大獲成功都能如願以償，根本沒有意思要享受好運所帶來的利益，他的首要目標是要感激他的朋友，酬謝他的盟邦，特別是早期那些雅典的同伴和效命於他的士兵，更要賜與額外的榮譽和恩典，就他而言慷慨所能發揮的作用超過能力。要是提到他本人，完全滿足於節儉和謙卑的生活方式，在這種狀況下獲得舉世的讚譽。現在不僅是西西里和迦太基，就是整個希臘都在注視著他，認為他已經達到幸福的頂點；憑著他的英勇和功勳，認為在世的人沒有比他更為偉大，不可能有一位將領贏得比他更大的名聲。然而就他的衛士、他的隨從和他的用餐這些方面來看，他情願與柏拉圖在學院過著簡樸的生活，比起混雜在受雇的部將和付錢的士兵中間，感到更要愜意得多；為了安慰將士的辛勞和危險，讓他們每天享受追逐酒色的生活。

柏拉圖寫信給他，說是全世界的眼光都集中在他身上，但是他的注意力非常明顯只擺在雅典的學院，他的考量是在那個社會裡面的觀眾和裁判，根本不在意偉大的作戰行動、個人的勇氣或機運，而是仔細觀察他在達到成功以後，如何克制自己的私欲和善用自己的智慧，如何使得個人的行為現在能夠符合更高的標準。雖然他處理目前的事務表示稍許屈就、友善和尊重是確有必要，對於已成習慣的言行無須做更大的改變，像是對於市民大會保持嚴肅的談吐和莊重的態度。

正如我們在前面所提那樣，柏拉圖不僅指責他同時還寫信規勸他，說是固執己見會使人陷入門可羅雀的處境。他天生的氣質是寧折勿彎，不會表現出彬彬有禮的姿態，除此之外，他希望敘拉古人摒除當前過度的放縱和貪婪，在他的運作之下能回歸正常的道路。

53 赫拉克萊德再度在各方面持反對的態度，狄昂邀請他參加會議，不僅拒絕並且說他要用平民身分在市民大會提出意見。還有就是他埋怨狄昂沒有拆除衛城，不准民眾挖開戴奧尼休斯的墳墓凌辱死者的屍體，指控狄昂從科林斯召來人員出任政府的顧問和他的同僚，對於自己的同胞抱著忽略和藐視的態度。這種說法倒是真有其事，狄昂派人前去邀請科林斯人前來會晤，希望在他們的幫助和出面之下，制定更好的制度，完全符合他的意圖。根據他的構想就是要約束不受限制的民主政體；按照柏拉圖的說法[72]：「民主政體只能建立鬧哄哄市場而不是政府」。因此他要比照斯巴達和克里特的模式，引導和建立混合型的城邦體制，處於共和國與君主國之間，可以說是貴族政治，用來主持和決定最關緊要的事務。狄昂知道科林斯人運用寡頭政體進行統治，人民並不太關心公眾事務。

狄昂現在知道赫拉克萊德成為最不容忽視的對手，不管從那方面來說，他都是一個狂暴、善變和愛搞黨派鬥爭的傢伙。過去有些人想要將他除去，受到狄昂的攔阻，現在狄昂放手讓他們去做，於是兇手破門而入，將赫拉克萊德殺死在自己家中。市民對他的被害極其憤怒，雖然如此，等到狄昂為他舉行隆重的葬禮，率領所有的部隊隨著遺體前往墓地，然後向人民發表談話。這時大家了解，只要狄昂和赫拉克萊德在政壇成為競爭者，城市就不可能保持平靜。

---

72 參閱柏拉圖《共和國》第8卷第557頁。

54 狄昂有一位朋友叫做凱利帕斯是雅典人，柏拉圖說[73] 這兩人相識後來維持親密的友誼，跟哲學的研究沒有什麼關係，參加神秘的宗教儀式提供介紹的機會，這在當時是非常普通的社交方式。這個人一直追隨他在軍中服務，可以說是無役不從，不僅獲得榮譽也深受他的器重。狄昂的朋友當中，只有凱利帕斯陪在他的旁邊一同進入敘拉古，頭上還戴著一頂桂冠，這就說明凱利帕斯參加所有的戰役都有良好的表現，特別是英勇的行為更加引人注目。凱利帕斯發現狄昂的朋友當中受到倚重的幕僚，幾乎都在戰爭中喪生，等到赫拉克萊德逝世，人民少了一位領導人物，加上士兵都對他非常友善，就像一位忘恩負義的惡漢，要想在西西里擁有最高指揮權力，就必須除去他的朋友和恩主。還有人說是他接受敵人20泰倫的賄賂，就是為了要取狄昂的性命。

他用引誘和說服的方式吸收幾位士兵參加密謀，掌握狡詐和邪惡的機會著手他的計畫，每天向狄昂報告士兵的言行，說是有人在暗中唱反調，有的是他聽到也有很多出自捏造。這樣一來他獲得狄昂的信任，允許他私下與任何他認為有必要的人交往，在任何團體裡面可以毫無顧忌講一些反對狄昂的話，這樣才能發現有那些人在暗中拉幫結派，成為狄昂的心腹大敵。運用這種方式，凱利帕斯在很短期間之內，將城市裡面帶有反叛心態的不滿分子，全部聯繫起來組成一個陰謀團體。要是有任何人向狄昂告發說凱利帕斯圖謀不軌，這時他根本不會在意或是感到憂慮，相信凱利帕斯是按照自己的指示辦事。

55 叛逆的行動在醞釀之中，狄昂親眼看到怪異和驚怖的幽靈，有一天黃昏時刻，他坐在府邸的柱廊上面，獨自一人沉思默想，突然聽到一陣瑣細的雜音，於是轉過頭去，當時的天色還很明亮，看到柱列的末端有一名身材苗條的女子，面容和裝扮很像悲劇中的復仇女神，手裡拿著掃帚正在打掃地板。這一幕令他極其驚愕和恐懼，立即召來一些朋友，告訴他們出現在眼前的異象，要求他們留下來整夜在旁陪伴，這時他顯出煩惱和擔憂的神色，害怕這個鬼怪趁他孤身在室再度顯靈；以後再也沒有見到。過了幾天以後，他的獨子將近成人的年紀，發生某些細微事故鬱鬱寡歡，一時想不開要尋短見，從屋頂跳下來折斷頸脖而亡。

73　參閱柏拉圖《書信集》第6卷第333頁。

56 正當狄昂極其痛苦的時刻，凱利帕斯展開陰謀活動，他在敘拉古人當中散布謠言，說是狄昂現在無子，決定召來戴奧尼休斯的兒子阿波羅克拉底，繼承家產成為他的接班人；因為他的妻子是阿波羅克拉底的姑媽，他的姊妹是阿波羅克拉底的祖母。這個時候狄昂和他的妻子和姊姊開始懷疑，怎麼會傳出這種說法，從各方面獲得有人在暗中搞鬼的信息。赫拉克萊德遭到謀殺為狄昂帶來極大的困擾，這是一生中最羞辱的事，自豪的作戰行動也出現污點，產生不斷的自責和煩惱。他曾經說過，情願敞開胸膛讓兇手殺他一千遍，總比活著畏懼敵人和懷疑朋友要好得多。

　　凱利帕斯得知這兩位婦女在追根究柢，想要把整個事件查個水落石出，產生警惕之心去見她們，流著眼淚否認所有的疑點，完全順著她們的意保證對狄昂效忠，經過一番表白以後，她們要他舉行隆重的宣誓典禮。那就是立誓人來到西瑞斯(Ceres)[74]和普羅塞派尼(Proserpine)[75]的聖地，完成各種祭拜的儀式以後，穿上女神的紫色法衣，手裡執著一支點燃的火炬，開始宣讀誓詞。凱利帕斯完全按照他們的要求，行禮如儀沒有一點遲疑；實在說他對女神毫無虔誠之心，不僅沒有遵守誓言，還在普羅塞派尼的節慶執行久已計畫的謀殺[76]。很可能是他認為在那一天採取行動，就像舉行入會式的祭師，可以把狄昂當成奉獻給神明的犧牲，除了那天以外任何日期，對神明都是極其不敬的冒犯。

57 這個陰謀團體有很多成員。當狄昂召來一些朋友，在家中的餐廳舉行宴會的時候，有些陰謀分子將府邸包圍起來，還有一些人把守寢室的房門和窗戶。實際動手的兇手是幾位札辛蘇斯人，沒有將佩劍藏在內衣裡面，等他們進去以後，外面的人將門關上扣緊門閂。兇手撲向狄昂，壓在地上用盡力氣要將他勒死，等到發現這招不管用，就要外面的人把劍送進來，沒有人敢把寢室的門打開。

　　雖然有很多人隨著狄昂進入府邸，發生狀況都要自保，認為即使讓狄昂喪失

74　羅馬神話的西瑞斯是穀物和耕種女神，相當於希臘的德米特女神，祂是泰坦神(Titans)克羅努斯(Cronus)和雷亞(Rhea)所生。

75　普羅塞派尼是羅馬的穀物女神，相當於希臘的帕西豐尼(Persephone)，是宙斯主神和耕種女神德米特的女兒，後來成為冥神哈得斯(Hades)的妻子和冥后。

76　這件事發生在奧林匹克106會期第4年即353B.C.。

性命也要使自己得救，所以沒有施以援手。當這些兇手等了一段時間以後，終於
敘拉古人黎坎(Lycon)從窗口將一把劍遞給一位札辛蘇斯人，就像用來祭神的犧
牲，這樣長的時間在毆打中掙扎和顫慄，最後還是被他們割斷喉嚨。他們將他的
姊妹和即將臨盆的妻子打入監牢，這位可憐的夫人在極其不幸的狀況下生下一個
男嬰，因為凱利帕斯已經陷於內外交迫的局勢，得到獄卒的允許，她們可以將這
個遺腹子撫養長大。

58 到狄昂遭到謀殺以後，凱利帕斯成為將光榮集於一身的人物，敘拉
古的軍政大權全部落到他的手中。他特別寫信給雅典報告這個好消
息，然而這個城市自認僅次於不朽的神明，他們判定凱利帕斯犯下十惡不赦的罪
行，應該感到羞愧和畏懼。大家就事論事談起這個城市，曾經培育流芳千古的正
人君子，同樣出現遺臭萬年的奸賊叛徒，像是他們的鄉野出產最適口的蜂蜜還有
最致命的毒藥。凱利帕斯的機運令人感到憤慨也使得神明受到譴責，已經不再處
於一帆風順的狀態；他們要忍受這個邪惡的傢伙，還得跟他虛與委蛇，就在他用
窮兇極惡的不法伎倆獲得財富和權力之際，很快遭到應得的懲罰。

他出兵攻占卡塔那(Catana)[77]卻喪失敘拉古，根據他們的報導，他說他失去
一個城市到手的東西是一個乳酪擦子[78]。然後他對梅西尼發起突擊，有很多士兵
被殺，其中包括謀害狄昂的兇手。等到西西里沒有一個城市接納他，大家對他的
態度是仇恨和厭惡，這時他只有前往意大利奪取雷朱姆。他在那裡陷入悲慘的境
地，沒有能力維持他的部隊，被列普廷和波利斯帕強(Polysperchon)[79]所殺。出現
非常湊巧的事，就是同樣使用謀害狄昂那把佩劍。這種兇器的尺寸大家都很清
楚，只是劍身短一點，斯巴達人常用的型式，做工非常珍貴而且精美。凱利帕斯
的下場可以說是法網恢恢，疏而不漏。

亞里斯托瑪琪和亞里特從監獄釋放出來，狄昂一個朋友希西提斯(Hicetes)將
她們接到家裡，看起來像是照應得無微不至，後來他被狄昂的仇敵買通，準備一

---

77 卡塔那是西西里古老的城市，位於敘拉古和陶羅米尼姆的中途，正好在艾特納山的山麓。

78 這是西西里的俗語，意為因小失大或得不償失；凱利帕斯說他在敘拉古只維持13月的統治。
   也有人說乳酪擦子這個字，希臘人不是用來指卡塔那而是佩塔尼(Patane)。

79 波利斯帕強是亞歷山大大帝極其得力的部隊，受到安蒂佩特的重用，繼承職位成為馬其頓的
   攝政，後來被安蒂佩特之子卡桑德陷害，從303B.C.起下落不明再無信息。

艘船藉口是要將她們送到伯羅奔尼撒，他指使水手等船隻開進汪洋大海，就將她們殺死屍體丟到船外。還有人說她們兩人和那位小男孩，活生生被人扔到海裡。這個人的惡行還是難逃報應，被泰摩利昂俘虜以後立即處死，敘拉古人爲了替狄昂報仇，他的兩個女兒成爲犧牲品，我在第七篇〈泰摩利昂〉對這些情節都有詳盡的描述[80]。

80　可以參閱第七篇〈泰摩利昂〉第32和33節。

第二章

馬可斯‧布魯特斯(Marcus Brutus)

85-42B.C.，羅馬政治家，反對專制獨裁，與卡休斯結黨
刺殺凱撒，腓力比會戰被安東尼擊敗，自戕而亡。

1 馬可斯‧布魯特斯(Marcus Brutus)是朱尼烏斯‧布魯特斯(Junius Brutus)
的後裔子孫；古代的羅馬人為這位祖先在卡庇多神殿樹立一座銅像，手
裡拿著一把劍站在那些國王的畫像中間，讓人民記得他的英勇和決心，驅逐塔昆
王摧毀君主政體。朱尼烏斯‧布魯特斯的性格嚴苛而又剛愎，即使有淵博的學識
和獨到的見解，像鋼鐵一樣堅硬的脾氣也不會因而軟化，他對暴君充滿憤怒和恨
意，為了揭發他們的陰謀，不惜處決親生兒子[1]。

我們現在要為他寫傳的這位布魯特斯，擁有善良的個性因為學習和研究哲
學，能夠達到悲天憫人的境界，先天的稟賦受到激勵，培養出嚴肅和溫和的氣質，
從事政治和處理公務能將這種氣質發揮得淋漓盡致，好像他是為實踐德行而塑造
出完美的人格。雖然他用陰謀暗算的手段對付凱撒，那些仇敵看到整個事件發生
以後，有的地方還能講究榮譽和恕道，全部歸之於布魯特斯的善意，就把野蠻和
殘酷的行為算在卡休斯的頭上。卡休斯是他的親戚和知己，要是談到除去凱撒的
動機，沒有像他那樣的光明磊落。

布魯特斯的母親塞維莉婭(Servilia)[2]出身羅馬的世家，她有一位極其著名的
祖先塞維留斯‧阿哈拉(Servilius Ahala)。斯普流斯‧密留斯(Apurius Maelius)鼓
動人民叛變，好趁機自立為王，阿哈拉在懷中帶著一把短劍，進入市民大會的會

---

1 大義滅親的情節可以參閱第三篇〈波普利柯拉〉第6節。
2 塞維莉婭在第一任丈夫即布魯特斯的父親被殺後，再嫁給62B.C.出任執官的狄西穆斯‧朱尼
烏斯‧希拉努斯(Decimus Junius Silanus)。

場，藉口要與密留斯談論一些私事，接近到他的身旁，等他低下頭來聆聽，就用
短劍將他刺殺[3]。

提到布魯特斯的血胤，有關母系方面的家世，一般都沒有意見；凱撒被害使
得大家對他極其痛恨，帶著惡意說他父親的家族並非出自驅逐塔昆王的布魯特
斯，因為他的兩個兒子遭到處死，已經無人繼承家業。所以他的祖先僅僅是個平
民，頭一位布魯特斯是管家的兒子，這個家族直到最近的年代才從政壇中崛起，
在共和國擔任官職擁有很高的地位。哲學家波塞多紐斯（Posidonius）[4]的作品中提
到此事，所持論點非常正確，布魯特斯被殺的兩個兒子已經成年，第三個兒子當
時還是嬰兒，後來繼承香煙，繁衍綿延直到馬可斯·布魯特斯。這一房在那個時
代出了幾位極其顯赫的人物，他們的面貌與朱利烏斯·布魯特斯的雕像非常相似[5]。

2 哲學家小加圖是布魯特斯的母親塞維莉婭的兄長，身為外甥的布魯特斯
對這位舅父非常敬愛，認為在所有羅馬人當中只有他值得大家效法，後
來娶他的女兒波西婭（Porcia）為妻。

布魯特斯對希臘各個學派的哲學家都很熟悉，精通他們的學說和理論，最受
他的推崇還是柏拉圖學派。他對近代或中生代的學院抱著不以為然的態度，據說
他研究的重點在於古代的學院。終其一生他對來自阿斯卡隆（Ascalon）的安蒂阿克
斯（Antiochus）[6]心儀不已，將這位大師的兄弟亞里斯都斯（Aristus）請到家中，成
為他的朋友和門客。亞里斯都斯的學識雖然不如很多哲學家，他的性情穩重人品
高潔，真是上上之選。伊姆庇盧斯（Empylus）[7]也是布魯特斯的門客，他和朋友經
常在書信中提到這個人，這位修辭學家留在他身旁的時間並不長，後來寫出凱撒

---

3 這件事發生在羅馬建城315年即439B.C.，可以參閱李維《羅馬史》第4卷第13節。塞維留斯
　擔任騎兵將領，奉笛克推多辛辛納都斯（Cincinnatus）的命令，殺死密留斯；還有其他的歷史
　學家持不同的看法。

4 波賽多紐斯生於敘利亞的阿帕米拉（Apamela），受教於雅典的帕尼久斯（Panaetius），是一位
　斯多噶學派的哲學家，他與西塞羅是同時代的人物，雙方的交往非常密切。

5 根據李維的說法，布魯特斯家族在那個時代出了很多顯赫的人物，羅馬建城558年即196
　B.C.，這些人為了政治利益反對廢止〈歐庇斯法〉，羅馬的婦女將他們堵在家中不讓他們出來。

6 阿斯卡隆的安蒂阿克斯是柏拉圖學派的首腦人物，79-78B.C.西塞羅在雅典遊學於他的門
　下，他的學識和品德深受西塞羅的讚譽。

7 昆提良（Quintilian）曾經提到過演說家伊姆庇盧斯·羅狄斯（Empylus Rhodius），可能就是本
　書所說這位人士。

被刺這段歷史，用的題目是「布魯特斯」。

　　他的拉丁語經過練習到達非常精通的程度，可以用來發表公開的演說，以及對訟案進行辯護，他對希臘語文的喜愛在於帶有說教意味的諺語，特別是拉柯尼亞人習用的簡短警句，書信裡面經常引用這些章節。例如在戰爭開始之際他寫給帕加姆斯人（Pergamenians）的信裡提到：「我聽說你們送錢給多拉貝拉（Dolabella）[8]。如果出於心悅誠服，那就傷了我的感情；要是你們被迫得沒有辦法，表示你們願意將這筆錢送給我。」另外有次他寫信給薩摩斯人：「你們的建議毫無誠意，採取的行動實在緩不濟急，難道你們沒有考慮這會出現什麼後果？」有一封信裡有這樣的句子：「詹蘇斯人（Xanthians）[9] 懷疑我的善意，使得他們的國土成為絕望的墓地；佩塔里人（Patareans）[10] 相信我的承諾，各方面都能擁有過去的自由；選擇佩塔里人的判斷還是詹蘇斯人的藉口，完全在了你們自己。」這種表達的風格，使得他有幾封信分外引人注目。

3 當布魯特斯的年紀還很輕的時候，陪伴他的舅父小加圖前往塞浦路斯，對托勒密發起遠征行動[11]。托勒密自裁身亡，小加圖因事滯留在羅得島，不得已只有派他的幕僚坎奈狄斯（Canidius）[12]，前去處理有關事務，國王留下的財產更要仔細清點。因為對坎奈狄斯的誠信起了疑惑之心，小加圖寫信給布魯特斯吩咐他從龐菲利亞坐船前塞浦路斯；布魯特斯生了一場大病，這時正好留在龐菲利亞休養身體。布魯特斯基於對坎奈狄斯的尊敬，帶著非常勉強的態度服從舅父的命令。坎奈狄斯的職位被取代深感羞辱，何況布魯特斯正是讀書求知的年紀，非常不適合擔任這樣的工作。雖然如此，布魯特斯還是盡力負起責任，所有的處置非常妥善獲得小加圖的稱讚，後來將托勒密的家財全部換成現金，用自己的船隻將大部分的戰利品運回羅馬。

8　這位貝拉多拉可能是西塞羅的女婿，生活揮霍以致負債累累，49B.C.參加凱撒的陣營，44年成為執政官，後來宣布為公敵，被迫自殺身亡。

9　小亞細亞的呂底亞地區最大的城市就是詹蘇斯，人口眾多極其富裕，座落在詹蘇斯河河口，航運便利。

10　佩塔里位於小亞細亞的呂底亞，瀕臨西部海岸，以阿波羅神廟的雄偉壯觀知名於世。

11　參閱本書第十八篇〈小加圖〉第34-36節。

12　這個人可能是巴布留斯‧坎奈狄斯‧克拉蘇（Publius Canidius Crassus），他是安東尼的朋友和支持者，可以參閱本書第二十一篇〈安東尼〉第34-41節。

4 等到黨派的傾軋日益激烈，龐培和凱撒率領各自的人馬相互拚鬥，整個帝國陷入混亂之中。大家相信布魯特斯會投向凱撒的陣營，因爲他的父親過去被龐培殺害[13]。他要盡市民的責任認爲公務重於私情，龐培的主張更符合城邦的利益，能夠贏得他的效命。布魯特斯過去從未與龐培交往，即使相遇也不打招呼，認爲與謀殺父親的凶手說話，就是終生難以洗刷的污點。現在布魯特斯將龐培當成國家的將領，願意聽從他的指揮。塞斯久斯(Sestius)[14]出任西里西亞的總督，布魯特斯接受副將的職位，登船前往行省履新。後來他發現在西里西亞無法施展長才，聽到龐培和凱撒的兩軍正在接近，準備發起會戰一決勝負。他完全出於志願趕赴馬其頓，親身參與兵凶戰危之險。

據說他的來到使龐培感到驚奇因而特別高興，看見一群人圍繞在他的身邊，龐培馬上站了起來，走上前去歡迎與他擁抱，把他視爲元老院派最重要的人物。所有時間他都留在營地，除了陪伴龐培處理公務，其餘時間用在讀書和研究學問，不僅平常的日子如此，即使在會戰前夕還是孜孜不倦[15]。正是仲夏時分，天氣非常炎熱，營地設置在沼澤附近，布魯特斯的帳篷遲遲沒有送過來，當時的狀況是生活極其不便，一切作息全都脫序，等到中午才能塗油和吃點簡單的食物，其他人不是在睡覺就是在爲何時開戰而擔心不已，只有他在爲波利拜阿斯(Polybius)[16]的著作作筆記寫摘要，直到夜幕低垂爲止。

5 據說凱撒對布魯特斯非常關心，命令所有的部將不能在戰場將他殺害，盡量給予優容，如果他願意投降，就保證他的安全將他帶過來，如果他還在抗拒，也要讓他有機會逃走不要取他的性命。大家相信凱撒這樣做是出於對布魯特斯的母親塞維莉婭的情分，好像他在年輕的時候與她的關係非常密切，何

---

13 龐培殺害布魯特斯的父親受到很多人的指責，說他行事不公而且違背誠信的原則，可以參閱本書第十六篇〈龐培〉第16節。

14 巴布留斯·塞斯久斯(Publius Sestius)在加蒂藍叛國案中是西塞羅的支持者，西塞羅從放逐中召回以後，他一直在維護這位老友的安全，可以參閱西塞羅的演說〈爲巴比留斯·塞斯久斯辯護〉。內戰開始以後，最早站在龐培一邊，後來投效凱撒的陣營。

15 法爾沙拉斯在帖沙利境內，會戰的日期是48年8月9日B.C.。

16 波利拜阿斯(200-117B.C.)出生於希臘南部的參加洛波里斯，是亞該亞同盟的領袖人物之一，後來成爲人質送到羅馬滯留10年之久，結交權要和學者，對於政局有深入的認識，著述《羅馬史》40卷，成爲了解羅馬帝國從第二次布匿克戰爭到2世紀B.C.最可靠的記錄。

況塞維莉婭對他極其迷戀[17]，布魯特斯正好出生在他們陷入熱愛那段期間，凱撒始終認為布魯特斯是他的兒子。

前面曾經提過一件軼事，動搖國本的加蒂藍陰謀叛亂案在元老院引發重大辯論，小加圖和凱撒都站起來發言，對於處理涉案人員的最後決定，雙方唇槍舌劍爭執不休，不知是什麼人這時給凱撒送來一張紙條，他接過來以後不動聲色的閱讀，小加圖看到這動狀況就大聲叫喊，說是凱撒接到的書信是來自共和國的公敵，指控他們之間有非法的聯繫。等到很多元老院議員起來抗議，凱撒就將收到的紙條交給小加圖，一讀之下發現這是他的姊妹塞維莉婭所寫的情書，丟回給凱撒並且說道：「醉鬼，把它保管好。」然後繼續就當前的問題進行爭辯[18]。塞維莉婭對凱撒的戀情不僅公開於世，而且使得她的名聲狼藉不堪。

6 法爾沙利亞(Pharsalia)會戰全軍覆沒[19]以後，龐培逃向海洋，凱撒的軍隊對營地發起襲擊，布魯特斯從一處營門暗中溜走，進入水道縱橫和叢生蘆葦的沼澤地區，經過連夜的跋涉，終於安全抵達拉立沙(Larissa)[20]。他從拉立沙寫信給凱撒，使得凱撒接信為他的安全無恙大為欣喜，吩咐他立即前來會晤，不僅寬恕他的行為，同時會對他非常禮遇，把他看成自己最受尊敬的朋友。龐培逃走以後沒有人知道他的下落，凱撒單獨與布魯特斯做一次很長的散步，打算聽取他的意見，兩個人經過討論以後，認為布魯特斯的推測最有道理，就將其他人的看法置之一邊，率領兵馬直接向著埃及發起追擊。龐培的行動完全如同布魯特斯的判斷，他抵達埃及，結果落得命喪黃泉的下場。

布魯特斯在這時為他的朋友卡休斯講情，獲得凱撒的原諒答應不咎既往。黎比亞(Lybians)的國王在戰敗以後，受到指控說他起兵抗拒凱撒犯下滔天大罪，應該給予懲處，布魯特斯為他的行為辯護，當面向凱撒提出乞求和申訴，總算讓他保住自己的王國[21]。據說凱撒第一次聽到布魯特斯公開發表演說的時候，就向周

17　他們之間那種曖昧的關係，在羅馬上流社會眾所周知，像是凱撒送給她價值數百萬塞斯退司的珍珠。內戰時期，凱撒將充公的產業當禮物贈給塞維莉婭。

18　本書第十八篇〈小加圖〉第24節有類似的記載。

19　48年8月9日B.C.，凱撒與龐培在法爾沙拉斯進行決戰，前者以8個軍團計2萬2000人對抗11個軍團共4萬5000人，龐培戰敗全軍覆沒，凱撒贏得內戰的勝利。

20　拉立沙是帖沙利的首府，位於庇內烏斯河畔，法爾沙拉斯的北方約50公里。

21　47B.C.布魯特斯為蓋拉夏國王戴奧塔魯斯(Deiotarus)向凱撒講情，但是沒有發生作用；蒲魯

邊的朋友說道:「我不知道這位年輕人將來有什麼打算,看來他只要掌握目標就
會全力以赴,絕不虎頭蛇尾。」[22]

他天生具備堅定的心志,很難運用外力讓他屈服,也不會因討好和懇求而順
從,只要出於理性和合乎道德原則的動機,經過深思熟慮以後,一旦決定採取行
動,就會勇往直前發揮最大功效,務求達成目標絕不誤事。奉承的言語無法說服
他聆聽不公正的請願,他一直認為被可恥的強求和阿諛的講情所說服,就一個偉
大的人物而論是最羞辱的事,然而還有人用溫和與羞怯的名目對他恭維。於是他
經常提到,一個人要是無法摒棄私欲,那是他在年輕的黃金時代就已經步入歧途。

凱撒遠征阿非利加討伐小加圖和西庇阿(Scipio)[23],指派布魯特斯治理山內高
盧(Cisalpine Gaul),對於這個行省而言真是天大的福氣。其他行省的民眾現在過
著苦不堪言的生活,他們的總督為了滿足貪婪的念頭,一味運用暴虐的手段去搜
刮金錢,將他們視為戰爭的奴隸和俘虜,只有布魯特斯簡政親民,盡量改善以前
那些統治者所帶來的災難和不幸,他的善行使得凱撒獲得民眾的好感,當他班師
還朝經過意大利,看到布魯特斯治下的城市,一片昇平使他感到極其欣慰,布魯
特斯更受器重,成為最得他歡心的同伴。

7 現在有幾位法務官出缺未補,其中以為首的市政法務官[24] 的地位最為顯
赫,大家的意見是應該授與布魯特斯或卡休斯為宜。有人提到這兩位之
中前者因差別待遇獲得優勢,雖然這兩個人有親戚關係,卡休斯娶了布魯特斯的
姊妹朱妮婭(Junia)[25],競選的過程還是發生口角。還有說爭執所以會變得激烈,
完全出於凱撒的操縱,他私下對這兩個人都表示器重,讓他們充滿希望才會爭到

(續)

　　　塔克提到這件事可能是張冠李戴,要不然就是抄本出了差錯。

22　參閱西塞羅《給阿蒂庫斯的書信集》第14卷第一封信。

23　這位就是巴布留斯・高乃留斯・西庇阿・納西卡(Publius Cornelius Scipio Nasica),後來為梅
　　　提拉斯・庇烏斯(Metelus Pius)收養,通常叫做梅提拉斯・西庇阿(Metelus Scipio)。他在52B.C.
　　　出任執政官成為龐培的同僚,與凱撒結下無法和解的仇恨,46年塔普蘇斯(Thapsus)會戰後
　　　自裁身亡。

24　法務官的職位僅次於執政官,區分為市政法務官和僑民法務官兩種,賦予法律訴訟的審判權
　　　和裁決權,隨著羅馬版圖的擴大,法務官的人數從最初的兩員增加到6員,甚或8員之多,任
　　　期一年,由「百人連大會」選出,擁有軍事指揮權。

25　朱妮婭・特爾夏(Junia Tertia)是布魯特斯的同母異父姊妹,她一直活到22A.D.才過世,留下
　　　大量遺產給羅馬的領導人物。

底，最後受到激怒要公開進行較量，等於在考驗他們之間的利害關係。布魯特斯
只能靠著名聲和操守，不像卡休斯在對抗帕提亞人的戰爭中立下汗馬功勞[26]。凱
撒聽說兩造已經水火不容，對這件事經過一番深思以後，向他的幕僚說道：「雖
然卡休斯具備更好的條件，我們還是要讓布魯特斯出任首席法務官。」卡休斯最
後仍舊出任法務官，沒有達成願望心中難免氣惱，對於凱撒覺得無須過分的感激。

　　布魯特斯能夠完全如其所願分享凱撒的權力，只要他樂意可以成為凱撒幕僚
當中的首腦人物，比起其他人擁有更大權勢和更高的職位，卡休斯和他所組成的
團體，一直想要把他從凱撒的身邊拉走。老實說，自從他們在競選方面發生芥蒂
以後，始終沒有恢復過去的友情。布魯特斯還是願意聽取卡休斯的朋友對他的建
言，特別是他們一直勸他不要盲目從事，更不能任憑自己受到凱撒的說服和收
買，目前的態度是要避開一個暴君的善意和重用。他們暗示凱撒對他的態度，並
非賞識或尊重他的功勳或德行，而是要消耗他的精神和磨損他的活力，使得他無
法達成所望的目標。

8 布魯特斯擁有高貴的魄力、廉潔的德操和眾多的友人讓凱撒非常忌憚，
　　由於他堅持正義原則和道德勇氣，即使會使凱撒感到人身的安全；然而
凱撒對布魯特斯並不是毫無猜疑之心，也不是沒有告密者對他提出諸多指控。據
說有人認為安東尼和多拉貝拉在背後搞鬼，凱撒卻說道：「腦滿腸肥留著長髮的
小子沒有什麼好擔心，倒是要提防臉色蒼白和骨瘦如柴的傢伙。」指的就是布魯
特斯和卡休斯[27]。有一些人當著他的面中傷布魯特斯，勸他要提高警覺，特別是
要重視個人的護衛，他說道：「什麼，難道你以為布魯特斯等不及了，非要取我
的性命不可？」他的看法是沒有人比布魯特斯更適合繼承他的權力，所以才有這
樣的表示。事實上只要布魯特斯有耐心等待一段時間，當凱撒的權力到達巔峰開
始走下坡，過去的名聲因為偉大行動的消失而逐漸式微，毫無問題就會成為共和
國的頭號人選來接替凱撒的職位。

　　卡休斯的性格極其暴躁，他之所以痛恨凱撒完全出於私人的宿怨，並不是為

26　本書第十四篇〈克拉蘇〉第18節提到：等到發現面臨會戰的危險，已經超過原來的預料之外，
　　有些軍官勸克拉蘇目前不要過分深入敵境，全般考量遠征行動的狀況再做決定，其中包括財
　　務官卡休斯在內。

27　可以參閱本書第十七篇〈凱撒〉第62節，有同樣的說法。

了愛護共和國,或者是凱撒要當暴君,激起他的怒氣高舉義幟。布魯特斯覺得統治的本身給人民帶來莫大的壓力,卡休斯很單純只是爲了反對統治者。卡休斯可以舉出很多理由證明他與凱撒已經勢不兩立,其中之一是他當選市政官以後,失去買來用於展示的獅子。卡勒努斯(Calenus)攻下麥加拉[28]以後,凱撒發現寄養在那裡的猛獸,就全部據爲己有。據說這些獅子給麥加拉人帶來很大的災難,就在城市剛剛占領的時候,他們打開獅籠鬆去鎖鍊,好讓這些猛獸去攻擊進入城市的敵軍,結果這些獅子轉過身來,很多沒有武裝的市民反而成爲犧牲品,血腥的場面連敵人都慘不忍睹。

9 有人說這就是主要的原因,激起卡休斯的恨意使出陰謀的手段來對付凱撒。卡休斯在年輕的時候,就對暴君的作爲流露出天生的敵視和積怨,當他還是一個小男孩已經顯示出這種傾向,那時他與蘇拉的兒子福斯都斯(Faustus)在同一個學校念書,有次福斯都斯在一群同學中大吹法螺,頌揚他的父親擁有至高無上的權力,卡休斯聽了火冒三丈,伸手打他兩三個耳光,福斯都斯的護衛和親戚調查這件事,準備要爲他出氣,龐培不讓他們涉入,派人將兩個小孩找來,親自問個水落石出。這時卡休斯對福斯都斯說道:「好吧,福斯都斯,如果你有種再說那些話來讓我生氣,我還要像剛才那樣修理你一頓。」卡休斯就是這種天不怕地不怕的脾氣。

布魯特斯所以會振作精神採取行動,那是受到知心朋友的勸說和鼓舞,還有就是不認識的市民所寫的信件和說帖。他的祖先布魯特斯是推翻王權統治的英雄人物,有心人就在古老的雕像上面寫著這些字句:「啊!我們的布魯特斯現在在那裡!」以及「啊!布魯特斯還活在世上!」布魯特斯是法務官,在他的法庭裡面,每天早晨都發現留言,像是「布魯特斯,你還在睡覺」以及「你是冒牌的布魯特斯」。

那些奉承凱撒的人士授與他的榮譽引起很多人的反感,最後使得他難以脫身而出,像是在夜間在他的雕像上面戴上王冠,想要誘使民眾用國王而不是笛克推

---

28 本書第十七篇〈凱撒〉第42節,凱撒提到卡勒努斯配置在麥加拉和雅典的15個步兵支隊,問士兵是否要等待會師,還是立即出戰。

多的稱呼向他致敬。有關情節我在〈凱撒〉已經有詳盡的敘述[29]，就此一筆帶過。

10 卡休斯要求朋友參加反對凱撒的陰謀組織，同意的條件是布魯特斯應該出面領導，大家的意見是救國大業並不缺乏人員和決心，只是不能沒有像他這樣擁有名聲和權勢的人，如同宗教信仰最神聖的物品，他出面可以證明行動的合法性，沒有任何事比這個更為重要。他們獻身的行動要是缺少他就無法提振士氣，讓人對整個事件的企圖產生疑慮，如果這一切是為了滿足正義和榮譽，民眾就會大聲質疑布魯特斯為什麼置身事外。

卡休斯反覆思考有關的問題，決定前去拜訪布魯特斯，這是他們鬧翻[30]以後首次出現的契機，等到雙方寒暄以後，發覺能夠開誠布公，他就問布魯特斯是否會在3月的望日出席元老院的會議，據流傳的信息，說是凱撒的朋友打算在那天提出動議，要讓凱撒登上國王的寶座。布魯特斯的回答是他不會到場。卡休斯說道：「要是他們派人召喚我們前往，到那時應該怎麼辦？」布魯特斯回答道：「我的職責不再是維護社會的安寧，應該勇敢站起來，為了國家的自由權利不惜犧牲自己的性命。」卡休斯聽了非常感動，說道：

> 怎麼會有羅馬人捨得讓你去死？布魯特斯，你難道還不知道自己所擁有的影響力？你以為寫在座位上的留言都是織工或商人，而不是羅馬那些最有權勢的人物？實在說，民眾對其他的法務官，盼望的東西是賞賜、表演和角鬥士，但是他們對你懷抱更高的期許就是根絕暴政，這也是你與生俱來的債務。只要你明確表示不會辜負他的們的託付，他們已經準備好願意為你忍受所有的痛苦。

這番話說服布魯特斯，兩個人擁抱在一起，從此以後，開始對他們的朋友進行試探的工作。

29　凱撒雖然拒絕安東尼所獻王冠，知道此事不可等閒視之，為了平息他要稱王的謠言，命人在市民廣場一角的大理石柱，刻下正式記錄：「執政官馬可斯‧安東尼請求終身笛克推多該猶斯‧凱撒接受王者的權威，遭到凱撒的拒絕。」

30　可以參閱本章第7節。

11 龐培有一名叫該猶斯・黎加流斯(Caius Ligarius)[31]的僚屬,雖然受到指控說他起兵對付凱撒,後來蒙受赦免得以無事。這個人不僅沒有心存感激反而認爲是奇恥大辱,對於凱撒更是懷恨在心;而且他還是布魯特斯非常親密的朋友。布魯特斯去拜訪時發現他有病在身,於是說道:「啊!黎加流斯!這是什麼時候了,你竟然倒下不起。」黎加流斯聽到以後爬起來用肘撐著床,握著他的手說道:「老天啊,布魯特斯,你是不是有什麼好主意,我已經沒事了。」

12 這個時候開始,他們對於那些可以信賴的親友,一一試探他們的想法和打算,再將這些秘密讓他們知曉,不僅將認識的人納入計畫,還包括很多行事英勇和視死如歸的人士。大家對於西塞羅不僅信任而且敬愛,他們還是隱瞞陰謀行動不讓他知道,因爲他年事已高習於小心謹愼,何況他天生懦怯,遇事都要再三斟酌,盤算每個步驟所有的細節,務求在安全方面沒有任何問題,須知面臨危機四伏的處境,特別講求速度的掌握,稍有遲疑就會使銳氣受挫。

布魯特斯還有兩個同伴沒有通過測試,那就是伊庇鳩魯學派的史塔蒂留斯(Statilius)和崇拜小加圖的弗浮紐斯(Favonius)[32]。有一天他們像哲學家那樣談論有關的問題,可以很客觀看出個人所持的觀點和意見,弗浮紐斯認爲即使面對最不合法的君主政體,根據他的推論還是不值得採用內戰的手段。史塔蒂留斯要做一個明哲保身的智者,任何事只要使自己涉及麻煩和危險,不僅愚蠢而且毫無必要。當時還有拉比奧(Labeo)[33]在場,用激烈的言辭駁斥他們的意見。布魯特斯只有出面打圓場,說是爭論的題目太過於複雜,很難決定誰是誰非。事後布魯特斯將圖謀源源本本告訴拉比奧,他說他早有這種打算,當然願意捨命陪君子。

另外有一位布魯特斯綽號阿比努斯(Albinus)[34],這個人並不具備英勇的性

---

31 本書第二十篇〈西塞羅〉第39節,提到這個人的名字是奎因都斯・黎加流斯。

32 馬可斯・弗浮紐斯被人稱為「小加圖的分身」,是52B.C.的市政官和40年的法務官,他在東方加入龐培的陣營,雖然他對這個人一直懷有敵意,後來法爾沙拉斯會戰失敗後還陪伴龐培逃走。可以參閱本書第十六篇〈龐培〉第73節。

33 奎因都斯・安蒂斯久斯・拉比奧(Quintus Antistius Labeo)是一位名聲響亮的法學家,他的兒子在奧古斯都時代的法學界更是無比顯赫。根據阿皮安(Appian)的說法,拉比奧在布魯特斯亡故後不願獨活,要他所信任的奴隸將他殺死,遺體就埋在他的帳篷裡面。

34 狄西穆斯・朱尼烏斯・布魯特斯(Decimus Junius Brutus)被擔任過99B.C.執政官的波斯吐繆斯・阿比努斯(Postumius Albinus)收養以後,得到阿比努斯的家名。凱撒對他非常器重,經

格，考慮到他的手下有大群供公開演出的角鬥士，本人又獲得凱撒的信任，爲了行事容易必須拉他入伙，這是接著要進行的重要工作。當卡休斯和拉比奧與他談起這件事的時候，他並沒有給他們任何答覆，後來私下找布魯特斯商議，發現他是大家的首領，這才同意參加他們的行動。

對於其他人而言，只要布魯特斯出面，大家都樂於聽命景從。他們沒有立下秘密的誓言，也沒有舉行神聖的儀式用以確保彼此的忠誠，所有人員對於圖謀能夠守口如瓶，他們是如此的審慎，即使相互之間都不談論此事。雖然預言、顯靈甚至祭神犧牲所檢視的朕兆[35]，都在提出警告會有大事發生，但是沒有人相信。

13 羅馬那些在德行、家世或勇氣方面最爲顯赫的人物，現在布魯特斯得知他們將身家性命全都交到他的手上，考量他們可能遭遇的危險難免焦慮萬分，當他離家出現在公眾場合的時候，盡最大能力去克制心中的不安，表面現出神色自若的樣子。等到留在家中，特別是夜晚的時刻，完全變了一個人，無法抑制的緊張情緒有時使他難以成眠，此如艱困的任務有時使他陷入沉思之中，與他共寢的妻子當然注意到這些不尋常的行為，知道她的丈夫不僅遭遇到極其嚴重的困難，危險而複雜的問題使得他激動不安。前面說過，波西婭是小加圖的女兒與布魯特斯是表兄妹，雖然她年紀很輕就嫁給布魯特斯，當時的波西婭已經不是少女，前任丈夫過世[36]以後再醮，還有一個名叫比布盧斯(Bibulus)[37]的兒子，後來比布盧斯爲了紀念繼父寫了一本書名叫《布魯特斯回憶錄》，直到現在還流傳於世。

波西婭潛心研究哲學，深受丈夫的敬愛，充滿理性的勇氣，決定在自己能通過考驗之前，不去查問布魯特斯的秘密。她要身旁的侍女離開寢室，拿出一把用

(續)——

　　常讚揚他的功績，對他的栽培不遺餘力，受到的賞賜極其豐盛，甚至立他為第二順位的繼承人，排在屋大維的後面，但是他還是參加刺殺凱撒的行動。凱撒亡故後他對安東尼的打壓獲得很大的成效，等到43B.C.安東尼和屋大維和解，他成為最早的犧牲品。

35　參閱本書第十七篇〈凱撒〉第63節，特別提到凱撒宰殺犧牲獻祭，發現這頭牲口竟然沒有心臟，這是極其不祥的凶兆。

36　波西婭的前夫是馬可斯‧卡普紐斯‧比布盧斯(Marcus Calpurnius Bibulous)，59B.C.出任執政官，是凱撒的同僚。

37　盧契烏斯‧卡普紐斯‧比布盧斯(Lucius Calpurnius Bibulus)於42B.C.腓力比會戰向安東尼投降，獲得寬恕並且讓成為水師提督，31年阿克興會戰開始前逝世。

來修指甲的小刀,然後在大腿上面用力扎一個很深的傷口,流出大量的鮮血,引起劇烈的疼痛接著因發燒而全身顫抖。當布魯特斯看到她是如此的痛苦,感到極其焦慮和不忍於心的時候,她就對他說道:

> 布魯特斯,我是小加圖的女兒,自從與你結婚以後,不只是一個同寢共食的侍妾而已,應該要分擔你的榮辱凶吉而且生死相依。你一直對我關切愛護,我不應有任何怨言,如果我不能分擔你隱藏的悲傷,特別是你需要保守秘密和獲得信任,使得我無法給你出任何主意,怎麼能證明你是真正的愛我而且對我感到滿意?我知道大家認為婦女柔弱的天性無法託付秘密,但是布魯特斯,有件事很確定,高潔的家世和懿德的教育,能與仁慈和尊榮的良人為伴,有助於我加強這方面的能力,從而構成我們的門風。我一直以身為小加圖的女兒和布魯特斯的妻子感到無比的自負,要是這兩個頭銜還無法獲得信任,現在經過自我的考驗,發現能夠無視於肉體的痛苦。

她說完這番話以後,就讓他看那個流血的傷口,特別提到這種測試在於讓他知道她具備堅定的意志。布魯特斯感到極其驚駭,向著上天舉起雙手,乞求神明對他的救國大業給予援助和保佑,這樣才能使自己不愧是波西婭的丈夫。於是布魯特斯安慰他的妻子。

14 元老院召開會議的時間已經決定,相信凱撒會親自參加,大家同意要掌握這個大好機會。這時他們在各方面都沒有引起猜疑,除此以外,他們希望共和國最顯赫的領袖人物,在他們完成這項使命以後,立即聚集起來給予支持,維護一般大眾的自由權利。元老院集會的地點非常有利於他們的行動,看來這是天意使然。這裡是連接著劇院的柱廊[38],有一間很大的凹室放置龐培的雕像,因為龐培興建柱廊和劇院,將城市這一部分裝點得花團錦簇,共和國為了推崇他特別樹立的紀念物。元老院開會的時間是3月中旬(羅馬人將這一天稱

---

38 可以參閱本書第十六篇〈龐培〉第40節,裡面提到他建好一座富麗堂皇極其著名的劇院送給羅馬人民。

爲3月望日）[39]，好像冥冥之中有一種超乎自然的力量，引導當事人來到這個地方，要爲龐培的慘死接受應得的懲處。

等這一天來到，布魯特斯在離家的時候，身上帶著一把短劍，除了他的妻子沒有人知道這件事。其餘人員在卡休斯的家裡集合，因爲這天是他的兒子成年可以穿長袍的日子，所以說是要帶著他一起前往羅馬廣場。他們再從那裡趕到龐培柱廊的前端，全部停留在那裡，希望凱撒來到元老院的時間不要耽誤。任何人要是得知這批叛黨的秘密，明瞭他們要從事最危險的行動，對於他們不動聲色的神情和堅定的決心讚譽不已。他們其中有幾位是法務官，必須善盡職責主持審案和宣布判決，看到他們全神貫注聽審，裁示非常的精確，一定認爲他們心無旁騖不會存著其他的念頭。有一個人不願接受布魯特斯的判決，大聲咆哮還帶來很多證據要向凱撒提出上訴，布魯特斯注視四周在場的人說道：「只要我依法行事，凱撒不會干涉我，我也不會讓他這樣做。」

15 出現很多不正常的意外事件，給他們帶來很大的困擾，所以如此完全是偶然因素。最讓人坐立不安的事，就是這天的時間白白過去，凱撒受到妻子的攔阻還留在家中，鳥卜者提到犧牲的內臟出現凶兆，認爲這天不宜出門[40]。還有另外的狀況出現：有位參加陰謀組織的成員走向喀司卡（Casca）[41]，向著他說道：「喀司卡，你隱瞞這些秘密不讓大家知道又有什麼用，布魯特斯還不是一五一十全都告訴了我。」喀司卡聽到這番話，表現出驚奇的神色，另外一個人笑著說道：「看你這副裝腔作勢的樣子，爲什麼不出馬去競選市政官？」僅僅這些曖昧的言辭，就可以洩漏喀司卡所要保持的秘密。接著有一位元老院議員波披留斯‧利納斯（Popilius Laenas），向布魯特斯和喀司卡打招呼，那種態度比起平時更爲熱絡，用輕柔的耳語向他們說道：「我真想與你們在一起，原訂的計畫必然會成功，還是要奉勸你們不可拖延，事到如今已經沒有機密可言。」說完以

39　羅馬早期的曆法，3、5、7、10這四個月的望日是15日，其餘各月的望日是13日。所以3月望日即3月15日。

40　元老院通過敕令，凱撒的房屋上面可以裝上閣樓，作爲裝飾和尊榮的標誌；根據李維的記載，說是凱撒的妻子卡普妮婭夢到尖塔突然崩落下來，引起她的哭泣和驚叫。

41　巴布留斯‧塞維留斯‧喀司卡（Publius Servilius Casca）是44B.C.的護民官，凱撒被刺後他逃離羅馬，腓力比會戰戰敗陣亡；他的兄弟該猶斯（Caius）也是陰謀組織的成員；可以參閱本書第十七篇〈凱撒〉第66節。

後他就離開，留下這兩個人陷入疑惑之中，認爲整個圖謀已經變得眾所周知。

就在這個時候，有個人從布魯特斯的家中火速趕到，帶來的信息是他的妻子瀕臨垂死的狀況。波西婭對於預期發生的事件感到極其緊張，最後無法忍受巨大的焦慮，很難讓自己留在室內無所事事，只要有一點風吹草動就感到坐立難安，就像處於酒神附體的狂亂心態，對每一個從羅馬廣場回來的人士，詢問布魯特斯的動靜曉曉不休，還接二連三派出信差去打探狀況，最後，經過長時期的期盼和等待，柔弱的體質已經筋疲力盡，內心充滿懷疑和恐懼，神智失去控制開始陷入恍惚之中。她來不及到回到寢室去休息，坐在一群婦女當中突然感到一陣眩暈，面容失去血色變得慘白，像是中風一樣已經不能言語。家中的婦女看到這種情形只有尖聲嚎叫，很多鄰居來到布魯特斯家中，想要知道出了什麼事故，波西婭亡故的消息很快傳到外面，這時她獲得妥善的照顧開始恢復清醒的神智。當布魯特斯接到這些噩耗，真是感到左右爲難，他的原則還是不讓私情妨害公務，更不能因個人的悲傷放棄救國的目標，就當時的狀況來看，這樣做也不是沒有道理。

16 現在消息傳來，凱撒乘坐抬輿正在前來的途中，祭神的犧牲出現不吉的朕兆，使得他感到意興闌珊，決定在這一天暫停處理重要的軍國大事，藉口他身體不適，延後再找時間集會商議。趁著他從抬輿下來之際，不久之前遇到布魯特斯並且祝他成功的波披留斯·利納斯，迎上前去與他交談一會兒功夫，凱撒站在那裡表現出非常關注的樣子。陰謀分子（一般用這個名字來稱呼他們）沒有辦法聽到他在說什麼，雖然當時只是猜測，相信藉著這次交談來揭發他們的謀叛行爲，大家難免會感到極度的沮喪，彼此相互使眼色，要信守原先的承諾，不能束手就擒，應該自行了斷。

當卡休斯和其他人將手伸到長袍裡面抓住短劍，準備將它拔出來的時候，布魯特斯在千鈞一髮之際看見利納斯的神情和姿態，是在熱烈的陳情並非提出指控。布魯特斯什麼都不能說，有很多閒雜人等與這些陰謀分子摻混在一起，於是他表現出極其喜悅的神色，讓卡休斯放心不要輕舉妄動。不過片刻以後，利納斯吻凱撒的手告退，很明顯的表示，這次談話完全有關他自己的特定事務。

17 元老院議員都已在大廳就座完畢，只有這群人圍在凱撒坐椅的四周，擺出一副他們要向他請願的樣子，卡休斯的面孔正對著龐培的

雕像，據說他的口中唸唸有詞，像是雕像有靈能夠明瞭他的祈禱。這個時候，特里朋紐斯(Trebonius)[42]在門口向安東尼殷勤致意，絆住他在外面談話[43]。等到凱撒進入議事廳之際，整個元老院的成員都站起來恭迎，凱撒剛剛坐下來，這些人擠成一團圍在他的周邊，就讓參與陰謀的蒂留斯‧辛布爾(Tillius Cimber)[44]，去為他那受到放逐的兄弟講情說項，他們全都加入懇求的行列，用手抓住凱撒親吻他的頭部和胸膛。開始的時候他對他們的請求不予理會，後來他看到他們還是糾纏不休，用力掙扎站了起來，蒂留斯雙手抓住他的長袍，將它從他的肩上扯了下來，站在後面的喀司卡拔出短劍，下手刺出第一刀，使得他的肩膀受了輕傷，凱撒一手抓住劍柄，用拉丁話大聲叫道：「可惡的喀司卡，你要幹什麼？」喀司卡用希臘話叫他的兄弟，吩咐他們上來幫忙。

　　凱撒在這個時候發現很多隻手對他施加打擊，環顧四周是不是有機會可以突出重圍，當他看到布魯特斯拔出劍來刺他，於是放開喀司卡被他抓緊的手，用長袍蒙住自己的腦袋，任憑他們用短劍猛戳他的身體，大家一起向凱撒衝殺過去，很多支短劍亂砍一氣，還有人因而受傷。特別是布魯特斯的手挨了一劍，每個人的身上都是血跡斑斑。

18 凱撒在這種狀況下被殺，布魯特斯從他們當中走出來，打算發表演說，叫回元老院議員，鼓勵他們留下來。所有的議員這時驚恐萬分，雖然沒有人在後面追趕，也沒有人跟隨他們的行動，整個場面是一片混亂，大家擠在門口急著逃走。他們明確表示除了凱撒不妄殺一個人，大聲疾呼要將自由權利給所有的市民。當他們集會討論行動細節的時候，實在說大家的意見是要將安東尼一併除去，這個人不僅傲慢無禮而且愛好君主體制，從他平素的談話中得知，他與軍隊建立極其密切的利害關係。他們還力言這個人具備好大喜功和野心勃勃的性格，身為凱撒的顧問和同僚，在目前的狀況下更能提升他在政壇的地位。

42　特里朋紐斯是55 B.C.的護民官，成為三人執政團的御用工具，後來在高盧擔任凱撒的副將，獲得他的重用，還是參加謀殺的行動。

43　本書第十七篇〈凱撒〉第66節，提到安東尼被布魯特斯‧阿比努斯擋在外面，故意同他沒完沒了說個不停。根據阿皮安的記載和西塞羅的書信，都說這個人是特里朋紐斯，所以本章已經將原來的錯誤改正過來。

44　盧契烏斯‧辛布爾曾經是支持凱撒最力的人士，所以獲得俾西尼亞作為酬庸，等到凱撒被刺以後，他前往行省立即整備一支艦隊，布魯特斯和卡休斯才能獲得海上的優勢。

布魯特斯反對這種趕盡殺絕的手段,強調他們應該避免不公正的行為,希望以後能有機會對安東尼下一番功夫。就布魯斯特而言,他對這樣一位有才華和功績的人從不失望,何況安東尼還是熱愛榮譽的人士,只要凱撒這個障礙一旦遭到清除,就會激起他的爭勝之心,掌握機會參與救國的大業,為恢復國家的自由權利而奮鬥。這樣一來等於布魯特斯救了安東尼的性命。在當時驚惶失措的狀況下,安東尼換上平民的服裝趕緊逃走。

布魯特斯和他的黨羽列隊登上卡庇多神廟,一路上展現染滿鮮血的雙手和出鞘的佩劍,宣稱人民已經獲得自由。開始的時候到處都是哭泣和叫喊的聲音,突然產生的驚惶和激情,使得大家像野獸一樣來回的奔走,更增加整個城市的動亂和不安。等到不再有流血事件發生,街道上面沒有人搶劫財物,元老院議員和很多市民恢復勇氣,前往卡庇多去與那些人見面,群眾開始聚集起來,布魯特斯向他們發表演說,能夠贏得民眾的認同,有助於穩定當前的局勢。因此,當群眾齊聲讚揚他的演說,向著他們喊叫要他們下山去的時候,使得他們充滿信心進入羅馬廣場,所有的市民全都混雜在一起,布魯特斯的四周有很多顯赫的人士,用最禮遇的方式一路陪他離開卡庇多,引導到講壇上面。

等到群眾看到布魯特斯,雖然他們的心情非常複雜,有意要掀起一場動亂,基於對他的尊敬,在他講話的時候還是能保持安靜,非常注意聆聽他的演說,但是大家很明確的表示,並不是贊同血腥的謀殺行動。等到辛納(Cinna)[45]開始說話對凱撒提出指控,群眾突然爆發激烈的憤怒,大聲咒罵他誣衊死者,使得整個叛黨認為還是退到卡庇多為宜。布魯特斯預料會遭到圍困,就要身邊那些地位顯赫的人士離開,因為他們沒有參與行動卻要分擔風險,這樣會對他們很不公平。

19 次日元老院在「大地之母」神廟(The Temple of the Earth)[46]集會,安東尼、普蘭庫斯(Plancus)[47]和西塞羅都發表演說,呼籲大家和諧相

---

45 這位辛納的父親與馬留同為執政官,與蘇拉對立引起內戰。他原來在雷比達和塞脫流斯的手下服務,遭到放逐被凱撒召回,後來出任法務官,他雖然沒有參與行刺卻贊同他們的叛逆活動。

46 「大地之母」神廟即特盧斯(Tellus)神廟,這是意大利的本土神祇,祭祀活動很多,特盧斯節慶是在每年12月13日。

47 普蘭庫斯是朱理烏斯・凱撒的朋友和擁護者,凱撒逝世以後支持安東尼,他在42B.C.成為執政官,32年放棄安東尼投向屋大維,使得後者的聲勢大增。

處並且發布大赦，所有犯案人員無須畏懼法律的制裁，也沒有受到控訴的危險，同時授權執政官對這些人給予適當的榮譽和職位。等到相關的措施辦理完畢，元老院散會，安東尼派他的兒子到卡庇多充當人質，布魯特斯和他的同伴從上面下來，相互致敬寒暄像是已經釋去前嫌。安東尼邀請卡休斯晚餐，雷比達(Lepidus)[48]出面款待布魯特斯，其他人員分別與他們的朋友相聚。

元老院再次召開會議的日期很快來到，安東尼的斡旋遏制一觸即發的內戰，提案通過給予表揚和獎勵，接著誦讀頌辭讚許布魯特斯和在場的同伴，並且將指派的行省分配給他們，布魯特斯獲得克里特，卡休斯是阿非利加，特里朋紐斯是亞細亞，辛布爾是俾西尼亞，另外一位布魯特斯擔任波河以北山內高盧的總督。

20 這些事情辦理妥當以後，他們開始考量凱撒的遺囑，討論葬禮有關的問題。安東尼的意見是公開宣讀，遺體不能交由家人私下安葬，免得更加激起民眾的怒氣。雖然卡休斯極力反對，布魯特斯還是接受這些安排，任憑安東尼去處理。看來這是他第二次犯下嚴重的錯誤，前面提到他不願趁機除去安東尼，事後遭到同伴的指責，說是給他們留下一個極其危險而又難以制伏的敵人。現在他容許舉行葬禮，更是難以挽回和影響深遠的重大失策。首先，讓大家知道凱撒在遺囑中要致贈每一位羅馬市民75德拉克馬[49]，同時將台伯河對岸的公園(現在是命運女神廟的所在地)送給公眾，整個城市對他燃起熾熱的思慕之情，感到他的亡故是城邦最大的損失。

等到凱撒的遺體運到羅馬廣場，按照習俗安東尼發表葬禮悼辭，頌揚凱撒的志業和功動，等到他發現群眾深受感動，運用引起同情的聲調，展開凱撒染血的長袍，向大家指出上面有多少個洞孔，凱撒身上就有多少個被刺穿的傷口。現在的場面是整個陷入混亂之中，有些人大叫要去殺死謀害凱撒的兇手，還有人(就

---

48 馬可斯·伊米留斯·雷比達(Marcus Aemilius Lepidus)在49 B.C.加入凱撒的陣營，48年以卸任法務官出任西班牙總督，47和45年擔任騎士團團長，46年當選執政官成為凱撒的同僚。凱撒被害後他與安東尼結盟，接著納入屋大維組成三人執政團，他負責的行省是西班牙和納邦高盧(Narbonese Gaul)，40年加上阿非利加，等到三人執政團解散，他仍舊保有阿非利加直到36年，13年老病去世。

49 希臘的幣值德拉克馬相當於羅馬的笛納。凱撒將士兵的年薪從120笛納增加到225笛納。所以凱撒送給每個市民75笛納，就普通老百姓而言這筆錢不算少。

像克洛狄斯（Clodius）謀殺案出現一群暴民[50]）拆下四周店舖的門窗和桌椅，堆集起來成為一個很大的火葬堆，將凱撒的遺體放在上面然後舉火點燃，這個地點的四周有很多廟宇和紀念物，屍體在這裡火化可以說是最神聖的儀式。很快升起熊熊的火焰，那些來自城市各處聚集起來的群眾，從火葬堆中抽出仍舊燃燒的木材，跑到城市裡面要去燒掉那些兇手的房屋；這些人事先得知風聲很緊，趕快避開面臨的危險。

不過，話說有個名叫辛納（Cinna）的詩人，他與這次謀叛罪行毫無關係，還可以說是凱撒的朋友。這個人夢到凱撒邀請他晚餐，雖然他婉辭不願赴宴，凱撒還是堅持表現出熱烈的姿態，最後抓住他的手，引導他前往一個深奧和黑暗的地點，他被迫違反自己的意願只有隨行，心中感到無比的憤怒和驚奇。等到這次顯靈以後，整夜都在發燒中度過，到了早晨聽到凱撒的遺體送來即將埋葬，他覺得不去參加喪禮會後悔一輩子，離開家要與群眾在一起，正好這時大家聽到安東尼的演說而怒氣衝天。因為他的名字叫辛納，以為他就是不久之前對凱撒大肆攻訐的人，大家對他痛下毒手，竟然被亂刀分屍。

21 除非安東尼的策略有所改變，這些行動產生的作用，主要在使布魯特斯和他的黨羽提高警覺，要想獲得安全就得離開城市。他們的打算是暫時停留在安廷姆（Antium）[51]，民眾的憤怒升到最高點就會消退，那時他們可以再回到羅馬，這種狀況很快來到，因為群眾不僅善變而且衝動，無法維持長久的激烈情緒；特別是元老院對他們有好感，雖然辛納被害沒有引起注意，但是受到暴民縱火攻擊的房屋，只要屬於布魯特斯和卡休斯的朋友所有，現在正在全力追緝之中，務使這些罪犯要受到應有的懲處。

就在這個時候，民眾發覺安東尼的言行有偏向君主專制的跡象，因而對他感到不滿。他們渴望布魯特斯能夠回來，還能像過去擔任法務官一樣，舉辦各種比賽和活動，展現在公眾的面前。這時他收到情報，很多在凱撒手下服務的老兵，過去從恩主那裡獲得土地和城市，現在為了對付他，分成若干小組偷偷溜進羅

馬,處於這種情勢他不敢回去;不過,即使在他缺席的狀況之下,還是爲民眾舉辦壯觀和花錢的展示活動,像是他已經採購大量各種類型的野獸,現在下令不要有一頭退回或保留,全部用來供表演和比賽之用[52]。他自己前往那不勒斯,找到相當數量的演藝人員,聽說有位名叫卡奴久斯(Canutius)的伶人,在舞台享有很高的名聲,他寫信給朋友要他們運用影響力,能讓他將這位名角請到羅馬(因爲他是希臘人,不能用強迫的方式),同時寫信給西塞羅,求他盡可能在公眾場合出面亮相。

22 年輕的屋大維抵達羅馬,整個局勢突然之間發生重大的改變。他是凱撒外甥女的兒子,凱撒收養他以後,在遺囑中立他爲繼承人。當凱撒被害的時候,他正在阿波羅尼亞(Apollonia)[53] 求學。凱撒早已決定要出兵討伐帕提亞人,他打算是趁著遠征的進軍途中,好在當地與凱撒晤面。屋大維聽到舅公死亡的消息立即趕赴羅馬,爲了討好民眾,就用凱撒當成自己的名字。他執行凱撒的遺囑將留下的金錢毫無失誤分給所有的市民,使他比安東尼獲得更多的好評。他對士兵的報酬和賞賜非常大方,使得大量過去在凱撒麾下服務的人員,現在全都投效他的陣營。

西塞羅對安東尼的仇恨已到無法忍受的程度,因而他要站在年輕的凱撒這一邊。布魯特斯怒不可遏,用尖銳的口氣在信中對西塞羅大加指責,說他發覺西塞羅所以能夠容忍一位暴君,完全在於他那怯懦的個性,爲了免於遭到暴君的痛恨,不敢表露出大丈夫的言行。屋大維無論是在文字和口頭都有明確的表示,他的目標是讓大家接受較爲溫和的奴役制度。布魯特斯說道:「我們的祖先無法容忍仁慈的主人。」他進一步加以說明,就他個人而言是戰是和無法做最後的決定,但是他可以斬金截鐵般表示,絕不做任何人的奴隸。他感到奇怪的事,就是西塞羅畏懼內戰帶來的危險,對於羞辱和喪失榮譽的和平卻毫不爲意。推翻安東尼的暴政所能獲得的報酬,就是擁有特權可以使屋大維成爲暴君。

---

52 奧古斯都的〈功業錄〉有這樣的記載:「我曾經26次以我自己或我兒孫的名義在競技場、廣場或劇院舉行阿非利加狩獵表演,共有3500頭野獸被殺。」可見舉辦此類活動和競賽是重要的政見。

53 阿波羅尼亞是伊里利亞一個古老希臘城市,位於愛歐斯(Aous)河的入海口,羅馬共和國末期成為學術和教育中心。

23 這是布魯特斯寫給西塞羅第一封信所要表示的理念。城市現在分為壁壘分明的兩個黨派,有的人擁戴屋大維,其他的人追隨安東尼,士兵公開叫賣聽命出價最高的人。布魯特斯對於這種毫無任何益處的行事感到失望,決定離開意大利,從陸路穿越盧卡尼亞再經過海岸前往伊里亞(Elea)[54],為了使得以後的行程更為方便起見,波西婭應該返回羅馬。她要與布魯特斯分離非常悲痛,還是盡力隱藏傷感的情緒,雖然她有堅定的意志,偶然看到一副圖畫使得她無法自已。題材出自希臘的傳奇,赫克特(Hector)告別安德羅瑪琪(Andromache)去與希臘人接戰,把幼子阿斯提阿納克斯(Astyanax)交到她的懷中,她用含情默默的眼神注視赫克特[55]。這種情景與目前的狀況是如此的相似,使得她不禁流下淚來。以後她每天都要去看幾次畫,看完就在前面哭泣。

有一次布魯特斯的朋友阿西留斯(Acilius)朗誦荷馬的詩句,就是安德羅瑪琪對赫克特[56]所說的話:

> 吾愛良人,
> 意厚情濃;
> 如父如母,
> 如弟如兄。

布魯特斯笑著回答道:「我對波西婭的回答不能像赫克特對安德羅瑪琪那樣:

> 紡紗織布,
> 勤於家事,
> 嗟爾家婦,
> 胡為多思!

---

54 福西亞位於小亞細亞的愛奧尼亞地區,大約540B.C.福西亞人在意大利南部的盧卡尼亞西北海岸,建立一個名叫伊里亞的殖民區,90年羅馬接受整個地區的加盟,後來成為知名的休養勝地。

55 這幅畫的情節出自荷馬《伊利亞德》第6卷〈赫克特和安德羅瑪琪〉。

56 出自荷馬《伊利亞德》第6卷第429-430行及第491行。

她的身體虛弱不能像男子一樣執干戈以衛社稷，然而她的心志非常勇敢而且充滿活力，所作所為都是為了國家的利益，這方面不輸我們之中最優秀的人士。」波西婭的兒子比布盧斯在他所著《布魯特斯回憶錄》中有這樣的敘述。

24 布魯特斯從那裡乘船前往雅典，受到人民熱烈的歡迎和友善的接待，頒布敕令給予應有的榮譽，他與私交甚篤的友人住在一起，成為持之以恆的旁聽生，在柏拉圖學派的狄奧尼斯都斯(Theomnestus)[57]和逍遙學派的克拉蒂帕斯(Cratippus)[58]主持的講座上課，經常與他們進行哲學著述的討論，看起來像是他將政治棄而不顧，全部閒暇用在學術的研究。這段期間他還是在暗中從事戰爭的準備，沒有引起任何人的懷疑。他派希羅斯特拉都斯(Herostratus)到馬其頓，為的是確保當地的指揮官投向他的陣營；他自己卜了很大的功夫，使得在雅典求學的年輕羅馬人全都贊同他的主張。其中有一位是西塞羅的兒子，布魯特斯對他有很高的評價，說自己無論是在夢中還是醒來，始終對他讚不絕口，認為這個年輕人有高貴的情操，對於暴政堅持嫉惡如仇的態度。

最後他開始採取公開行動，著眼於政治有關的事務，獲得信息有幾艘羅馬船滿裝財富，從亞細亞啟碇航程要經過此地，這項任務由他的一位朋友負責指揮，他趕往卡里斯都斯(Carystus)[59]去與該員會晤，終於說服對方願意將船交到他手中，他在大喜之餘設下盛宴款待，發現那天正好是自己的生日。他們在酒酣耳熱之際，舉杯祝福「布魯特斯贏得勝利」和「羅馬擁有自由權利」。布魯特斯感激他們的盛情難卻，吩咐將大碗裝酒送上來，端在手中正要痛飲，突然之間脫口而出，大聲唸出下面的詩句[60]：

> 命該喪亡
> 無話可說，

---

[57] 前面第2節提到的亞里斯都斯是狄奧尼斯都斯的兄長，後來狄奧尼斯都斯憑著高深的學識，成為柏拉圖學派的領袖人物，能夠繼承他的兄長在哲學界的地位。

[58] 逍遙學派哲學家克拉蒂帕斯是邁提勒尼人，來到羅馬成為西塞羅的知己，也是他兒子的老師。

[59] 卡里斯都斯是優卑亞島南岸的古老城市，出產極其名貴的大理石。

[60] 這是佩特羅克盧斯(Patroclus)對赫克特所說的話，引用自荷馬《伊利亞德》第16卷第849行。勒托的兒子是指阿波羅，這個名字所表示的意思說他是一個毀滅者。

勒托之子，

助桀為虐。

有些作者特別提到他在最後的腓力比（Philippi）[61]會戰，發給士兵的口令是「阿波羅」，從而推論他之所以會莫明其妙的唸唸有辭，就是他戰敗覆滅的預兆。

25 這些船隻的指揮官是安蒂斯久斯（Antistius）[62]，不僅參與他的救國大業，還將價值5億塞斯退司[63] 原本運往意大利的錢幣交給他。所有的士兵都是龐培大軍的殘部，他們的將領戰敗以後，就在帖沙利一帶流竄，現在很樂意集結起來參與他的陣營。除此之外，辛納有500匹戰馬要運到亞細亞交給多拉貝拉，全部被他搶走。接著他航向德米特里阿斯（Demetrias）[64]，奪取大批武器裝備，遵奉去世凱撒的命令供應帕提亞戰爭之用，現在已經移交給安東尼。布魯特斯刀不血刃，法務官賀廷休斯（Hortensius）[65] 將他治理的馬其頓雙手奉上，鄰近的國王和統治者，前來相見願意提供服務和支持。這時他獲得信息，安東尼的兄弟該猶斯領軍通過意大利，向著狄爾哈強（Dyrrhachium）[66] 和阿波羅尼亞前進，要與瓦蒂紐斯（Vatinius）[67] 指揮的駐軍會師。布魯特斯決定提早動手，在增援部隊到達之前先解決當地的守軍，率領手邊現有的隊伍火速開拔。

61　腓力比是馬其頓一個城市，位於斯特里蒙（Strymon）河河畔，原來叫做克里尼德斯（Crenides），改為現在這個名字為了紀念菲利浦二世。

62　西塞羅和阿皮安都將名字誤為阿普列烏斯（Appuleius），這個人是亞細亞行省的財務官。

63　這裡所說的金額是fifty thousand myriads應該譯為「5億」，即使單位是塞斯退司，相當於2萬泰倫，數額實在太大了。我看到另兩個版本是「50萬德拉克馬」，還不到100泰倫。就常理推論，應該以後者為是。

64　德米特里阿斯是帖沙利地區東南部重要城市，位於帕格西（Pagasae）灣的頂端，馬其頓國王德米特流斯·波利奧西底（Demetrias Poliorcetes）於290B.C.所建。

65　奎因都斯·賀廷休斯·賀塔都斯（Quintus Hortensius Hortatus）是偉大的演說家賀廷休斯的兒子，行事的風格與他的父親大相逕庭。他在49B.C.加入凱撒的陣營，經常獨當一面，44年出任馬其頓總督，後來被布魯特斯制伏。

66　狄爾哈強位於伊里利亞海岸，原來的名字叫做伊庇當努斯（Epidanmus），是一個自由邦，始終投向羅馬的陣營，建構地區內最堅強的要塞。

67　巴比留斯·瓦蒂紐斯在59B.C.擔任護民官，成為凱撒收買的對象，等到法爾沙拉斯會戰以後，凱撒畀以東部最高指揮官的責任。他雖然最逼向布魯特斯投降，還能獲得屋大維和安東尼的重用。

這次進軍遭遇很多困苦，大雪紛飛之際要通過路途崎嶇的地區，本隊的趲行是如此的快速，與帶著穀物供應餐食的輜重行列拉開相當距離，現在已經快要接近狄爾哈強，疲勞和寒冷使得他受到Bulimia的襲擊，這種病來勢洶洶，無論人獸在深雪中跋涉，勞累之餘極易罹患[68]。可能出現兩種現象，極端寒冷抑制排汗作用，體內的熱無法發散，加速養分的消耗，患者更加虛弱；還有就是融化的冰會升起刺骨的寒氣，通過身體將熱從毛細孔排出，因而出現流汗的現象，遇到嚴寒的空氣，就會冷卻身體表面，產生失溫的徵候。有關這方面的疾病，我應該在其他的著作裡面進行深入的討論[69]。

26 布魯特斯已經開始神智不清，全軍找不到一點食物，他的奴僕被迫求助於敵人，走到城市的門口向值勤的哨兵要麵包，他們一聽到布魯特斯的狀況，趕快帶著肉類和飲料前去見他，布魯特斯的回報是他占領城市以後，不僅對這些哨兵非常友善，因為他們的緣故讓全城的居民都獲得赦免。

就在這個時候，該猶斯・安東紐斯來到阿波羅尼亞，召集城市附近的軍隊歸建聽令，發現所有的士兵都已投奔布魯特斯，看來阿波羅尼亞都會倒向對方，他離開城市前往布什羅屯(Buthrotum)[70]，僅在行軍途中就損失三個支隊的人馬，全部被布魯特斯消滅殆盡。該猶斯看到拜利斯(Byllis)早已被敵人奪取，很想在附近占領幾個堅強的據點，在一場正規會戰中被年輕的西塞羅擊潰。從此布魯特斯讓西塞羅領軍獨當一面，憑著卓越的指揮能力在戰場獲得常勝的令名。

該猶斯在沼澤地區遭到奇襲，這裡離開他的基地有相當距離，布魯特斯等到敵軍落在他的掌握之中，不願對方的士兵遭到攻擊，派出騎兵部隊在周圍警戒，下達命令不要妄殺一人，說是不過多久，這些部隊就會為他所用。果不其然如他所預料，敵軍連帶他們的將領放下武器投降，布魯特斯現在已經擁有一支實力相當強大的軍隊。有很長一段期間他對該猶斯極其禮遇和尊敬，據說他接到羅馬送來幾封信函，特別是西塞羅的書信，勸他處死安東尼的兄弟，他沒有從命，仍舊讓該猶斯使用軍職的權標和儀仗。

68　「萬人大撤退」在亞美尼亞遇到類似的狀況，可以參閱色諾芬《遠征記》第4卷第5節。

69　蒲魯塔克在《掌故清談錄》中討論這方面的題材，參閱該書第691頁及後續各頁。

70　布什羅屯是伊庇魯斯西部海岸一個城市，與科孚(Corcyra)島遙遙相對，魏吉爾的《伊涅亞德》第3卷對這個地方讚不絕口。

後來，他發現該猶斯開始收買他的軍官，想要在士兵中間煽動一場叛變，於是他將這位對手關在船上嚴密看守。就在這個時候，受到該猶斯用金錢收買的士兵，他們退到阿波羅尼亞，帶話給布魯特斯要他前來與他們會合。他的答覆是這種做法不合於羅馬人的傳統，他們必須前來向將領請罪，為他們的違紀行為請求長官饒恕。他們聽從他的指示，總算獲得諒解不予追究。

27

準備向亞細亞進軍的時候，消息傳來說是羅馬的政局有變。年輕的屋大維在元老院的協力之下，出兵對抗安東尼，最後將他的敵手逐出意大利。他為了使自己立於不敗之地，即使違法還是要競選執政官，何況維持數量龐大的軍隊，就共和國而言目前沒有這方面的需要。元老院對屋大維諸般舉措感到不滿，開始將眼光投向布魯特斯，頒發敕令讓他治理幾個行省。這樣一來使得屋大維提高警覺，立即派遣使者去見安東尼，雙方捐棄成見重修舊好，建立利害與共的友誼。然後他在城市滿布重兵，即使自己還是一個孩童，終於當選執政官，根據他自己所寫〈功業錄〉[71]的記載，當時他僅有20歲。

等到他就任執政官，立即下令展開司法程序，布魯特斯和一干從犯受到指控，說他們沒有經過審判和定罪的司法程序，擅自殺害羅馬地位最顯赫的行政首長；指派盧契烏斯·科尼芬庫斯(Lucius Cornificus)[72]負責起訴布魯特斯，馬可斯·阿格里帕(Marcus Agrippa)[73]負責起訴卡休斯。受到控訴的人員並沒有在法庭現身提出辯護，陪審員被迫通過判決書，對兩個人宣判定罪的處分。據說當法庭的執達員，按照習慣大聲呼叫布魯特斯的名字，要他出庭受審，民眾聽到以後神色悽慘，貴族悲傷得垂下頭來。巴布利庫斯·西利修斯(Publicus Silicius)當眾垂淚，這就是不久以後他列上「公敵宣告名單」的主要原因。從此以後，屋大維、安東尼和雷比達三個人達成共識，分配行省劃分勢力範圍，擬定公敵宣告名單，一共有兩百多人被殺，西塞羅同樣在劫難逃[74]。

---

71 現存的奧古斯都〈功業錄〉所說的時間有點不一致，上面提到他在19歲起兵為父報仇，次年出任執政官，時為43年8月B.C.。

72 盧契烏斯·科尼芬庫斯後來支持屋大維不遺餘力，無論在陸地或海上的戰事都能無往不利，他在35B.C.出任執政官。

73 馬可斯·阿格里帕是屋大維在阿波羅尼亞的同學，內戰中南征北討立下汗馬功勞，成為奧古斯都時代地位最顯赫和權勢最高的人物，死於12B.C.僅41歲。

74 西塞羅在43年12月7日B.C.被殺，兇手遵奉安東尼的命令，砍下他的頭顱和雙手，攜回羅馬

28 布魯特斯在馬其頓接到這些信息，一時衝動之下命令賀廷休斯殺死該猶斯‧安東紐斯，要為他的朋友西塞羅報仇，何況他的親戚布魯特斯列名公敵被害身亡。安東尼後來在腓力比會戰擒獲賀廷休斯，因為這個緣故將他押到他兄弟的墓前處死。布魯特斯表示他對西塞羅之死，除了悲傷這件不幸的慘事，更為自己沒有盡力維護感到無比的羞愧。他特別提到他無法不譴責留在羅馬的朋友，表現的奴性比起暴政的本身帶來更多的悲劇，他們為了明哲保身已到聽而不聞視而不見的狀態。

布魯特斯的軍隊現在具備相當規模，正向著亞細亞前進[75]，下令在俾西尼亞和西茲庫斯(Cyzicus)附近整備一支艦隊。他的行程採用陸上的路線，親自處理所有城市的事務，確保所有問題可以圓滿解決，他所經過地區都讓該地的君主有晤面商談的機會。布魯特斯派人到敘利亞下令給卡休斯，放棄到埃及的打算，趕快返回與他會合。同時讓卡休斯知道現在不是為自己建立一個帝國的時機，而是要讓他們的國家獲得自由權利，他們所以到處飄泊組成一支大軍，就是要消滅暴政完成救國大業。因此，如果他們做出決定，能將首要目標銘記在心，那麼就不應該離開意大利太遠，從這裡可以很快解救同胞於倒懸之苦。

卡休斯聽命於他的召喚立即回師，布魯特斯動身前去迎接，他們在西麥那相遇，自從他們在雅典的派里猶斯港分手以後，一個到敘利亞另一位前往馬其頓，這還是首次見面。兩個人非常高興，特別是看到雙方部隊的陣容，對於成功充滿信心。想起剛剛從意大利逃出來，就像一切落於絕境的流亡人士，沒有錢財也沒有軍隊，沒有一艘船、一支部隊或一個城市可以作為靠山，不過很短的期間他們再度相聚，發現自己有能力供應運輸和經費，一支由騎兵和步卒組成的軍隊，他們已經擁有為羅馬帝國出面力爭的條件。

29 卡休斯處處表示他對布魯特斯更為尊敬和推崇，布魯特斯總是搶先一步經常前去看他，因為他的年齡較長，體質也較為虛弱。人們通常認為卡休斯是一位精通專業的士兵，生性苛刻而且易怒，他的指揮作風靠著下級的畏懼而不是衷心的敬愛，雖然如此，從另一方面來看，與自己熟悉的人在一

(續)─────────────────────

掛在講壇上面示眾。

75　這個時間大約是在43B.C.的年中。

起，不僅談笑風生而且會插科打諢。

布魯特斯所擁有的美德，使自己獲得民眾的尊敬、朋友的愛護、長者的欽佩，甚至他的敵人都不會對他產生仇恨之心。他這個人的性格溫和，心胸開闊，沒有忿怒、逸樂和貪婪這些惡習，凡是他認爲正確和誠實的目標，保持堅定的立場，絕不退縮而且全力以赴。他所以獲得人民的愛戴和莫大的名聲，完全在於他對要達成的意圖，表現出一絲不苟的誠信態度。如果龐培大將能夠擊敗凱撒，看來大家都不會相信，要是說他不會將城邦控制在自己的手裡，能夠遵守法律交出權力；但是他爲了讓民眾放心，會使用執政官或笛克推多這類虛有其表的稱呼，或者更爲溫和的頭銜，而不是讓人痛恨的國王。

大家都知道，卡休斯無法控制自己的怒氣，行事任性而爲，經常爲著個人的利益逾越正義的尺度，他所以忍受戰爭的危險和軍旅的辛勞，在於自己要擁有統治的權勢，不在於讓人民得到自由權利。他的作爲與過去那些擾亂羅馬和平的軍閥毫無二致，無論是辛納(Cinna)[76]、馬留還是卡波(Carbo)[77]，他們把國家當成戰勝可以獲得的賭注，然而口口聲聲是爲了帝國而戰鬥。還有人這樣說，即使他的敵人也不會指控他犯下這些罪行，不僅如此，很多人聽到安東尼說起，那些用陰謀的手段對付凱撒的叛徒當中，只有布魯特斯出於光榮的情操，他的行動符合正義的要求。其他人員所以會群起而攻之，完全出於對凱撒的嫉妒和私怨衍生的惡意。布魯特斯非常明確寫出心中的想法，那就是他的所作所爲，並不依靠擁有的武力而是體現的德行。

他在與敵人接戰之前，曾經給阿蒂庫斯(Atticus)[78]寫了一封信，裡面提到：他的工作正如他所願，即將獲得最適當的解決，要就是獲勝可以恢復羅馬人民的自由權利，要就是死亡可以免於奴役的生活。他對其他的事務認爲非常確定根本

---

76 盧契烏斯・高乃留斯・辛納(Lucius Cornelius Cinna)是馬留派的領導人物，從87-84B.C.連續四次出任執政官，為了阻止蘇拉在布林迪西(Brundisium)登陸，他為叛變的士兵所殺，可以參閱本書第十六篇〈龐培〉第5節。

77 格耐猶斯・帕皮流斯・卡波(Gnaeus Papirius Carbo)是馬留派的領導人物，出任85和84B.C.的執政官，成為辛納的同僚，82年為龐培處死，可以參閱本書第十六篇〈龐培〉第10節。

78 奎因都斯・西昔留斯・龐波拉努斯(Quintus Caecilius Pompolanus)因為要避開內戰，從85B.C.起長住雅典，所以獲得阿蒂庫斯的綽號。他是西塞羅最親密的朋友，雙方的通信結集後流傳下來，讓後人知道當時羅馬的狀況，成為研究那個時代第一手的資料。他在65年回到羅馬，32年亡故享年77歲。

不在乎危險，只有一件事仍舊讓他感到懷疑，對大家而言是否應該與他保持相同的信念，除非身為自由人，否則生不如死。他繼續說起，安東尼沒有與布魯特斯、卡休斯，以及小加圖這些人聯盟，反而要加入屋大維的陣營，會因這種愚行受到應有的懲罰，即使這一次他們兩個人能夠逃過一劫，很快會因爭權奪利而反目成仇。從這些有先見之明的說法來看，他是一個非常靈驗的預言家。

30 當他們在西麥那的時候，布魯特斯提到他整備的艦隊已經可以控制整個內海，這樣一來他的現金完全用罄，所以要卡休斯將經費分一部分給他，特別是這些錢財運用他的力量才能累積起來。卡休斯的幕僚勸他三思而行，他們說道：「布魯特斯的說法並不公平，這些錢財是你靠著儉省才能保有，遭到很多人的怨恨才能獲得，不能就這樣交給他去建立人脈和爭取士兵的好感。」雖然如此，卡休斯還是將他的所有分出三分之一交給布魯特斯。然後兩人告別，指揮所屬部隊進行征伐的工作。

卡休斯攻略羅得島，毫無仁慈和公道可言，當他進城的時候，人們稱他為領主和國王，他的回答是他既不是領主也不是國王，他來到是為了消滅和懲處這些人。布魯特斯則反其道而行，他派人去見呂西亞人(Lycians)[79]，要他們供應所需的錢財和人員，所有城市接受民選首長勞克拉底(Laucrates)的勸告，要進行全面的抵抗，他們在幾座小山設防意圖對布魯特斯的通行產生阻礙作用，布魯特斯派遣部分騎兵在他們進餐之際發起突擊，殺死600人，接著奪取周邊地區所有的小鎮和村莊，他不要贖金釋放所有的俘虜，希望用善意贏得整個城邦的人心，他們仍舊固執不屈，因受到的打擊而氣憤不已，對於他的善意和仁慈不屑一顧，最後，將他們之中最好戰的市民驅入詹蘇斯這座城市，再將他們圍得水洩不通。

有一條河流經過市鎮，他們費很多力氣要用泅水或潛游的方式逃走，羅馬人在河道中間安裝羅網，頂部綴上小鈴，只要有人落入網中就會發聲引起注意，然後可以手到擒來。後來，呂西亞人在夜間出擊，奪取幾座攻城衝車縱火焚毀。羅馬人發現這種狀況，將著火的機具推向城牆，強烈的風勢將火焰吹上雉堞，接著引燃鄰近的房屋，布魯特斯生怕整個城市被燒成一片焦土，指揮士兵協助民眾去

79　呂西亞在小亞細亞多山的南部，位於卡里亞和龐菲利亞之間，詹蘇斯和佩塔里是地區主要城市。

平息大火。

31 呂西亞人突然陷入難以置信的絕望之中，這是一種群體的瘋狂行為，除了說他們「求死唯恐不速」，已沒有別的字眼可以形容。所有人員不論年紀或所處的狀況，齊心合力擊退那些從城牆前來給予援手的士兵；他們到處搜集蘆葦和木材以及任何易燃的物質，要將大火漫延到整個城市，然後用可以找到的燃料來助長火勢，使得一發不可收拾，全城籠罩於烈焰之中，狂暴的景象是如此的恐怖，讓人感到驚心動魄。

巨大的災難給布魯特斯帶來無比的痛苦，他騎在馬背上繞著城牆疾馳，向詹蘇斯的市民舉起雙手，乞求他們拯救自己的城市不要全部付之一炬。然而沒有人理會他的呼籲，還是想盡辦法達成自我毀滅的目標。不僅是男子和婦女，就是幼童和小孩全都如此，帶著令人毛骨悚然的呼喊，他們有的投身火窟，有的從城牆跳下，有的死於父母的刀劍之下，他們挺起胸膛接受最後一擊。在這個遭到毀滅的城市，發現有一個自縊的婦女，她的幼兒吊死在她的頸下，手裡拿著一枝燒掉自己房屋的火把。

布魯特斯無法忍受眼前這個悽慘的景象，只要提到這件事就會流下淚來，他還懸賞給士兵，任何人只要救出一個詹蘇斯的市民就可以獲得報酬，據說最後僅僅發現150人，為了要活下去違背求死的意願。這些詹蘇斯人經過很多年以後，毀滅的命運再度降臨到他們的頭上，重新上演他們的祖先接受的慘劇，波斯戰爭中他們就像現在一樣，縱火使得全城玉石皆焚[80]。

32 後來布魯特斯發現佩塔里人決心抗拒大軍，整個城市堅定不移，這時他毫無圍攻的意願，心中非常憂慮過去的慘劇重演。正好他捕獲一群婦女成為俘虜，不要贖金全部釋放，返家以後將遇到的狀況告訴她們的丈夫和父親，這些人位居最高階層，他們認為布魯特斯是善良的君子，個性溫和而且行事公正，經過勸告大家同意將城市交到他手裡。從這個時候開始，呂西亞的城市願意接受他的治理，歸順以後發現他的仁慈和善超越他們的期望。

---

80 希羅多德《歷史》第1卷第176節敘述這件慘劇，說是只有80個家族倖存，因為當時正巧不在國內。

　　大約在同個時期，卡休斯逼迫羅得島人要將個人所擁有的金銀全部交出來，徵收的總額大約8000泰倫，除此以外，他對羅得島當局的罰鍰超過400泰倫。布魯特斯從呂西亞人那裡僅拿走150泰倫，並沒有造成其他的損害，率領軍隊離開前往愛奧尼亞(Ionia)[81]。

33 雖然在整個遠征行動期間，布魯特斯有很多作爲讓人懷念不已，無論是獎勵或懲罰都非常公正，當事人不是受之無愧就是毫無怨言。我要提到的一件事非常特殊，即使是他自己或所有高貴的羅馬人，對這種處理的方式都會感到滿意。當權勢極盛的龐培大將被凱撒擊敗以後，他逃到埃及在佩盧西姆(Pelusium)[82]附近登陸。年輕國王的攝政大臣召開會議，討論在目前狀況下如何妥善處理，大家沒有獲得一致的意見，有人士張接受龐培的來臨，還有人認爲最好將他逐出埃及。開俄斯島出生的狄奧多都斯是陪伴國王的修辭學教師，能力受到肯定所以要他參加會議。這個人批評雙方的考量都犯下錯誤，無論是接受還是將龐培驅離，都會帶來後遺症。他認爲就目前這個案子而言，唯一可行的權宜之計是將龐培抓住以後立即處死，他用一句諺語來結束發言，那就是「死者不會反噬」。

　　會議贊同他的意見，龐培大將因而被殺(可以作爲案例，證明這是令人難以置信且無法預測的事件)，雖然這是狄奧多都斯精通修辭學而且爲人極其狂妄所致，所以才會像一位詭辯家很不審愼到處吹噓[83]。很快凱撒到達埃及，有些凶手受到正義的制裁，他們的下場是羞辱的死亡。狄奧多都斯苟且偷生一段時期，過著貧窮、低賤和飄泊的生活，等到布魯特斯進軍亞細亞，最後還是藏身不住，被捕以後遭到處決，看來死亡比之沒沒無聞的活下去使他獲得更大的名聲。

81　愛奧尼亞是小亞細亞境內最富裕的地區，等到布魯特斯領兵到達此地，整個小亞細亞的希臘城邦全在他的控制之下，形成的實力和聲勢足可以與安東尼和屋大維分庭抗禮。

82　佩盧西姆瀕臨尼羅河最東一條支流，是從亞洲進入埃及的門戶，建有堅強的城堡，是兵家必爭之地。

83　可以參閱本書第十六篇〈龐培〉第77-80節。

34 在這個時候，布魯特斯派人召喚卡休斯到薩迪斯與他相見[84]，當卡休斯在要來的途中，他與一些幕僚前去迎接；全軍排出盛大的隊伍用「凱旋將軍」的稱號向他們歡呼。重大事件經常發生這種狀況，很多幕僚和指揮官都會涉入其中，那就是布魯特斯和卡休斯之間出現猜忌和嫉妒，引起相互的指摘和抱怨。他們決定在處理其他事務之前，立即進入一個房間，關上門只留他們兩個人在裡面，開始的時候向對方提出規勸，接著火爆的爭吵並且相互指責，後來情緒極其激動甚至破口大罵，最後兩人流出眼淚和好如初。他們的幕僚認為這事很平常，絲毫不現驚奇的樣子，聽到怒氣衝天的叫罵，從不擔心會帶來有害的影響，然而他們不敢擅自干預，只是不讓其他人誤闖進去。

馬可斯・弗浮紐斯是小加圖熱情洋溢的追隨者，事事想要仿效審慎的言行，粗野的個性根本不可能接受哲學的薰陶。他現在想要進去調解，隨從人員加以攔阻毫無用處，他的舉動非常凶狠，任何事都是率性而行，即使身為元老院議員擁有崇高的地位，他還是把自己看成憤世嫉俗的人，講起話來不留一點情面，有時他的發言不僅魯莽而且不合時宜，只有靠人說笑來打圓場。弗浮紐斯推開守在門口的僚屬，進入房間以後用高昂的聲調，朗誦荷馬的詩句，尼斯托(Nestor)用來表明自己的身分[85]：

> 長者有言，
> 汝等休戰。

卡休斯聽到大笑，布魯特斯將弗浮紐斯轟出去，罵他是寡廉鮮恥的狗和假冒為善的偽君子[86]。於是他們終止雙方的爭執，然後才相互告別。

卡休斯在那天晚上設宴款待，布魯特斯邀請他的朋友參加，當他們就座以後，弗浮紐斯沐浴完畢來到他們當中，布魯特斯大聲叫喚說是他不在邀請之列，然後吩咐奴僕將他安排在上席的位置。他硬要擠進來，躺在他們兩人的中間，歡樂的飲宴在詼諧的談話中度過，表現出機智和富於哲理的素養。

---

84 這是42B.C.年初的事。

85 引用自荷馬《伊利亞德》第1卷第259行。

86 說他是一個憤世嫉俗的傢伙，就像犬儒學派的門徒過著狗都不如的生活，這是受過教育的知識分子經常用來損人的話。

35 第二天，有一位官員名叫盧契烏斯‧佩拉（Lucius Pella），曾經擔任羅馬的監察官[87]，深受布魯特斯的信任和重用，薩迪斯人提出控訴說他盜用公款，布魯特斯公開免除他的職位，接著加以定罪。這件事對卡休斯帶來很大的困擾，不過幾天之前，他的兩位幕僚被控同樣的罪名，他只是私下對他們訓誡一頓，公開撤銷這些指控，讓他們繼續擔任原來的職位。基於這個緣故他責備布魯特斯過於拘泥於正義的原則，特別在這個時候需要大家的效力，運用之際要能講究策略和施恩於人。

布魯特斯請他不要忘掉「3月望日」，他們在這一天殺害凱撒。提起凱撒這個人自己並不從事巧取豪奪的勾當，只是支持或縱容他的手下為所欲為，特別提醒卡休斯必須再三考量，只要他們在外表上讓人看出他們忽略對正義的堅持，這時就逃不脫刑責只有聽任凱撒的朋友給予不公正的懲處。他說道：「基於這種認知，我們不能僅僅指控那些怯懦避戰的人，現在我們有責任對不公正的行為進行追訴，即使要忍受痛苦和危險也在所不惜。」從而我們知道這是布魯特斯的理念和行動的規範。

36 大約在這個時候，他們離開亞洲向歐洲開拔，據說布魯特斯看到奇異的徵兆。他天生警覺性很高，飲食非常簡單，加上例行工作繁重，所以用來睡眠的時間相對的減少；特別是他沒有晝寢的習慣，即使到了夜晚，也只有公務處理完畢，所有人都休息，這時他才會入睡。等到戰爭已經開始，他要考慮整個的狀況，關心發生的事件，所以他在晚餐以後假寐片刻，其餘的時間全部用來處理緊急的軍機，如果公事能夠提前安當使他獲得一點閒暇，就會用來閱讀一直到深夜第三時刻，百夫長和軍事護民官為了勤務的分配，通常會在這個時候來見他。

就在他離開亞洲之前有一個晚上，夜深之際只有他一個人在帳篷裡面，微弱燈光照耀之下，整個營地寂靜無聲，當他正陷入沉思默想之中，一時心血來潮感覺有人進入，抬起頭來望著帳篷門口，看到一個不可思議和充滿威脅的形體，面容是如此的可怖和怪異，站在那裡一言不發，布魯特斯鼓起勇氣問道：「你是誰？

87　參考其他兩個版本，說盧契烏斯‧佩拉曾經擔任法務官，這個職位比較合理，因為布魯特斯本人最高的官位是法務官。

無論是人是神，找我有什麼事？」這個幻影回答道：「我是給你帶來厄運的厲鬼，布魯特斯，你會在腓力比見到我。」布魯特斯像是一點都不在意，說道：「那麼我們後會有期。」[88]

37 等到幽靈消失以後，他就將身邊的奴僕叫進來，他們都說沒有聽到任何聲音，也沒有看到任何身影。他保持警覺直到清晨，就到卡休斯那裡，告知夜間看到的狀況。卡休斯遵循伊庇鳩魯(Epicurus)[89]的哲學原則，經常就這方面的問題與布魯特斯發生爭論，於是他藉這個機會對他說道：

> 布魯特斯，我們這個學派有一種論點，並不是所有看見或可以感覺的東西都是真實的形體，感官非但難以捉摸而且虛偽不實。心靈的作用是如此的快速和微妙，根本無需任何真正的實體，感覺對於動作和情感就會產生種種的變化；如同用脫蠟的方法來建構我們的印象，人類的靈魂同時成為模型或是被造之物，完全視操作而定，這是非常容易的事情，可以複製各式各樣的形體和面貌。我們明顯得知夢境會發生突然的改變，微不足道的最初事物經由想像力的作用，轉化成各種情緒和形象。從幻覺或概念所產生的動作，想像力能發揮作用也是很自然的事。除了這些以外，就你目前的情形來說，肉體經過長期的辛勞就會疲困而苦惱，心靈受到影響就會保持在興奮和異常的狀態，所以才有這種現象發生。至於那些諸如此類的超自然精靈，無論是存在還是不存在，並不能讓人相信，說是只要擁有人類的形體、聲音或權力，就可以接近我們。雖然我承認也曾經抱持那種幻想，認為無須完全依賴武力，即使我們的騎兵和水師，數量是如此的眾多，實力是如此的強大，基於我們的擁有神聖而崇高的理念，相信神明還是會幫助我們。

卡休斯用這番談話來安撫布魯特斯緊張的心情。等到部隊剛剛上船以後，飛

---

88 本書第十七篇〈凱撒〉第69節也有類似的記載。
89 伊庇鳩魯是重要哲學學派的創始人，用他的名字稱為伊庇鳩魯學派。他在342B.C.生於薩摩斯島，306年在雅典建立學院，主張人生的目的在於追求幸福的生活，270年在雅典逝世。

來兩隻老鷹棲息在位置最前的兩面鷹幟上面，跟著他們渡過海洋，接受士兵的餵食視為團體的成員，一直來到腓力比，就在接戰的前一天，兩隻老鷹飛走不見蹤跡。

38 布魯特斯已經降服歐洲這邊大部分的地區和部族，現在盡可能沿著薩索斯(Thasos)島對面的海岸行軍，如果還有任何擁有權勢的城邦或統治者表現出強硬的態度，他會用各種手段讓他們拱手稱臣。諾巴努斯(Norbanus)將營地設在靠近辛波隆(Symbolum)一個稱為地峽的位置，布魯特斯和卡休斯對敵軍實施夾擊，他們的意圖是要將他逐出所據有的要點，諾巴努斯喪失全軍總算逃脫被俘的命運。這時屋大維以生病為由停留在後面還有相當的距離，只有安東尼領軍前來解救，他的行動極其敏捷，當他們聽到他已經抵達的消息，布魯特斯竟然不肯相信。屋大維再過10天才來到，對著布魯特斯紮下營寨，安東尼當面之敵是卡休斯。

兩軍之間這片區域羅馬稱之為Campi Philippi即「腓力比平原」，過去從來沒有兩支羅馬軍隊，能夠運用如此龐大的陣容和眾多的兵員，非要拚個你死我活不可。布魯特斯的兵力居於劣勢，但是人員使用的武器和裝備，不僅光輝奪目而且價值昂貴，遠非對手所能比擬，大部分的刀劍上面嵌金鑲銀，布魯特斯對於這方面花費可以說是毫不慳吝，至於其他的事項他通常會要求所有指揮官，不僅要盡量節儉而且要自我克制。他認為士兵手裡拿的兵器和和身上穿的冑甲是如此值錢，會給他們帶來高人一等的感覺，為了免得被垂涎的敵人搶走，他們會格外英勇的戰鬥，將這些裝具當成自己的財產來保護。

39 屋大維在營地之內對軍隊實施點閱，舉行齋戒的儀式[90]，每個士兵只分到少量穀物和5德拉克馬作為準備犧牲之用。布魯特斯不知是可憐對手的貧窮還是譏笑屋大維的小氣：首先，他遵循羅馬的傳統在開闊的場地，集合全軍舉行閱兵和祓襖的大典；然後，將大量牲口分配給每個支隊作為祭神的犧

---

90 根據羅馬人的習慣，軍隊每年4月要舉行大規模的齋戒儀式，就像閱兵一樣，把各種作戰的器具都陳列出來，接受神明的賜福，因為傳統上4月是戰爭開始的季節，部隊已經離開冬營，要與敵人決一雌雄。

牲，每個士兵獲得50德拉克馬的犒賞。布魯特斯因為愛護士兵和完善的戰鬥準備，在這方面對敵人占有很大的優勢。據說在舉行齋戒和祓禊的時候，卡休斯出現不祥的朕兆，他要將一個花冠放在犧牲的頭上，扈從校尉竟然選錯邊，從對外的方向將這個飾物交給他。

還有人提到在不久之前，莊嚴的遊行隊伍中間，有人捧著勝利女神的黃金雕像走在卡休斯的前面，竟然不小心從手中滑落掉在地面。除此之外，每天都有成群腐食的兀鷹盤旋在營地的上空，還有就是塹壕之內有個地點出現蜂群，占卜官下令隔離不讓營地的人員進入。卡休斯雖然篤信伊庇鳩魯學派的哲理，在不知不覺中受到感染，無法袪除迷信的心態，士兵得知這些凶兆無不感到膽顫心寒。

基於這些理由，卡休斯的意見是拖延戰事，等到未來時機好轉再說，不必現在非要排除萬難進行會戰，主要的著眼是他們在財力和資源方面占有上風，只要發揮持久作戰的特性，即使兵力和軍備居於劣勢，部隊的安全可以穩如泰山。布魯特斯不為此圖，仍舊如同往常一樣，要求盡速發起決定性的會戰，一方面是他要恢復城邦的自由權利，另一方面是看到人民對戰爭的需索無度和重大犧牲而苦不堪言，要將他們從這種悲慘的處境解救出來。同時他發現輕裝騎兵部隊在幾次前哨戰鬥有出色的表現，不僅激起他的鬥志更能堅定他的決心；加上有些士兵叛逃投向敵軍，引起相互之間的攻訐和猜忌。基於這些理由，卡休斯有很多幕僚在會議中改變他們的立場，轉過來支持布魯特斯的論點。

原來站在布魯特斯這邊的人士當中，有一個人名叫阿特留斯(Attellius)，現在才反對他的決定，建議將會戰的時間拖到冬天。布魯特斯問他為什麼還要等一年，到底能夠獲得多大的好處。他回答道：「即使什麼都得不到，能夠多活一段時間總不是壞事。」卡休斯對於這樣的答覆極其不悅，其他人也有同感，阿特留斯被大家看不起。因而做出最後的決定，要在次日發起會戰。

40 布魯特斯晚餐的時候非常高興，對於未來充滿希望，與他的朋友討論哲學的論題，然後離開去休息。梅撒拉(Messala)[91]說卡休斯私下

---

91 馬可斯‧華勒流斯‧梅撒拉‧科維努斯(Marcus Valerius Messala Corvinus)生於70B.C.，在雅典接受教育，是詩人賀拉斯(Horace)的朋友，凱撒被弒以後他追隨卡休斯，腓力比會戰全力以赴，等到卡休斯自殺投奔安東尼，後來又效命屋大維。他是詩人、歷史學家、文法學家和演說家，曾用隨筆的方式寫出內戰的經過。

與幾位知己一起用餐，舉止安靜像是陷入沉思之中，與平素的習性和脾氣大相逕庭，等到晚餐結束以後，他非常誠摯握住梅撒拉的手，通常他爲了表達內心的感情就會使用希臘語，於是他說道：「梅撒拉，請你爲我作證，我像過去的龐培大將一樣，明知要冒著很大的危險，不得不要用一場會戰來爭取國家的自由權利。我們確實應該鼓起勇氣，完全依靠自己的好運，即使我們採用會壞事的建議，總比相互不信任要好得多。」說了最後這番話以後，他與梅撒拉告別；梅撒拉特別邀請他次日前來晚餐，因爲那天是自己的生日。

第二天的早晨，布魯特斯和卡休斯在營地懸掛猩紅的上衣，這是發起會戰的信號[92]。接著他們在兩軍之間的空地會面，卡休斯向布魯特斯說道：「啊！布魯特斯，要是如我們所願，這一天能夠戰勝敵人，以後的日子我們可以在一起過著幸福的生活。然而人生不如意事十之八九，有時甚至就是想再見面都極其不易，如果會戰不利的話，請告訴我，你的決定是逃走還是戰死疆場？」布魯特斯回答道：

> 卡休斯，當我年輕的時候還不通人情世故，不知道出於何種緣故，我的思惟方式受到哲理信念的引導，對於小加圖的自裁抱持譴責的態度，認爲這是褻瀆神聖的行爲，不是男子漢大丈夫應有的作風，迴避神聖的自然之道，沒有勇氣面對橫逆的處境，完全拋棄東山再起的打算。等到現在要面對自己的命運，這時我的內心浮現另外的想法，要是這一次神明不讓我們達成企圖，那麼我決定不再對未來抱任何希望，更不會用戰爭的準備工作，再來證明我沒有放棄理想，而是滿足於氣數的安排死而無怨。就在3月望日那天，我將生命奉獻給國家，從那時起我復活在自由和榮譽之中，人生如此，夫復何言。

卡休斯聽到這番話面露笑容，擁抱布魯特斯說道：「讓我們帶著這樣的決定去迎戰敵人，即使無法取勝也毫無畏懼之心。」接著他們與幕僚討論會戰的部署，布魯特斯向卡休斯提出指揮右翼的要求，雖然就年齡和經驗來說以卡休斯爲宜。

92　布魯特斯集中的兵力爲19個軍團，包括8萬名步卒、1萬3000名騎兵和4000名弓弩手；安東尼和屋大維可以派出28個軍團參加馬其頓的戰役，實際參戰的兵力也是19個軍團，包括2萬騎兵。因爲安東尼的軍團人員足額，所以兵力方面要比布魯特斯稍爲優勢。

然而卡休斯還是順從布魯特斯的意願，同時要梅撒拉率領最精銳的軍團，加入布魯特斯的戰鬥序列。於是布魯特斯立即命令騎兵排出陣勢，接著率步兵部隊緊跟在後面。

41 安東尼的營地設置在沼澤地區，命令他的士兵挖掘一道壕溝橫過平原，用來切斷卡休斯與海岸的交通線。屋大維派出手中的部隊支持施工，以患病為由沒有親自出面指揮，他的士兵不認為敵軍要發起一場正規的會戰，僅僅派出輕裝部隊投擲標槍實施短程的突擊，干擾他們挖掘壕溝的作業，沒有注意敵軍的部隊已經列陣要從事會戰。等到他們聽到嘈雜和吶喊的聲音來自外圍的工事，不禁大為吃驚。這個時候布魯特斯派人送短箋給他的軍官，上面寫著會戰使用的口令，他自己騎在馬上通過在他周圍的隊列，鼓勵士兵要奮勇作戰。他們在接戰之前，只有很少人知道口令，大多數部隊沒有停頓下來等待，大家一鼓作氣發出吶喊衝向敵人。命令的混亂引起戰線的參差不齊，軍團的攻勢出現前後分離的現象，梅撒拉一馬當先超越鄰接的單位，衝過屋大維的左翼，僅僅接觸到對方戰線的末端，只有少數敵人被殺，已經繞過翼側，直接進入屋大維的營地。

如同屋大維在《實錄》[93]中所述，正好在事前逃過此劫，因為他的幕僚馬可斯·阿托流斯(Marcus Artorius)做一個夢，吩咐他通知屋大維要趕快離開營地。大家相信他已經被殺，因為士兵刺穿他的抬輿，雖然上面空空如也，到處都是標槍和長矛所留的洞眼。營地發生一場大屠殺，新到兩千拉斯地蒙人增援屋大維，全部陣亡無一倖免。

42 布魯特斯其餘的軍團沒有實施側翼攻擊，直接與屋大維的部隊進行正面接戰，很輕易擊潰對手使得他們陷入混亂之中，消滅當面3個軍團，接著趁勝追隨敗退之敵，進入他們的營地，布魯特斯更是身先士卒全程參與；這樣一來右翼追擊的距離過遠已經與左翼分離，使得他們的戰線形成側翼暴露沒有兵力的掩護。敵軍發現這是爭取優勢的最好機會；他們發起猛烈的攻擊，中央

---

93 阿皮安在他的《羅馬史》中曾多次提到屋大維的《回憶錄》，就是蘇脫紐斯所說的《自傳》，但是又與〈功業錄〉混淆不清。事實上在〈功業錄〉上，並沒有記載他在腓力比會戰以後逃出營地的事。如果有這份資料以稱為《實錄》比較合適。

部分的抵抗極其堅強，他們沒有獲得進展。卡休斯指揮的左翼，很快被敵人擊潰，不僅陣勢已亂而且不知道右翼的戰況。

敵軍攻進卡休斯的營地，開始大肆洗劫，他們的將領都沒有親自在場指揮。安東尼說他避開第一擊的猛烈攻勢，只有撤向鄰近的沼澤，屋大維在抬出帳篷以後就不見人影，有些士兵拿著染血的刀劍，說他們已經將他殺死，還描述他的外形和年齡。

這個時候布魯特斯的主力將敵軍擊退，留下遍地的死屍，不論從那方面來看他已經獲得勝利，然而卡休斯這邊卻吃了一個大敗仗。布魯特斯在判斷上發生錯誤，所以後來陷入萬劫不復的地步，那就是他認為卡休斯和他一樣成為征服者，所以沒有出兵前去助戰。就卡休斯來說他以為布魯特斯遭到類似的命運，根本沒有期望能夠獲得救援。梅撒拉宣稱他奪得軍團的3面鷹幟以及很多隊標，自己沒有喪失一面軍旗，可以證明布魯特斯這邊確實贏得大捷。

布魯特斯劫掠屋大維的營地和完成追擊以後鳴金收兵，卡休斯通常將他的中軍大帳設在高處，布魯特斯對它的消失感到奇怪，像是有敵軍攻進以後將所有的帳篷全都摧毀。有些眼力好的人早就發覺那邊的情形不妙，他們向布魯特斯報告說是看到卡休斯的營地裡面，到處發出頭盔和圓盾的閃光，顯示出人員走動的狀況，他們不認為在會戰進行的時候，不會有很多人馬或武裝齊全的部隊，留下來擔任營地的守備；不過，從地面的屍體來看不像是有很多軍團遭到殲滅。布魯特斯這時才知道他的戰友出了問題，除了派出警衛留在敵人的營地，將還在追擊的人員叫回來，集結成增援部隊前去解救卡休斯。

43 卡休斯遭遇的下場有如下述：他在開始就對布魯特斯的士兵憤怒不已，他們不待會戰命令的下達就搶先發起攻擊；接著是在獲勝以後，沒有去包圍殲滅其餘的敵人，只顧蜂擁而上劫掠和搜刮戰利品。毫無紀律的行為使他更為不滿，在這種狀況下他的行動受到影響，變得遲緩而且無法達成雙方配合作戰的目標。等到他陷入敵軍右翼的包圍之中，所有的騎兵全速脫離戰鬥向著海邊逃竄，步兵也要開始放棄他們的陣地，他費盡力氣阻止兵敗如山倒的現象，想要讓他們站穩腳跟，甚至從逃走的掌旗手手中搶下一面鷹幟插在他的跟前，這樣做即使對他的衛隊都失去約束力，最後他被迫帶著少數幾個人，逃到可以俯視平原的小山上面，他的視力很差對於已經破損的營地幾乎都看不清楚。

他們見到大批騎兵向著他們這邊運動，這是布魯特斯派出的部隊。卡休斯認為是前來追捕他的敵軍，不過，他還是派跟隨在身邊的泰蒂紐斯(Titinius)[94]去打探，很快布魯特斯的騎兵看到他迎面而來，知道他是卡休斯的幕僚和親隨，有幾位都是相識甚久的朋友，非常愉快的歡呼並且從馬上跳下來，大家握著手抱在一起，其餘人員騎在馬上圍著他又唱又叫，爲著他安全脫險興奮不已，但是這種行動產生很大的誤會。卡休斯真的認爲泰蒂紐斯已經被敵人抓住，大聲叫道：「我爲了苟且偷生，竟然讓我的朋友當著我的面被敵人生擒活捉。」說完以後進入空無一物的帳篷，身旁只有一位名叫品達魯斯(Pindarus)的自由奴相隨，當他再遇到帕提亞的遠征行動中相同的後果，這個人可以派得上用場，免得他落到像克拉蘇那樣不幸的命運[95]。

雖然他在帕提亞人的手裡逃得性命，現在他用斗篷蒙住整個面孔露出頸脖，然後下令給品達魯斯，要他拔劍奮力一擊。他的頭顱馬上與身體分離滾落在地上，因爲當時沒有人在場親眼目睹，還以爲品達魯斯擅自將主人殺死。接著他們看到騎兵已經抵達，泰蒂紐斯的頭上還戴著花冠，前來向卡休斯報告這個好消息。等他聽到痛苦萬分的朋友發出悲慘的叫聲，知道這不幸的誤會造成將領亡故，他對自己的遲緩感到內疚，於是拔出佩劍自刎而死。

44 布魯特斯獲得卡休斯戰敗的信息，立即趕回來救援，一直要來到營地附近才知道他已經死亡，看到他的屍體感到無比的悲傷，將他稱爲「最後一位羅馬人」，認爲這個城市再也不會出現像他這樣心地高尚的人物，布魯特斯派人將他的遺骸運到薩索斯島[96]去埋葬，免得在營地裡面舉行喪禮引起一片混亂。然後他將士兵集合起來，給予慰勉好讓他們安心，鑑於他們處於空無所有的狀況，答應發給每個人2000德拉克馬以彌補他們的損失[97]。

他們得到這樣的承諾因而士氣大振，對於出手的大方感到非常驚訝，在他離

---

94 泰蒂紐斯是一位百夫長，阿皮安和華勒流斯‧麥克西穆斯在他們的著作中，都寫出這段情節。
95 卡休斯在全軍覆沒的帕提亞遠征作戰中，擔任克拉蘇的財務官，總算吃盡千辛萬苦逃出性命，可以參閱本書第十四篇〈克拉蘇〉第18節。
96 薩索斯島位於愛琴海的北部海域，鄰接色雷斯海岸，到安斐波里斯只有半日航程，這個島嶼是希臘人心目中的聖地，所以布魯特斯才將卡休斯埋葬在此，因為這段路程有相當長的距離。
97 依據阿皮安的記載，安東尼向他的部隊訓話，出的獎賞更高，為了補償營地被劫所受的損失，犒勞每位士兵5000德拉克馬。

開的時候對著他歡呼和讚譽，說是在會戰中的四位將領，僅有他沒有吃敗仗。他沒有道理不相信自己已經獲勝，作戰行動可以證實，他雖然只有幾個軍團，即能擊潰那些抗拒他的對手，要是他麾下所有的士兵投入戰鬥，大部分的人員不要一心想掠奪財物，以致深入敵方進行追擊，那麼就會將當面的敵軍殺個片甲不留。

45 他們的損失是8000人，包括軍隊的隨營人員，布魯特斯將他們稱為布列吉斯人(Briges)[98]。在另一方面，梅撒拉說他們殺死的敵人數量有兩倍之多，因而對手比起布魯特斯更為沮喪，直到卡休斯一位名叫德米特流斯的奴隸，夜晚去見安東尼，帶著從卡休斯的屍體上面剝下的長袍和他的佩劍，他們看到以後激起奮戰的勇氣。

次日早晨，全軍開赴戰場排出會戰隊形。布魯特斯得知兩個營地處於人心浮動和軍紀蕩然的狀況，特別是他自己的營地收容的俘虜太多，需要更為嚴厲的警衛才能有效的鎮壓。同時那些卡休斯的士兵對於更換指揮的將領，感到難以適應而心懷不滿，自己吃了敗仗難免嫉妒勝利的戰友，特別是所有的家當被搶走而怨恨不已。因此布魯特斯下令軍隊排成陣勢，但是盡量避免接戰，認為這是目前比較適當的做法。

他們的奴隸都是過去獲得的戰俘，不僅數量龐大而且混雜在部隊之中，難免會引起大家的猜忌，於是他下令將他們全數處決。有些自由人和市民被他釋放，特別提到他們要是被敵人抓住就是戰俘，淪落成囚犯和奴隸，只有他始終把他們視為羅馬的自由人和市民。後來他發覺他的幕僚和軍官受到壓力，要在這些人的身上尋求報復，於是他不得不將他們藏起來，或是在暗中幫助他們逃走。

這些俘虜之中有一位名叫弗倫紐斯(Volumnius)的伶人和一位名叫薩庫利奧(Sacculio)的丑角，他們並沒有引起布魯特斯的注意，他的幕僚卻將這兩位帶到他的面前，指責他們在當前的狀況下，仍舊信口雌黃說一些羞辱死者的笑話。布魯特斯心中在想其他的事情，對於這些控訴沒有任何表示，梅撒拉‧科維努斯(Messala Corvinus)的判決是將他們架上土台當眾施以鞭刑，然後赤身裸體將他們遣返敵營，讓對方的將領知道他與這些醉鬼是同類的人物，也是可以併肩作戰

98　希羅多德《歷史》第7卷第73節，提到布列吉斯人這個色雷斯部族的名字，說他們搬到亞細亞以後，改稱為弗里基亞人(Phrygians)。

的夥伴。

在場的人聽到以後都笑了起來，那個首先對凱撒動手的巴布留斯・喀司卡說道：「我們認為在卡休斯的葬禮中戲謔嬉笑是褻瀆神聖的行為，這兩個傢伙竟敢對死者冷嘲熱諷，從你對他們的處置是懲罰或赦免，就知道你對過世的將領會表現多大的敬意。」布魯特斯顯出極其不安的神情，回答道：「喀司卡，你為什麼要將這件事推到我的身上？只要你認為適當，難道就不能自行作主？」布魯特斯的答覆等於同意處決這兩個可憐蟲，他們被帶出去以後，立即遭到殺害。

46 過後他將答應的報酬分發給士兵，接著用輕描淡寫的口吻責備他們沒有接到會戰的口令或信號，亂成一團就向敵軍發起攻擊。他向大家提出承諾，如果下次接戰發揮英勇無敵的精神，他將提薩洛尼卡(Thessalonica)[99]和拉斯地蒙(Lacedaemon)[100]這兩個城市交給他們，可以盡情大肆劫掠。這是布魯特斯一生之中無可辯護的白璧微瑕，雖然安尼和屋大維在勝利以後給士兵更為殘酷的報酬，有人經常提起，說他們將意大利古老的居民全數逐離，好讓士兵擁有其他人的田地和城市。實在說他們發起戰爭的意圖和目標是要獲得統治的權力和帝國。

布魯特斯以德行知名於世，即使為了獲勝或是自救，也不容許違背正義或是喪失榮譽，特別是在卡休斯過世以後，更會堅持自己的原則，過去他經常責備卡休斯不聽他的規勸，行事毫無惻隱之心。現在就像暴風雨以後舵受損碎裂的船隻，水手用木材另做一個裝好用來取代，面臨危險雖然不如過去那樣適用，總可以勉強湊合應付當前的需要。布魯特斯現在率領一支大軍，沒有其他的將領可以代他分勞分憂，逼得很多事要親自處理，當然他會接受別人的勸告，這一切都是為了要讓卡休斯的士兵聽命服從。這些人不僅固執倔強而且驃悍不馴，原來統率他們的將領已經亡故，使得他們在營地變得狂暴無禮，他們仍舊記得被敵人擊敗的慘劇，到達戰場顯得膽怯畏懼。

---

99 提薩洛尼卡是一個大城，位於德密灣的頂端，後來成為馬其頓行省的首府。

100 這個拉斯地蒙不是指斯巴達，而是馬其頓一個市鎮，靠近提薩洛尼卡。

47 屋大維和安東尼的處境沒有好轉的跡象，糧食供應非常困難，營地的位置低窪，他們料想會有難以忍受的冬季，被迫在沼澤附近紮營，等到會戰結束以後，遇到通常在秋天出現的傾盆大雨，帳篷裡面積水一片泥濘，等到天氣轉寒立即凍結成冰。當他們處於這種狀況的時候，傳來海戰失利的噩耗。水師從意大利運來為數甚眾的生力軍，遭遇布魯特斯的艦隊，接戰以後全軍覆滅，僅有少數人逃過被殺的命運，陷入飢餓之中只有吃船上的帆布和索具。他們一聽到發生這種不幸，要在布魯特斯運用這場大捷所能發揮的影響力之前，急著進行決定性的會戰。原來這次海戰和陸上的會戰是同一天開打，由於發生一些差錯，可以說是指揮官的耽誤，布魯特斯過了20天才知道他們贏得勝利，如果他能夠及早獲得有關的信息，就不會冒險從事第二次會戰，因為他有充分的糧食維持長期的對峙，可以獲得很大的優勢；他的營地對寒冷的氣候有更佳的庇護，易守難攻讓敵軍無法接近。除此以外，知道自己完全控制海洋，同時在陸上獲得局部勝利，就會使他充滿希望更有信心。

共和國的寡頭政體已不見容於羅馬當前的情勢，看來他們需要君王的獨裁統治，只有布魯特斯可以阻止帝國落入屋大維的手裡，上天卻讓他聽到此事之後已經是事過境遷。就在雙方開戰的前夜，一位名叫克洛狄斯的逃兵前來投誠，他提到屋大維獲得水師失利的信息，所以才要急著發起會戰。他們認為這位逃兵別有意圖，或者要杜撰謊言獲得對方的好感，所以對他的說辭並不相信，甚至連布魯特斯的面無法見到。

48 他們說那天夜晚布魯特斯又見到幻影，形體如同往昔，直到消失未發一語[101]。哲學家巴布留斯‧弗倫紐斯是最早從戎追隨布魯特斯的人士，他並未提到有關幽靈的傳聞，只是說起最前列的鷹幟聚集一群蜜蜂，還有一位部將的武器滲出淡紅色的油液，就是一直擦拭都沒有用。會戰開始的直前，兩隻老鷹在兩軍之間空地的上方打鬥，整個戰場保持難以置信的安靜，大家成為全神貫注的旁觀者，最後布魯特斯這邊的老鷹避戰飛走。還有就是衣索比亞人（Ethiopian）的故事非常出名，這個傢伙在營地的大門打開之際，竟然與旗幟手迎面相撞，士兵認為這是不吉利的朕兆，所以當場將他砍倒在地。

---

101 前面第36節提到這回事。

49 等到布魯特斯率領軍隊到達戰場，面對敵軍排好陣勢以後，遲遲未能下達接戰的命令，因爲他在隊列中間巡視的時候，見到的現象激起他的疑慮，還聽到指控有人背叛的叫喊[102]。除此以外，他發現騎兵對即將開始的行動不夠積極，一直在等待要看步兵有什麼作爲。卡穆拉布斯(Camulatus)是一位優秀的士兵，英勇的行爲經常受到布魯特斯的讚揚，突然之間，這位戰士從他的身邊一馬當先衝向敵陣，使得布魯特斯看到壯烈的一幕格外的悲傷。現在一方面是出於憤怒，另方面害怕會引起更爲嚴重的軍心不穩和畏戰潛逃，他立即指揮部隊向著敵軍進擊。這時大約是午後第三時刻，太陽已經向西傾斜。布魯特斯指揮的右翼占了上風，他們對當面的敵人發起猛烈的攻擊，逼得對方放棄陣地向後撤退，騎兵看到敵人已經陷入混亂，集結起來從步兵的後方投入戰鬥。

但是另外一翼，軍官要延伸戰線避免敵人的包圍，由於兵力居於劣勢，使得中央部分過分薄弱，抵擋不住敵人的攻勢，在第一波的衝擊之下潰散逃走。他們在右翼打敗敵人，立即從布魯特斯的後方展開包圍；布魯特斯處於危亡之際，如同經驗豐富的將領和作戰英勇的士兵，善盡諸般手段想要挽回劣勢，希望獲得最後的勝利。他在前一次會戰獲得的優勢，對於目前而言造成很大的損害。部分敵軍在上次戰鬥中，被布魯特斯擊敗遭到很大的傷亡，但是卡休斯的士兵潰散，只有少數被殺。所以那些遭到敵人擊敗逃得性命的人，心中產生畏戰之感，這種風氣使得全軍受到感染，缺乏奮戰不撓的精神，非常容易陷入混亂之中。

小加圖的兒子馬可斯[103]，在那些家世高貴和作戰英勇的年輕人中間，發揮奮不顧身的氣概，最後終於殺身成仁。他說絕不逃走或者找出種種避戰的理由，爲了維護父親的聲名不惜犧牲戰鬥到底，於是敵軍一堆屍體成爲他的葬身之所[104]。還有那些最勇敢的戰士，他們爲了保衛布魯特斯陣亡在沙場。

---

102 這一天是42年11月16日B.C.，布魯特斯將部隊在塹壕外面列成戰線，卻命令他們不要前進太遠，他向大家說道：「我認為可以用其他的手段取勝，你們偏要強迫我出戰。所以這樣做完全出於各位的心甘情願。」根據阿皮安的說法，布魯特斯只敢發發牢騷，因為他的心中始終懷著陰影，他的部下多數都是凱撒的舊部，隨時會有倒戈之虞。

103 這位馬可斯‧加圖是小加圖的兒子，他的父親自裁以後，凱撒寬恕他的反叛行動，同意他繼承遺留的家業，可以參閱本書第十八篇〈小加圖〉第73節。

104 本書第十八篇〈小加圖〉第73節，提到他的兒子很多傳聞軼事，以及最後壯烈成仁的經過。

50 盧西留斯(Lucilius)是知名之士也是布魯特斯的朋友[105]，在戰場上面看到一些蠻族騎兵，在追擊中不理會其他的人員，緊跟著布魯特斯全速疾馳；他決定要阻止他們的行動，雖然這樣做會危及到自己的生命。於是他慢下來落在大家的後面，告訴蠻族說他就是布魯特斯。他們之所以相信他是因為他提出交給安東尼的要求，他不僅懷疑屋大維而且心生畏懼之感。這些蠻族對於捕獲如此重要的獵物極其興奮，認為自己有得到大批犒賞的好運，於是帶著他一起度過夜晚的時間，派人送信給安東尼說他們即將到達。安東尼接到信息非常愉悅，起身前去迎接，其他人士聽說布魯特斯遭到活逮，聚集起來準備探視他的景況，有些人對他遭到這樣的下場感到憐憫，還有人指責他為了偷生成為蠻族的俘虜，可見他過去的榮譽全是欺人之談。

當他們快要接近的時候，安東尼停下站著不動，在想他接受獻俘之際，應該對布魯特斯擺出何種態度。等到盧西留斯被帶到前面，就用非常自信的聲調說道：「安東尼，一定要確信，無論是過去還是以後，沒有一個敵人可以生抓活捉馬可斯‧布魯特斯(天神不容許命運凌駕德行之上)。大家以後可以知道他是活是死，這些全都由他自己決定。至於說到我，完全是欺騙你的士兵才能到此地，處於這種狀況之下，我已經準備接受最嚴酷的刑責。」

所有人聽到盧西留斯這番話都大吃一驚，安東尼轉過頭對那些帶他來的人說道：「弟兄們，我知道你們都關切這件事，聽信謊言一定會憤憤不平，認為自己受到誤導和傷害，但是你們要知道，湊巧遇到的戰利品比起刻意尋求更有價值。對你們來說是搜捕一位敵人，卻給我帶來一位朋友；實在說，你們要是把活著的布魯特斯帶來，我還不知道應該如何處理才好。現在我可以確定，有盧西留斯這樣的人士當我們的朋友而不是敵人，會對我們更為有利。」安東尼說完以後擁抱盧西留斯，從此以後將他視為朋友非常照顧，後來終於發現他是忠心耿耿的患難之交。

51 布魯特斯渡過一條小溪，在森林中間和陡峭的山岩下面奔跑，夜晚來到無法再走，就在一處窪地坐下來，前面是一面突出的絕壁，只有少數軍官和幕僚在他的四周。他仰望星光閃爍的天空，口中唸出兩首詩，根據

---

105 本書第二十一篇〈安東尼〉第69節提到這件事。

弗倫紐斯的記載，其中一首[106]是：

> 偉哉天神，
> 首惡是懲。

另外一首他已不記得。過了片刻，想起會戰中那些在他面前被殺的友人，他一一唸出他們的名字，特別提到弗拉維烏斯(Flavius)和拉比奧的時候，不禁發出悲痛的呻吟，後者是他的副將，另外一位是負責工程的首席軍官。

這個時候，一位同伴非常口渴，看到布魯特斯處於同樣狀況，拿著頭盔跑到小溪去打水；聽到河流另外一邊發出嘈雜的聲音，弗倫紐斯要布魯特斯的負甲者達達努斯(Dardanus)，跟他去探視會有什麼動靜，他們很快回來，開口要水喝，布魯特斯帶著意味深長的笑容，向弗倫紐斯說道：「大家都喝過了，還要再為你去打一次水。」同一個人再派出去，冒著被敵人俘虜的危險，因為他已受傷，被發現以後很難逃脫。

根據布魯特斯的推測，這次戰鬥他的手下損失並不嚴重，史塔特流斯(Statyllius)[107]奉命穿過敵軍戰線(除此以外另無其他辦法)，查看他們的營地目前成為什麼樣子，事先說好如果發現所有事物都很安全，就會舉起一隻火把作為信號，然後返回原地。看到舉起的火把知道史塔特流斯已經抵達營地，過了很久還未見他歸來，布魯特斯說道：「只要史塔特流斯活著，他一定會回來。」但是他在歸還的途中，落到敵人的手中被殺。

52 現在已經是深夜，坐著的布魯特斯，偏過頭去向他的奴隸克利都斯(Clitus)說話，克利都斯拒絕以後開始哭泣。然後他支開負甲者達達努斯，私下與克利都斯談了一會兒。最後布魯特斯用希臘語與弗倫紐斯溝通，說是記得他受的教育和訓練，請他用雙手緊握佩劍，好幫助他將它刺進他的身體。弗倫紐斯同樣婉拒他的要求，其他幾個人也如此表示。還有人說起他們不能停留在這裡不動，應該立即遠走高飛。

---

106 這句詩出自優里庇德《米狄亞》第334行。
107 本書第十八篇〈小加圖〉第65節和第73節，都提到史塔特留斯的事蹟。

　　布魯特斯站起來說道：「不錯，我們是要逃走，不是用腳而是用手。」他對
每個人伸出他的右手，面露高興的神色向大家說了下面一番話：他認爲所有的朋
友從始至終對他忠心耿耿，使得他了無遺憾；如果他對命運乖戾感到氣憤，那也
是爲了國家。就他本人而言，他認爲他比起那些獲得勝利的人更爲幸福，不僅是
前面這些日子，就是目前的狀況亦復如是。他之所以能夠死而無憾，在於他能留
下美德所建立的名聲，這是征服者用武力和財富所不能獲得的成果，更無法阻止
後裔子孫相信或說起這樣的事，那就是公正的義士被邪惡的壞人所消滅，他們還
篡奪依法不得擁有的權力。

　　說完以後，他特別交代大家要注意自己的安全，就帶著兩三位特別有交情的
朋友退了下來，斯特拉托(Strato)是其中之一，當年他們在一起研習修辭學得以相
識。斯特拉托站在布魯特斯的下方，用雙手握緊劍柄，布魯特斯投身劍尖而喪生。
還有人說，不是布魯特斯自尋了斷，斯特拉托在布魯特斯殷切的懇求之下，轉過
頭去用劍奮力刺進他的胸膛，使得布魯特斯立即斃命[108]。

53 布魯特斯的朋友梅撒拉後來與屋大維恢復原來的友誼，有一次趁著
屋大維閒暇無事，帶著斯特拉托前去覲見，梅撒拉兩眼含淚說道：
「啊！凱撒，這個人就是給敬愛的布魯特斯最後送終的軍官。」屋大維對他非常
友善。斯特拉托憑著工作的勤奮，在阿克興會戰獲得重用，雖然他是一位希臘人，
證明在軍旅服務表現極其英勇。梅撒拉曾經提到，屋大維有次對他大肆讚揚，說
梅撒拉贊同布魯特斯的理念，所以在腓力比的對陣成爲最強悍的敵人，然而在阿
克興的戰鬥中，證明他是最忠誠的朋友，梅撒拉回答道：「凱撒，你會發現我總
是站在陣容堅強和主持正義這一邊。」

　　布魯特斯的屍體被安東尼找到，下令將他那件最貴重的斗篷，蓋在遺骸上面
作爲陪葬之用，後來有人偷走斗篷，他找出小偷處以極刑。他將布魯特斯的骨灰
派人送給他的母親塞維莉婭[109]。他的妻子波西婭，哲學家奈柯勞斯(Nicolaus)[110] 和

---

108 腓力比會戰發生在42B.C.，布魯特斯以43歲的英年命喪黃泉。

109 蘇脫紐斯在《十二凱撒傳》中，卻說屋大維將布魯特斯的頭顱帶回羅馬，放在凱撒雕像下面
　　舉行祭奠。

110 很可能是奈柯勞斯‧達瑪昔努斯(Nicolaus Damascenus)，奧古斯都時代名氣很高的哲學家和
　　歷史學家。

華勒流斯‧麥克西穆斯(Valerius Maximus)[111]都有記載，說她不願再活在世上，要想輕生受到朋友的阻攔。他們對她的看管非常嚴密，她趁人不注意從爐中拿走一些燃燒的木炭，含在口裡直到窒息而死。

　　現在還存留布魯特斯寫給友人一封書信，說他對波西婭的亡故極其哀悼，指責他們將她置之不顧，所以她情願求死也不想纏綿於病榻。看來像是奈柯勞斯當時有所誤解，只有這封信(如果確是布魯特斯所寫的話)讓我們知道波西婭的患病和她對布魯特斯的愛情，以及她真正的死因。

111 華勒流斯‧麥克西穆斯是奧古斯都時代的編輯，蒐集很多傳聞軼事，寫出膾炙人口的著作。

第三章
狄昂與馬可斯・布魯特斯的評述

1 這兩位都有很多高貴的特色，其中之一在開始就提到過，他們都從微不足道的起點達成偉大的事業，這方面狄昂倒是占點上風，因為他沒有一個夥伴可以爭奪他的光榮，不像布魯特斯的身邊有卡休斯。實在說，卡休斯的德行和地位無法與布魯特斯相提並論，然而就作戰的英勇、兵法的素養和主動的精神而言，他對戰爭的指導有很大的貢獻。有人將整個謀叛行動的策劃歸功於卡休斯，說是布魯特斯在開始不願涉入，後來經過他的鼓舞才出面反對凱撒。狄昂不僅自行供應武器、船隻和士兵，就是冒險行動所需的幕僚和同伴都是自行招募。

狄昂不像布魯特斯可以從戰爭的過程去聚集財富和徵召軍隊，完全是運用自己的財產從事戰爭，在放逐期間靠著為人民爭自由獲得各方的支持和贊助。除了這方面以外，布魯特斯和卡休斯所以要逃離羅馬，因為在那裡已經沒有安全可言，會被定罪判處死刑或是遭到不停的追捕。他們訴諸戰爭是基於生存的需要，要用兵力來保護自己的安全，並不是為了保衛他們的城邦。從另一個角度來看，狄昂比起那個放逐他的僭主，過著更為舒適、安全而愉悅的流亡生活。所以他後來採取冒險的行動，完全是為了要將西西里從水深火熱中拯救出來。

2 特別要注意到這點，從戴奧尼休斯那裡為西西里人爭自由，與從凱撒手中為羅馬人爭權利，這兩件事根本不可同日而語。前者不過是個僭主，拿出無所不用其極的手段，使得西西里痛苦不堪。在凱撒這方面，掌握最高權力的初期，對於政敵非常嚴苛，等到他在各地獲得勝利，統治的權威穩固建立以後，變得只有暴政之名而無其實，無法指控他犯下獨裁專制的惡行。不僅如此，當時的羅馬的確需要君主制的政府，等於是上天的神意要派一位高明的醫生，來治療這個沉痾已深的城邦。凱撒之死使得民眾感到無比的遺憾，他們對於殺害凱撒的

兇手極其憤怒絕不寬貸。狄昂放走戴奧尼休斯看在市民的眼裡，難免讓他們感到冒犯，而且他也沒有夷平以前那些僭主的墳墓，當然他們會更不高興。

3 談到實戰的經驗和用兵的才華，就狄昂來說，在他的指揮之下從來沒有出過任何閃失，就是別的將領犯了兵家的大忌，他也可以扭轉態勢敗中求勝。布魯特斯最大的錯誤是冒險從事第二次會戰，完全是一種毫無章法的賭博。等到會戰失利以後，根本不想採取挽救的措施，完全自暴自棄喪失所有的鬥志，即使龐培身為敗軍之將還想東山再起，何況布魯特斯能夠收容部隊，特別是他的艦隊仍舊控制所有的海洋。

布魯特斯最受譴責之處在於他對凱撒的恩將仇報，凱撒不僅赦免他的刑責，經過他的說項講情使他的朋友獲得生機；特別是凱撒待他以國士，照顧極其周到還要不斷委以重任，然而他的手上卻沾著保護人的鮮血。狄昂在這方面可以說是清清白白，他與戴奧尼休斯有親戚關係還是交往密切的朋友，服務的成效良好有很大的貢獻，雖然後來他被僭主逐出國門，妻子下堂，財產被奪，他用公開的戰爭來討還公道，合乎正義和法律的原則。

難道不能用另外的方式來看待這個問題？主要是為了個人的榮譽，那就是說他們痛恨暴政和厭棄邪惡。這樣一來布魯特斯可以振振有辭，因為他並沒有與凱撒私下發生齟齬，他之所以不要身家性命冒這樣大的危險，完全是為了要給城邦爭取自由權利。這對狄昂來說，根本就是出於個人之間的傷害才會引起兵戎相向。從柏拉圖的書信中可以很清楚看出，因為狄昂受到放逐，才會將戰爭帶進戴奧尼休斯的宮廷。

再者，布魯特斯出於仁人志士之心，才能成為龐培的朋友（過去他對龐培視為有不共戴天之仇）和凱撒的敵人，因此他區分敵友的原則和基準在於公理正義。狄昂受到重用對於戴奧尼休斯發揮長才全力以赴，一旦不再受信任，就會怒顏相向大起兵刀。基於這個原因，等到他推翻戴奧尼休斯以後，要說不會將政權納入自己的手裡，這些話連他的朋友都不會相信；他的所作所為明明是暴政，還用一些冠冕堂皇的託辭來欺騙自己的同胞。布魯特斯的仇敵都說他從始至終在於恢復古老的體制，使羅馬人民享受更大的福利，除此以外沒有其他的目的和企圖。

4 除了這方面的考量，大家特別要了解，對抗戴奧尼休斯所要冒的危險，根本無法與招惹凱撒相比。沒有一個認識戴奧尼休斯的人不對他懷著藐視之心，因為他的生活是如此的頹廢墮落只存在著聲色犬馬；凱撒憑著他的能力、權柄和運道可以說是橫行天下所向無敵，他的威名連帕提亞和印度的國王聽入耳中都無法安穩入睡；只有一位膽大包天的英雄人物，擁有積極進取的精神和救世濟人的胸懷，才夠資格心中存著顛覆凱撒的念頭。狄昂只要看到西西里，就有上千人前來歡迎，參加反抗戴奧尼休斯的陣營。然而凱撒的名聲即使在他逝世以後，仍舊讓他的朋友得以狐假虎威；一個黃口孺子繼承他的名字，馬上平步青雲成為羅馬首屈一指的人物，還可以拿來鎮住安東尼的敵意和權勢。

狄昂為了推翻僭主可以說是歷經艱辛困苦；然而布魯特斯刺殺凱撒只是血流五步，像這樣一位掌握權勢的人物，照理應該防範嚴密保護周詳，這才可以有恃無恐立於不敗之地。他要行刺和殺害凱撒，不是臨時起意，不是孤身涉險，更不是只有少數幾個人在旁吶喊助威；而是經過長時間的規劃，對這麼多的人推心置腹，最後沒有一個人背叛這個團體。一方面是他選出最優秀的人員，另一方面是大家對他極有信心。狄昂的判斷錯誤，竟然相信一個不可靠的人，甚至他所用的人最後會原形畢露，這時已經悔之晚矣。這兩個人從各方面來看，像是極具見識和精明幹練的人。柏拉圖所以才責備狄昂識人不明，因為出賣他的都是朋友。

5 狄昂被殺以後沒有人出頭為他復仇；布魯特斯連他的敵人安東尼都為他舉行體面的葬禮。屋大維也用審慎的態度保留他的地位和榮譽。山內高盧的米蘭立了一座布魯特斯的銅像，有次屋大維經過的時候注意到這個紀念物（面容惟妙惟肖，可以說是藝術精品），就停下召集地方行政官員前來問話，他告訴大家說這個市鎮違背與羅馬簽訂的盟約，竟然窩藏一個敵人。這些官員聽到以後馬上否認，同時也不了解他說這個話是什麼意思，大家只有面面相覷。屋大維轉過頭來指著雕像揚起眉毛說道：「請問，這位難道不是敵人？」大家聽到一陣混亂，根本無話可說。接下來他笑著稱讚高盧人，說他們雖然有時會倒戈相向，始終是很牢靠信得過的朋友，同時交代要把這座雕像如同從前那樣照顧好。

第二十三篇
帝王本紀

第一章
阿拉都斯(Aratus)

271-213B.C.，西賽昂的將領和政治家，成立亞該亞聯盟，
抑制斯巴達的擴張，抗拒馬其頓的入侵，是當代的風雲人物。

1 啊！波利克拉底(Polycrates)[1]！哲學家克里西帕斯(Chrysippus)引用一則古老的諺語：

> 跨灶之子，
> 乃頌其父。

雖然他認為這句話的涵意極其中肯，在我看來有點牽強，沒有多大道理。特里真人戴奧尼索多魯斯(Dionysodorus)也說這句諺語的用詞不妥，正確的字眼應該是：

> 敗家之子，
> 乃頌其父。

這樣一來它的意思是要那些自己沒有建樹，完全依仗祖先蔭庇的人閉上嘴吧，不要口口聲聲拿出家世自我標榜，擺出高人一等的模樣。品達有下面的詩句：

> 家之令子，
> 克紹箕裘。

---

1 這位波利克拉底是蒲魯塔克的友人，有關平生事蹟均付闕如。作者將這部英豪列傳獻給他，看來他與第一篇〈帖修斯〉所提的索休斯是同個階層的人物。

就像在說你始終拿古老的門風作爲言行的基準。我認爲最幸福的事莫過於追憶祖先的德業，經常聽到大家談起或是自己講述他們的事蹟。這樣做並不是說他們缺乏高貴的氣質和身分，靠著稱讚其他人來獲得名聲，不僅如此，還將自己的行爲和偉大的祖先合併在一起，把他當成家族和門風的創始者加以讚揚。

我將這部傳記送給你，裡面所寫傳主阿拉都斯（Aratus）是你的同胞和祖先，對於這位人物，無論他的名聲或地位你都瞭如指掌，從開始你就採取勤奮而謹慎的態度，非常關心他的作戰行動，你的兩個兒子波利克拉底和彼索克利（Pythocles）則不然，現在就要他們聽取他的事蹟或是閱讀他的傳記，等到熟悉家族的楷模人物以後，就可以追隨或效法他們的言行。一個人要是只知愛己而不是愛德，總是過於自視認爲早已到達最高的標準。

2 西賽昂（Sicyon）[2] 這個城邦，自從脫離純粹的多里斯（Doris）[3] 貴族政體（社會的和諧遭到破壞，引發平民領袖之間連續不斷的動亂和鬥爭）以後，始終陷入瘋狂和不穩的狀況，暴君接踵而來所造成的改朝換代，直到克利昂（Cleon）受到處決，泰摩克萊德（Timoclides）和克萊尼阿斯（Clinias）是市民當中最有名望和權勢的人物，當選爲城邦的行政長官。看來共和國所遭遇的狀況目前已經獲得圓滿的解決，等到泰摩克萊德過世，帕西阿斯（Paseas）之子阿班蒂達斯（Abantidas）獲得親戚和朋友的支持，重新建立僭主政體，除了克萊尼阿斯被殺[4]，還有其他人士遭受處決或放逐。

克萊尼阿斯留下一個7歲的兒子阿拉都斯，僭主要斬草除根以絕後患，這個小孩趁著家中大亂得以逃脫追殺，心中充滿恐懼在城中徘徊沒有人給予援手，非常湊巧在無人發覺之下進入一個婦人的家中。這個婦人的名字叫索索（Soso），是阿班蒂達斯的姊妹，嫁與克萊尼阿斯的兄弟普羅芬都斯（Prophantus）爲妻。她不僅有惻隱之心，還認爲這個小孩在冥冥中獲得神明的保佑，所以才指引到她家中

2　西賽昂位於伯羅奔尼撒半島的北岸，與德爾斐隔著50公里寬的科林斯海灣遙遙相望，自古以來該地民風強悍，出現很多著名的將領。

3　多里斯人屬於印歐民族，原來散布於多瑙河流域，大約在1200-1000B.C.，侵入希臘地區，後來定居在伯羅奔尼撒半島，雖然那段期間稱爲「黑暗時代」或「黑鐵時代」，在各方面有快速的發展。

4　克萊尼阿斯被殺發生在奧林匹克128會期第1年即264B.C.。

避難，於是她將阿拉都斯藏匿起來，連夜送到亞哥斯(Argos)⁵去安置。

3 阿拉都斯從小經歷家破人亡的打擊和危險，養成痛恨僭主的熾熱情緒和面對暴政絕不妥協的作風，這種性格隨著年齡的增長變得更爲突出。他的父親在亞哥斯有很多故舊和親友，他們將他撫養成人讓他接受通識教育。他的體格非常強壯而且身材高大，熱中於角力場的訓練課目，曾經參加五項運動⁶的競賽獲得優勝。要是從他的雕像來看他確實有著運動員的體型，面容是如此的精明和嚴肅，很難想像他的食量很大，會像一個農夫那樣使用鋤頭。要是說到他對口才訓練還不足以成爲一個政治家，可是他在演說方面的成就非常驚人，從他留給我們的《實錄》中可以知道得很清楚。這本書是他在軍務倥傯之際使用隨筆的風格寫成，毫不掩飾將心中的想法和盤托出。

阿拉都斯逃得性命過了一段時間以後，狄尼阿斯(Dinias)和邏輯學家亞里斯托特勒斯(Aristoteles)殺死阿班蒂達斯。市民大會進行討論的時候，這位僭主經常參加，不知不覺成了習慣，因此他們能找到機會下手將他除去。接著是阿班蒂達斯的父親帕西阿斯攫取最高權力，遭到奈柯克利(Nicoles)的暗算，然後這位兇手成爲僭主。

據說奈柯克利與賽普西盧斯(Cypselus)之子伯瑞安德(Periander)長得非常酷似，如同波斯人奧龍特斯(Orontes)很像安菲阿勞斯(Amphiaraus)之子阿爾克米昂(Alcmaeon)，以及某位拉斯地蒙青年很像赫克特(Hector)一樣。根據邁蒂拉斯(Myrtilus)的說法，等到極其神似的消息傳開以後，大家爭相一睹爲快，這位拉斯地蒙的年輕人竟然被蜂擁而來的群眾所踩死。

4 奈柯克利只當了四個月的僭主，給城邦帶來無數苦難，幾乎就要讓這個地方落入艾托利亞人的手裡。這個時候⁷的阿拉都斯雖然是個年輕人，憑著他那高貴的出身、進取的精神和慷慨的個性，獲得眾人的尊敬，他擁有無窮的精力和務實的作風，正確的判斷力和行事審慎穩重顯得更爲老成。那些從西賽

5　亞哥斯位於伯羅奔尼撒半島東海岸，瀕臨亞哥斯灣，斯巴達的北方約100公里，一直與拉斯地蒙人爭奪伯羅奔尼撒半島的霸權。

6　古代五項運動是賽跑、跳高、標槍、角力和拳擊。

7　那個時候是奧林匹克132會期第2年即251B.C.，阿拉都斯正好20歲。

昂被放逐的人士在心中對他寄以厚望。奈柯克利對於他的行動相當注意，暗中派人加以窺伺和監視，並不是害怕他大膽鬧事或圖謀不軌，只是懷疑他會與那些國王有聯繫，因為他的父親交遊很廣，當時有幾位君主都是他的朋友。

實在說，阿拉都斯開始很想獲得這方面的幫助，後來發現安蒂哥努斯（Antigonus）[8]雖然承諾在先，不理他的需要盡量拖延時間，他對埃及和托勒密（Ptolemy）[9]抱著很大的希望，也是緩不濟急坐失良機，最後他決定完全靠自己的力量剷除僭主。

5 開始的時候他對亞里斯托瑪克斯（Aristomachus）和伊克迪盧斯（Ecdelus）推心置腹，前者與他一樣被西賽昂放逐，至於伊克迪盧斯是住在麥加洛波里斯的阿卡狄亞人，不僅是一位哲學家還是行動積極的策士，雅典學者阿昔西勞斯（Arcesilaus）[10]是他很熟悉的朋友。他的構想獲得這兩位的認同以後，著手與其他的流亡人士溝通，只有少數願意參加他們的陣營，這些人覺得完全放棄成功的希望是極其羞辱的事。絕大多數流亡者認為阿拉都斯毫無經驗，行事過於膽大妄為，所以他們費盡力氣想要他斷絕這個念頭。

就在他與大家商量要在西賽昂地區奪取幾個據點，好對僭主發動戰爭的時候，有一個剛從監獄逃出來的西賽昂人抵達亞哥斯，來者是流亡人士色諾克利（Xenocles）的兄弟。他們帶這個人來見阿拉都斯，提到逃走時越過那段城牆的狀況，說是內側幾乎與地面等齊，鄰接著山崖而且地勢隆起，城牆的外側可以使用雲梯攀登。阿拉都斯聽了以後，派遣色諾克利帶著他的兩位奴僕修薩斯（Seuthas）和特克儂（Technon），前往現地去偵察城牆的狀況。同時他做出決定，那就是暗中進行冒險在一擊之下獲得成功，總比用私人力量對付僭主發動長期而公開的戰爭要好得多。

等到色諾克利帶著同伴返回，已經知道城牆的高度，認為通過沒有多大困難。要想在經過的時候要想不被發覺那就很不容易，旁邊有一個園丁養了幾隻

8 馬其頓以安蒂哥努斯為稱號的國王有三位，這位是安蒂哥努斯二世哥納塔斯（Antigonus II Gonatas, 320-239B.C.），統治期間為283-239年。
9 這位埃及國王是托勒密二世費拉德法斯（Ptolemy II Philadelphus），在位期間283-247B.C.。
10 阿昔西勞斯（316-242B.C.）出生於伊奧利亞（Aeolia）的披塔尼（Pitane），狄奧弗拉斯都斯（Theophrastus）的門生，當代知名的哲學家，後來成為學院學派的領導人物。

狗，體型雖小卻異常兇惡，吠聲特別宏亮。阿拉都斯得知狀況，立即著手進行各項工作。

6 準備武器倒是不會引起大家的猜疑，那個時代搶劫和掠奪成了風氣，相互之間隨時隨地都會出現兵戎相向的場面。優弗拉諾(Euphranor)雖然是一個流亡分子，身爲工匠可以公開製造梯子，他的職業不會引起旁人的注意。說起可用的兵力，他在亞哥斯的朋友每人以供應10人爲準，只有少數可以多出幾個。他自己將30名奴僕武裝起來，加上他從強盜頭子色諾菲盧斯(Xenophilus)那裡備來的士兵，對這些人說是要到西賽昂地區去搶劫國王的馬群。大部分人員提前出發，將他們分成小組經由不同的路途，到指定的波利格諾都斯(Polygnotus)塔集合，在那裡等候行動的命令。卡菲西阿斯(Caphisias)暗藏武器奉命帶著四個人打前站，他們要在天黑之際到達園丁家門口，假裝是旅客要借住房舍，接著看管園丁並且將狗關在家中，除了這裡沒有別的地方可以越過城牆。雲梯先分成幾段裝在箱子裡面，藏匿妥當再用大車運送。

就在這個時候，有一些奈柯克利派出的密探出現在亞哥斯各處，據說是要暗中監視阿拉都斯的行動。他在一大早前往市場，公開與朋友會面相互交談，然後到角力訓練場將油膏塗在身上，再與幾位年輕人下場練了幾個回合，餘下的時間同他們一起飲酒閒聊，盡興之後回到家中。這時可以看到他的幾位奴僕在市場四周，一位手裡拿著花冠，還有一位在買火炬，第二位在與一位婦人談話，這位女士經常在宴會中唱歌或者表演其他的節目。

所有這些密探看到的狀況，都是經過安排好來欺騙他們，據說其中就有人說道：「講老實話，沒有人比僭主更爲膽小怕事，像是奈柯克利控制一個富裕的城市，擁有實力強大的軍隊，竟然會畏懼阿拉都斯這樣的年輕人。這個傢伙過著流亡生活，還不惜花費縱情酒色，眞不知會有什麼出息。」

7 這些密探表示意見以後，認爲無事全都打道回府。阿拉都斯用完早餐立即離家，前往波利格諾都斯塔與士兵會合，領導他們到尼米亞(Nemea)[11]。在那裡將他的計畫透露給大家知道，很多人還是第一次聽到。他答

11　尼米亞是伯羅奔尼撒半島北部的城市，每兩年舉行一次賽會向朱庇特獻祭，該地的神廟有女

應給予重賞同時發表激勵士氣的演說，接著向著城市前進，所用的口令是「勝利的阿波羅」。事先根據行軍的距離配合月球運行的時間，獲得足夠光度照亮所要經過的道路，等到抵達靠近城牆的花園，正好明月西沉大地一片黑暗。這時卡菲西阿斯前來見他，說是那些狗出了問題，在抓住牠們之前已經逃跑，只有園丁可以保證不會出差錯。得知這個狀況，大部分舉事人員感到氣餒想要撤離。

他極力鼓舞大家的勇氣，答應只要那些狗帶來困擾，他就會領著他們退卻。這時他要攜帶雲梯的人員走在前面，聽從伊克迪盧斯和納昔修斯（Mnasitheus）的指揮，他在後面不疾不徐地跟進，這些狗兒大聲吠叫，緊跟著伊克迪盧斯和他的同伴不放；不過，他們還是來到城牆的邊上，很安全地架起雲梯。正在前列人員向上攀登的時候，晨班警衛打著鈴走過來，接替夜間負責守望的隊長，出現很多火光和嘈雜的聲音[12]。他們聽到以後趕快爬下來將雲梯緊靠城牆，這樣才沒有讓上面的人看見。因爲其他守望員都在交班，沒有人注意外面的狀況，他們在千鈞一髮之際逃過被發覺的危險。

趁著對方忽略守望，納昔修斯和伊克迪盧斯立即登上城牆，控制進出的安全，派特克儂去見阿拉都斯，要他帶領大家火速登城。

8 從花園到城牆和塔樓的距離並不遠，在塔樓裡面有一隻大獵犬負責警衛。這隻獵犬沒有聽到他們的腳步聲音，或許是白天太勞累現在睏得在睡覺，花園的雜種狗將牠驚醒，開始的時候極其火大發出咆哮的吼聲相呼應，然後感覺有人經過吠聲更加強烈。劃破靜寂的狗叫使得對面的哨兵大聲呼喚，查問狗的主人爲什麼吠聲如此驚人，是不是有事故發生；得到的回答是輪班人員的火光和鈴聲，引起獵犬的吼叫，除此以外不會有任何問題。阿拉都斯的士兵聽到這樣的答覆感到精神百倍，認爲狗主人是參與這次起義的人員，所以要爲他們隱瞞行蹤，而且城中還有很多他們的同黨。當他們在攀登城牆的時候，發現要想完成任務不僅需要更多的時間而且充滿危險，因爲雲梯在劇烈的抖動搖晃，只能一個爬上去以後再接著爬第二個，整個過程拖得很久，公雞開始長啼報曉，鄉下人要

（續）──────────

祭司，後來衍生很多娼妓，尼米亞成為「色情」的同義字，可以參閱鮑薩尼阿斯《希臘風土志》第1卷第22節。

12 城牆上面巡查和輪值的方式都有詳盡的規定，特別在夜間要避免引起哨兵的驚慌和誤傷。

把貨物運到市場很快就會進城。

　　阿拉都斯很快登城會合已經上去的40個人，再加上隨後跟來幾位，前去突擊僭主的府邸和將領的營地。所有的傭兵都在那裡過夜，將他們一舉成擒關進監牢，沒有人受到傷害。他立即派人將他的朋友全部叫來相見，大家很快從各處來到。這個時候天已經亮了，劇院裡面擠滿緊張的群眾，只聽到不確切的信息，根本不知道發生什麼事情，這時傳令官走到前面大聲宣布，說是克萊尼阿斯之子阿拉都斯邀請所有的市民，一起來恢復他們的自由權利。

9 他們長久盼望的日子總算來到，群眾爭相跑到僭主府邸的門口開始縱火，片刻之間烈焰騰空整座房屋陷入火海，遠在科林斯都可以看見，以致科林斯人感到奇怪，認為發生天災要趕來救援。奈柯克利早已挖好地道才能秘密逃出城市，士兵幫助西賽昂人撲滅大火，然後洗劫倖存的府邸。阿拉都斯並不阻止這樣的行動，只是將僭主剩餘的財產分給市民。

　　這次遠征行動，無論是阿拉都斯這邊還是他們的敵人，沒有一個受傷或死亡，更加幸運的事就是沒有在市民之間引起流血衝突。他恢復80位流亡人員的權利，這些人都是受到奈柯克利的放逐。還有500多人被以往的僭主趕出家園，他們飽受顛沛流離的痛苦，整個期間長達50年之久。這些返國的人士大多數極其貧窮，雖然主張對過去的財產有合法的權利，要取回這些土地和房屋，卻給阿拉都斯帶來極大的困擾。就他看來對外為爭自由受到猜忌，成為安蒂哥努斯亟需打擊的目標，對內則引起社會的失序和傾軋的動亂。

　　處於內外交相迫的局面，他認為最佳的處理辦法是加入亞該亞同盟。雖然西賽昂的居民是多里斯人，可以自願採用亞該亞人的稱呼和市民的自由權利[13]。那個時候的亞該亞人既無名氣又缺乏實力，他們之中大多數人居住在小鎮，領地不夠寬闊而且土壤不算肥沃，瀕臨海洋沒有良好的港灣，濱海地區全是難以通行的岩岸。這裡的人民更為英勇表現希臘人所向無敵的氣概，他們享有的優勢在於嚴格的紀律、協同的訓練和明智的領導。希臘世界古老的光榮沒有他們的份，然而當前不再是一個城邦靠單打獨鬥來開疆闢土的時代，必須齊心合力謀求整體的發

13　多里斯人的議會成為希臘民主制度的濫觴，不僅如此，還決定社會秩序和政府組織，貿易型式和推展的路線，以及宗教和禮拜的模式。

展。他們還沒有被嫉妒和惡意所敗壞，願意服從和追隨具備武德的傑出人物，能夠在這樣多的偉大城市、軍事強權和君主政體當中，保持自己原有的自由權利，穩定前進去拯救和解放無數被奴役的希臘人。

10 阿拉都斯就他的行為而言是貨眞價實的政治家，品格高尚，公而忘私，談起統治和法律的層面，對於敵友一視同仁，都要照顧他們的利益。實在說他並不是一個忠誠的朋友，卻是一個理性而又溫和的敵人，使得自己適合任一方的情勢，完全取決於城邦的需要；民族之間要建立和諧的關係，城邦之間要擁有兄弟的情誼，無論是召開同盟會議還是市民大會要求達成一致的表決，只有全心全意奉獻的人才可以獲得他的祝福和敬重。談到運用武力和訴諸戰爭，他會退避三舍而且表示不同的觀點；然而他是著重策略和計謀的老手，經常不動聲色智取敵方的城市，折服對抗的將領和君王。他曾經從事很多次冒險行動，獲得超出意料之外的成就，仍舊留下很多未曾嘗試的構想，雖然無法保證看來還是切實可行。

有種動物在夜間有很好的視力，到了白晝變得模糊不清，牠們的眼睛結構非常柔弱，無法忍受光線的刺激。如同某些人原來具備的技能和本領，一旦光天化日之下呈現在世人的面前，就會感到怯場和受到干擾，只有從事秘密或改頭換面的冒險事業，才會恢復神色自若的鎭靜。高貴的心靈缺乏哲理的薰陶偶爾造成不平和失衡的狀況，要是美德並非出自眞正的知識，就像自然生長和沒有經過栽培的水果，總會帶著苦澀的味道難以入口[14]。像這樣的例子可以說是不勝枚舉。

11 阿拉都斯和他的城邦全都加入亞該亞同盟，他自己投效騎兵部隊，絕對服從使他蒙受上級指揮官的喜愛。雖然他的名聲和城邦的權勢增加同盟組織的實力，那個時候亞該亞同盟的將領，無論是由狄尼(Dynae)或特瑞提亞(Tritaea)的知名之士擔任，甚至落在更爲偏僻小鎭的土著手裡，他們都把阿拉都斯當成普通人看待，沒有任何特權可言。

埃及國王送給他25泰倫一份大禮，他收到以後分配市民同胞，因爲目前大家

---

14 波利拜阿斯《羅馬史》第4卷對於漢尼拔的性格也有類似的描述，提到他和阿拉都斯這兩位偉大的人物，都有相同的優點和長處，只是運用的方式有所不同。

的狀況不好，缺錢變得很窮，除此以外還贖回淪爲奴隸的俘虜。

12 流亡人士一直感到不滿，任何人只要擁有產業就會受到騷擾，西賽昂要落入田園荒廢的處境，情勢變得極其險惡。除了依靠托勒密的仁慈已經沒有希望可言，他決定乘船前去當面請求給予財務支持，獲得足夠的款項用來紓難，使得所有的黨派都能和解。他從美索尼(Methone)[15]啓碇避開馬利亞(Malea)角[16]，打算直接駛向目標。舵手在大海遇到強風和巨浪，無法保持正確的航線，總算克服困難讓船隻抵達安德羅斯(Andros)[17]的岸邊，這裡已經是敵人的區域，安蒂哥努斯在此地配置守備部隊。爲了避免立即的危險，他只帶一個名叫泰曼瑟斯(Timanthes)的朋友登陸，盡可能遠離大海，在一座森林裡面找到棲身的地方，他與同伴在那裡度過非常難受的夜晚。不久以後，守軍的指揮官前來搜尋阿拉都斯，受到他的奴僕謊言欺騙，事先他已交代他們要說他逃向優卑亞(Euboea)島[18]。這位指揮官宣布，船隻、貨品連帶船上的奴隸，全部成爲合法的戰利品要加以拘留。

阿拉都斯有幾天時間都處於極其困苦的環境，後來總算轉運遇到一艘羅馬船停在他們附近，他們有時要提防敵人的搜索，有時要將自己隱藏起來。這艘船要航向敘利亞，等到阿拉都斯上船以後，說服船長將他們運到卡里亞。航行當中遇到風浪還是危險萬分，面臨的狀況像是如出一轍。

等了很長一段期間，再從卡里亞渡海前往埃及，到達以後立即去見國王，因爲過去接到他送來的禮物，包括希臘人繪製的素描和圖畫，所以國王對他非常友善。阿拉都斯對這方面有高明的鑑賞力，經常用心蒐集最有收藏價值的精品，然後派人送給國王，特別是龐菲盧斯(Pamphilus)和麥蘭蘇斯(Melanthus)[19]這些名家

---

15 美索尼是伯羅奔尼撒半島西南海岸的城市，瀕臨愛奧尼亞海，是一個航運發達的海港和地區的貿易中心。

16 馬利亞角是伯羅奔尼撒半島最南端的海岬，這個海岬與賽舍拉(Cythera)島之間的海道，風濤險惡，來往船舶沉沒者不知凡幾。

17 安德羅斯島位於優卑亞島的東南方，距離雅典約100公里；也有人認爲這是海德里亞(Hydrea)島，在伯羅奔尼撒半島的東海岸。

18 優卑亞是希臘東部愛琴海最大的島嶼，南北長約150公里，寬約30-50公里，形成東北地區的門戶，形勢非常險要，主要城市是卡爾西斯。

19 這兩位是古代名聲最爲顯赫的畫家。龐菲盧斯追隨優龐帕斯(Eupompus)學習繪畫的技巧，

的佳作。

13 即使只有一幅傑作可以流傳下去，西賽昂人的繪畫仍舊擁有極高的聲譽。甚至就是偉大的阿皮勒斯（Apelles）[20] 受到各方的讚賞以後，有一次來到西賽昂，爲了能夠加入畫家協會，他願意支付1泰倫的費用，這樣做不是爲了學習藝術的技巧，而是要獲得崇高的名望。阿拉都斯在將自由權利給予城市的同時，立即摧毀所有僭主留下的紀念物，亞里斯特拉都斯（Aristratus）是菲利浦（Philip）[21] 時代權傾當朝的人物，唯獨阿拉都斯見到他的畫像，再三考量面露難色。這件作品是麥蘭蘇斯和他的門生所繪，畫中的亞里斯特拉都斯站在戰車的旁邊，車上載著勝利女神的雕像。根據地理學家波勒蒙（Polemon）的說法，連阿皮勒斯都助了一臂之力。

這幅畫極其傳神是當代的精品，阿拉都斯看了非常感動，後來還是爲了痛恨僭主，下令拆除加以焚毀。畫家尼阿克利（Neacles）[22] 是阿拉都斯的朋友，出面向他求情，據說尼阿克利含著眼淚要他包涵，發現還是沒有效用。最後的說法是他雖然要狠下心來對付僭主，那就應該以僭主爲目標不要涉及無辜：「那麼就讓戰車和勝利女神留下，我想辦法將亞里斯特拉都斯移走。」獲得阿拉都斯的同意，尼阿克利將亞里斯特拉都斯的像塗掉，留下的位置畫上一棵棕櫚樹，因爲不是自己的創作，所以不願添加其他的東西。據說亞里斯特拉都斯那個畫像的腳，因爲藏在戰車下方，逃過注意得以保存下來。

阿拉都斯運用這樣的手法獲得國王的優容，等到以後雙方經常接觸變得熟悉，國王對他更是愛戴有加；爲了幫助他解決城市的問題，答應給他150泰倫的費用，其中40泰倫馬上讓他帶走，裝在船上隨著他航向伯羅奔尼撒半島，其餘的款項國王分期支付，以後會在不同的時間派人運送給他。

（續）────────────────

　　後來成爲麥蘭蘇斯和阿皮勒斯的老師，他的作品多以歷史和神話爲主題。要是根據普里尼的說法，到了他那個時代，整座城市的財富也買不到麥蘭蘇斯一幅名畫。

20　阿皮勒斯是4世紀B.C.希臘最有名氣的藝術家，成爲馬其頓國王菲利浦二世和亞歷山大大帝的宮廷畫師；特別提到他爲亞歷山大畫出手執雷電的肖像，掌握到獨特的神韻，只是面容稍嫌黝黑。

21　馬其頓以菲利浦爲稱號的國王一共有五位，這位是菲利浦二世，在位期間359-336B.C.。

22　普里尼《自然史》第35卷提到尼阿克利，說他是當代最偉大的畫家，繪出埃及人和波斯人的海戰場面，氣勢雄偉壯麗，成爲舉世讚譽的作品。

14 能夠爲他的市民同胞籌到這樣一筆鉅款，實在可以說是莫大的功德；只要國王將一小部分送給其他的將領和民選官員，就足以讓他們喪失榮譽，出賣或背叛他們的祖國。用這些錢來化解富室和窮人之間的爭執，增加社會的和諧，使得全體人民獲得安全的保障，這可以說是更崇高的成就。還有就是他擁有極大的權勢卻能保持中庸之道，確實讓人佩服得五體投地。爲了解決流亡人員財產問題引起的訟案，他被大家稱作唯一的仲裁者和全權代表。他不願單獨接受任命，而是與15名市民聯合起來組成委員會，克服各種痛苦和困難，調解各方的歧見獲得很大的成效，給城邦帶來和平與友情[23]。

對於這樣的服務和貢獻，不僅是所有的市民賜給他最高的榮譽，就是流亡人員全都捐棄成見，爲他設立一座銅像，基座上面刻著如下的詩句：

> 你爲希臘而戰獲得的功勳和聲譽，
> 早已傳遍世界超越海克力斯之柱；
> 啊！阿拉都斯！你是我們的救星，
> 呈獻這座雕像已經將你視爲神明。
> 我們結束流亡生活得以返回故鄉，
> 所有的史冊記載你的公正和德行。
> 祝福西賽昂人始終不忘這個時日，
> 是你讓我們分享財富和遵守法律。

15 完成這些偉大的工作，帶來無數人民的福利，阿拉都斯使得市民同胞對他已無猜忌之心，馬其頓國王安蒂哥努斯對他一直耿耿在懷，最後的打算要就是拉他參加自己的陣營，否則就要讓托勒密懷疑他而趨向疏離。雖然安蒂哥努斯特別表示關切，他並不放在心上。像是有一次國王在科林斯向神明奉獻犧牲，還派人將一份胙肉送給在西賽昂的阿拉都斯，然後在宴會中當著很多賓客公開說道：

我認爲這位西賽昂的年輕人只愛城邦的自由權利和他的市民同胞，現

23　參閱西塞羅《論義務》第2章第23節。

在我將他視為一個好裁判，可以用來評鑑國王的施政方針和作戰行動。過去他之所以藐視我們，因為他抱著更大的希望，那就是他嚮往埃及人的財富，特別是他聽到他們有那麼多的戰象、艦隊，以及華麗的宮殿。等到後來他從更近的距離看這些東西，發覺僅僅虛有其表只能用來裝飾場面而已，現在他又轉過頭來將就我們。就我而言很願意接納他，使他能夠發揮他的長處和才華，同時希望各位將他視為一個朋友。

　　有些人不僅嫉妒阿拉都斯還對他懷有惡意，等到這些話傳到他們的耳中，認為這是攻訐他最好的機會，就將誹謗的言辭寫信告知托勒密。國王派使者就這件事對他告誡一番。君王和偉大人物的友誼總是會惹來中傷和惡意，因為有人總想達成「三千寵愛在一身」的意圖。

16 阿拉都斯現在第一次成為亞該亞聯盟的將領，對於科林斯灣對岸的洛克瑞斯（Locris）和卡萊敦（Calydon）[24]，進軍蹂躪他們的國土。然後率領1萬士兵前去支援皮奧夏人，不過聯軍到達已經太遲，皮奧夏人在奇羅尼亞（Chaeronea）[25]附近被艾托利亞人擊敗，他們的將領阿比奧克瑞都斯（Aboeocritus）被殺，損失1000人馬。

　　過了一年[26]以後，他再度當選將領，決定發起突擊奪取阿克羅—科林蘇斯（Acro-Corinthus）[27]，不僅為了西賽昂人和亞該亞人的利益，主要的著眼是驅逐馬其頓的守備部隊，使得所有的希臘人能夠從暴政的壓迫之下獲得自由。如同雅典

24　洛克瑞斯這個地區位於希臘中部，瀕臨科林斯灣北岸；卡萊敦是艾托利亞地區最重要的城市，控制科林斯灣的進出水道。洛克瑞斯和艾托利亞與西賽昂隔著科林斯灣遙遙相望，利於亞該亞同盟的用兵，可以在希臘中部建立基地，進而與雅典爭取霸權。

25　讀者不要與另一場奇羅尼亞會戰弄混淆，發生的時間是338年8月2日B.C.，馬其頓國王菲利浦擊敗雅典和底比斯的聯軍，那是阿拉都斯出生之前67年的事。

26　應該是兩年以後即243B.C.的事，按照亞該亞同盟的規定，任何人不得連續擔任將領的職位，中間要隔一年以上。要是依據波利拜阿斯的記載，說是阿拉都斯第一次出任將領以後，隔了8年才第二次出任。奪取阿克羅—科林蘇斯是在第二次任內。

27　阿克羅—科林蘇斯是科林斯一座防衛森嚴，形勢險要的城堡，可以控領科林斯地峽的通道。

的將領查里斯(Chares)[28]擊敗波斯國王的部將，在送往都城的信息中，說他贏得媲美馬拉松會戰的大捷。同樣可以讚揚阿拉都斯的作為，能夠與底比斯人佩洛披達斯或雅典人色拉西布拉斯(Thrasybulus)[29]不相上下，後面兩位採取誅除暴君的行動。他更為光榮的地方，在於他沒有讓希臘人自相殘殺，所有的舉措在於抗拒外國的勢力和異族的統治。

科林斯地峽是分開兩個海洋的長堤，將兩個地區連接起來。阿克羅—科林蘇斯這個堅強的城堡，矗立在地峽的高地上面，正好處於希臘的中央位置，配置一支訓練精良的守備部隊，可以切斷和阻礙伯羅奔尼撒對外的聯絡線，控制海上或陸地的交通，人員或部隊都無法自由通過，使得擁有者成為整個地區的領主。所以年輕的馬其頓國王菲利浦[30]將這個地點稱之「束縛希臘的桎梏」，他完全是據實以告，一點都不帶開玩笑的意味。

17 這個地點成為各方爭奪的要衝，特別對國王和僭主具備更大的吸引力，又以安蒂哥努斯最為熱心，已經不是臨時的嚮往而是長久以來縈迴於心，公開出兵強行攻取的手段無法得逞，爾後一直想用奇襲的伎倆達成占領的目的。

等到擁有此地的亞歷山大[31]亡故，據說是安蒂哥努斯暗中下毒，留下孀婦尼西婭(Nicaea)繼承政權和阿克羅—科林蘇斯這座城堡。安蒂哥努斯立即利用他的兒子德米特流斯，讓尼西婭懷著皇家婚姻的美好希望，能與一個年輕人共度幸福的生活。德米特流斯願意接受一個年紀較他為大的婦女，發揮魅力很容易獲得她的芳心。她並沒有放棄這個地點，一直保留實力強大的守備部隊。表面上安蒂哥努斯顯示出毫不在意的態度，就在科林斯為這對新人舉行婚禮，每天都有表演和飲宴招待賓客，看來他全心全意縱情於聲色和歡樂之中，沒有其他非分的打算。

最關緊要的時刻來到，阿米比烏斯(Amoebeus)在劇院開始演唱，他護衛尼西

28　查里斯是雅典的名將，從367-334B.C.參加無數次對外的戰爭，使得雅典能與馬其頓分庭抗禮，他熟悉兵法而且經驗豐富，缺點是不講信義，貪婪成性給城邦帶來很大的困擾。

29　色拉西布拉斯是雅典主張民主政體的領袖人物，推翻斯巴達人扶植的四百人會議和三十僭主，完成雅典的中興大業，光復海外失去的領土和屬地，388B.C.在阿斯平杜斯(Aspendus)的作戰行動中陣亡。

30　這位馬其頓國王是菲利浦五世，他是安蒂哥努斯三世的兒子，在位期間221-179B.C.。

31　這位亞歷山大是科林斯的僭主。

婭前來欣賞。這時她乘坐精工雕製的皇家抬輿,爲獲得新的地位感到無比的愉悅,根本沒有想到會有出人意料的事件發生。等到他們到達一個可以通到城堡的路口,他要尼西婭先去劇院。這時阿米比烏斯的演唱和婚禮的宴會,全都不放在心上,急急忙忙不像上了年紀的人那種慢條斯理的樣子,用最大速度趕到阿克羅—科林蘇斯。他發現大門緊閉,就用手杖敲門命令守軍立即打開,裡面的人雖然極其驚愕只有照辦。等到自己成爲這個地方的主人,不僅自己欣喜若狂還要別人分享他的快樂;雖然他是一個老人而且經歷過無數的幸運和福氣,還要在通衢大道和市場裡面飲酒慶祝,頭上戴著花冠在吹笛婦女的隨伴之下,邀請每一個人參加他的宴會。畏懼或悲傷對內心引起的刺激,以及產生的興奮程度,看來遠不及喜悅這種情緒,可以渾無顧忌的表達。

18 安蒂哥努斯運用這種方法獲得阿克羅—科林蘇斯,派駐的守備部隊最受他的寵信,任命哲學家帕西烏斯(Persaeus)爲總督。

亞歷山大在世的時候,阿拉都斯始終保持積極的態度,要讓他率領科林斯人與亞該亞人盡釋前嫌建立同盟關係,現在只有斷絕這個念頭。後來他又想重起爐灶,對整個局勢產生新的打算,事情的本末有如下述:敘利亞有四兄弟來到科林斯,其中一位名叫戴奧克利(Diocles),投效軍旅在守備部隊擔任傭兵。另外三個兄弟偷了國王的黃金,跑到西賽昂去找銀行家伊傑阿斯(Aegias);這位銀行家爲阿拉都斯處理有關的事務。他們見到伊傑阿斯就將部分黃金賣給他,以後其中一位叫厄金努斯(Erginus)的兄弟常來求見,基於需要兌換少量金額,這樣一來雙方變得很熟悉。在銀行家的引導之下,他們談到城堡有關狀況。厄金努斯說是他的兄弟過去曾經提過,面對的陡峭山崖,有一道傾斜的裂隙通到城堡的城牆,位置比其他地點都要低。

伊傑阿斯用開玩笑的口吻向他說道:「你們爲了一點點黃金竟敢破門而入國王的金庫,現在只要花一個鐘頭的時間就有更大的收穫,看來你是一個聰明人爲什麼不幹,要知道竊盜與賣國是同樣的死罪。」厄金努斯笑著告訴銀行家,說是要把這件事源源本本告訴戴奧克利(他對於其他的兄弟並不完全相信)。過了幾天以後他回來,達成協議就是引導阿拉都斯到城牆那個位置,高度沒有超過15呎,他與他的兄弟戴奧克利盡力完成交付的工作。

19 阿拉都斯答應事成以後給他們60泰倫的報酬，即使這次冒險行動失敗，只要逃得性命安全歸來，每個人可以獲得一間房屋和1泰倫。現在要將這筆支付給厄金努斯和同伴的獎金存放在伊傑阿斯手裡，阿拉都斯沒有這麼多現款，同時也不願向人借貸，免得引起任何的疑心說他別有企圖，他將值錢的器皿和妻子的金飾，抵押給伊傑阿斯作為保證。為了達成高貴的行動，他具備如此激昂的氣度和如此強烈的情緒，甚至就是福西昂和伊帕明諾達斯知道以後，都會讚譽這是希臘人當中最高尚和最公正的風範；雖然這兩位當中，前一位拒絕接受價值連城的重禮，另一位不為金錢放棄自己的職責。特別是阿拉都斯決定由個人出資，支付冒險行動所需的費用，雖然他做這件事是為了大家，卻完全自己負責所有的成敗，甚至都不讓別人知道他的犧牲奉獻。他願意付出高昂的代價去尋求如此重大的危險，所以會在深夜進入敵人的區域，根本不在意沒有任何安全的保障，希望獲得極其寶貴的成功，即使喪失性命也在所不惜。對於這樣一位心胸開闊的人物，實在說，即使住今日，誰會放棄對他的讚譽和抹殺對他的關注。

20 這樣的行動本身已經非常危險，何況出於疏忽在開始就發生差錯，更是陷入難以為繼的地步。特克儂是阿拉都斯的奴僕，奉派去見戴奧克利，然後一同檢視城牆的狀況，雖然他沒有見過戴奧克利，事先厄金努斯告知他這位兄弟的特徵，像是鬈曲的頭髮、黝黑的膚色和沒有留鬍鬚，可以毫無問題分辨得出。他來到指定的地點，位於城外就在奧尼斯(Ornis)這個小村的前面，停下來等候厄金努斯和戴奧克利。

這個時候，厄金努斯和戴奧克利的兄長戴奧尼休斯(Dionysius)正好從旁邊經過，這個人根本不知道有這回事，但是他的長相很像戴奧克利。特克儂看到他與所說的樣子沒有差異，就去問他是否認識厄金努斯，聽到回答說是他的兄弟，認為與自己說話的人就是戴奧克利，沒有再問他的名字，或者留下來做進一步的查證，立即與他握手開始交談，就他同意厄金努斯的事項問了一些問題。戴奧尼休斯非常狡猾，他運用對方所發生錯誤，裝成完全了解的樣子，邊走邊談使得特克儂毫無懷疑，隨著他向著城市的方向慢慢前行。就在接近城門可以讓戴奧尼休斯將他抓住的時候，厄金努斯正巧遇到他們，發覺欺騙的行為和面臨的危險，提醒特克儂趕快逃走。接著兩兄弟盡快跑到阿拉都斯那裡，阿拉都斯一點都不感到氣餒，立即派厄金努斯去找戴奧尼休斯，花錢讓他閉嘴不要亂講。厄金努斯不僅照

辦，還將戴奧尼休斯帶來見阿拉都斯。他們不讓戴奧尼休斯外出自由行動，將他
鎖在房裡嚴加看管，然後他們加強準備要執行原訂的計畫。

21 現在所有的工作已經準備完成，阿拉都斯通令全軍整個夜晚要全副
武裝備便，接著從中間挑出400名士兵擔任選鋒，只有少數幾位知道
突擊的目標，然後率領他們向著科林斯的城門前進，這座城門附近有供奉朱諾的
神廟。這時是仲夏正逢滿月，天空沒有一絲雲彩夜晚顯得分外明亮，兵器在月光
的照耀之下發出閃爍的光芒，生怕洩漏行跡帶來危險。就在他們的前隊快要接近
城市之際，從海面飄來一陣薄霧，使得城市和四周的近郊淪入黑暗之中，他們坐
了下來將鞋子脫下，走路可以減低聲音，赤腳攀登雲梯不會打滑。

厄金努斯帶著7個年輕人，衣服裝束像是外來的旅客，在沒有被人發覺的狀
況來到城門口，殺死哨兵和其他的警衛。這時雲梯已經靠著城牆搭架，大約有100
多人能用很快的速度追隨，阿拉都斯命令其餘人員要盡力跟進，立即將雲梯接著
豎起來。他率領100多人經過城市直撲城堡，這時他極其高興沒有被人發現，認
為毫無問題可以獲得成功。在他們前進的途中，遇到四人一組的巡邏帶著一支火
炬走過來，因為月亮還被雲遮住，所以沒有能夠看到他們，如果再要接近就一定
被發現。於是他們暫時後撤，藏身在房舍的牆下和菜園當中，設下埋伏等待巡邏
組的到來，三個巡邏被殺，第四位的頭上挨了一刀，在逃走中大聲叫嚷敵人已經
進入城市。立刻響起號角的長鳴，整個城市陷入一片喧囂之中，街道上面充滿來
回奔走的人群，很多燈光照亮市鎮和據高臨下的城堡，到處都可聽到亂成一團的
嘈雜聲音。

22 就在這個時候，阿拉都斯還是努力不懈，費很大的功夫才登上山崖。
開始不僅緩慢而且非常困難，通往城牆是一條羊腸小道，不易辨識
的路徑位於山崖最低窪和最崎嶇的部分。據說就像是奇蹟出現一樣，月亮從雲層
中露出臉來，撒出的光芒足以照亮最難以通行的部分，使得他們能夠到達城牆所
期望的位置。接著雲層又密合在一起，所有的東西都隱藏在黑暗裡面。

靠近朱諾神廟的城門外面，阿拉都斯留下的300名士兵已經進入城市。現在
到處充滿喧囂和燈火，他們找不到阿拉都斯所經過的小徑，無法追隨先到者的腳
步前進，就在高崖下面的陰暗處聚集起來，處於極其苦惱和困惑之中，只有留在

那裡繼續等待下去。此刻那些追隨阿拉都斯前進的人員，遭到城堡的守軍用弓箭對他們發起的攻擊。就在雙方激戰之際，交手的吶喊從下方向上蔓延，巨大的聲音在群山之間激盪回響，雖然全城各地都聽得很清楚，在混亂和浮動的狀況下，很難分辨發自何處。

他們還在遲疑不決、難以判定轉用何處為好的時候，阿奇勞斯（Archelaus）身為安蒂哥努斯的部將，指揮數量龐大的士兵，發出巨大的吶喊衝向上方的城堡，配合號角的嘈雜聲音，攻擊阿拉都斯的後衛。這樣一來要從300人的旁邊通過，國王的部隊沒有發覺，使得這批伏兵能夠發揮巨大的作用。他們立即衝向前去，最先遭遇的敵人都被他們殺死，其他的人員是如此的驚惶失措，只有聚集在阿奇努斯的四周，然後被逼得逃走還受到他們的追擊，一直到全部潰敗散布在整個城市之中。就在他們剛剛擊敗敵人之後，厄金努斯從上方的城堡來到他們中間，讓他們知道阿拉都斯正與敵人接戰，當面的對手頑抗不退，就在那段城牆發生一場艱辛的搏鬥，需要火速給予幫助。

他們要他在前面帶路一刻也不願耽誤，行進之際發出吶喊讓戰友知道他們正在赴援之中，更可以鼓勵奮戰的勇氣。滿月的光芒照耀著他們的武器，長長的行列看在敵人的眼裡，比起實際的數量像是增加很多；夜間的回聲使得他們的吶喊更是聲勢驚人。總之，生力軍加入攻擊以後使得敵人屈服，阿拉都斯成為城堡和守備部隊的主人，現在的時刻已經到了黎明，他們的勝利在旭日的照耀之下顯得光芒萬丈。就在這個時候，其餘的軍隊從西賽昂來到阿拉都斯的麾下，興高采烈的科林斯人聚集在城門口歡迎，協力看管國王的黨羽確保社會的安寧。

23 等到所有事務都安排就序，保證安全不會產生問題，這時阿拉都斯離開城堡前往劇院，無數的民眾擠在裡面瞻仰他的風采，聆聽他要對科林斯有什麼話要說。舞台通道的兩側排列著亞該亞人，他走到舞台最前面，身上還穿著胸甲，面容顯示出辛勞工作和缺乏睡眠的神情，陷入狂喜和激動的心靈仍然不敵肉體的疲憊。就在他來到台前那一刻，全場爆發出歌頌和祝賀的聲音，他的右手拿著長矛用來支撐身體，膝蓋微彎保持休息的姿態，就這樣站立一會兒，不發一語接受他們的歡呼和喝采。他們讚揚他的英勇而且對他的運道感到驚奇不已，過了一會兒等大家安靜下來。他用亞該亞同盟的名義發表演說，認為剛剛採取的行動有其必要，呼籲科林斯人加入同盟的陣營，同時將所有城門的鑰

匙交給他們，自從菲利浦王統治以來，科林斯人從未擁有這種權力。

為了處理安蒂哥努斯的部將，他釋放被俘的阿奇勞斯，狄奧弗拉斯都斯拒絕放棄職守遭到處決。至於帕西烏斯，當他看到城堡已經喪失就逃到申克里（Cenchreae）[32]，過了一陣子以後，據說某次在閒談之中，有人提到只有見識高明的智者才夠資格擔任將領，他回答道：「這話不錯，過去沒有任何東西比起季諾的學說，能給我帶來更大的喜悅，自從我在西賽昂的年輕人那裡獲得教訓，意念的改變使我產生另外的見解。」很多作者都提到帕西烏斯這段軼事。

24 阿拉都斯立即擁有朱諾神廟和李契姆（Lechaeum）[33]的港口，國王的船隻有25艘被他擄獲，外加500匹馬和400名敘利亞人，這些都被他發售。亞該亞人為了防守阿克羅─科林蘇斯，派駐一支400名士兵的隊伍，還有50條狗用來加強警衛的力量。

羅馬人對於斐洛波門心儀不已，頌揚他是最後的希臘人，好像從他那個時代以來，希臘沒有培養出更為偉大的人物。我將占領阿克羅─科林蘇斯稱之為希臘人最後的勳業，無論是執行的膽識和獲得的成效，就產生的結果可以看出，能與最高明的軍事行動相比毫不遜色。從而麥加拉人背棄安蒂哥努斯投入阿拉都斯的懷抱，特里真人和伊庇道魯斯人（Epidaurians）[34]參加亞該亞同盟。接著阿拉都斯發起遠征行動，第一次入侵阿提卡地區，渡海進入薩拉密斯使得整個島嶼受到洗劫。亞該亞的軍隊像是剛從監牢裡放出來，獲得自由以後全心全意隨他轉戰四方。凡是具備自由人身分的雅典人，被他俘虜以後不要贖金予以釋放，等於第一次運用這種邀請的方式，要求他們與安蒂哥努斯劃清界線加入同盟。

他讓托勒密成為亞該亞人的盟友，發生戰事以後無論在海洋和陸地都擁有指揮的權力。阿拉都斯在亞該亞人當中能夠運用極其巨大的影響力，法律規定一個人不能每年都出任將領，然而每隔一年他總是當選這個職位，事實上，無論是他的意見或行動，一直擁有主控的力量。他們知道他的所作所為，並非追求財富或名聲，不是為了獲得國君的友誼，也不是為自己的城邦謀求單獨的利益，更不是

32　申克里是科林斯東邊一個小鎮，相距不到10公里，瀕臨撒羅尼亞灣（Saronic Gulf）。
33　李契姆是科林斯的外港，瀕臨科林斯灣，經常有大批船舶在此停靠。
34　特里真和伊庇道魯斯都是伯羅奔尼撒半島東部的主要城市，瀕臨愛琴海，位於亞哥斯的勢力範圍之內，這個區域的城邦經聯合起來對抗斯巴達的侵略。

任何他喜愛的事物，可以說完全是爲了增進亞該亞同盟的權勢，進而成就偉大的事功。

　　他認爲個別的城邦都會衰弱，要想生存沒有別的辦法，只有在共同的利益之下緊密結合相互協助。生命的共同體在於各部機能的聯合，就會繼續的成長茁壯欣欣向榮；一旦分離就會變得日益憔悴最後只有腐爛消失。所有的城市只要建立同盟，成爲團體的成員以後，在整體治理之下享受群策群力所創造的福利，要是他們星散同樣面臨滅亡的命運。

25　鄰近那些主要的城邦都能遵守各自的法律，享受自由的權利，阿拉都斯看到亞哥斯人仍舊處於桎梏之中，感到極其悲痛，提出建議要推翻他們的僭主亞里斯托瑪克斯[35]。他之所要使亞哥斯人獲得自由，一方面是爲了報答這個城邦對他的養育之恩[36]，另一方面是爲亞該亞同盟增加一個實力強大的盟邦。

　　按照他的構想，亞哥斯人當中敢挺身而出從事這番事業的人物不多，其中以伊斯啓盧斯(Aeschylus)和占卜者查瑞米尼斯(Charimenes)爲首，他們缺乏可用的刀劍之類兵器，僭主禁止任何人持有，一旦發覺給予嚴厲的刑責。阿拉都斯要供應型式較小的短劍，通常科林斯定期有馱獸載運貨物前往亞哥斯，就將這些武器藏在鞍具裡面[37]。

　　查瑞米尼斯讓無關的人士參與秘密活動，伊斯啓盧斯和他的同伴對這件事非常憤怒，於是不願與他從事各種工作，完全按照自己的辦法去做將他蒙在鼓裡。等到查瑞米尼斯發覺以後更加氣惱，就在他們正要攻擊僭主之前，告發他們有謀叛的行爲。好在大部分舉事人員在間不容髮之際從市場逃脫，前往科林斯尋求庇護。

　　過沒多久以後，亞里斯托瑪克斯被一些奴隸所弒，亞里斯蒂帕斯(Aristippus)奪取政權，成爲比起前任更加惡劣的僭主。阿拉都斯看到情勢發生變化，徵召亞

35　亞哥斯前後兩位僭主名字都叫亞里斯托瑪克斯，現在這位死在奴隸的手裡，另外一位在申克里受盡折磨而死，在這兩位之間的統治者是亞里斯蒂帕斯。

36　可以參閱本章第3節他在亞哥斯獲得庇護的狀況。

37　波利拜阿斯《羅馬史》第2卷，提到這件事的經過，說是發生在下面那位亞里斯托瑪克斯的統治期間。

該亞所有及齡男子，火速趕往亞哥斯要助城邦一臂之力，相信民眾會揭竿而起。那個時代絕大多數市民，已經習慣於奴役制度，滿足於順民生活，沒有人響應他的行動，逼得他只有撤軍以求自保。

後來他為此受到控訴，罪名是在和平時期將亞該亞同盟拖入戰爭。他們趁著阿拉都斯離開城邦，在曼蒂尼人的面前提出這件訟案，原告亞里斯蒂帕斯贏得官司的勝利，獲得30邁納[38] 作為損害賠償之用。阿拉都斯成為僭主痛恨和畏懼的對象，亞里斯蒂帕斯得到馬其頓國王安蒂哥努斯的協助，要用暗殺的手段來對付這個不共戴天的仇敵。阿拉都斯現在陷入危機四伏的處境，隨時有人在旁邊窺伺要取他的性命。

一個統治者除了臣民的忠誠和善意沒有其他的私人護衛；一般的民眾和主要的市民要是產生畏懼之心，使得彼等不為統治者所畏，這時統治者就會被臣民所窺伺而無所遁形。因此，我只有暫停一下說幾句題外話，如果看了下面這段敘述，心中還是極其羨慕專制的權力，推崇和讚揚絕對統治的排場和驕傲，那就會讓亞里斯托帕斯牽著鼻子走上不歸路。

26 亞里斯蒂帕斯獲得安蒂哥努斯做他的朋友，雙方建立聯盟關係，有無數的士兵執行的任務如同他的衛隊，不讓任何一個仇敵活著留在城市。他逼得要將這些衛隊安置在府邸四周的柱廊裡面宿營，所有的奴僕在晚餐以後立即打發出去。他會鎖上房門不讓他們進入，再與他的妻子經過一道活板門爬進位於上方一個小室，裡面擺著床舖用來休息。他只有在這種狀況下，才可以免於心中的焦慮和恐懼安然入睡。他的岳母將爬上去的梯子抽走，再鎖在另一個房間，等到早晨她搬過來架好，呼喚這位英勇而又天生怪癖的僭主，讓他像一隻鼴鼠那樣從洞穴裡面爬出來。

反觀阿拉都斯則不然，他擁有長久的指揮權並非出於武力的支持而是德行的感召，可以獲得法律的認同與核定。他穿著普通的長袍和斗篷外出毫無所懼，對於所有的僭主和暴君而言，他是公認的仇敵而且絕不會放棄自己的職責。在希臘

---

38 30邁納不過半個泰倫，僅僅是名義上的罰鍰而已；曼蒂尼人採取的行動如同仲裁者，可能出
　　於特定的協議事項。

人中間留下最光耀奪目的世系，他的後裔子孫一直傳到今日[39]。然而那些據有城堡和維持衛士的僭主，他們用無數的武器、厚重的大門和堅固的門閂來保障他們的生命，只有很少的例子能夠獲得善終，如同母鹿可以逃脫獵人的毒手。他們之中沒有一個人能留下一個家族，甚或一座紀念碑，用來追思平生的事蹟。

27 為了對付亞里斯蒂帕斯，阿拉都斯多次運用公開的攻擊或暗中的破壞，盡最大努力要奪取亞哥斯，始終沒有達成目標。有一次他冒著危險在夜間用雲梯登上城牆，殺死那些抵抗的哨兵，對於只有少數士兵追隨使他感到失望。等到白晝來到，僭主竭盡諸般手段對他施以打擊。那些亞哥斯人並不認為這是為他們爭自由而戰，倒像是參加尼米亞運動會的選手，拚鬥的目標是要贏得優勝的獎品，所以他們像是公正無私的裁判，非常平靜坐在那裡觀賞。

阿拉都斯的作戰極其英勇，他的大腿被長矛戳穿，然而他仍舊固守陣地抗拒優勢之敵直到夜晚，接著他還能繼續堅持下去，這時他已經扭轉整個態勢。僭主認為除了逃命已經毫無希望，早已準備好的船隻上面裝載著他的財產和家當。阿拉都斯無法得到這方面的情報，現在不僅缺乏飲水，而且他的傷勢使他難以行動，逼得他只有退兵。

28 阿拉都斯對於用奇襲的方式奪取目標已經感到失望，於是率領大軍公開進入亞哥斯人的領地，到處縱兵劫掠無所不為。他在查里斯河附近與亞里斯蒂帕斯發起一場激烈的會戰，受到指控說他擅自脫離戰鬥，使得勝利從他的手中溜走。他的軍隊有一翼的兵力明顯占了上風，快速前進發起追擊；這時他所指揮的部隊被敵人趕離原來的位置。他不相信在另一翼能獲得進展，同時產生畏懼之心，在混亂不堪的狀況退回自己的營地。

另外一翼的部隊從追擊中返回，看到狀況大為惱怒，雖然他們將敵人打得大敗而逃而且損失遠較對手為輕，現在被他們打敗的人卻成為可以樹立紀念碑的征服者。阿拉都斯感到羞慚下定決心要為榮譽而戰，次日將部隊帶出營地排列會戰隊形。他發覺敵人增援的生力軍到達，士氣較之以往更為高昂，不敢冒險與敵軍接戰，退兵以後派人前去簽訂休戰協定俾能埋葬死者。

39　本章第54節提到他的後裔源遠流長，散布在伯羅奔尼撒半島各城市，都有出人頭地的聲勢。

他的手腕高明而且策略運用得當，還是獲得民眾的愛戴，他爲了辯解和抹除
自己所犯過錯，將克里奧尼(Cleonae)[40]納入亞該亞同盟，同時在該地舉行尼米亞
競技大會，因爲他認爲克里奧尼是一個古老的城市較爲適合。亞哥斯在同一時間
舉辦類似的賽會，首次出現參加競賽的選手，安全的特權受到侵犯的現象。這些
運動員到亞哥斯要經過他們的國土，被亞該亞人抓住當成敵人出售爲奴，於是僭
主極其憎恨阿拉都斯到勢不兩立的程度。

29 這件事[41]過後沒有多久，阿拉都斯得到情報說是亞里斯蒂帕斯打主
意要占領克里奧尼，這位僭主畏懼他所以不敢動手，只要他現在留
在科林斯，到克里奧尼的距離非常近，可以很快趕去支援。他發布公告召集部隊，
下達命令要大家自行攜帶幾天的糧食，然後向著申克里進軍，希望能用這種策略
誘使亞里斯蒂帕斯出兵攻打克里奧尼，特別是這位對手認爲他已經走了相當遠的
路。這個辦法果眞奏效，僭主立即率領軍隊從亞哥斯開拔。

阿拉都斯從申克里回師，大約在薄暮時分到達科林斯，接著從部隊向各處道
路派出管制哨，用來引導亞該亞人的行軍，維護良好的秩序和隊列，能夠保持極
其敏捷的速度。他們在行軍當中不僅封鎖信息，同時是在夜間抵達進入克里奧
尼，接著下達會戰的命令，亞里斯蒂帕斯對於他們的行動根本毫無所知。

到了第二天早晨，城門大開號角響起，阿拉都斯一馬當先全速衝向敵陣，發
出驚天動地的吶喊，立即將亞里斯蒂帕斯的部隊打得潰不成軍，然後保持緊跟不
放的追蹤，雖然這個地區有幾條道路可用，事先阿拉都斯已預判對手要採行的退
卻路線，使得追擊行動最遠到達邁森尼。根據狄尼阿斯的說法，僭主是被一個名
叫特拉吉斯庫斯(Tragiscus)的克里特人趕上以後殺害，普通士兵的損失超過1500
人。雖然阿拉都斯獲得如此輝煌的大捷，全軍沒有一人喪失性命；埃傑阿斯(Agias)
和小亞里斯托瑪克斯帶著國王的部隊進入城鎮，奪取政權。阿拉都斯無法成爲亞
哥斯的主人，不能將自由權利授與所有的人民。

他所建的功勳可以堵住那些顛倒黑白的悠悠之口。有些人爲了奉承僭主，經

---

40 克里奧尼是希臘北部地區卡夕得西(Chalcidice)半島一個古老的城市，亞該亞同盟向此地發
   展的結果，會與馬其頓和雅典產生直接的衝突。

41 這件事以後接著發生的情況，從第34節開始敘述。

常用取笑的語氣提起這位亞該亞的將領，說他所發起的會戰總是遭到困難未竟全功，聽到號角的聲音就會頭暈眼花想要上床睡覺。每當他的部隊排出陣式和下達口令以後，通常會問手下的部將和軍官，現在骰子已經撒了出去，他是否還有親臨戰場的需要。然後趕快離開指揮位置，逗留在一段距離之外等待最後的結局。實在說像這樣的傳聞可以經常聽到，那就是哲學家對這個題材產生爭論，遇到危險產生心跳加速和面色蒼白的現象，有人認為來自恐懼和怯懦，另外一種說法是體質的失溫和寒冷所致。阿拉都斯雖然是一位名將，進入戰場經常出現這種徵候。

30 等到亞里斯蒂帕斯滅亡以後，阿拉都斯打主意要推翻利底阿德（Lydiades），這位麥加洛波里斯人篡奪城邦的權力。利底阿德天生慷慨的性格，培養出愛好榮譽的風度，他之所以變得邪惡而殘酷，不像其他僭主那樣出於放蕩和貪婪的動機，完全在於年輕氣盛和好大喜功。他抱著不以為意的心態，熱中於歌頌暴政的虛假和無益，並且當成幸運和光榮的事情。他剛剛把政權掌握在手中，立刻對於隨之而來的排場和束縛感到厭煩和無奈，很快使得他對阿拉都斯的成就產生嫉妒之心，同時也畏懼這位將領所揭櫫的原則。

利底阿德做出極其明智的決定：第一，要使自己袪除仇恨和畏懼的心態，不受士兵和衛隊的控制；第二，推行仁政使自己成為城邦的恩主。於是他派人去見阿拉都斯，說是他要還政於民，同時要讓城邦加入亞該亞同盟。亞該亞人讚譽這種高貴的行動，推選他擔任將領。從此以後，他抱著一種願望就是要比阿拉都斯獲得更多的榮譽，因而出現很多節外生枝的事情，像是他要對拉斯地蒙人宣戰；阿拉都斯的反對被人認為出自妒忌。雖然阿拉都斯公開不表贊同，費了很多力氣去遊說，要將這個職位授與其他人士，結果利底阿德還是第二次當選成為將領。

正如前面所說，阿拉都斯也是每隔一年負起指揮的責任[42]。利底阿德能夠三次當選將領，使他對這種成就感到自負，而且如同阿拉都斯一樣，輪流負責政務的推行。到後來他公開宣稱對方是他的仇敵，經常在亞該亞人前面提出指控，遭到駁回陷入羞辱不堪的地步，民眾的看法是兩人的競爭完全取決於德行和操守，利底阿德是偽造的贗品，只有阿拉都斯獲得大家的信任。

正如伊索所說的寓言，杜鵑問其他的小鳥，為什麼大家見到它就飛走，回答

42　本章第24節對於亞該亞同盟推選將領，有詳盡的記載。

是怕它有那一天要證明自己是一隻獵鷹;因此他們用同樣的眼光看待利底阿德,過去的暴政使得大家懷疑目前的改變是否眞實不虛。

31 阿拉都斯在艾托利亞的戰事獲得新的榮譽。亞該亞同盟一致同意要在麥加拉的國境之內,對艾托利亞人發起攻勢[43]。拉斯地蒙國王埃傑斯也會率領一支軍隊前來援助,提振出戰的士氣,只有阿拉都斯反對他們所做的決定。他很有耐心忍受各方的指責,很多人用羞辱的言辭嘲笑他不僅虛有其表而且過分懦弱;爲了顧全大局,他根據自己的判斷著重眞正的利益,始終存有審愼恐懼之心,並不認爲這樣做會喪失顏面。他本著這樣的原則,即使敵軍越過吉拉尼(Geranea)山脊,進入伯羅奔尼撒半島,仍舊不願與對手決一死戰。

敵軍的進展神速,等到消息傳來說他們出乎意料占領佩勒尼(Pellene)[44],即刻之間阿拉都斯完全變了一個人,不再遲疑耽擱時間,更不等待全軍集結,率領手邊現有的部隊,馬上進軍前去攻打敵人。誰知這些賊寇因爲成功沖昏了頭,無惡不作成爲一群烏合之眾,實力已經大減。就在他們進城之際,士兵分散開來逐屋搜尋財物,相互之間爲了爭奪戰利品發生爭執和打鬥。將領和軍官到處去抓佩特尼人的妻子和女兒,將自己的頭盔戴在她們的頭上,用來標示已經名花有主,防止別人將她們搶走。

處於這種混亂的狀況之下,突然傳來信息說是阿拉都斯,率領軍隊前來攻打他們。人們只要聽到危險即將來臨,難免陷入混亂之中而張皇失措。那些留在外圍的敵軍與亞該亞人在城門口和近郊發生接戰,已經被打得大敗而逃,造成全線崩潰的現象,讓集結起來前進給予援助的部隊看到以後,同樣落到無比驚懼的地步。

32 伊庇吉瑟斯(Epigethes)是聲望很高的市民,他的女兒面容美貌身材高 ,被一支選鋒部隊的隊長搶走,把有冠毛的頭盔戴在她的頭上,看到當時整個局面極其混亂,就將她暫時安置在黛安娜神廟。她聽到外面發出嘈

---

43 大約發生在奧林匹克134會期第4年即241B.C.,亞該亞人始終認為艾托利亞人會從麥加拉邊界,企圖入侵伯羅奔尼撒半島,根據雙方簽訂的同盟條約,要求斯巴達人派遣援軍。

44 佩勒尼是西賽昂西邊一個小城,相距約20公里。

雜的聲音，跑出去看看究竟會有什麼狀況，站在神廟門口向下觀望那些正在交鋒的戰士，這時她的頭上還戴著頭盔。這種形象看在市民的眼裡真是威風凜凜，敵軍以爲是天神下凡，感到極其驚惶和恐怖，以至於每一個人都失去保護自己的勇氣。

佩勒尼人認爲觸摸黛安娜的雕像是褻瀆的行爲，當祭司抬著神像離開神廟出巡的時候，任何人都要轉過頭去不可以逼視，衪的眼光不僅令人恐懼而且會給人帶來傷害，就是樹木被衪眼神掃到都會落果或是無法結實。因此，他們說是祭司正在這個時候將神像抬了出來，直接對著艾托利亞人的臉孔，使得他們喪失理性和判斷的能力。阿拉都斯在他的《實錄》中並沒有提到顯靈的事，只是說他打得艾托利亞人大敗而逃，使得在城市裡面的敵軍陷入混亂之中，然後運用主力將他們驅逐出來，敵方被殺的士兵有700名之多。阿拉都斯指揮的軍事行動當成最偉大的功業受到各方的讚譽，畫家泰曼荙斯[45]爲這次會戰繪製一幅圖畫，情景逼眞所有的人物像是栩栩如生。

33 現在有很多城邦和君主聯合起來對抗亞該亞同盟，阿拉都斯立即探取應變的行動，對於艾托利亞人安排友善的協商。潘塔勒昂(Pantaleon)是艾托利亞人當中最有權勢的人物，獲得他的幫助不僅可以謀求和平，還可以與亞該亞人建立聯盟關係。他爲了要讓雅典獲得自由獨立，自己在亞該亞人中間搞得灰頭土臉到處遭人責怪，因爲他們與馬其頓訂有休戰協定，雙方講好不動干戈，然而現在他卻要奪取派里猶斯。

他的《實錄》敘述的情節並非事實，把責任全部推到厄金努斯身上，過去就得到這個人的協助才能占領阿克羅—科林蘇斯。他說厄金努斯私下打算要攻擊派里猶斯，等到他的雲梯折斷他摔落下來，敵人在後緊跟不放，這時他大叫阿拉都斯的名字，讓追兵以爲他有很硬的靠山，完全是用欺騙的伎倆才能逃過一劫。這種辯護之詞實在無法令人置信。厄金努斯不過是一個平民又是敘利亞來的外鄉人，如果不是阿拉都斯在後面撐腰，指導他如何進行以及何時發起攻擊，並且供應所需的兵力和裝備，很難想像他的心中會有這種異想天開的念頭。

他就像癡心的戀人，不是三番兩次，而是經常不斷一再想要將派里猶斯弄到

45　這位畫家就是前面第12節所提與他一起在海島避難的朋友。

手中。即使失敗也沒有氣餒更沒有喪失希望，何況每次都是功虧一簣，更加激起再接再厲的勇氣。有一次他夾雜在撤退人員當中，要經過色拉西亞（Thrasian）平原逃走，摔倒使得腿骨脫臼，在治癒之前被逼得用刀進行很多次手術，所以有很長一段時間，他要坐在舁床上面進入戰場。

34 安蒂哥努斯逝世德米特流斯接位[46]以後，他比過去更加注意雅典的事務，根本不理馬其頓人對這個問題所抱持的看法等到他在菲拉西亞（Phylacia）附近一場會戰中，被德米特流斯的將領畢特斯（Bithys）擊敗，他遭到俘虜或被殺的消息甚囂塵上。派里猶斯總督戴奧吉尼斯（Diogenes）派人送信到科林斯，說是阿拉都斯已經喪命，亞該亞同盟應該放棄他們所占領的城市。當這封信送到科林斯的時候，阿拉都斯正好在該城，戴奧吉尼斯的使者受到嘲笑顏面盡失，只有打道回覆他的主子。馬其頓國王德米特流斯派遣一艘船到科林斯，命令亞該亞同盟將阿拉都斯五花大綁送到他那裡。

阿拉都斯死亡的信息剛一傳來，雅典人朝三暮四的善變習性表露無遺，他們為了討好馬其頓人，群聚起來頭戴花冠大肆慶祝。他聽到以後怒不可遏，立即出兵入侵阿提卡地區，先頭部隊已經抵達雅典學院的位置，後來總算接受規勸不為已甚，沒有採取敵對的行動，不會給雅典人帶來很大的損害。從此以後，雅典人感受到他的恩情，等到德米特流斯過世[47]，他們亟欲恢復城邦的自由獨立，特別請求阿拉都斯給予協助。雖然那個時候亞該亞同盟的將領是另外一位人士，何況長期以來他臥病在床，唯恐不能及時滿足他們的需要，特別坐在舁床上面趕去盡最大心意。

他幫著說服戴奧吉尼斯總督將派里猶斯、慕尼契亞、薩拉密斯和蘇尼姆（Sunium）歸還雅典，可以獲得150泰倫的報酬，阿拉都斯願意拿出20泰倫共襄盛舉。看到這種狀況，伊吉納人和赫邁歐尼人（Hermionians）立即加入亞該亞人的陣營，阿卡狄亞絕大部分城市都成為他們的盟邦。馬其頓人現在引發的戰爭，都在他們的疆域之內或是鄰接的地區，亞該亞同盟在艾托利亞人加入以後，聲勢浩大

---

46 安蒂哥努斯二世哥納塔斯崩殂於239B.C.，他的兒子德米特流斯二世繼承，在位期間大約有10年。

47 德米特流斯二世在229B.C.逝世，安蒂哥努斯三世多森（Antigonus III Doson）接位，統治馬其頓9年。

已到登峰造極的地步。

35 阿拉都斯對於原來的構想始終念念不忘，最近的城市亞哥斯仍舊維持獨裁體制使得他失去耐心，派人前去見亞里斯托瑪克斯，勸他恢復城邦的自由權利。同時讓他知道，只要加入亞該亞同盟，就可以比照利底阿德的先例，成為一個強權組織的將領，獲得所有的尊榮和地位，總比在城邦當僭主一直擔心害怕要好得多。亞里斯托瑪克斯重視使者帶來的信息，他要阿拉都斯送給他50泰倫，用來打發這些士兵。

就在這個時候，所需的款項都已準備妥當，利底阿德還在擔任將領的職位，野心勃勃想要為亞該亞同盟立下大功，更能建立優勢的地位。他指責阿拉都斯對亞里斯托瑪克斯充滿恨意，身為這位僭主不共戴天的仇敵，如何完成這項重大的使命，最好還是將這件事交給他來處理，經過斡旋會讓亞里斯托瑪克斯為亞該亞同盟效命。

處於這樣的狀況之下，可以很明顯的看出，同盟會議對於阿拉都斯表示的感激和信任。阿拉都斯帶著怒意，反對亞里斯托瑪克斯得到同意成為盟友，大家拒絕接受利底阿德的建議。等到他的情緒安定下來願意為這件事出面求情，大家立即投票很高興地通過，發布敕令接納亞哥斯人和弗留斯人(Phliasians)為亞該亞同盟的成員。到了第二年[48] 他們推選亞里斯托瑪克斯擔任將領。

亞里斯托瑪克斯發現自己深受亞該亞同盟的器重，為了報答知遇之恩要領軍入侵拉柯尼亞，派人到雅典去見阿拉都斯看他有什麼意見。阿拉都斯的回信是勸他放棄這次遠征行動，因為亞該亞人毫無意願要與克利奧米尼斯兵戎相見[49]；特別是克利奧米尼斯的個性驍勇無比，目前擁有極其強大的權勢。亞里斯托瑪克斯下定勇往直前的決心，阿拉都斯屈服於他的懇求，答應給予協助。等到克利奧米尼斯率軍前往帕蘭提姆(Pallantium)[50]，阿拉都斯出面制止亞里斯托瑪克斯，不要

48　這是奧林匹克138會期第2年即227B.C.發生的事。

49　有些作者提及克利奧米尼斯受到艾托利亞人的慫恿，在麥加洛波里斯的領地之內修築一座稱為阿昔尼姆(Athaeneum)的要塞，亞該亞人認為這種行動是公開決裂的表現，所以召開同盟大會，把拉斯地蒙人視為他們的敵人。

50　克利奧米尼斯發起遠征行動，攻占梅瑟德里姆(Methydrium)，據有亞哥斯人的領土，後來在帕蘭提姆與亞該亞人對陣，亞里斯托瑪克斯麾下的兵力是2萬名步卒和1000名騎兵。

他與對手在此地會戰。因為這個緣故，利底阿德在亞該亞同盟對阿拉都斯提出指控，隨之雙方公開競爭要擔任下個年度的將領。阿拉都斯獲得多數選票，這是第12次出任這個職位。

36 這一年他在呂克昂（Lycaeum）附近被克利奧米尼斯打得大敗而逃[51]，夜間迷失方向在山區徘徊，大家認為他遭到殺害，一時之間消息傳遍整個希臘世界。雖然如此，他還是脫離危險重新收容部隊，不願安全撤出戰場返回城邦，充滿信心可以掌握更好的機會，完全出乎大家的意料，他突然對克利奧米尼斯的盟友曼蒂尼人發起攻擊，奪取城市以後配置守備部隊，同時讓所有外來的居民獲得自由權利。總之，亞該亞同盟在獲勝以後無法達成的目標，他竟能在新敗之餘還能建立如此優勢的地位。

拉斯地蒙人再度入侵麥加洛波里斯人的領地[52]，阿拉都斯帶領援軍前去解救。克利奧米尼斯想盡辦法要激怒阿拉都斯，他始終不給對手有會戰的機會，雖然麥加洛波里斯人一直要求出戰，他還是不予同意。此外他的習性看來並不適合與敵人進行堂堂正正的會戰，何況他目前處於兵力劣勢的狀況。這個時候他已經過了勇氣百倍的盛年，雄心壯志早已消磨殆盡，面對的敵手是一個膽大包天的指揮官，充滿年輕人的豪情和氣概。他認為當務之急在於審慎維護得之不易的榮譽，即使其他人士會激起積極進取和奮勇向前的精神，他也只有置之不理。

37 有一次輕裝步兵在前哨戰鬥中擊敗拉斯地蒙人，雖然將他們趕回營地，甚至進到他們的帳篷去搶劫，阿拉都斯還是按兵不動，自己站在一條低窪河道的旁邊，不讓他的市民同胞從這裡渡過去。利底阿德感到極其不滿，對著他破口大罵，召喚騎兵隨著他前去支援那些追擊敵人的戰友，不要讓勝利從他們的手裡溜走，更不能拋棄那些為城邦冒險犯難的弟兄。很多英勇的戰士響應他的號召，隨著他向著敵軍的右翼衝了過去，擊敗對手以後毫無顧忌發起猛烈的追擊，獲得榮譽的希望使得他們熱情高漲，誘使他們進入地形複雜的區域，

51 斯巴達軍隊在國王克利奧米尼斯率領之下，前去援助被亞該亞人攻擊的伊里亞人，呂克昂附近擊潰正在撤退中的敵軍，捕獲大批俘虜，這次會戰發生在226B.C.。

52 克利奧米尼斯為了遂行國內的改革行動，先要在國外建立事功，賄賂民選五長官獲得同意，率領一支大軍開拔前進，占領琉克特拉這個屬於麥加洛波里斯的要點。

到處都是種植的果樹和寬闊的溝渠。

　　克利奧米尼斯等於是在他家門口與敵人接戰，經過一場英勇而慘烈的搏鬥，利底阿斯終於陣亡在戰場。其餘的騎兵逃回主力所在的位置，使得重裝步兵的陣腳動搖，結果引起全線的潰敗。爲此阿拉都斯受到極其嚴厲的譴責，利底阿德的喪生懷疑是被他出賣，亞該亞人被迫撤離全都憤怒不已，大軍前往伊朱姆(Aegium)集結。亞該亞同盟召開會議，最後的成議是不再提供阿拉都斯經費，更不爲他召募士兵，如果他要發動戰爭，所有的費用由他支付。

38 這種不講情面的冒犯，使得他非常氣惱，甚至想要放棄指揮的責任，辭去將領的職位。經過一番盤算，認爲目前還是以忍耐爲上策。接著他領導亞該亞人進軍奧考麥努斯，與克利奧米尼斯的繼父麥吉斯托努斯(Megistonus)打了一場會戰，他獲得勝利，殺死300名敵軍並且生擒麥吉斯托努斯。

　　按照過去的習慣，他每隔一年出任將領的職位，現在又輪到他出馬，在受到徵召的時候被他嚴辭拒絕[53]，泰摩克西努斯(Timoxenus)當選[54]取而代之。眞正的原因並不像一般人所說，由於民眾對他誤解所以賭氣不幹，而是亞該亞人的政局產生非常不利的情勢。克利奧米尼斯在殺掉民選五長官[55]，將所有的土地分配給市民，以及讓所有居住在當地的外國人得到公民權以後，目前已經擁有無限的權力，對外的侵略不再像過去那樣受到約束或阻止，民政當局對他的行爲已經完全失去控制。因而他對亞該亞同盟抱著很大的熱誠，想要擁有最高軍事指揮權。

　　這樣一來使得阿拉都斯受到大家的非難，說他在遭到暴風雨襲擊極其危險的時刻，就像一個怯懦的舵手，不僅沒有克盡職責去拯救快要沉沒的船隻，反而離開舵房將這個工作交給別人。如果他對亞該亞同盟的事務感到失望，就應該放手要克利奧米尼斯作主，不能再讓伯羅奔尼撒淪入未開化的狀況，到處都是馬其頓的守備部隊，阿克羅—科林蘇斯被伊里利亞和高盧的士兵所占領。他一直認爲無論是軍事或政治的能力，自己要比馬其頓人高明很多，特別是在《實錄》裡面用譴責和謾罵的口吻，指控他們僭用同盟的名義，實際上成爲這些城市的主人。

53　第十九篇〈克利奧米尼斯〉第15節有詳盡的記載。

54　這件事發生在奧林匹克139會期第1年即224B.C.。

55　克利奧米尼斯利用出征在外的機會，將支持民選五長官的人士抽調一空，再派心腹前往斯巴達展開謀殺行動，只有阿吉立烏斯(Agylaeus)受傷以後保住性命。

要說克利奧米尼斯為人專制而暴虐，然而他是海克力斯家族的後裔，斯巴達是他的城邦，那裡最卑賤的市民因為擁有希臘人光榮的身世，比起最高貴的馬其頓人更適合擔任亞該亞同盟的將領。除此以外，克利奧米尼斯向亞該亞人要求指揮權[56]，等他獲得光榮的頭銜以後，就會用真正的善意回報所有的城市。然而安蒂哥努斯已經宣布自己是海上和陸地擁有絕對權力的將領，除非簽訂特別的協定將阿克羅－科林蘇斯交到他的手中，否則他不會接受這個職位；這種做法很像伊索寓言裡面提到的獵人[57]。就像是亞該亞人自甘墮落，要求安蒂哥努斯騎在他們的頭上作威作福，特別派出使者和通過敕令來敦請。他還擺出架子非要同意馬其頓人的條件，派出守備部隊和送出人質，使他能夠嚴密控制和掌握亞該亞人，這才不再推辭答應願意接受。

阿拉都斯費盡口舌表示他這樣做有不得已的苦衷。根據波利拜阿斯的記載[58]，長久以來對於克利奧米尼斯的積極進取精神，阿拉都斯一直感到憂心不已，在還沒有這個需要之前，他已與安蒂哥努斯暗中聯繫。所以才會先行說服麥加洛波里斯人，要他們向亞該亞同盟表示渴望安蒂哥努斯的援助，因為克利奧米尼斯不斷蹂躪和洗劫他們的國土，使得他們一直為戰爭的威脅而苦惱不堪。菲拉克斯（Phylarchus）[59]也提到這件事，除非內容與波利拜阿斯所述沒有多大差異，否則他的話不可盡信，因為他抱著狂熱的心態，要為斯巴達的國王打抱不平，所以他寫的東西不是歷史著作而是法庭文件，竭盡全力為克利奧米尼斯辯護，不惜任何手段用來攻訐阿拉都斯。

39 等到克利奧米尼斯光復曼蒂尼，接著亞該亞人在赫克托比姆（Hecatombaeum）附近吃了一場大敗仗，引起普遍的驚慌，於是他們

---

56 阿拉都斯非常擔心克利奧米尼斯的專制和獨裁，等到他成為將領以後，亞該亞同盟在他的控制之下，當作對外侵略的工具，形成尾大不掉的局面；事實上，他在國內排除異己的行動使大家感到心寒。
57 賀拉斯（Horace）在他的作品中提到伊索有關獵人的寓言；早在伊索之前，據說希米拉人（Himerians）要為費拉瑞斯（Phalaris）召募一個衛隊,詩人司提西考魯斯（Stesichorus）就向他們說起這個故事。
58 這段記載引用自波利拜阿斯《羅馬史》第2卷第47節。
59 菲拉克斯是雅典的歷史學家，215B.C.左右他的作品風行一時，蒲魯塔克寫埃傑斯、克利奧米尼斯和皮瑞斯的傳記，很多引用他的資料。

派人去見克利奧米尼斯，希望他能前往亞哥斯，屆時他們推舉他爲亞該亞同盟的將領。等到阿拉都斯得知他正在路上，很快率領部隊趕赴賴那(Lerna)，害怕出現自己所不樂意見到的結果，於是派出使者告訴克利奧米尼斯，作爲一個朋友和盟邦，他只能帶300人赴會，如果他不相信他們的誠意，他們情願送出人質來保證他的安全。克利奧米尼斯認爲這種處理的方式，是對他的嘲笑和冒犯，只有領軍離開；後來派人送信給亞該亞同盟，裡面大肆攻擊阿拉都斯，就很多不當做法提出指控。阿拉都斯如法炮製，充滿惡意的辱罵和諷刺，連他的婚姻和妻子都不放過。

這樣一來，克利奧米尼斯派遣傳令官去向亞該亞同盟宣戰，就在這個時候，西賽昂出了叛徒，間不容髮之下幾乎落到他的手裡。他在離城只有一小段距離轉了回去，接著攻取佩勒尼，亞該亞的將領不戰而走，不久以後他又占領菲里烏斯(Pheneus)和平提勒姆(Penteleum)[60]。亞哥斯人馬上志願加入他的陣營，弗留斯人(Phliasians)接受他所派遣的守備部隊。總之，亞該亞人對所有新獲得的領地很難確實的掌握，阿拉都斯的四周被喧囂和混亂包圍得有如金桶，他看到整個伯羅奔尼撒陷入搖搖欲墜的狀態，人們期盼改革使得每個地方的城市都要揭竿而起[61]。

40 實在說，這個時候沒有一個地方，可以保持平靜或是滿足於當前的情勢。甚至就是在西賽昂人和科林斯人當中，知道有很多人私下與克利奧米尼斯進行協商。長久以來，他們對於政務的處理方式感到不滿，希望掌握權勢在自己的城邦中間當家作主。阿拉都斯授與懲罰罪犯的絕對權力[62]，使得他在西賽昂能夠雷厲風行。等到他將這一套搬到科林斯如法炮製，激怒民眾因而對亞該亞人的統治方式，感到厭煩和難以忍受[63]。

於是大家在阿波羅神廟聚集，現場亂成一片，他們派人召喚阿拉都斯前往議

60　菲里烏斯和平提勒姆都是西賽昂西南方的城鎮，距離沒有超過50公里。

61　克利奧米尼斯占領亞哥斯以後，向著科林斯進軍，所有位於北海岸和東海岸的城邦，諸如特拉真、伊庇道魯斯、赫邁歐尼和克里奧尼等地，全部倒向他的陣營。

62　從本章第41節可以知道，即使阿拉都斯從科林斯逃回西賽昂，市民大會仍舊還他出任將領，擁有至高無上的絕對權力。

63　看到阿拉都斯違背窮畢生之力所堅持的原則，再度將那些弱小的城邦置於馬其頓的淫威之下，僅僅是爲了毫不足道的理由，竟能說服亞該亞同盟的成員，這種不可思議的本領難道不讓人感到奇怪？

事，決定在發起公開的叛變之前，將他拘留或是殺害。他應大家的要求前往，將
馬匹牽在手裡，好像一點都不懷疑的樣子。當他們看到他在門口，這時有幾個人
跳起來對他大聲指控和譴責。他用溫和的口氣和平靜的神色要那些人坐下，不要
站在那裡發出吵鬧的聲音，妨礙到其他市民的進入。在他說話的同時開始一步一
步後退，好像要找一個人幫他牽住馬匹，脫離群眾沒有顯出慌張的表情，對於遇
到的科林斯人，就要他們趕快進入阿波羅神廟。等到大家發覺有異，這時他已接
近城堡，於是他跳上馬背，命令守備部隊指揮官克里奧佩特（Cleopater），提高注
意克盡自己的職責，然後向著西賽昂疾馳，有30多名士兵跟隨，其餘留下的人員
全部作鳥獸散。

很快傳出他逃走的信息，科林斯人進行追捕沒有趕上，於是立即派人去見克利
奧米尼斯，要將整座城市交到他的手中[64]。他認為讓阿拉都斯逃脫是莫大的損失，
即使獲得更大的收穫也無法相比。雖然如此，有一個稱之為阿卡提（Acte）的區域，
獲得人民的同意，他們的城市全都投效他的陣營，使得他的實力大增。克利奧米
尼斯在阿克羅—科林蘇斯的四周，構建一道柵欄和帶有壕溝的防線。

41 阿拉都斯抵達西賽昂，成群結隊的亞該亞人聚集起來歡迎，等到召
開市民大會，他被選為將領擁有絕對的權力，這時他的身邊是由市
民組成的衛隊。他參與亞該亞同盟的事務已有33年之久，享有比任何希臘人更大
的權勢和更高的名聲。現在他被所有的盟友拋棄，他的城邦就像一艘破船漂流在
白浪滔天的怒海，沒有人施以援手，隨時有沉沒的危險。他面臨災禍向艾托利亞
人求救遭到拒絕；雅典人感激他的恩情，受到優克萊德（Euclides）和邁西昂
（Micion）[65] 的杯葛，始終沒有派出援軍。

阿拉都斯在科林斯的房屋和田產，克利奧米尼斯沒有指染也不讓別人打主
意，派人召來阿拉都斯的朋友和管事，吩咐他們妥當照應，將帳目弄清楚對阿拉
都斯好有交代。他私下派遣特瑞庇盧斯（Tripylus）去見阿拉都斯，後來還要他的繼
父麥吉斯托努斯出面，除了其他方面的事務，願意付給阿拉都斯12泰倫年金，這

---

64 這件事發生在223B.C.的年初，本章敘述的內容與本書第十九篇〈克利奧米尼斯〉的記載有
　　相當出入。
65 優克萊德和邁西昂是雅典居於領導地位的政客。

比托勒密[66] 答應的額度要多一倍，提出的要求是公開宣布他擔任亞該亞同盟的指揮官，雙方共同防守科林斯的城堡。阿拉都斯的答覆是他已經失去處理政務的權力，目前他一切都要聽命從事。克利奧米尼斯認為這是搪塞推諉之辭，立即入侵西賽昂的領地，到處進行燒殺擄掠，圍攻城市長達3個月。阿拉都斯堅持固守，這段期間內心一直翻騰不已，考量是否要將科林斯的城堡交給安蒂哥努斯。他知道除非答應這個條件，馬其頓國王不會出兵相救[67]。

42 亞該亞同盟在伊朱姆集會，邀請阿拉都斯參加，克利奧米尼斯面對西賽昂紮營，所以他的行動很難保密。市民懇求他不要前往，敵人就在附近，勸他不必冒這樣大的危險，婦女和小孩都拉住他不放，流著眼淚擠在他的身邊，將他看成是大家的父執和保護人。他盡力安慰這些市民並且鼓起他們的勇氣，在10位朋友和他的兒子陪伴之下，騎上馬背馳向海邊，這時他的兒子還是一個年輕人。發現在離岸不遠處有船在等候，等上了船航向伊朱姆出席會議。他們通過敕令可以請求安蒂哥努斯給予救援，答應的條件是將阿克羅—科林蘇斯交到他的手中[68]。阿拉都斯派他的兒子到國王那裡當作人質。科林斯人得知這樣的處理方式極其惱怒，就將他的財產搶劫一空，他的房屋當成禮物送給克利奧米尼斯。

43 安蒂哥努斯率領的軍隊快要接近，全部兵力是2萬名馬其頓步卒和1300名騎兵，阿拉都斯帶著同盟會議的成員[69]，在不讓敵人發覺的狀況下，經由海路前往披吉(Pegae)島，要在那裡與國王會面。他對安蒂哥努斯和馬其頓人並沒有多大的信心，因為他知道自己所以成就偉大的事業，完全歸功於對他們所造成的損害。他能夠很快崛起負責亞該亞同盟的事務，在於他對安蒂哥努斯老王[70]的痛恨。等到他看到基於現實的需要，在時不我與的狀況下，面臨成王

66　這位埃及國王是托勒密三世優兒吉底(Ptolemy III Euergetes)，在位期間246-221B.C.。

67　克利奧米尼斯派人去見阿拉都斯，要求與亞該亞人共同守備科林斯，托勒密付與的津貼，答應加倍奉送；阿拉都斯毫不考慮加以拒絕。

68　這件事發生在223B.C.的春天，克利奧米尼斯有鑑於此，立即入侵西賽昂的領地。

69　亞該亞同盟會議的成員為10人，通常出任過將領或水師提督，官式的稱呼是Demiurgi。

70　這位是安蒂哥努斯二世哥納塔斯。

敗寇的冷酷處境，最後的決定是要孤注一擲。安蒂哥努斯得知阿拉都斯即將來到，他接見其他人員表達歡迎之意，特別對於阿拉都斯極其禮遇，後來發現這個人有善良的個性和明智的見識，願意接納他為更加親近的朋友。阿拉都斯在處理重要事務方面可以發揮長才，就是閒暇的時候可以成為國王最受歡迎的知己。雖然安蒂哥努斯的年齡很輕缺乏閱歷，還是知道這個人憑著天賦的才華，可以與君王建立深厚的友情，後來他一直受到重用，不僅是其他的亞該亞人，就是連馬其頓人都無法與他相比。

這些後來發生的事情，神明藉著奉獻的犧牲早已預先告知。據說阿拉都斯不久之前宰殺牲口祭神，舉行腸卜發現肝臟的脂肪網膜包著兩個膽囊，占卜官告訴他說他會與勢不兩立的仇敵，在難以想像的狀況下結成金蘭之好。當時他聽到沒有放在心上，一般來說他對預言和徵兆並不熱中，凡事著重理性的深思熟慮。雖然如此，過後沒有多久，戰事極其順利，安蒂哥努斯在科林斯大開宴席，邀請眾多賓客，阿拉都斯的座位安排在他的下手，國王呼喚僕人拿披風出來，然後問他是否感到寒氣襲人，阿拉都斯回答：「不錯，天氣確實很冷。」國王要他靠近一點，等到僕人拿來披風可以蓋在兩個人的身上。阿拉都斯記得往事笑了起來，就把腸卜的徵兆告訴國王，認為這件事非常的靈驗。

44 安蒂哥努斯和阿拉都斯在披吉島交換忠誠的誓詞，然後向著敵人進軍。他們與對手在城市附近經常發生戰鬥，克利奧米尼斯保持強勢的地位，科林斯人進行充滿活力的防禦作戰。就在這個時候，阿拉都斯的朋友亞哥斯人亞里斯托特勒斯，私下派人來見他，讓他知道如果他能夠親自率領士兵回去，就可以引起亞哥斯人的叛變[71]。阿拉都斯告知安蒂哥努斯此事，派出1500人馬隨著他前往，登船以後沿著海岸盡快從地峽航向伊庇道魯斯（Epidaurus）。亞哥斯人等不及他到達，突然揭竿而起，攻擊克利奧米尼斯的士兵，將他們趕進城堡。

克利奧米尼斯得到這個信息，知道敵人據有亞哥斯，就可以切斷他的退路，為了避免陷入這樣的處境，離開阿克羅—科林蘇斯連夜進軍去幫助受困的部隊。他能夠先行抵達亞哥斯，打敗所遭遇的敵人。過後阿拉都斯很快來到，安蒂哥努

---

71 起義事件的首腦人物是亞里斯托特勒斯，很容易說服民眾全面響應，他們對於克利奧米尼斯抱著很大的期許，結果發現他未能豁免大家的債務，全都對他憤怒不已。

斯帶著軍隊即將接近，他只有退向曼蒂尼。於是所有的城市再度歸向亞該亞同盟，安蒂哥努斯據有阿克羅—科林蘇斯。阿拉都斯受到亞哥斯人的推舉成為將領，就勸他們將僭主和叛徒的財產當成禮物送給馬其頓國王。

亞里斯托瑪克斯被他送到申克里[72]，在那裡接受殘酷的架刑，死後屍體投入大海。這種行為使得阿拉都斯比其他的過失遭到更大的指責，因為亞里斯托瑪克斯並不是一個壞人，不應該在無法無天的狀況下受盡磨折而死。這個人長久以來是他熟悉的朋友，接受他的勸告交出權力，讓城邦成為亞該亞同盟的成員[73]。

45 亞該亞人對事務的處理引起世人側目，這些帳都算在他的頭上，使得他備受各方的譴責：諸如他們用很不在意的態度將科林斯交給安蒂哥努斯，好像這個地方是個微不足道的村莊；他們同意他先洗劫奧考麥努斯，然後在那裡配置一支馬其頓守備部隊；他們曾經通過一項敕令，要是沒有獲得安蒂哥努斯的首肯，亞該亞同盟不會送發信函或是派出使節到其他任何王國；他們被逼支付馬其頓軍隊的薪餉而且供應所需的糧食；他們用獻祭、遊行和各種表演來討好安蒂哥努斯；阿拉都斯的市民同胞應該效法好的榜樣，接受安蒂哥努斯住在他們的城市，像是阿拉都斯就在自己家中款待這位國王。所有這些事情他們認為都是他的錯，難道他不知道一旦在安蒂哥努斯的控制之下，受到帝王權力的束縛再也無法翻身，對於任何事情都無法作主只是一個應聲蟲而已，即使說話的自由有時都會帶來危險。

不管怎麼說，發生很多事情給阿拉都斯帶來相當的困擾，有關雕像的問題就是明顯的例子。在亞哥斯那些僭主的雕像都被推倒，現在安蒂哥努斯下令重新豎立起來；為了紀念奪取阿克羅—科林蘇斯的勇士樹立的雕像，除了阿拉都斯的雕像不動，其餘全部要推倒。雖然阿拉都斯前去求情，安蒂哥努斯不聽勸告。

亞該亞同盟對曼蒂尼人的處理方式[74]，沒有採用希臘人的慣常做法。他們在

72　蒲魯塔克對這件事的敘述，可能是受到菲拉克斯的影響。波利拜阿斯同樣保持這種觀點，認為亞里斯托瑪克斯罪有應得，他不僅是亞哥斯的僭主，行事極其殘酷，何況他是讓亞該亞人陷入災難的始作俑者，將他們看成自己的仇敵。

73　本章第35節對於亞里斯托瑪克斯加入亞該亞同盟，有很詳盡的描述。

74　曼蒂尼人請求亞該亞同盟支援一支守備部隊，用來對抗拉斯地蒙人的圍攻作戰；為了滿足他們的需要，亞該亞人派出300名市民和200名傭兵。曼蒂尼人很快另有圖謀，用非常卑鄙的手段將派去的人員全部屠殺殆盡。所以他們得到這樣的下場也是一種報應。波利拜阿斯沒有提

安蒂哥努斯的協助之下占領城市以後，處死有名望的市民和領導人物，其餘的居民有的出售爲奴，有的被用鍊條鎖住送往馬其頓，他們的妻子和兒女全都成爲奴隸。從城市裡面搜刮到的錢財，亞該亞人只分到三分之一，其餘的三分之二送給馬其頓人。這樣做就它的公正性看起來好像合乎報復律的原則[75]，他們非要在暴怒之下，用這種方式對付同源同種的希臘人，說起來實在是野蠻的行徑。然而殘暴的手段確有其必要性，誠如塞門尼德所言：爲了使痛苦和憤怒的心靈獲得藉慰和抒解，無論採取任何方式和作爲，只要可以令人感到愉悅，都是情有可原。

後來爲什麼用如此羞辱的方式對待曼蒂尼，阿拉都斯不可能找到任何理由來爲自己辯護。安蒂哥努斯將這個城市贈送給亞哥斯人，於是他們決定要增加當地的人口，阿拉都斯被選爲新城市的奠基者。這個時候他還擔任將領，下達敕令將城市的名字從曼蒂尼改爲安蒂哥尼（Antigonea），一直到今天還在沿用。或許他的意思是在古老的回憶之中，那「美麗的曼蒂尼」[76]已經完全消失，今天的城市所取的名字，來自殺死市民和毀滅族群的國王[77]。

46 後來克利奧米尼斯在塞拉西亞（Sellasia）[78]附近吃了一場大敗仗，潰散之餘只有棄守斯巴達逃向埃及。安蒂哥努斯對阿拉都斯極其禮遇，所有事務交由他處理，自己領軍返回馬其頓。安蒂哥努斯患了重病，派遣王國的繼承人菲利浦前往伯羅奔尼撒，這個時候他的兒子只是一個年輕人，特別交代凡事要與阿拉都斯商量，透過這位將領去認識亞該亞同盟的成員。阿拉都斯的接待非常殷勤，使得菲利浦感到稱心如意，回到馬其頓還念念不忘這段情誼，對於希臘的事務充滿雄心壯志要爭取更高的榮譽。

47 亞該亞同盟在馬其頓軍隊的庇護之下，有其他國家的勇士爲他們防守疆域，過著安逸的生活久已不習於戰陣的訓練。等到安蒂哥努斯

（續）

　　到主要的市民遭到處決，只是說他們的財產被掠奪一空，將有些民眾出售為奴隸。

75　波利拜阿斯的《羅馬史》第2卷第57節，提到曼蒂尼人一再背叛亞該亞同盟。

76　這句話來自荷馬《伊利亞德》第2卷第607行。

77　哈德良皇帝對這個城市恢復古老的名字曼蒂尼，鮑薩尼阿斯《希臘風土志》第2卷第8節曾有記載。

78　塞拉西亞會戰發生在222年7月B.C.，本書第十九篇〈克利奧米尼斯〉第28節的敘述非常詳盡。

崩殂[79] 以後，艾托利亞人藐視他們的怠惰和疏忽，現在企圖在伯羅奔尼撒站穩腳跟[80]。他們大舉進軍，一路上大掠佩特里(Patrae)和迪姆(Dyme)[81]，入侵梅西尼並且蹂躪四周的地區。阿拉都斯對此感到氣憤難平，發現當時出任將領的泰摩克西努斯，因為任期將屆所以故意拖延時日，可以免得領兵出陣。

阿拉都斯使得自己當選接替留下的職位，要求提前5天上任，可以前去解救梅西尼人。這時他召集的亞該亞軍隊，無論是體能或心理的狀況，都已無法符合作戰的要求，他在卡菲伊(Caphyae)與敵軍遭遇就被打得大敗。好像他在開始過分的熱情和衝動[82]，以致現在趨向另一個極端，那是遇事消極而且士氣沮喪。甚至艾托利亞人讓他獲得很多次可以占上風的機會，他都不加理會輕易放過，使得敵人在伯羅奔尼撒全境到處流竄，燒殺擄掠無惡不作。

這樣一來，他們再度向馬其頓伸出求援的手，邀請菲利浦出面涉入希臘的事務，因為他對阿拉都斯非常器重而且極其信任，希望能運用他那易與相處的性格，讓他們可以隨心所欲對他進行操縱。

48 國王現在接受阿皮勒斯、麥加勒阿斯(Megaleas)和其他廷臣的勸告，對於阿拉都斯與他建立的信任，要盡量使之喪失影響力，所以他接納反對的黨派，甚至為伊披拉都斯(Eperatus)拉票，能夠當選亞該亞人的將領。這個人為亞該亞同盟所蔑視[83]，因為所有的事情到他的手裡就會出問題，亟需阿拉都斯在旁給予協助。這時菲利浦發現他已犯下大錯，於是轉過頭來與阿拉都斯和好如初。他發現任何與他有關的事務，只要在權力和名聲方面繼續獲得有利的發展，都要依靠阿拉都斯的大力鼎助。因此阿拉都斯讓世人得知，他對於一個王國如同對於民主政體，同樣是最佳的監護人和導師，在國王的行動當中可以

79　221B.C.安蒂哥努斯占領斯巴達，第三天離開，返國後因病逝世。
80　這是220B.C.出現的狀況，由於埃及國王沒有給予支持，所以克利奧米尼斯喪失大好機會，可以參閱本書第十九篇〈克利奧米尼斯〉第34節。
81　佩特里和迪姆都是伯羅奔尼撒半島西北部的城市，可見艾托利亞人的入侵是從海上越過科林斯灣，這是最近的距離。
82　阿拉都斯為緒戰的失利遭到很多指責：他不應提前接下指揮權；艾托利亞人還在伯羅奔尼撒的內陸地區流竄，他竟然解散已經召集的部隊；不應該在兵力劣勢之下，冒險發起會戰；以及在會戰過程中逐次運用兵力，導致被敵軍各個擊破的後果。
83　參閱波利拜阿斯《羅馬史》第5卷第30節。

明顯看他的智慧和風格所造成的影響。

　　諸如拉斯地蒙人的冒犯引起他的不快，然而這位年輕人對他們還保持溫和的態度。他接見克里特人非常友善，不過幾天功夫使得整個島嶼完全歸順。他對艾托利亞人發起遠征行動獲得莫大的成功，菲利浦從善如流的名聲傳遍各地，這都是阿拉都斯對他的貢獻。國王的隨從人員對他更加嫉妒，發現暗中的誹謗和造謠已經不起作用，開始在宴會中藉酒裝瘋進行公開的辱罵和羞辱，有時會到毫無顧忌的程度。甚至有一次在晚餐以後，他告退正要進入帳篷休息，他們在背後對著他投擲石塊。菲利浦處置這樣嚴重的冒犯，立即對他們施以20泰倫的罰鍰，如果發現以後還有類似的行為，影響到政務的推行以及產生不良的後果，他會將他們處死[84]。

49 菲利浦的事業進展是如此的順利，功成名就的處境使得他洋洋得意感到自負，內心之中浮現出各種超乎常情的欲望，性惡的傾向已經突破他強加於本身的約束，不用多久時間就讓世人認清他真正的人格。首先，他私下勾引小阿拉都斯的妻子，使得這位年輕人受到很大的傷害，有很久的時間都沒有讓人覺察，這是他將阿拉都斯的府邸當作行宮，在家中接受款待所發生的事。其次，他對希臘的國內政策，表現出粗暴無禮和難以駕馭的態度，他這樣做的目的是要擺脫阿拉都斯，獲得更大的行動自由。

　　梅西尼事件使得他開始對阿拉都斯產生猜忌之心；這個城邦因黨派的傾軋發生動亂，阿拉都斯率領的援軍來得太遲，菲利浦比他早到一天，立刻在對立的雙方助長爭執的火焰。他一方面私下問梅西尼的行政官員，難道他們沒有法律可以鎮壓鬧事的百姓；另一方面他私下問民眾領袖，難道他們沒有手可以反抗那些壓迫他們的人。這些官員受到鼓勵，對於帶頭的民眾毫不客氣的動手，接著是暴民攻擊官員引起大規模的屠殺，雙方將近有200人遇害。

50 菲利浦犯下這件令人髮指的暴行，現在與梅西尼人的關係比過去更為惡劣。等到阿拉都斯抵達城市以後，一點都不掩飾自己的憤慨，就連他的兒子對菲利浦的厲言指責，也沒有出面阻止。這位年輕人過去對菲利浦

特別迷戀，見到當前的狀況毫不猶豫地表示，只有最醜陋的人才會做出這種壞事，在他的心目中菲利浦已經喪失最美好的形象。

菲利浦對這些指責並沒有如他所期望那樣加以辯白，當這位年輕人在提到這件事的時候，有幾次怒氣發作大聲叫他停止。但是菲利浦對於老阿拉都斯，只要是他所說的話出自好意全都接受，表示自己有容納諫言的雅量和從善如流的性格。菲利浦握住阿拉都斯的手帶引他走出劇院，陪著他到埃索瑪塔斯(Ithomatas)[85]向朱庇特獻祭，讓他看這個地點的形勢有如阿克羅—科林蘇斯，只要配置一支守備部隊，堅強的要塞就是可以忍受長期圍攻的金城湯池。

等到菲利浦向神明奉獻犧牲以後，伸出雙手接過祭司交來的公牛內臟，輪流讓阿拉都斯和費里亞人(Pharian)德米特流斯仔細檢視，就腸卜的徵候詢問他們對於這個堡壘應該如何處置，到底是保留給自己去防守，還是交還給梅西尼人。德米特流斯笑著回答道：「如果你是一位占卜官的化身，就會將此地交出去；因為你是一位君王，必須用雙手抓住牛頭的兩隻角。」意思是他的著眼應該在於伯羅奔尼撒，等到將埃索瑪塔斯配置妥當，加上阿克羅—科林蘇斯，就可以將整個地區掌握在他的手中。

阿拉都斯很久沒有說一句話，菲利浦請他發表意見，阿拉都斯說道：

> 克里特有很多的山地，皮奧夏和福西斯有很多高崖，阿卡納尼亞無論靠海還是內陸都有很多知名於世的要塞，雖然你並沒將這些地方據為己有，這些地方的人民全都服從你的命令。強盜將他們的巢穴建立在懸岩絕壁，國王最堅強的城堡是信任和愛心。只要擁有這樣的城堡，可以為你開放克里特的海洋，可以使你進入伯羅奔尼撒，雖然你的年齡很輕，獲得的幫助可以讓你成為前者的統帥，也可以成為後者的領主。

就在他繼續說著的時候，菲利浦把內臟交還給祭司，用手將阿拉都斯拉過來，說道：「來吧！讓我們走原路回去。」好像他被迫不得不放棄這個城市。

85　鮑薩尼阿斯《希臘風土志》第4卷第3節，提到埃索姆(Ithome)山的絕頂有一個很大的寺廟，裡面供奉朱庇特。

51 這個時候起阿拉都斯開始疏遠宮廷，逐漸退出菲利浦友伴的行列。菲利浦準備進軍伊庇魯斯[86]，希望他能陪著一起前往，阿拉都斯找出藉口留在家中，免得做任何事都吃力不討好，反而引起他的懷疑和誤會。後來，菲利浦與羅馬人對抗喪失整個艦隊，加上所有的打算全部落空，在顏面難保的狀況下回到伯羅奔尼撒。他運用欺騙的手段誘使梅西尼人再度加入他的陣營，等到這種伎倆無法奏效，發起公開的攻擊並且蹂躪他們的國土。

等到阿拉都斯完全了解菲利浦引誘他的媳婦，對他的家庭造成很大的傷害，從此他再也不相信國王，完全斷絕雙方的友誼。這件事使他極其苦惱，只有隱瞞不讓他的兒子知道，因為受到委屈無法採取報復的行動，說出來只有增加自己的羞辱。要是提到一個人的性格會發生極其劇烈的改變，菲利浦就是一個最好的例子。從一個溫和謙恭的國王和知情達禮的年輕人，變成一個好色如命的登徒子和殘酷暴虐的僭主，事實上他的天性仍然一如往昔，只是大膽揭露原來面目，過去出於畏懼所以會長期的掩飾，等到安全的時機來臨，罪惡的吸引力使得他一意孤行毫無憚忌。

52 他對於阿拉都斯的態度，從開始就混合著畏懼和尊敬，所以最後才會產生悲慘的結局。當阿拉都斯還活著的時候，他一直想要拔除這個眼中釘，但是他既不像一個男子漢那樣，可以做自己認為適當的事，也不像國王或僭主那樣，只要自己高興可以任性而為。他不敢採用公開處決的方式，只有命令來往密切的部將陶瑞昂（Taurion），暗中拿出下毒的伎倆，最好是趁著他離開城市的時候動手。

陶瑞昂刻意結交阿拉都斯，就讓他吃一種藥劑，不會強烈到馬上送命，開始只是連續的發燒和輕微的咳嗽，最後還是難逃一死。阿拉都斯覺察到這個人在暗算自己，知道無論說什麼也是徒然無益，只有忍耐保持沉默，好像他是患了普通的疾病。有一次，他的朋友到寢室探病，看到他口吐鮮血大為吃驚，他說道：「啊！西法隆（Cephalon）！這是獲得國王厚愛的報應。」

86　215B.C.菲利浦與迦太基人聯盟對抗羅馬人。

53 阿拉都斯在伊朱姆過世[87]，這一年是他第17次出任將領。亞該亞人很想將他埋在當地，舉行的葬禮和建立的紀念物，都能配得上他一生的功勳。西賽昂人認為只要他沒有葬在本城，無論埋骨何處對他們而言都是極其悲哀的慘劇，因此說服亞該亞人同意將遺體交給他們處理。

古老的法律明文規定，任何人不能埋葬在城市的城牆之內，這些條款完全出於強烈的宗教因素，於是他們派人前往德爾斐，向阿波羅女祭司求取神讖，得到下面的指示：

> 西賽昂經常受到阿拉都斯的救贖，
> 現在問要將他的忠骸埋葬在何處？
> 這片土地可安息重於泰山的死亡，
> 那些追隨他的人都感到無比悲傷。
> 啊！大地、海洋和蒼天為我作證，
> 除了此城，無論何處都是褻瀆神聖。

帶回的神讖使所有的亞該亞人極其愉悅，特別是西賽昂人袪除哀悼的氣氛，全城變得一片歡騰。他們立即前往伊朱姆移靈，擺出盛大的遊行隊伍進入城市，大家的頭上戴著花冠，全體人員穿著白色的袍服，一路上載歌載舞，他們把他當成城市的奠基者和救星，選出一塊吉壤將他安葬。這個地方因而稱之為阿拉廷姆（Aratium），每年舉行兩次莊嚴的獻祭典禮：有一次是他將城市從僭主手中解救的日子，馬其頓的Daesius月第5天（5月5日），雅典將這個月份叫做Thargelion，這次的祭祀稱之為索特里亞（Soteria）。另外一次是他的生日，大家仍舊牢記在心頭。

現在這兩次的祭祀分別由「救世主」朱庇特的祭司和阿拉都斯的祭司主持，他們的頭上紮著布帶，白底夾雜著紫色的條紋。巴克斯節慶的歌者用七絃琴伴奏唱出許門（Hymns）之歌，遊行的隊伍由體育館館長在前面領頭，後面跟隨兒童和青年，接著是戴著花冠的地區議員以及願意參加的市民。有些裝束在宗教的祭典當中可以看出一些殘留的痕跡，僅僅在特定的日子才會出現；絕大部分的儀式因為時光的流逝，加上其他的因素已經不再使用。

87　阿拉都斯亡故於奧林匹克141會期第4年即213B.C.。

54 以上是老阿拉都斯平生的事蹟，完全根據歷史的記載。談到他的兒子小阿拉都斯，不幸的下場眞是慘不堪言；菲利浦的性格邪惡而又殘酷，野蠻的行徑在於濫用擁有的權力，就讓這位年輕人吃下有毒的藥劑，雖然沒有丟掉性命卻因而喪失理智，淪落到獸性和愚昧的處境，表現出瘋狂和悖德的言行，要用下流可恥的方式滿足他的慾念。他在英年夭折即使讓人感到遺憾，對他個人而言倒是一種解脫。

不過，菲利浦的所作所爲完全違背交友和待客之道，他的餘生要爲這些罪惡的行徑付出慘痛的代價。等到他被羅馬人征服以後，逼得要將身家性命交到敵人的手中，海外的疆域遭到剝奪和併呑，交出所有的船隻自己只能保留5艘，繳納1000泰倫的罰鍰作爲賠償，還要將自己的兒子送到羅馬當人質，僅僅出於憐憫才讓他保有馬其頓和鄰近的屬地。菲利浦還是繼續處死臣屬當中最高貴的人士，以及那些關係最密切的親人，使得整個王國對他充滿恐懼和恨意。

雖然他遭遇很多不幸上天仍舊賜給他機會，那就是他有一個兒子德行高潔而且屢建功勳；後來從羅馬人那裡獲得榮譽，遭到父親的猜忌和嫉妒，結局還是被害身亡，菲利浦只有將王國遺留給帕修斯。根據一般人的說法，帕修斯並非他的親生兒子，是一個名叫納特尼昂（Gnathaenion）[88] 的女裁縫所生，呱呱墜地就爲王后抱養。後來他被伊米留斯・包拉斯押著在凱旋式中行進，整個安蒂哥努斯的世系和王國全部斷送在他的手裡。

阿拉都斯的後裔直到今日還在西賽昂和佩勒尼繁衍綿延。

88　參閱本書第七篇〈伊米留斯・包拉斯〉第8節。

第二章
阿塔澤爾西茲（Artaxerxes）

452-358B.C.，波斯帝國第五任國王，勵精圖治，
擴疆闢土，在位期間長達62年，創造最輝煌的王朝。

1 阿塔澤爾西茲 世（Artaxerxes I）[1] 是澤爾西斯（Xerxes）[2] 的兒子，因為右手比左手長得要長，所以獲得Longimanus即「通臂猿」的綽號，在所有的波斯國王當中，他以仁慈的天性和高貴的精神著稱於世。我們現在要為他立傳的國王是阿塔澤爾西茲二世[3]，得到的綽號是Mnemon即「過目不忘者」，他的母親帕里薩蒂斯（Parysatis）是阿塔澤爾西茲一世的女兒。

大流士（Darius）[4] 和帕里薩蒂斯生了四個兒子，阿塔澤爾西茲居長，居魯士（Cyrus）是次子，另外兩位幼子是歐斯塔尼斯（Ostanes）和歐薩克里斯（Oxathres）。居魯士的取名來自古代的居魯士老王[5]，Cyrus在波斯話是「太陽」之意。阿塔澤爾西茲最早的名字是阿西卡斯（Arsicas）[6]，狄農（Dinon）硬要說是奧爾西斯（Oarses）。帖西阿斯（Ctesias）身為國王的御醫，一直在照料他的妻室、他的母親和他的兒女，要說他連國王的姓名都弄不清楚，那也是難以想像的事（雖然他寫

1 阿塔澤爾西茲一世是波斯王國大流士王朝第三代國王，統治時間是465-423B.C.，沒有與希臘發生重大衝突。
2 澤爾西斯在位期間是486-465B.C.，他在480年發起第二次波斯戰爭，開始入侵希臘，薩拉密斯海戰和普拉提亞會戰慘敗，從此雙方陷入對峙的局面，465年被刺身亡。
3 阿塔澤爾西茲二世是波斯王國大流士王朝第五代國王，在位時間是404-358B.C.，成為操縱希臘各國發生戰爭的主要推手。
4 大流士二世是波斯王國大流士王朝第四代國王，逐漸介入希臘各城邦的事務，在位時間是423-404B.C.。
5 居魯士一世是大流士王朝之前的波斯國王，最早建立龐大帝國的統治者，在位時期559-529B.C.。
6 有人認為他的名字應該是阿薩西斯（Arsaces），同時也是這個王朝的稱號。

的書是拼湊的大雜膾,裡面充滿不可置信和毫無意義的傳奇和神話)。

2 居魯士從小脾氣極其倔強,表現出激烈的情緒;阿塔澤爾西茲完全相反,他的性情溫和,待人體貼,言行舉止可以說是文質彬彬。他順從雙親的安排所娶的妻子非常美麗,個性嫻靜是一位高貴的淑女;後來為了保全她的性命,不惜反抗嚴屬的旨意。因為大流士王已經處決她的兄弟[7],為了斬草除根要將她置於死地。阿西卡斯跪在母親的跟前,流著眼淚提出懇求,總算打動王后的心饒她不死,還能保持夫妻關係。

他的母親非常寵愛居魯士,總想這個兒子能夠接位為王;等到他的父親大流士病重,派人將居魯士從海邊叫回宮廷,抱著很大的希望認為可以宣布他為王國的繼承人。帕里薩蒂斯為他這樣做有非常勉強的藉口能夠說得通,那就是她生阿西卡斯的時候大流士只是一個臣民,等到他當上國王以後她才生出居魯士,所以只有年幼的兒子具備接位的資格。她提出這樣的說法完全遵照澤爾西斯的先例,想當年大流士一世這位偉大的國王聽從笛瑪拉都斯(Demaratus)的建議,讓次子繼承他的王國[8]。

雖然如此,她還是無法說服大流士。他為了一勞永逸,發布敕令指定阿西卡斯成為國王,名字改為阿塔澤爾西茲;居魯士仍舊出任利底亞(Lydia)[9]省長,是濱海各省最高軍事指揮官[10]。

3 大流士崩殂以後沒過多久,他的繼承人要想成為國王必須前往帕薩加迪(Pasargadae),參加波斯祭司主持的登基大典。那個地方有一座奉獻給戰爭女神的廟宇,這位女神的地位如同我們的密涅瓦。接位的王室人員在進入聖地的時候,先要脫去身上的長袍,換上居魯士一世在當國王之前穿著的服裝,然

7　史塔蒂拉的兄弟特瑞突克米斯(Teriteuchmes)犯下十惡不赦的罪行,給王室帶來很大的困擾,帖西阿斯的《波斯編年史》對這件的來龍去脈有詳盡的敘述,產生的原因還是宮闈的權力門爭。

8　參閱希羅多德《歷史》第7卷第1-4節。

9　利底亞是小亞細亞西部的內陸地區,赫穆斯(Hermus)山脈形成的開斯特(Cayster)山谷從中央經過,是連結東西方的主要通道,8-6世紀B.C.成為一個強大的王國,後來一直被波斯人控制,直到亞歷山大大帝東征才落入希臘人手裡。

10　以下各節有關希臘人的行動,這些資料全部來色諾芬《遠征記》。

後吞食一小簍無花果，還要吃一些松香，飲一杯酸牛乳。接著舉行的儀式非常神秘，除了參與者不能讓外人知曉。

就在阿塔澤爾西茲正要從事這項莊嚴的典禮之前，泰薩菲尼斯(Tisaphenes)[11]帶著一位祭司前來晉見。這位祭司是居魯士小時的師傅，皇子從他那裡接受波斯的嚴格訓練，並且傳授祆教的經典，所以他的弟子沒有能夠繼承王位，使得他比起任何人感到更為失望；因為這個原故他的說辭更能取信於人。這位祭司指控居魯士要藏身在神廟中等待國王的來到，趁著換穿衣服不備之際下手刺殺。

有人言之鑿鑿說是居魯士在被人檢舉以後立即遭到逮捕；還有人說他已經進入神廟在現場被抓，藏身的地點與祭司所說絲毫不差。當他犯了謀逆的大罪要處死的時候，他的母親用手臂抱住他，將自己的頭髮紮成辮子纏繞在他的身上，然後緊緊摟住他的頸脖不放他走，為著他在阿塔澤爾西茲的面前苦苦哀求，再三動之以情，終於救了他一命。國王再度將他派到海外，仍舊統治原來的行省。不過，即使這樣還是不能讓居魯士感到滿意，無法忘懷被捕帶來的憤怒，憎恨的心理使得他比起以前更想擁有整個王國。

4 有人說居魯士所以要叛變，是因為他的歲入不足以支付每天的飲食，這種話真是無稽之談。即使他沒有其他的來源，只要他提出要求，憑著母后的能力可以滿足他所有的需要。色諾芬(Xenophon)[12]告訴我們，說他透過朋友和親戚，從各地雇來大量的士兵，支付糧餉維持在他的麾下服務，僅僅從這裡就可以證明他已經是富可埒國。他在各地都有代理人，運用各種藉口召募外籍士兵，為了隱瞞企圖，並沒將這些人集結起來編成建制部隊。在這個時候，帕里薩蒂斯在國王面前，盡量讓她的次子不要受到任何嫌疑，居魯士自己經常寫信給兄長，表現出謙卑的態度和盡責的模樣，有時懇求國王賜給恩典，有時會對泰薩菲尼斯加以抨擊，完全是這個權臣起了嫉妒之心，才會對他落井下石。

11　泰薩菲尼斯從414B.C.起出任下小亞細亞的省長，401年居魯士被殺以後，治理的地區將小亞細亞全境包括在內。他在當時的波斯王國是一位風雲人物，歷經政局的變化和世事的滄桑，最後還是被泰什勞斯底所殺。

12　色諾芬(431-350B.C.)是希臘的將領、政治家和歷史學家。希臘傭兵幫助居魯士，要與阿塔澤爾西茲爭奪波斯王國的寶座，等到居魯士戰敗身亡，希臘將領被騙遭到殺害，他被剩餘的士兵選為將領，率領他們歷經千辛萬苦，繞過黑海返回故國。色諾芬的著作有《遠征記》、《希臘史》和《居魯士的教育》等，讓當時的希臘人對波斯王國的情況，能有很清楚的概念。

再者，國王的為人過分仁慈，天生性格遇事拖延不決，統治的初期，始終心存意念要與阿塔澤爾西茲一世，就偉大的政績比個高下，不僅做到親民愛物，就連臣下的非分要求和過度賞賜，都是來者不拒，多多益善。他對懲罰表露出矜憫勿喜的神色；送禮給他的人都為他接受時那種誠懇的態度覺得非常開心，任何人從他那裡收取禮物同時還感受他的親切和友善；即使送給他微不足道的東西，同樣使他堅持「投之以木桃，報之以瓊瑤」的風度。有個名叫歐米西斯(Omises)的傢伙呈獻給他一顆碩大無比的石榴，他說道：「這個人託米塞拉斯(Mithras)[13]的福，看來要換一個更大的城鎮給他治理。」

5 有次他出外巡視，很多人爭先恐後向他呈獻物品，一個貧苦的工人實在沒有東西，就跑到河邊用手捧一掬水送給國王，阿塔澤爾西茲非常高興，回賜他一個金杯和1000達里克銀幣[14]。

拉斯地蒙人優克萊達斯(Euclidas)對著他發表一些大膽而又倨傲的談話，他派衛隊的軍官去傳達他的旨意：「你可以信口開河說些自己感到滿足的話，我一定要讓你知道，身為國王不僅可以講自己喜歡講的話，還可以做自己喜歡做的事。」

狩獵的時候特瑞巴蘇斯(Teribazus)隨伴在側，指出國王的袍服上面有裂縫，國王問他現在應該怎麼辦才好，特瑞巴蘇斯回答道：「陛下只要願意就換一件，破的長袍可以賜給我。」國王聽了他的話，接著說道：「特瑞巴蘇斯，我把這件衣服送給你，特別交代不可以穿在身上。」這個傢伙的本性不壞，只是行事毛躁而且不用頭腦，根本不理會這番吩咐，等國王將長袍脫下來，他接過來就穿上去，同時還佩上皇家的黃金項圈和各種女性的飾物，因為這是違制的行為，周邊的人看到極為不滿。國王笑著向他說道：「你佩戴飾物像個女人，穿起袍服像個小丑。」

國王除了他的母親和髮妻，任何人不可以與他坐在一起用餐；這時他的母親坐在他的上方，妻子坐在下首。阿塔澤爾西茲邀請他的兩個幼弟歐斯塔尼斯和歐薩克理斯，與他同桌進食。他最得民心的事，就是讓波斯人可以看到他的妻子史塔蒂拉(Statira)乘坐車輛外出，有時她會將車簾拉下來，允許附近的婦女前來向

---

13 米塞拉斯傳入羅馬以後成為男性之神，在第2、3世紀受到普遍的崇拜，各種儀式變得非常神秘。根據祆教教義，米塞拉斯是光明之神歐羅瑪斯德的兒子，也是真理、純潔和榮耀之神。

14 達里克(Darics)是一種波斯銀幣，名字來自大流士一世。幣值相當於希臘的德拉克馬或羅馬的笛納。

她致敬，這樣一來使得王后受到人民的愛戴。

6 然而那些無事生非和拉黨結派的人士，最喜歡發生改朝換代的變革。他
們聲稱這個時代需要居魯士，說他具備偉大的心靈，是一位卓越的戰士，
熱愛所有的朋友也受到大家的擁護，對於他們這樣龐大的帝國，絕對需要膽識高
強和積極進取的君王。這時的居魯士不僅可以依仗瀕臨海洋自己統治的區域，就
是內陸接近國王的行省，有許多倒向他的陣營，願意追隨他的作戰行動。

居魯士寫信給拉斯地蒙人，要求他們供應人力給予支援，特別提出保證：徒
步來者給予馬匹，馬上騎士給予車輛，耕作農夫賜給村莊，莊園領主賜給城市，
成為士兵就有糧餉，不是代金而是實物。同時還提到自己具備很多方面的優點，
他說他的意志堅定，不僅是個哲學家更是一位盡責的袄教信徒，而且比他的兄長
有更好的酒量。他誹謗阿塔澤爾西茲是一個怯懦之徒，缺乏男子漢大丈夫的氣
概，不敢騎馬從事狩獵活動，就是坐上寶座也會面臨險惡的情勢。

他的信件在拉斯地蒙的市民大會宣讀，當局派人將卷軸送給刻里克斯
（Clearchus），指示他在各方面要服從居魯士的命令[15]。於是居魯士向著國王進軍，
在他的麾下有不計其數的蠻族[16]，僅僅受僱支薪的希臘人就有1萬3000人之多[17]；
他不斷用各種藉口來掩飾遠征行動。然而篡奪的企圖很快真相大白，泰薩菲尼斯
面見國王報告當前的狀況，整個宮廷陷入騷動和混亂之中，母后為此一叛亂事件
受到各方的譴責，她的家臣和僕從不僅涉嫌還要面對指控。史塔蒂拉哀悼戰爭的
來臨，認為帕里薩蒂斯是一切災難的始作俑者，她帶著怒氣說道：「過去居魯士
用陰謀的手段對付他的兄長，還是她出面求情說項，不惜立下誓言來拯救他的性
命，結果他把我們全都拖進戰爭，給大家帶來無窮無盡的苦惱。」

帕里薩蒂斯聽到這些話非常痛恨史塔蒂拉，對於她的口不擇言難免起了報復

---

15 色諾芬對於涉入波斯的鬩牆之爭，盡量輕描淡寫採取掩飾的態度，好減低波斯人和阿塔澤爾
西茲對他們的敵意。

16 除了希臘傭兵之外，還有其傭兵和蠻族的部隊共有10萬人之眾。

17 伯羅奔尼撒的部隊除了亞該亞人由他們的老鄉蘇格拉底領導之外，其餘單位全部聽從刻里克
斯的指揮；皮奧夏人組成的軍隊由底比斯人普羅森克尼斯（Proxenes）統率；門儂（Menon）指
揮帖沙利人；其他國家的部隊全部聽命於波斯將領亞里阿庫斯（Ariacus）。拉斯地蒙人畢達
格拉斯（Pythagoras）指揮一支擁有35艘戰船的艦隊；埃及人塔摩斯（Tamos）的麾下有25戰船
船，由他出任水師提督。

之心，在暗中打算要取她的性命以洩憤。根據狄農的說法，母后的企圖得逞是在
戰爭期間，不過，帖西阿斯提到這件事，說是以後才發生。後者雖然抱持這種說
法，只是內容方面很難言之成理，因為他親眼目睹宮廷處理如此重大的事件，竟
然不知道暗算發生的時間，也沒有交代為什麼會弄錯真正的日期；特別是他的歷
史著作經常會偏離主題，使得真正的史實成為傳奇故事和浪漫小說。所以我對帖
西阿斯的記載持保留的態度。

7 居魯士在進軍的途中，各種謠言和急報如雪片一樣送進宮廷，國王還在
深思熟慮抱著謀定而動的宗旨，沒有前往接戰的打算，也不想與叛軍進
行會戰，留在王國的腹地等待各方勤王之師的到達。他在必經的平原挖出一道長
達400弗隆的塹壕，闊度和深度各有10噚[18]，竟讓居魯士安然渡過這道防線，即將
抵達王國的重鎮巴比倫（Babylon）[19]。據說只有特瑞巴蘇斯敢向國王進言，說他不
應避戰以示弱，更不能棄守米地亞（Media）、巴比倫甚至蘇薩（Susa）這些精華地
區，將自己藏身在波斯人之中。特別是他的兵力已經超過敵人數倍之多，謀臣勇
將如雲以及名正言順更是居魯士無法相比。

最後阿塔澤爾西茲決定採取行動，立刻付諸實施。突然之間，他率領90萬帶
甲之士，擺出堂堂正正的陣勢在戰場出現，看在叛軍眼裡難免大驚失色。因為他
們帶著先入之見，認為國王的軍隊是一群烏合之眾，甚至連兵器都不知如何使
用。現在居魯士的四周是一片喧囂和吵雜之聲，即使他下達命令，很不容易讓他
的軍隊排出會戰的序列。國王在寂靜之中用緩慢的步伐領導部隊向前進擊，嚴格
的紀律使得希臘人感到無比的詫異。因為他們期望對手發出不整齊的吶喊和躍進
的接戰方式，使得一支人數極其龐大的隊伍，很容易陷入混亂的狀況，造成主力
之間的相互分離，有利於他們的區分或各個擊滅。現在阿塔澤爾西茲將特選的戰
車配置在方陣的前面，正對著希臘的傭兵部隊，在方陣發起接近戰鬥之前，先用
猛烈的衝鋒，分割叛軍第一列戰線的正面，使得他們無法發揮統合戰力。

---

18 要是根據色諾芬的說法，這條塹壕只5噚寬和3噚深。
19 據說這條塹壕中間留下一個寬20呎的通道，所以居魯士可以很快通過，阿塔澤爾西茲沒有據
守幼發拉底河這道天險。

8 很多歷史學家曾經敘述這場會戰，特別是色諾芬等於把所有的場面擺到我們的眼前，栩栩如生的描繪使得大家感受到雙方的激情，陷入危險之中在盡力的掙扎，不像是過去的景象而是現在的境況。在我而言，除非要補充他所忽略的史實，特別是那些有報導價值的資料，如果我還是照本宣科的複誦一遍，可以說是愚不可及的行為。

兩軍列陣鏖鬥的地點稱之為庫納克薩(Cunaxa)，距離巴比倫大約有500弗隆。刻里克斯懇求居魯士應該退到第一列戰鬥人員的後面，不要躬冒矢石的危險。他們說他回答道：「刻里克斯，這是為什麼？像我這樣渴望擁有一個帝國的人，難道不應該為它去拚命？」居魯士犯了很大的錯誤，他不該輕身涉險讓自己陷入一場混戰之中；非僅如此，就是刻里克斯的用兵同樣極其不當，為了害怕被敵人包圍，將他的左翼保持在河岸俾能獲得依托，拒絕率領希臘人向前對當面的敵軍主力發起攻勢，要知道國王的位置就在此處。

如果他認為安全重於一切，所有的作為全是為了避免人員的損失，最好的辦法是留在家中不要去管別人的閒事。他願意全副武裝離開海岸實施1萬弗隆的行軍，完全出於自己的選擇，目的是要擁護居魯士登上寶座。現在他環顧四周，要為自己找一個陣地，著眼不在保全指揮他們並且為他們供應糧餉的君王，而是為了使自己的接戰更為方便和安全。看來像是害怕即將面臨的危險，預備放棄軍事行動要達成的目標，背離遠征作戰所擬定的構想。

事實非常明顯，要是希臘人攻擊列陣在國王四周的部隊，沒有一個人能夠固守陣地，等到這些人被趕出戰場，阿塔澤爾西茲不是逃走就是被殺，居魯士就能贏得勝利，不僅安全無虞而且將王冠牢牢抓在手中。因此，刻里克斯過分的審慎和規避，比起居魯士的熱中和莽撞，更應受到各方的指責，結局是使居魯士喪失帝業和生命。如果國王能夠代為籌措找出一個地方來部署希臘的傭兵部隊，使得他們的攻擊給他帶來最小的損害，最重要是讓他們遠離自己以及他周邊的人馬，就是他派去與他們對抗的部隊會被希臘人擊敗，那麼在他不知情的狀況，對他在這邊的作戰就不會發生影響。即使刻里克斯打敗當面的敵軍，因為隔得很遠居魯士並不知道，在他覆滅之前無法運用一翼戰勝所創造的優勢。

居魯士明瞭展開會戰的最佳部署方式，命令刻里克斯率領他的人馬居於戰線的中央位置。刻里克斯的回答是他會審慎從事，所有的安排處於最好的狀況，最後這一切都將付之東流。

9 希臘人一直到蠻族疲憊不堪才將他們擊敗，接著跟在後面追擊很長一段路程。居魯士所騎的馬匹，血統雖然純正但是個性倔強難以駕馭，帖西阿斯的說法這匹馬的名字叫做帕薩卡斯（Pasacas）。阿塔吉西斯（Artagerses）是卡杜西亞人（Cadusians）[20] 的首領，疾馳趕了上來，大聲叫道：「啊！你這個不義而又無知的人，平白羞辱居魯士這個尊貴的稱號，竟然帶領邪惡的希臘人走上褻瀆的道路，要來搶劫波斯人的財物，意圖殺害你的國君和兄長，要知道你的國君有數以億萬計的奴僕，這些人又有那一個不比你強？這不過是你臨終之前最後的一眼，就在你看到國王的面孔之前，腦袋已經被我砍了下來。」

他一邊說著，盡力將標槍向著居魯士投擲過去，因為居魯士穿著質地堅硬的鎧甲，所以身體沒有受傷；然而打擊的力道極其強烈，坐在馬鞍上面搖晃不已。然後阿塔吉西斯轉過跨下的坐騎，居魯士用長矛對著他猛戳，矛頭刺穿靠近肩胛骨的頸部。

所有的作者都同意這種說法，就是阿塔吉西斯被居魯士所殺。有關居魯士陣亡的狀況，因為色諾芬沒有親眼目睹，只用幾個字草草帶過；或者他認為這種做法不妥，才沒有像狄農或帖西阿斯那樣，對於細節交代非常清楚。

10 狄農用斬釘截鐵的口吻，說是居魯士在殺死阿塔吉西斯以後，狂暴攻打阿塔澤爾西茲的後衛，國王的坐騎因而受傷，再也無法供他乘用。特瑞布巴蘇斯很快幫他跨上另外一匹戰馬，同時向他說道：「啊！君王！要記得這個日子，沒有人能夠忘懷今天凶險的局面。」居魯士再度用馬刺驅策坐騎，向著阿塔澤爾西茲衝殺，國王不支被打下馬來。第三次的攻擊使得國王震怒不已，向他周邊的人說道，與其忍受這樣的羞辱還不如死掉算了。這時他策馬向著居魯士進逼，對手狂暴而又盲目向著投射的武器還是照衝不誤，使得國王用一根標槍刺穿他的身體，其他隨伴在側的人痛下毒手一點都不心軟。

如同一些人的說法，居魯士是死在國王的手裡，還要算上一位卡里亞人的投矢，為了獎賞他立下的功勞，阿塔澤爾西茲授與他一種特權，每次展開軍事行動，他的長矛上面頂著一隻黃金製成的公雞，站在第一列隊伍的前面。波斯人用「公

---

20 卡杜西亞人是居住於波斯中部高原的部族，希臘的萬人大撤退曾經過這個地區，遭到相當的損失。

雞」這個名字稱呼卡里亞人[21]，因為他們的頭盔上面裝飾著長長的冠毛。

11 帖西阿斯的記載非常簡潔，省略很多的情節，整個過程有如下述：居魯士殺死阿塔吉西斯以後，騎在馬上對著國王衝去，他的對手也就向前迎戰，雙方都沒有啟口說一句話。居魯士的朋友阿里伊烏斯(Ariaeus)搶先動手，對著國王擲出投矢，沒有傷到他的身體，然後國王用長矛刺向他的兄弟，失手之餘竟然誤中薩蒂菲尼斯(Satiphernes)，使得居魯士出身高貴的朋友當場斃命。接著居魯士用他的長矛瞄準國王，穿過鎧甲刺進他的胸膛有兩吋深，重擊使得他從馬上跌落地面。那些隨伴的人被打得四散奔逃，傾刻之間現場是一片混亂，少數幾個人將他扶了起來，其中包括帖西阿斯在內，帶領國王前往不遠處一座小丘，讓他在那裡暫時休息一下。

居魯士在重重敵軍之中，他的坐騎是匹烈馬，橫衝直撞馱著他尋找返回營地的路。夜幕籠罩下使得敵軍難以分辨他是何人，也讓他的追隨者無法發現他的下落。不過，他的心情因勝利而欣喜欲狂，滿懷信心恢復原有的精力。他在通過敵軍之際，不止一次用波斯語發出宏亮的叫聲：「讓路！你們這群惡賊，趕快讓路！」他們的確遵照辦理，投身拜倒在他的跟前。

這時他的頭巾滑落下來，一個年輕的波斯人名叫米塞瑞達底(Mithridates)，根本都不知道他是何許人，就用標槍在他眼窩附近的太陽穴用力戳進去，很多血液從傷口噴流出來。居魯士在昏厥狀況下，一不留神從馬背摔落地面，所乘的馬匹逃脫，在戰場上面四處奔跑。米塞瑞達底的同伴拾起掉落的馬具，發現已被鮮血浸透。居魯士慢慢恢復可以自己行走，有幾位宦官扶他跨上另外一匹馬的馬背，好將他運到安全的地點。這時他已經無法騎馬，情願徒步行走，他們在前牽引以及在旁攙扶。他的頭腦陷入昏迷，腳步開始蹣跚，但是他確信自己獲得勝利，聽到路邊的逃兵用國王的頭銜向他歡呼，乞求他赦免他們所犯的過錯。

就在這個時候，有些卑微和赤貧的高努斯人(Caunians)[22]，成為營地的寄生蟲伴隨著國王的軍隊，經常做一些低賤和無法見人的工作，非常湊巧遇到居魯士的

21　卡里亞位於小亞細亞的西南部，是一個多山的區域，北部以米安德(Maeander)河為界，濱海有希臘化的城市尼杜斯(Cnidus)和哈利卡納蘇斯(Halicarnassus)，133B.C.成為羅馬的亞細亞行省的一部。

22　高努斯這座城市位於小亞細亞的卡里亞地區，主權屬於羅得島人所有。

隨從，認為這些人來自同一陣營，所以才加入他們的隊伍。過了一會兒以後，發現他們胸甲外面的緊身上裝是紅色，然而國王的人馬穿著白色的衣服，因而知道他們是敵人。這些高努斯人作夢也沒有想到前面這個人是居魯士，其中一位竟敢用標槍從他後面猛刺過去，膝蓋下方的血管割裂，居魯士不支倒在地上，同時他受傷的太陽穴遭到石塊的重擊，立即當場斃命。這是帖西阿斯敘述的情節，雖然受害於鈍重的武器，歷經如此遲緩的過程，野心勃勃的犧牲者難逃滅亡的命運。

12 正當居魯士逝世之際，阿塔西拉斯（Artasyras）[23]是國王派出打探敵情的耳目，恰好騎著馬經過，看到這些宦官如喪考妣的痛哭，就問其中他最相信的人士：「帕瑞斯卡斯（Pariscas），這人是誰？你們為什麼這樣的悲傷？」對方回答道：「啊！阿塔西拉斯！難道你沒看出是我們的主子居魯士？」阿塔西拉斯對這件事感到非常驚訝，吩咐這些宦官要打起精神，保持屍體的完整不要受到損毀。

接著他火速去見阿塔澤爾西茲；國王現在已經是萬念俱灰，對於前途不抱任何希望，加上口渴和傷勢更是痛苦難忍。這時阿塔西拉斯非常高興告訴國王說他看到居魯士離開人世。國王開始急著要親自去看居魯士的遺體，指示阿塔西拉斯在前面帶路，這時希臘人的周遭傳來嘈雜的聲音，據說他們要發起全面的追擊，凡是遇到的敵人不是殺死就當成俘虜。國王認為最好的辦法還是多派人手去探視，於是30個人手執火把立即出發。

就在這個時候，他口渴到像是會喪失性命的程度，薩蒂巴札尼斯（Satibarzanes）這個宦官到處為他找飲料，即使他離開營地相當路程還是沒有發現水源，經過一段時間的搜尋，最後他遇到一個隨著營地行動極其貧窮的高努斯人，有一個骯髒的皮袋裡面裝著大約4品脫惡臭而又渾濁的水，他得到以後交給國王。阿塔澤爾西茲拿起來一飲而盡，宦官問他是否不喜歡這袋水的味道，國王說是神明在上可以作見證，無論是酒是水他從未飲過如此美味的東西，即使是水也是來自最清澈和最純潔的溪流。他接著說道：「如果我找不到將水袋交給你的人，就無法贈送豐碩的報酬，只有乞求上天賜給他財富和好運。」

23　阿塔西拉斯是最受國王信任的高級官員，等於是波斯王國的總檢察長。

13 片刻之後，30名派遣人員開始返回，他們看起來喜氣洋洋面露笑容，帶來的信息是上天賜給他意想不到的運道。大量士兵再度聚集起來團結在他的四周，使得他激起奮鬥的勇氣，伴同無數燈光和火炬走進下方的平原。等到他快要接近屍體所在的位置，按照波斯法律的規定，對於叛徒要將他的右手和頭顱砍下來。他下令將首級送過來，抓著濃密的頭髮提在手裡，展示給那些心意不定和還想逃跑的人，看看居魯士得到何種下場，大家在驚訝之餘對他只有死心塌地的效忠。

聞訊而來的隊伍有7萬人之多，再度擁戴著他進入營地。帖西阿斯明確表示在他領導之下有40萬人參加作戰，狄農和色諾芬斷言實際戰鬥人員比起這個數目還要多得多。帖西阿斯提到被殺的敵軍有9000人，這是統計以後報給阿塔澤爾西茲的數量，然而他認為他們的斬獲不會少於2萬人，雙方對這個數字當然會有不同的認定標準。

根據帖西阿斯的說法，他與札辛蘇斯人法利努斯(Phalinus)還有其他幾位，奉到派遣去與希臘人磋商，有關這方面的敘述根本與事實不符。色諾芬知道帖西阿斯居住在波斯的宮廷，曾經提到這位波斯人的名字，後來帖西阿斯在偶然狀況下看到他的作品，這是非常明顯的事。這樣說來，要是帖西阿斯奉派擔任通事，完成非常重要的工作，色諾芬不會將他的名字從使節團中刪去，只提法利努斯一個人。

可以明顯看出帖西阿斯是虛榮心很強的人，拉斯地蒙人和刻里克斯對他非常器重。當他在極力讚譽刻里克斯和斯巴達的時候，只要有機會他就在他的作品裡面，大肆自我吹噓一番。

14 等到會戰結束以後，有鑑於阿塔吉西斯遭到居魯士的殺害，阿塔澤爾西茲將極其豐富和光彩的禮物贈送給他的兒子。他將很高的職位授與帖西阿斯和其他有功之人，就連那個將水袋送給他的高努斯人都找了出來，讓他脫離貧窮和寒微的處境，成為富有和尊貴的人物[24]。

他對那些出了差錯尚未犯下滔天大罪的人員，薄示懲處以儆效尤。有一位名

24　下面各節提到很多宮廷的內幕和運用各種酷刑的狀況，全部引用自帖西阿斯的《波斯編年史》。

叫阿巴西斯（Arbaces）的米提人，在作戰的時候逃到對方的陣營，等到居魯士亡故
他又反正來歸；國王認爲他不是一個危險的叛逆分子，只是性格過於怯懦和柔弱
而已，所以罰他將一位妓女背在背上，在市場中間站一整天。另外有一位除了臨
陣脫逃，還到處吹牛說他殺死兩個叛徒，國王下令拿出三根針穿過這個傢伙的舌
頭。

　　阿塔澤爾西茲一直認爲居魯士是死在他的手裡，希望讓所有的人都知道有這
樣一回事，而且要他們到處去宣揚。他送貴重的禮物給最早使居魯士受傷的米塞
瑞達底，要人傳話給他並且讓他知道：「國王之所以讓你蒙受他的厚愛，是因爲
你發現居魯士的馬具，立即將這些東西呈獻給他。」

　　居魯士的大腿被高努斯人戳傷因而不治死亡，就向國王要求給予賞賜，於是
阿塔澤爾西茲派人去對他說：「你是第二位將好消息面報國王的人，所以才會給
你這些獎金，雖然阿塔西拉斯比你還要早一點，但是從你的口中可以確定居魯士
已經斃命。」米塞瑞達底雖然心中憤憤不平，倒是沒有什麼抱怨。

　　不幸的高努斯人是個愚蠢的傢伙，無法克制虛榮的性格。看到擺在面前那些
名貴的禮物讓他欣喜若狂，然而在利令智昏的狀況下還想爾後能夠平步青雲。他
不願委屈自己說是爲了酬勞他面報好消息而接受國王的禮物，氣憤填膺請求上蒼
和人們爲他作證，殺死居魯士是他而不是別人，所以國王不能用不公正的手段剝
奪他的榮譽。

　　這些話傳到國王的耳中使得他極其氣惱，下達旨意要將這位高努斯人斬首。
正好太后在場就說道：「可惡的高努斯人不值得國王動怒，爲了他的口吐狂言，
讓他從我這裡接受應得的懲罰。」等到國王將這個人解交給帕里薩蒂斯，她下令
劊子手要重重懲治他的罪行，將他綁在拷問架上施以10天的酷刑，然後挖出他的
眼珠，將燒熔的銅汁從他的耳朵灌進去，直到斷氣爲止。

15 沒有過多久，米塞瑞達底同樣因爲口不擇言，他的下場更爲悲慘。
有天他受邀參加一次晚宴，國王和太后的宦官都在場，他身上的衣
服和佩帶的飾物都是國王的賞賜。酒過數巡以後，太后身邊掌有大權的宦官說
道：「啊！米塞瑞達底，老實說，國王竟然送給你這樣華麗的衣服，還有代表榮
譽的項鍊和手鐲，這把彎刀眞是無價之寶。你是多麼的幸運，大家看在眼裡都非
常羨慕。」

他在酒後禁不起奉承，就回答道：「斯帕拉米茲斯（Sparamizes），這些能算什麼？我在那個決定勝負的日子，對國王所做的貢獻，值得比這個更為豐盛和貴重的禮物。」斯帕拉米茲斯笑著說道：「米塞瑞達底，我並不是眼紅你獲得這些東西。希臘人的諺語說得好『酒後吐真言』，我的朋友，倒是讓我們聽聽看，你撿到從馬匹上面滑落的馬具，帶來交給國王，怎麼會像是建立偉大的功勞一樣獲得如此光榮的賞賜？」

他說出這樣的話並不是不明瞭實情，而是想要米塞瑞達底在眾人的面前洩漏心中的秘密。這個人灌下黃湯禁不起虛榮心的引誘，在無法控制自己的狀況下，就會一五一十說出來。米塞瑞達底再也忍耐不住，開始說道：「儘管你提到馬具和那些微不足道的東西，我可以很坦誠地告訴你，是這雙手置居魯士於死命。我不像阿塔吉西斯那樣，投出標槍毫無效用，雖然錯過居魯士的眼睛，還是擊中右邊的太陽穴，就這樣貫穿過去，使他從馬背摔到地上，因而重傷不治身亡。」

出席宴會的人員，看著米塞瑞達底即將落入粉身碎骨的深淵，大家低下頭迴避他的眼光，有人出來打圓場，說道：「米塞瑞達底，我的朋友，讓我們盡情的吃喝，除了敬祝國王政躬康泰，不要談論國家大事。」

16 斯帕拉米茲斯將他對米塞瑞達底講的話，立刻報告帕里薩蒂斯；她跟國王提起這件事，使得他為謊言的欺騙而怒不可遏，何況勝利最光榮和最歡愉的情節，即將面臨全部喪失的危險。他一直盼望所有的人，無論是希臘人還是蠻族，全都相信在他與他的兄弟相互的廝殺和搏鬥中，雖然他遭到一擊因而受傷，終究還是取了對手的性命。

因此，他下令施用「船刑」來處死米塞瑞達底，執行的方式有如下述：製作兩個大小相若可以重疊在一起的船型木質容器，要將這個受盡痛苦的罪犯，面向上躺在這一容器當中，再用另一個容器緊緊蓋住，這時他的頭部和四肢從船緣伸出來，整個身軀全都密封在裡面。他們強迫他不斷吃下許多食物，要是他拒絕就用針刺他的眼睛，帶來的劇痛使他只有就範，等他吃過以後，他們將他浸泡在牛奶和蜂蜜的混合液中，不僅從他的嘴裡灌進去，還塗滿他的臉孔和四肢。然後他們讓他的臉一直對著太陽，這時上面全部停滿密密麻麻成群的蒼蠅和各種昆蟲。他的軀體壓在兩艘船的中間還是需要吃喝維持生命，污穢和腐敗的排泄物產生大量各式各樣的害蟲，有些會鑽進他的大腸和消化器官裡，他的身體開始潰爛化為

膿血。等到這個人完全斷氣以後，就將上面蓋著的容器移開，發現他的肉體已經腐蝕被蟲吃得一點不剩，只有無數惡臭的蛆在蠕動，全部是從他的內臟中繁殖出來。米塞瑞達底接受這樣的酷刑，歷盡17天的痛苦才得到解脫。

17 國王的宦官馬薩巴底（Masabates）奉命砍下居魯士的右手和頭顱，仍舊是帕里薩蒂斯亟待報復的對象。然而這位宦官行事非常謹慎，不讓她有機會施以嚴厲的打擊，太后在國王身上打主意，安排天羅地網讓他無法逃脫。她在很多方面都是一個機警幹練的婦女，對於擲骰子更是精於此道的高手，過去經常與國王一起消遣打發空閒的時光。等到戰爭結束以後，她為了與國王能夠和睦如初，參加他的各種休閒活動，經常與他擲骰子博取彩頭，這樣一來投其所好使得母子的感情更為融洽。她想盡辦法要占用國王與史塔蒂拉可以相處的時間，不僅是她憎恨這個對手甚於任何人，特別是她不願有人比她掌握更大的權勢。

有一天正好阿塔澤爾西茲空閒無事，很想放鬆消遣一番，她提議玩擲骰子賭注是1000達里克銀幣，讓他贏到以後如數付出。接著她裝出不甘遭到損失的樣子，希望能有翻本的機會，同時還逼他換一種彩頭，就是拿宦官來當賭注，最後他只有同意。開始之前他們先說清楚，國王和太后各自提出最信任的五位宦官，不能算作下注的彩頭，其他的人員輸家讓贏家可以任意挑選。條件講好他們擲下骰子，不僅她的手法高明加上運氣很好，總算如願贏得國王的賭注。這時她提出的選擇是馬薩巴底，因為這個人不在國王身邊五個重要宦官之列。

就在阿塔澤爾西茲懷疑太后會玩出那些花樣之前，她已經將馬薩巴底交給劊子手，帶著心滿意足的神色讓他們將他的皮活活剝去，於是他們將他的身體綁在傾斜的三根木樁上面，用力將三根木樁慢慢拉開，他的皮就隨著劃開的傷口被撕裂下來[25]。

等到這件酷刑執行完畢，國王知道以後極其不滿，對於太后的行為非常生氣。她帶著嘲笑的口吻說道：「老實說你這個人不僅感情豐富而且心地善良，竟然為一個年老又卑賤的宦官自尋煩惱；雖然我擲骰子一次損失1000達里克銀幣，還不是心平氣和的認輸。」國王為受到欺騙感到苦惱，最後也只有息事寧人。

---

25 傳說我國古代的剝皮是用水銀灌頂；魏宗賢的東廠好像是用滾燙的瀝青。看來波斯的剝皮有點像車裂之刑。

史塔蒂拉為著其他的事情公開反對她的毒辣手段，現在對這種殘酷的行為更加氣憤，認為母后的所作所為完全違背法律的規範和人道的精神；說她為了思念居魯士心痛這個兒子遭到悲慘的下場，就將國王忠誠的朋友和宦官當成獻祭的犧牲。

18 泰薩菲尼斯立下假誓欺騙刻里克斯和其他的指揮官[26]，然後翻臉不認人將他們抓起來，全部上了腳鐐手銬押解給國王。帖西阿斯提到刻里克斯向他要一把梳子，得到以後就用來整理自己的頭髮，帶著高興的神色說他是一位心地寬厚的官員，然後將手上的戒指取下送來給他，這個印章上面刻出卡里阿泰德(Caryatides)舞蹈的圖形[27]，可能是刻里克斯離開斯巴達的時候，朋友和親人臨別致贈作為信物的紀念品。

他告訴我們說是那些一同被俘的戰友，經常將送給刻里克斯的食物偷走，只留下很少的分量。帖西阿斯說他重新做一番安排，將最好的口糧親自送到刻里克斯那裡，其餘的供應品再由士兵自行分配。他特別聲明說這樣做完全是應帕里薩蒂斯的要求，基於對她的尊敬和自己的利益才會給予充分的供應。他每天都將一大塊火腿和其他的食物送給刻里克斯，因此，他說她提出勸告並且吩咐他，應該將一把小刀藏在那塊肉裡面，然後再讓他的朋友知道，在必要時可以自我了斷，免得在國王的酷刑之下，求生不能求死不得。不過，帖西阿斯說他不敢這樣做。

阿塔澤爾西茲經不起母親的苦苦哀求，答應她立下誓言要赦免刻里克斯[28]，後來受到史塔蒂拉的慫恿，除了門儂(Menon)以外其他人全部遭到處決。帖西阿斯說帕里薩蒂斯伺機謀害史塔蒂拉，用的方法是下毒。至於帕里薩蒂斯為了刻里克斯的緣故，竟敢謀害地位崇高的王后，何況她還有兒子將來會繼承帝國，不要說這個故事讓人難以置信，就是從帕里薩蒂斯的動機來看也沒有必要。

---

26 泰薩菲尼斯向希臘人提出保證，可以讓他們自由離去，藉口要與刻里克斯舉行會議，除了趁機逮捕刻里克斯和四位重要將領，同時將其餘與會的20名隊長全部殺死。雖然希臘傭兵處於群龍無首的狀況，他們選出負責的將領，在色諾芬的領導下，逃過波斯人的迫害，能夠安返祖國。

27 卡里阿(Carya)是拉柯尼亞一個小鎮，建了一座密涅瓦神廟，香火非常鼎盛，斯巴達未婚的少女要來舞蹈祈福。

28 帕里薩蒂斯為刻里克斯講情，完全是這批希臘傭兵為她的愛子居魯士打天下，出於一種愛屋及烏的心理，不應該攙雜其他的因素。

白紙上面寫著黑字，帖西阿斯的歷史著作確實提到這段，只能算是他為了推崇刻里克斯，當成葬禮上面讚頌死者的悼辭。他好像是要我們相信，這些將領被殺以後，其餘人的屍首都遭到野狗和猛禽的撕扯和啄食，弄得狼藉不堪；突然一陣狂風吹來大堆砂石，在刻里克斯的屍體上面堆成一個土丘，有些棕櫚的種子落在上面，長成為美麗的叢林到處濃蔭密布。甚至國王為自己做錯事感到悲傷，深受神明喜愛的刻里克斯竟然被他當作人犯處死。

19 帕里薩蒂斯自從心中對史塔蒂拉存著秘密的恨意和嫉妒之後，看到自己的權力僅僅來自她是國王的母親，因而受到大家的關懷和尊敬，不像史塔蒂拉基於國王的愛情和信任，擁有極其穩固和強大的影響力。她下定決心要暗中置這個對手於死地，即使要冒著生命的危險在所不惜，只要有希望贏取世界最大的賭注。在一直跟隨她的這群侍女當中，基吉斯(Gigis)不僅深獲信任還受到她的器重；狄農還斬釘截鐵表示，說是這個侍女幫助她調製毒藥。帖西阿斯的說法是基吉斯知道有這回事，並不贊同帕里薩蒂斯鬼蜮的手段；所以他指控貝利塔拉斯(Belitaras)提供配製的處方，狄農說那個人是麥蘭塔斯(Melantas)。

過了一段期間以後，兩位王室的婦女[29]開始再度相互訪問，經常同桌用餐。過去雙方一直相互嫉妒，長期以來不斷產生齟齬，雖然現在表面上已經和好，兩個人還是存著畏懼之心，始終保持審慎的態度，即使一起進食只吃同個餐盤裡面相同的菜餚。波斯出產稱之為rhyntaces的小鳥，體內沒有排泄物只是一團脂肪，大家說這種禽類只靠著空氣和露水過活，是一種極其珍貴的食材[30]。帖西阿斯很肯定的表示，說是帕里薩蒂斯將餐刀的一面塗上毒藥，另一面保持非常乾淨，然後用這把餐刀將料理好的小鳥切成兩半，她自己吃沒有問題的部分，將受到污染的一半放進史塔蒂拉的碗裡。

不過，根據狄農的說法，這件事並非帕里薩蒂斯親自下手，而是麥蘭塔斯用刀將小鳥切開，然後讓史塔蒂拉吃下有毒的肉。她在極其痛苦和不斷抽搐中過世，這時對於自己的不幸遭遇心中有數，提醒國王說是母后涉嫌最重。他也知道

---

29 就是指這對婆媳帕里薩蒂斯和史塔蒂拉。

30 這種小鳥很可能是廣東人愛吃的禾花雀，學名叫做黃胸鵐，每到夏末便從中亞飛來中國南方的水澤一帶。這種食材骨軟肉香，最為肥美，滋補功效最佳，有「天上人參」的美稱。

這是必然的事實，因為她的性格非常殘暴，睚眥之仇要施以無情的報復。因此，立即進行檢驗屍體的程序，然後將他母親身邊伺候用餐的奴僕全部抓起來，用拷問架施以酷刑逼供。

帕里薩蒂斯很長時間讓基吉斯留在她的身邊，國王指名要這位侍女，她還是不肯交出去。等到後來風聲平息下來，基吉斯想要在夜晚回到自己的家裡，阿塔澤爾西茲事先得到通知，派人埋伏等她現身，很快將她逮捕，受到死刑的判決。波斯法律對下毒者的處死有這樣的規定，他們將這種犯人的頭放在一塊平坦的岩石上面，然後用另一塊大石頭施以不斷的打擊和重壓，直到整個面孔和頭顱變成一團血污的肉醬，基吉斯接受這樣的懲罰死於非命。

阿塔澤爾西茲無論是口頭或是行為，於情於理都不能傷害到自己的母親，雖然赦免所犯的罪行，還是違背她的意願，將她放逐到巴比倫一直監禁在那裡，明確表示只要她活在世上，他絕不會接近那個城市。這些都是國王的家務事，出現極其錯綜複雜的狀況。

20 阿塔澤爾西茲的主要目標是擊敗居魯士確保寶座的安全，對於那些隨著居魯士來到亞洲的希臘人，還是想運用諸般手段將他們一網打盡。雖然這些希臘人不僅失去居魯士，連帶所有的將領全都落到波斯人的手裡，他們仍舊能夠從他的宮殿中逃脫，這對阿塔澤爾西茲而言是何其不幸。讓世人全都知道真相，波斯國王連同他的帝國充滿黃金、奢侈和女色，除此以外只有炫耀和虛榮的排場。

這樣一來使得所有的希臘人激起勇氣，對於蠻族存著藐視之心，特別是拉斯地蒙人懷著這種想法，如果不能使得居住在亞細亞的同胞，從受到波斯人奴役的狀況中解救出來，或是不能終結這種傲慢無禮的待遇，這將是一件令人感到奇怪的事。開始他們派出一支在廷布隆(Thimbron)指揮之下的軍隊，然後是德西利達斯(Dercyllidas)[31]領受同樣的任務，並沒有產生令人難忘的成效。

最後還是亞傑西勞斯王御駕出征，親自掌握這場戰爭，等到他率領的人馬抵達亞細亞，立即發起登陸行動，積極推展各項工作，使自己贏得響亮的名聲。他在一場決定性的會戰中擊敗泰薩菲尼斯，使得許多城市揭竿而起。

31　德西利達斯是斯巴達聲威顯赫的將領，從411-398B.C.負責對雅典和波斯的戰事。

阿塔澤爾西茲面對這樣的損失，知道什麼是從事戰爭最明智的辦法，於是他派遣羅得島人泰摩克拉底（Timocrates），隨身攜帶大批黃金，交代他可以自由動用，拿來賄賂那些城邦的領導人物，煽動希臘人發起一場對付拉斯地蒙的戰爭。泰摩克拉底遵照他的指示辦理，那些最重要的城邦暗中在一起有所圖謀，伯羅奔尼撒半島陷入混亂的局面，民選五長官將亞傑西勞斯從亞細亞召回。

他們特別提到，就在亞傑西勞斯開始打道回府的時候，曾經向他的幕僚說起，阿塔澤爾西茲用3000名「弓箭手」將他逐出亞細亞，因為波斯人的錢幣上面打著一個弓箭手的印記[32]。

21 阿塔澤爾西茲派出艦隊在拉斯地蒙人的海域大肆搜索敵蹤，雅典人康儂（Conon）和法那巴蘇斯（Pharnabazus）成為他的水師提督。康儂在伊哥斯波塔米（Aegospotami）會戰[33]失利以後，一直停留在塞浦路斯，不僅要確保自己的安全，還在尋找可以翻本的機會，就像一個水手那樣在等候風向的轉變。他了解自己擁有海戰的技巧但是缺乏可用的兵力，國王的權勢需要明智之士給予指引和教導。他將自己的計畫寫了一份詳盡的報告，交代送信人要親自交到國王的手裡，如果可能就透過克里特人季諾（Zeno）或門德人波利克瑞都斯（Polycritus）傳遞（前者是宮廷的舞蹈教師而後者是一位御醫），或者當著這兩個人的面，請帖西阿斯呈給國王。

根據帖西阿斯的說法，他拿到康儂寫來的信函，還在裡面自己偷偷加上一段，意思是「請國王同意他的要求，將帖西阿斯派到他那裡，可以在海岸地區發揮最大的功效。」不過，帖西阿斯宣稱這種要求符合國王原來的構想，就將他派到康儂那裡去服務。

法那巴蘇斯和康儂指揮的波斯水師，尼多斯（Cnidos）[34]海戰擊敗拉斯地蒙人，等到阿塔澤爾西茲將海權從對方的手裡奪走，整個希臘全部倒向他的陣營，

---

32 本書第十六篇〈亞傑西勞斯〉第15節有同樣的記載，根據色諾芬的說法，泰什勞斯底（Tithraustes）派羅得島人泰摩克拉底（Timocrates），帶50泰倫分送底比斯、科林斯和亞哥斯的政要。

33 405B.C.賴山德在伊哥斯波塔米會戰殲滅雅典艦隊，除了逃走8艘船以外，將近200艘被奪走，3000名俘虜遭到殺害。參閱本書第六篇〈亞西拜阿斯〉第37節。

34 這次海戰發生在奧林匹克96會期第3年即394B.C.。

能夠按照他提出條件，就將稱之為「安塔賽達斯的和平」[35] 賜給所有的城邦。斯巴達人安塔賽達斯(Antalcidas)是李昂(Leon)的兒子，為了波斯國王的利益，誘使拉斯地蒙簽訂盟約，讓所有在亞細亞的希臘城邦以及鄰近的島嶼，成為阿塔澤爾西茲的臣民和屬地。雖然希臘人可以獲得和平，實際上這種和平是出賣同胞的行為，只能給希臘人帶來羞辱，過去在任何戰爭中即使被敵人打敗，最後出現的結局也不會簽署這種可恥的條約。

22 阿塔澤爾西茲非常痛恨斯巴達人，如同狄農所說那樣，他認為他們是人類當中最無恥的民族。然而安塔賽達斯前來波斯覲見，接待表現出極其禮遇的態度。甚至有一天他將花冠浸到名貴的油膏中間，等安塔賽達斯用過晚餐再送過去，所有人對於這種寵幸感到驚訝不已[36]。實在說這個人夠資格獲得贈予花冠的殊榮，還是能夠保持自己的尊嚴[37]，不讓李奧尼達斯(Leonidas)和凱利克拉蒂達斯(Callicratidas)在波斯人面前出洋相。

據說有次某人對亞傑西勞斯說道：「啊！希臘這個民族真是可悲，斯巴達人要變成米提人。」亞傑西勞斯回答道：「並非如此，只能說是米提人要變成斯巴達人。」口齒伶俐的應對並不能除去行為所造成的恥辱，拉斯地蒙人在琉克特拉會戰[38] 遭到擊敗以後，立即在希臘人中間失去統治的權力，但是他們早在簽署這份條約的時候，所有的榮譽全部喪失殆盡。長久以來只要斯巴達在希臘保持第一城邦的地位，阿塔澤爾西茲就會對安塔賽達斯賜予殊榮，把他稱為自己的朋友和貴賓。

斯巴達在琉克特拉會戰慘敗之餘，往日的氣焰頓形消失，面臨匱缺金錢的困境，給城邦帶來不幸和災難。當局派遣亞傑西勞斯到埃及尋找財源，同時要安塔賽達斯去見阿塔澤爾西茲，懇求他供應城邦的生活必需品。這時國王對安塔賽達斯擺出藐視和不屑一顧的態度，同時拒絕提出的要求。安塔賽達斯發現自己空手

35　安塔賽達斯是拉斯地蒙一位能力很強的政治家，388B.C.指揮斯巴達艦隊，後來經由他的努力，386年在薩迪斯簽訂和平條約。可以參閱本書第十六篇〈亞傑西勞斯〉第23節。

36　本書第八篇〈佩洛披達斯〉第30節有類似的記載。

37　安塔賽達斯的生活非常樸素，能夠避免奢華的誘惑，就這方面而言，他不愧是一個斯巴達人。

38　371B.C.底比斯人在伊巴明諾達斯指揮之下，琉克特拉會戰中擊敗斯巴達國王克利奧布羅都斯，結束斯巴達在希臘唯我獨尊的局面。本書第十六篇〈亞傑西勞斯〉第28節有詳盡的敘述。

而返，深受敵人嘲笑和羞辱，畏懼民選五長官的怪罪，用絕食的手段結束自己的
生命。

底比斯人伊斯門尼阿斯(Ismenias)和佩洛披達斯(Pelopidas)在琉克特拉會戰
獲得大捷以後，應邀抵達波斯的宮廷[39]。佩洛披達斯具備大丈夫的氣概，沒有做
出有失身分的事。伊斯門尼阿斯受到指示，要對國王俯首鞠躬，他故意將戒指掉
落在國王的前面，然後屈身去撿拾，讓外人看來他已經表示最大敬意。

雅典人泰瑪哥拉斯(Timagoras)[40]派他的秘書貝拉瑞斯(Beluris)面見國王，送
上很多秘密資料和文件，國王感到非常滿意，致贈給他1萬達里克銀幣，同時聽
說他有病在身，醫生囑咐要飲牛奶，供應80條奶牛可以隨同他一起行動。國王還
送給他一張床，連帶所有的被服和伺候的奴僕，因爲希臘人缺乏製作這類用具的
手藝。同時還考慮到他的身體非常虛弱，派出抬輿和轎夫將他一直送到海邊。前
面沒有提到他在宮廷受到盛宴款待的場面，可以說是金碧輝煌加上山珍海味，國
王的弟弟歐斯塔尼斯對他說道：「啊！泰瑪哥拉斯！不要忘了吃人嘴軟，拿人手
短。」實在說他只要記起國王的慷慨，難免心中會產生叛逆的念頭，因此雅典人
認爲泰瑪哥拉斯犯下受賄的罪行，所以才判他死刑[41]。

23 泰薩菲尼斯是全希臘不共戴天的仇敵，阿塔澤爾西茲雖然對希臘人
做了許多令人痛恨的事，現在他卻處死泰薩菲尼斯[42]，讓大家感到非
常痛快；帕里薩蒂斯發揮她的影響力也有很大的關係。國王無法堅持永遠不與母
親相見的誓言，與她講和以後接回宮廷，認爲她的智慧和勇氣有助於鞏固王室的
權力，特別是他們兩人之間不會再出現引起猜忌和冒犯的成因。從這個時候開

---

39 斯巴達人和雅典人都派遣使者到波斯，要求建立聯盟給予協助，底比斯人知道以後，採取同
　樣的辦法派出佩洛披達斯，憑著他的名聲獲得莫大的成功。可以參閱本書第八篇〈佩洛披達
　斯〉第30節。

40 雅典於387B.C.派泰瑪哥拉斯出使波斯，在該地留了四年，他根本不理自己的同僚李昂，完
　全惟佩洛披達斯馬首是瞻，後來爲了將國家秘密洩漏給波斯，返國後以收賄罪遭到處決。

41 要是按照第八篇佩洛披達斯〉第30節的說法，泰瑪格拉斯遭到處死，不完全是爲了收賄，而
　是佩洛披達斯出使的成功，給雅典人帶來極大的困擾。

42 亞傑西勞斯在亞細亞的勝利產生巨人的影響，除了可以大肆擄掠，還能對泰薩菲尼斯這個仇
　敵，進行「以眼還眼、以牙還牙」的殘酷報復，國王派泰什勞斯底(Tithraustes)去處理，用
　違背雙方所簽訂的罪名，將泰薩菲尼斯斬首。

始，她的做法是讓國王感到稱心如意，再也不跟他唱反調，因此能夠從他那裡獲得很大的權勢，提出的需求都能得到滿足。

她發現國王帶著絕望的神色深愛阿托莎(Atossa)；史塔蒂拉給他生了兩個女兒，阿托莎是其中之一。他所以隱瞞和克制自己的激情，就是害怕她知道以後會拒絕。如果我們相信有些作者的記載，說是他早已與心目中的少女有了私情。等到帕里薩蒂斯對這件事起了懷疑之心，比起過去更加喜愛這位年輕的孫女，經常向國王稱讚她的孝心和美麗，具備王室成員的尊嚴和風範。總而言之，她勸他娶阿托莎成為合法的妻室，這樣一來，所有規範希臘人的倫理原則和法律條文，全部被他踐踏在腳下。

根據她的說法，神明讓他成為波斯人的法律，是善與惡最高的裁決者。還有一些歷史學家肯定表示，其中包括庫馬(Cuma)的赫拉克萊德(Heraclides)在內，說是阿塔澤爾西茲連第二個女兒阿美斯特瑞斯(Amestris)都納入嬪妃之列，以後我們還要提到她的事蹟[43]。

等到阿托莎成為他的配偶，國王對她是如此的寵愛，甚至她後來染上痲瘋蔓延到全身，他一點都不嫌棄或感到厭惡。朱諾是他唯一願意頂禮膜拜的神明，他為著阿托莎的健康向祂祈禱，伸出雙手趴俯在地面。那些省長和寵臣在他的指使之下，要向女神奉獻貴重的祭品，神廟離開宮廷有16弗隆的路程，沿途擺滿金銀器具、紫色衣物和大批駿馬。

24 他與鄰近王國的埃及人發生戰爭，軍隊是在法那巴蘇斯和伊斐克拉底(Iphicrates)[44]的指揮之下，因為將帥不和所以沒有獲得勝利。

他率領30萬名步卒和1萬名騎兵，對卡杜西亞人發起遠征行動，入侵的國土到處崇山峻嶺通行極其困難，經常大霧迷天互月不消，地區不生產五穀雜糧，只有梨、杏、桃各種果類，養活一群作戰英勇而又黷武成性的民族。他在毫無預警狀況下，竟然陷入極大的災禍和危險之中，不僅無法就地獲得糧食填飽士兵的肚皮，從其他地區也不可能輸入所需數量。他們唯一的辦法是宰殺載運物品的馱

43　可以參閱本章第27節相關的記載。

44　伊斐克拉底是雅典將領，改進輕裝步兵的作戰效能，392B.C.在科林斯會戰中擊敗斯巴達重裝步兵所組成的方陣，贏得舉世的讚譽，一直到348年，始終是雅典軍隊中舉足輕重的人物。

獸,到後來一個驢頭要賣60德拉克馬還難以到手;總之,就連國王的用餐都供應不足,只有少數馬匹留下,其餘全部當作食物。

特瑞巴蘇斯在戰場英勇過人,個性詼諧平素喜歡插科打諢,深得君王的寵愛,特別在這緊急關頭,靠著他的能力和智慧救出國王和這支遠征軍。卡杜西亞人有兩位國王設置分離的營地,特瑞巴蘇斯將他的計謀報告阿塔澤爾西茲獲得允許以後,就與他的兒子在不讓人知曉狀況下,分別到這兩個營地去見他們的君主。這一對父子都騙他要見的人,他們的說辭就是另外那位國王已經派使臣去見阿塔澤爾西茲,想要單獨建立友好關係和簽訂盟約;因此,他所見的這位國王要是夠精明的話,必須在阿塔澤爾西茲頒布敕令之前,先派人去下一番功夫,這時他可以領著他們前去,願意給予應有的協助。這兩位國王之間彼此懷著鬼胎又要刻意提防,所以才相信特瑞巴蘇斯和他兒子提出的承諾,他們願意派出使者,一個跟著特瑞巴蘇斯,另外一位由他的兒子帶領。

處理的過程要花相當時間,國王揣測特瑞巴蘇斯所採取的行動,對他們的遲遲不歸表示懷疑。一旦他擔心會遭到出賣,開始後悔對他們的信任,這對父子的政敵藉機指控,國王這時也聽得進去。最後特瑞巴蘇斯回到國王身邊,他的兒子也能達成任務,各自帶著卡杜西亞的使臣來晉見,分別與這兩位君王簽訂停戰協定與和平條約。

特瑞巴蘇斯建立功勳贏得最高的榮譽,甚至國王陪著他返回所住的位置。實在說,這次的遠征行動就國王而言,可以糾正一般人的看法,那就是懦怯和優柔所以發生作用,並非出自優雅和奢華的生活,主要的因素還是卑賤和墮落的性格使然,特別是受到謬誤和邪惡的意見所指使,更是如此。雖然國王身上佩帶黃金的飾物,穿著官式的袍服,以及極其昂貴的裝束,加上皇室人員所需的穿著,僅就這方面的費用不下1萬2000泰倫。在必要的時候國王還是如同軍隊中普通士兵一樣,可以克服艱困完成辛勞疲憊的工作。

國王將箭袋掛在身側手裡執著盾牌,丟掉所騎的馬匹,健步如飛行走在崎嶇的山地,士兵看到他面露喜色擁有永不疲憊的精力,好像自己的身上長出一對翅膀,認為旅程是如此的輕鬆自在,使得每日的行軍可以走200弗隆的距離。

25 後來他們抵達他的行宮,四周是美麗而且修飾一新的花園,然而整個地區沒有樹木成為光禿禿一片赤土;那是因為天氣很冷,他允許

士兵為了供應足夠的燃料，可以砍伐所有的林木，即使是松樹和扁柏都毫不例外。當他們看到這片高聳又雄偉的森林，感到不忍心難免會有所忌憚。他親自拿一把斧頭砍倒其中最高大和最壯觀的巨樹。後來這些人用他們的手斧，劈成很多堆的柴火，使得他們夠安適度過寒夜。

　　雖然如此，他返回國門已經損失無數英勇的臣民，還要加上幾乎所有的馬匹，認為他的厄運和遠征行動的失利，會引起人民的輕視和指責。他用嫉妒的眼光看待貴族人員，很多人被殺是出於氣憤，還有更多是出於畏懼。事實上，就君王而言畏懼是最血腥的激情，只有滿懷信心才會仁慈、溫和，以及避免猜忌的遺毒。就我們的觀察可知，凡是生性膽怯和容易受驚的野獸，不僅倔強固執而且難以馴服。表現出高貴的氣質諸如馬這一類的動物，具備的勇氣使得牠們產生信心，在人類向牠們接近的時候，可以得知牠們的反應。

26　阿塔澤爾西茲現在已經是一個老人，發覺他的兒子要爭奪他的王國，在他的寵臣和貴族當中有結黨拉派的現象。他認為最公正的做法也是他當年所接受的恩典，將王國和寶座遺留給他的長子大流士（Darius）。他還有一位年紀較輕的兒子渥克斯（Ochus），行動積極而且脾氣暴躁，有很多廷臣擁護他接位登基，他最大的希望是經由阿托莎的鼎助贏得父王的歡心。因此渥克斯對她百般奉承，答應在阿塔澤爾西茲逝世以後娶她為妻，共同統治整個王國。曾經傳出謠言說是渥克斯與她已經發生肉體關係。

　　國王對於他們的私通全不知曉，趁著在有生之年做出決定，不要讓渥克斯還存有這種幻想，以免出現當年與他的兄弟居魯士發生鬩牆之爭，王國忍受戰爭和殘殺帶來的痛苦。於是他在大流士25歲[45]那年宣布長子是他的繼承人，允許大流士戴上高聳的kitanis，波斯人用這個名字來稱呼國王所戴的「冠冕」。

　　根據波斯相傳已久的法規和習俗，繼承人可以當眾提出賜與一個恩惠，只要在家長權威所及的範圍之內，必須應允不得任意拒絕。大流士提出賜予亞斯帕西婭（Aspasia）的要求；過去這位居魯士最寵愛的妃子，現在被國王納入他的後宮。

　　亞斯帕西婭生於愛奧尼亞的福西亞，雙親是獲得解放的自由奴，然而她在幼

45　另外一個手抄本說大流士成為繼承人已經有50歲，要是以阿塔澤爾西茲活到94歲，在位62年來看，這是非常可能的事。

年接受良好的教養。有次正在居魯士進晚餐的時候，她與其他的婦女被引進到他的面前，大家都傍著他坐了下來，接著他開始與這些婦女調情，說些不堪入耳的話，即使有進一步的動作也都隨其所願。只有她不發一語站在旁邊，居魯士叫她過去也不理會，這時寢宮總管要將她推到居魯士那裡，她說道：「你只要敢動手就會後悔一輩子。」

那些居魯士身邊的人員，都認為她是一個容易生氣而且不懂禮儀的潑婦。不過，居魯士感到很有興趣，就笑著對把她們送進來的人說道：「難道你沒有看來，只有這位女士才具備高貴和純潔的氣質？」從那時開始他對她另眼相看，比起其他的嬪妃更加愛她，根本不考慮她的性別就稱她為「智者」。等到居魯士在戰場被殺，她成為營地中的戰利品[46]。

27 大流士要她的身體毫無問題會冒犯自己的父親，蠻族的人民帶著猜忌和警戒的眼光，看待那些帶來歡愉的洩慾物，任何人要是靠近或是接觸到君王的侍妾都可以處死，就是在旅行中從她們乘坐的車輛附近經過，或是騎馬加以衝撞，得到的下場是罪在不赦。雖然阿塔澤爾西茲為了滿足難以抑制的激情，無視所有的法律娶了自己的女兒阿托莎，在他的後宮還有360位嬪妃，都是萬中選一的美女。現在他被大流士不斷強求要得到其中之一，於是聲稱她已經是自由之身，不能強迫她違背自己的意願，如果她心甘情願從命大流士，他也樂於玉成其事。

因此，亞斯帕西婭受召要她做出決定，這時她辜負國王的期望，選擇大流士使得終身有所依靠。他遵守法律的規定只有將她交給自己的兒子，接著很快就從大流士的身旁將亞斯帕西婭奪走，將她送到伊克巴塔納的黛安娜神廟[47]（波斯人將這位女神稱為安納蒂斯［Anaitis］），奉獻給神明成為女祭司，她的餘生都要奉行嚴格的守貞。阿塔澤爾西茲認為自己是用一種溫和的方式來懲處兒子，這種報復不

---

46 本書第五篇〈伯里克利〉第24-25節中提到伯里克利受到亞斯帕西婭的蠱惑，偏袒米勒都斯人對薩摩斯開戰。還特別提到身為娼妓的亞斯帕西婭豔名遠播，就是那位爭奪波斯國王的居魯士，竟把最寵愛的姬妃密爾托（Milto）改為這個名字。密爾托是福西斯人赫摩蒂穆斯（Hermotimus）的女兒，等到居魯士作戰陣亡，她被俘交給國王阿塔澤爾西茲，後來在宮廷有很大的勢力。

47 根據鮑薩尼阿斯的記載，這座稱為安納蒂斯的黛安娜神廟位於利底亞，這種說法比較可信。

僅談不上嚴苛還帶有戲謔和眞誠的意味。然而就大流士看來是窮兇極惡的行爲，或許是他眞心愛慕著迷人的亞斯帕西婭，也可能是他感受到父親給予的羞辱和藐視。

特瑞巴蘇斯窺伺大流士心中的念頭，想盡辦法使得王國的繼承人怒火中燒，在他看來他們受到類似的傷害，這種同病相憐的狀況有如下述：阿塔澤爾西茲有很多女兒，他答應將其中三位即阿帕瑪（Apama）、羅多古妮（Rhodogune）和阿美斯特瑞斯，分別嫁給法那巴蘇斯、奧龍特斯（Orontes）和特瑞巴蘇斯爲妻。後來這三個人當中只有特瑞巴蘇斯感到失望，因爲國王自己娶了阿美斯特瑞斯。不過，他願意修改婚約，就將最年輕的女兒阿托莎許配給特瑞巴蘇斯，後來他迷戀她不能自拔，結果還是捨不得放手，這部分的狀況在前面已經說得很清楚[48]。

特瑞巴蘇斯遭到這樣的打擊，對於國王恨之入骨。現在他的性情大變，不再像從前那樣的平穩收斂，整個人不但喜怒無常而且無比急躁。不管他是否成爲君王最賞識的寵臣，也不管他是否冒犯和憎惡他的君主，只有處於這兩個狀況，他不會表現謙和的神色來貶低自己的身分。如果他再進一步受到無禮的羞辱，等到罷黜已無法避免，這時他的言行舉止，絕不會屈就現況與息事寧人，而是更爲凶狠和倨傲。

28 因此，爲了對於年輕王子的憤怒還要火上加油，據說特瑞巴蘇斯極力向他提出勸告：意思是大流士即使戴上稱之爲kitanis的冠冕，無法保證可以安穩擁有這個王國；如果他願意深入考量，就知道有人在暗中搞鬼。這個時候他的兄弟，正透過一位嬪妃的寢室尋找篡奪之路，父王的性格是如此的善變而魯莽，可以經由更換繼承人，使得渥克斯萬無一失登上寶座。阿塔澤爾西茲可以爲了迷戀一個愛奧尼亞的少女，迴避波斯人奉爲神聖不可侵犯的法律，要說他不會忠實執行最重要承諾，也是料想得到的事。

特瑞巴蘇斯還添油加醋說了一些話，那就是他與渥克斯的競爭有完全不同的下場，如果他贏得王位，渥克斯作爲一個臣屬，還可以過幸福的生活，沒有人會加以阻撓；他是受到宣告即將接位的國王，除了要將權杖緊握手中，否則就會喪失性命。這些話使得大流士的胸中燃起熊熊的烈火，看來索福克利（Sophocles）的

48　可以參閱前面第23節。

詩句[49] 眞是金科玉律：

> 旅人匆忙趕路，
> 所言難免失誤。

我們都希望走平坦的大道，而且是不費力氣的下坡路；大部分的人所以爲「惡」，是因爲他們沒有行「善」的經驗，根本不了解「善」的眞諦。

就這個案例來說，偉大的帝國以及大流士對渥克斯的猜忌之心，供應特瑞巴蘇斯足夠的材料，使得他的說服力莫之能禦。維納斯不能說沒有發揮影響力，關鍵在於他失去亞斯帕西婭。

29 這樣一來，大流士落到特瑞巴蘇斯的手裡，只有聽從他的指示，現在有很多人參與謀叛的行動。有一個宦官向國王通風報信，提到他們的計畫和動手的方式，精確揭發所有的細節，叛賊要在夜間進入國王的寢宮，好將他刺殺在臥床上面。阿塔澤爾西茲獲得這些信息以後，即使面臨重大的危險還是抱著藐視之心，認爲無論是不理會這樣的揭發，還是因爲證據不足難以採信，都不是最適當的處理方式。因此，他決定按照自己的辦法去做：那就是先指控這位宦官是叛賊的同路人，所以才這樣明瞭他們的行動。他前往寢宮安放臥床的位置，暗中要人在後面的隔牆上面開一扇可以開啓和關閉的門，再掛上華麗的繡帷將它掩蓋起來。

宦官已經告訴他確實的時間，叛賊就會前來行刺，等到快要接近那個時刻，他留在床上等待他們的來到，稍微提高身體可以看到刺客的面孔，把每個人辨識清楚。等到他看到這些人拔出劍走了過來，他掀起掛在牆上的帷幔，躲進一間內室，把門閂牢以後大聲喊叫。等到這些兇手都被他看出來，行刺的企圖已經失敗，他們很快從進入的門退了出去，叮囑特瑞巴蘇斯和他的朋友趕緊逃走，陰謀行動已經被國王發覺。他們分散開來經由不同的路途出亡，只有特瑞巴蘇斯被衛兵圍住不放，他雖然殺死幾個人還是無法脫身，最後被從一段距離以外擲過來的長矛貫穿身體，當場倒斃。

---

49 這是引自索福克利佚名的悲劇，曾出現在瑙克(Nauck)所編《希臘詩文斷簡殘篇》第315頁。

　　大流士和他的子女都被押來接受審判，國王指定的皇家法官坐在大流士的上首，因為阿塔澤爾西茲沒有親臨法庭，就由法定的代理人對大流士提出指控，國王命令書記寫下每位法官的意見，經過整理呈給他核閱。接著他們擬定最後的判決，每個法官都將大流士定為死罪，執法人員抓住他送往鄰近一個小室。他們召來劊子手拿著一把鋒利的快刀，要把犯人的頭給割了下來。當他看到大流士就是處死對象的時候，驚駭之餘開始後退，宣稱他既沒有權力也沒有勇氣，可以砍下國王的腦袋。那些站在監獄門口的法官，發出威脅之辭命令他立即下手，於是劊子手再進入小室，一手抓住大流士的頭髮將他的面孔按在地上，另外一手拿著利刃從頸脖的部位割下他的頭顱。

　　不過，還有一些人非常肯定的表示，當著阿塔澤爾西茲的面通過擬定的判決，大流士在證據確鑿之下受到定罪以後，趴俯在國王的面前用卑微的口氣乞求赦免。國王不僅沒有接受，暴怒之下站起來拔出他的彎刀，用力猛刺大流士的身體，直到斷氣為止。然後他走進法庭，向著太陽跪倒膜拜，大聲說道：「祈求神明讓死者平靜的離開人世。你們這些波斯人要向所有的同胞宣布，多行不義必自斃的謀逆者，如何被大能的歐羅瑪斯德(Oromasdes)[50]施以應得的報復。」

30 這就是叛逆事件所產生的結局。現在渥克斯擁有光明的遠景，阿托莎的影響力使得他深具信心。他還是對兩位可能的競爭者起了猜忌之心，亞里阿斯披斯(Ariaspes)是他父親合法的後裔，除了他以外唯一倖存的男性；另外一位是阿薩米斯(Arsames)，是他父親諸多私生子之一。

　　實在說，為了滿足波斯人的願望，亞里阿斯披斯已經宣布成為他們的王子；不僅他的年紀較長，主要是他在很多方面勝過渥克斯，特別是他具備溫和的個性、坦率的態度和善良的心地。在另一方面，阿薩米斯由於智慧出眾，大家認為他最適合接位成為國王，而且他受到父親的寵愛，渥克斯對這些事情心中有數。於是他安排羅網來謀害這兩位兄弟，即使背叛親情和發生流血的慘劇亦在所不惜。他用殘酷的手段來對付阿薩米斯，消滅亞里阿斯披斯則是鬼蜮的伎倆。

50　祆教最重要的教義就是善惡兩元論，歐羅瑪斯德(Oromasdes)的「善」與阿里曼(Ahriman)的「惡」各擁有創造力，展示出不變的性質和行使不同的目標。虔誠的波斯人崇拜他們的保護者歐羅瑪斯德，在光明的旗幟之下作戰，深信可以制伏阿里曼贏得最後的勝利。

　　他花錢買通國王的宦官和寵臣，要他們去見亞里阿斯披斯，不斷說一些威脅和刺耳的話，像是他父親要下達敕令，給他帶來殘酷和羞辱的死亡。他們每天裝出洩漏秘密的模樣通知他這些事情，有時說是國王過不多久就會動手，過一會兒就說施加的打擊已經迫在眉睫。他們用致命的恐怖來恫嚇這位年輕人，使得他的思想陷入極端的混亂和焦慮之中，最後吃下事先準備的毒藥，等於是自尋輕生，好像無涉於任何人。國王聽到亞里斯披斯竟然死於這種方式，心中感到悲痛萬分，雖然他懷疑其中的原因，年事已高沒有精力去尋找證據。

　　自從他喪失這個兒子，比起過去更爲疼愛阿薩米斯，可以明顯看出已經言聽計從，甚至使得他的大臣都對阿薩米斯存著嫉妒之心。這時渥克斯已經失去耐心，決定立即執行他的圖謀，買通特瑞巴蘇斯的兒子阿帕德斯（Arpates），下手殺死阿薩米斯。阿塔澤爾西茲那個時候因爲高壽的關係，身體虛弱即將不久人世，等他聽到阿薩米斯不幸的遭遇，陷入迴光返照的國王再也無法支持，就在哀悼和悲痛的重壓之下撒手歸西。

　　他享年94歲，在位期間長達62年[51]之久。看來阿塔澤爾西茲是一位溫和寬厚的統治者，要是與他的兒子渥克斯相比讓人不勝欷歔；接位的國王嗜血而又殘酷，遠遠超過前朝所有的君主。

51　要是依照戴奧多魯斯・西庫拉斯（Diodorus Siculus）的論點，阿塔澤爾西茲在位期間只有43年。

第三章
伽爾巴(Galba)

5B.C.-69A.D.，羅馬帝國第六任皇帝，
起兵反抗尼祿，稱帝後被奧索所弒。

1 雅典人伊斐克拉底(Iphicrates)經常說起，一位傭兵要是貪婪好色，作戰就會奮不顧身，才能獲得錢財滿足自己的欲念。大家都同意軍隊就像人體一樣，只有處於健康的狀況，才會服從首領的指揮不會輕舉妄動。因此很多人提到包拉斯·伊米留斯(Paulus Aemilius)前往馬其頓接下軍隊的指揮權，發現大家不僅饒舌多嘴而且無事忙碌，人人都成為最高指揮官，於是下達命令要求嚴格遵守，所有人員只須手執鋒利的刀劍準備作戰，其餘事情不勞他們操心[1]。

柏拉圖清楚看出，優秀的統治者或將領，除非他率領的士卒能夠克盡本分服從命令，否則一無是處(就他的論點而言，聽命服從的美德如同統御領導的才華，存在於高貴的天性和哲理的教育，即使可以產生熱誠和積極的權勢，惟有寬厚仁慈和合乎人道的情操，可以和緩這種權勢帶來的壓力)。從而得知他的學說之所以形成，主要的架構是來自各式各樣悲慘的例證[2]。

特別是尼祿去世以後，很多不幸的事件落在羅馬人的頭上，有明確的證據顯示，令人感到最恐怖的情景，莫過於軍事武力出於不受約束和喪失理性的衝動，在一個帝國裡面到處流竄燃起燎原之火。

迪瑪德斯(Demades)在亞歷山大大帝逝世以後，看到馬其頓軍隊的行動毫無章法，表現出人心不穩的徵兆，就將它比喻為瞎了獨眼的賽克洛普斯(Cyclops)[3]。

---

1 參閱本書第七篇〈伊米留斯·包拉斯〉第13節，他甚至對於夜間的哨兵，為了要提高他們的警覺，下令不得攜帶長矛；當然也有人說是不能攜帶盾牌，免得倚著睡覺。
2 這段話出自柏拉圖的《共和國》。
3 這個巨人是海神波塞登(Poseidon)的兒子波利菲穆斯(Polyphemus)。

羅馬人的統治所出現的災難，如同一群巨人要去攻打天庭，開始造成很大的震撼，接著他們在心慌意亂之下嚇得從各方面退縮。這樣說來並非專屬在外將領懷有做皇帝的野心，完全是出於士兵的貪婪和放縱，他們逼著指揮官一個跟著一個冒頭去奪取，結果就像「打進木頭的釘子逐一遭到拔除」[4]。

有位菲里人(Pheraean)[5]受到戴奧尼休斯(Dionysius)的嘲笑，說他統治帖沙利不過11個月的時間，真是一個可憐的倒楣國王；然而位於羅馬帕拉提姆(Palatium)的凱撒皇室，竟然在很短期間內，像走馬燈一樣換了四位皇帝[6]。

實在說，災難打擊之下的羅馬人，看到這些皇帝接連遭到謀殺，還是可以獲得一點安慰，也就無須對壓迫者要求正義的報復。第一位敗壞軍隊的紀律，教導士兵想要獲得更多犒賞就要改朝換代的皇帝，結果報應就落在他的頭上，看來這是最公正不過的事。光榮的軍事行動之所以受到羞辱在於出現圖利的動機，使得用反叛對付尼祿的人最後的下場是變成賣國賊。

2 如同前面所述[7]，尼祿陷入絕望的處境，打算逃到埃及去避難，禁衛軍統領寧菲狄斯·薩比努斯(Nymphidius Sabinus)認為他已經開溜，就與同僚泰吉利努斯(Tigellinus)說服軍隊擁戴伽爾巴登極稱帝。根據他們的說法，條件是內庭和禁衛軍的士兵每人犒賞7500德拉克馬，其餘駐外的軍團士兵是1250德拉克馬[8]。這樣一來需要極其龐大的經費，根本沒有人能夠用正常的徵收方式獲得，只有採取比尼祿更為強制和暴虐的手段。等到雙方條件談妥，很快使得尼祿進入墳墓，以後伽爾巴還是在劫難逃；軍隊為了得到預先答應的酬庸，只有放棄前者讓他自生自滅，一旦後者無法如數支付，同樣遭到被謀害的下場。總而然之，他

---

4 這是希臘人常用的諺語。

5 亞歷山大毒死他的叔父波利弗朗，登上僭主的寶座。更早以前波利弗朗用同樣的手法，害死他兄長即亞歷山大父親波利多爾(Polydore)。帖沙利是個民主政體的城邦，發生篡奪事件出於這個家族的傑生(Jason)。

6 尼祿於68年6月9日A.D.在羅馬郊區自殺；伽爾巴於69年1月15日在羅馬廣場被禁衛軍所弒；奧索於69年4月17日在布列克西隆自裁；維提留斯於69年12月20日在羅馬被維斯巴西安的士兵所殺。

7 蒲魯塔克的《英豪列傳》可能有一篇尼祿的傳記，後來已經失傳。

8 蒲魯塔克在提到貨幣單位的時候，通常會用希臘的德拉克馬來取代羅馬的笛納。事實上羅馬作者計算金額都用塞斯退司，幣值為笛納的四分之一。

們為了找到一個人能夠付出這樣高的代價，不惜以身試法連續犯下謀逆和背叛的罪行。這段歷史非常的特殊，可以說是無前例可循，就我個人的看法，那個時期的皇帝完全是自作自受，半點怨不得人。

3 蘇爾庇修斯‧伽爾巴(Sulpicius Galba)在登上皇帝寶座之前，已經是整個帝國最為富有的人士。除了身為塞維烏斯家族(Servii)的成員，可以享受與生俱來的榮華富貴，更為特別之處是他與卡圖拉斯(Catulus)[9]有親戚關係，無論就武德和名望而言，他是那個時代最為顯赫的市民。不過，要是考慮到權柄和實力，形勢比人強他也只有委屈自己。他與奧古斯都的妻子莉維婭(Livia)是同宗[10]，基於這層關係皇帝授與他執政官[11]的職位。據他自己的說法是他指揮駐紮在日耳曼的部隊有良好的表現，所以才以代行執政官頭銜出任利比亞(Libya)的總督[12]，獲得極少人可以擁有的聲譽。

等到他成為皇帝以後，原來那些習慣像是過著簡樸的生活、用錢非常的省儉以及不重外觀和打扮，使他獲得慳吝刻薄的惡名。事實上，他始終保持規律的作息和節制的美德。

尼祿沒有忌憚羅馬那些有力人士之前，早就將伽爾巴派往西班牙擔任總督[13]。不過，根據一般人的意見，還是在於他的性格平易近人，同時他的年齒已高不會輕舉妄動。

9　奎因都斯‧盧塔久斯‧卡圖拉斯(Quintus Lutatius Catulus)出身羅馬貴族世家，78B.C.任執政官，65年出任監察官，63年支持西塞羅處理加蒂藍叛國案，60年亡故。

10　莉維婭第一位丈夫是提比流斯‧克勞狄斯‧尼祿(Tiberius Claudius Nero)，35B.C.屋大維強迫她先離婚再娶她為妻，這時他已有兩個兒子即提比流斯和德魯蘇斯，她與屋大維沒有生子女；她對奧古斯都產生莫大的影響力，莉維婭於29A.D.逝世。

11　伽爾巴出任執政官是在羅馬建城721年即33A.D.，當時他僅28歲。

12　他在45A.D.以卸任執政官的頭銜出任阿非利加總督，原文說是利比亞，所代表的範圍那就要小得多。

13　伽爾巴60A.D.到西班牙的塔拉康尼西斯(Tarraconesis)行省擔任總督，駐紮在伊比利半島的3個軍團，全都在他所治理的區域。

4 尼祿那些無惡不作的爪牙[14]用野蠻和殘酷的手段,將行省騷擾得神鬼不安,伽爾巴除了像一個受害者表達同情之心,對於那些吃了官司因而傾家蕩產,或是判刑確定要發售為奴的人們,讓他們稍稍獲得僅有的安慰以外,可以說是毫無一點辦法,能夠對那些可憐的市民施以援手。等到諷嘲尼祿的詩文到處流傳,謾罵的歌謠四鄉可聞的時候,他不僅沒有禁止,也不會對著尼祿的爪牙裝出一副氣憤填膺的態度;這樣一來使他更能獲得民眾的關愛。特別是他出任這個位高權重的職務已經有8年之久,做人處事的方式都為大家所熟悉。

朱尼烏斯·溫德克斯(Junius Vindex)是高盧駐軍的將領[15],現在他高舉反抗尼祿的旗幟。據說在爆發全面的叛亂之前,伽爾巴曾經接到溫德克斯的來信,他對此不置可否,也沒有向尼祿提出報告。不像其他行省的總督將來信送給尼祿,還要盡全力撲滅起義的火焰,等到後來他們參加叛逆集團,承認自己比起溫德克斯犯下更大的罪行。最後溫德克斯公開向尼祿宣戰,同時寫信給伽爾巴,邀請他參加他們的陣營,推舉他在這個實力強大的集團中擔任首領,說是高盧行省有10萬武裝人員,根據需要可以徵召更多的部隊[16]。

伽爾巴與他的幕僚討論此事,有人主張暫時等待伺機而為,看看羅馬對這次的變革,會有什麼打算和採取何種行動。提圖斯·維紐斯(Titus Vinius)是禁衛軍支隊的隊長說出這樣一番話:「伽爾巴,談起我們是否應該對尼祿保持忠誠之心,事到如今還有什麼可以討論?如果我們將尼祿視為仇敵,那就得去幫助溫德克斯;否則就要立即譴責溫德克斯,揮軍前去攻打叛徒。現在大家把尼祿當成人人可得而誅之的僭主,認為只有你才是羅馬人的君王。」

---

14 皇帝派往行省的爪牙通常是租稅承包商、皇家產業的管理人員、派駐的財務官,特定的檢調人員以及職業告發人等。

15 朱尼烏斯·溫德克斯是高盧人,他的父親進入羅馬元老院成為議員,後來他循著這種發展的路線,擢升為盧格都尼斯(Lugdunensis)行省的總督,雖然他聲稱可以號召10萬高盧人,實際可用的兵力不過兩個支隊僅1000人而已。

16 高盧地區共有5個行省,駐軍人數很少,然而萊茵河畔兩個行省卻有8個軍團,不僅要防衛對岸的日耳曼人的進犯,還負有維持後方高盧地區秩序的任務。所以高盧發生叛亂,上日耳曼和下日耳曼兩個行省擁有指揮權的將領,不待命令立即出兵鎮壓。即使高盧可以號召10萬人馬,遠不是這批正規軍的對手。

5 伽爾巴接受維紐斯的建議，發布命令指定一個日期，讓大家根據個人意願，可以解除對君王的誓言，成爲獲得自由之身的市民。那些期望有所改革的人士聞風而至，聚集大群洶湧的民眾，就在伽爾巴登上將壇之際，大家異口同聲稱呼他爲皇帝。他一開始拒絕接受這個頭銜，接著大聲抨擊尼祿，哀悼那些被他處死的顯要人物，認爲是城邦最大的損失。他自己要以羅馬元老院和人民的部將[17]自許，爲國家提供全心全意的服務，將凱撒或皇帝的頭銜視爲身外之物。

溫德克斯讓伽爾巴分享帝國的尊榮，的確是非常高明的一著棋，從尼祿的反應可以證明此事不虛。尼祿一直不把溫德克斯放在眼裡，認爲高盧的反叛不過疥癬之患，然而當他聽到伽爾巴起義的消息，竟然將飯桌掀翻在地(那時正在浴後進早餐)。元老院通過提案宣布伽爾巴是公敵，使得尼祿可以拿這件事來開玩笑，像是在與他的朋友通信中特別提到：「我始終感到遺憾無法獲得高盧的戰利品，目前的狀況對我而言是大好的機會，完成征服以後全部合法落入我的手中。現在伽爾巴成爲國家的敵人，他的家產可以立即充公或是出售。」他將伽爾巴的田地拿來拍賣，等到對手聽到這種狀況，就將尼祿在西班牙的產業全部出售，發覺競標人極其踴躍。

6 尼祿面臨眾叛親離的處境，幾乎大家全部去追隨伽爾巴，只有阿非利加的克洛狄斯‧馬塞(Clodius Macer)，以及駐防高盧的日耳曼部隊指揮官弗吉紐斯‧魯弗斯(Virginius Rufus)，能夠堅持自己的立場。然而這兩個人各行其是，無法採取相同的步驟。克洛狄斯生性殘暴而貪婪，給人的感覺如同在搶劫和謀殺，因而經常陷入困境，無論是維持或是放棄指揮職位，他自己都認爲無法獲得安全。弗吉紐斯指揮實力強大的軍團，這些部隊曾經多次稱呼他爲皇帝，還逼著他接受這個頭銜；他宣布不會擅自登極，除非經由元老院推出接位人選，否則他不容許任何人僭用帝號。

這種局面在開始的時候給伽爾巴帶來很大的困擾；等到弗吉紐斯和溫德克斯無法控制他們的軍隊，在逼不得已的狀況下雙方用會戰決一勝負，溫德克斯這邊有2萬高盧人被殺，最後只有自裁了事。弗吉紐斯在大捷之後，帝國成爲他的囊

17　根據笛昂‧卡休斯的記載，伽爾巴統治時期只有9個月零13天，他是在4月2日登基，翌年1
　　月15日遇害。

中之物，傳聞他要取而代之，否則的話他會將統治權還給尼祿。伽爾巴對於這種結局感到極其驚怖，於是寫信給弗吉紐斯，勸對方加入他的陣營，使得帝國能夠保持元氣，給羅馬人帶來自由權利。然後他帶著所有的幕僚隱退到西班牙一個名叫克祿尼亞(Clunia)的小鎮，在那裡停留一段時間，悔恨過去的行動過於孟浪，希望能過平靜安寧的生活，放棄東山再起的打算。

7 正當初夏時節[18]，有天在黃昏之際，突然來了一位名叫伊西盧斯(Icelus)的自由奴，這個人7天之前離開羅馬。聽說伽爾巴還在休息，推開守在寢室外面的奴僕，擅自排闥而入，告訴他就在尼祿仍然活著，躲起來不見蹤影的時候，開始是軍隊接著是人民和元老院，都宣布伽爾巴是皇帝；過沒一會兒，傳來消息說是尼祿已經死亡。這個人繼續說道：「我不相信傳聞，前往檢視暴君的屍體，然後急忙離開，要將千眞萬確的事實親自通知你。」

這個消息使得伽爾巴再度成爲重要人物，大群民眾很快來到府邸的門口，大家對這件事全都深信不疑，雖然這個自由奴趕路的速度，快得幾乎令人感到難以想像。兩天以後，提圖斯‧維紐斯率領禁衛軍的人員前來晉見，就元老院下達的命令給予詳盡的報告。維紐斯[19]的忠誠爾後獲得不次的擢升；對於那位送信的伊西盧斯，伽爾巴不僅賜給他金項圈，還將他的名字改爲馬西阿努斯(Marcianus)，在所有的自由奴當中居於首位。

8 羅馬的寧菲狄斯‧薩比努斯，毫不客氣立即將權力抓在手裡，這也是意料中事，他認爲伽爾巴老邁不堪(當時他的年齡是73歲)，要想坐在抬輿裡面活著進入羅馬，恐怕已經是力不從心。都城的禁衛軍長久以來始終聽從他的指揮，現在被他應許的重賞所收買，雙方的關係極其融洽。他們把他看成恩主，伽爾巴僅是他們的債務人而已。爲了使自己獲得最大利益，直接命令與他共同擔任統領的泰吉利努斯，放下他的刀劍，不得輕舉妄動。同時他用伽爾巴的名義，大擺宴席邀請已經卸任的執政官和將領，同時要在禁衛軍的營區裡面鼓動士兵提

18　尼祿死於68年6月9日A.D.，推算這個自由奴到西班牙的時間應該是6月中旬。

19　維紐斯出身是騎士階層，曾經擔任納邦高盧的總督，等到他成爲伽爾巴的親信和首席大臣，這位羅馬皇帝受到全民的唾棄，很快喪失性命；老實說，維紐斯不僅人品低劣而且毫無原則可言，伽爾巴不幸的下場，他要負很大的責任。

出陳情，組成代表團去見伽爾巴，請他指派寧菲狄斯成爲唯一的禁衛軍統領，不僅沒有同僚而且終身任職。

　　元老院比照這種模式授與寧菲狄斯各種榮譽，盡可能增加他的權力，異口同聲稱他爲恩主。每天到他的府邸門口向他致敬，爲了恭維他所有的聯名都由他帶頭，法案都送給他核定，這樣一來自然而然增長他的驕縱之心，對於那些要想在他身上獲得好處的人員而言，很短期間內使得他成爲嫉妒和畏懼的目標。執政官派出公差將元老院的敕令送往皇帝，通常會在他們的差遣證上蓋上官印，使得公差在經過的城鎮能夠辨識他們的身分，獲得當地官員的協助，更換疲憊的馬匹或損壞的車輛，然後盡快趕路前進。他對於他的印信沒有具備這方面的效力，也沒有人運用他的士兵從事這樣的差事，使得他感到極其不滿。不僅如此，他甚至還考慮是否要對執政官採取不利的行動，經過他們的解釋和求情，總算讓他出了一口氣。

　　尼祿的黨羽只要落在人民的手裡，都會被他們當場擊斃；他爲了滿足大眾的報復心理，根本不會加以阻止和干涉。有一個名叫司派克盧斯（Spiclus）的角鬥士，帶到尼祿雕像的下面被大家殺死，屍體在羅馬廣場拖曳示眾。阿波紐斯（Aponius）是一位告發者，他們將他踢倒在地，然後用裝載石塊的大車，從他的身體上面輾過去。還有很多人慘遭亂刀分屍，包括那些無辜者在內。茅瑞斯庫斯（Mauriscus）是一個德行高潔之士，向元老院提出報告，說是他怕在很短期間之內，就會對尼祿的作爲懷念不已。

9 寧菲狄斯現在已經快要接近目標，到達登峰造極的頂點，即使有人說他是提比流斯皇帝的繼承人該猶斯[20]的兒子，再也不會加以否認。他的母親名叫寧菲狄婭（Nymphidia），是提比流斯的自由奴凱利斯都斯（Callistus）的女兒，容貌非常豔麗，從事的職業是女裁縫。據說該猶斯年紀很輕就認識這位美人，由於這兩人發生親密的關係是在寧菲狄斯出生以後，所以大家認爲他應該是角鬥士馬蒂阿努斯（Martianus）的兒子，特別是兩人的容貌非常酷似。馬蒂阿努斯當時極其出名，他的母親迷戀這位勇士不能自拔。

20　這位皇帝的全名是該猶斯·朱理烏斯·凱撒·日耳曼尼庫斯（Caius Julius Caesar Germanicus），得到喀利古拉（Caligula）即「小軍靴」的綽號，他是羅馬帝國第三代皇帝。

不過，他雖然承認寧菲狄婭是他的母親，同時也將推翻尼祿歸於他一個人的功勞，始終認爲無論在職位或錢財方面沒有獲得應有的報酬，可以供他享受應得的榮華富貴(不僅如此，大家都提到他要司波魯斯[Sporus]²¹成爲他的伴侶；當尼祿的屍體還在火葬堆上的時候，他就將這個年輕人召喚到身邊，看成是自己的配偶，同時用起波庇婭[Poppaea]的名字)。他渴望能夠繼承帝國，那些在羅馬的朋友私下爲他進行各種活動，還有一些婦女和元老院階層的人員，都在暗中對他鼎力相助。他派出一位名叫傑利阿努斯(Gellianus)的朋友，前往西班牙爲他打探當地的狀況。

10 尼祿逝世以後，伽爾巴可以說是一帆風順，只有弗吉紐斯‧魯弗斯還在猶疑不決，使得他憂心如焚。目前弗吉紐斯除了指揮一支實力強大的軍隊，還要加上擊敗溫德克斯所獲得的榮譽，以及征服羅馬帝國相當大的部分，也就是高盧全境；因爲這個地區已經處於公開叛亂的邊緣。這時伽爾巴生怕弗吉紐斯聽取旁人的建議，攫取最高權力有如反掌折枝。現在沒有一個人的名氣和聲譽能與弗吉紐斯相提並論，完全是個人的努力拯救帝國於危亡之中，免於殘酷的暴政和另一次高盧戰爭。

弗吉紐斯還是堅持原來的決定，恢復元老院推選皇帝的權力。然而等到尼祿之死已經舉國俱知，士兵強迫他違背自己的意願，甚至有一位軍事護民官手拿出鞘的利劍，進入他的大帳，要他登極稱帝否則就難逃一死。後來有位軍團指揮官費比烏斯‧華倫斯(Fabius Valens)率先向伽爾巴宣誓效忠，來自羅馬的信函讓大家知道元老院的表決，終於費盡口舌說服軍隊擁護伽爾巴接位成爲皇帝。等到伽爾巴派遣弗拉庫斯‧賀迪紐斯(Flaccus Hordeonius)接替他的職位，弗吉紐斯毫不遲疑立刻將兵權交出來。

弗吉紐斯啓程前去迎接伽爾巴，遇到以後轉回來一路相陪，沒有出現不豫之色，同時也不向皇帝請求給予恩典。伽爾巴對他的尊敬使得他感到欣慰，然而皇帝的幕僚出於嫉妒的心理到處加以攔阻。特別是提圖斯‧維紐斯施以打壓不讓弗

---

21 尼祿在他的妻子波庇婭在65A.D.死亡以後，感到非常悲傷，後來發現一位名叫司波魯斯的年輕人，生得面貌很像波庇婭，就將他閹割後正式與他結婚，把他完全當女人看待；所以這裡提到寧菲狄斯有這種狀況，很可能是張冠李戴。

吉紐斯獲得擢升，等於無形中幫他一個大忙，可以將他從其他將領要遇到的危險和困難中解救出去，到達知命之年還能享受寧靜與和平的生活。

11 快要接近納波(Narbo)[22] 這個高盧城市，元老院派出的代表團前來歡迎伽爾巴。他們在向他歌功頌德一番以後，提出請求要他盡快趕路，因為人民對他如同大旱之望雲霓，已經等待得不耐煩了。他與大家的談話彬彬有禮而且平易近人；設宴款待賓客的時候，雖然寧菲狄斯將尼祿的皇家擺設和僕從都送過來。他除了用自己的東西，其餘都放在一邊，使他獲得很好的名聲，非僅能識大體而且不羨慕虛榮。

在很短的期間之內，維紐斯不斷對他開導，說是德行高潔、棄絕排場和市民典型的生活方式，在開始的時候可以用來討好民眾，對於偉大的君王而言，等於顯示出羞怯和自慚的短處，等到權力穩固以後應該力求避免；勸他要盡量運用尼祿遺留的錢財和物品，他的宴飲要擺出皇室的氣派，心中不必存有忌憚和畏懼。從各個方面可以逐漸看出來，這位花甲老人對於維紐斯已經是言聽計從。

12 維紐斯是一個貪婪成性的小人，就是對女色也是不知檢點大膽妄為。年輕的時候剛分派到卡維休斯・薩比努斯(Calvisius Sabinus)的部隊，準備參加第一次的戰役，竟敢將指揮官的妻子在夜間帶進營地，要這個淫蕩的女人穿上士兵的服裝騙過門衛，結果她被人發現在羅馬人稱之為principia即「中軍大帳」的區域。該猶斯皇帝認為這件事嚴重違犯軍紀，將他關進監獄，所幸該猶斯被弒使他能夠獲得自由。

後來，有一次克勞狄斯(Claudius)皇帝[23] 邀他晚餐，他趁人不注意偷走一個銀杯。皇帝聽說此事，就在次日再度請他前來赴宴，吩咐奴僕在他的前面不要擺銀餐具而是用陶器代替。皇帝的譴責已經溫和到帶有喜劇的意味，看來他把這種行為拿來當成開玩笑的對象，並沒有把維紐斯視為一個罪犯。等到現在伽爾巴被

22　羅馬人在外高盧的南部建立納邦尼斯(Nabonensis)行省，以首府在納波而得名。121B.C.羅馬人征服阿洛布羅及斯人(Allobroges)以後，建立這個行省。

23　克勞狄斯是羅馬帝國第四任皇帝，該猶斯於41A.D.被弒，他受到禁衛軍的擁戴登基稱帝，在位13年，據說他的妻子阿格里萍娜，為要使自己與前夫所有的兒子尼祿接位，竟然將克勞狄斯毒斃。

他所掌握，擁有的權力延伸到各個方面，他那種貪婪的本質和忿怒的性格，就會
釀成悲慘和致命的災難。

13 寧菲狄斯派遣他的心腹前往西班牙窺伺伽爾巴的行動，等到傑利阿
努斯返回以後，知道高乃留斯‧拉科(Cornelius Laco)被派為宮廷禁
衛軍的統領，維紐斯成為伽爾巴的心腹寵臣，使得他心中憤憤不平。這時傑利阿
努斯也不像過去那樣來往密切，或是找機會與他私下見面提供意見，只是提高警
覺一副高深莫測的樣子。寧菲狄斯召集部隊的軍官，向他們下一番功夫，說伽爾
巴是一個心地善良的長者，因為受到維紐斯和拉科的誤導，所以無法按照自己的
心願去做。因此，要在這些人獲得泰吉利努斯所擁有的權力之前，從軍營派出一
個代表團去晉見皇帝，告訴他如果能從幕僚當中將這兩個人遣散，等他到達羅馬
會受到禁衛軍的歡迎和擁戴。

寧菲狄斯發覺他的話毫無作用(想要給一位久歷戎馬的將領立下規則，說是
他的幕僚什麼人該留下什麼人該打發，這件事本身就很荒謬而且行不通，除非是
一個年輕人剛剛將權力抓在手中，才會接受這種建議)，只有另做打算，用警告
的口氣親自寫信給伽爾巴，提到城市處於人心不穩的情勢，仍未恢復平靜的狀
況；還有就是克洛狄斯‧馬塞扣留從阿非利加開來的運糧船隻；日耳曼的軍團開
始叛變，還聽到敘利亞和朱迪亞產生同樣的問題。

伽爾巴根本不理他，也不相信他所說的話。寧菲狄斯在氣惱之餘，決定先下
手為強；他那個忠心耿耿的朋友安提阿人克洛狄斯‧西爾蘇斯(Clodius Celsus)，
規勸他不要意氣用事，說是羅馬沒有任何一個區部，同意他可以獲得凱撒的頭
銜。雖然如此，很多人對伽爾巴冷嘲熱諷，特別是潘達斯的米塞瑞達底，提起伽
爾巴就說這個皺紋滿面的禿頭老漢一旦在羅馬亮相，大家看到這樣的皇帝心中必
定慚愧萬分。

14 最後的決定是在午夜帶領寧菲狄斯進入禁衛軍的營區，大家擁戴他
登基稱帝。首席軍事護民官安東紐斯‧荷諾拉都斯(Antonius
Honoratus)，在傍晚的時候將手下的人員召集起來，不僅自己深感懺悔而且對大
家施以嚴厲的譴責，說他們喪失理性產生多次見異思遷的惡行，完全喪失目標也
無法做出最好的選擇。他們好像是鬼迷心竅一樣，竟然會一次接著一次的叛亂。

他說道：

> 雖然尼祿的罪惡使得大家有理由執行上次的行動，難道伽爾巴同樣殺
> 害他的母親和髮妻，在舞台上面和伶人中間羞辱帝國的權勢和尊嚴，
> 使得你們找到背叛他的藉口？即使尼祿做了這麼多壞事我們還是沒
> 有棄他而去，一直到寧菲狄斯說服我們，是他先丟開我們要逃到埃
> 及，這才使我們對他死了心。因此，我們非要讓伽爾巴隨著尼祿而去，
> 來安慰亡者的陰靈，就像對阿格里萍娜(Agrippina)[24]之子那樣，將莉
> 維婭家族的成員殺死，好讓寧菲狄婭的兒子當皇帝？夠了，夠了，我
> 們要讓寧菲狄斯還大家一個公道，不僅可以為尼祿之死報仇，還能用
> 保護伽爾巴來表現我們的忠誠和正直。

　　軍事護民官講完話以後，士兵都贊同他的意見，鼓勵遇到的戰友繼續效忠皇帝，絕大多數都被他們說服。寧菲狄斯聽到營區發出巨大的喊叫聲，據說在他的想像中，認為這是士兵在向他呼喚，催他要及時去阻止那些反對他的人，讓他們對他更有信心。他的身邊有一群人高舉火把隨同前往，自己手裡拿著辛哥紐斯・瓦羅(Cingonius Varro)為他精心撰寫的演說稿，準備向士兵宣讀。等他看到營區的大門緊閉，很多全副武裝的人員安置在城牆四周，使得他頓生畏懼之感。這時他只有硬著頭皮走上前去，詢問這樣做是什麼意思，誰下的命令要他們嚴加戒備，他聽到一陣歡呼的聲音，大家異口同聲高喊：「伽爾巴是他們的皇帝」，接著是大群士兵向這邊走過來。他知道大事不妙，只有高聲附和對方的口號，吩咐帶來的手下照樣施為。雖然大門警衛允許他帶少數人進入，突如其來有一根標槍向著他投擲，站在前面的塞普蒂繆斯(Septimius)用盾牌擋住。不過，還有人拔出劍衝了過來，逼得他只有逃入士兵居住的木屋，這些人追進去將他殺死。他們將屍體拖出來，架在城牆外面的柵欄上，準備在第二天拿來公開示眾。

24　尼祿登基後，阿格里萍娜插手各方面的事務，與尼祿在政治上發生衝突，59年3月21日A.D.派禁衛軍殺害其母。哲學家塞尼加出面為他辯護，這是學術為政治服務最可恥的例子。

15 伽爾巴聽說寧菲狄斯遭到這樣的結局，對於沒有當場被殺的從犯，他下令將他們全數立即處決，其中包括寫講稿的辛哥紐斯和前面提到的米塞瑞達底。這種做法不僅專制而且違背法律的規定，即使那些顯赫的人物犯下重罪，沒有經過審判就處死，也不會讓一般民眾表示贊同。每一個人抱著改朝換代的期望，通常在開始就被那些似是而非的託辭所騙，佩特羅紐斯・特皮利阿努斯（Petronius Turpilianus）[25]是曾經出任執政官的高階人物，因爲忠於尼祿還是難逃一死，這件事使人感到氣憤填膺；實在說，他所以會要特里朋紐斯（Trebonius）在阿非利加取馬塞的性命，以及讓華倫斯在日耳曼除去豐提烏斯（Fonteius），有一個最好的藉口就是害怕這些擁有兵權的將領，受到下屬的擺布和操控。如果他最早承諾的節制和公正能夠如實的執行，爲什麼會拒絕像特皮利阿努斯這樣一個赤手空拳的老人在法庭爲自己辯護？

從下面這個行動可以看出伽爾巴的本性：他來到羅馬附近距離城市不到25弗隆的地方，發現一大群烏合之眾的水手，從四面八方向著他包圍過來。尼祿要這些人入伍當兵，還將他們編成一個軍團。等到出現粗魯的群眾在這裡攪局，使得伽爾巴再也無法見到歡迎新皇帝的場面，只有亂哄哄的吵鬧聲在要求他把軍團的鷹幟授與他們，同時要讓他們有營房可住。伽爾巴爲了應付他們說以後會找時間處理此事，他們用拒絕的口吻打斷他的話，擺出更爲橫蠻無禮的態度，發出威脅的叫囂，有些人還拔出刀劍拿在手裡。伽爾巴看到這種狀況，命令騎兵向他們衝過去，大家一哄而散，沒有人敢留在原地抗拒，無論是當場或追逐的過程中，還是有很多人被殺[26]。這是一個極其不祥的朕兆，他渾身帶著血腥味踏著滿地死屍進入都城。原來大家把他看成虛弱的花甲老人，心中懷著藐視的念頭，現在流露畏懼的眼神對他肅然起敬。

16 尼祿對於賞賜非常大方已經到達一擲千金的程度，伽爾巴抱定宗旨要改變這種風氣，在合乎禮法的範圍之內力求減少奢華的排場。卡

---

25 佩特羅紐斯・特皮利阿努斯是羅馬的政治家和將領，61A.D.出任執政官，卸政後指派為不列顛行省的總督，63年出任監察官，等到尼祿亡故後，伽爾巴被元老院推舉為帝，從西班牙到羅馬的途中，認為他忠於尼祿會帶來不利的影響，派人將他殺害。

26 根據笛昂・卡休斯的說法，當場被殺的民眾有數千人，還有很多人被關進監牢，等到伽爾巴被弒才放出來。

努斯(Canus)是一位知名的樂師，在用餐的時候爲他演奏，爲了讚許極其出色的造詣，吩咐奴僕將他的錢袋拿來，從裡面倒出幾個金幣[27]賜給這位音樂家，還說這是私人的錢財，絕不會拿公家的經費來慷他人之慨。他下達嚴格的命令要追回尼祿送給演員和角力家的賞金，只允許他們保留十分之一；這些人過著放縱的生活，每日的所得任意的浪費，根本沒有任何儲蓄。他要人去調查他們置產以及收受禮物的狀況，然後逼著他們還錢。

這種提起公訴的行動引起無窮無盡的麻煩，很多人受到影響，使得伽爾巴的聲譽掃地，大家痛恨維紐斯在背後亂出主意，讓皇帝失去人心變成全世界最醜惡的君王。這時維紐斯自己卻到處伸手搞錢，把公家的職位和產業賣給願意出價的買主。如同赫西奧德(Hesiod)[28]所說那種醉鬼的心態：

開宴痛飲，整桶美酒；
意猶未盡，涓滴不漏。

描繪出維紐斯的嘴臉，看到老邁的庇主已經是風燭殘年，要抓住時機喫乾抹盡的大撈一筆[29]。

17 年邁的皇帝在兩方面遭到痛苦的打擊，開始是維紐斯邪惡的行爲，使得自己慘遭報應；其次是伽爾巴的打算要堅持正義，結果本人造成障礙陷入羞辱的處境。就拿懲處尼祿的鷹犬和爪牙來說，雖然其中那些壞蛋像是赫留斯(Helius)、波利克勒都斯(Polycletus)、佩蒂努斯(Petinus)，和佩特羅庇斯(Patrobius)都已遭到處決。他們的屍體拖過羅馬廣場，使得人心大快，就是神明都感到滿意。然而還是有美中不足之處，就是尼祿的師傅和暴政的始作俑者泰

27　蘇脫紐斯在《十二凱撒傳》中提到，伽爾巴給了這位音樂家5笛納；還有一些作家提到，他只要看到餐桌比平常更為豐盛，就會表露出不滿意的神色，有時甚至大發雷霆。

28　赫西奧德是8世紀B.C.的史詩和敘事詩詩人，也是希臘最早成名的詩人之一，傳世的作品有《神譜》和《作品與時光》，另外一部《海克力斯之盾》是其他詩人的作品，後來用他的名字。

29　尼祿統治時期的各種弊端，全都出現在伽爾巴的宮廷，年邁的皇帝擁有充分的從政經驗，沒有人享受到政權改變的好處，反而使人民的生活更為悲慘。他雖然律己甚嚴，手下大臣的貪婪成為風氣，仍舊要把這筆帳算在他的頭上，完全是識人不明帶來不幸的下場。

吉利努斯(Tigellinus)[30]，這位神人俱憤的人物逃過正義的制裁。不過，這位老實人事先已採取防範的手段，給予維紐斯禮物和承諾。

特皮利阿斯無法逃過此劫，他唯一和僅有的罪名是沒有背叛尼祿或是向這樣的主子表示憎恨。這個人教育尼祿能夠達成原訂的目標，等到尼祿後來墮落到令人髮指的地步，他對這位皇帝不僅拋棄還要暴露所犯罪惡。維紐斯權力之大能夠為所欲為，大可以拿特皮利阿斯當成一個例子，讓他繼續活下去。也讓大家知道即使有人沒有送錢，還是不會陷入絕望之境。

民眾還是念念不忘想要看到泰吉利努斯被拖出去處死，無論是在劇院或是賽車場不停提出要求。最後只有皇帝下詔書平息此事，特別宣布泰吉利努斯患了肺病，已經不久人世，希望大家不要讓他的統治落人口實，受到殘酷和專制的指責。人民的不滿只有苦笑以對，泰吉利努斯舉辦場面盛大的宴會，為了感謝他的獲救不惜奉獻各種祭品。維紐斯在晚餐以後離開皇帝的御筵，前去與泰吉利努斯狂歡痛飲，還將成為寡婦的女兒帶在身旁。泰吉利努斯向他敬酒送給他的杯子就值25萬德拉克馬[31]，同時吩咐他的侍妾總管將自己頸脖戴的項圈取下來，然後將這件價值15萬德拉克馬的飾物送給他的女兒。

18 經過這件事以後，甚至就是皇帝提出合理的施政作為，同樣都會受到大家的譴責。舉例來說，高盧人曾經參加溫德克斯的謀叛活動，現在他訂出治理高盧的政策，就引起很大的風波。人民看到高盧人獲得減免貢金，同時個別的人士同意給予公民權，他們不認為這是伽爾巴的仁政，懷疑維紐斯拿出這種辦法來斂財。因此，有大量民眾用厭惡的眼光來看待這個政府。士兵這個時候還在期待所應允的賞金，認為即使無法如數全發，起碼也不會少於尼祿的額度。等到大家的怨言開始傳入伽爾巴的耳中，就像一個將領那樣高聲宣布，他通常召募士兵根本沒有收買的必要[32]。他們聽到他所說的話，從此對他懷著刻

30　尼祿於62A.D.將塞尼加逐出宮廷，當時出任市政官的泰吉利努斯，成為最受器重的寵臣，可以說是言聽計從，生活變得更為腐化而荒淫，接著以不孕為由與皇后屋大維婭離婚，12天後娶波庇婭為妻。

31　這裡提到的東西都是臨時送的禮物，實際上他送給維紐斯的金額比這個要大多了，要知道他欠下的債務有5000萬德拉克馬之鉅。

32　伽爾巴受到擁立之初，為了爭取軍隊的支持，就對士兵說：「我屬於大家，大家也屬於我。」等到元老院將皇帝的權柄全部授與他以後，誤以為地位穩固，無意履行承諾的獎賞，激怒帝

骨銘心的恨意，因為他不僅用謊言使他們無法滿足目前的期望，何況還留下一個惡毒的先例，教導他的繼承人可以比照辦理。

不過，這種怨恨之情在羅馬還是秘而不宣的傳聞，主要考慮是伽爾巴本人還在都城，總算延後士兵的行動也削弱他們的力量，何況目前沒有合適的機會來發起一場革命，大家的惱怒多少受到抑制和保留。那些駐防在日耳曼的軍隊，過去在弗吉紐斯的指揮之下，現在換作弗拉庫斯成為他們的將領。他們在一場會戰擊敗溫德克斯感到躊躇滿志，發覺現在拿不到好處，對於他們的軍官變得極其倔強而且難以駕馭。他們根本不理會弗拉庫斯，他的身體因不停的痛風喪失管理的能力，何況他對軍隊的事務缺少應有的經驗。在一次節慶期間，按照習俗要集合部隊，所有的軍官恭祝皇帝政躬康泰萬事如意，這時隊伍中的士兵大聲抱怨，軍官堅持要完成典禮的儀式，下面的反應是這句話：「也要他夠格才行。」

19 泰吉利努斯[33]麾下的軍團同樣發生無禮的舉動，皇帝從派出的密探經常寫信回報得知當地的信息，同時接獲所發布警報。伽爾巴已經年老還沒有後裔，遭到部隊的藐視心中存著畏懼之感。決定收養年輕有為的世家子弟，向大家宣布是他的繼承人。

這個時候的羅馬，馬可斯‧奧索（Marcus Otho）有良好的出身，不過很少人像他那樣從幼年時代開始，就過著墮落、荒淫和奢侈的生活。正如同荷馬在很多場合用「海倫的愛人」這個頭銜來稱呼帕里斯（Paris），因為這位特洛伊的王子沒有顯赫的聲譽，只能靠著女人贏得光榮的地位。奧索所以在羅馬享有很高的知名度，完全在於他娶了波庇婭（Poppaea）[34]。當她還是克瑞斯皮努斯（Crispinus）的妻子，尼祿已經對她滿懷激情，這個時候他對王后保持相當尊重，同時對母親尚有敬畏之心，於是慫恿奧索去勾引波庇婭。

從此尼祿與奧索非常親密生活在一起，他的淫蕩贏得尼祿的寵愛，有時皇帝會因省儉和慳吝受到他的揶揄還感到高興。據說尼祿有一天使用很名貴的香水，

（續）

　　國所有的軍隊，日耳曼的軍團立即派出使者向禁衛軍建議，可以自行決定接替的人選。

33　雖然原作說這個人是維提留斯，另外兩個版本說是泰吉利努斯，從前後文的狀況來看，以後者為宜。

34　波庇婭於62A.D.與尼祿結婚，然而在65年逝世，當時她已經有孕在身，可能是腹部被踢所致；據說她斥責尼祿宴樂深夜不歸，獲得這樣的回答。

特別賜給奧索一小瓶。奧索在次日宴請尼祿，突然之間命令奴僕用金銀製成的管子，將同樣質地的香水遍灑整個房間。

奧索得到波庇婭要比尼祿捷足先登，開始他引誘她完全是為了滿足自己的情慾，後來才是為了要贏得尼祿的歡心，因此他說服她與丈夫離婚，帶到家中成為他的妻子。從此他對尼祿分一杯羹感到不滿，捨不得讓尼祿成為她的入幕之賓。據他們的說法，波庇婭對於這兩個人為她吃醋感到非常高興，有時候奧索不在家，她還不許尼祿進門。她這樣做是為了防止尼祿對她會起厭膩之心，據說她對於成為皇帝的愛人已經感到滿足，並不希望舉行一場皇家婚禮。大家認為奧索有喪失生命的危險，尼祿為了娶波庇婭甚至殺掉自己的髮妻和姊妹，竟然會放過情敵，這件事確實讓人感到奇怪[35]。

20 奧索始終與塞尼加（Seneca）[36] 保持深厚的友誼，經過塞尼加的說情和懇求，尼祿將他派往露西塔尼亞，以卸任法務官的頭銜出任總督，這個行省位於遙遠的大洋之濱。他在這裡對於所統治的居民擺出關心和寬容的態度，因為他知道這種職務不過用來掩飾他的放逐，使得面子好看而已。

等到伽爾巴對尼祿發起反叛的行動，奧索成為第一個起兵響應的行省總督，將他那些金銀製成的杯子和餐具，熔化以後鑄造錢幣提供伽爾巴使用，他本人和所有的奴僕知道如何把他當成皇帝一樣服侍。無論在各方面他都表現出忠誠的行為，同時一直向伽爾巴證明自己對於政治是個門外漢。整個旅途當中有幾天的時間他與伽爾巴共處一輛驛車，使得他能夠極盡逢迎之能事，同時還運用這個良好的機會，無論是他的應對和禮物，能從維紐斯那裡贏得深厚的友情。特別是他始終退讓一步，將維紐斯的利益放在首位，使得自己確保屈居第二的位置。這樣一來反而能夠避開憎恨和嫉妒，協助那些提出陳情的人從不要任何報酬，可以進而掌握更大優勢。

---

35 根據當時流傳的說法，即使塔西佗在《編年史》中都有這樣的記載，尼祿與波庇婭事先已經計畫好，她與奧索名義上的結婚，不過是掩飾尼祿與她的私通而已，事情的真相從一首打油詩可以得知：「奧索想與妻睡覺，放逐千里罪難逃。」

36 學者認為羅馬哲學界的代表人物，共和時代是西塞羅而帝國時代是塞尼加，評價之高可見一斑。塞尼加於中年遭到放逐，蒙阿格里萍娜的重用得以赦回，負責尼祿的教育，等到尼祿登基後，協助處理國政，初期頗有一番作為，65A.D.涉及畢索陰謀擁立案，被迫自殺。

　　他在各方面顯得自己禮貌周到而且善門大開，特別是對那些從事軍職的人，推薦很多人獲得指揮官的職位，有的是直接向皇帝報告，還有很多是透過維紐斯的講情，以及經由奴伊西盧斯和亞細亞蒂庫斯（Asiaticus）的協助，這兩位最受寵信的自由奴在宮廷擁有最大的權勢。他經常設宴款待伽爾巴，對於值勤的禁衛軍支隊另眼相看，用皇帝的名義發放各種犒賞，像是送給每個人一個金幣，偷偷在士兵當中建立非常好的口碑，這樣做等於在暗中損害皇帝的威信。

21　伽爾巴經過愼重的考量要選擇一位繼承人，這時維紐斯推薦奧索。維紐斯所以會這樣做並不是沒有盤算，如果伽爾巴立奧索爲養子成爲帝國的繼承人，奧索就會娶他的女兒爲妻。伽爾巴從他的作爲已經明確的表示，認爲公眾的利益重於私人的好惡，他的選擇不在於這個人獲得他的喜愛，而是要爲羅馬人做出貢獻。甚至他很不可能讓奧索繼承他的私人產業，因爲知道奧索養成奢侈和揮霍的習性，現在已經欠下5000萬德拉克馬的債務[37]。

　　所以他聽到維紐斯有這樣的表示，根本不願回答，爲了避免傷對方的感情，只有暫時擱下來不做決定。他同意兼任執政官的職位，同時指定維紐斯成爲他的同僚，心中盤算要在新年開始再宣布他的繼承人。禁衛軍和軍團的士兵對於奧索的出線抱著很大的希望。

22　伽爾巴仍在精打細算的時候，駐防日耳曼的部隊發生叛亂，比起他原來的構想要早了一步。一般而言全體士兵所以會這樣怨恨伽爾巴，在於他沒有發給他們應得的賞賜。出事的部隊還要提出他們特別關心的藉口，聲稱弗吉紐斯·魯弗斯遭到不光榮的調職；那些與羅馬人作戰的高盧人獲得獎勵，他們拒絕參加溫德克斯的陣營反而遭到懲處。好像伽爾巴只感激溫德克斯一個人，在他死後爲他舉行葬禮，給予別人得不到的殊榮，主要原因在於他想盡辦法要讓伽爾巴登基稱帝[38]。這些論點公開在軍隊裡面流傳，等到1月1日這天來

37　另外兩個版本上面，說是他的欠債是500萬德拉克馬，如果這樣的話就沒有什麼大不了，算起來不過800泰倫而已，想當年凱撒在擔任公職之前債務已達1300泰倫。

38　溫德克斯擁戴伽爾巴最主要的原因，在於他是高盧人而非羅馬人；他的父親能夠進入羅馬元老院，靠著克勞狄斯皇帝在48A.D.制定的法律。後來他出任盧格都尼斯（Lugdunensis）行省的總督，手下的兵力不過2個支隊大約1000名人馬。

到，羅馬人的曆法稱之爲元月朔日，弗拉庫斯·賀迪紐斯召集部隊對皇帝舉行年度的宣誓典禮，士兵推倒伽爾巴的雕像，將效忠的對象改爲「羅馬元老院和人民」，接著就是一哄而散。

在場的軍官都害怕士兵發生叛變，對於部隊陷入不聽指揮的混亂狀況更是極其忌憚，其中有一位走出來向大家說道：

> 弟兄們，要是我們不願背棄另外一位將領，現在又不肯支持當前這一位的指揮，那麼我們到底要怎麼辦才好？看來我們不僅要與伽爾巴劃清界線，還要終止雙方的隸屬和指揮關係。弗拉庫斯·賀迪紐斯可以說是一無是處，僅僅打著伽爾巴的旗號成爲傀儡而已。維提留斯是另外一支駐防日耳曼部隊的指揮官[39]，距離我們只需要一天的行軍。他的父親曾經擔任監察官，前後三次出任執政官，好像有次成爲克勞狄斯皇帝的同僚，共同統治整個帝國。他的心胸開闊而且生性慷慨，爲了救助別人弄得自己傾家蕩產，因而受到很多人的指責，目前陷入貧窮的處境就是最好的證明。來吧，讓全軍一致擁護他，使得世人知道我們推選皇帝，總要比西班牙人和露西塔尼亞人高明得多。

提議的事項有些士兵同意，然而也有若干人加以反駁，某一位鷹幟手偷偷溜出營地，帶著信息去見維提留斯。這時已是夜間，維提留斯正在宴請賓客。整個事件很快傳遍全軍，費比烏斯·華倫斯負責指揮一個軍團，第二天率領大批騎兵趕過來，用皇帝的稱呼向維提留斯致敬。迄今爲止，維提留斯似乎對黃袍加身持婉拒的態度，他的說法是對於統治帝國的重責大任感到畏懼；然而就在這一天，據稱他在正午用了豐富的美食飲下不少的葡萄酒[40]，壯著膽子屈從他們的請求，還是覺得「凱撒」的稱號過於招搖，願意接受他們授與的頭銜「日耳曼尼庫斯」

---

39 維提留斯當時任下日耳曼行省的總督，指揮的部隊是3個軍團，於69年1月2日A.D.起兵反對伽爾巴，4月20日在元老院和士兵的擁立下登基，等到該年12月20日被殺，只不過做了8個月的皇帝。

40 維提留斯是一位喜愛美食的老饕，當上皇帝每天大擺筵席，那種揮霍奢華的程度為歷史上所僅見，不過8個月的統治，請客吃飯使得整個國庫耗用一空。

(Germanicus)[41]。

　　不過轉瞬之間，弗拉庫斯的部隊拋棄效忠「元老院」的誓言，事實上只有這種誓言符合名正言順的要求；現在他們將維提留斯當成皇帝，經過宣誓服從他的指揮，願意追隨他到海角天涯。

　　23 等到維提留斯在日耳曼公開宣布即位成爲皇帝，消息很快傳到伽爾巴的耳中，下定決心對於收養的問題不能再拖延下去。他知道有一些幕僚屬意多拉貝拉(Dolabella)，他們之中有更多的人擁護奧索，對這兩個人他都不表贊同。突然之間在沒有任何人參與其事的狀況下，他最後的選擇是畢索。這位年輕人是被尼祿殺害的克拉蘇[42]和斯克里波妮婭(Scribonia)的兒子，具備各方面的美德，最顯著的特質是穩健的態度和嚴謹的生活。

　　他帶著畢索前往禁衛軍的營區，當眾授與凱撒的頭銜成爲帝國的繼承人。這是畢索第一次進入這個戒備森嚴的地點，上天立即降臨很多朕兆。皇帝開始向部隊講話，其中一部分是即興演說，另外一部分是照稿宣讀，突如其來電光閃耀雷聲大作，暴風雨籠罩著營區和整個城市。讓人感到神明對於這次收養的行動，非但不會給予保佑而且表示不滿，就會產生極其不利的結局。士兵對於處於這種特殊狀況之下，還沒有提供他們所望的犒賞[43]，現在所表露的徵候是漠然的態度和冷酷的眼神。

　　畢索接受這樣大的恩惠，雖然非常誠摯表達感激之意，無論是他說話的口氣還是面部的神色，都沒表現出情緒激動的現象[44]，讓在場的人看到都感到驚異。奧索的容貌則大相逕庭，他抱著很大的希望已經完全喪失，可以明顯看出流露苦惱和氣憤的神情。最早認爲合適的人選非他莫屬，幾乎已經達成所望的目標，現

41　日耳曼尼庫斯是奧古斯都養子德魯蘇斯的兒子，他與阿格里萍娜生下後來的皇帝尼祿，因爲日耳曼尼庫斯長期在日耳曼地區擔任統帥，所以維提留斯說他願意接受這個頭銜。

42　65A.D.尼祿接獲密探的告發，說是有人要擁立卡普紐斯·畢索(Calpunius Piso)篡位，羅馬元老院的議員有很多人受到牽連，分別裁決死刑或放逐的處分。

43　根據塔西佗的說法，他只要稍爲盡點心意，就可以獲得軍隊的擁戴，然而伽爾巴食古不化，想要恢復純潔無私的風氣，已經到了毫不通融的地步，最後造成的絕裂使得自己死無葬身之地。

44　伽爾巴的演說辭保存在塔西佗的作品中，令人讀了非常感動，不知是否經過塔西佗的修飾才能到達這種水準。

在所以被排除在外，他的直覺是他未能獲得皇帝的歡心，因而對他產生不適於接位的成見。這樣一來使得他對未來感到憂心忡忡，等他回到家中思前想後眞是五味俱陳，對於畢索滿懷恐懼之心，痛恨伽爾巴這個始作俑者，認爲這一切都是維紐斯在搞鬼更是氣憤不已。

奧索身邊的迦勒底人（Chaldeans）[45]和占卜者之流，不允許他放棄希望和圖謀，其中以托勒密烏斯（Ptolemaeus）對他的影響更大，這個人過去曾經堅持他的預言不會有錯，那就是尼祿不致對他有所危害，而且會在他之前逝世，屆時奧索必然接位成爲皇帝。他雖然不見得全部相信托勒密烏斯所言，至少前面的事都已經兌現。最關重要還是他受到伽爾巴不公正的待遇，大家都爲他激起敵愾同仇的心理，更能鼓舞他堅強的鬥志。特別是過去在寧菲狄斯和泰吉利努斯下面，有一大群吃香喝辣的伙傢，現在陷入貧窮和衣食不繼的處境，他們前來投靠奧索，對於他受到排斥表現出憤慨不已的模樣，激怒他要採取報復的行動。

24 維圖流斯（Viturius）和巴比烏斯（Barbius）是他的下屬，其中一位是optio即「信差」，而另一位是tesserarius即「探子」，這兩個人奉命與奧索的自由奴歐諾瑪斯都斯（Ononastus），一起前往禁衛軍的營區，竭盡各種手段收買這些士兵，有的當面致贈相當數量的金錢，還有就是答應給予升官發財的承諾，這些事情做起來並沒有多大困難，等到完成暗中進行的工作，現在還欠臨門一腳就是合適的藉口。只不過四天的功夫，就將不滿的情勢傳播開來造成全面的叛亂（從宣布收養到完成屠殺可以說是快如閃電）。畢索和伽爾巴的被殺是在第六天，要是按照羅馬人的曆法是在2月朔日前第十八天[46]。

那天早晨伽爾巴在帕拉提姆獻祭，他的幕僚都在場，祭司翁布瑞修斯（Umbricius）檢視犧牲的內臟，用毫不隱瞞的口氣說是朕兆極其不祥，皇帝會陷身羅網危及到生命的安全。神明的手指幾乎就要將奧索給揭發出來，因爲他正好站在伽爾巴的後面，聽到翁布瑞修斯所說的話以及所指的方向。他的面容因害怕而變得一時紅一時白，心虛情急使得他慌亂到手足無措。他的自由奴歐諾瑪斯都斯

---

45 迦勒底人是閃族的一支，最早定居在阿拉伯半島，後來遷移到波斯灣建立新巴比倫王國，539 B.C.爲波斯人消滅，從此迦勒底人分散於亞洲和非洲，這個民族特別以星象和占卜知名於世。

46 這個日期是羅馬曆，經過推算應該是68年1月15日A.D.，而且1月的望日是13日。羅馬的曆法非常複雜，可以參閱本書第二篇〈努馬‧龐皮留斯〉註64。

前來通知，說是建築師在家中等他回去，那是他要士兵會面的信號。這時他說自己要買一所很古老的屋房，請人來檢視還有那些瑕疵，使得他找到一個離開的藉口。他通過稱爲提比流斯府邸的院落，走進羅馬廣場到樹立黃金標柱的地點，那根柱子上面刻著意大利主要道路到達終點的里程[47]。

25 有人提到，只有23名士兵在那迎接，用致敬的語氣稱他爲皇帝。頹廢和優柔的生活使得他的身體受到戕喪，內心還能保持積極的精神，雖然他遇到危險會有相當膽識，表現出無畏的性格，現在他對再繼續下去已經感到害怕。

士兵現在已經是不容他退出，他們拔出劍圍住他所乘坐的抬輿[48]，吩咐轎夫抬起來快走，這時他在急忙之間向他們連說了幾次：「我已經輸了。」有幾位站在旁邊的人聽到這句話，雖然吃了一驚倒也不感到奇怪，因爲只有這樣少的人怎麼能辦成大事。

等到他們通過廣場的時候，陸續遇到很多人，士兵三五成群加入隊伍。在趕回禁衛軍營區的途中，他們手中拿著刀劍，用凱撒的頭銜向他致敬。軍事護民官馬蒂阿利斯（Martialis）負責營區大門的衛哨勤務，根本沒有參與士兵的密謀，只是對突發事件感到非常驚愕，害怕拒絕會給自己帶來危險，只有讓他們進入營區。他們一路通行無阻，營區的士兵對於他們的圖謀一無所知，現在這些叛徒圍著他們加以解釋和說明，這些人像一盤散沙開始感到畏懼，後來受到說服願意追隨反叛的行動。

消息很快傳到在帕拉提姆的伽爾巴，這時祭司還在他的身邊，手裡拿著犧牲的內臟，周圍的人原來根本不相信這些話，甚至抱著不屑一顧的態度，現在不僅感到驚奇還產生神意難違的念頭。一大群各行各業的民眾開始在羅馬廣場聚集起來，維紐斯和拉科以及一些伽爾巴的自由奴，手裡拿著刀劍環繞在他的四周，畢索交代衛隊要他們在宮廷執行勤務，馬留·西爾蘇斯（Marius Celsus）很有膽識，奉命去調動伊利里亞軍團，要將部隊配置在維普撒紐斯（Vipsanius）柱廊，用來確

---

47 奧古斯都對於架橋修路不遺餘力，使得羅馬成為道路網的中心，所以他設立這根柱子，上面標明從羅馬到各地的里程。

48 蘇脫紐斯說伽爾巴乘坐婦女使用的轎子，為了好掩飾自己的身分。

保皇帝的安全。

26 伽爾巴詢問大家的意見他是否要出去與人民見面，維紐斯加以勸阻，西爾蘇斯和拉科全力給他打氣，要他將這一切都歸罪到維紐斯。突然之間傳出一個聳人聽聞的謠言，說是奧索在禁衛軍營房被人殺死。接著出現一位在禁衛軍名頭響亮名叫朱理烏斯‧阿蒂庫斯(Julius Atticus)的人物，手裡拿著一把出鞘的刀劍在奔跑，一邊大叫他已經除去凱撒的仇敵，穿過擁擠的人群來到伽爾巴的面前，呈上一把沾染血跡的武器。皇帝看著他詰問道：「誰給你下的命令？」這個人回答說他這樣做是基於所負的責任，何況還有效忠的誓言是他應盡的義務。人民讚許他的行為給予大聲的歡呼。

皇帝坐上他的抬輿，前去向朱庇特獻祭，朝拜的行列出現在公眾之中。等到他進入羅馬廣場，傳言像一陣風那樣開始轉變，得到完全相反的消息，奧索已經控制整個軍營。這時出現陷入大量群眾之中所產生的狀況，有人大叫要退回去，還有人堅持繼續前進，有人鼓勵他要壯起膽來沒有什麼可畏懼的事，還有人在囑咐他要小心萬萬不可輕信對方。他的抬輿被拖得只有來回亂走，像是在波濤之中不停的搖晃。這時首先出現一隊騎兵，接著是大批全副武裝的步卒，穿過包拉斯方庭(Paulus's Court)向著這邊前進，他們異口同聲的叫道：「你們這些老百姓不要擋路！」見到這種情形，所有的民眾開始奔跑，沒有逃走或是躲了起來，趕快站在柱廊裡面或是占據廣場高處，要像一群旁觀者那樣看這場熱鬧。

阿蒂留斯‧維吉利奧(Atillius Vergilio)推倒一座伽爾巴的雕像，等於向士兵下達屠殺的信號。他們向著皇帝乘坐的抬輿投擲標槍，怕沒有命中目標，拔出刀劍走向前來好在近處動手。這個時候除了名字叫做森普羅紐斯‧敦蘇斯(Sempronius Densus)[49]的百夫長，沒有任何人敢挺身而出，來抵抗他們的攻擊或是護衛皇帝的安全。豔陽照耀之下，在場的人員有數以千計之眾，僅有一位市民能給羅馬帝國帶來榮譽。這位壯士雖然沒有從伽爾巴那裡得到任何好處，完全是出於見義勇為和忠誠之心，才會捨命去保護那位坐在抬輿裡的君主。開始他舉起手裡的長鞭，那是百夫長用來約束不受秩序的士兵，就向那些犯上者大吼，不能動手殺害他們

---

49 這位百夫長的的名字有不同的說法，經過塔西佗的考證和修訂，得出的名字獲得大家一致的同意。

的皇帝。他們根本不理逼過來要近身搏鬥，他拔出佩劍抵擋很長一段時間，直到最後他的膝蓋被砍傷倒了下去。

27 伽爾巴的抬輿翻覆的地點稱之為拉庫斯·克爾久斯(Lacus Curtius)，這些士兵跑過來殺他的時候，他的身上還穿著胸甲，不過，他指著自己的頸部吩咐他們下手，說道：「刺吧！這樣做只要對羅馬有好處。」他的四肢都被砍得鮮血淋漓，最後他們才割斷他的喉嚨，大多數人都說率先動手這個士兵名叫卡穆流斯(Camurius)隸屬第十五軍團。還有一些人說是特倫久斯(Terentius)或是黎卡紐斯(Lecanius)[50]。

甚至有人說是費比烏斯·法布拉斯(Fabius Fabulus)，據稱他砍下伽爾巴的頭顱以後，因為腦袋禿了沒有頭髮不好用手提，就撕下皇帝的外袍將它包起來。他的同件不許他這樣做，說是英勇的行為應該讓大家看到。這個老人曾經是威嚴和節儉的統治者，擔任過祭司長和執政官，現在他的頭顱插在長矛的頂端，被一個像是酒神信徒[51]的人拿在手裡，不停在空中揮舞和轉動，還有血滴順著矛桿向下淌流。

他們將砍下的首級帶到奧索的面前，他大聲吩咐道：「弟兄們！這還不夠，畢索的腦袋也要拿來給我看。」沒過多久就辦成此事。這位年輕人受傷以後趕緊逃命，被一位名叫墨庫斯(Murcus)的士兵追上，就在灶神廟的前面把他殺死。提圖斯·維紐斯在被抓住的時候，就說他已經參加反叛伽爾巴的陣營，如果殺了他會使得奧索不高興，即使這樣還是當場喪命。他們把維紐斯和拉科的頭顱給砍了下來，然後拿著去向奧索請賞。

正如阿契洛克斯(Archilochus)[52]的詩句[53]所說那樣：

七士頭顱上供，

---

50 有人說這個人是阿卡狄斯(Arcadius)，塔西佗將這個名字改為列卡紐斯，始終沒有提到費比烏斯·法布盧斯。

51 優里庇德在《巴奇》一劇中，酒神信徒手裡拿著平特烏斯(Pentheus)的頭顱，唸出令人動容的道白。

52 派羅斯(Paros)的阿契洛克斯是7世紀中葉的希臘詩人，薩索斯生戰亂被殺，他的作品以短詩為主，題材非常廣泛，只有殘篇留存。

53 這兩句詩可以參閱伯克(Bergk)所編《希臘詩文選》第398頁。

千人攘臂爭功。

很多人沒有參加謀殺的行動，無論是雙手或刀劍並沒有沾上被害人的鮮血，也沒有將他們的首級拿到奧索的面前，還是呈送陳情書要求發給獎金。後來從這些書面資料中辨識出120多人，維提留斯把他們抓到以後全部處死。馬留・西爾蘇斯跑進軍營避難，很多人指控他說是他鼓動士兵前去幫助伽爾巴，市民大會判處他死刑。奧索不願這樣做，但是又害怕引起眾怒，說是要從他的身上查明很多事情，暫時還不能取他的性命，所以他指派最信任的人加強監視保障他的安全。

28 元老院立即召開會議，如果不是原來的議員，或者有些人對著其他的神祇發誓，現在他們應該重新來過，要知道目前效忠的對象是奧索。過去他們曾經宣誓支持伽爾巴，只是後來沒有遵守承諾而已。接著他們將凱撒和奧古斯都的頭銜授與奧索；這時那些慘遭殺害的死者，他們的屍體還穿著執政官的長袍，躺在市民大會所在地的羅馬廣場。

砍下來的首級他們認為已經派不上用場，就將維紐斯的頭顱賣給他的女兒要價是2500德拉克馬，畢索的頭顱被他的妻子維拉妮婭（Verania）要回去[54]，他們將伽爾巴的頭顱送給佩特羅庇斯（Patrobius）的奴僕[55]，等到他們得到以後，盡情加以侮辱和咒罵用來發洩他們的憤怒，然後將它扔到一個名叫Sessorium的地點[56]，過去凡是奉皇帝之命被處死的人，都會將他們的屍體丟在該地。伽爾巴沒有腦袋的軀體得到奧索的允許，讓普里斯庫斯・赫爾維狄斯（Priscus Helvidius）領走，他的自由奴阿吉烏斯（Argius）連夜將他安葬在墳地。

29 這些是伽爾巴的生平事蹟，這個人的家世或財產比起某些羅馬人還是有所不如，後來在他那個時代成為首屈一指的人物，經歷五個皇帝的統治，始終擁有崇高的地位和響亮的名聲，就是他罷黜尼祿不是靠實際的武力和權勢，而是他享譽世界的聲望和名氣，在參與推翻尼祿暴政的人員當中，有

---

54 塔西佗說家屬同樣還是花了錢，才得到畢索的頭顱。

55 佩特羅庇斯被伽爾巴處死，所以他的奴僕要代主報復。

56 黎普休斯（Lipsius）將這個地點叫成Quasi Semitertium，離開城市大約有4公里。

些人被大家認爲不夠資格登上寶座，還有些人也只是自己空存幻想而已。他們將頭銜送到他的手上，也只有他被大家接受。不僅如此，只要當面承認他是最適合的統治者，可以用他的名義使溫德克斯的行動成爲光明正大起義，不像過去說他的叛亂要引起一場內戰。

　　因此，他始終認爲他並沒存心登上寶座，只有在非他不可的狀況下勉爲其難而已。他總是抱著一種觀念，對於那些受到寧菲狄斯和泰吉利努斯的甜言蜜語因而從命的人，所用的統治方式，要與西庇阿、法布瑞修斯和卡米拉斯在當年指揮他們那個時代的羅馬人，應該是沒有什麼不同。他已經是耆耋之年，對於部隊和軍團還是大權在握的主將，能用古代的兵法部勒所屬。對於其他的政事他都交給維紐斯、拉科和他的自由奴，這些人營私舞弊上下其手，與尼祿的那些貪得無饜的寵倖毫無差別。雖然有很多人同情他不幸死亡，倒是沒有人對他失去帝位感到遺憾。

第四章
奧索（Otho）

32-69A.D.，羅馬帝國第七任皇帝，謀殺伽爾巴登基接位，
貝德瑞阿孔會戰失敗，自殺身亡。

1 新登基的奧索[1]在清晨進入卡庇多神殿，向朱庇特獻祭完畢以後，吩咐將馬留‧西爾蘇斯(Marius Celsus)帶上來。皇帝先向來人打招呼，然後用親切的口吻說是希望他要忘記對他的指控，記得對他的無罪釋放。西爾蘇斯的回答能保持自己的身分，當然也不會擺出忘恩負義的態度，說是他的清白使他受到控訴，他的罪名是對伽爾巴的忠誠，事實上他從未接受私人的任何好處。這樣一來，兩個人受到所有在場人員的讚譽，連一旁的士兵都高聲喝采[2]。

奧索在元老院說了很多話，語氣非常平和而且合於民眾的胃口。他要將這一年擔任執政官剩下的任期，交給弗吉紐斯‧魯弗斯(Virginius Rufus)接替；尼祿和伽爾巴指派的執政官，他們卸任以後擔任的職位不會更換；任何人擢升祭司在於年高齒尊而且地位崇高；所有遭到尼祿放逐而被伽爾巴赦回的元老院議員，他們的產業只要有剩餘或是尚未出售，現在一概發還。那些貴族和居於領導階層的市民，非常擔心這個沒有人性的怪物，像是擁有不可思議的能力，一旦掌握帝國會給他們帶來痛苦的報復，現在聽到這番話以後，放下心頭的重擔感到喜出望外。

---

1 卡休斯和塔西佗在他們的著作中，都拿蒲魯塔克所寫這部傳記，與蘇脫紐斯《十二凱撒傳》裡的〈奧索〉做一比較，說是敘述的方式各有千秋。
2 根據古老的規定，士兵的請假和休假離營要付給百夫長若干勤務代金，奧索予以取消由稅款中支付，這樣使得士兵請假的風氣盛行，幾乎有四分之一時間不在軍營，訓練和紀律受到嚴重的影響。

②他主持正義制裁泰吉利努斯(Tigellinus)，使得羅馬的民眾感激涕零[3]，馬上獲得他們的擁戴和支持。事實上，泰吉利努斯終日生活在恐懼之中，在他看來整個城市都是他的債權人，知道法網恢恢，疏而不漏。提到他在那些猥褻和淫蕩的婦女當中邪惡和醜陋的行為，即使在生命面臨結束的時刻，直到最後還緊抓不放，將他那好色的天性表露無遺。這在有理性的人看起來像是一種極端的懲罰，比遭受很多次的死亡還要痛苦。對一般人而言，見到他還能活在世上就感到莫大的委屈，因為他的緣故使得很多人喪失生命，那是暴君用他當成排除異己的工具。

就在奧索派人去召喚他的時候，他住在辛魯沙(Sinuessa)附近的海岸地區，那裡已經準備好一艘船可以啟碇逃走。開始他想盡辦法想要買通使者，答應奉送大批錢財，等到發現已經沒有脫身的希望，就用禮物獲得默許，讓他停留一會兒先整理好自己的儀容，如是他抓住機會，用一把剃刀結束自己的生命。

③奧索讓民眾能夠獲得正義的滿足，對於個人遭受的傷害倒是不予理會。首先他為了順應民意，對於在劇院向尼祿歡呼一事並不拒絕，其次是有人在公共場所將尼祿的雕像樹立起來，他也沒有加以干涉。克祿維斯·魯弗斯(Cluvius Rufus)[4]曾經提過，公差將皇室的信件送到西班牙，信封上面除了奧索的印記還附上尼祿的章紋[5]，結果觸怒行省那些地位顯赫的市民，等到他知道以後立刻加以廢止。

他運用各種權宜的方式使得政府正常的運作以後，已經拿到錢的禁衛軍士兵仍舊在下面發牢騷，他們想盡辦法要他提防高層人士，對於他們的懲罰不要軟手。很可能是他們真正關心他的安全，也可能是一種藉口要引起動亂和戰爭，只有這樣才會給他們帶來更多的好處。克瑞斯皮努斯(Crispinus)奉他的命令，要將禁衛軍第十七支隊[6]從歐斯夏(Ostia)[7]調到他的身邊，他們連夜準備要攜帶的行

3　奧索即位不過幾天，處死拉科和伊西盧斯，這兩個人是深受伽爾巴重用的親信，要拖到以後才處理泰吉利努斯。

4　克祿維斯·弗魯斯曾經擔任執政官，後來奉派接替伽爾巴遺留的西班牙總督。

5　尼祿雖然生前受人痛恨，死後卻有很多人哀悼，因為他過去對貧民的慷慨，有如對權貴的殘苛，可以消除下層社會的不平。所以到處傳出謠言，說他並未死亡，將要領軍向羅馬進攻。當局為了避免民眾的不滿，對他也要表示好感。

6　奧古斯都編成禁衛軍，將3個支隊配置在羅馬，其餘單位在鄰近城鎮，後來提比流斯擴充到9

李，將各種武器裝在大車裡面。這時有些人發起狂暴的喊叫，說是克瑞斯皮努斯居心叵測，元老院現在要對皇帝採取不利的行動，運去的武器不僅無法幫忙反而會爲叛賊所用。等到這些流言張揚開來，很多人相信變得群情激昂，接著爆發無法控制的行動，有些人奪下大車，克瑞斯皮努斯和兩位出面阻止的百夫長被當場殺死。整個支隊的人員拿著武器排成隊伍，相互鼓勵要去爲皇帝效命，立即開拔向著羅馬進軍[8]。

聽到有80名元老院議員參加皇帝的晚宴，他們馬不停蹄很快進入皇宮，宣稱這是最好的機會，可以將凱撒的仇敵一網打盡。這時到處響起警報，說是城市就會遭到軍隊的洗劫。皇宮裡面到處是一片混亂，就連奧索自己都感到驚慌失措，他不僅關心元老院議員的安全(其中還有人帶著妻子前來赴宴)，同時還感到自己成爲這些士兵懷疑和引起戒心的對象，因爲他們注視他的眼神流露出無禮和恐懼。因此他命令禁衛軍統領去與這些士兵打交道，盡量安撫他們的情緒，同時吩咐所有的賓客起身，從另一道門離開。等到元老院議員剛剛走出去，士兵衝進大廳高聲叫道：「凱撒的仇敵在那裡？」然後奧索從他的臥榻站了起來，講盡好話最後還流著眼淚，總算制止原來的成見說服他們不要追究。

第二天他前往禁衛軍營區，發給每個人賞金1250德拉克馬，對於他們關切和重視他的安全給予高度的讚揚，提到當中少數人存著叛逆的念頭。不僅歸咎於他的仁慈，同時也羞辱他們的忠貞，他希望正義能得到伸張，在得到他們的承諾以後，雖然只有兩個人遭到處死，已經讓他感到相當的滿意。即使如此，根據他以後得知的狀況，殺一儆百的手法對於全軍並沒有產生約束的作用。

4 大家原本對於奧索並不抱多大期望，現在發現他的行爲有所改變，有些人感到欣慰並且對他產生信心。還有人認爲他迫於需要不得不如此，即將臨頭的戰爭使得他必須獲得民眾的支持。現在傳來確切的信息，維提留斯

(續)

　　個支隊，總兵力約4500人，全部進駐羅馬的禁衛軍營區。所以這裡提到第十七支隊，不知道是何種單位。

7　歐斯夏位於台伯河河口，距離羅馬只有30公里，是最重要的港口也是糧倉所在地。

8　一個支隊只有500人的兵力，進軍羅馬根本不能發揮作用，通常支隊按序數排列，不像軍團有番號，所以這裡的十七支隊也可能是第十七軍團。如果是十七軍團那麼駐地在下日耳曼：自從9A.D.在托土堡森林(The Teutoburger Wald)會戰全軍覆滅以後，十七軍團的番號始終沒有恢復。

(Vitellius)已經僭用皇帝的頭銜和權位[9]，經常有緊急傳遞的公文上面新列同意的條款。不過，根據傳來的通報，駐防在潘農尼亞(Pannonia)、達瑪提亞(Dalmatia)和邁西亞(Mysia)的軍團[10]，以及所屬的軍官，全部聽命於奧索。不久，穆西阿努斯(Mucianus)和維斯巴西安(Vespasian)送來令人安心的信函，提出保證要維護奧索的權益；這兩位將領統率戰力強大的軍隊，前者駐防敘利亞，後者鎮守朱迪亞[11]。

奧索滿懷信心，欣喜之餘寫信給維提留斯，要他安分守己不得妄動，會賜給他大筆金錢和一個城市，餘生可以享盡清福。維提留斯開始對這些條件做出回答，雖然用詞模稜兩可，還能保持恭敬的態度。不過，很快變得怒容相向，雙方的來信用尖銳和羞辱的語氣相互指責。實在說，就事件的本身來看沒有什麼過錯，只是這種方式毫無理性而且極其荒謬，不僅要面對種種指控還要辯白自己沒有犯罪。因為很難斷定到底是誰更為揮霍、優柔或是窮兵黷武訴與戰爭，或是使得城邦落入負債累累的處境。

那個時代所發生的異聞和顯靈，有很多人加以記述，很難保證所言不虛，訴說的方式也是人云亦云。有一件事每個人都看得到，卡庇多神廟裡面有一座勝利女神雕像，置放在一輛戰車上面，發現手上的韁繩掉了下來，好像祂非常衰弱以至於無法握住。另外就是該猶斯皇帝有一座雕像，放在台伯河的島嶼上面，在沒有發生地震和狂風吹襲的狀況下，竟然從面朝西方變換到面朝東方。根據很多人的說法，發生的時間正是維斯巴西安率領部隊向著羅馬進軍，公開宣布要奪取帝國的寶座。

還有就是出現重大的天災，人們認為這是一個不祥的預兆。台伯河的氾濫[12]雖然發生在河水高漲的季節，出現巨大的激流則是前所未見，造成生命財產難以估計的損失，大部分城區為洪水所淹沒，特別是存放穀物的倉庫遭到沖毀，造成

9　下日耳曼行省的駐防部隊擁立維提留斯登基稱帝，時間是69年1月2日A.D.，接著高舉起義的旗幟向羅馬進軍。

10　奧索在多瑙河一線的兵力，計為潘農尼亞4個軍團、邁西亞3個軍團，以及達瑪提亞2個軍團，共有9個軍團，再加上意大利的部隊，比起維提留斯在萊茵河一線的兵力8個軍團，居有相當的優勢。

11　敘利亞的部隊是6個軍團，加上朱迪亞的守軍，這些部隊距離太遠，無法及時到達。

12　羅馬最大的自然災害就是台伯河的洪水為患，凱撒當政為了一勞永逸解決問題，要在上游挖一條人工渠道直通大海，能發揮排洪的功效，可惜凱撒遇刺全案胎死腹中。

很多天的糧食短缺。

5 這時傳來消息,說是聽命於維提留斯的西昔納(Caecina)和華倫斯 (Valens),占領阿爾卑斯山的各處隘道。奧索派多拉貝拉(這個人身為帝 國的大公,受到懷疑與禁衛軍的士兵有什麼不法的勾當)前往阿奎隆(Aquinum)[13] 這個要鎮,激勵當地守軍的士氣;至於奧索所以派他的理由,可能是出於畏懼他 留在身側或者有其他原因。

然後皇帝選出一批官員陪著他趕往戰地,其中包括維提留斯的兄弟盧契烏斯 在內,他並沒有憑著自己的好惡,使得盧契烏斯的職位受到擢升或貶降。皇帝特 別交代要照顧好維提留斯的母親和妻子,處於當前這種敵對的狀況,還是不讓他 們有畏懼之感。他要維斯巴西安的兄弟弗拉維烏斯・薩比努斯(Flavius Sabinus) 留守羅馬處理政務。這樣做一方面是為了推崇尼祿有識人之明,因為尼祿指派弗 拉維烏斯出任很高的職位,後來被伽爾巴罷黜;另一方面為了表示他信任維斯巴 西安,特別器重這位將領的兄弟。

布列克西隆(Brixillum)靠近波河是一個意大利小鎮,奧索在這裡停了下來, 命令他的軍隊在馬留・西爾蘇斯、蘇脫紐斯・鮑利努斯(Suetonius Paulinus)、加 盧斯(Gallus)和斯普瑞納(Spurina)的指揮之下,繼續向前進軍。這些將領都有豐 富的經驗和響亮的名聲,處於目前狀況之下,無法按照自己的構想和意願指導會 戰的進行,主要歸咎於軍隊已經養成驕縱的習氣,他們認為只聽命於受他們擁立 的皇帝,其他任何人都不可以代為下令。實在說,敵軍的紀律同樣很差,士兵的 態度傲慢不聽軍官的指揮;長處是作戰經驗豐富,習慣於艱苦的工作。

奧索的手下官兵可以說是一群「軟腳蝦」,長久以來過著安逸的生活,很少 在軍中服行各種勤務,把大部分時間花在劇院、飲宴和賽會,想用倨傲的言行和 誇耀的吹噓掩飾自己的缺陷和短處,作為拒絕履行職責的藉口,讓人覺得他們不 是沒有能力去完成交代的工作,而且他們不屑於去聽命從事。要是斯普瑞納逼迫 他們去幹活,就會遭到血濺五步的下場。他們用無禮的言辭對他大肆抨擊,指控 他的打算是背叛皇帝,破壞帝國的統一大業。不僅如此,還有一些人喝醉以後在

---

13 阿奎隆在羅馬的南邊約100公里,是進出南意的門戶,這時維提留斯來自北方,竟要多拉貝 拉去防守不見敵蹤的城市,擺明就是不信任。

夜間走近他的帳篷，索取旅途所需費用，說他們立刻就要，好到皇帝面前哭訴他
們所受的委屈。

6 　這些士兵在普拉森夏（Placentia）[14] 遭到無情的羞辱使得他們脫胎換骨，
　非但有利於斯普瑞納的領導統御，就是奧索的大業都蒙受很大的好處。
維提留斯的士兵逼近城牆，肆意謾罵在防壁上面的守軍，說他們是一群戲子和舞
棍；就是皮提亞和奧林匹克舉行運動會，他們也只是遊手好閒的觀眾；對於兵法
是一竅不通的新手，根本就沒有見識過會戰的場面。譴責他們是卑鄙無恥的小
人，伽爾巴是一個赤手空拳的老人，竟然為砍下他的頭而沾沾自喜，從來不想與
真正的敵軍拚個你死我活。這番不留情面的痛罵使得他們火冒三丈，跪在斯普瑞
納的跟前，懇求他下令出擊，保證面臨再大的危險和辛勞都會甘之如飴。

維提留斯的軍隊向著市鎮發起猛烈的攻擊，帶著很多攻城機具用來對付戒備
森嚴的城牆。被圍的官兵進行英勇的防禦，擊退來犯敵軍讓對方遭到很大的傷
亡，使得地位高貴的城市能夠確保安全，這裡是意大利最繁榮的區域之一。

除此以外，可以看出奧索的軍官，無論是處理公務還是私人交往，表現出溫
文優雅和與人無忤的態度，就維提留斯這邊來說真是望塵莫及。維提留斯有一個
名叫西昔納的部將，無論是談吐還是裝束看起來就知道他不是一個市民，這個外
國來的傢伙有著魁梧的身材，經常穿著緊身長褲和長袖上衣，在與羅馬軍官和地
方官員商量事情的時候，都擺出高盧人蠻橫的姿態。他的妻子與他形影相隨，全
身華麗的服裝騎在馬背上面，一小隊精選的騎兵當成她的護衛。

另外一位名叫費比烏斯·華倫斯的將領，竟然愛錢如命，無論是從敵人那裡
洗劫的戰利品，還是他從朋友和盟邦那裡偷取的財物或接受的賄賂，都無法滿足
貪婪的欲念。據說他為了有時間去徵集贅金，竟然延後開拔的時間，沒有來得及
參加最早對普拉森夏的攻擊。據說，還有人指責西昔納，說他為了要在華倫斯加
入之前，想要單獨贏得勝利的成果，除了這樣的錯誤，他還在時機不對的狀況先
行動手，而且變得虎頭蛇尾，幾乎使得全軍慘遭敵人殲滅。

14　普拉森夏就是現在的皮辰札（Piacenza），位於波河南岸，古代是意大利北部的軍政中心和交
　　通樞紐。

7 西昔納在普拉森夏被擊退以後，開拔前去攻打克里莫納（Cremona）[15]，這是另外一座非常富裕的大城。這個時候，安紐斯・加盧斯（Annius Gallus）進軍要與斯普瑞納在普拉森夏會師，途中聽到已經解圍的消息，現在是克里莫納陷入危險之中，轉變行軍的方向前去解救。他在抵達克里莫納以後靠著敵軍紮下營寨，每天都有其他的單位前來增援[16]。西昔納要在一個道路崎嶇和林木叢生的地區，運用重裝步兵進行一次實力強大的伏擊作戰，他命令騎兵部隊前進接敵，要是遭到敵軍的攻擊，然後開始慢慢向後撤退，將他們誘進部署伏兵的位置。有幾位奔投西爾蘇斯的逃兵，洩漏他那考量周全的計謀。西爾蘇斯派出大批最善戰的騎兵，隨著敗退之敵實施追擊非常小心，最後包圍埋伏的部隊，將他們打得潰不成軍。要是奉他命令的步兵，能夠很快從營地前來支援騎兵，從當時的狀況來看，西昔納指揮的部隊全部會遭到殲滅。

鮑利努斯的行動過於遲緩[17]，受到指責說是他過於謹慎是浪得虛名之輩。士兵為了激怒奧索對鮑利努斯施以懲處，故意說他有叛逆的企圖；同時他們大聲吹噓獲得勝利是靠著他們的能力，要是不夠圓滿那是將領出了差錯。奧索不相信這種浮誇之詞，還要避免讓他們看出他的不信任。因此派他的兄弟泰蒂阿努斯（Titianus）和禁衛軍統領普羅庫盧斯（Proculus）到軍隊去，看起來是前者領頭，實際上是後者作主。西爾蘇斯和鮑利努斯的頭銜是皇帝的僚屬和資政，並沒有授與正式的職位和擁有真正的權力。

就在同個時候，特別是在華倫斯的指揮之下，敵方陣營不斷產生爭執和騷動，等到士兵知道伏擊作戰失利的消息，對於埋伏的部隊處於防守的狀況下，竟然無法獲得他們的救援，因而喪失這樣多的戰友，大家都感到極其憤怒。華倫斯遭到不滿的士兵用石塊向他投擲，雖然費很大力氣安撫下來，還是離開自己的營地去投奔西昔納。

8 大約在這個時候，奧索前往靠近克里摩納一個名叫貝德瑞阿孔（Bedraicum）的小鎮，在營地召開作戰會議。普羅庫盧斯和泰蒂阿努斯提

---

15 這個城市距離普拉森夏不過10公里。
16 增援的部隊來自西爾蘇斯、鮑利努斯和斯普瑞納，只是以後就沒有提到斯普瑞納這位將領。
17 塔西佗也提到鮑利努斯的行動過於緩慢，主要在於他對這次作戰沒有信心，雖然奉到前進的命令，還要將營地的塹壕和工事完成才開拔，為的是一旦戰敗，不致無險可守。

出意見，趁著軍隊新勝之餘士氣高昂，立即與敵軍進行決定性的會戰，他們不應該喪失能夠發揮強大戰力的最好時機，非要等待維提留斯從高盧抵達以後再與敵人決一勝負。

鮑利努斯告訴大家，說是敵人全部戰力都已到齊，沒有預備隊留在後面，所以奧索選擇的時機，要有利自己而不是將就敵軍，更不應該急著發起會戰。他可以期望來自邁西亞和潘農尼亞的增援部隊，對於當面的敵軍就不會屈居於劣勢兵力的地位。雖然他的手下現在擁有信心，即使兵力劣勢還是可以成功，然而在獲得增援部隊以後，他們保有的銳氣還是無堅不摧；不僅如此，要是兵力獲得優勢，開戰以後更能得心應手所向披靡。除此以外，延後發起會戰可以使我方獲得更大的好處，在於有足夠的物資供應軍隊；反觀敵軍現在面臨缺乏糧食的困境，特別是他們處於充滿敵意的國度，短期之內這種狀況會變得更為嚴重。

馬留・西爾蘇斯贊同鮑利努斯的構想，安紐斯・加盧斯墜馬受傷接受外科手術未能參加會議，奧索接到來信勸他不要急著會戰，邁西亞的軍團正在倍道兼程的趕路，應該等待這些部隊的來到。不管怎麼說奧索還是有先入為主的打算，只有主張立即會戰的意見他聽得進去。

9　做出這樣的決定有很多理由，最明顯的說法在於禁衛軍的士兵，雖然有這種稱呼現在的工作是擔任衛士。他們不喜歡軍隊的紀律和訓練，從開始對這方面沒有多少經驗，一直渴望回到羅馬過優游自在的生活，避開戰爭帶來的煩惱，這些人不願遵守兵法的約束，還對會戰抱著熾熱的情緒，認為只要發起第一輪的攻擊，就可以將所有的戰利品全部搜刮到手中。

再者就是奧索本人的問題，看起來很難長期忍受戰爭不確定的狀況，完全出於個人的軟弱和缺乏指揮的才能，已經沒有耐心考量即將面對的危險，為了要消除焦慮的心情，認為最容易的辦法是眼睛一閉，像是從懸崖上面跳下去那樣，把一切交付給命運。修辭學家塞坎杜斯(Secundus)是奧索的秘書，這是他對整個事件所持的論點。

還有人這樣告訴我們，說是兩軍產生默契，有很多行動非常配合，主要的目標是不必兵戎相見，非要拚個死活不可；如果能獲得雙方的同意，就從現在這些經驗最豐富的軍官當中，選出一位讓他黃袍加身，可以避開眼前的衝突；要是做不到這點，他們可以召集元老院舉行會議，將推選的權力授與這些元老院的議員。

天下很多事未必不會發生，像這樣的兩位皇帝獲得崇高的頭銜，不見得具備應有的名聲，這種意圖存在於士兵心中，完全視他們對君王的眞誠、耐久和沉著而定。羅馬市民過去爲了蘇拉、馬留、凱撒和龐培的爭雄稱霸，在受盡痛苦之餘，一直抱怨爲何要面對如此悲慘的命運。誰知道現在又要重新開始，讓帝國付出代價的目標，竟然是爲了暴飲暴食和縱情酒色的維提留斯，或是領導無力和優柔寡斷的奧索，這不僅是邪惡的選擇而已，難道還有比這個更令人感到可憎和過分的事？所以有人認爲西爾蘇斯基於這種考量，認爲可能達成兩軍的和解，盡力延後會戰的時間；奧索爲了防止出現這種情勢，不惜在兵力劣勢的狀況下鋌而走險。

10 奧索離開戰場回到布列克西隆，這是非常失策的行動，不僅喪失戰鬥人員對他的尊敬，同時他身處前線所激勵的士氣因而一落千丈，更沒有人因爲要博得他的好感而奮戰不息。特別是他帶走由騎兵和步卒組成的衛隊，可以說是最精銳和最忠誠的單位，這樣一來實力當然會削弱不少。

大約就在這個時候，波河發生一次前哨戰鬥。西昔納要在河上架設一座舟橋，奧索的士兵用攻擊來阻止他們的作業。等到他們沒有達成所望的企圖，就在一些小船上面放置大量硫磺和瀝青實施火攻[18]。他們順著水流放下去，藉著風勢將這些物質點燃，撞到舟橋引發一場大火，使得橋上的人員陷入混亂之中，大家都跳到河裡，很多船隻翻覆，處於這種狼狽不堪的狀況，只有聽由他們的敵人擺布。

11 日耳曼人在波河一個小島攻擊奧索的角鬥士，把他們打得大敗而逃，有很多人被殺。發生這件事使得在貝德瑞阿孔的士兵非常生氣，群情激動要列隊出戰。普羅庫盧斯率領他們離開貝德瑞阿孔，前往相距50弗隆的地點紮下營地。雖然這是春季，平原上面到處溪流縱橫，水源沒有出現乾涸的現象，他竟然讓部隊陷入無水可飲的困境，從而可以了解到他的無知和荒謬。翌日他的打算是攻擊敵人，開始就要實施不少於100弗隆的行軍。鮑利努斯反對他這種用兵的方式，說他們應該在此暫時等待，不能在接觸之前疲勞兵力，讓敵人完成充分的準備，能夠從容與對手從事決戰。特別是他們在進行一次長途行軍之

---

18 這是歷史上最早看到用硫磺和瀝青當縱火劑的書面資料。

際，所有的馱獸和營地的隨軍人員，對於部隊的展開和接敵都會形成妨害。

　　兩位將領正在為這件事爭執不已，一位努米底亞人信差送來奧索的命令，要他們掌握時機立即與敵軍發起會戰。他們只有接受，下令部隊開拔。西昔納獲得敵人前進的信息感到極其驚愕，馬上離開在河邊的指揮所火速趕回營地。這時絕大部分戰鬥人員已經全身披掛，他們從華倫斯那裡受領口令，就在軍團各就部署位置的同時，下令戰力最強的騎兵部隊前去迎戰敵軍。

　　12 奧索的前衛部隊接到一些來路不明的謠言，竟然相信對方的指揮官準備向他們投誠，因此，等到他們有人接近，發起一陣歡呼的聲音並且稱他們為「戰友」。對方對於友善的態度回報以憤怒和藐視的敵意，不僅傷了他們的感情，連帶懷疑自己人的忠誠，雖然他們這邊的士兵不會如此。剛開始發起的攻擊引起一陣大亂，沒有人能夠按照原來的計畫行事，運送行李的車隊與戰鬥人員混雜起來，不僅毫無秩序可言而且形成前後分離。不平的地面到處是溝渠和坑洞，為了避免陷入或是試圖繞過，完整的陣線自動斷裂成為數截，人家逼得只有各自為戰。

　　整個戰場只有兩個軍團的對抗最為激烈，一個是維提留斯的部隊名叫Rapax即「噬食者」[19]，另一個軍團屬於奧索稱為Adiutrix即「救援者」[20]，他們在空曠的平原列陣，用堂堂正正的方式進行主力的決戰，雙方膠著很長一段期間。奧索的官兵強壯而又勇敢，以前從未參與會戰缺乏經驗；維提留斯的手下雖然經歷很多次戰爭，現在已經衰老精力不濟。因此奧索的部隊大膽出擊，打敗對抗的敵手，連軍團的鷹幟都落到他們的手裡，第一列的人員幾乎傷亡殆盡。這樣一來使得維提留斯其餘的部隊，滿懷怒氣而且感到羞愧，拚命發起反攻，殺死對方的軍團指揮官奧菲狄斯(Orfidius)，奪走敵軍幾面連隊標誌。

　　巴塔維亞人(Batavians)是居住在萊茵河一個島嶼的土著，組成訓練精良的日耳曼騎兵部隊。他們在瓦魯斯・阿爾芬努斯(Varus Alfenus)的指揮下，前去攻打享有英勇善戰盛名的角鬥士。然而這些角鬥士只有少數盡到守備的責任，大多數

19　「噬食者」第二十一軍團，奧古斯都在40B.C.編成，曾經參加31年的阿克興會戰，後來一直防守多瑙河的邊疆。
20　「救援者」第一軍團，尼祿在68A.D.召集水手編成，配置在米西儂(Misenum)，擔任水師基地的警衛。

向著河邊逃竄，迎頭撞上幾個列陣步兵支隊，被殺得橫屍遍地毫無生還的機會。

禁衛軍的單位在作戰中的表現最爲惡劣，他們沒有等到敵手發起近接戰鬥，向後逃走將自己的戰線衝出很多斷裂的間隙，使得軍隊的部署陷入混亂之中。雖然出現這種狀況，很多奧索的官兵還是擊敗當面的對手，使得敵軍的右翼全部崩潰，迫得他們在退回營地的時候，竟然要從獲得勝利的戰友中間奪路而過。

13 這幾位指揮官無論是普羅庫盧斯還是鮑利努斯，都不敢與他們的部隊在一起，因爲士兵正要將發生的錯誤歸罪於長官，所以只有閃在一邊避開不與他們見面。安紐斯‧加盧斯進入市鎮收容打散的單位，爲了鼓舞士氣特別提出保證，說是這場會戰不分勝負，有的地方他們還占了上風。

馬留‧西爾蘇斯集合軍官發表談話，他的論點強調要維護城邦的利益，如果奧索是一個愛國志士，有那樣多羅馬人爲他奉獻犧牲以後，不應該再有進一步的打算；特別提到小加圖和西庇阿受到後人的譴責，他們的目標是要爲羅馬爭自由權利，然而在法爾沙利亞會戰被凱撒打敗以後，就不該再在阿非利加負嵎頑抗，白白浪費多少忠勇將士的生命。每個人對命運的變幻莫測都有無可奈何之感，就一個識時務的人而言不要逆天行事，面對災難的處境更要順從理性的指導。

這番話能爲所有的軍官接受，就要普通士兵表示意見，發現他們希望得到和平。泰蒂阿努斯給予指示爲了簽訂協定要派出使者，因此他們同意雙方舉行會議，這邊的代表是西爾蘇斯和加盧斯，對方是華倫斯和西昔納出席。兩人立即啓程，途中遇到幾位百夫長，說是維提留斯的部隊已經在向貝德瑞阿孔進軍之中，他們奉到將領的命令帶來協商的建議事項。

西爾蘇斯和加盧斯表示願意接受，要求這幾位百夫長帶他們去見西昔納。當他們快要接近對方行軍隊伍之際，西爾蘇斯有喪失生命的危險，因爲遇到前衛派出的騎兵埋伏在那裡，看到他就發出吆喝聲衝殺過來，這些百夫長趕上前去保護，其他的軍官大叫要他們停止動手。西昔納聽到一陣騷動前來探視，整個場面就平靜下來，他用非常友善的態度問候西爾蘇斯，在他的陪伴之下向著貝德瑞阿孔前進。

就在這個時候，泰蒂阿努斯對派出談和的代表感到非常後悔，就將那些充滿信心的士兵再度配置在城牆上面，吩咐其餘的單位在發生狀況時要前去給予支持。等到西昔納騎馬抵達向他們伸出手來，他們這邊沒有人做出反對的表示，城

牆上面的士兵用歡呼的聲音向對方打招呼,其他人員打開城門走了出去,就與相遇到人混雜在一起,雙方的敵意完全消失,大家握著手相互祝賀,每個人發誓賭咒要歸順維提留斯。

14 上面記載的經過是參加會戰的人員所提供,然而他們對於細節還是所知有限,主要是當時的場面非常混亂,根本沒有出現統一的軍事行動。

過了很多年以後,我旅行經過這塊發生會戰的原野,同行的人員當中有位名叫密斯特流斯‧弗洛魯斯(Mestrius Florus)[21]的長者,曾經擔任過執政官的職位,年輕的時候隨著奧索來過此地,當時受到逼迫完全是身不由己。他指著一座古老的廟宇對我說起往事,會戰以後他經過這個地點,發現一堆屍體幾乎有屋頂那樣高。到底怎麼一回事,他自己沒有發現原因也沒有聽人說起。根據他的看法,內戰中要是有一支大軍被擊潰,通常會發生大屠殺的事件,大批俘虜對勝利者無利可圖,他們又不願縱虎歸山,只有全部處決了事。至於屍體為什麼要這樣堆積起來,他百思還是不得其解。

15 開始的時候,奧索接到一些不甚明確的謠言提到會戰的結局,這種狀況經常發生。等到那些負傷的人員從戰場退回來,就會報告他比較正確的信息。要是他的幕僚勸他不要失去希望,因而沮喪作戰的勇氣,這也是無足為怪的事;士兵所表現的感情,確使他信以為真。即使他們的皇帝已經對自己的事業感到絕望,他們還是沒有離開他投向敵人的陣營,甚至一點為自己打算都沒有。這些士兵擁擠在他的門口,用皇帝的稱呼請他出來相見。

等到他一現身,他們抓住他的手提出懇求,有的人投身在他面前的地上,流著眼淚用充滿情感的話,說服他不要放棄希望,更不要把他們丟給敵人去擺布。他們說是只要一息尚存,會誓死保護他的生命安全。大家的情緒是如此的熱烈,幾乎要到強迫他從命的地步。其中有一位士兵拔出劍向他說道:「凱撒,我要用

---

21 密斯特流斯‧弗洛魯斯於維斯巴西安在位期間,曾經擔任過執政官的職位,支持蒲魯塔克不遺餘力,讓他擁有羅馬市民權,等到蒲魯塔克返回故鄉,在弗洛魯斯的推薦之下,授與地方行政長官的頭銜。

這個來證明大家的忠誠，每個人都會爲你奉獻犧牲。」說完就用劍刺進自己的胸膛。

雖然出現這樣的場面，奧索保持安詳的風度一點都不緊張，面容表露出堅毅和鎮靜的神色，轉身對著他們用這番話來回答他們的支持：

> 弟兄們，今天讓我感受到你們對我的愛戴之心，面對當前的狀況你們仍舊用對皇帝的禮節向我致敬。因此，我不能拒絕你們授與我的榮譽，情願犧牲個人也要使這麼多的勇士能夠保存的性命；至少，你們要讓我的作爲配得上一個羅馬皇帝的名聲，那就是爲了國家死而無怨。我個人的看法是敵軍並沒有獲得一次決定性的勝利，甚至這場仗還沒有結束。我獲得信息說是邁西亞的軍隊現在的距離已經沒有多少天的路程，他們的行軍已經抵達亞得里亞海岸；敘利亞、埃及和用來鎮壓猶太人的軍團，宣布支持我們的行動；元老院還留在我們的陣營，就是那些敵手的妻兒子女還在我們的掌握之中。當面的敵人不是漢尼拔、皮瑞斯或是辛布里人，使得我們爲了保衛意大利非要與他們戰鬥不可。要知道這是羅馬人在自相殘殺，無論我們是打贏還是打輸，不僅給城邦帶來痛苦還逼得我們犯下可恥的惡行。失敗姑且不論，即使勝利還是要付出很大的代價。請各位務必相信我的眞誠，那就是得其死所比起統治帝國更爲光榮。要是我贏得勝利還不能給羅馬人帶來更多的福份，還不如用死亡來換取和平與統一，將意大利從災禍不斷的年代中拯救出來。

16 等他說完這些話以後，下定決心不再聽從他們的勸說，或者讓他們提出更好的意見，要爲在場的幕僚和元老院議員給予妥善的安排。他吩咐他們盡快離開，寫信給那些不在場的人，讓他們知道目前的狀況；同時派人去通知要經過的城鎮，對他們的食宿給予方便，盡可能使得旅程更加快速。

然後他將兄長的兒子科西烏斯(Cocceius)[22] 召來，科西烏斯這時還是一個小孩。他要他的姪子不要擔心自己的安全，因爲維提留斯的母親、妻子和整個家族

22　塔西佗和蘇脫紐斯都將他的名字叫成科西阿努斯(Cocceianus)。

都在羅馬，他對他們照顧得非常周到，相信可以獲得善意的回報。同時他提到這是他要延後收養的原因所在，意思是要經過這個程序，才能將科西烏斯視爲親生的兒子。就是現在還沒有收養，等到他獲得勝利，還是可以讓科西烏斯分享他的權力；即使他被擊敗也不會讓他的姪兒涉入其中，遭到毀滅的命運。他繼續說道：「我的孩兒，聽清楚我最後的遺言，對於凱撒是你叔父這件事，不必過於冷淡讓人感到寒心，更無須過於熱中給自己帶來危險。」

沒一會兒功夫，他聽到門口的士兵發生一陣騷動，對準備離開的元老院議員擺出威脅的姿態。奧索爲了顧慮他們的安全，再度來到大家的面前，不像剛才那樣的溫和，一直在苦口婆心的說服，現在的面容表露出憤怒和威嚴的神色，命令那些搗亂的人不要留在這裡，大家默默無語聽從他的指示。

17 現在已到夜晚他感到口渴，飲了一些水以後拿出兩把自己常用的佩劍，很仔細的試一下它的鋒利程度，就將一把留置在桌上，另一把藏在衣袍當中手臂的下面。然後將他的僕從叫過來拿出錢分給他們，沒有像以前那樣大方可以任意的浪費，這種做法還是能夠表現體諒的心情，有些人多一點或是少一些，盡量按照每個人對他的服務狀況，倒也是非常公正合理。等到把這件事完成，就要他們趕緊離開，這一夜其餘的時間就在酣睡中度過，在他寢室留值的軍官還能聽到他的鼾聲。

到了天亮以後，叫來一位幫他安排元老院議員撤離的自由奴，吩咐他去探聽他們是否順利成行，等到知道安然無事以後，奧索對他說道：「那麼，現在快走，讓士兵看到你已經離開，免得以後他們說你幫助我自裁，遷怒於你將你碎屍萬段。」

等到這個人走掉以後，他用雙手緊握佩劍筆直向上置在地面，然後用全身力量壓下去，即使最後氣絕也不過因劇痛發出一聲呻吟。外面等待的奴僕不知裡面的狀況，聽到聲音不對排闥而入，馬上發出悲傷的驚叫聲，整個營地和城市立即陷入哀悼之中，士兵在悲憤之餘立即打破大門進入室內，大家都在相互譴責沒有盡到照顧的責任，使得他爲了成全大家不惜犧牲自己的性命。

明知敵軍正在接近之中，沒有一個人爲了顧慮自己的安全而離開他的遺體，他們設置一個火葬堆接著準備穿著的服飾，每個人拿起兵器排成隊伍護送過去，那些受到指派出來抬棺架的人，無不欣喜若狂視爲最大的榮譽。對於其他的人而

言，一些人蹲在前面吻他的傷口，有些人握住他的手不放，還有人跪在一段距離之外向他行最後的敬禮。後來有人將火炬拋向燃燒的火葬堆接著引刀自刎，他們這樣做可以明顯看出，沒有從死者那裡獲得額外的好處，也不是害怕征服者給他們帶來的懲罰，好像沒有一個國王或是僭主，能像奧索那樣獲得士兵的愛戴，在他的統治之下能夠激起如此高昂的情緒，甚至死亡也沒有使得他們停息敬愛之心，經過保存和轉換給他的繼承人帶來無盡的仇恨，等到時機成熟就會爆發。

18 他們在奧索的埋骨之地建立一座衣冠塚，爲了免得引起敵意，談不上富麗堂皇和碩大無比。我在布列克西隆見過這個非常樸素的建築物，上面刻著「馬可斯‧奧索之墓」幾個大字。他享年不過38歲，短短的統治僅3個月而已，生前受到謾罵倒是死後獲得讚揚，雖然他活著不如尼祿那樣體面，自尋了斷的方式卻比暴君要高貴得多。

士兵對波利歐(Pollio)極其不滿，身爲禁衛軍兩位統領之一[23]，竟然吩咐他們立即對維提留斯宣誓效忠。他們知道仍舊有些元老院議員留在此地，就讓其他的人員離開，要用擁護弗吉紐斯‧魯弗斯出山的方式，給他平靜的生活帶來很大的困擾。他們組成一個代表團來到他在該城的住所，懇求他擔任帝國的元首[24]，如果不願接受，至少也要出面當一個仲裁者。弗吉紐斯認爲除非自己發瘋，否則在他們被打敗的狀況下，怎麼會接受這樣的虛名，何況過去他已經拒絕他們的好意，現在更不願當他們的使者，到日耳曼去幫他們說項講情。他認爲自己很有道理，就從後門偷偷溜走。等到士兵發覺以後，只有對維提留斯立下誓言，獲得他的寬恕，將他們全部編入西昔納的部隊。

23　另外一位禁衛軍統領是普羅庫盧斯，前面幾節已經提到。
24　本篇第三章〈伽爾巴〉第6和第10節，都提到士兵擁立弗吉紐斯稱帝，遭到他極力拒絕。

大事紀

　　列舉的範圍以《希臘羅馬英豪列傳》涵蓋的時間為準，重要的事件多與本書有關。

2200B.C.	克里特(Crete)文化的興起。
1200	多里安人(Dorians)進入希臘和伯羅奔尼撒(Peloponnesus)半島。
1184	希臘人摧毀特洛伊(Troy)。
1055	埃傑斯(Agis)征服希洛特人(Helots)。
1050-950	黑暗時代(Dark Age)。
950	開始廣泛使用鐵器。
870	帖修斯(Theseus)在西羅斯(Scyros)島被害。
800	希臘民族開始向地中海各地殖民。
776	第一屆奧林匹克運動會。
771	傳說中羅慕拉斯(Romulus)出生的年份。
753	羅馬建城。
753-509	羅馬王政時期。
730-710	第一次梅西尼亞(Messenia)戰爭，斯巴達成為伯羅奔尼撒半島的霸主。
713	羅慕拉斯亡故。
712	努馬・龐皮留斯(Nima Pompilius)接位成為羅馬國王。
700	萊克格斯(Lycurgus)出生。
683	雅典用執政的名字代表年號。
673	努馬・龐皮留斯逝世。
650	第二次梅西尼亞戰爭。
	洛克瑞(Locri)的札琉庫斯(Zaleucus)創制希臘第一部法典。

630　　　萊克格斯亡故。

620　　　雅典運用德拉科（Draco）第一部成文法。

594　　　索倫（Solon）出任執政進行政治改革。

590　　　希臘城邦爲了控制德爾斐（Delphi），引起第一次神聖戰爭。

581　　　每兩年舉行一次地峽競技大會，向海神獻祭。

561　　　索倫逝世。

544　　　波斯的居魯士（Cyrus）大帝擊敗利底亞國王克里蘇斯（Croesus）。

510　　　雅典驅逐僭主。

509　　　羅馬共和國建立。

507　　　波普利柯拉（Poplicola）出任執政官。

494　　　羅馬發生第一次平民脫離運動，設置護民官。

493　　　提米斯托克利（Themistocles）當選雅典執政。

　　　　　羅馬成立拉丁聯盟（Latin League）。

492-479　波斯戰爭。

490　　　雅典在馬拉松（Marathon）擊潰波斯大軍。

488　　　科瑞歐拉努斯（Coriolanus）被羅馬人放逐。

487　　　雅典採用貝殼放逐制度。

485　　　科瑞歐拉努斯圍攻羅馬，撤軍以後被殺。

480　　　波斯在色摩匹雷（Thermopylae）和阿提米修姆（Artemisium）戰勝希臘人。

　　　　　波斯在薩拉密斯（Salamis）海戰大敗而逃。

479　　　希臘聯軍在普拉提亞（Plataea）會戰擊敗波斯人。

478　　　雅典在愛琴海組成提洛（Delos）聯盟。

　　　　　西蒙（Cimon）出任水師提督。

471　　　提米斯托克利遭到貝殼放逐。

468　　　西蒙在優里米敦（Eurymedom）會戰贏得勝利。

467　　　亞里斯泰德（Aristides）亡故。

465　　　澤爾西斯（Xerxes）被刺身亡，阿塔澤爾西茲一世（Artaxerxes I）接位成爲波斯國
　　　　　王。

462　　　伊斐阿底（Ephialtes）和伯里克利（Pericles）重組阿里奧帕古斯（Areopagus）會議。

　　　　　提米斯托克利自殺身亡。

461	西蒙遭到貝殼放逐。
460-446	第一次伯羅奔尼撒戰爭。
458	伯羅奔尼撒人在坦納格拉(Tanagra)會戰擊敗雅典聯軍。
451	羅馬頒布十二銅表法。
450	西蒙在塞浦路斯(Cyprus)亡故。
447-432	伯里克利整建雅典衛城。
446	斯巴達入侵阿提卡(Attica);與雅典簽訂30年和平協定。
443	修昔底德(Thucydides)受到貝殼放逐。
431-404	第二次伯羅奔尼撒戰爭。
431-421	第一階段的阿契達穆斯(Archidamian)戰爭。
430	雅典流行黑死病。
429	伯里克利逝世。
424	皮奧夏(Boeotia)在迪利姆(Delium)會戰擊敗雅典。
	布拉西達斯(Brasidas)奪取雅典的安斐波里斯(Amphipolis)。
421	雅典和斯巴達簽訂尼西阿斯(Nicias)和平條約。
416	貝殼放逐制度遭到廢止。
415	雅典遠征西西里。
	亞西拜阿德(Alcibiades)召回受審,逃到斯巴達。
413	雅典在敘拉古(Syracuse)慘敗,尼西阿斯被殺。
411	雅典開始寡頭政治,成立四百人會議,接著用五千人會議取代。
408	賴山德(Lysander)任斯巴達水師提督。
407	亞西拜阿德返回雅典。
405	賴山德在伊哥斯波塔米(Aegospotami)會戰全殲雅典的艦隊。
405-396	羅馬圍攻維愛(Veii)。
404	雅典向斯巴達投降,伯羅奔尼撒戰爭結束。
	亞西拜阿德在弗里基亞(Phrygia)被殺。
	波斯國王阿塔澤爾西茲二世(Artaxerxes II)登基。
400	亞傑西勞斯(Agesilaus)成為斯巴達國王。
400-387	斯巴達與波斯的戰爭。
399	蘇格拉底被害。

396-395	亞傑西勞斯在小亞細亞。
395-386	科林斯（Corinthian）戰爭。
395	賴山德圍攻哈利阿都斯（Haliartus）陣亡。
394	亞傑西勞斯受召返國，科羅尼亞（Coronea）會戰擊敗雅典和皮奧夏。
390	高盧人占領羅馬，大肆搶劫。
386	安塔賽達斯（Antalcidas）的和平條約，接受波斯的條件。
379	佩洛披達斯（Pelopidas）和愛國志士光復底比斯。
371	底比斯（Thebes）和盟邦在琉克特拉（Leuctra）會戰擊敗斯巴達。
369	梅西尼成為獨立城邦。
	亞歷山大成為菲里（Pherae）的僭主。
366	卡米拉斯（Camillus）最後一次出任執政官。
	狄昂（Dion）遭到放逐。
364	佩洛披達斯被害。
362	底比斯在曼蒂尼（Mantinea）贏得勝利，伊巴明諾達斯（Epaminondas）戰死。
360	亞傑西勞斯前往埃及，返國時病死。
359	菲利浦二世（Philip II）接位成為馬其頓國王。
358	波斯國王阿塔澤爾西茲二世崩殂。
357-355	雅典與盟邦之間的社會戰爭。
356	亞歷山大大帝（Alexander the Great）出生。
	狄昂控制敘拉古的政局。
356-346	福西斯（Phocis）占領德爾斐（Delphi），引起第三次神聖戰爭。
354	狄昂被害。
347	柏拉圖（Plato）逝世。
343-341	羅馬第一次薩姆奈戰爭（Samnite War）。
340-338	羅馬的拉丁戰爭（Latin War）。
339	泰摩利昂（Timoleon）在希米拉（Himera）會戰擊敗迦太基人。
338	菲利浦二世（Philip II）和亞歷山大在奇羅尼亞（Chaeronea）擊敗希臘聯軍。
	羅馬解散拉丁聯盟。
337	菲利浦二世成立科林斯同盟，發起對波斯的戰爭。
336	菲利浦二世被弒，亞歷山大即位。

335	亞歷山大摧毀科林斯。
334	亞歷山大東征，格拉尼庫斯（Granicus）會戰。
	泰摩利昂亡故於西西里。
333	亞歷山大贏得伊蘇斯（Issus）會戰。
331	亞歷山大高加米拉（Gaugamela）會戰擊敗大流士（Darius）。
330	斐洛塔斯（Philotas）被殺。
326	亞歷山大在海達斯披斯（Hydaspes）會戰擊敗波魯斯（Porus）。
325	亞歷山大抵達印度（Indus）河河口。
323	6月10日亞歷山大在巴比倫（Babylon）崩殂。
323-322	希臘反抗馬其頓統治，發起拉米亞（Lamian）戰爭。
322	克拉隆（Cranon）會戰，馬其頓打敗雅典聯軍。
	笛摩昔尼斯（Demosthenes）爲安蒂佩特（Antipater）派人追殺。
319	安蒂佩特逝世，攝政交給波利斯帕強（Polysperchon），其子卡桑德（Cassander）排除在外，引起爭執。
	福西昂（Phocion）被殺。
319-301	安蒂哥努斯一世（Antigonus I）企圖統一亞歷山大大帝建立的帝國，引起東部的戰亂。
315	攸門尼斯（Eumenes）被部下出賣遭到絞斃。
	亞歷山大大帝的母親奧琳庇阿斯（Olympias）被卡桑德殺害。
310-306	阿加索克利（Agathocles）和迦太基的戰爭，入侵阿非利加。
307-304	雅典對抗卡桑德的四年戰爭。
305-304	德米特流斯（Demetrius）圍攻羅得島。
301	伊普蘇斯（Ipsus）會戰，安蒂哥努斯一世被殺，其子德米特流斯的權勢全部喪失。
298-290	羅馬第三次薩姆奈（Samnite）戰爭，整個意大利中部成爲羅馬的領土。
297	皮瑞斯（Pyrrhus）成爲伊庇魯斯（Epirus）的國王。
294	德米特流斯成爲馬其頓國王。
283	德米特流斯亡故。
280-275	皮瑞斯和羅馬在西西里和意大利南部爭奪霸權。
274-271	托勒密二世（Ptolemy II）和安蒂阿克斯一世（Antiochus I）的第一次敘利亞（Syrian）戰爭。

272	皮瑞斯在亞哥斯（Argos）戰死。
264-241	羅馬和迦太基第一次布匿克（Punic）戰爭。
260-253	第二次敘利亞戰爭。
251	阿拉都斯（Aratus）光復西賽昂（Sicyon），加入亞該亞同盟。
246-241	第三次敘利亞戰爭。
244	埃傑斯四世（Agis IV）成為斯巴達國王，進行改革。
243	阿拉都斯從馬其頓人手中奪取科林斯。
241	埃傑斯四世被殺。
235	克利奧米尼斯（Cleomenes）接位成為斯巴達國王。
229-228	羅馬發起第一次伊里利亞戰爭（Illyrian War），肅清海盜。
223	克利奧米尼斯洗劫麥加洛波里斯（Megalopolis）。
219	克利奧米尼斯改革失敗，逃到埃及被囚自裁。
219-217	第四次敘利亞戰爭，托勒密四世對抗安蒂阿克斯三世。
218-203	漢尼拔在意大利進行長達15年的戰爭。
218-201	第二次布匿克戰爭。
216	坎尼（Cannae）會戰，羅馬人慘敗，損失5萬人。
214-204	羅馬與馬其頓國王菲利浦五世的第一次馬其頓戰爭。
213	阿拉都斯逝世。
212-205	安蒂阿克斯三世遠征印度。
211	馬塞拉斯（Marcellus）攻占敘拉古，阿基米德（Archimedes）被害。
209	費比烏斯・麥克西穆斯（(Fabius Maximus)攻下塔倫屯（Tarento）。
208	馬塞拉斯中伏陣亡。
203	費比烏斯・麥克西穆斯逝世。
202-195	第五次敘利亞戰爭。
200-197	第二次馬其頓戰爭。
198	弗拉米尼努斯（Flamininus）當選執政官。
197	羅馬在賽諾斯西法斯（Cynoscephalae）會戰擊敗馬其頓菲利浦五世（Philip V），結束第二次馬其頓戰爭。
191	羅馬奪取色摩匹雷隘道，控制希臘。
190	羅馬進入小亞細亞，馬格尼西亞（Magnesia）會戰擊敗安蒂阿克斯三世（Antiochus

III）。

185	老加圖（Cato the Elder）出任羅馬監察官。
183	漢尼拔被逼自殺身亡。
182	斐洛波門（Philopoemen）被俘後遭毒斃。
174	弗拉米尼努斯老病而死。
171-168	反抗羅馬引發第三次馬其頓戰爭。
170-168	埃及和安蒂阿克斯四世的第六次敘利亞戰爭。
168	伊米留斯‧包拉斯（Aemilius Paulus）在皮德納（Pydna）擊敗帕修斯（Perseus），結束第三次馬其頓戰爭。
160	伊米留斯‧包拉斯亡故。
149	老加圖逝世。
148	馬其頓成為羅馬一個行省。
146	西庇阿‧伊米利阿努斯（Scipio Aemilianus）終結第三次布匿克戰爭，迦太基被夷為平地。
	亞該亞戰爭，羅馬摧毀科林斯，亞該亞聯盟解散。
134-133	羅馬圍攻努曼夏（Numantia），奪取後夷為平地。
133	提比流斯‧格拉齊（Tiberius Gracchus）出任羅馬護民官，後為元老派人士所殺。
123-121	該猶斯‧格拉齊（Gaius Gracchus）在出任羅馬護民官期間被害。
121	羅馬征服高盧南部隆河地區的阿羅布洛及斯人（Allobroges），建立納邦尼斯（Narbonensis）行省。
105	朱古達 Jugurtha）向蘇拉（Sulla）投降，結束朱古達戰爭。
104-100	馬留（Marius）連續五年出任羅馬執政官。
104-101	西西里奴隸暴動，羅馬缺糧發生饑饉。
102-101	馬留擊潰入侵意大利的日耳曼蠻族。
90-88	社會戰爭或稱意大利戰爭。
89-85	第一次米塞瑞達底戰爭（Mithridatic War）。
88	蘇拉出任羅馬執政官，引起蘇拉和馬留的內戰。
87	辛納（Cinna）出任羅馬執政官，馬留返回羅馬大殺元老院派人員。
86	馬留出任第七次執政官，不久病故。
	蘇拉在奇羅尼亞會戰擊敗米塞瑞達底。

82	蘇拉進軍意大利，占領羅馬出任笛克推多，屠殺民黨實施報復。
81	塞脫流斯(Sertorius)撤往西班牙另謀發展。
79	蘇拉逝世。
75	盧庫拉斯(Lucullus)出任羅馬執政官。
74-63	第三次米塞瑞達底戰爭。
73-71	斯巴達卡斯(Spartacus)之亂，後爲克拉蘇(Crassus)平定。
72	塞脫流斯爲叛徒所殺。
70	克拉蘇和龐培(Pompey)首次出任羅馬執政官。
67	龐培負責海盜戰爭，擁有最高指揮權。
66	龐培指揮米塞瑞達底戰爭，平定東方行省。
63	西塞羅(Cecero)出任羅馬執政官，加蒂藍(Catiline)陰謀。
	凱撒(Caesar)當選祭司長。
60	龐培、克拉蘇和凱撒成立三人執政團。
59	凱撒出任羅馬執政官。
58-51	凱撒發起高盧(Gaul)戰爭。
57-52	龐培出任糧食督辦。
56	盧庫拉斯病故。
54	克拉蘇入侵帕提亞(Parthia)被殺。
49	凱撒渡過盧比孔(Rubicon)河，與龐培發生內戰。
48	凱撒贏得法爾沙拉斯(Pharsalus)會戰的勝利，龐培逃往埃及被殺。
47	齊拉(Zela)會戰，凱撒擊敗法納西斯(Pharnaces)。
46	凱撒在塔普蘇斯(Thapsus)會戰擊敗西庇阿，小加圖自殺。
44	3月15日凱撒在元老院被刺身亡。
	屋大維(Octavianus)抵達羅馬。
	安東尼在穆蒂納(Mutina)擊敗狄西穆斯‧布魯特斯(Decimus Brutus)。
43	安東尼、屋大維和雷比達(Lepidus)成立三人執政團。
	西塞羅被害。
42	腓力比(Philippi)會戰，布魯特斯戰敗身亡。
41	安東尼和克麗奧佩特拉(Cleopatra)在塔蘇斯(Tarsus)相晤。
40	安東尼和屋大維在布林迪西(Brundisium)會談，安東尼娶屋大維婭(Octavia)爲

	妻。
39	安東尼、色克都斯・龐培(Sextus Pompey)和屋大維在米西儂(Misenum)簽訂協議。
36	安東尼的帕提亞戰役以失敗落幕。
32	安東尼和屋大維絕裂，安東尼與屋大維婭離婚。
31	亞克興(Actium)會戰，屋大維擊敗安東尼和克麗奧佩特拉。
30	安東尼和克麗奧佩特拉在亞歷山卓(Alexandra)亡故。
27	元老院將奧古斯都(Augustus)的頭銜授與屋大維，羅馬結束共和體制。
9	瓦魯斯(Varus)的大軍在托土堡(Teutoberg)森林被日耳曼蠻族殲滅殆盡。
14A.D.	奧古斯都崩殂。
	提比流斯(Tiberius)接位。
26	提比流斯退隱到卡普里(Capri)島，遙控羅馬的政局。
30	耶穌(Jesus)受到磔刑。
37	提比流斯崩殂，喀利古拉(Caligula)登基。
41	喀利古拉在羅馬的帕拉廷(Palatine)運動場為禁衛軍殺害。
	克勞狄斯(Claudius)受到禁衛軍擁立。
54	克勞狄斯為其妻阿格里萍娜(Agrippina)毒斃，尼祿接位。
59	尼祿派禁衛軍殺死其母阿格里萍娜。
64	羅馬大火。
68	尼祿被元老院宣布為公敵，自裁身亡。
69	伽爾巴(Galba)、奧索(Otho)、維提留斯(Vitellius)和維斯巴西安(Vespasian)相繼稱帝。

中文索引

1.僅列本文內主要人名、地名及傳主的重大事件。

2.頁碼後之f意為「及次頁」，ff意為「及隨後數頁」。

英文索引

1. 僅列本文內主要人名、地名及傳主的重大事件。
2. 頁碼後之f意爲「及次頁」，ff意爲「及隨後數頁」。

希臘羅馬英豪列傳 III

2009年1月初版　　　　　　　　　　　　　　　定價：新臺幣780元

有著作權‧翻印必究

Printed in Taiwan.

著　　　者	Plutarch	
譯　　　者	席　代　岳	
發 行 人	林　載　爵	

出　版　者	聯經出版事業股份有限公司	叢書主編	簡　美　玉	
地　　　址	台北市忠孝東路四段555號	校　　對	席　代　岳	
編輯部地址	台北市忠孝東路四段561號4樓	封面設計	翁　國　鈞	
叢書主編電話	(02)27634300轉5049			
總　經　銷	聯合發行股份有限公司			
發　行　所	台北縣新店市寶橋路235巷6弄6號2樓			
電話：	(02)29178022			
台北忠孝門市：	台北市忠孝東路四段561號1樓			
電話：	(02)27683708			
台北新生門市：	台北市新生南路三段94號			
電話：	(02)23620308			
台中分公司：	台中市健行路321號			
暨門市電話：	(04)22371234ext.5			
高雄辦事處：	高雄市成功一路363號2樓			
電話：	(07)2211234ext.5			
郵政劃撥帳戶第0100559-3號				
郵撥電話：	2768 3708			
印刷者	世和印製企業有限公司			

行政院新聞局出版事業登記證局版臺業字第0130號

本書如有缺頁，破損，倒裝請寄回發行所更換。　　ISBN　978-957-08-3374-4（精裝）
聯經網址：www.linkingbooks.com.tw
電子信箱：linking@udngroup.com

國家圖書館出版品預行編目資料

希臘羅馬英豪列傳　III / Plutarch 著.
席代岳譯. 初版. 臺北市. 聯經. 2009年.
（民98）, 640面, 17×23 公分.

ISBN　978-957-08-3374-4（精裝）
1.世界傳記　2.古希臘　3.古羅馬

784.951　　　　　　　　　　97025028